红一方面军第五次反"围剿"作战经过要图
（1933年11月—1934年6月）

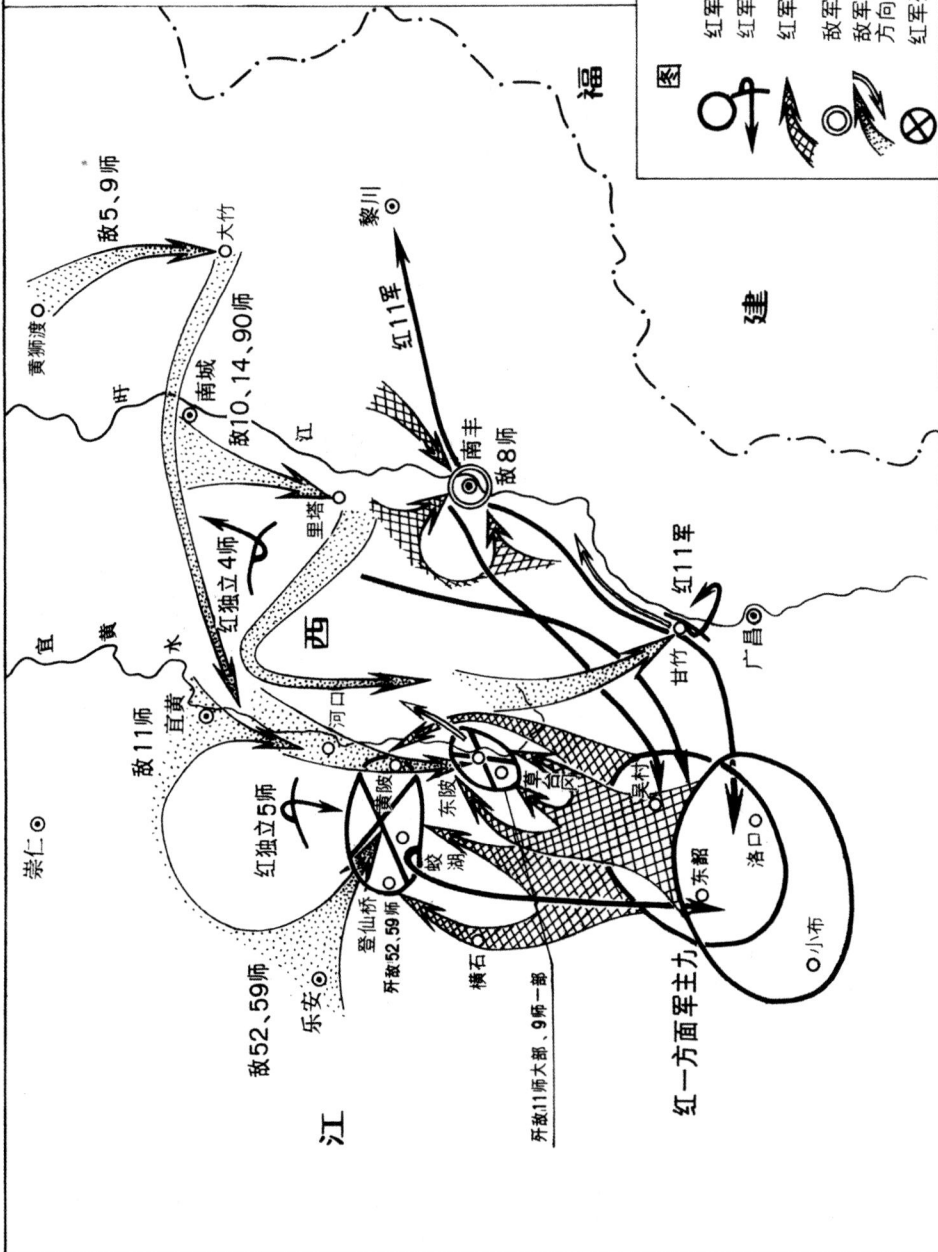

中央革命根据地第四次反"围剿"示意图
一九三三年二月——三月

图例

红军集结地域
红军转移方向
红军进攻方向
敌军集结地域
敌军进攻及退却方向
红军歼敌地区

敌5、9师

黄狮渡○ ○大竹

○南城
敌10、14、90师

里塔
红独立4师

西 河口

宜黄 水

崇仁◎ 敌11师
宜黄◎

黄陂
红独立5师 东陂

乐安◎ 登仙桥
歼敌52、59师
横石

敌52、59师

江 歼敌11师大部、9师一部

红一方面军主力

草台冈

吴村 甘竹

红11军

广昌○

南丰
敌8师

红11军

黎川○

福 建

东韶

洛口○

○小布

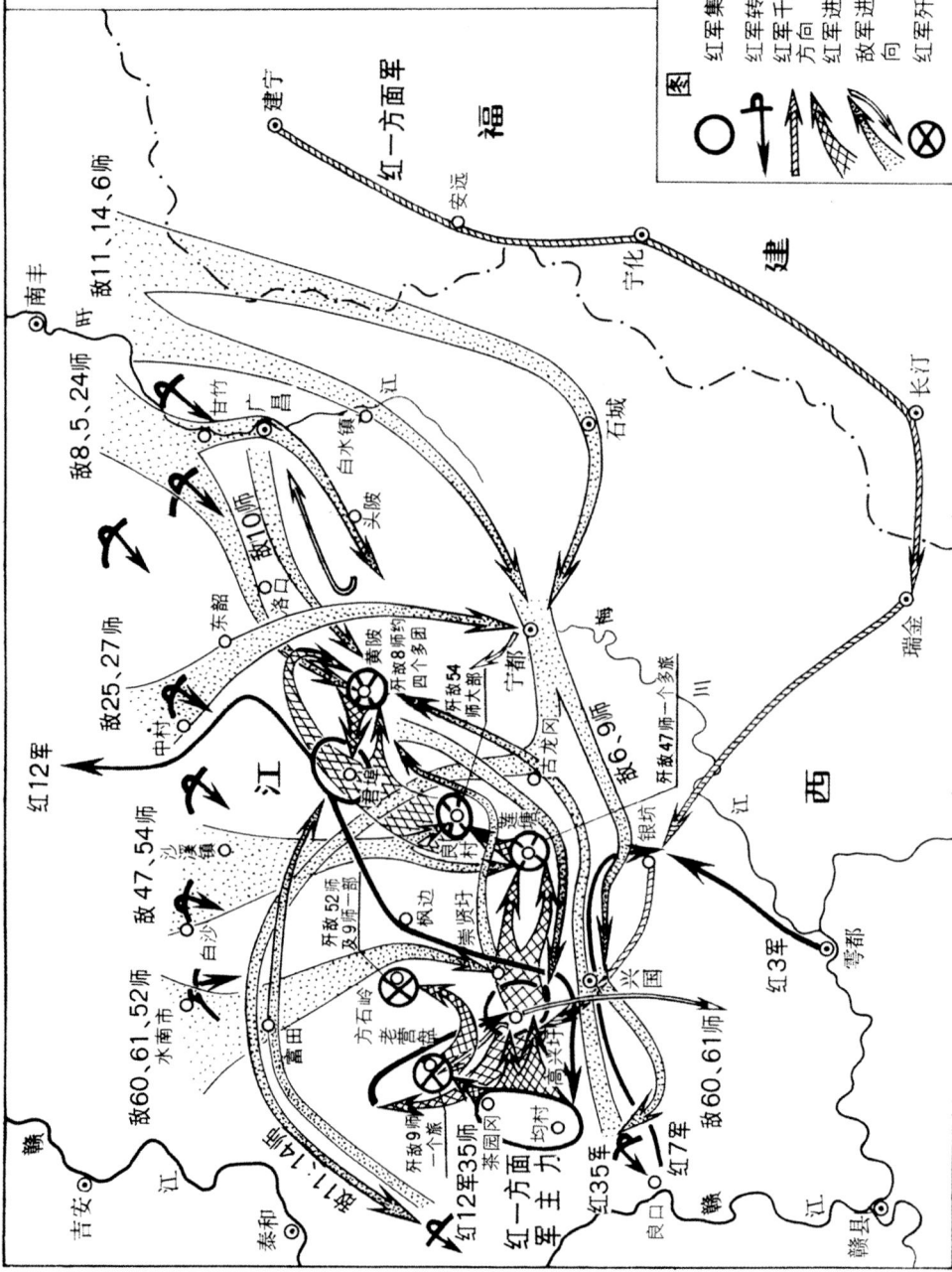

中央革命根据地第三次反"围剿"示意图
一九三一年七月——九月

图　例

红军集结地域
红军转移方向
红军千里回师行动方向
红军进攻方向
敌军进攻及退却方向
红军歼敌地区

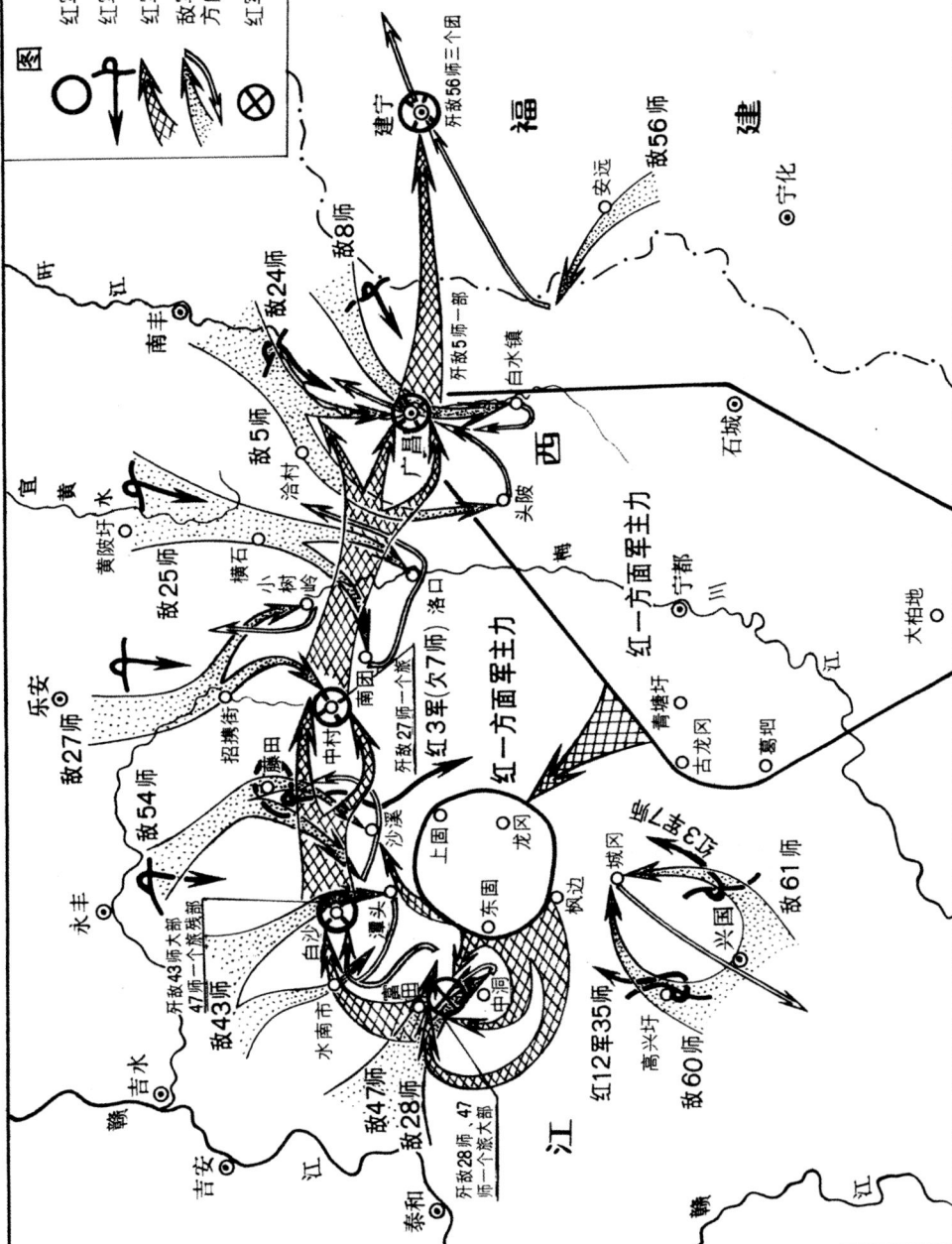

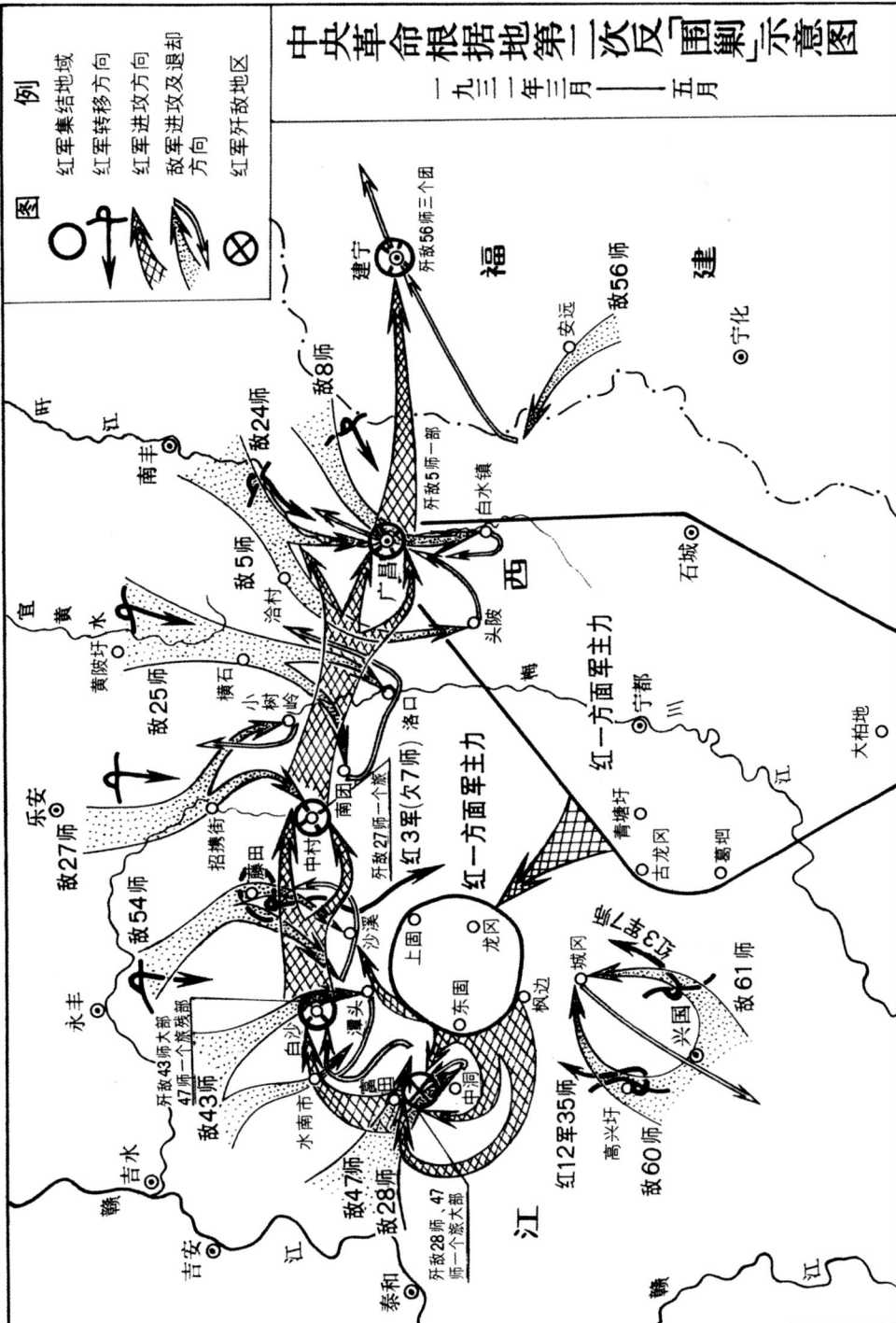

中央革命根据地第二次反「围剿」示意图
一九三一年三月——五月

图例

红军集结地域
红军转移方向
红军进攻方向
敌军进攻及退却方向
红军歼敌地区

中央革命根据地第一次反"围剿"示意图
一九三〇年十月——一九三一年一月

例　图

红军转移方向
红军集结地域
红军进攻方向
敌军进攻及退却方向
红军歼敌地区

福

建

敌56师

黎川

建宁

南城

临川

旴江

南丰

广昌

敌8师

宜黄
黄水
敌13师
崇仁
红4.12军
敌24师
草台冈
洛口
头陂

西
歼敌50师一半
东韶
源头
小布
黄陂
红一方面军主力

敌50师
敌18师
红3军团
新金
七琴街
红20军
乐安
永丰
龙冈
南龙
滩头市
纳溪
宁都

赣
樟树镇
仁和圩
新淦
峡江
吉水

清江
敌新5师
水
新喻
分宜
油田
红3军
敌77师

歼敌18师师部和两个旅，活捉师长张辉瓒

兴国

敌60师

敌61师

江
吉安
红20军
红22军
泰和

万安

敌60师

永新

图书在版编目（CIP）数据

血火鏖战：中央苏区五次反"围剿" / 王新生著.
-- 北京：中共党史出版社，2023.9
ISBN 978-7-5098-6357-2

Ⅰ.①血… Ⅱ.①王… Ⅲ.①五次反"围剿"—史料
Ⅳ.①K263.406

中国国家版本馆 CIP 数据核字（2023）第 140231 号

书　　名：**血火鏖战——中央苏区五次反"围剿"**
作　　者：王新生

出版发行：**中共党史出版社**
责任编辑：姚建萍
责任校对：申宁
责任印制：段文超
社　　址：北京市海淀区芙蓉里南街 6 号院 1 号楼　　邮编：100080
网　　址：www.dscbs.com
经　　销：新华书店
印　　刷：北京盛通印刷股份有限公司
开　　本：720mm×1000mm　1/16
字　　数：480 千字
印　　张：33　　5 面插页
版　　次：2023 年 9 月第 1 版
印　　次：2023 年 9 月第 1 次印刷
书　　号：ISBN 978-7-5098-6357-2
定　　价：80.00 元

此书如有印装质量问题，请联系中共党史出版社读者服务部 电话：010-83072535

王新生 ◎ 著

鏖战血火

中央苏区五次反"围剿"

中共党史出版社

目　录

引言：永远不能磨灭的印记

　　秋日的天安门广场，蓝天、白云，微微的晨风中飘扬的五星红旗，在旭日的映衬下显得更加鲜艳夺目。

　　天安门城楼上面，八盏红色宫灯高高挂起，八面红旗猎猎招展。透过天安门的朱漆大门，可以看到后面古朴典雅的故宫。整个画面气势恢弘，庄严肃穆，中华民族的特性从中得到鲜明体现。

　　天安门广场，东有国家博物馆，西有人民大会堂，中有人民英雄纪念碑和毛主席纪念堂，这些标志性建筑相映成辉。广场上游人如织，人们穿着各式各样、各种色彩的漂亮服装，脸上荡漾着幸福感、满足感，拿着大小不一的精致的像素很高的手机，时而背对天安门，时而背对人民大会堂、人民英雄纪念碑，时而在各种造型的花坛前，留下了终生难忘的美好记忆。

　　天安门广场的场景，既充满着现代活力，又衬托着历史沧桑。

　　放眼祖国的万里江山，一座座现代化的城市在大地上不断兴起、发展，各种风格样式的现代化建筑拔地而起，直插云天；宽阔笔直的马路，造型迥异的轿车和公共交通车辆川流不息；工业区、贸易区，宽大的厂房、库房鳞次栉比；商业区，大型商场、小型特色商店、专卖店，人流如潮，擦肩接踵；游乐场、公园里，人们尽情地享受着幸福的快乐时光。

　　在农村，农田中的水稻、谷子、大豆翻着金浪，等待农民们收割；棉田似雪，棉农们在忙碌摘收；果园中的苹果红彤彤的，像婴儿熟睡中的脸；金黄金黄的梨、蜜柚、橘子、脐橙、香蕉，满山坡像红灯笼一样的柿子、玛瑙般的大枣；葡萄园中一嘟噜一嘟噜珠子般的葡萄；瓜田里结满翠绿的大西瓜、金黄的哈密瓜。果农们在果园中辛勤而又幸福地奔忙，把摘下的瓜果筛选、包装、装箱，通过高铁、高速公路、飞机，送往那些不产这些水果的遥远地方。富起来的农民建起了红顶白墙有着玻璃大窗的楼房，有的甚至还建起了三四层以上的别墅，过起了和城市人一样的生活。他们买起了大型的农业机器，买起了卡车、小轿车。他们搞水产养殖，建蔬菜大棚、花卉苗圃；他们发展乡村旅游，搞农家乐，搞观光农业。一条崭新的新农村道路在他们脚下延伸。

在祖国的大地上，大大小小的水利工程像块块翡翠星罗棋布，一个个白色风电布满山口、草原，奔腾的江河上船只如梭，山间、江河上数不清的大桥如雨后彩虹，高速铁路、高速公路纵横交错、密如蛛网，将祖国各地紧密地连接在一起。

这是一个五彩斑斓的美丽中国！这是一个生机勃勃、活力四射的中国！这是14亿中国人民在以习近平同志为核心的党中央带领下，团结一致，勇往直前，实现中华民族伟大复兴中国梦的中国！

新中国已经成立70多年了。70多年风风雨雨，中国人民创造了举世瞩目的成绩！在繁花似锦的今天，不能忘记那些为了新中国而奋斗的革命先烈、先辈们。

1949年9月30日，即举行新中国开国大典的前一天，为纪念在人民解放战争和人民革命中牺牲的人民英雄们，中国人民政治协商会议第一届全体会议决定在首都建立人民英雄纪念碑。当日下午6时，当选为中华人民共和国中央人民政府主席的毛泽东率领全体代表来到天安门广场，隆重举行人民英雄纪念碑奠基典礼。毛泽东宣读了由他起草并经会议一致通过的碑文："三年以来，在人民解放战争和人民革命中牺牲的人民英雄们永垂不朽！三十年以来，在人民解放战争和人民革命中牺牲的人民英雄们永垂不朽！由此上溯到一千八百四十年，从那时起，为了反对内外敌人，争取民族独立和人民幸福，在历次斗争中牺牲的人民英雄们永垂不朽！"① 宣读完毕，毛泽东为人民英雄纪念碑奠基铲了第一锹土，以示对革命先烈的无比崇敬。

1958 年 5 月 1 日，人民英雄纪念碑正式落成。碑的正面镌刻毛泽东题词"人民英雄永垂不朽"八个镏金大字，背面是周恩来书写的碑文。碑的下层，镶嵌着十块浮雕，其中第六块以"南昌起义"为主题，代表着中国共产党领导的土地革命战争时期。这是中国共产党领导的人民革命最艰苦的年代。

1927 年春夏，席卷长江流域的国共合作的大革命由于蒋介石、汪精卫先后叛变革命而失败，大批共产党员、共青团员和革命的工农、知识分子倒在了血泊之中。残酷的白色恐怖，革命处于低潮，使中国共产党必须回答两个问题：要不要坚持革命，用什么样的方式继续革命？中国共产党召开八七会议，确定了实行土地革命和武装起义的方针；领导南昌起义、秋收起义、广州起义和各地一系列武装起义，以实际行动给予了明确的回答。

没有武装斗争经验的中国共产党很快就"交了学费"，以占领城市为目的的武装起义结果都失败了，保留下来的一些起义部队转移到数省

---

① 中共中央党史研究室著：《中国共产党历史》（1949—1978）（第二卷）上册，中共党史出版社 2011 年版，第 8 页。

边界地区的偏僻山村坚持下来，在这里开展游击战争，实行土地革命，建立红色政权。其中，以毛泽东率领的秋收起义部队上井冈山创建革命根据地为代表。井冈山的道路，是保存和发展革命力量的正确道路，代表着1927年大革命失败后中国革命发展的方向。

无独有偶，就在毛泽东率领秋收起义队伍决定上井冈山时，朱德率领的驻守三河坝的南昌起义军一部，在完成任务后追赶起义军主力途中得知主力已在潮州、汕头失败，遂在饶平茂芝开会，决定部队转移到敌人兵力薄弱的湘粤赣边界地区。1928年1月，朱德、陈毅部队转移到湘南，在中共湘南特委和农军配合下，发动了湘南起义。4月，朱德、陈毅率领起义部队上井冈山。朱德、毛泽东井冈山会师铸造成了中国共产党最有战斗力的红色铁军——红军第四军，人们习惯地称之为"朱毛红军"。

1929年1月，毛泽东、朱德、陈毅率领红四军主力下井冈山挺进赣南。3月中旬，红四军攻占福建长汀。中共红四军前委在这里决定趁国民党新军阀混战之际，以赣南、闽西20余县为范围，开展游击战争，创建革命根据地。这个富有远见的战略决策，为此后中央苏区的创建奠定了基础。经过一年的努力，红四军创建了赣南、闽西根据地，实现了这个战略决策。

1930年夏，除了赣南、闽西根据地外，中国共产党创建的根据地还有湘赣、湘鄂赣、湘鄂西、鄂豫皖、赣东北、左右江、东江、琼崖等。另外，在川东、浙南、苏中等地，还建立了一些游击区。红军发展到约7万人，连同地方革命武装，共约10万人。中国共产党领导的红色武装和革命根据地，已由1927年秋的星星之火，发展为燎原之势。

共产国际对中国革命的指导，是以城市为中心的。但是，城市的工人运动发展不尽人意，而农村的武装斗争却如火如荼，共产国际不得不正视这个事实。从 1930 年 7 月上旬至 8 月上旬连续向中共中央发出指示，要求以发展红军和建立农村根据地为工作中心。在这些指示中，毛泽东、朱德率领的红四军创建的赣南、闽西根据地，处于非常重要的地位。但处在"左"倾冒险狂热之中的李立三没有执行，而是集中全国红军攻打敌人力量强大的中心城市。9 月下旬，从苏联回国的瞿秋白、周恩来主持召开中共六届三中全会，贯彻共产国际的指示，纠正了李立三"左"倾冒险错误，决定建立苏区中央局，统一各苏区党的领导。

六届三中全会后，周恩来于 9 月 30 日主持中央军委扩大会议，他在会议的报告中将全国苏区分为六大块，认为毛泽东、朱德的苏区是"最主要的红军区域"，他们率领的红一军团"党的领导强，战斗力也好"[①]。10 月 24 日，中共中央讨论通过了《关于苏维埃区域目前工作计划》，确定：湘鄂赣联接到毛泽东、朱德领导的红军活动的赣西南苏区，"要巩固和发展它成为苏区的中央根据地。"[②] 这便是中央根据地即中央苏区的由来。

共产国际、中共中央把目光投向了毛泽东、朱德率领的红军，蒋介石自然也把他们视为最大的对手。由于国民党新军阀自己混战频繁，蒋介石自顾不暇，腾不出手来对付朱毛红军，只是让湘赣闽粤地方军阀来"进剿"或"会剿"朱毛红军。岂料这些地方军阀都不是朱毛红军的对手，每次都被朱毛红军打得丢盔卸甲。1930 年 10 月，当蒋介石从中

---

① 周恩来：《目前红军的中心任务及其几个根本问题》（1930 年 9 月 30 日），《周恩来军事文选》第一卷，人民出版社 1997 年版，第 116—117 页。

② 《中央政治局关于苏维埃区域目前的工作计划》（1930 年 10 月 24 日），中央档案馆编：《中共中央文件选集》第 6 册，中共中央党校出版社 1989 年版，第 429 页。

原大战和湘粤桂边战争取胜之后，立即布置对朱毛红军及其根据地进行"围剿"。从 1930 年 10 月至 1934 年 10 月整整四年时间，蒋介石对朱毛红军连续发动了五次规模越来越大的军事"围剿"。蒋介石掌握着全国政权，并得到帝国主义的支持，可以调动各方面的军事力量和物质力量，无论是军队的数量还是武器装备，以及后勤物资，都占着绝对优势。毛泽东、朱德开辟的赣南和闽西根据地还未完全巩固，新成立没多久的红一方面军也就是 4 万余人，其中不少还是地方武装升级来的部队，有不少还是新兵，武器装备还很简陋，枪中子弹没有几颗，不少新兵还拿着大刀、梭镖。同时，由于根据地本身就处在省与省边界的偏僻山区和农村，交通不便，经济文化落后，因此，红军的补给面临着严重的困难。从双方上述条件对比看，这的确是实力悬殊的搏击，朱毛红军面临着严峻的形势，将经受血与火的考验。

然而，历史的发展却往往出乎人的意料，处于劣势的朱毛红军依仗着正确的战略战术，依仗着具有高度政治素质的红军广大干部战士，依仗着苏区人民群众的大力支援，连续取得了三次反"围剿"斗争的胜利。第三次反"围剿"之后，1931 年 11 月 7 日至 20 日，中华苏维埃第一次全国代表大会在中央苏区的瑞金召开，宣告成立中华苏维埃共和国，毛泽东被选为中央执行委员会主席和人民委员会主席。中华苏维埃共和国的成立，是新中国的一次伟大预演，是新中国的摇篮！毛泽东之所以成为新中国的国家主席，是历史的必然。"左"倾教条主义错误方针在中央苏区得到贯彻后，毛泽东被排挤出红军指挥岗位。周恩来、朱德运用以往反"围剿"斗争的成功经验，指挥红一方面军取得第四次反"围剿"胜利。第五次反"围剿"斗争开始后，"左"倾教条主义者博古，把军事指挥大权交给对中国国情完全不懂的共产国际军事顾问李德，结果导致了第五次反"围剿"斗争失败，中央红军主力不得不进行战略转移。

中央苏区五次反"围剿"斗争，既有许多成功的胜利的经验，又有惨痛的遭受严重挫折的教训，这些都是中国共产党在此后的革命斗争中珍贵的财富。

中央苏区四年反"围剿"斗争岁月，是血与火的岁月，是充满军事奇迹的岁月，是彰显红军与人民群众水乳交融的岁月，是可歌可泣的史诗般岁月！这段岁月虽然已经远去，但在中国人民革命史上镌刻下了永远不能磨灭的印记！

第一章　朱毛红军的崛起

一、毛泽东的队伍来到井冈山

毛泽东秘密回长沙

1927 年 8 月 12 日，正是酷暑的天气，长沙更是闻名全国的"火炉"，毛泽东秘密由武汉到长沙，住在他的岳父杨昌济的寓所。

这时，毛泽东的身份是中共中央特派员，回长沙的任务是同彭公达一起贯彻八七会议精神，并全权负责改组湖南省委。

毛泽东是湖南革命斗争的发动者、组织者、领导者，湖南革命运动的发展，倾注了他的心血。

1911 年春，18 岁的湘潭县韶山冲青年毛泽东第一次到长沙，考入湘乡驻省中学堂读书。同年 10 月 10 日辛亥革命爆发，血气方刚的毛泽东决定投笔从戎。22 日，长沙发生起义，毛泽东到起义的新军第二十五混成协第五十标第一营左队，当了一名列兵。1912 年 3 月，辛亥革命果实被袁世凯篡夺，毛泽东认为革命已经结束，退出军队，继续求学，先是在公立高级商业学校学习一个月，后又以第一名成绩考入湖南全省高等中学。这年秋天，毛泽东退学，每日到湖南省立图书馆自修。1913 年，20 岁的毛泽东经过认真思考，认为自己适合教书，遂于春天考入省立第四师范学校预科。次年 2 月，该校合并于湖南省立第一师范学校，毛泽东被编入一师预科第三班。同年秋天，被编入本科第八班。毛泽东在省立第一师范学校如鱼得水，拼命掌握新知识，接受新思想。1918 年 4 月，毛泽东等发起成立进步团体新民学会。新民学会的宗旨是："革新学术，砥砺品行，改良人心风俗"①。新民学会最初的会员有毛泽东、萧子升、何叔衡、萧三、陈赞周、邹鼎丞、张昆弟、蔡和森、邹蕴真、陈书农、周明谛、叶兆桢、罗章龙等。后来加入的有李维汉、周世钊、罗学瓒、向警予、郭亮、夏曦、蔡畅、易礼容、熊瑾玎、陶毅、彭璜、李思安、蒋竹如等。1919 年五四运动爆发，毛泽东积极参与组织湖南学生联合会，新民学会会员大多成为其工作人员。因而，毛泽东是湖南学生联合会的实际领导者。毛泽东主编的湖南学生联合会会刊《湘江评论》，在五四运动中产生了重要影响，北京、上海、成都的一些报刊，都转载过它的文章。此后，毛泽东领导了驱除湖南军阀张敬尧运动。1920 年 7 月，毛泽东与易礼容等创办文化书社，经营《新俄国之研究》《劳农政府与中国》《马克思资本论入门》《社会主义史》等译著，以及上海共产党早期组织编辑的刊物《劳动界》，传播马克思主义。同年 8 月，毛泽东又与方维夏、彭璜、何叔衡等组织湖南俄罗斯研究会。11 月，毛泽东与何叔衡等创建了长沙共产党早期组织。

1921 年 7 月下旬至 8 月上旬，中国共产党第一次全国代表大会召开，毛泽东和何叔衡作为湖南共产党早期组织代表参加了大会。会后，毛泽东回到湖南长沙，于 10 月 10 日成立中共湖南支部，并任书记。1922 年 5 月，湖南党支部已经发展到 30 人，毛泽东和何叔衡在此基础上又成立了中共湘区委员会，书记仍是毛泽东。与此同时，毛泽东还领导湘区团组织的建设，兼任社会主义青年团长沙执行委员会书记。

---

① 中共中央文献研究室编：《毛泽东年谱》（1893—1949）（上）（修订本），中央文献出版社 2013 年版，第 34 页。

中国共产党成立后以工人运动为中心工作，于 1921 年 8 月中旬在上海成立了"中国劳动组合书记部"，作为公开领导工人运动机构。毛泽东于 10 月在长沙成立了"中国劳动组合书记部湖南分部"，担任主任，领导湖南组织工会，先后发动了安源路矿、粤汉铁路、水口山铅锌矿和长沙泥木工人等一系列大罢工，掀起了湖南工人运动高潮。

国共合作后，毛泽东先是在国民党上海执行部工作过一段时间，1925 年 2 月上旬携夫人杨开慧和两个孩子回家乡韶山冲养病。他在韶山组织秘密农民协会，发展了一批农民党员，建立了中国农村第一个基层组织中共韶山支部，并领导了韶山历史上一次有名的"平粜阻禁"斗争，取得了胜利。北伐战争开始后，由于北伐军首先进入湖南，推动了工农运动发展。1926 年 12 月 1 日，湖南全省工团联合会改为湖南全省总工会。到 1927 年 2 月，全省有工会组织 533 个，会员达 32.6 万余人[1]。到 1927 年 5 月，工会会员达 40 万人。农民协会在 1926 年 11 月底有 54 个县建立，会员达 107 万[2]。到次年 1 月，又增加到 200 万人[3]。到马日事变前夕，农民协会会员发展到 500 多万[4]。全省拥有枪支的工农武装有 7000 人以上[5]。

由于湖南工农运动发展特别是农民运动迅猛发展，同地主豪绅有千丝万缕联系的国民党右派攻击农民"破坏了社会秩序"，是"痞子运动"，"扰乱了北伐后方"，"糟得很"。面对国民党右派对农民运动的攻击，陈独秀害怕工农运动的发展会导致国共联合战线破裂，在党的会议上说：湖南工农运动"过火"、"幼稚"、"动摇北伐军心"、"妨碍统一战线"。由此，制定了限制工农运动的策略。

农民运动到底是"糟得很"，还是"好得很"？时任中共中央农委书

---

① 中共中央党史研究室著：《中国共产党历史》（1921—1949）（第一卷）上册，中共党史出版社 2002 年版，第 179 页。

② 中共湖南省委党史研究室著：《中国共产党湖南历史》（1920—1949），湖南人民出版社 2008 年版，第 225 页。

③ 中共中央党史研究室著：《中国共产党历史》（1921—1949）（第一卷）上册，第 179 页。

④ 中共中央党史研究室著：《中国共产党历史》（1921—1949）（第一卷）上册，第 213 页。

⑤ 中共湖南省委党史研究室著：《中国共产党湖南历史》（1920—1949），第 274 页。

记的毛泽东从 1927 年 1 月 4 日开始，在戴述人等陪同下，身穿蓝布长衫，脚穿草鞋，手拿雨伞，考察了湘潭、湘乡、衡山、醴陵、长沙等五县，历时 32 天，行程 700 公里。回到武汉后毛泽东立即奋笔疾书，写下了 2 万多字的《湖南农民运动考察报告》。在这个报告中，毛泽东盛赞湖南农民运动"好得很"！报告列举了湖南农民运动所做的 14 件大事，认为都是革命行动和完成民主革命的措施。毛泽东指出：农民运动"把几千年封建地主的特权，打得个落花流水。""孙中山先生致力国民革命凡四十年，所要做而没有做到的事，农民在几个月内做到了。这是四十年乃至几千年未曾成就过的奇勋。"[①] 瞿秋白非常推崇毛泽东的《湖南农民运动考察报告》，认为中国革命者个个都应该读一读毛泽东的这本书。

毛泽东的《湖南农民运动考察报告》还引起了共产国际的注意。1927 年 5 月 27 日和 6 月 2 日，共产国际执行委员会机关刊物《共产国际》先后用俄文和英文翻译发表了这个报告。布哈林在共产国际执行委员会第八次全会上称赞毛泽东为"我们的鼓动家"，"报告写得极为出色，很有意思，而且反映了生活。"[②]

从上述简短的介绍看，自 1918 年 4 月毛泽东发起成立新民学会开始，至 1927 年马日事变前夕，在这整整九年的时间内，毛泽东一步一个脚印，一颗汗珠摔八瓣，在湖南这片土地上辛勤耕耘，播下革命种子，使之成为革命发展的良田沃土，不仅如前所述工会会员达 40 万，有组织的农民达 500 万，是工农运动的中心，而且共产党员人数达 2 万多人[③]，是全国党员人数最多、党组织分布最广的省份。湖南地处中国中部，地理位置重要，革命力量如此雄厚，在大革命的关键时刻，中共中央如果采取正确的方针，湖南将发挥不可估量的作用。

然而，陈独秀为首的中共中央却沿着右倾机会主义的泥潭越滑越

① 毛泽东：《湖南农民运动考察报告》（1927 年 3 月），《毛泽东选集》第一卷，人民出版社 1991 年版，第 14、15—16 页。

② 《布哈林的报告》（1927 年 5 月 18 日—30 日），中共中央党史研究室第一研究部编：《共产国际、联共（布）与中国革命档案资料丛书·共产国际、联共（布）与中国革命文献资料选辑》（1926—1927）第 6 卷，北京图书馆出版社 1998 年版，第 119 页。

③ 中共湖南省委党史研究室著：《中国共产党湖南历史》（1920—1949），第 273 页。

深。1927 年 5 月 21 日，由原直系军阀部队改编的国民革命军第三十五军第三十三团团长许克祥在长沙发动反革命叛乱，调动军队向国共合作的国民党湖南省党部、省总工会、省农民协会等机关发起突然进攻，收缴工人纠察队的枪械，捕杀共产党员和革命群众 100 多人，使长沙笼罩在白色恐怖之中。由于按照当时的电报代日韵目 21 日这天为"马"字，因而史称为马日事变。事变发生后，在"左派"面目伪装下的汪精卫等力主"调解"所谓"军工冲突"，一面声称要查办许克祥，一面又下令查办工农运动的"过火"行为。习惯于看着汪精卫脸色行事的陈独秀最初主张像对付夏斗寅叛乱那样以武力解决许克祥部，但听到汪精卫的意见后，马上就改变了主张，认为从政治上考虑目前不宜武力讨伐，指示党内此事应由武汉政府解决，不得自由行动。陈独秀甚至公开指责这次事变"自然和湖南农民运动的幼稚行动不无关系"[①]，决定派谭平山去湖南纠正"过火"行为。

马日事变发生后，中共湖南临时省委一度决定调长沙附近 10 余县的万余农军向长沙进军，但在陈独秀和平解决的方针下，有人害怕农军进攻长沙会破坏国共合作，又中途改变计划，下令撤退。浏阳等地的 5000 农军因未及时接到命令，单独进攻长沙，结果被许克祥打败。各县农军也先后被各个击破。这样，许克祥更加嚣张和疯狂了，短短 20 多天里，在长沙附近各县屠杀 1 万多人。湖南党组织遭到严重打击。

湖南的惨状令毛泽东心中滴血，向中共中央提出要求回湖南工作。6 月 17 日，在中共中央常委会议上，时任中央军事部部长的周恩来提出湖南暴动计划，但被共产国际代表罗易拒绝。周恩来气得和罗易大吵一场。时任中共中央常委的蔡和森在会上提议改组湖南省委，由毛泽东任书记。会议对蔡和森的提议没有讨论，有人对此还有非议，说毛泽东和蔡和森要在党内组织"左派"。拖至 6 月 24 日，中共中央政治局常委会议才决定派毛泽东回湖南组织新的省委并担任书记。就在毛泽东工作初见成效时，在十天后又被中共中央召回，参加 7 月 4 日召开的中共中

---

① 独秀：《湖南政变与讨蒋》，《向导》第 199 期，1927 年 6 月 20 日。

央政治局扩大会议,讨论湖南农民协会和农民自卫军如何对待敌人的搜捕和屠杀问题。毛泽东在会上发言中提出了保存农民武装的两种策略:"a. 上山;b. 投入到军队中去。上山可以造成军事势力的基础。"①

陈独秀在大革命的紧要关头,除了对汪精卫步步退让外,其他则束手无策,惹得共产国际也恼火了。7 月 12 日,根据共产国际的指示,中共中央改组,由张国焘、李维汉、周恩来、李立三、张太雷组成中央临时常务委员会,陈独秀离开中共中央最高领导岗位。中国历史出现新转机。

新的中央决定紧急疏散、撤离和隐蔽党在武汉的各级组织和党员,派毛泽东前往四川,毛泽东请求仍回湖南工作。中共中央根据毛泽东的请求,让他指导湖南省委工作,研究湖南军事形势,筹划湖南秋收起义。

8 月初,毛泽东为中共中央起草了一个《湘南运动大纲》,提出:"湘南特别运动以汝城为中心,由此中心而占领桂东、宜章、郴州等四、五县,成一政治形势,组织一政府模样的革命指挥机关,实行土地革命,与长沙之唐政府对抗,与湘西之反唐部队取联络。"毛泽东认为,建立湘南政府的作用在于:使唐生智在湖南本来未稳定的统治更加不稳定,激起唐的部下迅速分化;成为湖南全省农民暴动的先锋;造成革命力量之中心,以达推翻唐生智政府的目的。为此,毛泽东建议:中央命令彭湃不要将在汝城的广东农军调往他处;浏阳、平江一千名农军立即由郭亮率领赶赴汝城;南昌起义军中调一个团到汝城。毛泽东认为这三部分兵力可以组成一个师,以南昌起义军的这一个团作为中坚力量,至少有占领五个县以上的把握。关于湘南革命政府归属问题,毛泽东建议:"湘南须受江西革命领导机关的指挥,革命的粤政府成立,则受粤政府指挥。并供给其需要,中央应命令江西方面执行此计划。""党的湘南特别委员会,受湖南省委的指挥,在交通阻隔时得独立行使职权。"② 毛泽东这个建议被中共中央采纳。

---

① 中共中央文献研究室编:《毛泽东传》(1893—1949)上,中央文献出版社 1996 年版,第 135 页。

② 毛泽东:《湘南运动大纲》(1927 年 8 月)。

很明显，马日事变后，面对反动军官许克祥在湖南的疯狂屠杀，对党内右倾机会主义充满怒火的毛泽东，一直要求回湖南工作，领导湖南党组织开展武装斗争。对毛泽东来说，湖南是他最熟悉的地方，有雄厚的革命基础，是领导开展武装斗争的广阔天地，只有湖南才适合他。虽然他没有从事过武装斗争，但血的教训告诉他，在半殖民地半封建社会的中国，只有武装斗争，才是革命成功的唯一出路。他后来曾说："我是一个知识分子，当一个小学教员，也没有学过军事，怎么知道打仗呢？就是由于国民党搞白色恐怖，把工会、农会都打掉了，把五万共产党员杀了一批，抓了一批，我们才拿起枪来，上山打游击。"[1]

毛泽东回到湖南后先是借送杨开慧回板仓村的机会，邀请五位农民、一位篾匠和一位小学教师开了两天调查会，了解当地农民要求全盘解决土地问题的想法。回到长沙城后，他又征询由韶山老家来省城的五位农民的意见。根据这些调查，毛泽东拟出了土地纲领数条。

在调查中，毛泽东发现了问题，由于国民党军残酷镇压工农运动后，群众对国民党的看法已经完全改变了，把国民党的旗帜看成是军阀的旗帜。在大革命即将失败的时候，共产国际指示中国共产党退出武汉政府，但不退出国民党，继续打国民党的旗帜。根据共产国际的指示，南昌起义打的是"国民党左派"的旗帜，八七会议作出同样的规定。一贯从实际出发的毛泽东开始考虑秋收起义打不打国民党旗帜的问题。

8月18日，湖南省委在长沙市郊沈家大屋召开会议。会议研究了暴动问题、土地问题、暴动的区域问题。在讨论暴动以什么旗帜相号召时，毛泽东坚决主张，我们应高高打出共产党的旗帜，不能再照八七会议规定的那样打国民党的旗帜，得到大家的赞同。与会者认为：中国革命现在已经到了俄国1917年10月那样，但在中国，重要的过程是土地革命，其政权是工农的，不是纯粹无产阶级，现在应扩大宣传苏维埃政权。在我们暴动力量发展最大的地方，应即刻建设苏维埃式的政府。民选革命

[1]　毛泽东：《支持被压迫人民反对帝国主义的战争》（1964年6月23日），《毛泽东外交文选》，中央文献出版社1994年版，第530页。

政府的口号已经臭了，北洋军阀吴佩孚、赵恒惕都自称是民选，所以现在不能用这个口号，现在应竭力宣传和建设工农政权。

8月19日，中共湖南省委将湖南秋收暴动计划报告中共中央。次日，毛泽东以中共湖南省委的名义给中共中央写信，提出了他对打国民党旗帜的不同意见。信中说：

> 某同志来湘，道及国际新训令，主张在中国立即实行工农兵苏维埃，闻之距跃三百，中国客观上早已到了一九一七年，但从前总以为这是在一九〇五年，这是以前极大的错误。工农兵苏维埃完全与客观环境适合，我们此刻应有决心立即在粤、湘、鄂、赣四省建立工农兵政权。此政权既建设，必且迅速的取得全国之胜利。望中央无疑的接受国际训令，并且在湖南[上]实行。
>
> 因为国际这个新训令，影响到我对国民党的意见，即在工农兵苏维埃的时候，我们不应再打国民党的旗子了。我们应高高打出共产党的旗子，以与蒋、唐、冯、阎等军阀所打的国民党旗子相对。国民党的旗子已成军阀的旗子，只有共产党旗子才是人民的旗子。这一点我在鄂时还不大觉得，到湖南来这几天，可见唐生智的省党部是那样，而人民对之则是这样，便可以断定国民党的旗子真不能打了，再打则必会失败。从前我们没有积极的取得国民党领导权，而让汪、蒋、唐等领导去，现在即应把这面旗子让给他们，这已经完全是一面黑旗。我们则应立刻坚决的树起红旗。至于小资产阶级，让他完全在红旗领导之下，客观上也必定完全在红旗领导之下。①

中共中央收到湖南省委秋收暴动计划和毛泽东的信后，于8月22日召开常委会议研究，没有采纳毛泽东的打共产党旗帜的意见。次日，中共中央给湖南省委复信，认为："中国现在仍然没有完成民权革命，仍然还在民权革命第二阶段。此时我们仍然要以国民党的名义来赞助农工的民主

---

① 《中共湖南省委给中共中央的信》（1927年8月20日），中共湖南省委党史资料征集研究委员会《湘赣边界秋收起义》协作组编：《湘赣边界秋收起义》，湖南人民出版社1987年版，第50—51页。

政权，但不是照以前那样的工农赞助国民党。到了第三阶段才是国民党消灭苏维埃实现的时候，你们以为目前中国革命已进到第三阶段可以抛去国民党的旗帜实现苏维埃的政权，以为中国客观上早已到了一九一七年了，这是不对的。"[①]要求湖南省委执行中共中央打国民党旗帜的决定。信中还批评毛泽东和中共湖南省委的暴动计划偏重军力，是一种军事冒险。

对于中共中央不合实际的批评，毛泽东和中共湖南省委没有接受，按计划进行准备秋收暴动。8 月 30 日这天，中共湖南省委接到安源市委关于湘赣边界工农武装力量的报告后，立即召开省委常委会议，讨论湖南秋收暴动的最后计划。会议确定，首先集中力量在条件较好的地区平江、浏阳、醴陵等县和安源发起暴动，决定成立暴动机关：由各地军事负责人组成中共湖南省委前敌委员会，以毛泽东为书记；由各暴动地区党的负责人组成行动委员会，以易礼容为书记。会议指定省委书记彭公达去汉口向中共中央报告湖南暴动计划，毛泽东去湘赣边界统率工农武装，组织前敌委员会，领导秋收暴动。

湘赣边界举红旗

8 月 31 日，毛泽东乘火车由长沙前往安源部署武装起义。9 月初，毛泽东赶到安源，在张家湾召开会议，到会有中共浏阳县委书记潘心源、安源市委负责人宁迪卿、赣西农民自卫军总指挥兼安福县农军负责人王兴亚等。毛泽东在会上首先传达了八七会议精神和中共湖南省委的秋收暴动计划。接下来，会议讨论了军事和农民暴动的布置，决定分为三路暴动："第一路以安源工人及矿警队为主力，首先由工人暴动，夺取矿警武装，枪决反动官长，然后再进攻萍乡与醴陵，向长沙取包围形势。……第二路是以平江农民及义勇队为主力。平江义勇队由修水向平江进攻，鼓励平江农民在各地暴动，夺取平江后，再向长沙进展。第三路是以浏阳农民及义勇队及余洒度之一团为主力，由铜鼓向浏阳进攻，

[①] 《中央复湖南省委函——对暴动计划、政权形式及土地问题的答复》（1927 年 8 月 23 日），中央档案馆编：《中共中央文件选集》（1927）第 3 册，第 353 页。

鼓动浏阳农民在四乡暴动。"[①]

由于第三路军事力量比较强，并且地势较险，浏阳又靠近长沙，进可以战，退可以守，毛泽东决定直接指挥这一路行动。

9月6日，毛泽东在安源得知中共湖南省委常委决定的暴动日期：9日开始破坏铁路，11日各县暴动，15日长沙暴动。他立刻以前敌委员会的名义，向在铜鼓的第三团下达起义计划和部署，通知他们将参加起义的部队名称统一定为工农革命军第一军第一师，并要他们立刻将这个决定和行动计划向在修水的师部和第一团转达。

9月10日，毛泽东到达驻铜鼓的第三团团部，宣布把部队改编为工农革命军第一军第一师第三团，向浏阳前进。毛泽东到铜鼓的前一天，湘赣边界秋收起义已按湖南省委原定日期爆发。中共湖南省委组织铁路工人破坏了长沙至岳阳和长沙至株洲的铁路。工农革命军第一师师部在修水率领第一团宣布起义，但没有按计划到铜鼓与第三团会合，而是单独向平江方向前进。战斗打响前，去武汉汇报工作的卢德铭赶回部队，就任工农革命军第一师总指挥。

三路起义发动，目标直指长沙。从马日事变以来，一直酝酿的起义计划，终于付诸实施了。

毛泽东很快就迎来了挫折的考验。由于起义开始时是分为三路进行的，缺乏统一指挥，而各路指挥者能力不强，又没有经验，很快便受到挫折。

由警卫团编成的工农革命军第一师第一团，由于起义前收编的黔军邱国轩团突然叛变，9月11日在平江东郊金坪遭受巨大损失，退往平江、浏阳边界。由平江、浏阳工农义勇队编成的第三团9月14日进攻浏阳东门市因敌我力量悬殊，也遭受失利。由安源工人和矿警队编成的第二团最初比较顺利，先后占领醴陵、浏阳县城，于是产生了麻痹轻敌思想，认为敌人不过如此，长沙也一定能够拿下。于是，放松了对敌人反扑的警惕，干部、战士满街乱逛，团长王兴亚和几个营长去喝酒，团部连个管

① 《秋收暴动之始末——潘心源1929年7月2日向中共中央的报告》，中共湖南省委党史资料征集研究委员会《湘赣边界秋收起义》协作组编；《湘赣边界秋收起义》，第121页。

事的人都没有。9 月 17 日下午三四点钟，第二团遭到敌人优势兵力的突然袭击，部队几乎全部溃散。

鉴于工农革命军第一师三个团起义后都受到挫折，毛泽东当机立断，改变原定部署，下令各路起义部队停止进攻，先退到浏阳文家市集中。这时，工农革命军第一师已由原来的 5000 人锐减至 1500 人了。

秋收起义部队集结的地方——湖南浏阳文家市

毛泽东的决断无疑是正确的。当时三个团，分散行动，缺乏坚强统一的领导，再照此各行其是前往进攻长沙，除了失败，没有他途。

9 月 19 日晚，毛泽东在文家市里仁学校主持召开有师、团负责人参加的前敌委员会会议，讨论工农革命军今后的行动方向问题。会上，对于收编邱国轩团造成第一团巨大损失有不可推卸责任的余洒度，慷慨激昂地要求"取浏阳直攻长沙"，并认为"取浏有把握"[①]。

毛泽东认为当地农民起义没有形成巨大的声势，单靠工农革命军现有的力量不可能攻占国民党军队设防的长沙，湖南省委原来定的计划已无法实现[②]。据此，他主张放弃进攻长沙，把起义军向南转移到敌人统治力量薄弱的农村山区，寻找落脚点。

余洒度的主张符合湖南省委要求，得到一些与会者赞同。但总指挥卢德铭坚决支持毛泽东的意见。卢德铭是余洒度的老上级，在警卫团有

---

① 《余洒度报告——警卫团及平浏自卫军合并原委参加此次两湖战役报告略书》（1927 年 10 月 19 日），中央档案馆编：《秋收起义》（资料选辑），中共中央党校出版社 1982 年版，第 133 页。

② 1927 年 9 月 15 日晚，中共湖南省委决定停止原来准备在 9 月 16 日发动的长沙暴动。

很高的威望。最后会议经过激烈争论，通过了毛泽东的主张，"议决退往湘南"①。这个决定，迈出了由进攻大城市转向农村建立革命根据地、保存和发展革命力量的第一步。

9月20日清晨，工农革命军第一师集中到里仁学校操场上，毛泽东向大家宣布了改变行动方向的决定。他告诉大家：革命由高潮转入低潮了，我们也要变。我们的力量还不大，不能继续打长沙。以后我们的力量大了，一定会打长沙的。文家市不是久留的地方，要找个合适的落脚点，去当"山大王"。这次秋收暴动打了几个败仗，算不了什么，万事开头难，要革命嘛，就要不怕困难。

创建井冈山根据地

工农革命军南下不久，原浏阳工农义勇队中队党代表宋任穷受中共浏阳县委派遣赴南昌向江西省委请示工作后返回部队，带回了江西省委书记汪泽楷的一封信件。他将信件交给毛泽东的同时，还转告了汪泽楷告诉他的一个消息："宁冈县有几十支枪，是我党领导的"②。毛泽东在安源张家湾会议上曾听王兴亚讲过这个情况，在宋任穷这里又得到了证实。尽管，毛泽东这时还没有更详细的了解，但这个消息对于他思考部队的落脚点问题应该是有影响的。

9月23日，起义军在江西萍乡县芦溪遭到敌人伏击，总指挥卢德铭不幸牺牲。卢德铭是党培养出来的为数不多的有实战经验的军事骨干，他的牺牲，是秋收起义部队的重大损失。

9月26日清晨，起义军攻下莲花县城。部队进城后，砸开监狱，救出共产党员和革命群众一百多人。工农革命军自文家市南下以来，一再受到挫折，加上总指挥卢德铭牺牲，大家情绪十分低落，攻下莲花县城，

---

① 《苏先俊报告——关于浏阳、平江、岳阳作战经过报告书》(1927年9月17日)，中央档案馆编：《秋收起义》(资料选辑)，第51页。

② 《访问宋任穷同志记录》，中共湖南省委党史资料征集研究委员会《湘赣边界秋收起义》协作组编：《湘赣边界秋收起义》，第129页。

这种沉闷的气氛才被打破。

起义军南下这段时间，后面有敌人追赶，没有休整和补充的地方，加上疾病流行，使战斗力大减，一般干部和战士思想十分混乱。参加秋收起义的指战员们，最初都没有想到革命处于低潮时期，只是出于对屠杀工农群众的反动派的愤怒和仇恨，恨不得把这些敌人斩尽杀绝，充分表现出一种拼命和急躁情绪；一遇到挫折，就又产生了悲观情绪，认为革命前途无希望了，感到彷徨无依，不少人离队而去。要想保住工农革命军，必须解决这些问题。

9月29日，起义军到达江西永新县三湾村时，毛泽东召开前委会议，决定对保留下来的不足千人的队伍进行改编：由原来一个师缩编为一个团；建立党的各级组织和党代表制度，党的支部建在连上，班、排有小组，连以上设立党代表，营、团建立党委，部队的一切重大问题，都必须经党组织集体讨论决定；在连以上建立士兵委员会，实行民主制度，在政治上官兵平等。

三湾枫树坪

三湾改编，从组织上确立了党对军队的领导，开始改变旧军队的习气和农民的自由散漫作风，迈出了建设新型人民军队非常重要的一步。

10月3日，起义军到达宁冈古城。毛泽东在古城文昌宫召开了两天前委扩大会议，参加的有营以上干部和宁冈县党的负责人龙超清及袁文才部文书陈慕平等。会上总结了秋收起义以来的经验教训。毛泽东说：秋收起义虽然受了一些挫折，军事上失利了，但战略上并没有失败。我们要鼓足信心，放下担子，轻装上阵，建立后方。会议着重研究建立根据地问题，确定在湘赣边界中段的罗霄山脉中段建立根据地，以井冈山为依托，以宁冈为中心开展工作；决定对原在井冈山的袁文才、王佐两支地方武装从政治上、军事上对他们进行团结和改造，并尽快先在茅坪设立后方留守处和部队医院。

10月6日，毛泽东带几个人到宁冈大仓村会见袁文才，双方谈得十分融洽。毛泽东送袁文才100多条枪，袁文才回赠工农革命军600块银元，并同意革命军在茅坪建立后方医院和留守处，答应上山做王佐的工作。

井冈山建立革命根据地，团结、争取袁文才、王佐在当时来说是必须的条件，然而，争取他们是需要一个过程的。鉴于此，毛泽东决定工农革命军主力在井冈山周围盘旋打游击，先向湖南的酃县（今炎陵县）方向挺进，筹些款子，熟悉周围环境，打探南昌起义军进入广东后的情况，把留守部门和伤病员安置在茅坪，请袁文才代管。

经过一段转战后，工农革命军返回井冈山，于10月27日抵达茨坪，11月初到达茅坪，开始了创建井冈山革命根据地的斗争。

毛泽东同志在茨坪的旧居

毛泽东率领秋收起义队伍上井冈山时，国民党新军阀李宗仁和唐生智之间的战争爆发，唐生智将控制两湖的军队全部投入战争。江西的朱培德也将部队主力调往赣北，井冈山周围各县国民党兵力空虚，只留下地主武装靖卫团和挨户团。此乃毛泽东创建井冈山根据地的良机。

毛泽东率领工农革命军首先在边界各县进行打土豪、发动群众的游击暴动，建立县、区、乡各级革命政权。1927年11月，工农革命军攻占茶陵县城，成立了湘赣边界第一个红色政权——茶陵县工农兵政府，印刷工人出身的谭震林任主席。1928年1月，工农革命军占领遂川县城，成立遂川县工农兵政府，农民出身的王次淳当选为主席。2月中旬，工农革命军取得宁冈新城大捷，打破了江西国民党军队的第一次"进剿"。2月下旬，宁冈县工农兵政府成立，农民出身的文宗根担任主席。

从1927年10月至1928年2月，毛泽东率领工农革命军上井冈山后，经过艰苦斗争和探索，红色区域已经有宁冈全县，永新、遂川、莲花、酃县、茶陵各一小部。与此同时，宁冈、永新、茶陵、遂川四个县委和酃县特别区委先后成立，莲花县也开始建立党的组织。至此，奠定了井冈山根据地的基础。

湘赣边界秋收起义计划制订时是以占领大城市长沙为目的的，在起义遭到挫折后，毛泽东从实际出发，没有继续执行中央的进攻路线，而是适时地率领部队退却到敌人力量薄弱的农村山区，才将这些珍贵的革命火种保存了下来。事实证明，毛泽东率领秋收起义部队上井冈山，在这里建立农村革命根据地，是一条保存和发展革命力量的正确道路。这条道路，代表了1927年大革命失败后中国革命的发展方向。

二、朱德率部转战粤赣湘边

朱德率兵血战三河坝

就在毛泽东在文家市召开前委会议决定秋收起义部队退往湘南的同一天，南昌起义军占领了广东大埔县三河坝。三河坝是一个大镇子，因梅江、汀江、韩江在此汇合而得名。从北面流过来的汀江，同从西南面流过来的梅江在此汇合后，向南流入韩江。在三河坝对岸，是 80 多米高的笔枝尾山。此山形如鱼尾，山势险要，雄视三江，易守难攻，是兵家必争之地。

在占领三河坝后，南昌起义军进行了分兵：由周恩来、贺龙、叶挺、刘伯承等率领第二十军和第十一军第二十四师，从大埔乘船，经韩江顺流而下，直奔潮汕；朱德率领第十一军第二十五师和第九军教育团，共约 4000 人任留守三河坝，以防敌军从梅县抄袭进军潮汕的起义军主力的后路。

留下来的第二十五师，是南昌起义军党的力量和战斗力最强的部队，系由北伐时赫赫有名的叶挺独立团发展而来。

南昌起义时，第二十五师驻在九江马回岭，聂荣臻奉周恩来之命到马回岭，负责策动第二十五师参加起义。聂荣臻到后立即开展紧张的工作，多次进行个别和集体谈话，动员做好起义准备工作，拟定起义的各项具体计划。8 月 1 日，聂荣臻与周士第共同商定了具体起义计划，立即举行起义。参加起义的部队有七十三团全部、七十五团三个营、七十四团重机枪连。下午 1 时，各部队开始行动。第七十五团三个营先走，第七十四团的重机枪连接第七十五团团部，第七十三团走在最后。

张发奎得知聂荣臻、周士第拉走部队的消息后，带人乘火车前往追赶，要求部队停止行动。聂荣臻命令一排战士对着张发奎乘坐的火车放了一阵枪，吓得张发奎与李汉魂等跳下车，一溜烟逃走了。

起义部队到德安后，到南昌的火车不通了，第七十三团由周士第带领，第七十五团由聂荣臻带领，连夜赶往南昌，于 8 月 2 日拂晓抵达南昌城下。

在南昌，起义军总指挥部决定重新组建第二十五师，隶属第十一军，以周士第为师长，李硕勋为党代表，原第七十三团仍编为第七十三团，原第七十五团三个营编为第七十五团，将由七八百青年组织起来的一支队伍拨给第二十五师，抽调一部分党员作骨干，与原第七十四团重机枪连合编为第七十四团。这样，第二十五师下辖三个团，成为一个建制完整的师，是起义军战斗力强的主力之一。

将第二十五师留下守三河坝，说明起义军总指挥部认为这个任务的重要性。三河坝分兵，削弱了南昌起义军的战斗力，看起来是件坏事，但从事后的结果看，又是件好事。同时，第二十五师这个经党精心培育的军事骨干力量得以保存，在此后的斗争发挥了非常重要的作用。

负责指挥留守三河坝的部队，朱德的军事生涯也发生了根本性的变化。朱德这年 41 岁，已属于不惑之年。

朱德于 1909 年考入云南陆军讲武堂，同年冬加入同盟会。1911 年 8 月毕业，同年参加辛亥革命云南起义，任队官。云南独立后任排长，不久任连长。1913 年夏任滇军营长，驻防云南边境蒙自、开远，率部剿灭法帝国主义支持的武装土匪，因功升任副团长、团长。1916 年 1 月，任滇军步兵第十团团长，参加护国运动。不久，所部改编为护国军第一军第三梯团第六支队，朱德任支队长，赴四川泸州作战。1917 年 7 月，所部改编为靖国军第二军第十三旅，任旅长，卷入川、滇、黔各军之间以及四川军阀混战。1918 年，任云南靖国军第二军第三混成旅旅长。1919 年受五四运动影响，开始读《新青年》《新潮》等进步书刊，接受新思想，主张中国只有实行苏俄那样的办法才有出路。1921 年 3 月，任云南陆军宪兵司令官。1922 年 2 月任云南警务处处长兼云南省禁烟局会办。同年 5 月唐继尧重新掌握云南军政大权，朱德被通缉。6 月，乘船顺江而下到达上海寻找中国共产党，但未找到。8月，朱德找到了中国共产党的最高领导人陈独秀，要求参加共产党，结果被拒绝。9月，朱德与好友孙炳文等乘法国邮轮"安吉尔斯号"前往欧洲留学。这年，朱德已经36岁了。

从朱德的这段人生经历看，自1911年云南讲武堂毕业参加辛亥革命算，从军已经11年了，由一个基层排级军官一步一个台阶升至一个高级将领，积累了丰富的军事经验。

朱德到欧洲后，先是到法国巴黎，旋即到德国柏林，见到了周恩来。两人一见如故，遂成为终生的战友。11月，经中共旅欧组织负责人张申府和周恩来介绍，朱德加入中国共产党。在德国，朱德于1923年曾入哥根廷的盖奥尔格－奥古斯特大学哲学系专修社会学，一边潜心研究西方军事历史，一边从革命活动。1925年7月，朱德由旅欧党组织的安排，进入苏联莫斯科东方劳动者共产主义大学学习。这是一次难得的机会，朱德在这里系统学习了辩证唯物论、历史唯物论、政治经济学、军事学，还学了中国和世界经济地理，不仅政治理论得到进一步提高，而且眼界大开。同年10月，朱德入在莫斯科近郊莫洛霍夫村举办的秘密军事训练班学习，任学员队队长，共学了六七个月。朱德本来有在云南讲武堂学到的旧军队的军事知识和11年的实战经验，再加上学到的苏联红军的无产阶级军队军事理论和战略战术，已经具备了一个大军事家的条件，是中国共产党罕见的军事人才。他所欠的只是一个施展军事指挥才能的舞台。

1926年7月，朱德从苏联回国，被陈独秀派到川军杨森部工作，策动杨森归顺国民政府。1927年1月中下旬，朱德脱离杨森第二十军，按照中共中央军委的指示到江西南昌，被朱培德任命为第五方面军总参议、第三军军官教育团（即南昌军官教育团）团长。同年4月，时为国民党江西省政府主席的朱培德又命朱德兼任南昌市公安局局长。南昌起义后，朱德被起义总指挥部任命为第九军副军长。由于第九军军长韦杵未到任，8月3日，朱德又被任命为军长。当时，第九军是个空架子，没有兵，只有一个原南昌军官教育团再补充一部分铁路工人和青年学生编成的第九军教育团。陈毅在回忆中曾说："朱德同志在南昌暴动的时候，地位不重要，也没人听他的话，大家只不过尊重他是个老同志罢了。"[1]

自 1922 年夏朱德离开滇军寻找中国共产党起，已经五年没有指挥部队作战了。而留守三河坝，朱德又能重新指挥部队作战了，并且这时指挥的是党领导下的军队作战，这就为他展现杰出军事指挥才能提供了崭新的舞台。以后的事实也证明，朱德没有辜负党的期望。

10 月 1 日，得知敌钱大钧部正向三河坝开进的情报后，朱德带领第二十五师师长周士第等，仔细察看了三河坝的地形。经过察看，朱德认为，三河坝位于三江交汇处，发生战斗时，第二十五师如果留在三河坝将背水作战，这是历来兵家之大忌。于是，朱德决定把部队转移到三河坝对岸的东文部、笔枝尾山、龙虎坑、下村一带布防。部队在笔枝尾山、龙虎坑一带连夜构筑防御工事。师指挥所设在龙虎坑东边高地，朱德、周士第和第二十五师党代表李硕勋、师参谋处长游步仁都在这个指挥所，随时准备迎击敌人。

为了迎接激烈的大战，次日午后，朱德在河滩竹林旁边召集全师官兵讲话。朱德鼓励大家：要坚守三河坝，牵制敌人兵力，为向海陆丰的主力创造有利条件。他强调指出：我军都是农民出身，革命的军队必须与农民结合，才能取得革命胜利。并号召大家要发扬在会昌歼敌的精神，保持"铁军"的荣誉，战胜来犯敌人。

朱德还向大家讲了如何构筑工事，如何防御阵地；对过江的敌人什么时候打、怎样打最有利。他丰富的军事知识使听者十分钦服。

第二十五师布防完毕，敌钱大钧部三个师十个团，约两万人向三河坝扑来。敌人用了 20 多只小船，企图利用夜色偷渡。岂料起义军早已严阵以待，当敌人木船行至江中时，按照朱德半渡而击之的命令，一齐开火，打得敌人丢盔弃甲，狼狈逃回对岸。

第二天，敌人卷土重来。周士第回忆说："我军坚守阵地，顽强抵抗，一次又一次地粉碎了敌人强行渡河的企图，打沉了许多装载敌人的

---

① 刘树发、王小平编：《陈毅口述自传》，大象出版社 2010 年版，第 64 页。

渡船。有的船上敌人全被我们打死了，无人掌舵，在河里团团打转；有的船上敌人被打落水，活活淹死。敌人伤亡很大。"[1]

10月5日，敌人集中许多大炮和重机枪，向起义军阵地猛烈炮击和射击，掩护敌人渡过韩江。起义军虽然毙伤敌人甚众，但仍有数百敌人进到三河坝对岸南面的石子笃山脚。朱德、周士第命令第七十三团一部出击，全歼了这股敌人，缴枪几百支。

敌人不甘心，又有一股从大麻街附近渡过韩江，占领了梅子崇一带。朱德、周士第命令第七十三团又一次出击。由于敌众我寡，敌人又占领了有利地形，第七十三团未能把敌人击退，双方成对峙状态。师参谋处长游步仁在梅子崇附近指挥第七十三团作战时受重伤，部队转移到福建平和县时不幸牺牲。

敌军继续集中火力向第七十五团阵地猛烈射击，掩护其部队向起义军进攻。第七十五团团长孙一中在战斗中负伤，第五连连长张子良和另外一个连长牺牲。守卫在笔枝尾山顶的第三营，在营长蔡晴川的指挥下，打退敌人无数次进攻，杀伤许多敌人。由于连日作战，敌我力量悬殊，第三营的子弹、手榴弹全打光了，在与敌人进行肉搏之后，蔡晴川和全营官兵壮烈牺牲。

在留守三河坝的起义军同敌人进行激烈鏖战时，当地人民群众给他们很大的支援。500名妇女组成担架队，帮助救助伤员。在战斗进行中，当地群众还燃放鞭炮，帮助起义军迷惑敌人。老人和儿童为战士们送饭送水，一些赤着脚的妇女甚至充当了传令兵的角色，把指挥部的命令迅速传到各部队。群众还将他们得到的敌军调动的情报不停地送到指挥部，其准确和详细程度令朱德吃惊。

10月5日晚，朱德认为，经过三天三夜的坚守，大量杀伤敌人，掩护主力进军潮汕地区的任务已经完成。起义军伤亡也很严重，为了保存实力，必须立即撤出战斗，前去潮汕追赶主力。

---

[1] 周士第：《起义中的第二十五师》，《星火燎原》（选编之一），中国人民解放军战士出版社1979年版，第70—71页。

赣南整顿

10 月 6 日清晨，朱德和周士第率领约 2000 人的起义军，撤出三河坝，当晚，到达饶平县城以北一个叫做茂芝的小村子。第二天一早，遇见第二十军教导团参谋长周邦采带领的从潮安退下来的 200 多名官兵，后来成为开国第一大将的粟裕就在这支队伍中。从他们口中，朱德得知起义军主力在潮汕失败的消息。前去追赶主力，主力却已经失败了，部队中许多人如冷水突然浇头。下一步怎么办？部队要向何处去？

在这部队何去何从的时候，朱德站了出来。粟裕在回忆文章中说：

当时我们这支队伍的处境极端险恶。敌人大军压境，麇集于潮汕和三河坝地区的国民党反动军队有五个多师，共约 4 万人左右，其势汹汹，企图完全消灭我军，扑灭革命火种。从内部来说，我们的部队刚从各方面会合起来，在突然遭到失败的打击之下，不论在组织上和思想上都相当混乱。这时与周恩来等同志领导的起义军总部已失去联系，留下来的最高领导人就是第九军副军长朱德同志。虽然下面的部队绝大部分都不是他的老部队，领导起来有困难，但在此一发千钧之际，他分析了当前的敌我情况，作出了正确的决策。①

10 月 7 日，朱德在茂芝全德中学主持召开干部会议，介绍了起义军在潮汕地区失利的情况。朱德说：起义军主力虽然失败了，但"八一"起义这面旗帜绝对不能丢，武装斗争的道路一定要走下去。现在的情况是，反革命军阀部队已经云集在我们周围，随时都可能向我们扑来，我们必须尽快地离开这里，甩开敌人重兵，摆脱险恶的处境，否则我们将有全军覆灭的危险。他表示：我是共产党员，有责任把"八一"南昌起义的革命种子保留下来，有决心担起革命重担，有信心把这支革命队伍带

---

① 粟裕：《激流归大海——回忆朱德同志和陈毅同志》，《星火燎原》（选编之一），第 85 页。

出敌人的包围圈，和同志们团结一起一直把革命干到底。

茂芝会议决定，部队隐蔽北上，穿山西进，直奔湘南。

在饶平，朱德对部队稍加整顿，立刻出发。这时，由于从潮汕地区退下来的零散部队陆续加入，部队人数到达了 2500 余人。

部队离开茂芝后，一路急行军，经麒麟岭过闽粤交界的柏嵩关，进入福建境内，再沿闽粤边界北上。10 月 16 日，部队到达武平。17 日，敌人追至武平城，逼着起义军不得不在这里打了一个退却战。朱德指挥部队打退了敌人两个团的进攻，但自身又受到很大伤亡和散失，部队减员至 1500 多人。

10 月下旬，南昌起义军余部经筠门岭到达赣南安远县天心圩时，部队只剩下七八百人。由于一无供给，二无援兵，部队思想非常混乱，许多经不起考验的人，不辞而别。甚至师团级领导干部也离开了部队，更不用说营连排级干部逃走了。这时，有一个人站了出来，成为朱德的得力助手，帮助朱德稳定部队人心。这人就是第七十三团指导员陈毅，唯一留下来的政治工作干部。

陈毅和朱德是四川老乡。朱德是四川仪陇人，陈毅是四川乐至人。受中共中央派遣朱德 1926 年 8 月 11 日到杨森部后，陈毅也于 8 月下旬受中共北方区委执行委员会总负责人李大钊派遣到四川做兵运工作。8 月 26 日，陈毅在万县和朱德会面，决定共同做杨森的工作。这是他们二人第一次共事。后来陈毅到合川从事兵运工作。1927 年 3 月，四川军阀刘湘追随蒋介石反共后，在合川做兵运工作的陈毅也面临危险，于是经过辗转在 4 月到达武汉。5 月，他被中共中央军事部分配到武汉中央军事政治学校任党委书记。汪精卫分共后，将军校改编为张发奎的第二方面军教导团，陈毅先是隐蔽在炮兵连负责教导团党的工作，后是隐蔽到特务连，任准尉文书。8 月 1 日，教导团奉命"东征讨蒋"。次日，教导团 2000 多人乘船从武昌顺流东下。8 月 4 日，船到九江，张发奎派人命教导团将武器留在船上上岸。这样，教导团实际上是被张发奎缴械。当夜，陈毅鉴于自己的身份已经暴露，决定星夜去南昌，参加起义军。特务连连长肖劲和他同去。8 月 6 日，陈毅、肖劲赶到南昌。这时起义军已经全部撤离，城内是张发奎的部队。两人经一番周折，总算打听出起义军已去临川方向。于是，两人立即马不停蹄前往临川（今抚州），终于在次日赶上了起义队伍，找到了周恩来和刘伯承。周恩来分配陈毅担任第二十五师第七十三团的团指导员，对他说："派你做的工作太小了。你不要嫌小！"陈毅表示；"什么小不小哩！你叫我当连指导员我也干。只要拿武装我就干！"没有想到，由于留守三河坝，陈毅和朱德有了第二次共事的机会，从而留下了他俩共同为保存南昌起义留下的革命火种而密切合作的佳话。

朱德在天心圩召开全体人员大会，宣布这支军队今后由他和陈毅来领导。接着，他坚定地说：虽然革命是失败了，我们起义军也失败了，但是，我们还要革命的。要革命的跟我走！不愿继续奋斗的可以回家！不勉强！只要有十支八支枪，我还是要革命的！针对部队存在的低沉情绪，朱德指出：大家要把革命的前途看清楚。1927 年的中国革命，好比 1905 年的俄国革命。俄国革命在 1905 年失败后，是黑暗的，但黑暗是暂时的。到了 1917 年，革命终于成功了。中国革命也会有个"1917 年"的，只要保存实力，革命就有办法。你们要相信这一点[1]。

人群中有人疑问：我们该怎么办呀？朱德回答：打游击！这一带有大革命时期农民运动的基础。我们一定要跟农民运动结合起来，找到地方站住脚，然后就能发展。有人还是不自信，说：站不住脚的，反革命天天在后面追。朱德告诉他们：他们总有一天不追的。这些封建军阀们，他们之间的矛盾是协调不起来的。等他们自己打起来，就顾不上追我们了。

朱德还十分有远见地指出："蒋桂战争一定要爆发的，蒋冯战争也是一定要爆发的。军阀不争地盘是不可能的，要争地盘就要打仗，现在新军阀也不可能不打。他们一打，那个时候我们就可以发展了。"[2]

朱德的讲话，精辟分析了当时的政治形势，展示了革命必然要继续

---

[1]　中共中央文献研究室编：《朱德年谱》（新编本）上，中央文献出版社 2006 年版，第 92 页。

[2]　粟裕：《激流归大海——回忆朱德同志和陈毅同志》，《星火燎原》（选编之一），第 91 页。

向前发展的光明前景，令在场官兵们信服、钦佩。陈毅对之作了极高评价，认为是讲了两条政治纲领，并说："当时如果没有朱总司令领导，这个部队肯定地说，是会垮光的。个别同志，也许会上井冈山，但部队是很难保持的。"[1]

经过天心圩对部队进行思想整顿，广大官兵的情绪开始好转，思想混乱的现象得到了遏制。虽然一些不坚定分子离开了，但留下来的都是革命思想坚定的精华。

天心圩整顿，是南昌起义军余部转战途中的一个转折点。粟裕曾说："从这次军人大会以后，朱德同志和陈毅同志才真正成了我们这支部队的领袖，我们这支部队也度过了最艰难的阶段，走上了新的发展道路。"[2]

10月底，朱德、陈毅率领南昌起义军余部经信丰到大庾（今大余）。这时，正如朱德在天心圩全体人员大会上讲话所预见的那样，国民党新军阀矛盾重重，继宁汉战争之后，又爆发了粤系、桂系、湘系军阀的混战。陈毅回忆说："到大庾以后，反革命自己打起来了，屁股后没有追兵了，部队可以休整了。我们于是便开会，讲道理，传达朱总司令的道理。"[3]

天心圩整顿，只是解决了思想混乱问题，但要根本解决问题，还要整顿党、团组织，使部队有主心骨。朱德回忆说：我们"于十月底到了大庾"，"首先，整顿党、团组织，成立党支部。"[4]

整顿党、团组织，自然是由陈毅来主持。陈毅曾任武汉中央军事政治学校中共委员会书记，在这方面有经验，是拿手戏。在陈毅的主持下，这次整顿，重新登记了党、团员，成立党支部。当时，部队中有五六十名党员，人数不到士兵人数的十分之一，陈毅将一部分党、团员分配到各

---

[1] 刘树发、王小平编：《陈毅口述自传》，第65页。

[2] 粟裕：《激流归大海——回忆朱德同志和陈毅同志》，《星火燎原》（选编之一），第92页。

[3] 刘树发、王小平编：《陈毅口述自传》，第65页。

[4] 朱德：《从南昌起义到上井冈山》（1962年6月），《朱德选集》，人民出版社1983年版，第394页。

连队去，充实了党在基层的工作。

在整顿党、团组织的同时，还整编了部队。朱德在回忆当时部队的情况时说："这时部队……由三部分集拢在一起，有周士第的一部分[1]，由潮汕撤出的一部分和我原来指挥的一部分[2]，七零八落"[3]。部队这种互不相统属的状况对于指挥和作战是十分不利的。同时，原来的军、师都成了空架子，已不适应新的情况。这次整编，取消了军、师、团建制，从实际出发，把部队编成一个纵队，下辖七个步兵连和一个迫击炮连、一个重机枪连。部队采用"国民革命军第五纵队"番号，朱德任司令员，对外化名王楷（因朱德的号玉阶而化此名）；陈毅任指导员，王尔琢任参谋长。

大庾整顿、整编同三湾改编是非常相似的，虽然没有像毛泽东在三湾改编那样，确定将党的支部建在连上，但实行了将党、团员分配到各个连队去的办法，从而加强了党在基层的工作。这项措施对于部队的建设是有重要意义的。

11月上旬，朱德、陈毅率领部队到湘粤赣三省交界处的赣南崇义上堡、文英、古亭一带山区。这里大革命时期农民运动高涨，革命影响较深，群众基础较好，又是一片连绵不断的山区，便于部队活动。朱德、陈毅抓住新军阀混战的大好时机，决定在这里发动群众，开展游击战争。

起义军首先打走了占山为王、杀人放火、作恶多端的土匪何其朗部，收缴了地主武装，控制了这个山区。并整顿了原来的关卡，收一些税，作为部队的给养。与此同时，对部队进行整训。这次整训首先是整顿纪律。

南昌起义军余部虽是党领导的军队，但由于部队是从原国民革命军起义而来的，内部难免有旧军队的习气和不良作风。在部队转战途中，由于得不到供应，饥寒交迫，破坏群众纪律，甚至敲诈勒索、抢劫财物的事情时有发生。大多数同志对此种现象十分气愤和不满，但由于原建

---

① 即南昌起义军第十一军第二十五师。

② 即南昌起义军第九军教育团。

③ 朱德：《从南昌起义到上井冈山》（1962年6月），《朱德选集》，第394页。

制多已失去组织领导作用，有的军官甚至害怕坏分子从背后打黑枪，便睁一只眼闭一只眼，看见就当没有看见，不敢过问，导致这些违反纪律的行为未能得到及时制止和处理。当部队进入信丰县城时，破坏纪律的行为就更为严重地暴露出来。少数不端分子钻进酒楼里、饭馆里大吃大喝，吃完饭不给钱。有的还闯进当铺，把手榴弹往柜台上一放，故意把弦掏出来，说："老板，称称有多重，当几个钱零花。"这些人的恶劣行径，和军阀部队那些兵油子一样。尽管这是少数人的行为，但往往一颗老鼠屎坏一锅汤，严重破坏着起义军的形象。

陈毅得知这些情况后，当机立断，要号兵吹紧急集合号，并叫传令兵传达发生敌情和转移出发的命令，带着部队一口气跑出离信丰县城约20多里地，在一个山坳间的平地上才停了下来。陈毅在讲话中气愤地说："这哪里像革命军队，简直像土匪一样了！"接着又谆谆告诫大家："我们是共产党领导的队伍，没有纪律是不能生存的。"[1] 经过陈毅的教育，那些犯了纪律错误的人都垂下了头，红着脸把拿群众的东西交了出来。

严明的群众纪律是革命军队的重要标志。起义军到了上堡地区，部队的任务不仅是行军、打仗，更重要的是还要深入发动群众，打土豪，分钱财，如果没有制定明确的群众纪律，群众关系搞不好，这些工作是没法做的。因此，部队的纪律问题显得异常突出。朱德、陈毅把整顿部队纪律放在重点位置，明确规定募款和缴获全部归公，只有没收委员会才有权没收财物，并对广大官兵进行了自觉遵守纪律的教育。

上堡整训，其次是军事训练。为了提高部队的军政素质，每隔一两天上一次大课，小课则保持天天上。为了适应客观要求，开始向游击战方向转变。

起义军的指挥员多是原叶挺独立团的，不少是黄埔军校毕业生。他们参加的战斗，都是按照正规战的战法。起义军的战士，多数参加过北伐战争，打的也是正规战，南昌起义后，打的仍然是正规战。在敌强我

---

① 　杨至诚：《艰苦转战》，《星火燎原》（选编之一），第114页。

弱的情况下，起义军虽然作战勇敢，给敌人以重大杀伤，但这种光知道"击"，硬打硬拼的战法，往往自己也损失十分严重。南昌起义军保留下来的人本来就不多，照这种打法，用不了多久，就会把老本给拼光的。对于这些革命的火种，必须珍惜，予以保护，要转变作战方式，在保存自己的情况下，寻找时机发展壮大才是正道。

朱德在 1913 年率兵驻云南临安（今建水）、蒙自、开远、个旧一带时，当地匪患严重。他为了清除匪患，曾采取适合当地情况的战术，有时化整为零，有时化零为整，声东击西，忽北忽南，打得赢就打，打不赢就走，灵活机动地打击土匪。1915 年 9 月，朱德又率领两个连，在建水县渣腊寨会同地方武装，成功地清缴了大批土匪。从此，这个地区的土匪明显减少，百姓安居乐业。就是在清剿土匪的过程中，朱德形成了游击战争思想。朱德后来对美国作家宁谟·韦尔斯谈到他在云南边境一带剿匪的历史时说："我用以攻击敌军而获得绝大胜利的战术是流动的游击战术，这种战术是我从驻在中法边界时跟蛮子（旧称）和匪徒作战的经验中得来的。我从跟匪兵的流动群集作战的艰苦经验中获得的战术，是特别有价值的战术"[①]。在莫斯科学习军事的时候，教官测验朱德，问他回国后怎样打仗，他回答："战法是'打得赢就打，打不赢就走'，'必要时拖队伍上山'。"[②]教官对朱德这个回答还很不满意，批评了他。上堡整训，朱德把他在莫斯科回答苏联教官的话开始用于实践，向部队提出了"不是采取过去占大城市的办法，而是实事求是，与群众结合，发动群众起义，创造革命根据地"的办法；在战术上则改变为："有把握的仗就打，没有把握的仗就不打，不打就'游'"[③]；"从打大仗转变为打小仗"，"把一线式战斗队形改为'人'字战斗队形。"[④]战略战术方向的转变，对于起义军的保存和发展有重大的意义。正如朱德所说："方向正确，革命

① ［美］宁谟·韦尔斯：《续西行漫记》，生活·读书·新知三联书店 1960 年版，第 119 页。
② 朱德：《在编写红军一军团史座谈会上的讲话》（1944 年），《朱德选集》，第 126 页。
③ 朱德：《在编写红军一军团史座谈会上的讲话》（1944 年），《朱德选集》，第 125 页。
④ 朱德：《从南昌起义到上井冈山》（1962 年 6 月），《朱德选集》，第 394 页。

力量就能够存在，而且还能得到发展。"[1]

赣南三整，部队的组织状况和精神面貌都发生了很大变化，团结成了一个比较巩固的战斗集体。这时人数只有七八百人，比起茂芝会议后出发的人数，也就是三分之一。但就整体而言，这支队伍经过严峻的考验，质量更高了，是大浪淘沙保留下来的精华，具有顽强的生命力，是敌人扑不灭的革命火种。

可以看得出，朱德、陈毅率领的南昌起义军余部转移到湘粤赣交界地区，与毛泽东率领秋收起义部队上井冈山，有异曲同工之妙。都是整顿起义失败后的部队思想混乱状况，建立部队中的党组织，加强党对部队的领导，才稳定住了部队，然后寻找敌人统治力量薄弱的农村山区开展游击战争，保存和发展部队。

与范石生合作

南昌起义军余部经过赣南三整，部队稳定住了，但物资供应却依然十分困难。11月份的赣南山区，天气阴冷，起义军的广大官兵还是穿着短裤和褴褛的单上衣，没有毯子，没有鞋袜，粮食供应不足，蔬菜无着，弹药得不到补充，伤病员没有药治。如何克服这些困难，是朱德、陈毅面临的问题。

上堡整训期间，朱德从报纸上偶然看了国民革命军第十六军从广东韶关移防到与崇义相邻的湖南郴州、汝城一带的消息。朱德与范石生是云南陆军讲武堂的同班同学，曾一起结拜为兄弟，一起秘密参加同盟会，一起参加辛亥革命云南起义，又一起在蔡锷领导下参加护国讨袁战争，是一起成长起来的滇军高级将领，且私交很深。朱德脱离滇军赴欧洲留学后，范石生仍留在滇军。1923年初，杨希闵率领反对唐继尧的滇军讨伐陈炯明后，进驻广州，所部扩编为三个军，范石生升任第二军军长。这年，孙中山以大元帅身份指挥东征讨伐叛逆陈炯明，蒋介石任粤

---

[1] 朱德：《在编写红军一军团史座谈会上的讲话》（1944年），《朱德选集》，第125页。

军许崇智的参谋长。在一次军事会议上，蒋介石要求即席发言，担任会议主席的范石生不把这个没有兵权的参谋长放在眼里，漫不经心地问了一句："你叫什么名字？"蒋介石回答后，范石生又问："你要讲什么？"蒋介石谈了自己对作战的意见，范石生还未听完，就不耐烦地嘘了一声，说："算了吧！你说得轻巧，拾根灯草！"弄得蒋介石一脸尴尬，下不来台。就在这次征讨陈炯明中，范石生在石龙大花桥一战，击溃陈炯明的洪兆麟部，得到孙中山的嘉奖，被授予上将军衔，自然心中十分得意。岂料蒋介石依靠黄埔军校起家，当上了国民革命军总司令，成为范石生的上司。范石生知道得罪过蒋介石，蒋介石会找机会报复他的，于是寻找盟友，以加强自己的力量。范石生的滇军第二军改编为国民革命军第十六军后，驻在湘南一带。南昌起义前夕，范部同共产党保持着统一战线关系，该军内部仍然有共产党组织，范本人也有同共产党联合一起进入广东之意。南昌起义后，起义军南下时，周恩来给各部队写了组织介绍信，以备可能同范部发生联系时用。当朱德率领部队进入赣南后，范石生曾几次派人秘密寻访，进行联络。

部队面临供给困难，朱德又对范石生的情况比较了解，再加上有周恩来的介绍信，觉得同范石生有合作的可能，同陈毅商议后，便写信给范石生，希望合作。

朱德的信发出后约过了半个月，范石生派人送来了复信，表示愿与朱德商谈，并希望朱德到汝城与他派出的第十六军第四十七师师长曾曰唯会面。

接信之后，朱德、陈毅、王尔琢等就同范石生合作问题进行了慎重的研究。朱德认为同范石生的合作是必要的，也是可能的，这样做，有利于隐蔽目标，积蓄力量，待机发展。朱德又向部队中全体党员讲明了同范石生合作的意义和目的。经过大家讨论，统一了认识，决定在确保共产党武装独立自主的原则下与之合作。

11月20日，朱德受党组织的委托，带着教导队从崇义上堡出发，前往汝城同曾曰唯谈判。他们途经汝城县濠头圩时，发生了一次惊险的遭遇。当晚他们住在一个祠堂里，半夜里突然被土匪何其朗部包围。土匪冲进了祠堂，遇见朱德，问："你是什么人？"朱德机智地答："我是伙夫头。"土匪又问："你们的司令在哪里？"朱德往后面的房子一指，说："住在那边。"朱德穿着和普通士兵一样，加上他年龄大，胡子拉碴的，土匪也就信了，就往朱德指的房子走去。朱德乘机从窗户跳出，脱离危险。

朱德到汝城后，同曾曰唯进行了两天谈判。在谈判中，朱德提出的条件是："我们是共产党的队伍，党什么时候调我们走，我们就什么时候走"；范石生"给我们的物资补充，完全由我们自己支配；我们的内部组织和训练工作等，完全按照我们的决定办"，范石生"不得进行干涉"①。经过谈判，双方达成如下协议：1. 同意朱德提出的部队编制、组织不变，要走时随时可以走的原则；2. 起义军改用第十六军第四十七师一四〇团的番号，朱德化名王楷，任第四十七师副师长兼第一四〇团团长（不久，范石生又委任朱德为第十六军总参议）；3. 按一个团的编制，先发一个月的薪饷，并立即发放弹药、被服。

谈判结束后，范石生赴汝城和朱德会面。随后，范石生认真执行了这些协议，朱德说："他接济我们十万发子弹，我们的力量又增强了。他还一个月接济万把块钱、医生、西药、被单。"②

一个多月以来，大家一直过着苦日子，一下子得到这么多的物资补充，整个部队都喜笑颜开，充满着节日似的气氛。杨至诚回忆当时获得被服、装备的情况时说："大家都忙开了，领东西，发东西，热闹得简直象过年。每人一套草绿色的新棉衣，外带一件绒线衣（士兵是棉线的）、水壶、军毯、绑腿、干粮袋，连子弹袋都换了新的。军官还发了武装带，指挥刀和二十元毫洋的薪饷（士兵是五元）。子弹拼命背，每个士兵都背了二百发，各大队还带了几箱准备的。"③

陈毅、王尔琢率领部队到资兴时，在那里又从范石生处领了五六十万发子弹。

从范石生那里得到弹药、被服的接济，真是解决了南昌起义军余部

---

① 朱德：《从南昌起义到上井冈山》（1962年6月），《朱德选集》，第395页。

② 中共中央文献研究室室编：《朱德传》（修订本），第116页。

③ 杨至诚：《艰苦转战》，《星火燎原》（选编之一），第118页。

的大问题。

不仅南昌起义军余部得到了范石生的接济。10月下旬在遂川大汾遭遇地主武装"靖卫团"袭击与团部失散的秋收起义部队第三营，由张子清、伍中豪率领从桂东游击到赣南上犹营前一带时，恰遇朱德、陈毅率领的南昌起义军余部。因而这时也随南昌起义军余部改用国民革命军第十六军第四十七师第一四一团番号，也从范石生那里得到一批弹药补充。

不久，汝城、宜章农军组成的中国工农革命军第二师第一团200余人，由范石生部的中共地下党员韦昌义介绍，与朱德取得联系，改为第十六军特务营，原第一团团长何举成任营长，驻广东乐昌，朱德派人到这个营任副连长、排长。

为了统一第十六军中党领导的武装力量的行动，建立了中共第十六军军委，陈毅任书记。

同范石生的合作，朱德既坚持了党领导的武装部队编制、组织不变，要走时随时可以走的原则，又隐蔽了目标，保存了革命火种，使部队得到了补充和休整，为以后发展积蓄了力量，堪称是从实际出发、运用灵活形式、进行统一战线工作的典范，为党此后开展对国民党军队地方实力派统一战线工作积累了宝贵的经验。

三、朱德、毛泽东会师井冈山

何长工来到犁铺头

1927年12月间，南昌起义军余部又从资兴南下，进入粤北韶关。起义军这次开往韶关，是按照中共广东省委的指示，支援广州起义。到韶关时，起义军与广州起义失败后撤出的200余人相遇，得知坚持三天的广州起义已经失败了。朱德将这200余人编入部队后，驻扎在韶关西北30里的犁铺头。于是，朱德就抓住这个难得的机会，抓紧部队练兵。

犁铺头练兵，使起义军的军事素质日渐提高，提高了战斗力，为此后发展提供了条件。

就在这一期间，一个出人意料地来到了犁铺头。此人是何长工。

何长工秋收起义跟着毛泽东上了井冈山，为什么这时出现在犁铺头呢？情况是这样的。毛泽东上井冈山后，一直关注着南昌起义军的情况。他派何长工去找中共湖南省委和衡阳特委联系，并打听南昌起义军的下落，相机和邻近地区革命力量取得联系。

10月5日，何长工从井冈山出发，于10日达到长沙。在长沙，他向中共湖南省委报告了秋收起义的经过。省委指示他不必再去找衡阳特委了，要他绕道粤北去联系革命力量。何长工遵照省委的指示，于12月中旬辗转来到广州，准备由那儿经粤北返回井冈山。正巧赶上广州起义，敌人调江西、湖南的队伍向广集中，进行镇压，从广州到韶关的火车不通。何长工在旅馆老板的掩护下，躲过敌人的疯狂搜捕。十天后，他搭上火车，夜间来到韶关。

连续几个月的奔波，浑身都是臭烘烘的，下车住进旅馆，何长工就迫不及待地去洗澡。范石生第十六军驻扎在韶关，恰好有几个军官和何长工一起洗澡。从这几个洗澡的军官无意闲谈中，何长工得知朱德率领的南昌起义军余部驻扎犁铺头的消息。说者无心，听者有意。何长工匆匆洗完澡，连夜赶往犁铺头。

到犁铺头南昌起义军余部驻地后，何长工告诉哨兵，他要见朱德。哨兵听说何长工要见朱德，立刻将他送到司令部。最先接见何长工的是王尔琢。他把何长工带进里屋。何长工一眼便看到了在华容一起工作过的蔡协民。他乡遇故人，何长工不由得大喊一声："老蔡，想不到在这儿碰到你！"扑上去和他握手。蔡协民没有思想准备，也大吃一惊，说："老何，你怎么来了？"

蔡协民是湖南华容人，1924年加入社会主义青年团，1925年入党，同年10月入广州农民运动讲习所学习。1926年底任中共华容特支书记。1927年3月任华容县委组织部长。南昌起义时任第二十五师连政治指导员，此时担任朱德第一四〇团的政治处主任。何长工也是湖南华

容人，1922 年留法勤工俭学时加入旅欧中国少年共产党，同年参加中国
共产党。1925 年从法国回国后，回华容从事学生运动，曾任新华中学校
长，并任该校党组织负责人。1926 年秋任华容县农民自卫军总指挥，中
共南（县）华（容）地委常委兼军事部长。1927 年蒋介石发动四一二政
变后，到国民革命军第二方面军总指挥部警卫团第五连当兵。毛泽东在
三湾对秋收起义部队改编时，任卫生队党代表。两个华容老乡，并肩为
党作过秘密和公开工作的老同事、老战友，一个随第二十五师参加南昌
起义，一个随警卫团参加秋收起义，此时能够在犁铺头意外见面，惊喜
与感慨顿时涌上两人心头。

意外还在继续。就在何长工和蔡协民叙旧之际，朱德从里屋出来
了。朱德从里屋出来了。蔡协民把何长工介绍给他。朱德亲切同何长工
握手，并自报姓名。这时，何长工在朱德身后还看到了一个熟悉的身影，
一起留法勤工俭学的陈毅。他们已经分别六年，却在此时此地巧遇。老
同学相见，自然分外亲切。

同朱德等这次会面，给何长工留下了终生难忘的记忆。他后来在回
忆中说：

我把毛泽东同志上井冈山，直到我这次由广州脱险，意外地找到此
地来的经过，向他报告了。朱德同志高兴地说："好极了。从敌人报纸上
看到了井冈山的消息。我们跑来跑去，也没有个地方站脚，正要找毛泽
东同志呢，前些天刚派毛泽覃同志（毛泽东同志的胞弟）到井冈山去联
系了。"接着他详细地询问了秋收起义、广州起义的情况，问井冈山的环
境怎样？群众多不多？……谈话中，不断有人来找他，一会儿是县委书
记，一会儿是赤卫队长，人们出出进进，川流不息，看样子将要有什么大
的行动。我们的谈话时断时续。朱德同志不时地回过头来，向我抱歉地
笑笑。后来就叫陈毅同志招呼我休息。①

---

① 何长工：《伟大的会师》，《星火燎原》（选编之一），第 214—215 页。

第二天，朱德给何长工一封介绍信和一些路费，同他握手道别，希望他赶快回到井冈山，和毛泽东联系，报告起义军正在策动湘南暴动。

何长工犁铺头之行，使朱德和毛泽东相互了解了情况，为此后两支部队会师创造了条件。历史应该记下何长工的贡献！

革命雄师会井冈

1928 年 1 月上旬，国民党广东省当局发觉朱德部队隐蔽在范石生部，要他解除朱德部的武装。范石生还真是一个讲信义的人，不想对老同学、老同事下毒手，暗中通知朱德撤离。这时，朱德也接到中共广东省委的通知，要他率部脱离范石生第十六军，到广东省东江地区的海丰、陆丰县境和广州起义军会合。朱德率部撤离第十六军之前，范石生给了他们几万元现洋作路费，并给朱德写了一封信，大意是："一、'孰能一之？不嗜杀人者能一之'；二、为了避免部队遭受损失，你们还是要走大路，不要走小路；三、最后胜利是你们的，现在我是爱莫能助。"[1]

朱德后来回忆同范石生合作这一段时说："在红军的发展上来讲，范石生是值得我们赞扬的。"[2]

朱德、陈毅率部撤离范石生部后，准备按照中共广东省委的意见，去东江与广州起义军余部会合。但部队到仁化县时，发现国民党第十三军正开往仁化东面的南雄，切断了部队前往东江的路。鉴于此，朱德当机立断，在收集广州起义一部分失散人员后，折向湘南，准备发动酝酿已久的湘南起义。

经过智取宜章和坪石大捷，湘南革命形势迅速高涨。朱德、陈毅率领工农革命军第一师和各县农军密切协同，先后占领了郴州、永兴、耒阳、资兴、桂阳、安仁等县城。攸县、酃县也先后举行了暴动。影响所及，临武、嘉乐、衡阳、常宁以及江华、永明都有局部暴动。宜章成立了工农革命军第三师，郴州成立了工农革命军第七师，耒阳成立了工农革

---

① 朱德：《从南昌起义到上井冈山》（1962 年 6 月），《朱德选集》，第 396 页。

② 中共中央文献研究室编：《朱德传》（新编本），第 116 页。

命军第四师，永兴、资兴各建一个独立团。先后成立县苏维埃政府的有宜章、郴州、永兴、资兴、耒阳、安仁、桂东等七个。3 月 16 日至 20 日，在永兴县太平寺召开了湘南工农兵代表会议，成立湘南苏维埃政府，中共湘南特委书记陈佑魁担任苏维埃政府主席，朱德、陈毅等当选为湘南工农兵代表会议执行委员。

就在湘南形势一片大好时，由于中共湘南特委贯彻"左"倾冒险错误方针，将这个有利局面葬送了。

1927 年 11 月的中共中央临时政治局扩大会议，标志着"左"倾盲动错误在中共中央占统治地位。中共湖南省委积极贯彻中央临时政治局扩大会议精神，在 11 月 30 日的第 18 号通告中要求各地暴动，夺取政权，提出："我们的暴动政策是各县各乡尽量暴动！没收，屠杀，兴起广大的群众"①。

中共湘南特委积极贯彻省委的上述指示并且在斗争不断升级，在发动农民起来插标分田和惩治反革命中提出"杀杀杀，杀尽土豪劣绅"的口号，导致惩治镇压的扩大化。当军阀战争暂时停止，湘南面临湘、粤两省敌人联合进攻时，中共湘南特委又在"使小资产变为无产然后强迫他们革命"的精神指导下，提出了"焦土战略"，硬性推行焚烧湘粤大道两侧 30 里以内的房屋和烧毁郴州等县城的决定。他们认为，这样做就能使敌军到了湘南后无房可住，无法立足。他们哪里知道这样做，老百姓也没有地方住了，心里会怎么想。

中共湘南特委的指示下达后，遭到群众和当地干部的强烈反对。中共湘南特委一面作了些让步，将焚烧范围缩小到湘粤大道两侧各五里，一方面仍向各级干部施加压力，强令执行。许多区乡基层干部抵制不住，只得在湘粤大道烧了少数房屋。

中共湘南特委推行烧杀政策，遭到朱德的抵制。工农革命军第一师没有执行过烧杀等盲动错误。

中共湘南特委推行"左"倾盲动的烧杀政策，使党与群众的关系受

---

① 《中共湖南省委通告第十八号——加紧发展各地暴动夺取政权》（1927 年 11 月 30 日）。

到很大损害。朱德曾指出："湘南暴动之时，正好军阀白崇禧和唐生智之间发生战争，形势对我们是很有利的。如果政策路线对头，是有可能继续扩大胜利，有条件在某些地方稳得住脚的。但是由于当时'左'倾盲动路线的错误，脱离了群众，孤立了自己，使革命力量在暴动之后不久，不得不退出了湘南。"[1]

郴州事件不久，湘、粤军阀纠集了七个师，从湖南衡阳和广东乐昌两个方向进逼湘南。为了保存工农革命军，避免在不利条件下同敌人决战，朱德决定率领工农革命军退出湘南，上井冈山。

3月29日，朱德率领部队完成了转移的准备。4月上旬，朱德与王尔琢率领工农革命军第一师主力和耒阳新成立的第四师、宋乔生领导的水口山工人武装，经安仁、茶陵到达酃县沔渡。随后，唐天际带领安仁农军赶来会合。

陈毅当时在郴州，接到朱德向井冈山转移的通知后，立即组织湘南各县的党政机关向东撤退。4月2日，宜章的工农革命军第三师3000多人到达郴州，与郴州的工农革命军第七师会合。陈毅率领中共湘南特委机关、各县县委机关和工农革命军第一师的部分部队以及第三师、第七师共4000余人，于4月8日到达资兴县城。在这里，陈毅等同从井冈山前来接应的工农革命军第二团会合。不久，黄克诚带着永兴800农军也赶到了资兴县的彭公庙。

四个月前，陈毅、何长工两位留法勤工俭学的老同学在犁铺头见了一次面，没有想到在资兴意外会合，当然十分高兴。两人把部队布置资兴城郊，然后同新任中共湘南特委书记杨福涛等到资兴城北七八十里地的彭公庙开会，研究下一步行动。

在会上，杨福涛和共青团湘南特委书记席克思，坚持要回衡阳去。杨福涛的理由是：我们是湘南特委，不是井冈山特委，我们不应该离开自己的地区。席克思更是慷慨激昂地说：共产党员应该不避艰险。我们湘南特委机关躲上井冈山，这是可耻的行为。陈毅同志苦口婆心地劝说

---

① 朱德：《从南昌起义到上井冈山》（1962年6月），《朱德选集》，第398页。

他们：你们男女老少七八十人，各种口音，各种装束，挑着油印机，这一路民团查得很紧，怎么走得过去呢？同志们，不要作无谓牺牲吧，上井冈山以后，我们再设法陆续送你们走。然而，杨福涛和席克思根本听不进去。下午，收拾了一下东西，他们就带着特委机关出发了。陈毅和何长工送了他们一程，一路上继续劝说他们留下，可是他们主意已定，一意孤行。

陈毅、何长工的担心很快就得到了验证。杨福涛、席克思率领中共湘南特委机关七八十人离开大部队几天后，即在安仁、耒阳边境地区被敌人抓住，全部牺牲。犯"左"倾错误的人，不仅害了自己，还害了别人，把一个特委机关变成了"左"倾盲动错误的殉葬品。这个教训是多么惨痛！

这时，毛泽东率领工农革命军第一团进入汝城，阻击国民党军追击湘南农军的部队，并占领了汝城。陈毅和何长工回到彭公庙后，就接到毛泽东的指示，要他们立即撤回井冈山。毛泽东本人带第一团在后面掩护，并正由汝城向酃县撤退。4月中旬，陈毅、何长工带领部队，一起向沔渡进发，与朱德率领的主力部队会合。

部队到了沔渡后，陈毅、何长工以及工农革命军第七师师长邓允庭，还有几个县委书记，一齐来到朱德的屋里。朱德笑呵呵地和大家一一握手。何长工说："我们拼命向南打，想不到你撤得这么利索。"朱德笑眯眯地说："你们的行动，直接掩护了我们的撤退。"接着，又问何长工："毛泽东同志在哪里？"何长工报告说："毛泽东同志担任后卫，大约还得三四天才到。"

和朱德会面后不久，何长工与袁文才、王佐率领工农革命军第二团回到砻市，将部队布置在东边，向江西方面警戒，然后将附近的后方机关及广大群众动员起来，为朱德、陈毅部队的到来筹备房子和给养。

朱德、毛泽东伟大的会师即将到来！

宁冈砻市会师广场。它是庆祝秋收起义部队和南昌起义部队胜利会师，成立红四军的会场旧址。

就在工农革命军第二团回到砻市不久，朱德、陈毅率领湘南起义军一部分直属部队从沔渡经睦村也到达了砻市，分别驻在附近的几个小村子里。不久，毛泽东率领工农革命军第一团也从湘南的桂东、汝城返回砻市。湘南起义军的主力部队，也从安仁、茶陵一带开来了。砻市，这个偏僻的小镇子一下子喧闹起来。

毛泽东回到砻市，马上就到龙江书院去见朱德。35岁的毛泽东，42岁的朱德，两个一直为保存革命火种而各在一方艰苦斗争的历史伟人，在这里第一次见面、握手。见证这历史时刻的何长工在回忆文章中叙述了当时的情景：

毛泽东同志和朱德同志会见地点是宁冈砻市的龙江书院。朱德、陈毅同志先到了龙江书院，当毛泽东同志到来时，朱德同志赶忙偕同陈毅等同志到门外来迎接。我远远看见他，就报告毛泽东同志说："站在最前面的那位，就是朱德同志。左边是陈毅同志。"毛泽东同志点点头，微笑着向他们招手。

快走近龙江书院时，朱德同志抢前几步，毛泽东同志也加快了脚步，早早把手伸出来。不一会，他们的两只有力的手掌，就紧紧地握在一起了，使劲地摇着对方的手臂，是那么热烈，那么深情。①

朱德、毛泽东在龙江书院第一次握手，开始了他们长达48年亲密合作的生涯。在当时出版的报刊中，甚至在国民党的秘密军事计划中，将朱德、毛泽东简化为"朱毛"。在当时信息闭塞的情况下，许多人还以为"朱毛"是一个人。

握手之后，俩人进到龙江书院屋里，毛泽东把井冈山的干部介绍给朱德，朱德也将湘南来的干部向毛泽东作了介绍。之后，毛泽东热情地说："趁'五四'纪念日，兄弟部队和附近群众开个热闹的联欢大会，两方面的负责同志和大家见见面。"说着，他让何长工负责准备大会的有关事项，并特别强调："要多动员些群众来参加。"

红四军军长朱德同志

接下来，毛泽东同朱德、陈毅共同商议成立工农革命军第四军问题。根据毛泽东的意见，确定了以罗霄山脉中段为根据地，发动群众斗争，实行土地革命，向北发展，向南游击的方针。关于这个计划，毛泽东1936年10月曾这样告诉斯诺："1928年5月（应为4月——引者），朱德来到井冈山，我们的力量合并起来了。我们共同拟了一个计划，要建立一个六县的苏维埃区，我们要稳定和加强湘赣粤三省接境区域的共产党政权，并以此为根据地逐渐发展到更广大的区域中去。"②

毛泽东和朱德会面之后，又在龙江书院召开了两支部队连以上干部会议。根据中共湘南特委决定，两支部队合编为工农革命军第四军，朱德任军长，毛泽东任党代表，王尔琢任参谋长。下辖三个师：原湘南工农革命军第一师、第三师改编为第十师，朱德兼任师长，宛希先任党

---

① 何长工：《伟大的会师》，《星火燎原》（选编之一），第219—220页。
② ［美］埃德加·斯诺笔录、汪衡译：《毛泽东自传》，第79页。

代表，原湘南工农革命军第一师所部改为第二十八团，第三师改为第二十九团；井冈山工农革命军第一师改为第十一师，张子清任师长（因酃县战斗负伤未到职，由毛泽东兼），何挺颖任党代表，原第一团、第二团，分别改为第三十一团、第三十二团；湘南工农革命军其他各部组成第十二师，陈毅任师长，蔡协民任党代表①。接着，召开了工农革命军第四军党的第一次代表大会，选举产生第四军军委，毛泽东担任书记。中共第四军军委由23人组成，委员有毛泽东、朱德、陈毅、宛希先、何挺颖、袁文才、王尔琢、何长工等。全军实行毛泽东在三湾改编提出的建军制度，在第十、第十二师连以上各级开始建立党组织，设立党代表，建立士兵委员会。

就在两军会师之时，湖南、江西两省国民党军发动对井冈山第二次“进剿”。江西国民党军第三十一军第二十七师第七十九团由永新推进到龙源口，第八十一团开始由遂川城向永新拿山移动，企图在驻湖南酃县和茶陵的国民党军第八军第一师的配合下，进入宁冈和井冈山，寻求工农革命军作战。

毛泽东闻讯敌情后，即召开中共工农革命军第四军军委会议，与朱德、陈毅等根据敌情，采取避敌主力，攻击侧翼，声东击西，集中兵力歼敌一路的作战方针。决定朱德、陈毅、王尔琢率领第十师第二十八团、第二十九团担任主攻，在遂川方向迎战敌第八十一团，相机夺取永新县城；毛泽东、何挺颖、朱云卿率领第十一师第三十一团，到宁冈、永新交界的七溪岭阻击向宁冈进攻的敌第七十九团。

4月底，朱德、陈毅、王尔琢率领军部和第二十八团、第二十九团经茨坪、下庄、小行州，迅速向南挺进。第二十九团赶到黄坳，与敌第八十一团一个先头营相遇。第二十九团在团长胡少海的指挥下，勇敢作战，分几路向敌人冲去，激战两个小时，一举击溃了的敌人的先头营，缴获50多支枪。第二十九团初战告捷，使前来“进剿”的国民党军队挨了

---

① 此说采取何长工《伟大的会师》，当代中国出版社1991年出版的《陈毅传》采取江华回忆说为邓允庭。

当头一棒。

第二十九团得胜后,军部率领第二十八团上来了,继续前进,当天下午到达遂川五斗江。从黄坳逃回拿山的溃敌向其团部报告,说在黄坳遭到农军的袭击,敌团长周体仁一听,立即率领两个营向五斗江反击。敌人进入第二十八团的包围圈后,团长王尔琢一声令下,全团出击,枪弹齐飞,敌人顿时溃不成军,不敢恋战,夺路而逃。朱德、陈毅、王尔琢见敌人溃逃,率部乘胜追击,一口气追至拿山。当晚,部队在拿山宿营。

次日,在朱德的指挥下,部队向永新奔袭,中午时分,在永新城外的北田附近追上了逃敌。这时,敌第二十七师师长杨如轩命令守永新城的第八十团出城救援,企图挽回败局,可是其部士气已经大挫,在工农革命军的猛烈冲杀下,全线败退,逃往吉安。工农革命军乘胜占领永新。这是第一次占领永新,即"一打永新"。工农革命军在永新召开了庆祝胜利大会,宣告成立永新县工农兵政府。这是井冈山革命根据地成立的第四个县级红色政权。会后,按照毛泽东、朱德的布置,第二十八团留在永新就地休整,第二十九团和第三十一团在永新境内分兵发动群众,协助当地工农兵政府成立农民协会,组织赤卫队、暴动队,打土豪分田地,毛泽东把这个经验概括为:"分兵以发动群众,集中以对付敌人。"

正向龙源口开进的敌第七十九团,听到第八十师惨败的消息后,害怕被歼,也向吉安退去。至此,赣军对井冈山革命根据地的第二次"进剿"被彻底粉碎。

两支工农革命军队伍刚会师,就得到一个"开门红",为会师联欢大会献了一个厚礼!

5月4日,这是一个井冈山革命根据创建以来最喜庆的日子。在砻市南边的一个草坪上,有一个用门板和竹竿搭的主席台,两旁插满了写着"庆祝两支革命部队胜利会师"、"打倒国民党反动派"的标语板。会场四周插满了鲜艳的红旗。

陈毅是大会执行主席,他在讲话中说:今天是"五四"纪念日,我们今天来开大会庆祝两支部队的胜利会师,是有特别重要的意义的。接着,陈毅宣布:根据第四军军委的决定,全体部队改编为中国工农革命军第四军①，军长是朱德同志，军党代表是毛泽东同志。陈毅还宣布了第四军下辖各师、团领导的名单。

朱德在讲话中指出："我们党领导的两支革命武装的会合，意味着中国革命的新的起点。参加这次胜利大会师的同志，一定都很高兴。可是，敌人却在那里难过。那么，就让敌人难过去吧，我们不能照顾他们的情绪，我们将来还要彻底消灭他们呢！这次胜利会师，我们的力量扩大了，又有了井冈山作为根据地，我们就可以不断地打击敌人，不断发展革命。"②

毛泽东在讲话中指出了两军会师的意义，分析了工农革命军的光明前景。他说：我们工农革命军不光要打仗，还要发动群众，组织群众。现在我们虽然在数量上、装备上不如敌人，但是我们有马列主义，有群众的支持，不怕打不过敌人。毛泽东还生动形象地说："敌人并没有孙悟空的本事，即使有孙悟空的本事，我们也有办法对付他们，因为我们有如来佛的本事。他们总逃不出如来佛的手掌！我们要善于找敌人的弱点，然后集中兵力专打这一部分。十个指头有长短，荷花出水有高低，敌人也是有弱有强，兵力分布也难保没有不周到的地方。我们抓住敌人的弱点，狠狠地打一顿，打胜了，立刻分散躲到敌人背后'捉迷藏'。这样，我们就能掌握主动权，把敌人放在手心里玩。"③

会上，毛泽东还代表第四军军委宣布"三大任务"和"三大纪律、六项注意"。三大任务分别是：打仗消灭敌人，打土豪筹款子，做群众工作；三大纪律是：行动听指挥，不拿工人农民一点东西，打土豪要归公；六项注意是：上门板，捆铺草，说话和气，买卖公平，借东西要还，损坏东西要赔。这些规定是毛泽东率领秋收起义队伍上井冈山后，在创建根据地的过程中逐渐形成的，在两军会师成立工农革命军第四军后郑重宣布，对于此后的军队建设起了重大作用。

朱德、毛泽东两支部队会师后两个月时间，连续打破国民党赣军一

---

① 1928 年 6 月，根据中共中央的指示，改称中国工农红军第四军。

② 何长工：《伟大的会师》，《星火燎原》（选编之一），第 221 页。

③ 何长工：《伟大的会师》，《星火燎原》（选编之一），第 221—222 页。

次比一次规模大的三次"进剿"，初步显现了朱毛红军的威力，使井冈山根据地达到了全盛时期。

朱德、毛泽东井冈山会师连续取得反"进剿"胜利的事实说明，这一事件无论在中国现代史、革命史，还是在党史、军史上都具有伟大意义。他们两人的合作，无论是从威望、魅力，还是从领导能力、军事指挥艺术，都是强强组合，对中国革命事业产生的影响是无法估量的。他们领导下的军队，是任何一支国民党军队都闻之胆寒的军队，是令反动统治者寝食难安的军队。

朱德、毛泽东井冈山会师，连续粉碎敌人的"进剿"，巩固和发展了井冈山根据地，也为中国革命发展提供了有利条件。

1957 年 7 月，在井冈山会师将要迎来 30 周年之际，朱德充满激情地写了一首七绝：

革命雄师会井冈，集中力量更坚强。

红军领导提高后，五破围攻固战场。①

湖南省委的"左"倾冒险错误

就在井冈山根据地蓬勃发展之际，中共湖南省委的"左"倾冒险错误打断了根据地顺利发展的进程。

5 月下旬，中共湖南省委派杜修经去井冈山。杜修经在茅坪见到了毛泽东，将贺昌起草的中共湖南省委给湘赣边界特委和红四军的指示信交给了毛泽东。在井冈山，毛泽东先是让陈毅主持红四军军委召开一次会议，接着又召开了一次部队干部会议，让杜修经传达了中共湖南省委的指示，并带着他到根据地各地看了看。

杜修经回到安源后，于 6 月 15 日向中共湖南省委递交了一份《红四军的组成、状况，湘赣特委成立和边界分配土地情况，湘南情形》的报

① 朱德：《井冈山会师》（1957 年 7 月），胡国强主编：《朱德诗词赏析》，中央文献出版社 2006 年版，第 161 页。

告。报告只是叙述过程，对于井冈山根据地能够坚持下来的经验没有作更多的介绍。他在报告中认为："边界特委工作日益扩大，实际上一切工作与指导都集中在泽东同志身上，而泽东同志又负军党代表责，个人的精力有限，怎理得这多，实际上也就有很多地方顾及不到了。"建议"目前派得力的人去参加特委工作，并加派干部参加各县委"。还建议"省委应注意派几个干部去参加军委，使军委健全起来，对各团的工作有计划的去督促和指导。"关于湘南情形，杜修经在报告中说："现在二十九团有几个同志请求回去工作，我已许他，在打开酃县时便走，并要泽东同志与之详谈军事运动中我们应注意之要点。""离宁冈时，已嘱边界特委今后应尽可能派人去湘南"①。

中共湖南省委在贺昌的主持下，讨论了杜修经的报告后，于 6 月 19 日写了一封给湘赣边界特委和红四军军委的指示信。指示信接受杜修经的建议，要求湘赣边界特委和红四军军委"应即派少许武装，冲过敌人防线（沿小路），立即与他们发生联系"。并表示："以罗霄山中脉为根据地的计划，省委完全同意"；"积极的发展罗霄山中脉周围各县的暴动，造成以工农为主力的割据局面。同时须根据省委前次的指导，积极向湘南发展并向萍乡推进，以与湘东相联系。"②

同一天，中共湖南省委认为前一个指示信对一些重要问题没有说透，又给中共湘赣边界特委和红四军军委写了一封指示信。这封信认为："你们应采取积极向外发展的策略，……永新县城及近郊尚在敌人手中，其他边界各县（茶陵、攸县、酃县、遂川……）均在白色恐怖势力之下，如此宁冈则孤立无援，四方八面在敌军包围之中，异常危险。"指责"上次战败杨如轩，已占领永新县城，而不四方搜索，歼灭敌人残余势力，反而畏惧退缩，使敌人又得重新占领县城，团结残部，准备反攻，成为心腹之患，在战略上、工作上均为错误。莲花县城仅有敌军枪支

① 《中共湖南省委巡视员杜修经的报告——红四军的组成、状况，湘赣特委成立和边界分配土地情况，湘南情形》（1928 年 6 月 15 日）。

② 《中共湖南省委给湘赣边特委及四军军委的信——对付二次"会剿"的策略与红军的改造，边界各县土地革命、游击战争、发展党的组织与加强特委指导等》（1928 年 6 月 19 日）。

五六十支，你们亦未注意向此方向发展。如此均证明过去确犯有极严重的保守观念，缺乏积极发展的决心"。指示"你们必须很有计划的善于利用四军的军力努力向外发展，于最短时间首先努力促进这一区域"。指示信同意"进攻酃县的计划"，要求在胜利后，"应快速回茶、攸发展，向莲花推进，解决县城及四乡敌军武装，相机进攻永新"。"以后四军须集中力量向湘南发展，与湘南工农暴（动）相一致，进而造成湘南割据，实现中央所指示的割据赣边及湘粤大道的计划。"①

中共湖南省委这封指示信无视敌我力量悬殊，把只有3000余人的红四军当作可以左冲右突、南下北上大杀四方的无敌之师；把红四军从实际出发稳步、波浪式地向外发展看作"极严重的保守观念"。显然，中共湖南省委认为井冈山根据地发展得太慢，希望能够快速又快速地发展，急躁、冒进的思想又开始冒头。但这封信还没有马上要求红四军向湘南冒进，而是要等占领了酃县、茶陵、攸县、永新后再向湘南挺进。

中共湖南省委派袁德生带着这两封指示信上了井冈山。

然而，在过了五天以后，中共湖南省委的急躁、冒进错误又有了新的发展。主要原因是对当时全国和湖南的形势有了新判断。

6月初，国民党新军阀第二次"北伐"占领北京后，张作霖奉军退到山海关外，他本人也在皇姑屯被日本关东军预谋炸死。曾经合作对奉军作战的蒋介石、冯玉祥、阎锡山和李宗仁、白崇禧四派新军阀之间的矛盾又尖锐起来。对此，中共湖南省委判断："北伐结束后大小军阀混战的形势，更加复杂混乱，酝酿已久的蒋桂两系的战争，必然要快速的在全国范围内爆发起来。"从全国总的局势判断出发，中共湖南省委认为"蒋桂两系在湖南的冲突，只有一天一天的剧烈，目前都在极力扩充势力增厚财源以准备战争的过程中"。并认为："现在两湖的军事政治势力，都在桂系军阀的掌握之下，桂系军阀利用武汉政治分会与第四集团军的名义，可以指挥一切。但是大小军阀内部冲突的形势依然存在，桂系军阀是没有力量能统

---

① 《中共湖南省委致湘赣边特委及四军军委信——扩大根据地、红军建设及分配土地问题》（1928年6月19日）。

一全局的。"由此，湖南省委的结论是：各派军阀"已由明争暗斗而进到短兵相接的时期"，"并且有爆发新的战争的可能——蒋桂两系的战争。"[①]

上述分析和判断使湖南省委头脑膨胀起来，认为："目前从平江沿湘赣边到湘南的暴动，已经有大的开展了，特别是在这一个区域内，完全具备了爆发胜负（利）的暴动条件"。并一口气将暴动分为：平江、铜鼓、修水；浏阳、醴陵、萍乡；茶陵、攸县、酃县、莲花、遂川、永新、宁冈；耒阳、永兴、资兴、郴州等四个区域。指示："四军应即向湘南发展，与三十、三十三团相结合，留一部分武装在宁冈，并分配少许枪支给宁冈，永新，莲花的工农群众。到湘南后，首先用全力帮助耒阳，资兴，永兴，郴州的党部，发动四县的广大群众，然后向茶陵，攸县，酃县，安仁发展，以与湘东相联系，造成从平江沿赣边到湘南的割据。"并强调："在四军内应与同志的保守观念奋斗，目前只有积极的向湘南发展才有出路，才能解决一切军事的经济的财政的困难。"[②]

6月26日，中共湖南省委分别给湘赣边界特委和红四军军委发出指示信。在给湘赣边界特委的信中指示："四军攻永新敌军后，立即向湘南发展，留袁文才同志一营守山"；"泽东同志须随军出发，省委派杨开明同志为特委书记，袁文才同志参加特委。"[③]在给红军四军委的信中指示：占领永新后，"立即向湘南发展，与三十、三十三团相联合，帮助湘南党部努力于最短时间发动耒阳，永兴，资兴，郴州的群众力量以造成四县的乡村割据，对衡阳取包围形势，然后用全力向茶陵，攸县，酃县，安仁发展，以与湘东暴动相联系。""军队到湘南后还有一个最重要的任务，就是红军的充实与扩大。""四军可立即扩充到十二团"。还指示："出发湘南时四军军委应取消，另成立前敌委员会指挥四军与湘南党务及群众工作。""前敌委员会省委指定下列同志组织之：泽东，朱德，陈毅，龚

---

① 《中共湖南省委给各特委、各县委、四军军委的信——目前军阀战争与群众暴动的形势和实现鄂湘粤大道沿赣边割据的工作布置》（1928 年 6 月 24 日）。

② 《中共湖南省委给各特委、各县委、四军军委的信——目前军阀战争与群众暴动的形势和实现鄂湘粤大道沿赣边割据的工作布置》（1928 年 6 月 24 日）。

③ 《中共湖南省委给湘赣边特委的指示信——红四军向湘南发展，杨开明同志任特委书记》（1928 年 6 月 26 日）。

楚，乔生及兵士同志一人，湘南农民同志一人组织之。前委书记由泽东同志担任，常务委员会由三人组织，泽东、朱德、龚楚。并派杜修经同志前来为省委巡视员，帮助前委工作。"①

正是中共湖南省委这两封拍脑袋的指示信，给井冈山革命根据地和红四军带来灾难性的后果。

6月底，杜修经怀揣着两封中共湖南省委的指示信，与省委新委派的湘赣边界特委书记杨开明一起动身，前往井冈山根据地。在莲花县城，杜修经和杨开明分手，他去永新，杨开明去宁冈。

6月30日，杜修经到达永新县城。交通员把他领到毛泽东的住地。当时，毛泽东正在主持召开中共湘赣边界特委、红四军军委、永新县委的联席会议，参加者有朱德、陈毅、宛希先、王尔琢、何挺颖、朱云卿、谭震林、陈正人、刘真、刘作述、刘家贤、王怀、贺敏学等，还有早几天前来井冈山送中共湖南省委6月19日指示信的袁德生。

杜修经在会上传达了中共湖南省委的指示，会议就此问题进行了讨论，决定从实际出发，不执行湖南省委关于红四军出击湘南的指示，红四军继续留在湘赣边界各县做深入的群众工作，建设巩固的根据地。7月4日，毛泽东代表中共湘赣边界特委、红四军军委给中共湖南省委写报告，陈述了红四军不能去湘南的理由。

永新联席会议后，毛泽东、朱德等指挥红四军转战于永新、莲花、安福和吉安边境，分兵发动群众，扩大井冈山革命根据地。

就在这时，湘赣国民党军对井冈山革命根据地和红四军发动了第一次"会剿"。敌军的兵力部署是：湖南以吴尚第八军的三个师参加"会剿"；江西以王均第三军、金汉鼎第三十一军各一个师和刘士毅独立第七师参加"会剿"。两省敌军约定于7月7日同时行动，分别向宁冈和永新进攻，夹击红四军。

敌人这次是两省"会剿"，是新情况，毛泽东在永新一所学校里主持

---

① 《中共湖南省委给红四军军委的指示信——红四军向湘南发展，取消军委成立前委统一指挥红军及湘南党的工作》（1928年6月26日）。

召开了各部队营以上干部会议。针对一些干部流露出的对宁冈的敌人打还是不打的犹豫不决态度，毛泽东主张一部分队伍继续做巩固永新的工作，另一部分去收复宁冈。毛泽东说：一定要把宁冈的敌人赶走。经过讨论，会议最后作出打宁冈敌人的决定，集中第二十八团、第二十九团、第三十一团于龙源口东南的绥远山一带，侧击由宁冈进入永新之湘敌第八军。

7月11日，红四军各团到达预定地区，不料，敌军与红军错道而过，已经离开了宁冈，向永新方向去了，红军扑了个空。红四军军委立即改变部署，决定由毛泽东率领第三十一团，对付即将进入永新的江西敌军；朱德、陈毅率领军部和第二十八团、第二十九团进攻湖南酃县，威逼茶陵，迫使湘敌第八军退出"会剿"，回援其后方，达成目的后，立即返回永新，与第三十一团一起对付赣敌，彻底粉碎湘赣两敌的"会剿"。

次日，朱德、陈毅率领第二十八团、第二十九团和军部特务营，一举攻下酃县县城。湘敌在永新还没有站稳脚跟，见后院起火，便14日匆匆退回高陇。赣军虽然推进到永新，但与湘军会师的计划没有实现，又受到红军第三十一团的不断骚扰，处在进退维谷之中。一切都在按照红四军的反"会剿"计划顺利进行，态势良好。但是，杜修经的错误行为干扰了红四军的反"会剿"既定计划。

第二十八团、第二十九团打下酃县后，原计划北攻茶陵。但是，吴尚第八军已经被迫由宁冈、永新一带返回茶陵，红军调动湘敌回防的目的已经达到了，再执行攻打茶陵的计划已经没有必要，于是，朱德、陈毅决定改变攻打茶陵的计划，率领部队折回宁冈，增援永新。

然而，就在这时，第二十九团的一些官兵发出了不同声音，要求"打回老家去！""就地闹革命！"第二十九团是由湘南起义后成立的宜章农军第三师改编的，乡土观念十分严重，上井冈山后，由于当地经济条件有限遇到了一些生活困难，他们不愿意在井冈山地区继续过艰苦的生活，一心想回家乡去。杜修经5月下旬第三次上井冈山时，第二十九团就有一些人向他流露出这种情绪。当时，杜修经就答应过这些人的要求。因此，杜修经对于这些闹着要回湘南去的人们是支持的。

　　第二十九团党代表龚楚，更是一个要求回湘南的鼓吹者，要各连士兵委员会负责人在部队中造成"非回湘南不可"的声势。就在 7 月 12 日当晚，第二十九团士兵委员会召开秘密会议，决定在第二天由酃县去湘南。

　　朱德、陈毅得知第二十九团内部出现情况后，立即写信给留在永新的毛泽东，并且召开红四军军委扩大会议，对第二十九团要求返回湘南的行动加以阻止。

　　由于第二十九团弥漫着回湘南的情绪，部队行军缓慢，一天只走了 30 来里。到了沔渡后，刚一宿营，第二十九团的官兵就又开始闹起来，仍坚持要回湘南。

　　7 月 15 日，为了整顿红军的纪律和确定部队的行动方向，红四军军委在沔渡召开了扩大会议。会上，朱德表示不同意去湘南。龚楚竭力主张把部队拉到湘南去。他振振有词地说：围魏可以救赵，我们到湘南，把敌人引过来，可以促进毛泽东率领的部队在永新发展。

　　这时，随队负有监督责任的杜修经有很大发言权。他是中共湖南省委巡视员，也就是湖南省委的代表，在有两种不同意见的情况下，他的意见就有举足轻重的作用。遗憾的是，他是去湘南的支持者。

　　杜修经主张到湘南，使部队中的农民意识更加狂热。在此种情况之下，红四军军委十分为难，迁就了主张去湘南的意见，改变返回永新的决定，同意第二十九团去湘南的要求。但考虑到第二十九团单独回去，孤军奋斗难以支撑，决定第二十八团同去湘南。

　　毛泽东在永新从陈毅的来信中得知这个消息，立即给陈毅等回信，派茶陵县委书记江华火速送去。这封信要求红军大部队按永新联席会议决议行事，断然停止去湘南行动，因为"敌人太强大，去了必然失败"[①]。接到毛泽东信后杜修经主持召开干部会议。会上，朱德、王尔琢等坚持按照毛泽东意见办，不去湘南；龚楚力主去湘南，并说这是执行省委的指示，主持会议的杜修经支持龚楚的意见。由于杜修经、龚楚利用执行省委指示这顶大帽子力压持不同意见的同志，会议决定第二十八团、第

[①]　江华：《追忆与思考》，浙江人民出版社 1991 年版，第 51 页。

二十九团前往湘南。

7月24日，红军攻打郴州。郴州城内是范石生补充师的部队，全是新兵，不经打，红军很快占领了郴州。进入郴州后，红二十九团士兵便不听指挥，忙着理发、吃东西。当晚，敌人发起反攻，红二十九团仓促集合，结果乱成一团，被打散，只剩下200来人，编入红二十八团。

7月25日，朱德、陈毅、杜修经、王尔琢带领部队撤到资兴布田村，接着又退到桂东、资兴、汝城之间的龙溪12洞。

此时，毛泽东在永新领导军民以游击战术牵制了国民党军十一团近一个月。8月中旬，他又抵制了中共湖南省委代表送来的要求红四军向湘东发展的《补充指示》。接着，得知红四军主力在湘南失败，毛泽东立即决定以第三十一团第一营和第三十二团留守井冈山，自己率领第三十一团第三营到湘南迎回第二十八团。

赣军发现红四军主力已去湘南，发起猛攻，第三十一团和地方武装从永新城郊区及周围撤走，随后又丢失了莲花、宁冈。敌人疯狂烧毁房屋，屠杀人民。土豪劣绅乘机报复，分了田的地方，面临收割季节，又被他们霸占，湘赣边界遭受严重摧残。这次惨痛的教训，史称"八月失败"。

不久，湖南国民党军第六军与江西国民党军第三军为争夺地盘发生内讧。参加对井冈山革命根据地"会剿"的国民党军相继退去。湘赣两省敌军的第一次"会剿"草草收场。

粉碎敌人第二次"会剿"

毛泽东率领红三十一团第三营于1928年8月23日在湘南桂东同大队会合。红二十八团在受到挫折后情绪低落，见到毛泽东率领队伍前来接迎十分高兴，有的人说这是"第二次会师"。随即，在桂东县城召开了前委扩大会议，决定红四军主力返回井冈山。在回井冈山途中，王尔琢因第二十八团第二营营长袁崇全叛变而牺牲，红四军痛失一位战将。

9月8日，毛泽东、朱德、陈毅率领红军大队回到了井冈山。

井冈山根据地虽在"八月失败"中受到严重挫折，但红四军主力第二十八团和第三十一团损失不大。红四军虽然伤些皮肉，但骨头还在。

部队经过一段休息、整顿、训练后，即开始恢复根据地的行动。9月13日，红四军在遂川赤卫队的配合下，攻克遂川县城。此战，打败了赣军刘士毅部五个营，缴枪250余支，俘敌营长以下官兵200余人，敌人余部退往赣州。

攻克遂川，是红四军回师井冈山后重振雄风，取得的首战胜利。

9月24日，赣军李文彬部从泰和县赶来增援，刘士毅部独立第七师也从赣州开来，企图夹击红四军。敌众我寡，红四军遂撤出遂川，于9月26日返回井冈山上的茨坪。

这时，红四军的手下败将杨如轩和杨池生两部调到吉安整编，国民党第五师第十四旅周浑元部接替两杨"进剿"井冈山的任务。

10月1日，周宗昌带着六个连的兵力，准备血洗茅坪。岂知，毛泽东、朱德早在坳头陇布下伏击圈。当敌人全部进入伏击圈后，朱德一声令下，埋伏在两侧高山上的红军如饿虎扑食般冲下来，一举将敌消灭，活捉了周宗昌。之后，红军乘胜收复宁冈，取得了第二次战斗的胜利。

红军在坳头陇吃掉一个营后，赣军李文彬错误地估计情况，认为红军将进攻永新，匆忙从遂川出发，绕道泰和增援永新，在遂川只留下独立第七师一部。朱德、陈毅经过周密研究，决定杀敌人一个回马枪，进攻遂川解决部队给养问题。10月13日，朱德率领第二十八团再攻遂川，留守遂川的敌人不敢恋战，仓皇出逃。红军不战再下遂川，筹集到1万块大洋和大批物资，然后分五路游击，发动群众，分配土地，重建党组织和苏维埃政权，壮大地方武装。

周浑元乘红四军主力在遂川，遂派第二十七团于10月底从永新再次进犯宁冈新城，企图占领茅坪，进攻井冈山。李文彬部两个团在刘士毅独立第七师的配合下进攻遂川。红二十八团不与敌人硬碰，于11月2日退出遂川，回师井冈山，准备以迅雷不及掩耳之势，进攻兵力较弱的宁冈、永新之敌。11月9日，红二十八团、红三十一团一部在毛泽东、朱德的指挥下，由茅坪出发，攻击宁冈新城之敌。红军攻势凶猛，歼敌一个营。赣军余部向龙源口逃窜，红军紧追不舍，再战龙源口，又歼灭敌人一个营。一天之内，红四军歼敌两个营，击毙营长一人，俘虏副营长二人、连长一人、排长一人及士兵 100 多人，缴获枪支 160 余支，并乘胜第四次占领永新新城，取得了第三次战斗的胜利。

红四军主力返回井冈山后，三战三捷，粉碎了国民党军队对井冈山根据地的第二次"会剿"，扭转了"八月失败"后的被动局面，收复边界大部分地区。

为总结井冈山根据地斗争经验和确定边界党的任务，10 月 4 日至 7 日，毛泽东在茅坪主持召开了中共湘赣边界第二次代表大会。大会通过的《政治问题和边界党的任务》，指明了中国革命的性质、任务以及中国革命政权的实质，总结了井冈山根据地及其他地区建立小块红色政权的经验和教训，首次提出了"工农武装割据"的重要思想，回答了一些人"红旗到底打得多久"的疑问。会议选举谭震林、朱德、陈毅、龙超清、朱昌偕、刘天干、盘圆珠、谭思聪、谭兵、李却非、朱亦岳、袁文才、王佐农、陈正人、毛泽东、宛希先、王佐、杨开明、何挺颖 19 人为第二届特委会的委员，谭震林被选为书记，陈正人被选为副书记。

毛泽东、朱德在井冈山的斗争引起了中共中央的重视。早在 6 月 4 日，中共中央发出致朱德、毛泽东并前委信，信中肯定了建立罗霄山脉中段政权的计划，信中指示："中央认为有前敌委员会组织之必要。前敌委员会的名单指定如下：毛泽东，朱德，一工人同志，一农民同志，及前委所在地党部的书记等五人组织，而以毛泽东为书记。前委之下组织军事委员会（同时即是最高苏维埃的军事委员会），以朱德为书记。"①

由于交通的关系，毛泽东、朱德收到中央这封指示信时，已是 11 月初了。11 月 6 日，在茨坪召开了中共湘赣边界特委扩大会议。会上，根据中共中央指示信，成立了中共中央红四军前敌委员会，由毛泽东、朱德、谭震林（地方党部书记）、宋乔生（工人同志）、毛科文（农民同志）组成，毛泽东为书记。

---

① 《中央致朱德、毛泽东并前委信》（1928 年 6 月 4 日），中央档案馆编：《中共中央文件选集》第 4 册，第 256—257 页。

11 月 14 日，红四军党的第六次代表大会在宁冈新城召开。大会历时两天，讨论了政治、军事、党务等项重要问题，并作出相应决议。大会"选举了二十三人的军委，朱德为书记（照中央指定），对内是军中党的最高机关，隶属前委。对外是边界苏维埃军事委员会，指挥红军及地方武装"[①]。

中共中央红四军前委、湘赣边界特委和中共红四军军委，构成了井冈山革命根据地的领导模式。中共湘赣边界特委、红四军军委，受中共红四军前委领导。

12 月 11 日，彭德怀、滕代远等率领平江起义后组成的红五军 700 余人，从湘鄂赣边的平江、浏阳地区转移到井冈山，与红四军会师。这两支红军的会师，进一步增强了井冈山地区工农武装的力量。

反"会剿"胜利，红军壮大，领导机构的健全，领导人的确定，提出了新思想，这一切都为红四军的新发展提供了条件。一个崭新的台阶，更加广阔的天空，向红四军展现。

四、创建赣南、闽西革命根据地

转战赣南闽西，辛耕别墅绘蓝图

红四军、红五军会师，不仅震惊了江西、湖南两省国民党当局，也使国民党中央政府逐渐感觉到它已成为心腹之患。11 月 7 日，蒋介石任何键为湘赣两省"会剿"代理总指挥，金汉鼎为副总指挥，由湘赣两省集中了六个旅约 3 万人兵力，于 1929 年 1 月 1 日分五路向井冈山革命根据地发动第三次"会剿"。同时，对井冈山根据地实行严密的经济封锁。

1929 年 1 月 4 日，中共红四军前委在宁冈柏露村召开有红四军军委、红五军军委、湘赣边界特委、各地方党组织以及红四军、红五军代表共 60

---

① 中共中央文献研究室编：《朱德传》（修订本），第 180 页。

多人参加的联席会议。会议在传达了中共六大决议后，重点讨论了如何粉碎湘赣国民党军第三次"会剿"的部署。这时，红四军的经济状况更加困难，指战员穿的还是草鞋、单衣，没有盐吃，每人每天三分钱的伙食费也无法解决。会议经过反复讨论，决定采取"攻势的防御"方针，由彭德怀、滕代远率领的红五军和袁文才、王佐率领的红四军第三十二团守山，毛泽东、朱德率领红四军主力第二十八团、第三十一团和军直属队出击赣南，以打破敌人的经济封锁。由于井冈山地势险要，工事坚固，"八月失败"时只留少数兵力仍能守住，又估计红四军下山后，将会引开相当数量的进攻井冈山的国民党军队，会上把这种方针称为"围魏救赵"。

为便于统一指挥，会议还将红四军、红五军合编，红五军改编为红四军第三十三团，彭德怀任红四军副军长兼第三十三团团长，滕代远任红四军副党代表兼第三十三团党代表。红四军留下一批干部充实第三十三团和地方党政机关。

1929年1月14日，毛泽东、朱德、陈毅等率领红四军主力3600多人离开井冈山根据地，踏上转战赣南的行程。

红四军向赣南闽西进军路线图

赣南，是红四军生疏的地区。由于脱离根据地流动作战，没有地方党组织的接应和群众的配合，红四军挺进赣南后处境非常困难。这支红色军队，面临着新的严峻考验。

1月22日，红四军攻下大庾县城。大庾旧称南安府，比较富庶，部队在大庾住下来，打土豪筹款，改善生活。然而，国民党军战斗力较强的李文彬第二十一旅三个团，悄悄逼近大庾城，突然发起猛攻。毛泽东、朱德指挥红四军一部在县城东北高地进行阻击。但因事先没有得到报信，仓促应战，兵力未能集中，战斗失利。第二十八团党代表何挺颖身受重伤，不久牺牲，红四军痛失一位战将。

大庾之战后，红四军沿九连山北麓向东急行。红四军到广东南雄乌径时，又遇到一次很大的险情。朱德回忆道："到了乌径，天也要黑了，都很疲倦了，就讲讲话，开开会，就都在平坝子上露营了。可是当时敌人却来了，正在晚上九点钟。我们丝毫不晓得，还（以）为敌人也十分疲乏，休息整理，准备进攻。就在这时，这里地方党支部派出去的侦探把这消息带来了。我们即刻惊起，出发，连号都没吹。是冬天露营，所以说走就走了。这一次红军的命运那是极端危险的了。如果没有地方党的支部，那一下就会被敌人搞垮了。"[①]

避免了一次危险，又一次危险来临了。离开乌径后，红四军先到南雄的界址，再折入江西信丰县境。红四军在信丰只休息了一夜，便经安远进入寻乌境内，在项山的圳下村宿营。在这里，红四军遇到了下井冈山以来最严重的一次危险。粟裕回忆说：

凌晨，我们在项山受到刘士毅部的突然袭击。那次第二十八团担任后卫，林彪当时任第二十八团团长，他拉起队伍就走，毛泽东同志、朱德同志和军直机关被抛在后面，只有一个后卫营掩护，情况十分紧急。毛泽东同志带着机关撤出来了，朱德同志却被打散了，身边仅有五名冲锋枪手跟随。敌人看到有拿冲锋枪的，认定有大官在里面，追得更凶，越

<hr />

[①]　转引自中共中央文献研究室编：《朱德传》（修订本），第186页。

追越近。朱德同志心生一计，几个人分作两路跑，自己带一个警卫员，终于摆脱险境。这时我们连到达了一个叫圣公堂的地方，听说军长失散了，我们万分着急，觉得象塌了天似的，情绪很低沉、恐慌。因为军长威信很高，训练、生活、打仗总是和我们在一起，大家对他有很深的感情。下午四点朱军长回来了，此时部队一片欢腾，高兴得不得了，士气又高涨起来了。①

陈毅在圳下突围时大衣来不及穿在身上，披着急走，被突然冲上来的敌人一把抓住大衣。幸亏大衣是披在身上的，陈毅机智地把大衣往后一抛，正好罩住了这个敌人的脑袋。当敌人弄掉罩在头上的大衣时，陈毅已经逃远了。也有人回忆说："陈毅同志被敌抓住，他用拳头打倒两个敌人，摆脱了危险。"②

但圳下突围时，朱德的爱人伍若兰却被敌人抓去。伍若兰被俘后，受尽敌人的残酷折磨，坚贞不屈，2月12日在赣州英勇就义。

圳下脱险后，红四军冒着大雪，翻越了几座大山，到达闽粤赣三省交界的罗福嶂。红四军在罗福嶂得到了休息的机会，前委召开会议，就部队的领导体制、行动方向进行了讨论。

前委会议刚开完，中共寻乌县委书记古柏前来通知，国民党"追剿"军正在前来包围罗福嶂。于是，红四军从罗福嶂出发，向北走寻乌、澄江、会昌、瑞金。赣敌刘士毅穷追不舍。

2月9日，红四军打下瑞金，很快又撤出瑞金。在城外，红四军第一纵队被优势敌人严密围住。危急时刻，朱德命令第一支队跟着他从中间突破，第二、第三支队左右配合，向敌人反冲锋。第一纵队冲出敌人包围圈后，同第三纵队会合，到达瑞金北部的大柏地、隘前一带。

刘士毅闻风追来。陈毅、林彪命令第二支队队长萧克、党代表胡世俭率部阻击敌人。敌人暂时不敢前进，胡世俭却不幸牺牲。

---

① 《粟裕战争回忆录》，解放军出版社1988年版，第81—82页。

② 陈茂：《从井冈山出发向赣南闽西挺进》，《回忆井冈山斗争时期》，江西人民出版社1979年版，第559页。

这天正是农历除夕，大柏地的老百姓因不了解红军，逃跑一空。部队连续 20 多天被敌人追赶，战士们憋了一肚子的火，不免要发些牢骚，甚至提出要与敌人拼命。当晚，前委召开会议，研究部队的行动。会议决定在大柏地打伏击战。

大柏地是一条十余里长的峡谷，山高林密，是打伏击的好场所。前委决定利用大柏地的地形，布置一个长形"口袋阵"，以主要兵力埋伏在通往宁都的道路两侧高山密林中，以一部分兵力引诱刘士毅进入伏击圈。

2 月 10 日下午 3 时，立功心切的刘士毅两个团大摇大摆来到大柏地，红四军一部把敌人诱进"口袋阵"底部，东、西两伏兵向后迂回，扎住了"口袋"。这是关系到红四军主力下井冈山后生死存亡的关键一仗，紧急关头朱德亲自带队冲在前头，连平时不摸枪的毛泽东，也提枪带警卫排向敌军阵地冲锋。在朱德、毛泽东两位最高首长的带领下，全军将士奋勇作战。由于弹药缺乏，红军用刺刀、枪托同敌人搏斗，甚至连树枝、石块都用上了。战至第二天下午，红军全歼被围敌军，俘虏正副团长以下800 余人，缴枪 800 余支，机关枪 6 挺，刘士毅率领残部灰溜溜退往赣州。

大柏地一战，红四军一改原先接连受挫的局面，取得了主动权。指战员情绪高涨，痛痛快快过了一个春节。

红四军在大柏地痛击刘士毅后，守卫宁都的赖世琮手下只有一个保安团，自知难敌红军，弃城而逃。2 月 13 日，红四军不费一枪一弹便占领了宁都县城。

红四军在宁都住了一天，就出发前往东固。第三纵队为前卫，毛泽东随第三纵队行军，朱德、陈毅随第一纵队在后。2 月 19 日，红四军到达东固。

东固是大革命失败后中共赣西特委领导武装斗争开辟的根据地，活跃在东固周围各县的有江西红军独立第二团和第四团。其中，红二团有六个步兵连和一个机枪连，共 800 余人，领导人是参加过南昌起义的赣西特委秘书长李文林；红四团有 400 多人，领导人是段月泉。

红四军指战员进入东固地区后，立即感受到这里同赣南其他地方的不同。萧克回忆说："从南隆往西走就到了大山环绕的东固。这时，群众和游击队都到街上欢迎我们。他们没有打红旗，但那种热烈动人的场面真叫人感动。"①

2月20日下午，红四军与红二团和红四团在东固螺坑召开了会师大会。陈毅主持大会，李文林向东固军民逐一介绍了红四军领导人，红二团、红四团官兵鸣号举枪致敬。毛泽东和朱德先后登上用四张八仙桌拼成的讲台，发表讲话。毛泽东传达了中共六大文件，毛泽东在会上说：目前军阀混战将起，是我们发展的大好时期，胜利一定属于我们。毛泽东赞扬了红二团、红四团和东固人民在革命斗争中所取得的成就。朱德在讲话中说："国民党反动派天天说打朱、毛，可是朱、毛越打越多，你们都成了朱、毛。"②朱德的讲话引来大家一阵欢乐的笑声。

会师后，红四军向红二团、红四团赠送了一批枪支，并决定留下毛泽覃、谢唯俊帮助他们工作。红二团和红四团向红四军赠送了2000块银元，以及一部分子弹、衣物。

红四军在东固得到了休整和补充，安置了伤病员。按照原定计划，红四军在东固休整、补充后准备打回井冈山去。就在这时，毛泽东和朱德从中共赣西特委那里得到一个坏消息：井冈山根据地已经失守，彭德怀、滕代远已率守山的红四军第三十三团从井冈山突围，前来赣南游击。敌情方面，一直尾追红四军的赣军李文彬部赶到东固，吉安的张与仁旅也进窥东固。前委认为，东固地形民情条件固然很好，但红四军战斗力尚未完全恢复，红二团、红四团尚未与优势兵力的敌人正规军作过战，缺乏战斗经验，红军若以东固为阵地同强敌作战是不利的，将会使这个地区原来秘密割据的优势完全丧失。据此，毛泽东、朱德、陈毅等研究后，"乃决定抛弃了固定区域之公开割据政策，而采取变定不居的游击政策（打圈子政策），以对付敌人之跟踪穷追政策。"③

---

① 《萧克回忆录》，第116页。

② 李祖轩：《江西红军独立第二团、第四团》，《回忆中央苏区》，第41页。

③ 《红军第四军前委给中央的信》（1929年3月20日），中国井冈山干部学院编：《井冈山斗争时期文献导读》，党建读物出版社2015年版，第144页。

2 月 25 日，恢复了体力的红四军离开东固，又踏上了新的征程。

红四军离开东固后，调头向东，经永丰、乐安、广昌、石城，进入瑞金的壬田市。萧克支队是前卫，走到瑞金东面约 30 里的虎头嘴，发现敌人从东南来堵截红军。当时萧克不了解东来之敌的虚实，恰好纵队党代表陈毅来支队直接掌握情况。在陈毅的同意下，部队立即转向东南，进入闽西，插到了古城与长汀南的四都。这并不是军部预定的方向，但在游击战争时期，军部规定前卫纵队的领导人，可以根据情况临时决定全军性的行动方向。

四都是个重山环抱、两条大路交叉的小镇，没有敌军驻守，但有中共地下组织。红四军准备在这里稍事休整。不料第二天上午 9 时，驻守长汀的敌郭凤鸣部一个团的兵力，在敌团长钟铭清带领下沿着大路气势汹汹向红军进犯。

郭凤鸣是土匪出身，闽西封建割据的三个土皇帝之一。他仗着自己有一旅兵力盘踞在瑞金、长汀一带，奸淫掳掠，无恶不作。当地人民提起郭凤鸣，莫不恨之入骨，但又敢怒不敢言。开辟根据地，鼓舞群众革命斗志，必须消灭郭凤鸣。

当时红四军只有两个团另两个营的兵力，又是初次到闽西，人地生疏，武器弹药奇缺。再加上部队行军苦战月余，虽在东固得到一个星期的休整，但尚未完全恢复，而敌人却处于以逸待劳的状态，这个仗打起来还真有些难度。

毛泽东和朱德分析了这一情况后，召集各纵队负责人开会研究作战方案，最后决定利用红军善攻的特点，主动迎击，打乱敌人进攻步骤，变被动为主动。

萧克支队奉命担任正面主攻。敌人占领了对面一座山，中间隔着一条小河，河上有座桥。那时是冬天枯水季节，河水很浅。战斗打响后，萧克支队有的从桥上过去，有的干脆涉水，很快冲过了河。敌人虽然在山上，但火力不强，连机关枪都没有。红军展开队伍，呈扇面往上冲，敌人也有一部向红军冲。副支队长温朝盛率一排多人从右侧突击，敌人退却。萧克支队乘胜迅速前进，占领敌中间阵地。这时，红一支队也从右边打了上来，将敌人完全打垮了。

这是红四军第一次同闽西地方小军阀交手。红军从缴获的敌人武器看，有些枪是汉阳兵工厂造的，有些是本地造的土快枪，火力不行。从战斗力看，敌人虽然占领了高地，但不会利用进行反击。他们与红军一接近，又不敢拼刺刀。由此证明，敌人战斗力不强，士气不高。通过这一仗，红四军摸清了闽西敌人的底牌——武器差，战斗力不强。广大指战员对消灭郭凤鸣自信心大增。

红四军入闽首战取得胜利后，中共长汀县委负责人段奋夫赶到红四军军部，在随后召开的前委扩大会议上，汇报了长汀县和郭凤鸣的情况。段奋夫说，闽西党的基础较好，1928年党组织领导的几次暴动虽然失败了，但每个农会会员在党的领导下坚持地下斗争。敌人方面，官兵关系恶劣，生活腐化，士气消沉。郭凤鸣、陈国辉、卢新铭三个小军阀，各霸一方，互不相让。毛泽东、朱德听完大家汇报，又征求了大家的意见，决定进攻长岭寨，夺取长汀城，彻底消灭郭凤鸣部。

长岭寨离长汀城30华里，山高林密，毛竹丛生，地势十分险要，是长汀南的重要屏障，红四军攻占长汀的必经之路。郭凤鸣的一个团在四都被红四军击溃后，他亲自率领部队占据此山，企图凭险阻止红军进攻长汀。

3月14日晨8时，红四军兵分三路向长岭寨发起攻击。在红四军的猛烈进攻下，据守山头的敌人一个团很快就被打得四处溃逃，敌团长拼命举枪高喊："打，谁退我就枪毙谁！"但敌士兵早已魂飞魄散，纷纷扔下武器，四处逃窜。只有敌旅部企图顽抗，死不缴枪。朱德指挥红四军主力分兵合击，敌人终于不支，被全部歼灭。此战，红四军俘敌2000余人，缴获各种枪支500多支，迫击炮3门，炮弹100多发。郭凤鸣在指挥向红军攻击时左腿中弹，由两名马弁搀扶着逃到牛头村一片栗树园中的茅坑内躲藏，后被打扫战场的红军战士搜出，红军连长王良一枪将其击毙。

红四军自成立后，都是在湘、赣、闽、粤边界的大山里行动，还没有进入过像长汀这样的城市。为了防止违反群众纪律现象的发生，红四军制定了各项城市政策。红四军入城后，在长汀党组织的帮助下，按照城市政策，没收 10 余家反动豪绅的财产，罚得款子 2 万余元，并向当地资本千元以上的商人筹借了 3 万元军饷，两者相加，共 5 万元。前委遂讨论决定：通过邮局的地下党员罗旭东，汇一笔款子给上海的党中央作活动经费；派负责军需的宋裕和带上 500 元前往大柏地，赔偿群众在战斗中的损失；发给官兵每人 4 元大洋作零用钱；购置了布匹，用缴获敌人的被服厂，赶制了 4000 套军服。红军战士每人发了一套崭新的灰军装，一顶带红五星的军帽，一个挎包，一副裹腿，两三双"陈嘉庚胶皮鞋"。毛泽东、朱德和战士们一样，也是第一次穿上这么整齐的红军服装。这是红四军第一次有了统一的军装，队伍拉出来，齐刷刷一色带有红星的八角帽，灰布军装，显得特别精神，威武雄壮。

红四军在长汀期间，还依据东固秘密割据的经验，帮助长汀党组织秘密发展党员，党员数量比原来扩大了两倍；组成了 20 多个秘密农民协会，5 个秘密工会，成立了总工会。并且召开了各界代表会议，选举产生了长汀县革命委员会。这是闽西第一个红色政权。

为了适应新形势，红四军根据中共六大决议的要求，将原有的工农运动委员会改为政治部，由毛泽东兼任政治部主任；每个纵队设政治部，由党代表兼任主任；支队、大队两级不设政治部。

攻占长汀后，红四军下一步该如何行动，这是一个急需解决的问题。3 月 20 日，毛泽东在长汀辛耕别墅主持召开了前委扩大会议，讨论红四军下一步的战略方针问题。会上，大家讨论了江西、福建、浙江等南方各省的政治经济状况，针对蒋桂战争即将爆发的有利时机，"决定四军、五军及江西红军第二第四团之行动，在国民党混战的初期，以赣南闽西二十余县为范围，从游击战术，从发动群众以至于公开苏维埃政权割据，由此割据区域以与湘赣边界之割据区域相连接。"①

这是一个红四军斗争、发展的战略新蓝图。这个蓝图的实施，为红

---

① 《红军第四军前委给中央的信》（1929 年 3 月 20 日），中国井冈山干部学院编：《井冈山斗争时期文献导读》，第 142 页。

四军的发展壮大和创建赣南、闽西根据地打下坚实的基础。

开创赣南、闽西革命新局面

红四军在长汀期间，国民党新军阀之间的蒋桂战争爆发了。由于江西的国民党军北调参战，赣南兵力空虚。同时，中共红四军前委得知从井冈山突围的红五军经过转战已到达赣南，遂决定全军迅速回师赣南。

4月1日，毛泽东、朱德率领红四军进驻瑞金。红四军、红五军在经历了近三个月的分离辗转作战后又会合了。彭德怀向前委汇报了撤出井冈山的经过。毛泽东说：这次很危险，不应该决定你们留守井冈山。

会合后，红五军被编为红四军第五纵队，由彭德怀以红四军副军长名义进行指挥。

在瑞金，红四军前委收到中共中央根据共产国际意见发来的"二月来信"。要求"将红军的武装力量分成小部队的组织散入湘赣边境各乡村中进行和深入土地革命"，认为这样才能"避免敌人目标的集中"；并要求朱德、毛泽东"离开部队来中央"，以免"徒惹敌人更多的注意"①。

对于中共中央要求红四军分兵问题，毛泽东是不同意的，在给中共中央的复信中据理力争，认为过去多次实行分兵"都是失败的"，"愈是恶劣环境，部队愈须集中，领导者愈须坚强奋斗，方能应付敌人。""此次离开井冈山向赣南闽西，因为我们部队是集中的，领导机关（前委）和负责人（朱、毛）的态度是坚决奋斗的，所以不但敌人无奈我何，而且敌人的损失大于他们的胜利，我们的胜利则大于他们的损失。"

毛泽东也不同意中央要求他和朱德离开红四军，但婉转地说："中央若因别项需要朱毛二人改换工作，望即派遣得力人来。我们的意见，刘伯承同志可以任军事，恽代英同志可以任党及政治，两人如能派来，那

---

① 《中央给润之、玉阶两同志并转湘赣边特委信——关于目前国际国内形势和党的军事策略》（1929年2月7日），中央档案馆编：《中共中央文件选集》（1929）第5册，中共中央党校出版社1990年版，第35、37页。

是胜过我们的。"①

不久，蒋桂战争爆发，中共中央改变了"二月来信"中所提的一些意见。此事证明，在通讯联络困难，中共中央与地方信件来往需要差不多两个来月的情况下，在地方从事武装斗争领导者从实际出发，决定斗争策略的重要性。

4 月 8 日，毛泽东主持召开有赣南特委和中央军事部派来的罗寿男参加的前委扩大会议。会议正式同意彭德怀率领红五军返回井冈山，恢复湘赣边界根据地。前委扩大会议作出了另一个决策就是红四军在赣南实行近距离分兵，发动民众打土豪、分田地，发展地方武装，建立红色政权，巩固并扩大赣南革命根据地。

会后，朱德率领第一、第二纵队与军部，毛泽东率领第三纵队，实行分兵活动。

4 月中旬，朱德率领第一、第二纵队攻打宁都。宁都守敌赖世琮上次不战而退，这次却率领六个连坚守宁都城，红军围了六天六夜，没有攻下来，最后还是通过智取的方式攻下宁都。

打下宁都城后，红四军军部决定在四周大力发动群众，建立地方武装和红色政权。

毛泽东带领第三纵队到兴国县城发动群众，并开展社会调查，指导建立兴国革命委员会。他在兴国的一项重要活动，就是制定兴国《土地法》。兴国《土地法》规定："没收一切公共土地及地主阶级的土地归兴国工农兵代表会议政府所有，分给无田及少田的农民耕种使用。"② 毛泽东在井冈山制定的《土地法》是规定"没收一切土地"③，兴国《土地法》中关于没收土地的规定是根据中共六大决议进行的一个正确的原则性的改动。

从 4 月中旬到 5 月中旬，于都、兴国、宁都三县建立起了县级革命

---

① 《红军第四军前委给中央的信》（1929 年 4 月 5 日），《毛泽东军事文集》第 1 卷，军事科学出版社、中央文献出版社 1993 年版，第 59、60、61、62 页。

② 《土地法》（1929 年 4 月），中国井冈山干部学院编：《井冈山斗争时期文献导读》，第 120 页。

③ 《土地法》（1928 年 12 月），中国井冈山干部学院编：《井冈山斗争时期文献导读》，第 118 页。

政权，赣南工农武装割据局面初步形成。

闽西方面，红四军于 3 月中下旬占领长汀，动摇了当地反动派统治，极大地鼓舞了闽西地方党组织和人民的斗争情绪。各种革命活动更加积极地开展起来。闽西党组织掌握的武装力量也积极活动，永定溪南、金丰的红色武装攻进了湖雷，赶走了敌人。在红四军回师赣后，中共闽西特委给红四军前委写信，详细介绍了闽西党组织、斗争情况及敌我情况，迫切要求红四军再次到闽西活动。

中共红四军前委接到闽西特委的信后，在瑞金召开了扩大会议，决定利用有利时机，再次入闽，开创闽西革命新局面。

毛泽东、朱德写了两封信，派前委委员宋裕和先行出发到闽西。一封信交给中共闽西特委书记邓子恢，告诉他红四军正向闽西进军，要求特委准备策应；另一封信送交上杭地方武装领导人傅柏翠，要他们在庙前等候，商讨红四军下一步的行动计划。邓子恢接到信后，立即通知各县，准备暴动响应。

5 月中旬，毛泽东、朱德率领红四军从瑞金出发，再次入闽，受到当地老百姓的热烈欢迎。

这时，蒋桂战争虽然以蒋胜桂败而结束，但粤军徐景堂部又宣布反蒋，向控制广东的"南天王"陈济棠开战。广东战云又起，盘踞在闽西、闽南的小军阀们也很快卷了进去。蒋介石命令陈国辉率领第一混成旅主力，离开龙岩，随驻漳州的新编第一师张贞部赴广东与徐景堂作战。闽南、闽西国民党军主力先后调走，驻地空虚，真是机会难得。

红四军到庙前后，毛泽东、朱德在庙前孔清祠会见上杭地方武装领导人傅柏翠等，听取他们关于闽西敌情的介绍。弄清情况以后，毛、朱二人决定暂时不去攻打长汀，而是出敌不意直取龙岩，再打永定或漳州，甩开李文彬，消灭陈国辉，相机打击张贞，以便扩大红军在闽西的影响。为了争取时间，红四军不在庙前久留，立即向龙岩进发。

红四军离开庙前后，经古田向龙岩挺进，于 5 月 22 日黄昏到达离龙岩西 30 里的小池圩。当晚，毛泽东、朱德召开军事会议，听取中共闽西特委派来的代表介绍龙岩城内陈国辉部的情况。是时，龙岩城里只有陈国辉的旅部和特务连、机枪连防守，兵力不足 500 人。前委当即作出攻打龙岩计划：红四军第一、第三纵队沿通往龙岩的公路，从正面奔袭龙岩；第二纵队从左翼占领龙岩北门外的北山，对龙岩实施包围夹击。

5 月 23 日上午 7 时许，红四军第一、第三纵队占领龙岩城郊的龙门圩，打垮了陈国辉的第一补充营，跟踪追击，突破龙岩西门，首先攻入龙岩城；第二纵队按照计划，占据北门外的制高点，居高临下，向城内发起猛烈攻击。整个战斗非常顺利，红四军利索地消灭了守敌。上午 9 时，龙岩已在红四军手中。这次战斗，除逃跑少部分敌人外，击毙敌官兵 90 余人，俘虏 330 余人，缴获机关枪 2 挺、驳壳枪 23 支、步枪 549 支，子弹 35 担、迫击炮弹 9 担。

红四军于当天下午撤离龙岩，继续奔袭张贞部的总兵站永定城。当晚，顺利占领永定县的坎市。

5 月 25 日，红四军在张鼎丞领导的地方武装的配合下，占领了永定县城。27 日，在永定城关南门坝召开了万人祝捷大会，宣布成立永定县革命委员会，张鼎丞任主席。这是闽西成立的第二个县级红色政权。

红四军到永定后，从龙岩败逃到漳平永福的陈国辉残部，于 5 月 25 日返回龙岩。毛泽东、朱德判断张贞、陈国辉主力仍在广东，一时难以回援，决定派第三纵队二打龙岩，调动陈国辉主力回援，待机加以消灭；第一、第二纵队分别留在永定坎市和龙岩西郊龙门一带，继续发动群众。

红四军第三纵队在伍中豪、蔡协民、罗荣桓率领下，在龙岩地方游击队、暴动队配合下，于 6 月 3 日拂晓攻入龙岩城内。守敌原本是红四军的手下败将，见红四军又杀回马枪，哪敢抵抗！又没命地逃回了漳平永福。5 日，红军和闽西地方革命武装在龙岩中山公园召开群众大会，宣布成立龙岩革命委员会，邓子恢任主席。这是闽西第三个县级红色政权。

正在广东参加军阀战争的陈国辉，得知红军占了龙岩后，于是率部日夜兼程由粤返闽。红四军得悉这个消息后，主动撤离龙岩，转攻驻守上杭白砂的敌卢新铭部钟铭清团，引诱陈国辉主力回到龙岩，再待机加以消灭。为了示弱于陈国辉，朱德派出小股红军，沿途阻击陈国辉的部队，边打边退。陈国辉果然上当，还真以为红四军害怕与他交手，必定会退到赣南去。6月6日上午，陈国辉回到龙岩，得意洋洋，举行"祝捷大会"，放假三天。

白砂在上杭县城东北，是上杭的一个大集镇，系上杭通往龙岩的咽喉之地。3月份郭凤鸣部主力在长岭寨被红四军歼灭后，其部团长卢新铭收集郭凤鸣的残部，自任旅长，盘踞上杭。红四军攻打龙岩时，卢新铭派出钟铭清团驻守白砂，作为前哨阵地，以防红四军进攻上杭。钟铭清团对外号称一个团，实际兵力只有一个营而已。

毛泽东、朱德于6月5日在龙岩、上杭交界处大池召开各纵队负责人会议，研究作战计划。同时，集结部队，严密封锁消息，为进攻白砂做好充分准备。

6月7日，是农历五月初一，正逢白砂举行抬"定光古佛"的庙会。由于红四军消息封锁得好，钟铭清对红军来临竟毫无察觉。红军突然发起进攻后，钟铭清部仓促抵抗少许，便纷纷溃退。经过一个小时战斗，红军俘虏一百余人，缴枪一百余支、火炮两门。钟铭清只带了20来名随从逃回上杭。

白砂战斗结束后，为了麻痹陈国辉，红四军故意显示出向江西退却的迹象。6月10日，毛泽东、朱德率领红四军沿着通往赣南的大道，开往连城新泉。红四军在新泉休息一周，一面整训，一面深入农村发动群众。

陈国辉得知红军开到新泉，对红军将撤回赣南更加深信不疑。红四军于6月18日秘密开抵龙岩附近的小池，前委召开军事会议，研究第三次攻打龙岩的作战计划。

红四军这次打龙岩，采取了秘密突袭的办法。6月19日拂晓，在陈国辉部出操时，红四军第三次攻打龙岩的战斗打响了。红四军的攻击从北门开始，伍中豪率第三纵队突袭松涛山，抢占了敌人设在制高点上的机枪阵地。进攻北门战斗打响后，第一纵队第一支队猛扑花山锣石鼓阵地，消灭一营敌人，为进攻南门扫清道路。

此时，进攻西门的战斗也在激烈进行，敌军凭借街道房屋负隅顽抗。

激战了两个钟头，红军虽给敌人以重大杀伤，但战斗进展不大，自身伤亡也不少。朱德见战斗这样进行于红军不利，立刻传下命令，采取"掏墙挖洞打老鼠"的战术，对敌军实行分割包围，各个击破；同时，开展政治攻势，向敌人喊话。敌人撑不住了，纷纷竖起白旗，向红军投降。

这时，红四军第一纵队也越过河上的浮桥，突入龙岩南门。两周前，陈国辉还没有把红四军放在眼里，这时尝到了红军的厉害，见势不妙，带着少数亲信化装逃向漳州。

红四军第二次入闽，在一个多月时间里，连续三次克龙岩，连克永定、白砂、新泉，闽西革命形势一片大好。

制定建党建军纲领

红四军下井冈山后的一段时间里，屡屡遭到挫折，处境非常艰难。于是，红四军内部，包括领导干部中，对井冈山时期及下井冈山后的一些政策和做法产生了各种议论，对红军中党的领导、民主集中制、军事和政治的关系、红军和根据地建设等问题，争论一直不断，逐渐发展到基层。这时，从苏联回国被中共中央派到红四军工作，担任临时军委书记兼政治部主任的刘安恭，对毛泽东从实际出发的一些正确主张进行指责，催发了红四军党内关于建军原则的一场争论。

5月底，毛泽东在福建永定湖雷主持召开中共红四军前委会议。会上，就党对军队领导问题发生争论。争论的焦点是红四军内是否仍要设立军委。一种意见认为，既然名字叫红四军，就要有军委，指责前委管得太多，权力太集中，是书记专政，有"家长制"。一种意见认为，当前前委的领导工作重心仍在军队，军队指挥需要集中而敏捷，由于战斗频繁和部队经常转移，由前委直接领导和指挥更有利于作战，不必设立重叠的机构，并批评在前委之下、纵队之上硬要成立军委实际上是"分权主义"。由于两种意见相持不下，前委书记毛泽东难以继续工作。6月8日，毛泽东在上杭县白砂召开的红四军前委扩大会议上一度以书面提出辞职。会议以压倒多数票通过取消临时军委的决定，刘安恭的临时军委书记自然免除。但争论的根本问题仍然未解决，少数人还把党内分歧散布到一般指战员中去，情况日趋严重。会后，第一纵队司令员林彪给毛泽东写信，请江华转交。

毛泽东根据前委"各作一篇文章，表明他们自己的意见"的要求，于6月14日给林彪写了回信，并交前委。毛泽东给林彪的复信从历史和环境两方面考察红四军党内存在的问题和争论的原因，归纳为"个人领导与党的领导"、"军事观点与政治观点"、"流寇思想与反流寇思想"、"形式主义与需要主义"、"分权主义与集权"等14个问题，指出红四军还没有能建立起党的绝对领导的原因是：第一，红四军的大部分是从旧军队脱胎出来的，便带来了一切旧思想、旧习惯、旧制度；第二，这支部队是从失败的环境中拖出来结集的，原来党的组织很薄弱，因此造成了个人庞大的领导权；第三，一种形式主义的理论从远方到来。复信批评了不要建立巩固的根据地的流寇思想和单纯的军事观点。毛泽东指出："四军党内显然有一种建立于农民、游民、小资产阶级之上的不正确的思想，这种思想是不利于党内的团结和革命的前途的，是有离开无产阶级革命立场的危险。我们必须和这种（主要的是思想问题，其余是小节）奋斗，去克服这种思想，以求红军彻底改造，凡有障碍旧思想之铲除和红军之改造的，必须毫不犹豫地反对之，这是同志们今后奋斗的目标。"[1]

6月下旬，红四军党的第七次代表大会在福建龙岩召开。在会上，毛泽东打算通过总结建军以来的经验，解决争论的问题。但他的正确意见未能为多数同志认识和接受。大会改选了前委，中共中央指定的前委书记毛泽东没有继续当选。这一职务改由陈毅担任。这次大会没有正确解决红四军存在的主要问题，产生了不好的后果。

大会结束后，毛泽东离开红四军的主要领导岗位，到闽西协助指导闽西特委的工作。陈毅到上海参加中共中央召开的军事会议，汇报红四军工作，前委书记由朱德代理。失去了毛泽东正确领导的红四军，在"政

---

[1] 毛泽东：《给林彪的信》（1929年6月14日于新泉），《毛泽东文集》第一卷，第74—75页。

策上发现许多错误，党及红军组织皆松懈"[1]。9 月下旬，在福建上杭召开的红四军党的第八次代表大会。前委要求毛泽东参加会议，毛泽东因身体有病，未能参加。这次讨论红军法规等问题，由于认识不一致，会议未获结果。许多人对红四军现状不满，要求毛泽东返回红四军复职。

红四军七大结束后，前委即将大会决议及其他有关文件上报中共中央。中央收到红四军七大文件后，立即觉察到红四军领导层分歧的严重性。8 月 13 日，中共中央政治局召开会议，专门讨论红四军问题，决定由周恩来代表中央起草一封给红四军前委的指示信（即八月来信）。8 月 20 日，指示信写成并发出。信中对红四军争论的几个主要原则问题提出明确意见，明显赞同毛泽东的观点。8 月下旬，陈毅到达上海。8 月 29 日，中央政治局召开会议，听取陈毅关于红四军全面情况的详细汇报，并决定组成李立三、周恩来、陈毅三人委员会，由周恩来召集，负责起草对红四军工作的指示文件。9 月 28 日，中共中央发出给红四军前委的指示信（即九月来信）。这封指示信是陈毅按照中央政治局会议精神和周恩来、李立三的多次谈话要点代中央起草并经周恩来审定的。

九月来信详细分析了军阀混战的政治形势，总结红四军及各地红军的斗争经验，说明了红军在中国革命中的重要地位和作用，强调："先有农村红军，后有城市政权，这是中国革命的特征，这是中国经济基础的产物。如有人怀疑红军的存在，他就是不懂得中国革命的实际，就是一种取消观念。如果红军中藏有这种取消观念，于红军有特殊的危险，前委应该坚决地予以斗争，以教育方法肃清。"

指示信指出："目前红军的基本任务主要有以下几项：一、发动群众斗争，实行土地革命，建立苏维埃政权；二、实行游击战争，武装农民，并扩大本身组织；三、扩大游击区域及政治影响于全国。"[2]

10 月 1 日，陈毅带着中共中央的指示信，踏上了返回红四军的路程。行前，周恩来嘱咐他：回去后，要请毛泽东复职，并召开一次党的会议，

---

[1] 《红四军前委给中央的报告》（1930 年 1 月 6 日）。

[2] 《中共中央给红军第四军前委的指示信》（1929 年 9 月 28 日），《周恩来选集》上卷，第 32、33 页。

统一思想，分清是非，作出决议，维护毛泽东和朱德的领导。

陈毅带着中共中央九月来信由上海日夜兼程回到红四军，于10月22日在前委会上作了传达，随即请毛泽东回红四军复职。11月，毛泽东回到红四军主持工作，并在长汀主持召开前委扩大会议，决定召开红四军党的第九次代表大会。毛泽东根据中央九月来信精神和红军创建以来的经验，以及对红四军状况的调查，为这次大会主持起草决议案。陈毅参加了决议案的起草工作。

12月28日、29日，在毛泽东、朱德、陈毅主持下，中共红四军第九次代表大会（即古田会议）在古田曙光小学（原为廖氏宗祠）举行。出席大会的代表共120余人，包括一些基层干部和士兵代表。

古田会议旧址全景

大会秘书长陈毅宣布开会，毛泽东首先代表前委作了政治报告，并有多次讲话。接下来，朱德作了军事报告，陈毅传达了中央九月来信和中央关于反对托洛茨基、陈独秀取消派的决定，还专门作了关于废止肉刑和反对枪毙逃兵的报告。

与会代表们热烈讨论了中央九月来信和会议的各个报告，共同总结经验教训，进一步统一了思想认识。最后，一致通过了《中国共产党红军第四军第九次代表大会决议案》（即古田会议决议）。

古田会议决议由八个决议案组成，其中最重要的是关于纠正党内的错误思想的决议。古田会议决议系统地回答了建党、建军的一系列根本问题，不仅把中央九月来信的精神具体化，而且发展了中央九月来信的内容。

古田会议决议的中心思想是要用无产阶级思想进行军队和党的建设。

在军队建设方面，决议明确规定了红军的性质、宗旨和任务，指出："中国的红军是一个执行革命的政治任务的武装集团"①，这个军队必须服从于无产阶级思想领导，服务于人民革命斗争和根据地建设。这个规定，从根本上划清了新型人民军队同一切旧式军队的界限。从这个基本观点出发，决议阐明了军队同党的关系，指出军队必须绝对服从党的领导，必须全心全意地为着党的纲领、路线和政策而奋斗，批评了那些认为军事和政治是对立的，军事不要服从政治，或者以军事指挥政治的单纯军事观点。决议再次提出红军必须担负起打仗、筹款和做群众工作这三位一体的任务，即"除了打仗消灭敌人军事力量之外，还要担负宣传群众、组织群众、武装群众、帮助群众建立革命政权以至于建立共产党的组织等项重大的任务"②。决议规定了红军政治工作和政治机关的重要地位，批评了"军事好，政治自然会好"，"军事政治二者是对立的"等错误观点，强调加强红军政治工作，特别是加强政治教育。决议还规定了红军处理内外关系的准则，提出要军队内部实行民主制度，要建立官兵一致的新型关系。

在党的建设方面，决议着重强调加强党的思想建设的重要性，并从红四军党组织的实际出发，全面指出了党内各种非无产阶级思想的表现、来源及纠正办法。为了加强党的思想建设，决议强调要注重调查研究，坚决反对各种形式的主观主义；强调必须"教育党员用马克思列宁主义的方法去作政治形势的分析和阶级势力的估量，以代替主观主义的分析和估量"；"使党员注意社会经济的调查和研究，由此来决定斗争的

---

① 《中国共产党红军第四军第九次代表大会决议案》（1929 年 12 月），《毛泽东文集》第一卷，第79 页。

② 《中国共产党红军第四军第九次代表大会决议案》（1929 年 12 月），《毛泽东文集》第一卷，第 79 页。

策略和工作的方法，使同志们知道离开了实际情况的调查，就要堕入空想和盲动的深坑。"① 为了有效地纠正各种错误思想，决议提出要加强党内教育特别是党的正确路线的教育和开展党内的正确批评。决议在着重强调党的思想建设的同时，又指出必须加强党的组织建设，必须坚持党的民主集中制，反对极端民主化、非组织观点等错误倾向，并提出了加强各级组织的工作等要求。

为了保证党员质量，决议提出了以后发展新党员的条件："(1) 政治观念没有错误的（包括阶级觉悟）；(2) 忠实；(3) 有牺牲精神，能积极工作；(4) 没有发洋财的观念；(5) 不吃鸦片、不赌博。"② 强调只有符合全部五个条件的人，才能够介绍其入党。介绍人首先要审查被介绍人是否确实具备这五个条件，经过必需的介绍手续。介绍入党后，要详细告诉新党员支部生活要求及应遵守的要点。介绍人对所介绍人应当负责。党支部要派人同发展对象谈话，考察其是否具备入党条件。

从上述发展新党员规定的五项条件看，语言朴素、易懂，涵盖了新党员必须具备的思想政治、品格、作风等方面的要求。同时，决议所规定的入党程序也非常严格。这些规定是从当时红四军的实际状况出发作出的，体现了保持党的先进性、纯洁性的要求。

大会选举出新的前委，毛泽东、朱德、陈毅、李任予、黄益善、罗荣桓、林彪、伍中豪、谭震林、宋裕和、田桂祥等 11 人为正式委员，杨岳彬、熊寿祺、李长寿等 3 人为候补委员，毛泽东为前委书记。

古田会议决议初步回答了在党员以农民为主要成分的情况下，如何从加强党的思想建设着手，保持党的无产阶级先锋队性质的问题；初步回答了在农村进行革命战争的环境中，如何将以农民为主要成分的军队，建设成为无产阶级领导的新型人民军队的问题。决议所规定的基本原则不但很快在红四军得到贯彻，后来在各地红军中也逐步得到实行。

---

① 《中国共产党红军第四军第九次代表大会决议案》（1929 年 12 月），《毛泽东文集》第一卷，第 84、85 页。
② 《中国共产党红军第四军第九次代表大会决议案》（1929 年 12 月），《毛泽东文集》第一卷，第 90 页。

古田会议决议是中国共产党和红军建设的纲领性文献，是党和人民建设史上的里程碑，具有十分重要的意义，产生了极其深远的影响。

找到中国特色革命新道路

古田会议之后不久，红四军面临着一个严重的问题：给养困难。中共红四军前委决定：朱德率领第一、第三、第四纵队到连城一带筹款，毛泽东率领第二纵队暂留古田策应和处理善后工作。与此同时，毛泽东从古田到蛟洋红军医院看望伤病员，请地方党组织负责人在红四军离开当地后妥善安置这些伤病员。

1930 年 1 月 5 日，朱德率领红四军第一、第三、第四纵队从古田抵达连城，筹款以解决粮饷问题。毛泽东指挥第二纵队开往龙岩小池，打击前来"会剿"的闽敌刘和鼎第五十六师先头部队，掩护红四军主力转移。第二纵队完成阻击任务后，返回古田。

在 1930 年元旦的这天，第一纵队司令员林彪分别给毛泽东和陈毅写了一封信，表达了两个意思：一是向前委和军部祝贺新年，二是建议新前委召开一次扩大会议，前委同志各作自我批评，也表示希望大家对他多批评帮助，使他有较快的进步。

陈毅对林彪的进步表示欢迎，很快给林彪复信，予以鼓励，并对林彪的主要缺点提出了批评。

毛泽东接到林彪的信后，没有很快复信。毛泽东认为，林彪信中流露出的一种对时局悲观情绪不是他一个人独有，而是具有一定的代表性，觉得有必要通过党内通信的方式，对这种悲观情绪进行分析，对红四军广大指战员进行形势与任务的教育。经过深思熟虑，毛泽东于 1 月 5 日返回古田后，给林彪写了复信①。信中首先谈了他为什么没有马上复信的原因："一则因为有些事情忙着，二则也因为我到底写点什么给你呢？有什么好一点的东西可以贡献给你呢？搜索我的枯肠，没有想出一

---

① 这封信后来以《星星之火，可以燎原》为题收入《毛泽东选集》。

点什么适当的东西来，因此也就拖延着。"而经过几天思考后，"现在我想得一点东西了，虽然不知道到底于你的情况切合不切合，但我这点材料实是现今斗争中一个重要的问题，即使于你的个别情况不切合，仍是一般紧要的问题，所以我就把它提出来。"①

接下来，毛泽东认为林彪"对于时局的估量是比较的悲观"，指出"去年五月十八日晚上瑞金的会议席上，你这个观点最明显。"批评林彪"不相信革命高潮有迅速到来的可能"，在行动上"不赞成一年争取江西的计划，而只赞成闽粤赣交界三区域的游击"，"没有建立赤色政权的深刻的观念，因之也就没有由这种赤色政权的深入与扩大去促进全国革命高潮的深刻的观念。"指出林彪"认为在距离革命高潮尚远的时期做建立政权的艰苦工作为徒劳，而有用比较轻便的流动游击方式去扩大政治影响，等到全国各地争取群众的工作做好了，或做到某个地步了，然后来一个全国暴动，那时把红军的力量加上去，就成为全国形势的大革命。你的这种全国范围的、包括一切地方的、先争取群众后建立政权的理论，我觉得是于中国革命不合适的。"

毛泽东分析：林彪这种理论的来源，"主要是没有把中国是一个帝国主义最后阶段中互相争夺的半殖民地一件事认清楚"。认为林彪对于时局估量比较悲观的原因，是"把主观力量看得小一些，把客观力量看得大一些"。指出"这亦是一种不切当的估量"，"必然要产生另一方面的坏结果"。

毛泽东在分析了中国社会特点和总结了各地红军、游击队和根据地建设的经验之后，指出："红军游击队及苏维埃区域之发展，它是半殖民地农民斗争的最高形式，也就是半殖民地农民斗争必然走向的形式。""朱毛式、贺龙式、李文林式、方志敏式之有根据地的，有计划地建设政权的，红军游击队与广大农民群众紧密地配合着组织着从斗争中训练着的，深入土地革命的，扩大武装组织从乡暴动队、区赤卫大队、县赤

---

① 《毛泽东给林彪的信》（1930 年 1 月 5 日），中央档案馆编：《中共中央文件选集》（1930）第 6 册，第 553 页。

卫总队、地方红军以至于超地方红军的，政权发展是波浪式向前扩大的政策，是无疑义地正确的。必须这样，才能树立对全国革命群众的信仰，如苏俄之于全世界然；必须这样，才能给统治阶级以甚大的困难，动摇其基础而促进其内部的分解；也必须这样，才能真正的创造红军，成为将来大革命的重要工具之一。总而言之，必须这样，才能促进革命的高潮。"

为了说明革命发展的局势，毛泽东用了一句中国老话："星星之火，可以燎原"。他指出："中国是全国都布满了干柴，很迅速的就要燃成烈火；'星火燎原'的话，正是现时时局的适当形容词。只要看一看各地工人罢工、农民暴动、士兵哗变、商人罢市、学生罢课之全国形势的发展，就知道已经不仅是'星星之火'，而距'燎原'的时期，是毫无疑义的不远了。"

信的最后，毛泽东以形象地语言形容中国革命高潮快要到来，说："它是站在地平线上遥望海中已经看得桅杆尖头的一支［只］航船，它是立于高山之岭［巅］远看东方光芒四射喷薄欲出的一轮朝日，它是躁动于母腹中的快要成熟了的一个婴儿。"[①]

毛泽东在这封信中，实际上提出了把党的工作重心由城市转移到农村，在农村地区开展游击战争，深入进行土地革命，建立和发展红色政权，待条件成熟时再夺取全国政权的关于中国特色革命新道路的思想。

毛泽东阐明的农村包围城市、武装夺取政权道路的思想，是对马克思列宁主义关于武装夺取政权学说的重大发展，从而为复兴中国革命和争取中国革命的胜利指明了唯一正确道路。

党的八七会议提出要"找着新的道路"的任务，以毛泽东为代表的中国共产党人经过艰苦探索，找到了中国特色的革命新道路！

赣南、闽西连成片

由于吉水地处乌江北岸，红军涉渡困难，加之这一带又是当地地主

---

① 《毛泽东给林彪的信》（1930年1月5日），中央档案馆编：《中共中央文件选集》（1930）第6册，第553、554、555、563页。

掌握的会道门武装红枪会活跃地区，红军在此作战不利。于是，红四军决定放弃原定进攻吉水的计划，改为诱敌深入、相机歼敌，撤至富田地区休养待机。

唐云山号称"铁军"，还没有吃过红军的苦头，发现红军向富田撤退，不知是毛泽东、朱德的诱敌之计，还以为是红军怯阵。为立头功，唐云山不顾其他各路国民党军还在原地未动，便分三路冒进到距富田40里之水南、值夏、富滩一线。骄兵必败！

敌人送上门来，毛泽东、朱德当然照单全收，立即作出消灭唐云山旅的作战部署。2月24日凌晨3时，红四军和红六军第二纵队悄悄从富田出发，以一部牵制值夏、富滩之敌，主力直扑水南。晨7时，敌人两个营正在吃早饭，红军发起猛烈攻击。敌人遭到突然袭击，慌忙丢下碗筷，拼命向值夏、富滩逃命。红军穷追猛打，将蜂拥过桥的敌人扫落水中。仅半个小时，红军就将水南两营敌人全部歼灭。

25日拂晓，红军以一部向敌侧后施家边迂回，抄敌后路；主力向值夏、富滩之敌发起猛攻。激战一整天，红军再歼敌两个营。残敌两个营，在唐云山的带领下，仓皇从施家边附近抢渡赣江，逃回吉安。在红军面前，唐云山旅根本不是什么"铁军"，而是一打就烂的"豆腐军"！

此次战斗，红军共歼灭唐云山部四个营，俘敌1600余人，缴获步枪近2000支、机枪24挺、迫击炮8门、子弹百余担。

这一胜利，有力地促进了赣西南革命形势的发展。不久，以曾山为主席的赣西南苏维埃政府宣告成立。红四军在这一战中，诱敌深入方针初见成效，为此后大规模反"围剿"作战积累了作战经验。

打垮唐云山旅后，红四军和红六军第二纵队在值夏休息数日。共同前委决定红四军全部和红六军第二纵队乘胜北进，由吉水、新干直下樟树镇。到樟树后，如不能北入南昌即由樟树折回抚州，到湘东一带活动；同时，以各县赤卫队进驻吉水、永丰，扩大赣西苏维埃区域。但当红军进至吉水乌江南岸时，遇到水涨不能徒涉，同时发现国民党军第十八师两个旅和唐云山残部已集结于永丰、吉水一线，阻击红军北进。共同前委在乌江南岸召开扩大会议，调整部署，决定红军退回水南休整。

到水南后，共同前委与赣西南特委召开联席会议，讨论下一步军事行动。联席会议决定，红军经广昌进入福建建宁，取得给养补充后，再看事态变化决定以后的行动。根据这一决定，毛泽东、朱德率领红四军和红六军第二纵队，于 3 月 10 到达东固，准备向广昌开进。这时，获悉兴国和于都一带没有敌军，于都北乡群众正准备攻打土围子里的靖卫团。毛泽东、朱德决定改变原定计划，不去广昌，乘兴国、于都一带敌人兵力空虚之机移师兴国。

红四军和红六军第二纵队移师兴国后，又得到消息，原驻赣州的敌金汉鼎部已全部调往福建打地方军阀卢兴邦，赣州空虚。国民党军队之间内讧，乃是夺取赣州的好时机。毛泽东、朱德得悉这个消息大喜，决定留红六军第二纵队在兴国发动群众，红四军乘虚攻打赣州。岂料攻打赣州战斗打响后，发现得到的情报不准。原先得到的情报是赣州只有靖卫团数百人，正规部队也就一营人，使毛泽东、朱德认为以红四军收拾这些敌人是不费多大劲的。而实际上赣州守敌是第七十团全部，有数千人。

3 月 16 日，朱德、毛泽东指挥红四军从东门、南门、西门三面发起攻击。由于守敌凭借坚固城池抵抗，红军缺乏攻城的重武器，多次攻城均未奏效。为避免强行攻城造成重大牺牲，红四军遂撤出战斗。

鉴于蒋介石正忙于在北方准备同阎锡山、冯玉祥的大战，没有分身术对付南方红军，且金汉鼎主力入闽，毛泽东、朱德经过分析形势后，提出应该抓住这个时机，实行"分兵游击"的方针，对红四军、红五军、红六军的行动作出了新的部署：以三个月为期，分散在赣南、赣西、闽西、东江、湘鄂赣等广阔地域内，发动群众，全面开展土地革命，分配土地，建立政权，扩大红军和地方武装，把闽、赣、粤三省的苏维埃区域联系起来。

毛泽东、朱德率领部队到达唐江镇以后，立即召开红四军干部会议，部署下一步行动。这时，赣军金汉鼎部第六十八团、第六十九团起来进攻红四军。毛泽东、朱德指挥部队经过激战后，于 3 月 23 日攻克南康，25 日攻克大庾。在大庾，毛泽东、朱德先后召开有信丰、南康、崇义、上犹、南雄等六县共产党活动分子会议，讨论发展武装斗争、开展土地革命、建立革命根据地问题。根据会议决定，成立红军第二十六纵队，并建立这一地区的苏维埃政权。

4月1日，毛泽东、朱德乘军阀混战、广东空虚之机率领红四军主力向广东南雄进发，打通粤赣边境。在梅岭关，红四军与粤军一个团遭遇，歼敌两个营，俘虏数百人，缴获大批枪支弹药。红四军乘胜追击，当天攻克粤北重镇南雄。

红四军在南雄数日，广泛发动群众，筹措给养。这时，好消息传来，赣军金汉鼎部发生兵变。毛泽东、朱德认为这是打击敌人、扩大赤色区域的好时机，立即率领红四军回师江西。4月10日，红四军主力在地方武装的配合下，攻占信丰县城，歼敌1700余人。17日，红四军从信丰新田圩出发，经安远进驻会昌县城。

4月下旬，为打通赣南苏区与闽西苏区的联系，毛泽东、朱德率领红四军第一纵队和寻乌县的红十团，攻克寻乌的澄江，歼灭反动地主武装1000多人。5月2日，红军又攻克寻乌县城，扫清了通往闽西的道路。此后，红四军第一、第二、第四纵队以寻乌为中心，在江西安远和广东平远一带发动群众，筹措给养，开展游击战争。

毛泽东利用红四军在寻乌、安远、平远分散发动群众的机会，在中共寻乌县委书记古柏的帮助下，连续开了十多天的调查会，作了他有生以来最大规模的社会调查。这次调查，毛泽东后来整理成《寻乌调查》，共五章39节，8万多字。这个调查，对寻乌县的地理交通、经济、政治、各阶级的历史和现状，进行了全面系统而详细的考察分析。不仅调查了农村，而且调查了城镇，尤其调查了城镇的商业和手工业状况及历史发展过程和特点。通过寻乌调查，毛泽东掌握了城市商业情况及分配土地的各种情况，为制定正确对待城市贫民和商业资产阶级的政策，为确立土地分配中限制富农的"抽肥补瘦"原则，提供了实际依据。

在寻乌调查时，毛泽东还写了《调查工作》①一文。在文章的开篇，

---

① 1961年3月11日，毛泽东将这篇文章印发给他在广州召开的一次会议，并作了以下说明："这是一篇老文章，是为了反对当时红军中的教条主义思想而写的。那时没有用'教条主义'这个名称，我们叫它做'本本主义'。"这篇文章收入《毛泽东著作选读》（甲种本）时，题为《反对本本主义》。1991年收入《毛泽东选集》第2版。

毛泽东即提出:"没有调查,没有发言权"。指出:"许多的同志都成天地闭着眼睛在那里瞎说,这是共产党员的耻辱"。强调"离开实际调查就要产生唯心的阶级估量和唯心的工作指导","它的结果,不是机会主义,就是盲动主义"。他要求那些抱着"本本""饱食终日,坐在机关里面打瞌睡"的人,"迅速改变保守思想","到斗争中去","到群众中作实际调查去"!并大声疾呼:"中国革命斗争的胜利要靠中国同志了解中国情况"①。毛泽东这篇文章,批评了当时共产国际、中国党内存在的教条主义,强调要调查研究,从实际出发解决中国革命问题,是需要有巨大勇气的。

这时,闽西苏区在粉碎国民党军队第二次三省"会剿"后迅猛发展,形势喜人。1930年3月下旬,以邓子恢为主席的闽西苏维埃政府成立后,做的第一件事便是采用升级的办法,将各县赤卫团升编为正规红军,组建了中国工农红军第九军,军长邓伟,政治委员高静山,下辖六个团。

5月上旬,中共中央指示闽西红军应编为第十二军。据此,闽西红九军改称红十二军,军部领导人也作了调整,军长邓毅刚,军政治委员邓子恢。

5月中旬,奉中共中央和福建省委之命,红十二军全部向广东东江地区出击,闽西苏维埃政府抽调各县赤卫军部分武装,组建红二十军,以胡少海为军长,黄苏为政治委员。红二十军组建后,主要活动于闽西苏区各县,巩固和扩大根据地。

这时,蒋介石和阎锡山、冯玉祥的中原大战打得正酣,无力顾及南方各省日趋活跃的红军。福建军阀张贞、卢兴邦、刘和鼎之间又自相火拼,打得不亦乐乎。形势对闽西苏区非常有利,毛泽东、朱德决定按原定计划第三次挥戈入闽,打通闽赣之间的联系,巩固扩大闽西苏区,并取得部队补给。

6月1日,毛泽东、朱德率领红四军主力冒着炎炎烈日,从寻乌出发,经吉潭、剑溪,越过闽赣边界的崇山峻岭,进入福建武平县境,在溪

---

① 《毛泽东选集》第一卷,第109、112、115、116 页。

头圩击溃武平钟文才保商队。次日，红四军与红六军第二纵队会合进占武平，随即不费一枪一弹占领了武平县城。

这时，占据长汀的金汉鼎第十二师调集兵力至汀江岸边的上杭回龙、官庄一线，企图阻挡红四军向长汀前进。6月上旬末，红四军从武平出发，在上杭县官庄击溃金汉鼎部周志群新编第十四旅，并一路追击，再度占领长汀。至此，毛泽东在长汀"辛耕别墅"绘制的蓝图，基本上得以实现。赣南、闽西革命根据地是此后中共中央设立中央苏区的基础。

五、成立红一方面军

红一军团成立

就在毛泽东、朱德率领红四军不断巩固和扩大赣南、闽西根据地时，却遭到了"左"倾错误不断升温的中共中央的严厉批评。1930年2月17日，中共中央政治局第76次会议讨论红军行动问题，认为："在红军中不仅是深入土地革命的任务，红军应更集中地向中心城市发展，便于全国政治有影响。如只束缚在深入土地革命上，必然限制在农村中，朱毛就是如此。"并强调："我们现在应集中红军攻坚。"[1] 3月10日，在中共中央政治局召开的第79次会议上，李立三提出："朱毛应向江西发展，与江西的红军配合，夺取江西的政权，以便配合武汉的暴动。"这次会议确定的基本方针是夺取中心城市。会上有人提出："朱毛红军要向江西的南昌发展。"指责毛泽东、朱德领导红四军进行的游击战争为"兜圈子主义"，提出要"批评他们的兜圈子主义"。[2]

4月3日，中共中央就红军当前任务给红四军前委发出指示信。信

---

① 转引自中共中央文献研究室编：《朱德传》（修订本），第239页。

② 转引自中共中央文献研究室编：《朱德传》（修订本），第239页。

中指责毛泽东、朱德率领红四军向大庾一带的行动"与全国革命形势和党的总任务是相背驰的"。认为"目前的革命形势，就全国范围而言，都无疑的走向革命高潮"。党的"总任务，是加紧组织政治罢工，组织地方暴动，组织兵变潮流，建立红军扩大红军。配合这些工作，正是准备实现全国的总暴动"，"更必然要加紧来争取一省或数省的先胜利前途"。批评红四军前委"'造成粤闽赣三省边界的红色割据'，或者是'争取江西一省的政权'这是你们历来的观念，在目前这是极端错误的了！前者是割据政策，是保守观念，是没有以全国胜利为前提，在目前革命形势之下，自然是极端与党的总任务相冲突的，而且割据保守更是失败主义的表现"。指示信要求"你们与三军联系，坚决执行向赣江下游发展，配合整个革命的形势与武汉首先胜利的前途，取得九江以保障武汉的胜利"。①

4月15日，中共中央军委制定了《军事工作计划大纲》，提出："目前我们对红军的策略是坚决的进攻，冲破保守观念，纠正右倾危险，积极的向中心城市交通区域发展。"大纲对全国红军的行动都作了具体部署，其中要求红四军"转变路线，猛烈的扩大，急进的向外发展，扩大全国的政治影响，使其成为全国红军的模范，现在应领导第三军，协同动作，向着赣江下游，夺取吉安、南昌"。②

5月中旬，中共中央在上海秘密召开了全国红军代表会议，会议决定将主要战略区域的红军合编成军团，军团以下建立师、团、营、连、排、班，开始实行由游击战争向正规战争的转变。

5月20日至23日，中共中央和中华全国总工会中央执行委员会在上海召开全国苏维埃区域第一次代表大会。大会通过的《目前革命形势与苏维埃区域的政治任务》决议案中，把过去的游击战争指责为"农民错误意识的反映"。强调指出："目前红军的战略，是坚决进攻，以消灭敌人的主力，向着主要城市与交通要道发展。过去的不打硬仗，避免与

---

① 《中央关于红军的当前任务给四军前委的指示信》（1930年4月3日），中央档案馆编：《中共中央文集选集》（1930）第6册，第57—58、59页。

② 转引自中共中央文献研究室编：《朱德传》（修订本），第240—241页。

敌人主力冲突，分散游击等的游击战术，已经与目前的形势和任务不相合了，必须坚决地纠正过来。"①

由于未见有毛泽东、朱德执行中央指示精神的决定和行动，6月9日，李立三在中央政治局会议上怒气冲冲地说："在全国军事会议中发现了妨害红军发展的两个障碍：一是苏维埃区域的保守观念，一是红军狭隘的游击战略。最明显的是四军毛泽东，他有他一贯的游击观念，这一路线完全与中央的路线不同。"②6月11日，中央政治局会议通过了李立三起草的《新的革命高潮与一省或几省首先胜利》决议，标志着李立三"左"倾冒险错误在中共中央取得了统治地位。决议不点名地批评毛泽东："想'以乡村包围城市'，'单凭红军来夺取城市'，是一种错误的观念。"要求红军"向着主要城市与交通道路发展，根本改变他过去的游击战术"③。6月15日，中共中央致信红四军前委：

（一）中央过去曾经屡次把新的路线传递给你们，……可是［这］一个路线，直到现在你们还完全没有懂得，还是在固执你们过去的路线。

（二）你们固执过去的路线，主要的原因是你们没有了解整个革命形势的转变。这的确也难怪你们，因为你们处境太偏僻了。……

……

（四）我们过去对于四军的指示，完全是基于革命形势的转变，与中央对红军的新的策略的基础。你们因为没有了解现在革命的形势，所以不能明白中央的指示。你们过去的路线是对的，的确也获得了成功，但是你们在今天还固执过去的路线，完全是错误了！因为革命形势已竟［经］转变。同时你们过去也有错误，这些错误在今天表现着尤为严重：你们现在完全反映着农民意识，在政治上表现出来机会主义的错误。你们的错误：（一）站在农民的观点上来作土地革命，如象你们认为："农

---

① 转引自中共中央文献研究室编：《朱德传》（修订本），第242页。
② 《柏山在中央政治局会议上关于目前政治任务决议案草案内容的报告》（1930年6月9日），中央档案馆编：《中共中央文件选集》（1930）第6册，第108—109页。
③ 《新的革命高潮与一省或几省首先胜利》（1930年6月11日政治局会议通过目前政治任务的决议），中央档案馆编：《中共中央文件选集》（1930）第6册，第123、132页。

村工作是第一步，城市工作是第二步"的理论，……你们没有懂得，现在土地革命已走入更高的阶段，——准备夺取全国胜利的时期，土地革命的彻底完成，只有推翻豪绅资产阶级国民党的统治才有可能，你们因为反映了农民意识，所以忘却了这一个真理。（二）你们的割据观点，这同样是一个农民观点，如象你们认为先完成三省边境割据再打南昌……你们提出打南昌与中央指出争取一省或数省首先胜利的立场，完全不同。你们的意见是错误，尤其是你们打南昌的理由，更包括着严重的错误。（三）你们对于资产阶级更完全是一种机会主义的路线，如你们提出保护大小商人的口号，以及不强迫缴商团的武装，要注重你们所谓的秩序，这完全是武汉时代的机会主义的残留，你们应当完全站在阶级利益上来转变这一个策略，你们这一个机会主义错误与第四个错误有密切关联的。（四）你们对于帝国主义更是机会主义的观点，你们非常怕帝国主义，所以过去我们指示你们到东江，你们说东江帝国［主义］力量大，中央指示你们应当准备争取一省或数省的首先胜利，向南昌发展，争取武汉的胜利，你们说武汉帝国主义力量大，不可能。……你们只看到帝国主义要压迫中国革命的事实，并没有看到帝国主义动摇的加速，与国际革命运动正在成熟。你们因为对帝国主义的不正确估量，所以对于革命因为帝国主义做出取消的结论，这是一个极严重的错误。

……

中央新的路线到达四军后，前委须坚决按照这个新的路线转变，四军的路线转变对于全国有极大的意义，希望四军能坚决的执行，如果前委有谁不同意的，应即来中央解决。[①]

为了督促红四军执行中共中央的"新路线"，6月21日，中共中央特派员涂振农到达长汀县城。这时，中共红四军前委和闽西特委正在继续召开联席会议，讨论红军如何在政治上、思想上、组织上开始从游击战

---

① 《中央致四军前委的信——关于执行新的中央路线问题》（1930年6月15日），中央档案馆编：《中共中央文件选集》（1930）第6册，第137、138—141页。

向运动战转变及红军的整编工作和闽西地方工作等问题。由于涂振农是为贯彻中央"新路线"来的，自然就成了会议的主角。连续两天，都是由涂振农在会上作传达中共中央精神的报告。对于中央指示精神，毛泽东、朱德都有疑虑，但作为下级，不得不服从。于是，联席会议决定集中红军，先打下吉安，作为进攻南昌、九江的根据地，同时在打吉安进攻南昌的口号下，发动赣西南红军，猛烈扩大红军。

长汀联席会议还按照中央规定的新编制原则，将红军第四、第六、第十二军整编为红军第一路军（不久改称红一军团），朱德任总指挥，毛泽东任政治委员，朱云卿任参谋长，杨岳彬任政治部主任。同时，以毛泽东、朱德等组成中共红军第一路军前敌委员会，毛泽东任书记。红一军团下辖三个军：第四军，林彪任军长，彭清泉（即潘心源）任政治委员，曾士峨任参谋长，李涛任政治部主任；第六军，黄公略任军长，陈毅（后蔡会文）任政治委员，周子昆任参谋长，毛泽覃任政治部主任；第十二军，伍中豪任军长，谭震林任政治委员，林野任参谋长，谭政任政治部主任。全军团共 2 万余人。不久，又将闽西、赣南和赣西南的红二十军和红三十五军等地方部队，归属红一军团建制。会议还根据中共中央的指示，把原来决定向赣东游击、进攻抚州的计划，改变为集中力量，积极进攻，准备夺取九江、南昌。

同时成立中国革命军事委员会，统一指挥红军的军事行动和政权建设工作。毛泽东任革命军事委员会主席。

此外，红四军第四纵队、红十二军第一纵队和闽西苏区部分地方武装合编为红军第二十一军，邓毅刚任军长（后为胡少海），李任予任政治委员，谭希林任参谋长，陈正任政治部主任，下辖五个纵队，共 3500 余人，担负扩大与巩固闽粤赣苏区的任务。

这次整编和红一军团的建立，适应了红军由游击战为主向运动战为主的战略转变，对于红军和苏区的发展和此后的反"围剿"具有重要意义。

红一军团成立后，指明中共中央指示北上攻打南昌、九江。

7 月 30 日，红一军团挺进到离南昌 30 华里处。南昌敌军修筑了层层坚固的防御工事，朱德、毛泽东从实际出发，没有硬攻南昌，而是派红十二军代理军长罗炳辉带领两个纵队，于8月1日攻击南昌对岸的牛行车站，隔江向南昌城鸣枪示威，以纪念八一南昌起义三周年。南昌守敌龟缩在城内，一枪不还。罗炳辉返回军团总部后，向朱德、毛泽东报告，说南昌国民党军队防务严实，不宜进攻。朱德、毛泽东立即下令撤围南昌，进至安义、奉新一带，休息、整顿、筹款，进行扩大红军工作。红一军团由出发北上时的1万来人发展到1.8万人，为此后开展大规模反"围剿"战争打下了基础。

红三军团成立

就在毛泽东、朱德率领红四军驰骋在赣南、闽西，不断发展、壮大之时，另一支红军队伍也在迅速发展壮大。这就是与红四军有着密不可分关系的红五军。

1929年4月中旬，彭德怀率领红五军离开赣南，返回井冈山，开展恢复湘赣边界根据地的斗争。

与红五军失散的李灿、张纯清率领第二大队与彭德怀会合后，红五军编为第四、第五两个纵队，以贺国中为第四纵队纵队长，李灿为第五纵队纵队长，另外还有一个特务大队，全军共有1200余人。红五军又壮大起来了。此后，彭德怀率领红五军先后攻占湖南鄱县、桂东和广东城口镇、南雄，缴获一批枪支、子弹和大批药品及盐、布等物资，并筹到1万多元款子。

7月中旬，红五军按照中共湘赣边界特委、永新县委和红五军军委联席会议决定进攻安福。由于情报有误，红五军受到严重损失，伤亡300余人，参谋长刘之志和第四纵队纵队长贺国中牺牲，第五纵队纵队长李灿负伤。11个大队长，9个负伤。

此后，红五军在永新、宁冈、莲花边界休整了一个月。8月份，张辉瓒和谭道源两个师共四个旅开始向红五军进攻。红五军在离莲花县城约40里的潞口砂埋伏，敌人后卫一个营和辎重进至潞口砂宿营，红五军猛烈冲杀，仅半个小时就歼灭了该敌，缴获了其全师的辎重，打了一个漂亮伏击战。

9月间，红五军乘胜进到铜鼓地区，回到了离开一年多的湘鄂赣苏区。不久，红五军在平江的黄金洞、桐木桥地区与黄公略率领的湘鄂赣边境红军游击支队会合。根据中共湖南省委的指示，红五军与湘鄂赣边境支队合编，仍称红五军，军长为彭德怀，党代表为滕代远，副军长为黄公略，参谋长为邓萍，政治部主任由滕代远兼，下辖五个纵队：第一纵队纵队长孔荷宠，党代表胡筠；第二纵队纵队长黄公略（兼），党代表张启龙；第三纵队纵队长吴溉之，党代表喻庚；第四纵队纵队长郭炳生，党代表张纯清；第五纵队纵队长李灿，党代表何长工。全军3100余人。

9月初，中共湘鄂赣边境特委和红五军军委召开了联席会议，交流了湘赣边界根据地和湘鄂赣根据地及红四军经验，主要是军队做群众工作、根据地建设和军队政治工作经验。彭德怀、滕代远带回的红四军、井冈山根据地的经验，无疑对湘鄂赣根据地和红军发展，起到非常重要的积极作用。会议分析了形势，认为蒋桂矛盾已很紧张，蒋介石嫡系钱大钧集结衡阳，湘军吴尚第八军集结祁阳，蒋桂军阀战争，大有一触即发之势；江西第二军鲁涤平部和第三军朱培德也有矛盾，客观形势有利于革命发展，开展游击战争扩大苏区。

红五军军委抓住这一有利形势，认为红五军的主要任务是要把井冈山脉、幕阜山脉、九宫山打通，把湘鄂赣、鄂南和湘赣连成南起井冈山、北抵长江的一个长块，在此放手发动群众，消灭地主武装，实行土地革命，建立党组织和苏维埃政权，建设比较巩固的根据地，配合中共红四军前委一年夺取江西的计划。为适应上述情况和任务，红五军军委决定第一纵队活动于平江、修水、通城地区；第二纵队活动于浏阳、万载、萍乡地区；第三纵队活动于铜鼓、宜丰地区；第四纵队活动于湘赣边地区；第五纵队活动于鄂东南之阳新、大冶、通山、通城、蒲圻、咸宁和江西瑞昌、武宁等地区。事实证明，中共红五军军委这个决策非常正确。1930年四五月间，红五军已发展到5000余人，在湘东北的平江、浏阳，赣北的修水、铜鼓、万载，以及鄂东南的大冶、阳新、通山、通城、崇阳的广大地区，建立起较为巩固的根据地。

6月初，红五军集结在大冶、阳新边界的刘仁八和三江口附近，准备休整数日。这时，派往上海参加全国红军代表会议和苏维埃区域代表会议的滕代远、何长工先后回到了红五军军部。6月10日，中共红五军军委召开扩大会议，滕代远、何长工传达中央两个会议精神。会议根据全国红军代表大会精神和中共中央的指示，决定成立红三军团。就在当日，红三军团宣告成立，由彭德怀任总指挥，滕代远任政治委员，邓萍任参谋长，袁国平任政治部主任。同时成立中共红三军团前敌委员会，彭德怀任书记。红三军团下辖两个军：第五军，由原红五军第一、第二、第三、第四纵队组成，彭德怀兼任军长，滕代远兼任政治委员，邓萍兼任参谋长，袁国平兼任政治部主任；第八军，由原红五军第五纵队同鄂东南根据地部分赤卫队合编而成，何长工任军长，邓乾元任政治委员，卢匿才任参谋长，柯庆施任政治部主任。全军近1万余人。

红三军团的成立，使中国红军队伍中出现了一支作风强硬，能打大仗、恶仗的部队。

红三军团成立后，先是北上攻占岳阳，后在7月27日乘敌人兵力空虚占领长沙。

红三军团攻下长沙后，根据中共湖南省委原先的决定，以原红五军第一纵队和湘鄂赣边境独立师为主，以平江、岳州、修水、铜鼓、茶陵、醴陵赤卫队共3000余人组成红十六军，编入红三军团序列。红十六军由胡一鸣任军长，李楚屏任政治委员，孔荷宠任副军长，余发明任参谋长，吴天骥任政治部主任。下辖第七师、第九师。第七师，高咏生任师长，熊芳柏任政治委员；第九师，李玉根任师长，邱训民任政治委员。此时，红三军团三个军，总兵力达1.7万人。

红三军团攻占长沙，沉重打击了湖南国民党反动统治，扩大了共产党和红军的影响。红三军团本身也得到锤炼和壮大。

长沙失守后，蒋介石急电武汉行营主任何应钦并让其转告何键反攻长沙。何键不敢怠慢，集中第十九师、第十六师、第十五师第四十五旅残部、独立第七旅等部15个团，在游弋湘江的十几艘帝国主义军舰的掩护下，由株洲、湘潭、宁乡、湘阴等地向长沙反扑，于 8 月 5 日进到长沙的南、西、北郊区；第七十七师由鄂南进到湖南新市地区。当晚，敌人开始向长沙发起进攻，约两个团由新河附近偷偷渡过湘江，进入北郊一带；第十九师约两个团向长沙北门、大西门进攻；第十九师主力、第十六师、独立第七旅分由株洲向长沙进攻；第七十七师向金井、杜港方向前进，支援何键部作战。

由于敌我力量悬殊，中共红三军团前委召开紧急会议，决定撤出长沙，向平江、浏阳转移。8 月 6 日，红三军团撤出长沙。

永和会师，成立红一方面军

毛泽东、朱德率领红一军团在赣西北奉新、安义一带经过几天发动群众工作后，于 8 月 7 日在奉新得到了上海出版发行的 7 月 30 日和 8 月 1 日报纸，从中得知彭德怀率领的红三军团已乘虚攻克长沙的消息。于是，毛泽东、朱德决定红一军团继续西进，向红三军团靠拢。

8 月 10 日，朱德、毛泽东发布红一军团命令，规定各军于 15 日以前到达万载县城集中。8 月 12 日，朱德、毛泽东率领红一军团总部进驻万载县城，并会见了万载县党组织和苏维埃政府负责人。红一军团各部集中后，朱德、毛泽东于 8 月 18 日率领部队由万载到达湘赣边界的黄茅。在这里，毛泽东、朱德得悉，红三军团在敌人优势力量的进攻下，已于 8 月 6 日退出长沙，正在平江长寿街及其附近转入防御。何键部十团以上的兵力正向红三军团追击。其中敌第三纵队司令兼第十七旅旅长戴斗垣率领四个团，孤军突出地盘踞在浏阳县的文家市和孙家塅一线。

毛泽东、朱德立即召开红一军团高级干部会议，决定趁戴斗垣旅立足未稳，迅速奔袭文家市，歼灭该敌。随即，朱德、毛泽东发出作战命令，规定各部队全线攻击时间为 20 日拂晓。

8 月 19 日，红一军团根据朱德、毛泽东的部署，兵分四路进入阵地。8 月 20 日拂晓，红一军团各部突然向文家市发起猛攻，经过近一个小时的激战，全歼戴斗垣旅。

此战，红一军团缴获步枪1400多支，水机关枪20多挺，手机关枪和轻机关枪17挺，驳壳枪100多支，得到了相当大的补充。这是红一军团建立后作战取得的第一个重大胜利，有力地支援了红三军团。

红三军团退到平江长寿街不久，彭德怀接到中共万载县委来信，告知红一军团已转移到万载境内。彭德怀立即派袁国平前往万载联络。袁国平返回后，带来红一军团要红三军团向永和市进击配合红一军团进攻文家市的信件。8月中旬，红三军团主力由长寿街出发，向永和市方向进击。

由于从长寿街到万载往返需四天时间。红三军团接信后立即行动，但到永和市时，因红一军团歼灭戴斗垣旅，驻守这里的敌人已先在两天前退向长沙了。

红一军团在文家市战斗后，按照预先与红三军团的约定，于8月23日北进到永和市，与红三军团胜利会师。这是毛泽东、朱德与彭德怀的第三次会合。当天，红一军团前委和红三军团前委召开联席会议。会上，红三军团前委提议成立红一方面军和总前委。彭德怀提议红三军团所辖之第五、第八军编为红一方面军建制，便于统一指挥。联席会议决定成立红一方面军，一致同意朱德任总司令，毛泽东任总政治委员，彭德怀任副总司令，滕代远任副总政治委员，朱云卿任参谋长，杨岳彬任政治部主任，辖红一、红三军团；成立以毛泽东、朱德、彭德怀、滕代远、黄公略、林彪、谭震林等为委员的中共红一方面军总前敌委员会，毛泽东任书记；成立以毛泽东、朱德、彭德怀、滕代远、黄公略、林彪、谭震林等为委员的中国工农革命委员会，毛泽东任主席，统一领导红军和地方工作。

红一军团总指挥部由方面军总部兼理，朱德兼任总指挥，毛泽东兼任政治委员，朱云卿兼任参谋长，杨岳彬兼任政治部主任，辖五个军：第三军，黄公略任军长，蔡会文任政治委员，周子昆任参谋长，毛泽覃任政治部主任。第四军，林彪任军长，曾士峨任政治委员，彭祜任政治部主任。第十二军，罗炳辉任代理军长，谭震林任政治委员，林野任参谋长，谭政任政治部主任。第二十军，曾炳春任军长，刘士奇任政治委员，刘泽民任参谋长，萧以佐任政治部主任。第二十二军，陈毅任军长，邱达三任政治委员，钟效蔚任参谋长，罗寿南任政治部主任。

红三军团，彭德怀兼任总指挥，滕代远兼任政治委员，邓萍任参谋长，袁国平任政治部主任，辖三个军及炮兵团：第五军，邓萍兼任军长，张纯清任政治委员，吴溉之任政治部主任。第八军，何长工任军长，袁国平兼任政治委员，卢匿才任参谋长，袁国平兼任政治部主任。第十六军，孔荷宠任军长，黄志竞任政治委员，陈建军任参谋长，吴天骥任政治部主任。

红一方面军的成立，是人民军队历史上的一件大事。两支活动于赣南、闽西和湘鄂赣苏区的主力红军汇集一起，兵力达 3 万余人，在战略上进一步集中了兵力。这是一支当时全国空前强大的红军队伍，既有毛泽东、朱德这样英明、杰出的政治、军事领导，同时又有彭德怀、陈毅、黄公略、林彪、邓萍、罗炳辉等一批能征善战的将才，还有谭震林、滕代远、何长工、蔡会文、袁国平、谭政等一批经验丰富的政治工作人才。从此，一支百战百胜的红色军队崛起，震撼着蒋介石反动统治者，震撼着当时中国社会政治。

第二章 第一次反"围剿",中间突破,活捉张辉瓒

一、联共（布）、共产国际指导方针转向，中共中央
提出建中央苏区

联共（布）、共产国际亲自指导广州起义

土地革命战争开始后，联共（布）、共产国际指导中国革命的方针是以城市为中心。这也难怪，放眼当时世界共产主义运动，在殖民地、半殖民地的国家里，尚没有一个取得革命成功的先例。而无产阶级革命成功的国家，只有苏俄。苏俄革命的成功经验，是依靠中心城市武装起义，然后推动其他地方普遍武装起义，一举推翻资产阶级政府。因此，联共（布）、共产国际指导中国革命只能是拿成功的俄国十月革命的经验，不可能拿其他不成功的经验。最能说明当时联共（布）、共产国际指导中国方针的当属广州起义。

中共中央在筹划南昌起义时，联共（布）、共产国际对起义前景缺乏信心，不少在华苏联军事顾问表示："反正搞不出什么名堂，用不着上那里去。"就连参加筹划南昌起义的加伦，虽曾指示苏联军事顾问："不管

怎样要投入到暴动者方面去"。但事隔一天后，加伦就变了卦，指示苏联军事顾问："不参与暴动，暴动一开始就离开部队"。[1] 南昌起义计划报告联共（布）最高机关后，联共（布）中央政治局经过征询意见，给罗米纳兹和加伦发出电报，一方面同意起义，一方面"认为乌拉尔斯基和我们其他著名的合法军事工作人员参加是不能容许的"[2]。在联共（布）中央政治局的指示下，除在贺龙部的苏联军事顾问库曼宁参加了起义外，其他苏联军事顾问均未参加起义。

然而，令联共（布）、共产国际吃惊的是，中国共产党人独立领导的南昌起义竟十分顺利。曾任驻华军事顾问的瓦西列维奇称赞说："从暴动本身来看应当毫不含糊地说，一切都是很有组织的。实际上，俄国人不参加是很好的。根据领导暴动的三人小组的工作来看，应当明确地说，他们把事情安排得很出色。"[3]

中国共产党组织发动南昌起义的成功，令联共（布）、共产国际也来了劲。起义军南下广东后，于9月下旬先后占领潮州、汕头，成立了汕头和潮州的革命政权。广州方面，张太雷为书记的广东省委正在加紧准备广州起义。为了加强对广州起义的指导，共产国际特派德国共产党员诺伊曼前去广东。不仅如此，共产国际还对广州起义后成立的政权表示极大的关心。10月1日，共产国际执行委员会政治书记处会议讨论中国问题，其中之一便是在广州建立什么形式的政权问题。共产国际执行委员会主席团委员洛佐夫斯基认为，由于广州离海岸较近，新成立的革命政权有受到外国军队干涉的危险。因此，他建议新政权"不能以苏维埃

① 《工农红军参谋部第四局关于南昌起义会议速记记录》（1927年9月14日于莫斯科），中共中央党史研究室第一研究部译：《共产国际、联共（布）与中国革命档案资料丛书·联共（布）、共产国际与中国苏维埃运动》（1927—1931）第7卷，中央文献出版社2002年版，第59页。

② 《征询政治局委员意见》（1927年7月25日），中共中央党史研究室第一研究部译：《共产国际、联共（布）与中国革命档案资料丛书·联共（布）、共产国际与中国苏维埃运动》（1927—1931）第7卷，第17页。

③ 《工农红军参谋部第四局关于南昌起义会议速记记录》（1927年9月14日于莫斯科），中共中央党史研究室第一研究部译：《共产国际、联共（布）与中国革命档案资料丛书·联共（布）、共产国际与中国苏维埃运动》（1927—1931）第7卷，第61页。

工农共产主义政权等等名义公开出面"，而应伪装一下，称"人民代表国民政府"，即"共产党员在苏维埃或革命委员会中实际掌握权力的情况下使政府不具有纯共产主义的性质"，在这个政府里分几个席位给非共产党人士。布哈林在发言中赞同洛佐夫斯基的意见，并提出了"革命人民政府"、"工农国民政府"两个政权名称供选择。但他倾向强调"国民因素"①。

10 月 6 日，联共（布）中央政治局接受了洛佐夫斯基和布哈林的意见，在给罗米纳兹和中共中央的电报中指示："在成立广东政府时要考虑到国际上的情况作必要的伪装，因此最好称为人民代表国民政府或者诸如此类的名称，政府的构成中要共产党员占优势，实际权力集中广州代表苏维埃手里。"②

由于南昌起义军在潮、汕地区很快失败，联共（布）、共产国际在关于建立"人民代表国民政府"的设想无法实现。

南昌起义军虽然失败，但于 10 月 15 日在香港举行的有共产国际代表诺伊曼参加的中共南方局和广东省委的联席会议，在通过的《通告第十四号》决定："广东的暴动……决不能叶、贺军队失败而取消之"。③

参与广州起义指导工作的不仅有诺伊曼，而且还有苏联驻广州领事馆总领事波赫瓦林斯基（化名韦谢洛夫）、副领事何锡斯（也译作哈西斯）、中共中央军事顾问谢苗诺夫（化名安德烈）。可以说，这是苏联、共产国际驻华代表组成的一个空前的指导班子，足见他们对广州起义的重视程度。由于苏联驻广州总领事馆有电台，能够直接和联共（布）中央进行电讯联络，因而，广州起义直接连着联共（布）、共产国际高层的心！

---

① 《共产国际执行委员会政治书记处会议讨论中国问题速记记录（摘录）》（1927 年 10 月 1 日于莫斯科，中共中央党史研究室第一研究部译：《共产国际、联共（布）与中国革命档案资料丛书·联共（布）、共产国际与中国苏维埃运动》（1927—1931）第 7 卷，第 105、114 页。

② 《联共（布）中央政治局会议第 128 号文件（摘录）》（1927 年 10 月 6 日于莫斯科），中共中央党史研究室第一研究部译：《共产国际、联共（布）与中国革命档案资料丛书·联共（布）、共产国际与中国苏维埃运动》（1927—1931）第 7 卷，第 119 页。

③ 广东革命历史博物馆编：《广州起义资料》（上），人民出版社 1985 年版，第 39、40 页。

　　由于广州起义事关重大，11 月 29 日，诺伊曼致电联共（布）中央政治局，报告"我们决定在广州采取准备起义和成立苏维埃的坚定方针。……实际上我们还没有确定起义日期，因为鉴于上述决定的特殊性和重要性，恳请你们立即向广州发出指示。"[①]但联共（布）中央政治局对广州情况还不太了解，没有马上表态。

　　12 月 9 日，鉴于广州起义已经箭在弦上，诺伊曼致电联共（布）最高领导机关，报告了广州的形势及起义准备情况、起义计划和口号等。他在电报中说："暴动时机已完全成熟，拖延会给力量对比带来不利变化，因为铁军（指张发奎的第四军——引者）将回来，我们的部队将调走，汪精卫的正式政府将成立以取代现时的空缺状态。工人的胜利对整个中国会有无可估量的意义。"他认为："占领广州的希望是很大的，但要守住是非常困难的。"据此，他在电报中"坚决请求立即给我们指示"。[②]

　　心里十分着急的诺伊曼，在发出这封电报不久，就立即发出了另外一封简短的电报，说："如果我们收不到对今天这份电报的答复，我们就于星期一[③]清晨发动。"[④]

　　广州起义成功后，参加过南昌起义的叶挺和聂荣臻根据经验一致地认为，敌人不会善罢甘休，12 日将会进行猛烈的反扑。对此，总指挥部应该有所对策才行。

　　经过叶挺、聂荣臻一再建议，11 日的深夜 12 点，起义领导人在公安局总指挥部召开会议，研究了形势，讨论下一步的行动。叶挺分析了形势，认为广州周围敌人太多，而且近在咫尺，一旦组织起来向我反扑，形

---

①　《牛曼给联共（布）中央政治局的电报（摘录）》（1927 年 11 月 29 日于广州），中共中央党史研究室第一研究部译：《共产国际、联共（布）与中国革命档案资料丛书·联共（布）、共产国际与中国苏维埃运动》（1927—1931）第 7 卷，第 140 页。

②　《特里利塞尔对牛曼发自广州电报内容的报告》（1927 年 12 月 9 日于莫斯科），中共中央党史研究室第一研究部译：《共产国际、联共（布）与中国革命档案资料丛书·联共（布）、共产国际与中国苏维埃运动》（1927—1931）第 7 卷，第 170、171 页。

③　指 1927 年 12 月 12 日。

④　《特里利塞尔对牛曼发自广州电报内容的报告》（1927 年 12 月 9 日于莫斯科），中共中央党史研究室第一研究部译：《共产国际、联共（布）与中国革命档案资料丛书·联共（布）、共产国际与中国苏维埃运动》（1927—1931）第 7 卷，第 171 页。

势对我们很不利。鉴于此，叶挺建议最好不要再在广州坚持，把起义队伍拉到海陆丰去。聂荣臻赞同叶挺的意见，认为起义军应当撤离广州，以避开敌人的锋芒，转移到乡下去，保存实力。

共产国际代表诺伊曼反对叶挺、聂荣臻的意见。他以苏俄十月革命的经验，认为起义只能进攻，不能退却。因为苏俄十月革命就是占领彼得堡，坚守住这个政治中心，等待乡村普遍起义和其他地方的援助，等待敌军瓦解，最后取得总的胜利。因此在诺伊曼的理念之中，在大城市中起义，不能退出，退出就是失败。

诺伊曼不仅固执己见，还声色俱厉地批评叶挺撤出广州的主张是想去当土匪。由于诺伊曼是共产国际代表，拥有绝对的权威，起义的总领导者张太雷听从他的意见，没有支持叶挺的正确主张。

由于未能及时撤出广州，起义军虽同城内的英、美、日、法等国支持的国民党粤系军阀张发奎等部进行顽强的战斗，但终因寡不敌众，在起义的第三天遭到失败。张太雷和其他遇难军民就有 5700 多人。苏联驻广州领事馆副领事哈西斯等五人也遭到杀害。参加起义的 200 多名朝鲜革命者中有 100 多人牺牲。

得到斯大林的批准，并有多位共产国际、联共（布）顾问指导的广州起义短短三天就失败了，最根本的原因在于国民党新军阀在中心城市拥有强大的军队，中国共产党自己还没有拥有能够与之抗衡或更强大的军队。因此，想通过中心城市武装起义或攻取中心城市来夺取革命胜利，是不可能、不现实、不切合实际的。

联共（布）、共产国际对广州起义的指导表现了其在土地革命战争初期这样一种思路：通过共产党掌握的革命军队和举行工农武装起义，迅速占领广州，建立苏维埃政权，汇合广东各地的农民暴动，首先取得革命在广东一省的胜利。然后再由湖南、湖北进行北伐，将革命向北推进，掀起革命的新高潮。这种思路，简而言之，就是广东"速胜论"。联共（布）、共产国际这个思路的产生主要是依据大革命时期的经验，说明联共（布）、共产国际没有认识到中国革命的长期性，存在着速胜观念。广州起义的失败，宣告了联共（布）、共产国际希望在广东"速胜"

的终结。

斯大林仍然以城市为中心指导中国革命

联共（布）、共产国际亲自指导的广州起义失败了，那么他们能否认识到以城市为中心指导中国革命的方针是并不适合中国国情呢？

1928 年 6 月 18 日至 7 月 11 日，中国共产党第六次全国代表大会在莫斯科郊区五一村召开。中共六大为什么在莫斯科召开呢？主要因为国内白色恐怖太严重。开全国代表大会需要 100 多名代表参加，若在国内开，很难保证万无一失。若要有失，中国共产党的中央领导机关就有可能遭受灭顶之灾，党的一批地方领导干部也会遭到严重损失。因此，经与共产国际协商并得到批准，中共六大在莫斯科召开。中共六大，是中国共产党历史上唯一一次在国外召开的全国代表大会。

在中共六大召开之前，为了指导中国共产党开好六大，斯大林特意召集中国共产党领导人瞿秋白、周恩来、李立三、苏兆征、向忠发等人谈中国革命的有关问题。在谈话中，斯大林是这评价广州起义的：

广州暴动是否盲动主义？不是！盲动主义是幻想出人工造成的军事阴谋，广州暴动则不是。广州暴动的结论是，中国党和工人阶级想巩固革命地位的英勇的企图。他们向国内外作一次公开的反抗。一方面是想巩固自己的革命势力，另外开展了一个新的革命斗争的局面。

这个企图结果是失败了。

当暴动者去暴动的时候，一定想是可以战胜敌人的，故他们可以说，这是新的革命高涨的开始。但在客观上只是工人阶级在过去高潮中的最后一次斗争——回光返照的企图，故遭到失败了。

假如我们如此说，是否减轻了广州暴动的意义？1871 年的巴黎公社和 1905 年的十二月暴动也是一个最后的企图？中国工人阶级最后的英勇企图，虽未展开新的革命高潮，但给了一个苏维埃形势的信号，指出了以后新的高潮来时的新阶段，这仅是信号，不是已经开展了这个高潮。①

斯大林的结论是："广州暴动不是革命高涨之开始，而是革命退后之结束。"②

斯大林是广州起义的批准者，当然不能说广州起义是盲动主义。这样说，他本人不就是盲动主义者了吗？斯大林认为，广州起义失败的原因是同巴黎公社和俄国1905年十二月起义一样，是革命开始走向低潮的标志，不是走向高潮的标志。

斯大林由广州起义失败而对中国革命形势的判断，有正确的一面，也有不正确的一面。正确的一面是承认当前革命已经是低潮了；不正确的一面是没有认识到广州起义正是在中国革命处于低潮时发生的，失败的原因是在敌我力量悬殊的情况下，坚持占领大城市。

那么，在斯大林的眼中，新的革命高潮应该是个什么样子呢？他说："革命高涨：反革命退步（却），革命进攻胜利。""大城市都在反革命手里"，"假使我们（掌）握住主要城市，此时才可说高涨。""农民的游击战争如没有得到重要城市的援助，决没有改变社会制度的性质。即使有（取得）胜利也不能巩固。"③由此看来，斯大林眼中，掌握大城市还是最重要的，中国共产党中心工作，还是要放在夺取中心城市上。

斯大林是联共（布）最高领导人，中国共产党自然把斯大林的论断视为绝对正确。中共六大《政治决议案》规定，党的主要任务是："加强自己的战斗力及党的无产阶级化"，"特别注意大生产大工厂中党的支部建设"，"积极的在工人之中征求党员，继续引进工人同志的积极分子

---

① 《周恩来对斯大林同瞿秋白和中共其他领导人会见情况的记录》（1928年6月9日于莫斯科），中共中央党史研究室第一研究部译：《共产国际、联共（布）与中国革命档案资料丛书·联共（布）、共产国际与中国苏维埃运动》（1927—1931）第7卷，第481页。

② 《周恩来对斯大林同瞿秋白和中共其他领导人会见情况的记录》（1928年6月9日于莫斯科），中共中央党史研究室第一研究部译：《共产国际、联共（布）与中国革命档案资料丛书·联共（布）、共产国际与中国苏维埃运动》（1927—1931）第7卷，第477页。

③ 《周恩来对斯大林同瞿秋白和中共其他领导人会见情况的记录》（1928年6月9日于莫斯科），中共中央党史研究室第一研究部译：《共产国际、联共（布）与中国革命档案资料丛书·联共（布）、共产国际与中国苏维埃运动（1927—1931）》第7卷，第480、481页。

加入党的指导机关"。要"争取工人阶级的大多数","更加充分注意职工运动,尤其是产业工人"①。在《职工运动决议案》中规定:"现在之基本任务,就是动员所有无产阶级群众来围绕着他的阶级组织(党及职工会)"。指出"这个任务不解决,则中国革命不能够取得胜利的。"要求用"宣传与煽动的方法提高广大工人群众之觉悟。只有这样,才能使党一方面促进新的革命高潮之到来,另一方面才能保证中国无产阶级在革命民众中间之指导作用。"②《政治决议案》虽然提出要"赞助农民的游击战争","建立工农革命军","创立苏维埃政权和实现土地革命",但认为"这一任务的成效,可以成为新的革命高潮生长的一个动力,决定新的高潮之一种主要动力之一。"③很明显,中共中央把在大城市开展工人运动作为新的革命高潮的必要和主要条件,把农村武装斗争作为新的革命高潮的次要条件。农村武装斗争只是以后进行中心城市工人武装暴动的配合力量。

中共六大以后,中国共产党把主要精力放在城市,尤其是在产业工人比较集中的大城市开展工人运动。为了加强中共中央对工人运动的领导,设立了以项英为书记的工人运动委员会,健全了中华全国总工会的领导机构。中共中央政治局还将指导上海工人运动作为自己的中心工作,派人加强领导力量。但是,中心城市是反动统治力量最强的地方,国民党当局对共产党领导的工人运动严加防范,通过各种手段进行破坏,城市工人运动成就与预期目标相差甚远。

1929年的"五卅"四周年,为了在上海举行示威活动,成立了有中共中央、共青团中央、江苏省委、共青团江苏省委、上海总工会等单位负责人参加的"总行动委员会"。党领导的各群众团体,成立了"上海各界纪念五卅运动四周年筹委会",印发了大量宣传品,准备到时散发。

---

① 《政治决议案》(1928年7月9日),中央档案馆编:《中共中央文件选集》(1928)第4册,第319、320页。

② 《职工运动决议案》(1928年7月9日),中央档案馆编:《中共中央文件选集》(1928)第4册,第369、370页。

③ 《政治决议案》(1928年7月9日),中央档案馆编:《中共中央文件选集》(1928)第4册,第322页。

时任中共江苏省委常委兼组织部长的李维汉在回忆中说：

　　三十日清晨，示威群众从各方面陆续汇集南京路两旁。十时正，一声哨响，积极分子拥上街头，一面散发传单，一面高呼"打倒帝国主义""打倒国民党"等口号。少数积极分子撤退时砸了电车和国民党在上海的机关报《民国日报》馆。这天，有的区也分片组织了示威、群众大会或飞行集会。有的工厂举行了罢工或关车数小时以示纪念。……这次活动有近百人被捕。①

　　费了那么大劲，组织一次游行示威活动，竟有近百人被捕，真是得不偿失！

　　1929 年 8 月 1 日前夕，共产国际远东局指示中国共产党开展"八一国际红色日"，希望在全国范围，"首先应该在像哈尔滨、武汉、奉天、北京 ②、天津、香港和广州这些工业中心区域进行。"然而，令远东局失望的是："党在这些地方（上海除外）很少做工作，8 月 1 日几乎是在劳苦群众中无声无息的情况下度过的。整个党的工作仅限于散发党的传单。无论中央还是我们都没有得到关于在这些地方（上海除外）要举行集会、群众大会、示威游行或罢工的消息。"远东局认为"出现这种情况，完全是党的过错"。"八一运动的这个主要不足，不能用警察和技术条件来作解释。这里暴露出了那个可悲的情况，即中共在中国还没有牢固的有工作能力的中心。"③

　　那么上海举行了罢工行动，情况怎样呢？根据共产国际远东局的指示，中共中央在 6 月份就制定了"八一"总示威工作计划。由于这在党的历史上是第一次组织"八一国际红色日"示威行动，江苏省委根据中

---

① 李维汉：《回忆与研究》（上），中共党史资料出版社 1986 年版，第 291 页。

② 应为北平。

③ 《共产国际执行委员会远东局关于中国开展八一国际红色日情况的决议》（1929 年 8 月于上海），中共中央党史研究室第一研究部译：《共产国际、联共（布）与中国革命档案资料丛书·联共（布）、共产国际与中国苏维埃运动》（1927—1931）第 8 卷，中央文献出版社 2002 年版，第 151 页。

央指示，铆足了劲，决定在上海、南京等大中城市同时举行示威、罢工、飞行集会，并同"五卅"示威一样，成立了由中共中央、共青团中央及江苏省一些团体的负责人组成"总行动委员会"，指挥这次示威行动。

由于是第一次举行"八一"示威，群众还不知道什么是"八一国际红色日"，中共江苏要求举行广泛宣传。于是，在7月14日，"总行动委员会"组织上海5000多名工人群众进行了游行示威行动，作为"八一"示威的一次预演。然而，这次预演无疑告诉了反动当局，共产党还有大的动作。

从7月14日起，上海国民党当局加紧了防范行动，"上海逐渐变成了军营。警察徒步和骑马巡逻队不断地在城里转来转去，工人区以至一些工厂还有专门的巡逻队。开始进行大逮捕和搜查。"①就是在这样严重的白色恐怖下，党组织又在7月26日在英日领事馆前进行1000多人示威活动。这次活动仍然是作为"八一"示威的一次预演。示威活动遭到了当局的残酷镇压，逮捕了500多人，其中有50名党员。参加者本来就1000多人，被捕者就达500多，为参加者一半。在"八一"前夕，三名共产党员和一名非党积极分子被敌人杀害。可见，搞这么一次带有宣传造势性的预演，代价有多大！

7月26日参加示威的人数比14日的人数少很多，共产国际远东局非常不满意，认为"出现了个别的机会主义"，"在铁路员工、自来水工人那里，在兵工厂和电车工人那里表现非常明显，在这些最重要的中心区域，我们的同志以各种借口（会开枪射击，会指责我们搞破坏活动，群众不愿意，等等）拒绝率领群众上街，回避号召群众举行罢工。"上海罢工、示威活动不理想，远东局不认为是严重的白色恐怖的结果，仍然认为重要的原因是"我们党同广大工人群众联系不够，省委和中央未能扩大工厂支部网，未能对工厂里的党员进行教育"。②

---

① 《共产国际执行委员会远东局关于中国开展八一国际红色日情况的决议》（1929年8月于上海），中共中央党史研究室第一研究部译：《共产国际、联共（布）与中国革命档案资料丛书·联共（布）、共产国际与中国苏维埃运动》（1927—1931）第8卷，第153页。

② 《共产国际执行委员会远东局关于中国开展八一国际红色日情况的决议》（1929年8月于上海），中共中央党史研究室第一研究部译：《共产国际、联共（布）与中国革命档案资料丛书·联共（布）、共产国际与中国苏维埃运动》（1927—1931）第8卷，第154页。

尽管遭到反动当局的残酷镇压，8月1日这天，"总行动委员会"还是按照计划组织了群众示威活动。李维汉回忆说：

"八一"当天有数千工人、学生和少数农民士兵，冲破中外反动派的警戒封锁，在南京路、福州路、白渡桥、天潼路示威游行，持续了三、四个小时。上海各区也举行了罢工、飞行集会或群众大会。南京、常州也在这一天举行了示威活动。①

为了"八一国际红色日"示威，党付出了惨痛的代价，但与共产国际远东局期望值还有很大距离。共产国际远东局在有关决议中说：

8月1日的成果微乎其微，尽管很好地做了准备工作，尽管上海党组织的所有成员表现得无比忠诚和富有自我牺牲精神，省委和中央坚定不移和路线正确。7000名罢工工人和1800名示威游行者这些数字告诉我们，在上海，8月1日不是全体工人的斗争日，而只是群众的先锋队、最有觉悟的革命工人和学生的斗争日。8月1日的成果说明，党没有解决好对5月30日和7月14日的态度问题，党的动员能力减弱了。②

显然，共产国际远东局无视大城市反动统治阶级对革命活动的严密防范和残酷镇压，而把参加这种冒险的游行示威活动人数少归结为"党的动员能力减弱"。这种认识，必然使党在城市的工作受到更大的损失。

1930年的五一国际劳动节，党又领导了各大城市的罢工示威活动，遭到国民党反动当局的残酷镇压，情况比1929年的搞的"八一国际红色日"更糟糕。1930年5月18日，共产国际远东局给共产国际执行委员会东方书记处的信中对此充满失望："5月1日前几天，正当反动派策划

---

① 李维汉：《回忆与研究》（上），第292页。

② 《共产国际执行委员会远东局关于中国开展八一国际红色日情况的决议》（1929年8月于上海），中共中央党史研究室第一研究部译：《共产国际、联共（布）与中国革命档案资料丛书·联共（布）、共产国际与中国苏维埃运动》（1927—1931）第8卷，第155页。

的反革命行动猖獗一时之际，上海总罢工委员会召开代表会议，几百名代表（约700人）前往租界的一座大楼，但由于出现错误，来到这座大楼的只有一部分代表（约120人），他们当场全部被捕。遗憾的是，被捕者中正好有沪西38家工厂的代表。5月1日前夕上海被捕的积极分子和同情者约400人，而沪西企业中我们的积极分子有四分之三被捕。全国工人联合会的印刷厂被暴露，被捕者在狱中惨遭毒刑拷打。""我们在5月1日只组织了几个规模不大的示威游行，这些游行队伍立即就被警察驱散了。"其他中心城市的五一行动损失更惨重。远东局在信中说："武汉代表会议100名代表均遭逮捕，北京80名代表被捕。天津、青岛、哈尔滨等地的情况也大致如此。据全国大致统计，光是各城市五一行动中被捕者约1000人，主要是积极分子。湖北省委书记惨遭杀害，四川省委全体成员均遭逮捕，3人遭处决，新组建的满洲省委也遭逮捕，据说有几名已被处决。福建省委被破坏。"在"左"倾方针的指导下，这种逢节日必组织游行、罢工，无疑自动把辛辛苦苦培养的骨干送到敌人手中，是非常愚蠢的行动。对此，远东局也承认，这些地方的党组织"没有充分估计到敌人的力量，我们可以说是不断地把代表送到警察的手里"。①

按照联共（布）、共产国际以城市为中心方针，中国共产党使足了劲开展城市工作，但收效甚微。而与此同时，农村红军和革命根据地发展却如火如荼。除了毛泽东、朱德创建的赣南、闽西根据地外，党领导创建的根据地还有湘赣、湘鄂赣、湘鄂西、鄂豫皖、赣东北、左右江、东江、琼崖等。另外，在川东、浙南、苏中等地，还建立了一些游击区。这样，到1930年夏，全国已建立大小十几块根据地，红军发展到约7万人，连同地方革命武装，共约10万人，分布在湖南、湖北、江西、福建、广东、广西、河南、安徽、江苏、浙江、四川等十多个省的边界地区和远离中心城市的偏僻山区。红军战争已成为中国革命斗争的主要形式，农村根据

---

① 《共产国际执行委员会远东局给共产国际执行委员会东方书记处的信》（1930年5月18日于上海），中共中央党史研究室第一研究部译：《共产国际联共（布）与中国革命档案资料丛书·联共（布）、共产国际与中国苏维埃运动》（1927—1931）第9卷，中央文献出版社2002年版，第148、149页。

地已成为积蓄和壮大人民革命力量的主要战略基地。

以城市为中心的方针，显然在中国是行不通的。

共产国际转变指导中国革命的方针

城市工人斗争不景气，屡屡遭到严重挫折，而相比之下，农村革命斗争却一片大好，这一点，共产国际也逐渐认识到了。1930 年 2 月，驻上海的共产国际远东局在给共产国际执行委员会的报告中，谈到中共党内的状况时说："最近在华南和华北游击队取得了辉煌的战绩。""红军成长为一支人数不下 3 万的大部队。闽西、赣西、粤北和粤东、湘南、鄂西成了游击队的活动地区。游击队的影响也波及到四川和河南。在游击队的活动区和巩固区都没收土地，建立苏维埃政权。现在中国已有 10 多个苏区（据中央委员会给全会的报告说有 19 个苏区）。""特别是在华南，党已深入农民群众"，"农村党组织在苏区日益壮大"。相比之下，党在"白色恐怖笼罩的地区组织发展十分缓慢"。[①]

4 月 15 日，共产国际执行委员会东方书记处处务委员会召开扩大会议，听取大革命时期曾任苏联驻华顾问的马马耶夫作《中国的游击运动》报告。马马耶夫在报告中虽然认为："1929 年，不仅在上海，而且在中国所有的工业中心城市罢工斗争都加强了。""经济斗争迅速发展为政治斗争"。但马上就又指出："与农民运动相比，工人运动的发展速度还是很缓慢的。"[②] 接下来，马马耶夫在介绍中国红军的斗争情况时，把着重点放在朱德、毛泽东领导的红四军上。他首先介绍了朱德、毛泽东领导的红四军的简要历史。然后介绍了红四军的编制和装备情况，以及红四军

---

① 《共产国际执行委员会远东局给共产国际执行委员会的报告》（1930 年 2 月于上海），中共中央党史研究室第一研究部译：《共产国际、联共（布）与中国革命档案资料丛书·联共（布）、共产国际与中国苏维埃运动》（1927—1931）第 9 卷，第 63、67 页。

② 《马马耶夫在共产国际执行委员会东方书记处处务委员会扩大会议上的报告》（1930 年 4 月 15 日于莫斯科），中共中央党史研究室第一研究部译：《共产国际、联共（布）与中国革命档案资料丛书·联共（布）、共产国际与中国苏维埃运动》（1927—1931）第 9 卷，中央文献出版社 2002 年版，第 105 页。

的成分、党组织的状况。马马耶夫在报告中特别强调了根据地建设对于红四军发展的作用，指出："井冈山根据地是最强大的根据地之一"，"朱德和毛泽东的那个军在这样的根据地里可以进行训练，真正成为一支正规军，在根据地里壮大起来，向不同方向夺取新的地域。"他对红四军和其他红军开展的土地革命给予了肯定，说："朱德和毛泽东那个军以及其他正规部队，是进行土地革命的武力表示。"并认为："这支力量之所以存在，所以发展壮大，所以不可能被摧毁，是因为它依靠农民运动中奋起完成土地革命任务的广大群众。"①

马马耶夫在报告中，特别提出建立巩固的根据地问题，指出："我们无疑面临一个建立根据地的问题，因为没有地域，没有根据地，没有我们牢牢插上红旗的地方，我们就会流窜，即使今天攻城夺地，明天又会遭到失败，需要建立这个根据地。"②马马耶夫提出这个问题，主要还是根据毛泽东、朱德率领的红四军在井冈山建立根据地经验，希望中国共产党重视建立大块根据地，认为这样红军才能进一步发展。

马马耶夫最后的结论是："我们面临以下的任务：在游击运动地区最大限度地扩大党和无产阶级的力量；巩固苏维埃政权，明确现阶段土地革命纲领；应该解决军队中政治机关的结构、政治委员制度、士兵委员会问题；我们还面临大规模武装农民的问题；解除政府军武装的问题；农民运动和工人运动结合的问题。"他认为："这就是我们应该向中国共产党军事部作出答复的那些任务。"③

马马耶夫的报告从总体上看，有以下两个方面值得注意：其一，肯

---

① 《马马耶夫在共产国际执行委员会东方书记处处务委员会扩大会议上的报告》（1930年4月15日于莫斯科），中共中央党史研究室第一研究部译：《共产国际、联共（布）与中国革命档案资料丛书·联共（布）、共产国际与中国苏维埃运动》（1927—1931）第9卷，第117、118—119页。

② 《马马耶夫在共产国际执行委员会东方书记处处务委员会扩大会议上的报告》（1930年4月15日于莫斯科），中共中央党史研究室第一研究部译：《共产国际、联共（布）与中国革命档案资料丛书·联共（布）、共产国际与中国苏维埃运动》（1927—1931）第9卷，第120页。

③ 《马马耶夫在共产国际执行委员会东方书记处处务委员会扩大会议上的报告》（1930年4月15日于莫斯科），中共中央党史研究室第一研究部译：《共产国际、联共（布）与中国革命档案资料丛书·联共（布）、共产国际与中国苏维埃运动》（1927—1931）第9卷，第120页。

定了中国共产党在农村领导武装斗争的成绩。其二，肯定了朱德、毛泽东领导的红四军无论在各方面都是中国工农红军中发展得最好的一支队伍。他的报告无疑对共产国际此后的决策产生了很大影响。

需要说明的是，马马耶夫在报告中介绍毛泽东、朱德率领的红四军的情况，主要依据的是陈毅1929年8月下旬到上海向中共中央汇报工作，根据中央指示写的《关于朱毛军的历史及其状况的报告》。这个报告完整、客观地反映了红四军的组成、发展、编制、军事训练、战略战术、宣传等，充分体现了陈毅坦荡无私和对革命事业高度负责的态度。

周恩来对陈毅提供的《关于朱毛军的历史及其状况的报告》非常重视，由他主持创办的中共中央军委机关刊物《军事通讯》在创刊号上全文刊登了这个报告。编者按指出：这是很值得我们宝贵的一个报告，朱毛红军这个"怪物"，在我们看了这个报告以后，都可一目了然。朱毛红军在编制、筹款、政治军事训练、官兵平等、开支公开与群众关系等方面的经验，都是在中国"别开生面"，在过去所没有看过听过的。[①] 编者按还要求各地红军、各地方党组织学习红四军的经验。

非常明显，陈毅的《关于朱毛军的历史及其状况的报告》，不仅对中国各支红军的发展，而且对共产国际了解中国红军、尤其是毛泽东、朱德率领的红军，转变指导中国革命方针，都起了重要作用。应该说，这是陈毅对中国革命的重大贡献。

在听取了马马耶夫的报告后，共产国际东方书记处处务扩大会议决定，成立由马马耶夫、瞿秋白、萨法罗夫、黄平、郭绍棠等人组成的委员会，"制定党对游击运动、红军工作和苏区工作的指示。"并要求"委员会应在5日内提出决议草案"。[②]

目前尚未见到由马马耶夫、瞿秋白等五人组成的委员会提出的决议

---

① 中共中央文献研究室编：《周恩来年谱》(1898—1949)，中央文献出版社、人民出版社1989年版，第177页。

② 《共产国际执行委员会东方书记处处务委员会扩大会议第14号记录(摘录)》(1930年4月15日于莫斯科)，中共中央党史研究室第一研究部译：《共产国际、联共(布)与中国革命档案资料丛书·联共(布)、共产国际与中国苏维埃运动》(1927—1931)，第9卷，第98页。

草案，但从所见到资料看，从当年 6 月中旬起，共产国际东方书记处给中共中央的指示开始强调苏区和红军的建设问题。6 月 16 日，共产国际东方书记处给中共中央的电报稿指示："现在必须最大限度地集中并保证党对红军的领导。红军中在保持坚强的工人骨干的同时，农民应占多数。党在苏区应普遍实行平分土地，尽可能在分地上不损害中农的利益。"①6 月 19 日，共产国际东方书记处给中共中央的电报进一步指示："根据军事政治形势的发展，必须将注意力和力量集中在夺取这样一个据点上。因此，请在苏区成立有权威的中央局，采取一切措施尽可能加强红军。"②7 月 10 日，共产国际执行委员会在中共中央的电报中，重申了东方书记处关于在中国苏区建立中央局的决定。

7 月 23 日，共产国际执行委员会政治秘书处召开中国问题讨论会，研究中国形势和中国共产党的任务。正在莫斯科的瞿秋白、周恩来参加了会议。这次会议通过了由米夫、马季亚尔、库丘莫夫起草的《共产国际执委政治秘书处关于中国问题议决案》。议决案指出："建立完全有战斗力的政治上坚定的红军，在现时中国的特殊条件之下，是第一等的任务，解决这个任务，就一定可以保障革命的强大的开展。"③

7 月 29 日，共产国际执行委员会就红军建设和游击运动问题给中共中央发出指示信。信中除了对红军中党的建设、红军和苏维埃问题作出指示外，特别强调要建立根据地。指示信指出：要"牢牢占领并保持具有巩固和进一步扩大苏维埃政权的足够经济前提的根据地"。"越是迅速地有这样的根据地，越是迅速地把武装斗争从各种独特的游击战形式转

---

① 《共产国际执行委员会书记处给中共中央的电报稿》（1930 年 6 月于莫斯科），中共中央党史研究室第一研究部译：《共产国际、联共（布）与中国革命档案资料丛书·联共（布）、共产国际与中国苏维埃运动》（1927—1931）第 9 卷，第 173 页。

② 《共产国际执行委员会东方书记处给中共中央的电报》（1930 年 6 月 19 日于莫斯科），中共中央党史研究室第一研究部译：《共产国际、联共（布）与中国革命档案资料丛书·联共（布）、共产国际与中国苏维埃运动》（1927—1931）第 9 卷，第 175 页。

③ 《共产国际执委政治秘书处关于中国问题议决案》（1930 年 7 月 23 日通过），中共中央党史研究室第一研究部编：《共产国际、联共（布）与中国革命档案资料丛书·共产国际、联共（布）与革命文献资料选辑》（1927—1931）第 12 卷，中央文献出版社 2002 年版，第 211 页。

变为正规军作战形式，我们就越能迅速地保证从组织上掌握农民革命运动，就能迅速地保证无产阶级对农民的领导，从而保证革命的胜利。"①8月8日，共产国际执行委员会致电中共中央政治局，更明确地指示："建立一支坚强的、组织严密的、政治上坚定的、有充分供应保障的红军，是中共工作中目前的中心环节。"为此，"必须选择和开辟能保证组建和加强这种军队的根据地。"共产国际执行委员会还认为，"目前显然赣南、闽南、粤东北地区首先能够成为这样的根据地。"②

共产国际这一系列指示表明其指导中国革命方针的发生重大转变，开始把建设强大的红军和巩固的农村根据地放在中心位置，而且朱德、毛泽东领导的红军和创建的赣南、闽西根据地，在共产国际的新方针中占据重要的位置。

"左"倾冒险狂热之中的李立三

1930年6月11日，中共中央通过《新的革命高潮与一省或几省首先胜利》决议。这个决议通过后，共产国际远东局负责人罗伯特提出不同意见，要求将决议缓发，说现在共产国际正在讨论中国的形势，研究一个决议，材料很快就会发过来，应该等一等。李立三认为，客观形势发展很快，不允许我们浪费时间。李立三坚信，自己的观点来自共产国际，政治局6月11日通过的决议无疑是符合共产国际精神的。于是，李立三不顾罗伯特的劝阻，坚持将决议发出了。

已经昏了头的李立三，对于共产国际6月16日、6月19日、7月10电报指示不放在心上，一心一意要搞中心城市暴动，以此促进全国革命高潮，于7月13日在中央政治局会议上作了《关于南京问题与全国工作

---

① 《共产国际执行委员会就红军建设和游击运动问题给中共中央的指示信》（1930年7月29日于莫斯科），中共中央党史研究室第一研究部译：《共产国际、联共（布）与中国革命档案资料丛书·联共（布）、共产国际与中国苏维埃运动》（1927—1931）第9卷，第241—242页。

② 《共产国际执行委员会给中共中央政治局的电报》（1930年8月8日于莫斯科），中共中央党史研究室第一研究部译：《共产国际、联共（布）与中国革命档案资料丛书·联共（布）、共产国际与中国苏维埃运动》（1927—1931）第9卷，第278页。

布置的报告》，加紧部署南京兵暴、武汉暴动和上海总罢工等冒险计划，并要求全国配合。次日，李立三亲自任江苏省总行动委员会书记，任命曾中生为起义总指挥，命曾中生领导学兵营起义，攻击国民党中央党部，占领南京。

李立三的冒险计划遭到共产国际的坚决反对。7月23日，共产国际执行委员会致电中共中央，指示："我们坚决反对在目前条件下在南京、武昌举行暴动以及在上海举行总罢工。"[1] 同一天，共产国际执行委员会政治秘书处通过的关于中国问题议决案指出："暂时我们还没有全中国的客观革命形势。工人运动和农民运动的浪潮还没有汇合起来。这些运动总合起来还不能够保证必需的力量，去袭击帝国主义和国民党的统治。农民的革命斗争，现在能够胜利的，还只不过在南部几省发展着。统治阶级各派的分裂和互相斗争，还没有使他们完全削弱而走到政治上的完全破产。"[2]

中共中央在7月底收到共产国际的电报指示和决议。李立三看到共产国际的指示和决议和他预期的完全不一致，感觉如"晴天霹雳"。他在自述这样写道：

共产国际对形势的估价、对党的任务及斗争策略、组织形式和工作方法等方面的提法内容全新，与我的想法及我所作所为截然不同。看到这个电报，我彻夜未眠，翻来覆去地想着：难道我的路线真的偏离了国际路线吗？最后我得出这样的结论："这可能是因为共产国际代表罗伯特同志错误地通报了中国的革命形势，也可能因为周恩来同志向共产国际作报告时低估了中国革命运动的发展速度。共产国际很可能是因为得

---

[1] 《共产国际执行委员会给中共中央的电报》（1930年7月23日于莫斯科），中共中央党史研究室第一研究部译：《共产国际、联共（布）与中国革命档案资料丛书·联共（布）、共产国际与中国苏维埃运动》（1927—1931）第9卷，第225页。

[2] 《共产国际执委政治秘书处关于中国问题议决案》（1930年7月23日通过），中共中央党史研究室第一研究部编：《共产国际、联共（布）与中国革命档案资料丛书·共产国际、联共（布）与中国革命文献资料选辑》（1927—1931）第12卷，中共党史出版社2007年版，第210页。

到这种不正确的信息才作出这个决议的。"①

　　收到共产国际指示的第二天，中共中央政治局开会讨论共产国际指示。李立三把他思考一夜的结论告诉政治局成员，提出应该给共产国际回电详细说明中国形势。政治局成员一致支持李立三的意见，通过了李立三起草的给共产国际的电文。

　　当天晚上，李立三和向忠发一起去共产国际远东局找罗伯特，通报了中共中央政治局关于共产国际指示的决定。罗伯特批评了李立三和向忠发。但两人不接受罗伯特的批评。最后，罗伯特同意将中共中央政治局的电报发给共产国际。

　　虽然，李立三等发出了给共产国际的电报，但缺乏有力的证据，心里还是有些发虚。当得知红三军团占领长沙后，李立三像打了鸡血一样，认为自己的冒险方针是对的。8月2日，中共中央政治局开会，失去理智、胆大包天的李立三在会上竟对共产国际进行指责，认为红三军团夺取长沙很好地证明了政治局的方针和对待共产国际的指示的态度是正确的。他在会上阐述了加速准备汉口、南京、上海的起义计划和红军的行动计划，要求各地起义和红军攻势相互配合，在中心城市推翻国民党政权，建立苏维埃政府。根据李立三的建议，中央政治局决定成立中央汉口局来领导起义准备和红军行动，并任命项英任汉口局书记。

　　8月3日，李立三在政治局会议上再次发言，进一步谈了全国工作布置和军事战略，要求华北、华南的工作配合汉口、南京、上海的起义。在谈到北平、天津、哈尔滨、河南、广州等地起义时，李立三甚至提到了云南、贵州这些党的组织基础很薄弱的地方起义问题。他声言："我们的战略也必须推动国际无产阶级对帝国主义的决战"，"国际在目前形势，我想必须采取积极进攻路线才有办法"②。因此，在讲东北起义时，李立三要求蒙古人民共和国出兵帮助中国革命。至于苏联，李立三认为日本

---

① 《李立三自述》（1940年），中共中央党史研究室第一研究部编：《李立三百年诞辰纪念集》，第610页。

② 转引自中共中央文献研究室编：《周恩来传》（1898—1949）（修订本）上，第266页。

帝国主义将要向苏联进攻，苏联就应当采取进攻性战略，共产国际也应采取积极措施动员各国共产党和各国无产阶级声援中国。

李立三不仅完全不顾实际要求全国各地起义配合汉口、南京、上海起义，而且指挥起苏联、共产国际来了，让苏联、共产国际、蒙古和各国共产党都行动起来，围着他的冒险计划转，多么不切实际！

由于7月底中共中央政治局给共产国际的电报发出后共产国际未回电，李立三估计共产国际不会同意中共中央的意见，便在这次政治局会议上建议给斯大林拍电报，请斯大林对共产国际进行干预。在给斯大林的电报中，李立三几乎一字不差地抄了7月底发给共产国际的电文，力图用来自各地夸大了的数字，说明他的冒险计划是正确的，以说服斯大林支持他。

8月6日，在整个党的组织需要"军事化"的口号下，中共中央成立总行动委员会，作为领导武装暴动的最高指挥机关；把共产党、共青团和工会等各级领导机关合并为各级行动委员会（简称行委），停止党、团和工会的正常活动。

李立三的"左"倾冒险错误使党和革命事业遭到严重损失。在国民党统治区，党的许多地下组织如满洲、顺直、河南、山西、陕西、山东、湖北、福建、浙江、广东、湖南等十几个省委的机关先后被破坏，武汉、南京、上海等城市的武装暴动不仅没有成功，而且党组织几乎全部瓦解，许多共产党员、共青团员和革命群众遭到敌人的捕杀。在一些农村，由于没有群众基础，少数人发动的军事冒险暴动都失败了。在红军奉命进攻大城市的过程中，农村根据地有的缩小，有的丢失，红军也遭受不同程度的损失。

中共六大后，各地党组织经过努力好不容易积蓄的"家底"，被李立三"左"倾冒险错误给折腾出去许多。

周恩来、瞿秋白肩负重要使命回国

李立三漠视共产国际指示的态度，使共产国际及派驻上海的远东局极为恼火。8 月 4 日至 7 日，共产国际远东局致电共产国际执行委员会，请求："立即召李立三到莫斯科去。"①8 月 7 日，远东局又给共产国际执行委员会东方书记处写信，建议："应该解除李立三的领导职务，我们越早这么做，带给我们的痛苦就越少。"② 共产国际执行委员会于 8 月 9 日致电远东局，口气严厉地指示中共中央："必须无条件执行共产国际执委会下达的指示：进一步开展群众性战斗，从组织上加强党，千方百计巩固苏区，为红军创建一个或几个据点作为进一步发展运动的必要前提"。要求"中国共产党政治局直接把对形势的估计及其对共产国际执委会指示的考虑转告共产国际执委会"。③

当在索契休假的斯大林得知了李立三"左"倾冒险情况后，在给莫洛托夫的电报中愤怒地说："中国人的倾向是荒诞的和危险的。在当前形势下，在中国举行总暴动，简直是胡闹。建立苏维埃政府就是实行暴动的方针。但不是在全中国，而是在有可能成功的地方。中国人急于攻占长沙，已经干了蠢事。现在他们想在全中国干蠢事。决不能容许这样做。"④ 斯大林在联共（布）、共产国际有至高无上的权威，他对李立三的暴怒，自然就没有李立三的好果子吃了。

按照斯大林的电报指示，8 月 25 日莫洛托夫主持召开联共（布）中央政治局会议，听取了米夫、皮亚特尼茨基、莫洛托夫、曼努伊尔斯基、库西宁关于中国问题的报告，原则上通过了共产国际执行委员会给中国

---

① 《共产国际执行委员会远东局给共产国际执行委员会的电报》（1930 年 8 月 4—7 日于上海），中共中央党史研究室第一研究部译：《共产国际、联共（布）与中国革命档案资料丛书·联共（布）、共产国际与中国苏维埃运动》（1927—1931）第 9 卷，第 256 页。

② 《共产国际执行委员会远东局给共产国际执行委员会东方书记处的信》（1930 年 8 月 7 日于上海），中共中央党史研究室第一研究部译：《共产国际、联共（布）与中国革命档案资料丛书·联共（布）、共产国际与中国苏维埃运动》（1927—1931）第 9 卷，第 277 页。

③ 《共产国际执行委员会政治书记处政治委员会给共产国际执行委员会远东局的电报》（1930 年 8 月 9 日于莫斯科），中共中央党史研究室第一研究部译：《共产国际、联共（布）与中国革命档案资料丛书·联共（布）、共产国际与中国苏维埃运动》（1927—1931）第 9 卷，第 289 页。

④ 《斯大林给莫洛托夫的电报（摘录）》（1930 年 8 月 13 日于索契），中共中央党史研究室第一研究部译：《共产国际、联共（布）与中国革命档案资料丛书·联共（布）、共产国际与中国苏维埃运动》（1927—1931）第 9 卷，第 300 页。

共产党中央的电报草稿。这个电报认为："李立三同志根本不想尊重事实，在苏维埃地区还没有真正的苏维埃政府，还没有真正的红军，而在中国其它地方还没有工业中心城市无产阶级的群众性发动，在农村还没有千百万群众的强烈骚动。""在这种情况下还没有占领大城市的重大机会。现在就号召工人在汉口、上海、北京、奉天等大城市举行武装暴动（就像李立三所希望的那样）是最有害的冒险主义。"表示："我们一再建议政治局坚决放弃这样的计划。必须一天也不迟疑地集中一切力量去组建坚强的、装备精良的、清除了富农分子的和真正置于共产党领导下的红军，并在业已占领的地区为它建立哪怕一两个真正牢固的据点，而不要热衷于试图立即扩大苏维埃根据地。"要求："立即恢复党、工会和共青团的正常领导机构"；"李立三同志务必尽快到这里来。"指示："将此电报和七月提纲以及共产国际执委会电报的内容传达到全体中央委员会和区委会。"①

为了纠正李立三"左"倾冒险错误，周恩来和瞿秋白奉共产国际之命，先后从莫斯科启程回国。瞿秋白是在中共六大后担任中共驻共产国际代表团团长一职留在莫斯科的。周恩来则是因为1929年底在中共中央同共产国际远东局在如何看待中国的富农、游击战争、赤色工会等问题发生激烈争论，双方闹得不可开交时，被中共中央派到苏联向共产国际汇报工作而到莫斯科的。他俩都参加了7月23日共产国际执行委员会政治秘书处召开的中国问题讨论会，并且都是中国共产党的领导人，在资历和威信上都是在李立三之上，因此是最合适的人选。

8月19日，周恩来到达上海。22日，周恩来在与向忠发、李立三两次谈话后，出席了中共中央临时政治局会议，传达了共产国际的指示。他强调了建立巩固的根据地和发展红军的重要性，批评了中央在近半年来对苏区、红军注意和领导不够。他说：我们过去一方面屡屡批评农民保守观念的错误，另一方面反对单纯的游击式的策略，中央还特别提出

---

① 《联共（布）中央政治局会议第5号（特字第×号）记录（摘录）》（1930年8月25日于莫斯科），中共中央党史研究室第一研究部译：《共产国际、联共（布）与中国革命档案资料丛书·联共（布）、共产国际与中国苏维埃运动》（1927—1931）第9卷，第330—331、332页。

割据的错误，对于根据地确实注意得比较少，这是工作中的缺点。他指出：根据地绝不是割据、保守，而是站住脚跟，一步一步地有力地发展。目前在中国赣西南、闽粤边等处最适合作苏维埃的根据地，不仅有广大的苏维埃区域，而且有党的基础，有广大的群众，要巩固这许多地方以便向着工业中心城市发展，与统治阶级形成两个政权的对抗。

周恩来的发言，同 6 月 15 日中共中央给红四军前委的信形成鲜明对比，完全肯定了毛泽东、朱德在赣南、闽西创建根据地的做法，表明朱毛红军的发展方向应是中国红军发展的方向。

8 月 24 日，政治局开会，讨论共产国际的指示。李立三、向忠发尽管还没有完全转过弯子，但开始承认共产国际的指示确与中央策略的决定有程度上的不同。向忠发表示：坚决接受国际指示及补正过去的不足。次日，周恩来为中共中央起草以向忠发名义致共产国际主席团电，表示中共中央政治局对国际的指示完全同意，决定坚决执行国际的一切指示。

8 月 26 日，中央总行动委员会主席团开会，周恩来在发言中提出，要巩固统一苏维埃区域，应在几个赤色区域内统一党的领导，提议在苏区成立中央局，以指导红军及苏区工作，并建立革命军事委员会，指挥一切军事工作。会议决定在湘、鄂、赣三省苏区成立中央分局，称湘、鄂、赣苏区中央分局，直属中央。

就在这一天，瞿秋白由莫斯科回到上海。瞿秋白与周恩来一起，为纠正李立三的"左"倾冒险错误，做了许多细致的工作。

9 月 1 日、4 日，周恩来连续起草两封给长江局指示信，停止了武汉暴动的原有部署，把工作重点重新转移到正常轨道上来。6 日，中央总行动委员会主席团会议决定早日召开中共六届三中全会，补选中央委员，选举政治局委员，由周恩来作传达共产国际决议和组织问题的报告。8 日，中共中央政治局致电共产国际，表示完全接受共产国际关于停止武汉、南京暴动的指示电，"承认最近期间的策略是有害的。正在坚决的执行转变长沙两次进攻"，"城市工作要有更实际的发动群众以代空喊的冒险"。并报告"中央即开扩大会，接受国际七月决议与这一电示，将立即恢复党、工会、团的经常领导机关"①。

周恩来回国的任务不仅是纠正李立三的"左"倾错误，更重要的是贯彻共产国际关于加强红军和根据地建设的指示。9月9日，周恩来在中央总行动委员会主席团会议上作苏区军事报告，他将苏区拟划分为六个军区和若干游击队，组织架构为：中央局指导临时中央政府，临时中央政府指挥中央革命军事委员会，中央局也可指导；中央革命军事委员会指挥各军区。会议还决定召开苏区代表大会，成立中华苏维埃共和国，先为临时中央政府。

9月16日，中央总行动委员会主席团开会，讨论中共六届三中全会的政治决议草案。作为草案的起草人瞿秋白作报告。瞿秋白在报告中说：第一，中央的路线与国际路线是一致的；第二，中央在策略上有相当错误，主要是对工农斗争力量的估量，红军力量的配合，犯有冒险主义的危险。

9月20日，中央政治局会议通过中央工作大纲，决定补选毛泽东、李维汉等四人为政治局候补委员。

周恩来、瞿秋白所做的这些工作，为党的六届三中全会的顺利召开准备了条件。

9月24日至28日，在瞿秋白和周恩来的主持下，在上海召开了扩大的中共六届三中全会。会议通过了《关于政治状况和党的总任务的决议案》。这个决议案是接受共产国际执行委员会政治秘书处7月份关于中国问题决议案的决议。决议案将共产国际关于中国共产党目前任务归纳为两点："（一）巩固和发展各苏维埃区，集中农民斗争的力量，加强无产阶级对于工农红军的直接领导，建立苏维埃根据地的临时中央政府，去组织革命的战争——争取一省几省的首先胜利。（二）同时，积极的扩大中心城市工人群众的鼓动和组织工作，发动并领导全国反动统治区域里面各种方式的群众革命斗争，争取广大的劳动群众来积极准备武装暴动，以加强并巩固无产阶级对于农民战争的领导权——这样去坚决

---

① 转引自中共中央文献研究室编：《周恩来年谱》（1898—1949），第187页。

的为着全国苏维埃政权的胜利而斗争。"据此，决议案确定："当前第一
等重要的任务是——建立巩固的阵地，就是建立集中统一的真正和工农
群众密切联系的苏维埃临时中央政府，在最有保障的地域——苏维埃的
根据地，创造并且巩固真正坚强的，政治上军事上有充分无产阶级领导
的红军，以便依照军事政治的环境，进而占领一个或者几个工业政治中
心——这种形势，是湘鄂赣区域最为成熟。"[1]

根据共产国际的指示，中共六届三中全会通过的《组织问题决议案》
决定："立即在苏维埃区域建立中央局"，"以统一各苏区之党的领导。"
并规定："当着苏维埃临时中央政权建立起来后，苏区中央局应经过党团
在政权中起领导作用。苏区各特委凡能与苏区中央局发生直接关系的地
方，都应隶属其指挥。"[2]

值得注意的是，中共六届三中全会不仅把毛泽东重新选为中央政治
局候补委员，而且把朱德补选为候补中央委员。这应是共产国际重视红
军和根据地建设的结果。对于此后中国革命发展有着不可忽视的作用。

在周恩来、瞿秋白卓有成效的工作下，李立三"左"倾冒险错误得到
纠正，党的各项工作开始走向正常轨道。

中共中央提出建中央苏区

中共六届三中全会贯彻了共产国际的指示，后面的事情就是落实问
题。这个任务就落在了长期担任中共中央军事领导工作的周恩来身上。

周恩来 1920 年 11 月赴法国勤工俭学。1921 年在法国参加中国共
产党[3]。1922 年发起组织旅欧少年中国共产党，翌年改称中国社会主义

---

[1] 《关于政治状况和党的总任务决议案》（1930 年 9 月，接受共产国际执行委员会政治秘书处
1930 年 7 月的中国问题决议案的决议），中央档案馆编：《中共中央文件选集》（1930）第 6 册，
第 286 页。

[2] 《组织问题决议案》（1930 年 9 月 28 日扩大的三中全会通过），中央档案馆编：《中共中央文件
选集》（1930）第 6 册，第 314 页。

[3] 《中共中央组织部关于重新确定周恩来同志入党时间的报告》（1985 年 5 月 23 日），《文献和研
究》1985 年第 4 期。

青年团旅欧支部，任书记，并作为中共旅欧支部负责人。1924 年 7 月下旬归国后到广州，先是担任中共两广区委员长兼宣传部部长，旋即担任黄埔军校政治教官，给第一期学生讲授政治经济学；11 月，又兼任黄埔军校政治部主任。从此便与中国共产党的军事工作结下不解之缘。

就是在任黄埔军校政治主任后，周恩来和中共广东区委同孙中山协商并得到同意，组建"建国陆海军大元帅府铁甲车队"。铁甲车队名义上是大元帅府属下的武装，实际上是中国共产党直接领导的一支武装。1925 年秋，周恩来又以铁甲车队为基础，组建了国民革命军第四军第十二师第三十四团，以共产党员叶挺为团长。第三十四团于 1926 年 1 月 1 日改称第四军独立团，在北伐战争中为先遣团，以英勇善战而闻名天下，为第四军赢得"铁军"的美名。独立团后发展为第四军第二十五师和以独立团骨干组成的第十一军第二十四师，是中国共产党在大革命时期掌握的主要军事力量。除了为党组建第一支武装力量外，周恩来在黄埔军校还为党培养了大量的军政骨干人才。

1926 年 12 月，周恩来赴上海，任中共中央组织部秘书兼中央军委委员，次年 2 月，任中共上海区委军事委员会书记。由此，周恩来开始直接从事党的军事工作。3 月，周恩来参与组织上海工人第三次武装起义，担任总指挥。这次起义取得了成功，占领了上海，是大革命时期中国工人运动的一次壮举，为在中国开展城市武装斗争作了大胆的尝试。周恩来展示了卓越的军事才能。

蒋介石发动四一二反革命政变后，周恩来于 5 月下旬秘密乘英国轮船到武汉。5 月 25 日，列席中共中央政治局常委会议。会议决定周恩来任中央军人部（军事部）部长。此后至 7 月下旬，周恩来以聂荣臻、王一飞、颜昌颐、欧阳钦等人为助手，对军队进行组织、联络和政治工作。5 月 29 日，中央政治局常委会议决定周恩来代理张国焘的中央常委职务，参加中共中央核心领导。

7 月 12 日，根据共产国际的指示，中共中央进行改组，陈独秀离开中共中央最高领导岗位，组成张国焘、周恩来、李维汉、张太雷、李立三五人的中央临时常务委员会。中央临时常委会成立之后所做的主要一件大事便是决定以党掌握的叶挺率领的第十一军第二十四师、朱德领导的第三军军官教育团和贺龙率领的第二十军为基础,在南昌举行武装起义,周恩来为中共前敌委员会书记。7月30日、31日,周恩来主持前委会议,否定了中共中央代表张国焘反对起义的意见,最终决定8月1日凌晨举行武装起义。8月1日,南昌起义打响了中国共产党武装反抗国民党反动派的第一枪。

南昌起义失败后,周恩来先是在香港养病,11月上旬到上海,在政治局扩大会议上被补选为临时中央政治局常委会委员。1928年6月,在莫斯科参加中国共产党第六次全国代表大会,在会上作军事报告和组织报告。在中共六届一中全会上,周恩来被选为中央政治局委员、常务委员会委员。中央政治局会议分工,周恩来为中央政治局常委会秘书长兼中央组织部部长。由于六届一中全会选举的中央政治局主席和政治局常务委员会主席向忠发没有实际工作能力,周恩来是中共中央工作的实际主持者。中共六大以后,中央设立军事部,由杨殷任军事部部长。周恩来作为政治局常委分管军事工作,不少给各地的军事工作指示,都是由他起草的。1929年8月24日,杨殷因叛徒出卖被捕后,周恩来亲自兼任军事部部长。

在全国红军中,周恩来最重视毛泽东、朱德率领的红军。红四军领导层之间发生意见分歧后,周恩来非常注意解决这个问题。他亲自审定陈毅代中央起草的九月来信,并嘱咐陈毅:回去后,要请毛泽东复职,并召开一次党的会议,统一思想,分清是非,作出决议,维护毛泽东和朱德的领导。九月来信和周恩来的嘱托,对红四军开好古田会议起到了重要作用。

周恩来还十分关心湘鄂西苏区的发展,把红四军的经验介绍给贺龙等。如1929年3月17日,周恩来在为中央起草给贺龙和湘鄂西前委的指示信中说:"在朱毛军队中,党的组织是以连为单位,每连建立一个支部。"[①]6月15日,中央给贺龙并前委的信中,又介绍了朱毛红军提出的

---

① 转引自中共中央文献研究室编:《周恩来传》(1898—1949)(修订本)上,第241页。

包括"敌进我退，敌驻我扰，敌疲我打，敌退我追"的"十六字诀"在内的游击战争指导原则，指出："这些经验很可以作你们参考。"①为了鄂豫皖根据地的发展，1930年1月周恩来代表中央给郭述申指示：成立鄂豫皖边特委，由郭述申任书记；成立红一军军部，许继慎为军长，曹大骏为政治委员，熊受暄为政治部主任。周恩来指出：这个地区是鄂豫皖三省交界地区，战略地位很重要，要建立起巩固的革命根据地②。3月间，中共鄂豫皖边特委和红一军军部正式成立。

周恩来还在支援红军和苏区方面做了大量工作。当时中共中央规定，凡是从莫斯科回来的，从黄埔、保定等军校出身的以及其他军事干部，统由周恩来分配工作。这些军事干部，大部分由周恩来派往苏区。1929年夏天，周恩来又在上海主持举办了军事训练班，孙一、许光达就是从这个训练班结业后被派往洪湖苏区工作的。周恩来在物资支援方面也做了大量工作，党组织在苏区周围各县建立一批文具店、百货店、药店、布店和电器、机械等店铺，用来向苏区输送物资，并作为交通联络点。在周恩来的筹划下，建立了中共中央同各地红军、苏区之间的交通联系。

上述情况说明，周恩来自大革命时期，就是党的军事工作领导者，党掌握的武装力量的组建者，党领导组织的武装起义的指挥者。

为了尽快落实共产国际的指示，周恩来在9月29日召开的政治局会议上作的目前政治形势与全国工作布置的报告，提出：关于全国工作布置，首先是加强苏区工作。苏区中央局的建立，苏区下级组织的健全，加强红军的领导，是组织上的首要工作。在这次会议上，周恩来要求中央派自己前往苏区工作。

次日，在周恩来主持下，召开了中共中央军委扩大会议。会上，周恩来作了《目前红军的中心任务及其几个根本问题》的报告和结论。周恩来在报告中回顾了自南昌起义、秋收起义、广州起义以来红军成长的

---

① 转引自中共中央文献研究室编：《周恩来传》（1898—1949）（修订本）上，第241页。
② 转引自中共中央文献研究室编：《周恩来传》（1898—1949）（修订本）上，第242页。

历史，将全国苏维埃区域分为六大块：第一块是"北从通城南达赣州，包围到湘鄂赣三省边界及赣西南的一个广大区域"；第二块是鄂西与湘西；第三块是鄂豫皖边界；第四块是赣东北；第五块是闽粤赣；第六块是广西。在这六大块苏维埃区域中，周恩来最重视第一块，认为是"最主要的红军区域"，红一军团"党的领导强，战斗力也好"[1]。关于六大苏维埃区域之间的关系，周恩来认为："除了广西外，都能联系起来，一致地向着武汉发展。譬如人身，以鄂东北为首，武汉成为咽喉，湘鄂赣及赣西南为身躯，左手在鄂西湘西，右手在赣东北，右腿在闽粤赣，左腿在广西，总之如一人的身体全副脉络都要打通起来，这样才能有巩固的发展。"他要求："在目前，必须坚决执行这一策略，把现有的苏区联系而巩固起来，以武汉为中心的目标，向着这些省的中心城市交通要道发展，而且要有巩固的后方。"[2] 很明显，周恩来认为，湘鄂赣和赣西南根据地在全国根据地中处于中心和重要的位置。

周恩来的报告和结论，从历史和现实的具体实际出发，从顶层设计的角度，科学分析全国革命根据地的布局，提出了中国革命根据地和红军战略发展方向。

10 月 14 日，在中共中央政治局会议上，周恩来在会上报告了拟定的苏维埃工作计划，提出了巩固根据地的条件、办法、发展方向和红军的战略战术等问题。

10 月 24 日，依据周恩来的报告，中共中央政治局会议讨论通过了《关于苏维埃区域目前工作计划》，确定："湘鄂赣联接到赣西南为一大区域，要巩固发展它为苏区的中央根据地。"[3] 这是中共中央文件中第一次出现"中央根据地"。后来，人们亦称中央根据地为中央苏区。中共中央提出建中央苏区，是以其为中心点，周围其他苏区都向这里发展，以期

[1]　周恩来：《目前红军的中心任务及其几个根本问题》（1930 年 9 月 30 日），《周恩来军事文选》第一卷，人民出版社 1997 年版，第 116—119 页。

[2]　周恩来：《目前红军的中心任务及其几个根本问题》（1930 年 9 月 30 日），《周恩来军事文选》第一卷，第 122—123 页。

[3]　《中央政治局关于苏维埃区域目前工作计划》（1930 年 10 月 24 日），中央档案馆编：《中共中央文件选集》（1930）第 6 册，第 429 页。

最终和中央苏区连成一片,从而取得湘鄂赣三省的首先胜利。

从此,中国近现代历史上出现一个特定名词——中央根据地(中央苏区)。中国共产党创建和保卫中央苏区的伟大实践,是铁与血的历史,是撼天动地的可歌可泣的历史,是积蓄力量和经验教训,迎来明天更大发展的历史!

二、蒋介石调兵遣将"围剿"中央苏区

国民党新军阀混战中的蒋介石

蒋介石,原名瑞元,字志清,后改名中正,1887 年 10 月 30 日生于浙江奉化溪口镇一个盐商家庭。1907 年入河北保定军官学校学习。1908 年留学日本,进振武学校炮科。留日期间由陈其美介绍加入同盟会。辛亥革命爆发后,回国至上海,在陈其美部下任沪军第五团团长。1913 年参与陈其美等在上海发动的反对袁世凯的军事活动。1914 年在日本加入孙中山领导的中华革命党。1915 年回国参与中华革命党在东南数省的党务和军事活动。1918 年到福建任驻闽粤军第二支队司令等职。1922 年 6 月陈炯明叛变,陪同孙中山在永丰舰上坚持讨叛。此举得到了孙中山的信任,认为蒋介石是忠心耿耿之人。蒋介石在永丰舰上同孙中山有一张合影,成为他此后大肆炫耀同孙中山关系的资本。8 月,随孙中山回上海,不久赴福建任东路讨贼军参谋长。孙中山重返广州后,蒋介石任国民党军事委员会委员、大本营参谋长。

痛定思痛,孙中山决定向苏俄学习,创办自己的军校和军队。1923 年 7 月,孙中山派蒋介石率"孙逸仙博士代表团"赴苏俄考察军事。此举说明孙中山对蒋介石的器重。果然,国共第一次合作实现后,孙中山即任命蒋介石为黄埔军校筹备委员长。1924 年 5 月,黄埔军校即将开学之际,孙中山自任总理,任命蒋介石为黄埔军校校长。自 1925 年 3 月

12 日孙中山逝世后，蒋介石以孙中山的忠实信徒自居，表示拥护孙中山"联俄、联共、扶助农工"的三大政策，俨然成为孙中山革命事业的继承人。同年 9 月，他在黄埔军校的一次讲演中说："我们要晓得，'反共产'这句口号，是帝国主义者用来中伤我们的。如果我们也跟着唱'反共产'的口号，这不是中了帝国主义者的毒计么？""总理容纳共产党加入本党，是要团结革命分子，如果我们反对这个主张，就是拆散革命团体，岂不是革命党的罪人？"[①]蒋介石这些高调联共的表态，对于缺乏政治经验的共产党人来说，还是很有迷惑性，难以识破其真面目的。

蒋介石在国民党内的根基并不深，但为了起家，有自己的资本，把当时培养新型军事人才的黄埔军校作为自己的"一亩三分地"。他平时非常注意拉拢黄埔军校的学生，每到黄埔军校，惯例是先训话，之后，再找十几个学生谈话。几乎所有的学生都被蒋介石单独召见、谈话。

由于黄埔军校是国共合作举办的，校内有不少共产党员教官和学生，如前所述，周恩来从法国回国后不久即任黄埔军校政治教官、政治部主任；共产党员鲁易、熊雄、聂荣臻等也先后在政治部工作；教职员共产党员有金佛庄、茅延桢、严凤仪、徐成章等。第一期的学员中有蒋先云、陈赓、左权、许继慎、徐向前等党团员五六十人，占学生总数的十分之一。黄埔军校共产党和青年团组织的发展，共产党员政治教官们受到学生们的欢迎和尊敬，使一心想利用黄埔军校培植自己亲信势力的蒋介石睡不好觉了。

1925 年 2 月至 4 月、10 月至 11 月，广东革命政府两次东征讨伐陈炯明，由共产党起积极作用的黄埔军校校军和第一军战功卓著，得到了社会各界的一致赞誉。蒋介石更是按捺不住了，开始加紧对共产党的限制，甚至提出共产党员或者退出共产党，或者退出黄埔军校和国民党。在这种情况下，周恩来曾同中共广东区委书记陈延年和苏联顾问鲍罗廷商量，主张共产党员不再同蒋介石合作，而同国民党左派合作，另组革命军队。但共产国际仍认为蒋介石是左派，指示中共中央："共产党不应

---

① 蒋介石：《在黄埔军校特别区党部第三届执行委员会演说词》，1925 年 9 月 13 日。

要求必须由自己的党员担任国家和军队的领导职位"①。中共中央据此不同意周恩来等人的意见，主张继续帮助蒋介石发展。

共产国际和中共中央的错误使蒋介石得寸进尺。1926 年 3 月 18 日，蒋介石指使黄埔军校驻省（省城广州）办事处主任欧阳钟，称"奉蒋校长的命令"，通知海军局代理局长、共产党员李之龙速派有战斗力的军舰到黄埔听候调遣。接到通知，李之龙派中山舰开到黄埔。然而，当 3 月 19 日中山舰开到黄埔后，蒋介石却表示，自己没有发出调军舰到黄埔的命令。于是乎，广州城谣言四起，说苏联顾问和共产党员要劫持蒋介石，等等。3 月 20 日，蒋介石在广州实行紧急戒严，逮捕李之龙，监视和软禁大批共产党人，解除省港罢工委员会的工人纠察队武装，包围苏联领事馆，监视苏联顾问。这就是中国近代史上有名的中山舰事件（亦称三二〇事件）。

中山舰事件激起黄埔军校一部分进步学生的愤慨。他们在校内张贴标语，反对蒋介石逮捕共产党人，并准备上街示威游行。当时在广东的国民革命军六个军中，有五个军的军长同蒋介石有不同程度的矛盾。在蒋介石任军长的第一军中，共产党有很大影响。在广州附近，还有共产党直接领导的叶挺独立团，有 2000 多人的工人纠察队和 10 万余有组织的工人。很明显，这时蒋介石羽翼还没有完全丰满，力量还不足以同共产党分裂。他制造中山舰事件，是抛出一块石头，试探共产党和国民党左派的态度。事件发生后，他玩弄两面派手法缓和矛盾，甚至假惺惺地向当时还是国民党左派的汪精卫为首的中央军事委员会提出"自请从严处分"的呈文，声称由于事起仓促，"专擅之罪，诚敢不辞"②。蒋介石还声称此举同广州其他各军无涉。在蒋介石的拉拢下，各军军长如谭延闿、朱培德、李济深等由中立观望转而支持蒋介石。3 月 22 日，国民党中央政治委员会通过蒋介石提出的在黄埔军校和第一军排除共产党

① 《共产国际执委会给中共中央的指示草案》（1925 年 9 月 28 日），中共中央党史研究室第一研究部译：《共产国际、联共（布）与中国革命档案资料丛书·联共（布）、共产国际与中国国民革命运动》（1920—1925）第 1 卷，北京图书馆出版社 1997 年版，第 695 页。

② 《广州民国日报》，1926 年 3 月 26 日。

员、解除苏联顾问团团长季山嘉（古比雪夫）等人职务、撤回第二师各级党代表、查办"不轨"军官等提案。汪精卫感到孤立，一筹莫展，称病去职。

中山舰事件发生后，毛泽东、周恩来等提议采取强硬态度。中共广东区委书记陈延年也主张给蒋以反击。其实，这时给蒋介石以反击正是好时机，很遗憾，联共（布）、中共中央的退让态度失去了这次良机。

当时联共（布）中央书记、苏联革命军事委员会委员、红军总政治部主任布勃诺夫正率领联共（布）一个高级使团在广州。布勃诺夫不赞成反击，认为左派的力量不足以同蒋介石对抗，冯玉祥的国民军已在北方遭受重大挫折，反击会在南方同蒋介石的关系搞得紧张起来，影响苏联对华政策的实施。布勃诺夫甚至认为事件的发生是顾问团的工作，"主要是军事工作方面所犯错误"[1] 所致。3 月 24 日，就在布勃诺夫使团准备当天乘"纪念列宁"号轮船离开广州时，蒋介石从黄埔来到布勃诺夫住处。在两个小时的会见中，蒋介石以受到很大委屈的模样，大讲自己在中山舰事件中的苦衷。蒋介石的高级表演艺术，使布勃诺夫使团得出了这样的结论："蒋介石能够留在国民政府内，也应该留在国民政府内，蒋介石能够同我们共事，也将会同我们共事。"[2]3 月 27 日，布勃诺夫到达汕头后，给鲍罗廷写了一封密信，通报了使团在广州 14 天的情况和他在苏联顾问团全体人员会议上报告的基本内容。布勃诺夫是联共（布）中央书记、苏联红军总政治部主任，鲍罗廷自然要听从他的指示和意见。因此，鲍罗廷返回广州后，主张对蒋介石采取和解的方针。

中共中央过去把蒋介石视为左派，中山舰事件突然发生后，远在上海的中共中央和陈独秀一时摸不着头脑，没有立即表态。布勃诺夫使团

---

① 《布勃诺夫在广州苏联顾问团全体人员大会上的报告》（1926 年 3 月 24 日于广州），中共中央党史研究室第一研究部译：《共产国际、联共（布）与中国革命档案资料丛书·联共（布）、共产国际与中国国民革命运动》（1926—1927）第 3 卷，北京图书馆出版社 1998 年版，第 162—163 页。

② 《索洛维约夫给加拉罕的信》（1926 年 3 月 24 日于广州"纪念列宁"号轮船上），中共中央党史研究室第一研究部译：《共产国际、联共（布）与中国革命档案资料丛书·联共（布）、共产国际与中国国民革命运动》（1926—1927）第 3 卷，第 177 页。

到上海后，向以陈独秀为总书记的中共中央介绍了事件的过程。政治上幼稚、不成熟的中共中央，这时还不能有自己的主见，只有听从布勃诺夫意见。于是，陈独秀也认为中山舰事件是国民党左派内部的许多误会造成的，不能用简单的惩罚蒋介石的办法来解决，不能让蒋介石和汪精卫之间的关系破裂，更不能让第二、第三军和蒋介石的第一军发生冲突。在妥协方针的指导下，中共中央接受了蒋介石的无理要求，撤回了黄埔军校和第一军中的共产党员。

蒋介石通过中山舰事件，不仅打击了共产党，而且打击了汪精卫和国民党左派，极大地加强了其政治、军事地位。

中山舰事件之后，蒋介石又在5月15日召开的二届二中全会上提出《整理党务案》，主要内容是：共产党员在国民党高级党部任执行委员的人数不得超过各该党部全体执行委员的三分之一；共产党员不能担任国民党中央各部部长；加入国民党的共产党员名单须全部交出，等等。会前，蒋介石曾同鲍罗廷数次商谈，要他接受这个要求。鲍罗廷根据联共（布）中央政治局要求中共党员继续留在国民党内的方针，对蒋介石采取退让的态度，在未同中共中央协商的情况下，同意了蒋介石的要求。

出席国民党二届二中全会的中共党团成员，对是否接受《整理党务案》的意见并不一致。被陈独秀派来指导中共党团的张国焘根据鲍罗廷的意见，要大家接受，使《整理党务案》得以顺利通过。于是，担任国民党中央部长和代理部长的谭平山、林祖涵（林伯渠）、毛泽东只得辞职。蒋介石当上了国民党中央组织部部长兼军人部部长，随后又当上国民党中央常务委员会主席和国民革命军总司令。这样，蒋介石的权力迅速膨胀，一手控制了国民党、国民政府和国民革命军的大权。

北伐战争开始后，蒋介石布置他的嫡系部队进入东南各省，趁革命形势高涨和敌人内部激烈分化的时机，大量收编军阀部队，扩大自己的武装，达近20万人，以新编师、暂编师等名号出现的杂牌军，绝大部分都是改头换面的旧军阀部队。

北伐军进入长江流域后，帝国主义列强感到其在华利益进一步受到威胁，开始在国民革命内部寻找代理人，军事实力迅速膨胀的蒋介石很快就进入了他们的视线。1927 年 3 月 26 日，蒋介石乘军舰从南昌赶到上海，同帝国主义分子、江浙财团和上海流氓势力举行了一系列秘密会谈。得到帝国主义和江浙财团、上海流氓势力的支持，4 月 12 日，蒋介石在上海发动了反革命政变。到 4 月 15 日，上海工人 300 人被杀，500 多人被捕，5000 多人失踪。4 月 18 日，蒋介石在南京另立反革命政府。

然而，蒋介石在共产党人和革命群众的血泊之中建立政权之后，其内部纷争也就开始了。

7 月 15 日，武汉的汪精卫实行"分共"，走上反革命道路，宁汉合流开始酝酿。蒋介石反对宁汉合流，但南京政府中的新桂系军阀李宗仁、白崇禧等则想趁此机会联合汪精卫，孤立蒋介石，以实现宁汉合作。

那么，新桂系为什么如此呢？新桂系的第七军，北伐战争中在湖南、湖北、江西连战皆捷，赢得了"钢军"的称号。1927 年 5 月，李宗仁任第三路军总指挥，统辖五个军另一个独立师，成为南京政府中能够同蒋介石抗衡的力量。李宗仁、白崇禧虽然追随蒋介石反共，但从中得到的利益不多，对蒋不满。蒋介石觉得新桂系大有尾大不掉之势，对他是个威胁，曾密令时为东路军总指挥的心腹何应钦消灭桂军势力。何应钦盘算了一下，觉得以自己的力量对付有"钢军"之称的第七军没有胜算。况且何应钦同白崇禧的私交不错，不想为蒋而无故同白崇禧翻脸。由此，蒋介石对何应钦产生了怀疑。李宗仁、白崇禧得知蒋介石的阴谋后，自然不会坐等宰割，便和汪精卫频频函电往来，商议合作，赶蒋下台。

8 月初，何应钦率部在徐州以北作战失利，受到蒋介石的训斥。蒋介石任命的前敌指挥王天培率部退至安徽宿州。蒋介石在南京召开军事会议，研究作战方案，蒋在会上表示要反攻，夺回徐州。李宗仁则表示徐州无险可守，不如将主力撤回淮河以南。蒋介石刚愎自用，不听李宗仁的意见，认为徐州是战略要地，一定要夺回，否则不回南京。会后，蒋介石亲自率军反攻徐州。开始，蒋军进军迅速，孙传芳军节节后退。蒋介石暗自得意，认为自己指挥有方。哪想这是孙传芳诱敌之计，在徐州城下，蒋军被孙军迂回包围，全线溃退。蒋介石仓皇逃回南京，恼羞成怒，将前敌总指挥王天培作为替罪羊，扣留枪决。

8月11日，召开军事委员会会议。会议讨论如何应对武汉方面唐生智发表的"讨蒋通电"时，李宗仁、白崇禧和一些对蒋不满的人，表示愿意与武汉合作。蒋介石却要白崇禧出兵进攻武汉，遭白崇禧公开拒绝。蒋介石觉察出桂系有意与之作对，蒋介石于8月12日召集国民党中央执、监委联席会议，商讨对武汉方面策略。会前，蒋介石约何应钦、李宗仁、白崇禧商谈武汉问题，何、李、白三人均主张与武汉合作，不欢而散。会上，蒋介石提出辞职，吴稚晖力主挽留。李宗仁假意挽留了两下，便不吭声了。何应钦、白崇禧则一言不发。蒋介石自徐州失利后颜面尽失，自知无法再恋栈，便于当日离宁赴沪。8月13日通电下野。这是蒋介石第一次在内部纷争中下野，被称为桂系"逼宫"。14日，南京政府要员胡汉民、吴稚晖、张静江等也纷纷辞职到沪。

蒋介石这块"石头"搬开后，宁汉合流的步伐就加快了。8月22日，武汉政府派代表谭延闿、孙科等和南京政府代表李宗仁在九江接洽合作办法，决定三人同去南京，进行细谈。8月25日，武汉政府宣布迁都南京。谭延闿、孙科等到南京后，又转赴上海，同胡汉民等协商合作，但没有结果。于是，汪精卫、顾孟余、陈公博与谭延闿、孙科一起，亲到胡汉民处商谈合作。但胡汉民坚决不与汪精卫合作，使汪精卫非常尴尬。9月13日，汪精卫自认"对于共产党徒防制过迟"而宣布下野。16日，宁、汉、沪（大革命时期的西山会议派）三方经过吵吵闹闹组成的最高临时机关特别委员会召开，决定改组南京政府，以谭延闿为主席。同时发表《国民党特别委员会宣言》《南京国民政府成立宣言》，宣告武汉政府与南京政府合作，国民党武汉、南京、上海三个中央党部从此撤销，由特委会行使职权。

宁汉合流后的南京政府，实际权力掌握在有枪杆子的桂系军阀李宗仁、白崇禧手中。在宁汉合流前，李、白力主和武汉合作。待到真的合作了，他们又开始打击汪派。当然，汪派也不肯俯首就擒，乃回武汉与握有枪杆子的唐生智等组成国民党武汉政治分会，与南京分庭抗礼。双方矛盾激化，于10月份发生了南京政府讨伐唐生智的宁汉战争。唐生智战败，桂系军阀势力控制了湖北和湖南。

　　汪精卫宣布下野后，又被控制广东的张发奎打着"拥汪护党"的旗帜，与 10 月 29 日迎接到广州。汪精卫到广州后，公开表示南京特委会产生的南京国民政府非法，拟在广州另组"中央"；并召集在粤的国民党中央委员举行谈话会，联名通电提出在广州召开四中全会，产生合法政府，解决党政纠纷。粤系军阀拥汪反对南京政府，形成宁粤对立。

　　这时，南京的特别委员会成为众矢之的。国民党内各个派系之间矛盾重重，乱成一锅粥。

　　当各派军阀在争斗时，蒋介石逍遥自在地于 9 月份携张群到日本，住在日本特务头子头山满家里，表示和日本帝国主义"亲如一家"。蒋还同美国驻日本代表达成协议，美国支持他重新上台，他则充当美国在华的代理人。11 月，蒋介石乘国内形势对他有利，回到上海。12 月 1 日，他抱得美人归，终于将经过多年苦苦追求的地位显赫的宋家三小姐宋美龄娶到手。为了把宋美龄娶到手，蒋介石甚至改信基督教。由于宋家的美国背景，蒋介石此举无疑更拉近了同美国的关系。

　　1928 年 1 月，蒋介石恢复国民革命军总司令职务；2 月，在他的操纵下召开了国民党二届四中全会。这次会议将蒋介石送上了中央政治会议主席和军事委员会主席的宝座。会后，在英美的支持下，蒋介石、冯玉祥、阎锡山和李宗仁、白崇禧四大派系，由于对奉系军阀作战的需要而达成暂时的妥协。蒋介石派军队编为第一集团军，蒋兼总司令；冯玉祥派军队编为第二集团军，冯为总司令；阎锡山派军队编为第三集团军，阎为总司令；桂系军队编为第四集团军，李宗仁为总司令。

　　4 月，国民党军队"北伐"，夺取奉系军阀张作霖的地盘。6 月初，张作霖弃守北京，乘火车退往山海关外，在皇姑屯被日本关东军炸死。这是日本帝国主义者决意抛弃张作霖、另行成立"满蒙帝国"计划的一部分。面对国仇家恨，再加上受美国的影响，张作霖之子、新任东北保安司令张学良，没有顺从日本使东北独立的意图，于 12 月 29 日宣布"服从国民政府，改易旗帜"。至此，国民党政府实现了全国统一。但这种表面的、暂时的统一，很快又为新的军阀混战所代替。

　　"北伐"胜利后，8 月，国民党召开二届五中全会，宣告"军政时期"

结束，"训政时期"开始。蒋介石公开宣布"以党治国"。1929 年 1 月，蒋介石在南京召开军队编遣会议，企图借此削弱冯玉祥、阎锡山、李宗仁兵力。这时，蒋介石占据江浙一带中国最富庶的地区，把持着中央政府；桂系首领李宗仁控制着湖南、湖北；桂系另一巨头白崇禧驻兵河北滦东；冯玉祥占据山东（济南、胶东这时在日本人手中）、河南、陕西、甘肃、宁夏；阎锡山占据山西、河北、绥远、察哈尔和北平[①]、天津两市。四派军阀各怀鬼胎，都有自己的小算盘。因此，在这次编遣会议上，谁也不愿意裁减兵力，会议无果而散。毛泽东当时曾指出："国民党新军阀蒋桂冯阎四派，在北京天津没有打下以前，有一个对张作霖的临时的团结。北京天津打下以后，这个团结立即解散，变为四派内部激烈斗争的局面，蒋桂两派且在酝酿战争中。"[②]

果然，蒋桂之间矛盾愈演愈烈，终于兵戎相见。事情起因于湖南省主席鲁涤平。1928 年 5 月，湖南省主席程潜在武汉被李宗仁扣留免职，以鲁涤平接任。然鲁涤平逐渐亲蒋，将湖南视为禁脔的李宗仁不干了，于 1929 年 1 月以国民党武汉政治分会名义撤掉鲁涤平，以何键为湖南省政府主席。面对桂系的挑战，蒋介石以国民党中央名义下令查办武汉政治分会，并调动军队西进，蒋桂战争爆发。

开战后，蒋介石一面起用原统治湖南的唐生智，命唐生智携巨款赴唐山，收买白崇禧手下大将李品仙等倒戈；另一方面趁李济深来南京时予以扣押，命陈济棠、陈铭枢统治广东。蒋介石的军队则集中对付桂系。为了孤立桂系，蒋介石还派人联络冯玉祥、阎锡山、刘湘等，对武汉展开包围之势。蒋介石更重要的一招是收买桂系将领李明瑞等倒戈。这等于给桂系背后重重一击。4 月初，桂系失败，蒋介石军队控制了湖北、湖南大部分地区。5 月以后，蒋介石军从湖南、广东追击桂系军队。6 月底，陈济棠粤军进占广西，李宗仁、白崇禧被迫逃往国外。

桂系的事情还没有完的时候，蒋介石就与他的拜把子兄弟冯玉祥的

---

① 1928 年 6 月 8 日国民党军占领北京后，6 月 28 日，南京国民政府将北京改名为北平。

② 毛泽东：《中国的红色政权为什么能够存在？》（1928 年 10 月 5 日），《毛泽东选集》第一卷，第 47 页。

矛盾尖锐起来。还在 3 月份的时候，济南惨案以蒋介石对日委曲求全得到解决，日军撤离济南。蒋介石不愿济南落入冯玉祥手里，就以"中央对于接收山东，统筹办理"为名，阻止时任国民党山东省主席的冯玉祥部将领孙良诚接防，另派嫡系部队进入山东。冯玉祥当然不会放弃到嘴边的肥肉。于是，友谊的小船说翻就翻。5 月 22 日，蒋介石下令讨冯；23 日公开宣布开除冯玉祥的国民党党籍并予通缉。蒋冯战争就要开始时，冯玉祥手下两个重要将领韩复榘、石友三被蒋收买叛冯，通电"拥护中央，主张和平"。接着，刘镇华、杨虎城、马鸿宾也被收买而投靠蒋介石。部将叛变，冯玉祥受到重大打击，只得通电下野。冯部西北军退到潼关自守。

阎锡山看到冯玉祥倒了，落井下石，将冯玉祥诱骗到太原，软禁在五台县建安村。这时蒋介石也尽力拉拢阎锡山，给阎的亲信赵戴文以国民政府监察院院长一职。

阎锡山此举使冯玉祥部西北军将领非常愤怒，于是向蒋介石靠拢。西北军将领鹿钟麟跑到南京当了军政部长，宋哲元接受蒋介石的给养补充。

西北军将领的举动让阎锡山慌了，生怕西北军同蒋介石关系的继续发展将使自己处于不利地位。9 月 17 日（农历中秋节）月夜，阎锡山厚着脸皮找冯玉祥谈心，表示愿意联合西北军反蒋，先由西北军发动，他的晋军起而响应。冯玉祥信了阎锡山，指示宋哲元等反蒋。

10 月 10 日，宋哲元等 20 余人发表通电反蒋。从 10 月下旬至 11 月，蒋、冯两军战于河南洛阳东南的临汝、登封、黑石关一带。蒋介石为了不使阎锡山与冯玉祥联合，委任阎锡山为陆海空军副总司令，每月拨款 680 万元作为"协饷"。阎锡山得了蒋介石的好处，便没有信守诺言，按兵不动，坐山观虎斗，致使冯军孤军作战。11 月底，蒋介石打败了冯军。冯军退入潼关，闭关自守。

蒋介石刚把强劲对手打败，广东就传来了张发奎联合桂系，称"护党救国军"，向蒋介石叫板的消息。张发奎为什么要和桂系合作反蒋呢？情况是这样的：早在 3 月份蒋介石军同桂军在武汉决战时，蒋介石起用同桂系矛盾很深并发生过战争但遭到失败的张发奎，助他攻桂。张发奎军进入鄂西，以第四师盘踞宜昌一带。蒋介石恐张发奎将来对他不利，调张发奎部到陇海路，拟相机解散张部。张发奎觉察出蒋介石的意图后，觉得自己被蒋介石耍了，于是便与改组派汪精卫联合，调转枪口反蒋。张发奎部经过湖南到粤桂边境，遇到从海外回来的李宗仁、白崇禧，为了共同反蒋，张发奎与李宗仁、白崇禧不计前嫌，达成合作协议，凭借李、白在广西经营多年的基础，迅速占领广西，进抵广州近郊。蒋介石急派何应钦率兵入粤与陈济棠联合击退张发奎、桂系联合的"护党救国军"。12月底，张发奎、桂系军队退回广西自保。

驻扎在郑州的唐生智原本在大革命后期就和汪精卫关系密切，见到张发奎和桂系向蒋介石发难后，便与在浦口的石友三联络参加"护党救国军"，举兵拥汪反蒋。蒋介石急调刘峙部北上攻唐。1930年1月唐生智战败，通电下野，所部冯华堂、安俊才、公秉藩等投降蒋军。唐生智本人化装逃至天津租界，后流亡香港、澳门地区及新加坡。石友三重新投靠蒋介石。

看到蒋介石把竞争对手一个一个地削除，阎锡山意识到蒋介石下一个目标必然是自己。想到这些，阎锡山不由得倒抽一口凉气。他认识到在蒋冯战争时自己采取"坐山观虎斗"的策略是搬起石头砸自己的脚。好在亡羊补牢，重新与冯玉祥修好，共同反蒋，还来得及。于是，阎锡山坚定反蒋决心，亲到冯玉祥处达成谅解，表示愿意真诚合作，共同反蒋。阎锡山还派人联络败退广西的李宗仁、张发奎等，建立反蒋联盟。这时，国民党内一些反蒋派系如改组派、西山会议派等，也纷纷聚集到阎锡山的旗帜之下，形成了军事、政治反蒋大联合。1930年3月中旬，阎、冯、桂三个国民党新军阀集团的将领鹿钟麟、商震、黄绍竑等57人，由鹿钟麟领衔发出反蒋通电，共推阎锡山为"中华民国陆海空军总司令"，冯玉祥、李宗仁、张学良为副总司令。4月初，反蒋联军共70万大军，分别在津浦路、陇海路与鲁西南、平汉路、湖南四个战场同时进军，准备一举推翻蒋介石南京政府。

这是蒋介石自建立南京政权面临的最大挑战。4月5日，蒋介石下令，免去阎锡山本兼各职，予以通缉。5月1日，蒋介石在南京举行誓师典礼；11日，调兵遣将，发动了对阎、冯军的攻击。中国近现代史上规模最大的军阀混战中原大战爆发了。6月上旬，李宗仁、张发奎为配合阎、冯反蒋，进军湖南，占领衡阳等地。

大战爆发后，蒋介石腹背受敌，处于不利状态，苦苦支撑。眼看蒋军就要支持不住的时候，蒋介石想到了一个人。此人便是东北军首领张学良。当关内鏖战正酣的时候，都使出了最大力气并且力气快用尽的时候，一直养精蓄锐的东北军张学良则对战争双方的胜负有举足轻重的作用。蒋介石故伎重演，一方面给1500万元巨款，另一方面许诺平津地区为东北军的地盘。张学良无法抵挡金钱和地盘的巨大诱惑，于9月份率东北军分三路入关，先后占领平津。由于张学良倒向蒋介石，胜利的天平很快向蒋介石倾斜。至10月，冯玉祥的军队完全瓦解，阎锡山的军队退回山西，桂系军队退回广西。自此，蒋介石在国民党内独大，没有其他能够和蒋介石抗衡的力量。

国民党新军阀之间的混战是相互争夺地盘和中央控制权的非正义战争，除了只会给人民大众带来痛苦和灾难外，没有其他。那么，蒋介石为什么在历次新军阀混战能够笑到最后？主要有以下几点：

其一，蒋介石控制的地盘江浙地区是中国最富庶的地方。而其他军阀如冯玉祥控制的西北地区，桂系控制的广西，阎锡山控制的山西，都是贫穷的地方。蒋介石得到英、美帝国主义和江浙财团的支持，比其他军阀集团财力雄厚。战争不仅需要人力，也需要财力。强大的财力是蒋介石能够取胜的重要原因。

其二，蒋介石控制着南京中央政权。蒋介石在同其他军阀集团发生矛盾和冲突的时候，往往是打着中央的旗号，以政治优势压制对方。同时，还可以封官许愿手段拉拢对方手下的重要将领投靠自己，或者拉拢其他军阀站到他一边，即使不站到他一边，也至少保持中立。

其三，充分利用对手内部之间的间隙。军阀集团本身就是反动的、落后的，养军队需要钱，需要地盘。有奶便是娘，谁给钱、给地盘，就跟谁走、跟谁卖命。同时，其内部不是铁板一块，存在着利益之争。堡垒最容易从内部攻破，蒋介石往往利用对手内部之间的矛盾，或拿钱收买，或封官许愿，使对手在背后遭到重重的甚至是致命的打击。

蒋介石委鲁涤平重任

蒋介石对于共产党领导的红军不断发展如坐针毡，无奈自己身陷于各派军阀集团的不断混战中，抽不出身来，只好将"剿灭"红军的任务交给地方军阀。然而，这些地方军阀实在无用，多次发动"进剿""会剿"不但没有将红军消灭，反而使红军像滚雪球般越滚越大，尤其是毛泽东、朱德率领的红一方面军，已经发展到4万来人。中原大战和湘粤桂边战争之后，蒋介石终于从走马灯似的新军阀混战中走出来，有机会腾出手对付共产党和红军了。当然，他首先要消灭的就是毛泽东、朱德的红一方面军。10月20日前后，蒋介石将其第七十七师、新编第五师、第五十师和第六路军的第二十四师、第八师分别由湖南、河南调入江西境内，连同原驻江西的第十八师、新编第十三师、独立第十四旅，共集中了七个师又一个旅，兵力达10万之众。另外，蒋介石又令在武汉休整的第十九路军（辖第六十师、第六十一师）准备进入江西。他以国民党江西省政府主席、第九路军总指挥鲁涤平为陆海空南昌行营主任，统一指挥以上各部，向红一方面军扑来。

鲁涤平，湖南宁乡人，是一个湘军的老资格军人。1887年生，1903年11月入湖南陆军兵目学堂，毕业后入湖南新军，曾任教官。1909年秘密参加同盟会。1910年10月10日武昌起义爆发后，湖南起而响应，鲁涤平所在的第四十九标打开小吴门，因攻克巡抚衙门立下战功。此后，相继任援鄂军第一协第三营管带、湘军第四师第十六团团长、第二师第六团团长。1920年，升任独立第三旅旅长。1921年1月，湖南成立湘军第一、第二两个师，鲁涤平晋升为第二师师长。从此，鲁涤平成为湘军的高级将领。

1923年7月，孙中山任命谭延闿为湖南省省长兼湘军总司令。在湖南谭延闿与赵恒惕发生争斗后，鲁涤平看到谭延闿受到孙中山信任而认为谭延闿更有前途，便率部倒向谭的一边，因而受到谭的器重，被任命为湘军第二军军长。广州发生陈炯明叛变后，形势危急，孙中山电令谭延闿率部由衡阳兼程赴粤解危，鲁涤平兼代前敌总指挥。因在同陈炯明部作战中有功，得到孙中山的信任。1924 年春，孙中山一度任命鲁涤平兼任大本营禁烟督办。1925 年 6 月上旬，在平定杨希闵、刘震寰叛乱中，鲁涤平指挥湘军，在共产党发动的广州工人群众的支援下，消灭了刘震寰的部队。7 月，湘军改编为国民革命军第二军，军长谭延闿，鲁涤平为副军长。这时，鲁涤平与不少共产党人有交集，第二军副党代表兼政治部主任为李富春，所属的第四师党代表为李六如，第五师党代表为方维夏，且方维夏还是毛泽东在湖南第一师范求学时尊敬的老师之一，第六师党代表为萧劲光。军内中下级军官也有不少共产党员。1926 年 11 月上旬，鲁涤平在武汉时，毛泽东和第六军党代表、著名共产党人林伯渠曾拜访过他。鲁涤平支持毛泽东在武昌开办中央农民运动讲习所。应该说，北伐时期，鲁涤平同共产党的关系还是比较融洽的。

北伐战争中，鲁涤平以代理军长身份率领第二军先后在江西、浙江作战。由于第二军不属于蒋介石的嫡系，蒋拉拢第六师师长戴岳以取代鲁涤平，遭戴岳的拒绝。鲁涤平率部经皖北进入湖北。1928 年 2 月下旬，鲁涤平率部控制了湖南。同年 5 月，国民党武汉政治分会主席李宗仁软禁程潜，改组湖南省政府，以鲁涤平为湖南省主席兼湖南"清乡"督办。为了制约鲁涤平，李宗仁又任命唐生智旧部第三十五军军长何键担任"清乡"会办。鲁涤平虽是"清乡"督办，但实权掌握在"清乡"会办何键手中。11 月，国民党政府成立湘赣"会剿"指挥部，以鲁涤平为总指挥，何键为副总指挥。鲁涤平为把何键挤出湖南，向南京政府推荐何键代理"会剿"总指挥职务，让何键带领军队同井冈山的朱毛红军作战。何键受到鲁涤平的排挤，同桂系关系密切起来。鲁涤平的老上司谭延闿这时任南京政府主席，同蒋介石关系密切，因而，鲁涤平向蒋介石日渐靠近。

1929 年初，蒋介石同桂系争斗愈演愈烈，秘密运武器接济鲁涤平，让鲁监视桂系，一旦有事就切断武汉与两广的交通。此事被何键得知并告诉了桂系。2月19日，国民党武汉政治分会决定免去鲁涤平湖南省主席的职务，由何键继任；并密令叶琪、夏威两师入湘解决鲁涤平的军队。21日，夏威部李明瑞旅和叶琪部杨腾辉旅突入长沙，赶走鲁涤平，控制了湖南。原先靠近桂系的何键，在蒋桂战争一爆发，即与桂系翻脸，发表通电拥蒋反桂，蒋介石委任他为湖南编遣特派员、省政府主席、讨逆军第四路军总指挥。这样，鲁涤平在湖南的"窝"被何键占了，回不去了。鲁涤平先是任朱培德第三军第十八师师长、武汉卫戍司令，后任江西省主席、第九路军总指挥。

鲁涤平在旧军队中20余年，由初级军官爬到省一级军政长官，也算是一方诸侯了，尽管也遇到一些沟沟坎坎，总体上看还是顺风顺水的。他被蒋介石委以"围剿"红一方面军重任，同另外一名湖南籍的红军统帅毛泽东对垒，注定其军事生涯将发生转折。

再说蒋介石，取得了中原大战和湘粤桂边战争胜利，布置了对朱毛红军的"围剿"之后，心情是轻松的。10月4日，蒋介石在河南开封游玩了禹王台，发现这里是一个农林场，说："现改为农林场，这是一个古迹，不可使它湮灭。"

10月25日，蒋介石回到奉化武岭，傍晚，坐在"乐亭"前钓鱼。蒋介石的钓鱼技术实在不咋地，钓了半天，未见一条鱼上钩。对于此事，蒋介石在日记中写道："群鱼欢耀，见饵不食，虽屡举竿，不得一鱼，亦足乐也。"次日，蒋介石登上武岭北部高峰，向远处眺望。后经显灵庙、松秧园、金竹园返回。当天，他在日记中写道："见此樟树、枫树、杏树，皆高参云天，足为我家乡荣焉。"

10月28日，蒋介石在夫人宋美龄等陪同下，又登上妙高台。望着眼前美景，蒋介石说："云影连山影，松声夹水声，此何等景象耶！余能养老于此，则于愿足矣！"下了妙高台，蒋介石和宋美龄等经山间小路到中山岩观瀑布。蒋又发出感叹："今日自上而下，与夫人相扶步行，观山养心，盖莫善于此焉。"在此后至11月上旬日子里，蒋介石、宋美龄、宋霭龄、宋子良等一大杆子人，几乎天天出游，把奉化老家的名胜古迹几乎游了个遍。

有美貌的夫人相伴，有大姨子、小舅子陪同游山玩水，这或许是蒋介石人生最得意的日子。在国民党内，能向他发起挑战对手一个个都被他打倒在地了，"剿灭"朱毛红军的 10 万大军，他都布置好了，他自信，在不久的日子，就会听到朱毛红军被"剿灭"的好消息。

蒋介石过于自信了！迎接他的将不是什么好消息。而且自此以后，蒋介石将频频地迎接令他头痛、心痛的消息！

三、罗坊会议，确定"诱敌深入"方针

撤围长沙，攻打吉安

红一方面军成立后，遵照中共中央指示并经总前委多数赞同，决定再攻长沙。

1930 年 8 月 24 日晚 11 时，朱德、毛泽东发布红一方面军向长沙推进的命令。次日，红一方面军分三路向长沙开进。经过四天的行军，红一方面军各部于 8 月 29 日先后进抵长沙东南近郊，对长沙取包围之势。

有了长沙丢失的教训，这时何键加强了长沙的防守力量。当红一方面军向长沙推进的时候，何键率领三个旅于 8 月 28 日由浏阳县撤回长沙，同原来留守长沙的一个旅会合。此外，何键又调其他援军进入长沙防守。这样长沙敌人的防守兵力达 31 个团之多。敌人修筑了欧式的重层配备的防御工事，碉堡、壕沟和电网等共有八九层之多。

敌人兵力处于优势，又凭借坚固的工事进行防守，朱德、毛泽东决定将敌诱出工事，逐个加以消灭。然而，守敌采用"老虎不出洞"的办法，龟缩在工事里，红一方面军主力未获得歼敌战机。为了攻破敌人的阵地，红军曾采取"火牛阵"办法，即从老百姓那里买二三十头牛，在牛尾巴上绑起鞭炮，点响后，牛向前窜，红军跟在牛后面向前冲。结果敌人机枪一扫，没有被打倒的牛掉过头来，反而冲散了红军自己的部队。

"火牛阵"不奏效，红军还又采取过"土坦克"的办法。红军从群众那里买来许多打禾的木桶，将每只禾桶装上两只轱辘，用浸湿的棉被蒙在上面来挡敌人的子弹。这种办法被称为"土坦克"。攻击开始后，红军战士们推着"土坦克"向敌阵地冲去。然而，这种办法也因敌人的火力阻击而失利。

鉴于用尽各种办法仍然不能攻破敌人阵地，毛泽东于9月11日在易家湾召开有湖南省委代表参加的总前委扩大会议，讨论撤围长沙问题。经过反复讨论，会议决定先退到株洲、萍乡，休整待机。

红一方面军到达株洲后，毛泽东于9月13日主持召开中共红一方面军总前委会议，初步总结围攻长沙的经验教训，并决定红一军团攻取吉安，红三军团略取峡江、新淦。会后，红一方面军沿株萍铁路从湖南挺进江西。

9月28日，红一方面军到达袁州。毛泽东召开了中共红一方面军总前委会议。会上，毛泽东主张攻打周围都是苏区的吉安。但红三军团一些同志主张不打长沙就打南昌。朱德支持毛泽东的意见，并与毛泽东一起做说服工作，统一认识。会议最后确定仍按原计划不打南昌，以红一军团攻打吉安，红三军团进攻樟树并担任警戒任务。29日，朱德、毛泽东发出红一方面军向吉安前进的命令。

朱德、毛泽东发出命令的当晚，时为中共中央长江局军事部部长的周以栗来到红一方面军司令部。他到红一方面军司令部，是传达中共中央长江局指示，要红一方面军回去再打长沙。

周以栗曾在1926年冬任中共中央农民运动委员会委员，协助书记毛泽东领导农民运动，和毛泽东有较深的交集。

毛泽东和这位大革命时期一起做过农民运动的老同事谈了一个通宵，终于用事实说服了他。周以栗放弃了原先的想法，接受毛泽东的正确主张。

9月30日，毛泽东再次主持召开中共红一方面军总前委会议。周以栗在会上不但没有坚持红军回打长沙，转而说服部分干部不打长沙，暂时也不要打南昌，而先打吉安。由于周以栗的身份，会议终于作出决定："夺取江西政权，一军团以很短时间攻下吉安，建立江西省苏维埃政府，补充新兵筹措给养等。三军团则占领清江县城及其附近，封锁赣江，筹款发动群众，整理补充等。"①

10月2日，朱德、毛泽东发出红一军团"4号拂晓总攻吉安城"②的命令。经过一天的行军，红一军团神速赶到吉安城下，把吉安团团围住。

吉安城守军约四个团，其中正规部队只有邓英师的不足三个团，分别布置在吉安城郊山岭一线。在城内还有江西省警察大队一个团。10月3日午后2时，朱德、毛泽东在山前总部向红一军团下达总攻击命令："本军团有攻取吉安消灭邓英部队，汇合赣西南群众力量直下南昌、九江以建立江西政权，封锁长江、进攻南京、保障武汉暴动胜利之任务，决于4号拂晓总攻吉安城，限于5号拂晓前夺取吉安城。"③

10月4日拂晓，红一军团向吉安发起猛烈攻击。经过一天激战，邓英见红军兵力占绝对优势，不敢死守吉安，当晚八九点钟率部从赣江乘船溜之大吉。午夜1点左右，红军攻入吉安城内。

10月7日，中共红一方面军总前委和赣西南特委在吉安召开"庆祝吉安暴动胜利大会"，有13万群众和红军将士参加。毛泽东、朱德等红军领导人出席大会并发表了热情洋溢的讲话。在这次大会上，正式宣布江西省苏维埃政府成立，曾山任主席。

此后，中共红一方面军总前委和工农革命委员会召开地方党组织负责人扩大会议，决定李文林等13人组成中共江西省行动委员会，李文林任主席，赣西、赣南、赣东、赣东北、赣西北等地区设立行动委员会。

红一方面军占领吉安后，在吉安及其周围地区一面休整，一面开展群众工作，组织群众，建立基层政权；打土围子，肃清反动势力；开展土地革命，分配土地。经过短期工作，就有8000多青壮年踊跃参加红军。之后，红军又续攻泰和、安福、吉水、峡江、新淦、清江等地，使赣江两

---

① 《毛泽东：给中央的信》（1930年10月14日夜于吉安城），赵泉钧等编著：《罗坊会议》，浙江大学出版社1993年版，第258页。

② 《红一军团进攻吉安的命令》（1930年10月2日午后8时于阜田总部），赵泉钧等编著：《罗坊会议》，第241页。

③ 《红一军团总攻吉安的命令》（1930年10月3日午后2时于山前总部），赵泉钧等编著：《罗坊会议》，第243页。

岸几十个县的红色政权连成了一片。

红一军团占领吉安的行动，为不久就要到来的反对国民党军对中央苏区的第一次"围剿"打下了坚实的基础。

罗坊会议

红一方面军打下吉安后，不少干部仍坚持按照李立三"左"倾冒险错误统治的中央的决定去打南昌、九江。这时中共六届三中全会已经开过，由于红一方面军和中共中央没有电讯联系，而秘密交通线传达会议精神，需要层层传递、辗转周折，颇为耗费时日，因而还不知道李立三的"左"倾冒险错误已被纠正的情况。但毛泽东从攻打长沙失利的教训中已经认识到，这样做是不能取得成功的。考虑到中共中央和红一方面军许多干部打南昌、九江热情很高，一时还难以说服，毛泽东和朱德于10月13发出红一军团北上向清江集中的命令，指出："本军团有进攻南昌、九江消灭鲁涤平敌军，夺取江西全省政权，向左保障武汉暴动胜利，向右进攻南京，以促成全国直接革命之任务，决于明日开始北上，以四天行程分两路到达清江附近集中。"[1]

10月17日，红一方面军总部到达峡江县城。毛泽东召开总前委会议。在讨论时局问题时，毛泽东已经敏锐地觉察到严重的局势即将到来。他最了解蒋介石，知道蒋介石在中原大战取胜后，会立即调集重兵以空前规模"围剿"红军。会后，他在给中共湘东特委的信中说："对于时局，我们认为统治阶级的军阀混战，暂时决不能调和停顿。但也不会继续扩大到底。""我们不能离开阶级立场来分析，以为军阀混战会扩大下去，继续到底。要知道阶级矛盾超过统治阶级内部矛盾时，反动统治阶级，必联合起来进攻革命。"[2]这表明，毛泽东已经预见到国民党军要

---

[1] 《红一军团移师北上向清江集中的命令》（1930年10月13日午后1时于吉安城总部），赵泉钧等编著：《罗坊会议》，第256页。

[2] 毛泽东：《给湘东特委的信》（1930年10月19日夜于峡江县），赵泉钧等编著：《罗坊会议》，第264页。

对红军进行大规模进攻了。

峡江会议后，朱德、毛泽东发布命令："方面军以直占南浔路待机略取九江、南昌之任务，第一步拟先歼灭高安当前之敌而占领之。"① 值得注意的是，这个命令对南昌、九江只是"待机略取"，是否攻打，要看形势发展和具体情况而定。这就是毛泽东的高明之处，有时候，大家的弯子一下子是难以转变的，一步一步地来，让大家转弯子有一个过程。

在这几天，毛泽东通过各方面了解敌人动向，收集敌人情报。报纸是了解敌情的重要手段。毛泽东每到一地，就派人收集报纸，每天要花费很多时间翻阅报纸。

10月22日，红一方面军总部到达清江县的太平圩时，得到了国民党军谭道源师已全部开到南昌，许克祥部及第五师熊式辉部先头部队在10月19日相继开赴九江，金汉鼎、毛炳文两部也准备入赣的消息。这些迹象表明，毛泽东对敌情的判断是正确的。红一方面军将面临新的严峻的考验。

第二天，毛泽东在太平圩主持召开红一方面军总前委会议。会议根据大批国民党军入赣和敌公秉藩师驻守南昌，张辉瓒师驻樟树、丰城一线，邓英师在抚州，湘敌罗霖部驻袁州的情况，决定：红一方面军"先在袁水与瑞州河之间布置工作，以主力沿袁水配制，发动这一带的群众筹措给养，竭力准备与敌决战的条件，暂以7天为期。"② 发现敌情后，毛泽东、朱德及时进行先期准备，使广大红军干部战士在物质上、心理上都有所准备。

25日，毛泽东、朱德率领红一方面军总部转移到新余罗坊镇陈家闹。在一家染布店中，毛泽东主持召开红一方面军总前委和中共江西省行动委员会联席会议。此即关系到中央苏区第一次反"围剿"成败的罗坊会议。

---

① 《红一方面军进攻高安的命令》（1930年10月19日午后7时于峡江城外竹山下总部），赵泉钧等编著：《罗坊会议》，第262页。

② 《红一方面军在袁水与瑞州河之间工作待机的命令》（1930年10月24日），赵泉钧等编著：《罗坊会议》，第278页。

时为中共江西省行动委员会宣传部部长的陈正人回忆说：

> 罗坊会议是一次很重要的决策会议。当时出席会议的人不多，我记得有毛主席（前委书记）、朱德（红一方面军总司令）、周以栗（党中央长江局派来的代表）、林彪（红四军军长）、罗荣桓（一军团四军政委）、滕代远（三军团政委）、彭德怀（三军团军团长）、杨岳彬（一方面军总政治部主任）、袁国平（三军团政治部主任）、何长工（红八军军长），还有地方干部李文林（江西省行委书记）、曾山（江西省苏维埃政府主席）和我（省行委宣传部长）。会议前后开了好多天，进行了七八次。多半是从下午开始，一直到晚上结束。会议期间，敌人的飞机经常来，有时白天也会在外面树底下开。会上讨论的中心问题是：打不打南昌和如何粉碎敌人的进攻。①

李立三"左"倾冒险错误统治中共中央时，曾让红一军团攻打南昌、九江，会师武汉。针对一些同志主张红一方面军进攻南昌，毛泽东根据当时敌我力量对比情况，科学分析形势，在会上提出："在强大的敌人进攻面前，红军决不能去冒险攻打南昌，南昌是敌人重兵驻守的地方，红军还没有足够的力量去攻打城市，红军必须采取'诱敌深入'的作战方针，退却到根据地，选择好战场，创造有利条件，充分依靠人民群众，实行人民战争，把敌人放进来，才能集中力量消灭敌人。"②

中共江西省行委书记李文林不同意毛泽东提出的"诱敌深入"作战方针，仍主张打南昌、九江，会师武汉。他认为："不打南昌、会师武汉，就是违背中央精神，就会断送中国革命。"③指责毛泽东的"诱敌深入"是保守主义，认为把敌人引入根据地，人民要遭受很大损失。

李文林原名周金堂，又名周郁文。1900 年出生于江西吉水县水田乡石鼓村一个富裕农民家庭。1923 年 1 月，李文林与方志敏等发起组织江

---

① 《陈正人回忆罗坊会议》，赵泉钧等编著：《罗坊会议》，第 374—375 页。
② 《陈正人回忆罗坊会议》，赵泉钧等编著：《罗坊会议》，第 375 页。
③ 《陈正人回忆罗坊会议》，赵泉钧等编著：《罗坊会议》，第 375 页。

西民权运动大同盟，任庶务部副部长。3月，参加"江西马克思学术研究会"，并任书记，和袁玉冰、方志敏、龙超清等都是南昌青年革命运动的活跃人物。1925年7月在上海参加黄埔军校第四期入学考试，考入黄埔军校。1926年加入中国共产党。1927年任国民革命军第三军军官教育团教官，同年8月参加南昌起义。南昌起义后，奉党组织命令到赣西南开展武装斗争。1928年任中共赣西南特委委员兼秘书长。9月奉赣西南特委指示，将赣西红军第七、第九纵队改编为江西红军独立第二团，任团长兼政治委员。1929年2月15日，赣南红军第十五、第十六纵队兴国莲塘会师后，李文林和雷震根据当地革命斗争的需要，将这两个纵队改编为江西红军独立第四团。6月，李文林任江西红军独立第二、第四团行动委员会书记兼政治委员。在李文林的领导下，江西红军第二、第四团不断取得胜利，巩固了以东固为中心的革命根据地。毛泽东、朱德率领红四军于1929年2月下旬到东固与江西红军第二、第四团会师后，李文林曾向毛泽东介绍了东固秘密割据的经验。毛泽东对这种方式很是赞扬，在1930年1月5日给林彪的信中，将李文林等领导创建的东固根据地称为"李文林式"[①]。1930年1月，任红六军旅政治委员兼党委书记。在二七会议上，被选为红四军、红五军、红六军和赣西南、闽西、粤东江革命根据地中共共同前敌委员会委员。不久，中共赣西南特委成立，被选为特委常委兼军委书记。5月，以中共赣西南特委代表身份赴上海参加全国苏维埃区域代表会议。返回赣西南后，积极贯彻李立三"左"倾冒险错误方针。9月，为组织赣南地方武装和工农群众攻打赣州，将赣南的东河、西河两行动委员会合并，成立中共南路行动委员会。10月上旬，红一军团攻占吉安后，任中共江西省行动委员会书记和江西省苏维埃政府委员。

上述说明，李文林是赣西南党、红军和根据地的负责人之一，为创建赣西南红军和根据地作出了重要贡献。在李立三"左"倾冒险错误的

---

① 《毛泽东给林彪的信》（1930年1月5日），中央档案馆编：《中共中央文件选集》（1930）第6册，第554页。

影响下，李文林同其他党和红军内一些人一样犯了革命的急性病，只看到党利用军阀混战使红军和根据地得到较快发展，红一方面军达到了 4 万来人，成立了江西省苏维埃政府，根据地群众的革命热情也有所高涨，就认为国民党反动派已经不堪一击。他是江西人，渴望红军占领省会城市，迅速取得革命在江西一省的首先胜利，而看不到全国这时的局势已经发生了明显变化，国民党新军阀空前的大混战——中原大战已经结束，中国反动统治阶级内部的纷争随着蒋介石的胜利而暂告一段落，蒋介石正在加紧部署对共产党领导的红军和根据地的"围剿"，尤其是对毛泽东、朱德指挥的红一方面军的大规模军事"围剿"，更加严峻的形势即将到来。李文林坚持要求红一方面军攻打南昌的主张，代表着中共江西省行委一些人的意见。

在敌人大兵压境的情况下，不去认真做迎敌准备，反而不切实际地去打敌人重兵设防的南昌，这不是自投罗网么？

参加会议的红三军团有些同志不同意东渡赣江，认为东渡赣江，诱敌深入根据地内部，给根据地人民危害很大，提出"夹江而阵"，即红三军团在赣江西岸，红一军团在赣江东岸，分头对付敌人的"围剿"。认为这样"既可以集中消灭敌大部队，也可以团为单位分散于湘赣边、湘鄂赣边、鄂东南区进行游击战，对将来夺取湘鄂赣三省政权都有利。"①

为了说服大家，毛泽东明确地指出："此次蒋介石调取兵力要大举进攻革命，敌人利在速战，使红军深入白色区域，然后包围袭击。我们就是利用敌人的弱点，看明敌人毒计，站在主动地位来定战略。我们所采取的大规模决战，诱敌深入赤色区域，配合群众，这是实际消灭敌人，实际进攻南昌、九江，争取革命胜利的唯一正确策略。"②

朱德坚决支持毛泽东的"诱敌深入"方针，指出在强大的敌军已经集结在南昌、九江周围的情况下，红军不能以卵击石冒险攻打南昌、九江，只能实行"诱敌深入"的作战方针，东渡赣江，在革命根据地内关门

---

① 《彭德怀自传》，第 163 页。
② 《何长工回忆罗坊会议前后的几个问题》，赵泉钧等编著：《罗坊会议》，第 368 页。

打狗。朱德认为，从全局看是敌强我弱，湘敌强，赣敌弱，红军要避实就虚，"诱敌深入"，以弱胜强。朱德告诉大家：赣江西岸夹在湘、赣江之间，机动范围小。而赣江之东呢？地跨闽、浙、赣边界，有大山，回旋余地大，在根据地内实行群众的战争，想怎么打，就怎么打。

值得称道的是周以栗。他完全站到毛泽东这边，以中共中央长江局代表的身份劝说大家，不要打南昌、九江。他的特殊身份使其意见很有分量。

彭德怀、罗荣桓、曾山、陈正人等也支持毛泽东的主张。

由于李文林和红三军团部分同志仍坚持反对"诱敌深入"的方针，特别是红三军团政治部主任袁国平态度尤其坚决，联席会议没有就"诱敌深入"方针达成一致意见。但是会议对打不打南昌、九江问题基本上形成了共识。第二天联席会议一致通过了《目前政治形势与方面军及江西党的任务》的决议，确定红一方面军的军事战略为"在吉安、南昌之间一带地区发动广大的人民群众，筹措给养，同时加紧后方的群众调动与给养筹措，准备与敌人作大规模的决战，消灭敌人主力，实现全省胜利。"[1]

10 月 30 日，红一方面军总部得到情报，国民党各路军队已经出动，向根据地推进。军情如火，考虑再召开中共红一方面军总委和江西省行动委员会联席会议讨论这个问题，李文林等人一时也难以转弯子，必然是无休止的争论，难以形成一致意见，毛泽东果断召集中共红一方面军总前委会议，确定了"诱敌深入"的作战方针。并决定整个红一方面军东渡赣江，由原来在湘江、赣江之间转移到回旋和发展余地都大得多的赣江以东广大区域活动，寻机打破国民党军的"围剿"。

顾全大局的彭德怀

中共红一方面军总前委决定整个方面军东渡赣江、寻机打破国民党

---

[1] 《目前政治形势与一方面军及江西党的任务》（1930 年 10 月 26 日），赵泉钧等编著：《罗坊会议》，第 291—292 页。

军的"围剿"计划后，然而，红三军团的一些干部不愿东渡赣江。原因是红三军团是湘鄂赣根据地产生出来的主力红军，其第五军和第十六军大多是平江、浏阳人，第八军大多数是阳新、大冶人。他们不愿离开湘鄂赣根据地，希望红三军团留在赣江以西活动。红军都是穿军装的贫苦农民，他们不想远离自己的家乡，这种想法也是难免的。关键是参加革命以后，就不再是普通群众了，还是要以革命发展的大局为重。但是，让这些同志一下子思想觉悟提得很高也是很难的。大敌当前，部队马上就要开拔东渡赣江，这些同志思想问题不解决，势必影响部队的战斗力。怎么办？在红三军团中有巨大威望的彭德怀这时起了关键性的作用。

彭德怀认为："总前委改变在湘江、赣江之间机动作战的计划，要在赣江以东、大海以西的广大地区创建根据地，采取诱敌深入的战略方针，谨慎地争取粉碎敌军的第一次'围剿'，准备长期斗争。从战略全局着眼，这一意见比前者更全面、更正确。"[1]因此，在总前委会议上，彭德怀毫不犹豫地拥护红一方面军全部东渡赣江的决定。他认为，虽然那些不愿东渡赣江的同志的主张是有一定道理的，但是，为了反"围剿"斗争的需要，必须反对地方主义，集中统一红军。因为红一、红三军团在战斗中一次各消灭敌人有六个团建制的师是很吃力的。而两个军团合起来消灭敌人一个师就比较轻松。红军的反"围剿"斗争，不是全面抗击敌人的进攻，而是采取运动战的方式，同敌人兜圈子，寻找敌人的薄弱点，集中兵力，一战消灭敌人一个师。有这么两次战斗，才能打破敌人的"围剿"计划。彭德怀红一、红三军团合并一处消灭敌人的想法和毛泽东"集中以消灭敌人"战术原则是不谋而合。这是极有军事远见的，此后历次反"围剿"的事实证明，这种认识是正确的。

治病必须对症下药，思想上的问题必须思想钥匙来开。彭德怀对红三军团那些不愿东渡赣江的同志耐心地作思想工作，指出一、三军团分开，对于目前准备粉碎蒋介石的大举进攻不利。针对不少同志担心红三军团过赣江之后，湘、赣两江之间没人坚持，苏区这几年白搞了的顾虑。

---

[1] 《彭德怀自传》，第163页。

彭德怀说：湘鄂赣边区可扩大红十六军；鄂东南已有五个小团，准备成立红九军；湘赣边区已有独立师，可以再加扩大。经过彭德怀的说服，不愿东渡赣江的那些同志顾虑减少了。

考虑到红三军团一些同志不同意东渡赣江，总前委会议后，让周以栗到红三军团传达东渡赣江的决定。之所以让周以栗去，是他有中共中央长江局代表的身份。长江局是中共中央的派出机构，是上级领导机关，周以栗到红三军团传达，表明总前委的决定是得到长江局认可的，即使有不同意见，也要服从上级组织的决定。

周以栗传达了总前委决定后，仍有几个团级干部不同意到赣江以东去。彭德怀火了，对他们说："要集中兵力，大量消灭当前蒋介石进攻之敌，有意见到江东去讨论吧，我是一定要过江的，总前委这个决定是正确的。红军要打遍全中国，不要地方主义。"[①]

彭德怀是湘鄂赣根据地和红三军团的创建者，此话一出，不愿渡赣江的那些同志便不再坚持自己的意见了。这样，由东渡赣江问题引起的风波便风平浪静了。

红三军团东渡赣江后，同红一军团一起，成为毛泽东、朱德手中的两把利剑，在中央苏区反"围剿"中，在后来的长征中，左冲右突，为全军杀开一条通往胜利的血路。

毛泽东对兴国农民进行调查

在罗坊会议召开期间，毛泽东还插空搞了一次调查活动。

1930年10月下旬，兴国县苏区向红一军团输送了700多名农民当红军。他们来到新余县罗坊彭家洲。

彭家洲是一个小圩镇，镇上有两排店铺，每个店铺前都有一个乘凉的木棚子。街外两侧有两个大草洲，乌桕树长得枝叶茂盛。街后是一条大河，河对岸就是罗坊集镇。这些准备参加红军的新兵就住在靠河边店

---

① 《彭德怀自传》，第164页。

铺的房子里。

参加毛泽东调查会的八个兴国农民之一、当时是红军后备队第八连代理连长的温奉章后来在回忆中说:

10月26日,刚吃过早饭,一位传令兵来到我们住的地方说:"哪几位是后备队的负责人? 毛委员有事找他们商量"。当时,我们听到毛委员要找我们心里很高兴,于是,我和傅济庭、李昌英、陈侦山、钟得五、黄大春、陈北平、雷汉香等八个人跟着传令兵从我们住房的左边,朝着斜对面那排店房走去,这是一家一排六开间的木行店,门口插了一面红旗,还有岗哨,传令兵带我们走进靠南边的一间房子说:"毛委员在楼上"。我们上了楼,转了一个弯,到了靠北边的那间楼上,楼上很宽敞,光线也很明亮,正对面墙上有一个大圆形石窗子,靠窗下面,铺了一张用长凳架的木板床,床上有两床红色军毯,一垫一盖,床对面放了一张桌子,侧面有四个铁皮文件箱。毛主席正坐在床上看报纸,身穿灰色军装,见我们来了,立刻放下报纸和我们一一握手,招呼我们坐下,然后笑着对我们说:"你们是从兴国来的吧!"接着一个一个地问了我们的名字、住址和队伍住宿的情况,随后又问:"你们带来的队伍,是补充队还是后备队? 来了多少人?"大家回答说:"来了八个连,七百多人,都是后备队,不是补充队。"毛主席接着又问:"你们队伍是怎样搞起来的?"我们简单的作了回答。开始时,我们几个人都很拘谨,说话也很注意,所以只扯了一些家常。①

第一次见面,毛泽东只是和大家认识一下,简单了解一下情况。10月29日,调查会正式进行,地点仍然是第一次见面的那家木行店,不过换了一间屋子,是靠北面的第二间。屋子正中,放着一张长方形的桌子,周围摆了一些长凳,便于大家围着坐。桌子上放了一盏马灯,还放了一些茶水。屋子四周墙壁上还写着"打土豪,分田地!""打倒蒋介石!"

---

① 《温奉章回忆毛泽东开兴国调查会》,赵泉钧等编著:《罗坊会议》,第384—385页。

等标语。

开会时，毛泽东先把所调查的事项告诉大家，让大家做好准备。之后，毛泽东便一个一个地问。他很仔细地问了八个人的家庭成分、历史，有多少人口和田地，生活情况怎样，欠不欠债，等等。

毛泽东问过大家家庭情况以后，又以永丰区为重点，对当地的土地情况、社会上各个阶级及其在土地斗争中的表现，都做了详细的调查。毛泽东仔细问了各阶级的人数，其中多少贫农、雇农、中农；有多少地主、富农、土豪劣绅；土豪劣绅中，杀了的有多少，跑了的有多少；各个阶级占用多少土地和财产，地主、富农有哪些剥削形式；土地革命中，雇农、贫农、中农得到了哪些利益；游手好闲、算命打卦的人数有多少，拐脚瞎眼的残疾人有多少，等等，都做了细致的统计。温奉章等八人凑了一下情况，把永丰区四个乡的总人数情况汇了一个总，报告给毛泽东。他们告诉毛泽东："贫雇农革命最坚决，地主富农不老实，破坏革命。"

毛泽东还问了永丰区四个乡的土质、山林和水源等方面的情况。八位农民告诉毛泽东：这里土质一般，主要农作物是稻谷、番薯、豆子和花生。水源落在尾头。第一、二、四乡水旱灾都有，第三乡大部分是山田，水浇不到。靠近泰和县一带的山林较好，树木长得都很茂密，其他地区都是不长草的"走沙山"。

毛泽东把八个农民所讲的情况，都一一亲自作了记录，有不清楚的地方，停下笔来仔细询问，直到他完全弄清楚为止。最后，毛泽东将调查的情况反复念给他们听，看看有没有不符合的地方。等大家都认可了、没有意见了，才定下来。

在调查会上，毛泽东对八个农民非常热情，亲自给他们倒茶、递水、递烟，还买了桔子、花生招待他们；还请他们吃饭，和他们一块拉家常，气氛十分轻松愉快，调查会往往开到深夜，大家都不觉得累。

这时天气已经逐渐凉了，毛泽东得知他们八人都未带被子，让警卫员拿了五匹白布，给他们每人做了一床被子。八位兴国农民非常高兴。

1931年1月下旬，毛泽东在宁都小布将这次调查活动结果整理成《兴国调查》，全文分为：八个家庭的观察、本区旧有土地关系、斗争中的各阶级、现在土地分配状况、土地税、苏维埃、农村军事化等七个部分，约 4 万多字。《兴国调查》把永丰区的整个社会情况摸了底朝天。

毛泽东在《兴国调查》前言中写道："永丰区位于兴国、赣县、万安三县的交界，分为四个乡，旧凌源区为第一乡，洞江区为第二乡，三坑区为第三乡，江团区为第四乡，以第二乡之永丰圩为本区政治经济中心。""这一区介在兴、赣、万之交，明白了这一区，赣、万二县也就相差不远，整个赣南土地斗争的情况也都相差不远。"指出："实际政策的决定，一定要根据具体情况，坐在房子里面想象的东西，和看到的粗枝大叶的书面报告写着的东西，决不是具体的情况。倘若根据'想当然'或不合实际的报告来决定政策，那是危险的。过去红色区域弄出了许多错误，都是党的指导与实际情况不符合的原故。所以详细的科学的实际调查，乃非常之必需。"①

毛泽东在《兴国调查》前言中表达了两个意思：其一，兴国永丰区土地斗争具有代表性，摸清了永丰区的情况，也就基本了解赣南土地斗争的情况；其二，脱离实际，必然会想当然地制定错误的政策。制定政策，必需要调查研究，根据实际情况。

那么，毛泽东为什么要在军情紧急，抽出时间，对这八个兴国农民进行调查呢？究其主要原因，仍然是与诱敌深入作战方针密切相连的。因为诱敌深入是将敌人引到根据地内部关门打狗，打的是一场人民战争。人民群众的支持不支持，将决定这个作战方针的正确与否。毛泽东通过对兴国八位农民的调查，摸清了赣南具有代表性的永丰区的情况，也就摸清了赣南农民的情况，从而摸清了赣南农民群众对反"围剿"斗争基本态度。通过这次调查，使毛泽东更坚定了诱敌深入作战方针的信心。

时任红一方面军总部参谋处长的郭化若后来回忆说："第三次反'围剿'以后，毛主席要退到永丰区，我问毛主席为什么要退到永丰区去？

---

① 毛泽东：《兴国调查》（1930 年 10 月），《毛泽东农村调查文集》，人民出版社 1982 年版，第 182—183 页。

主席说，永丰区很好，我调查过。今天看了《兴国调查》就完全明白了。"①

周恩来关注红一方面军反"围剿"

周恩来在 1930 年 10 月中旬已经敏锐地注意到国民党正在组织对红军的"围剿"。10 月 14 日，周恩来在中央政治局会议上提醒大家，一切反动势力正联合起来组织反革命"围剿"。

得到蒋介石任命 14 个"剿匪"督办，向各革命根据地的红军发动大规模"围剿"的情报后，10 月 28 日，周恩来代中共中央起草了《中央通告第九十二号——为发动全国的反抗帝国主义国民党军阀进攻红军苏维埃区域运动，以纪念十月革命和广州暴动》。通告指出：国民党军阀最近在湘、鄂、赣三省调动了近 20 个师的兵力，准备实行他们的"围剿计划"，反动统治之进攻红军苏维埃区域，是目前主要的危险。当前最中心的任务，是调动全国劳动群众和红军打破敌人的进攻。

鉴于蒋介石进攻的重点是毛泽东、朱德率领的红一方面军，周恩来格外关注红一方面军的反"围剿"斗争。10 月 29 日，周恩来代中共中央起草了《关于对付敌人"围剿"的策略问题给一、三两集团军前委诸同志的指示》。这个指示中告知了中共中央制定了苏维埃区域工作计划和各种具体条例与红军改编计划，以及苏维埃政府的选举法与各种法令，要红一方面军前委接到后与各特委及地方党组织进行讨论。并说组建中共苏区中央局，由中央派的项英前往主持。由于中共中央得到了红一、红三军团在攻长沙和攻南昌的争论而发生分兵的误传，指示中说："如果你们现在确因争论而分兵，确以反攻为守，或采取暂时休息的计划，则你们便犯着极严重的错误。"认为"分散以游击"，"这一退守策略，必然要遭受严重失败，而为敌人各个击破"。指示红一、红三军团要采取"进攻的策略"。具体为"在军事上是集中一切武装力量并统一它的指挥"，

---

① 《郭化若回忆罗坊会议前后》，赵泉钧等编著：《罗坊会议》，第 383 页。

"利用敌人的弱点,尽力的给敌人以各个击破的打击"。"坚决地向外发展,集中一三集团军的力量,击破敌人的一方,以压迫湘赣两方的敌人,使之反攻为守,这样来击破敌人的包围"。指示信指出,国民党军的这次"围剿"不限于红一、红三军团所在的地域,但"一三集团是敌人进攻的最主要的目标",各地要"进行自己适当的配合"。苏区中央局在项英未到达之前,"可先行成立,暂以毛泽东同志代书记"。"军事指挥必须统一,依中央上次同志,仍以朱德同志为一三两集团军总司令,当其他部队与中央区发生作战联系时,亦归一三集团军总司令指挥"。①

中共中央给各地的指示是通过地下交通站转送的,一个指示发出,要经过多个交通站转送,几经周折,才能送达目的地。从指示发出到收件人收到,往往颇费时日。前面所提到过的毛泽东1930年4月初在瑞金收到中共中央在2月发出的来信,时间已经过去两个月了。这说明,在没有直接电讯联系的情况下,中共中央的指示送到红一方面军总前委时,往往已经时过境迁,成为"马后炮"了。周恩来代中共中央起草的给红一方面军总前委的反"围剿"指示发出之时,总前委已经决定了"诱敌深入"方针,并在11月1日发出"诱敌深入赤色区域,待其疲惫而歼灭之"的命令,红军主力转移到赣江东岸,为反"围剿"斗争准备条件。尽管这个指示传到红一方面军时,反"围剿"作战已经开始了,但仍是有积极意义的:其一,指示要求红一、红三军团集中统一行动,不要分开。这恰好证明,红一方面军总前委的决定和中央是一致的。其二,指示要求利用敌人弱点、各个击破敌军,与红一方面军总前委的"诱敌深入",寻机歼灭敌人,打破敌人"围剿"的策略基本是一致的。其三,指示明确了中央苏区的反"围剿"由毛泽东、朱德来领导和指挥,说明了对他们非常信任和肯定,为中央苏区反"围剿"的胜利提供了非常重要的保证。这些积极意义表明,周恩来在红一方面军面临国民党军大规模军事"围剿"时,提出的策略、作出的决策还是比较符合实际的。

---

① 《中央关于对付敌人"围剿"的策略问题给一、三两集团军前委诸同志的指示》(1930年10月29日),赵泉钧等编著:《罗坊会议》,第293、294、296、297页。

米夫惊慌失措

就在蒋介石调兵遣将对朱毛红军进行大规模军事"围剿"的时候，一位共产国际要员到达上海。此人叫米夫，是新任共产国际驻华代表、远东局书记。

米夫，全名巴威尔·亚力山大罗维奇·米夫，原名米哈伊尔·亚力山大罗维奇·弗尔图斯。曾化名威廉、约瑟夫、屈珀等。苏联人，1901年生。1917年5月加入俄国社会民主工党（布）。1918年参加红军后开始学习和研究民族殖民地问题，并关心东方革命运动。1926年任莫斯科中山大学副校长，1927年至1929年任校长。1927年初曾带领联共（布）宣传工作者代表团来华访问，参加中共第五次全国代表大会。1928年2月开始兼任共产国际执行委员会东方书记处副主任。并在同年6月出席在莫斯科召开的中国共产党第六次全国代表大会。由于中共中央同共产国际远东局从1930年2月至7月接连发生意见分歧，共产国际执行委员会政治书记处政治委员会于7月29日召开会议，决定任命他为远东局书记。

本来，中共六届三中全会后，李立三"左"倾冒险错误在实际工作中逐步得到纠正，各项工作逐步恢复正常。然而，米夫的到来，打乱了这一切。

这时，共产国际对李立三"左"倾冒险错误的定性，发生了重大变化。1930年10月，共产国际执行委员会收到中共六届三中全会的文件后，发出了《关于立三路线问题给中共中央的指示信》，认为"立三同志的一条政治路线"，"是非布尔塞维克的、非列宁主义的"，"是和国际执委的路线互相对立的"。[①]指示信不指名地批评了主持中共六届三中全会的同志抹煞国际路线和"立三路线"的原则区别，犯了"调和主义"错

---

① 《共产国际执委关于立三路线问题给中共中央的信》（1930年10月），中共中央党史研究室第一研究部编：《共产国际、联共（布）与中国革命档案资料丛书·共产国际、联共（布）与中国革命文献资料选辑》（1927—1931）第12卷，第357页。

误，实际上否定了六届三中全会的成绩。

时为中共中央机关工作人员的王明等人，通过其他留苏归国人员的渠道，在 10 月底预先知道了共产国际向中共中央发出信件的消息及其内容。王明是莫斯科中山大学的学生，在校时颇得时任校长米夫的赏识。1929 年 4 月，王明回国后，先后在中共沪西区委、沪东区委、《红旗》报编辑部、中央宣传部以及全国总工会等部门工作。李立三"左"倾冒险错误统治中共中央时，王明等人对李立三的"左"倾错误有过批评，受到李立三的组织处分。得知了共产国际批评三中全会的信息之后，王明等人以反"立三路线"的"英雄"自居，积极进行反三中全会的活动。11月 13 日，王明和博古联名写信给中央政治局，标榜他们是带头反对"立三路线"、执行国际路线的，指责三中全会的最大缺点是没有充分揭露"立三路线"机会主义的实质，三中全会后的中央在工作中再度犯了错误，这些错误是"立三路线"在某种程度上某种意义上的继续。

在王明等人被李立三以搞留苏小宗派受到组织处理时，曾三番五次地给米夫写信，哭诉受到李立三打击时"不能不失声痛哭"，"心如刀割，[泪水]不断！"认为他们一伙有被"因完全莫须有的罪名（政治和组织[问题]上）被开除"的危险。并建议在"组织上和政治上认真改组"[①]中共中央。不过，那时米夫只是共产国际东方书记处副主任，远在莫斯科，鞭长莫及。现在不同了，米夫此时的身份是共产国际驻华代表、远东局书记，负有直接指导中共中央的重任。有米夫撑腰，这下王明等人可有势仗了，频频向三中全会后的中央发难，要求改变中央政治局的成分，由共产国际负责，帮助成立临时的中央领导机关。此时，另一个以全国总工会党团书记罗章龙为代表的宗派，也打着"拥护国际路线""肃清调和主义"的旗号，完全否定三中全会和中央的领导，要求立即召开紧急会议根本改造政治局。此外，一些受过李立三批评或打击的干部，如何孟雄、林育南等人，也要求召开一个类似八七会议那样的紧急会议，以

----

① 《陈绍禹给米夫的信》（1930 年 6 月 26 日于上海），中共中央党史研究室第一研究部编：《共产国际、联共（布）与中国革命档案资料丛书·联共（布）、共产国际于中国苏维埃运动》（1927—1931）第 9 卷，第 210、211 页。

解决三中全会的"调和路线"问题。这样，三中全会后的中央处于非常困难、无法继续领导的境地。

三中全会后的中央处于瘫痪的境地，而中央苏区朱毛红军反"围剿"斗争又面临严峻局面，这时完全掌握了中国问题决策权的米夫该怎么办呢？

米夫在莫斯科可以夸夸其谈，但到中国遇到实际问题时，便显得六神无主。他对毛泽东、朱德领导的红一方面军能否打破国民党军的"围剿"缺乏信心。12月2日，米夫在给共产国际执行委员会的信中，一方面认为红军取得反"围剿"胜利"并不是没有希望"的；另一方面又说"也不排除这样的可能，即在敌人优势兵力的压力下，我们将暂时撤离这个地区"。至于"是保卫苏区直到最后一个红军战士"，还是撤离根据地，他的选择是："比较合适的做法，当然是后者"。很明显，米夫认为红一方面军撤离根据地是上策。他要共产国际考虑："我们撤退到什么地方为好，在这种情况下，选择什么样的地区作为新的根据地，并继续解决组建红军的问题。"他提出的意见是："老的地区位于三省交界处，朱德和毛泽东已在那里坚持了两年多，这个地区未必适合……以前朱德和毛泽东率领一支不大的队伍能够在这个山区作战，而现在，当谈到要形成一个有力的红军拳头的时候，该地区以前的优势会成为完成这项任务的障碍。另一方面，远离发达的群众运动的地区也是不适合的。"然而，究竟在哪里建立新根据地合适，米夫也没有拿出意见来，只是把球踢给共产国际。米夫这封信，除了怀疑毛泽东、朱德领导的红一方面军能否粉碎国民党军的"围剿"外，其他基本都是废话，等于什么都没说。

米夫创造了中央苏区五次反"围剿"历史上一个"第一"，即他是提出红一方面军撤离中央苏区进行战略转移的第一人。米夫被国民党10万大军大规模"围剿"中央苏区所吓倒，表明那些坐在屋子里张口马列、闭口马列的教条主义者，可以把革命道理说得头头是道，但真正遇到困难和严峻的形势后，就惊慌失措，什么管用的办法都拿不出来，空谈家的原形毕露无遗。

四、活捉张辉瓒，击溃谭道源

红一方面军退往根据地中心

中共红一方面军总前委确定"诱敌深入"方针后，朱德、毛泽东于1930年11月1日发出命令："方面军以原任务拟诱敌深入赤色区域，待其疲惫而歼灭之，决以主力移到赣江东岸，相机取樟树、抚州，发展新淦、吉水、永丰、乐安、宜黄、崇仁、南丰、南城各县工作，筹措给养训练部队。"[①] 令红三军团为中路军，由彭德怀、滕代远指挥，相机掠取樟树，并在樟树通丰城、新淦两大道附近筹款20万，发动群众，以后之集中地在永丰之藤田附近；令红四、红十二军为右路军，由林彪、杨岳彬指挥，经崇仁向抚州前进，相机掠取抚州，在南丰、南城、崇仁、宜黄各处工作，筹款40万，发动群众，以后集中地在乐安之招携市附近，如中路军受优势之敌威逼时，则应提早集中时间向中路移靠，以便应敌；令红三军为左路军，由黄公略、蔡会文指挥，担任赣江西岸一带地区扰敌工作，与红二十军及中路军取得联系，牵制敌人进攻吉安；令红二十军在吉水、永丰、新淦一带工作，须经常与总部确取联络。

命令下达后，红三军团和红一军团，分别在11月5日和6日迅速渡过赣江。7日，彭德怀、滕代远指挥红三军团开入永丰行动。

朱德同毛泽东暂时分手，朱德率领红一方面军总部，从峡江县城东渡赣江；毛泽东由峡江前往吉安，参加中共江西省行委和赣西行委扩大会议，对赣江以西地区如何坚持斗争和撤离吉安作了部署。

就在红一方面军各部队东渡赣江之时，国民党军队以先到的七个师和一个旅分三路纵队，采取"并进长追"的战术，向红军进攻。11月7日，

---

① 《红一方面军移师赣江东岸分散工作筹款的命令》（1930年11月1日于新余罗坊之园前村），赵泉钧等编著：《罗坊会议》，第300页。

敌人推进到红军原来所驻的袁水两岸时，红军已东渡赣江，扑了个空。

朱德率领方面军总部东渡赣江后，立即指挥部队向新淦、崇仁、宜黄、南丰、南城推进，威胁樟树、抚州，并抓紧时间发动群众，筹措给养，整训部队。

国民党军发现红军主力已经东渡赣江，立即改变部署：留下第三纵队在赣江西岸，第一、第二纵队尾随红军主力东渡赣江，企图寻找红军主力作战。

这时，蒋介石为了督促鲁涤平"剿共"，亲自乘飞机由南京飞赴南昌。当晚，蒋介石在下榻处百花洲召开会议。新编第五师师长公秉藩在回忆中说：

参加这次会议的有何应钦、鲁涤平和江西省政府委员、国民党江西省党部党务特派员段锡朋等……蒋介石报告国内形势说："讨逆军事胜利结束，乘胜消灭共产党是目前首要任务。"他要求部属效法曾国藩"剿捻"的刽子手本领，要在短期内"肃清共产党"。因为蒋介石的气焰很高，大家都十分严肃，不敢咳嗽，不敢动弹。会开了很长时间，江西省政府的一位委员坚持不住，从会议桌上溜了下去，被抬出百花洲，听说不久就死了。会后还发了《曾胡用兵录》和"剿共"手本。[1]

鉴于国民党军发现红军主力已经东渡赣江，并做好了准备在赣江东岸寻找红军主力作战的部署，为了继续"诱敌深入"，朱德以少数兵力配合地方武装，迟滞和迷惑敌人，指挥主力部队转移到苏区边沿的永丰县藤田、招携一带。旋即，毛泽东同总前委秘书长古柏、秘书谢唯俊由吉安前往永丰藤田，与朱德会合。

由于左路军的行动出现问题，朱德、毛泽东于16日在永丰城发出给左路军训令，指出：左路军退至油田，让敌军到吉安并分散后始予攻击，

---

[1] 公秉藩：《记龙冈战斗溃败经过》，文闻编：《"围剿"中央苏区作战密档》，中国文史出版社2007年版，第10—11页。

实为错误之处置。倘敌军一入吉安，则我群众之勇气必大丧，而我左路军更陷于被动之地位。现由各方报告判断，敌军分路前进之兵力仍甚薄弱，其推进途中最多仍只能集结两团左右，实予我军以各个击破之好机。虽全方面军出击时机尚未成熟，而各路军一有好机会，则应尽各种方法击破敌之前进部队，以促成全方面军出击之时机。中路军、右路军以分员此种任务。否则，亦应尽诸种手段牵制或阻止其前进，以延时日。

11 月 18 日至 20 日，各路敌军分别进到吉安、吉水、永丰、乐安、宜黄、南城等地，寻求红军主力作战，结果又扑了一次空。国民党军新编第二十三师进入吉安时，完全未经战斗。敌师长罗霖在吉安谎报军情，说该师经过激烈战斗，才占领吉安。蒋介石在南京接到电报十分高兴，通令嘉奖罗霖，将新编第二十三师番号升级为第七十七师，犒赏该师两万元。

红一方面军牵着敌人的牛鼻子兜圈子，使敌人扑了两次空。但红军退却的终点应该放在哪里？毛泽东、朱德经过认真分析战场形势后认为，红军刚转入运动战，必须慎重初战，不在没有十分把握的情况下同敌人决战。红军主力与其退却到苏区边沿地区，不如退却到苏区中心更为有利。为了不使红军在退却中过于疲惫，毛泽东、朱德决定分两步走：第一步，先将敌军诱到苏区中部的东固、南垅、龙冈地区；第二步，再将他们诱到苏区腹地的黄陂、小布、洛口一线，在这里相机歼敌。

红军退到苏区中心后，向苏区边沿区推进的敌人第三次扑空。急于在蒋介石面前表现的鲁涤平命令张辉瓒第十八师、公秉藩新编第五师向东固，谭道源第五十师向源头，毛炳文第八师、许克祥第二十四师向洛口等处展开攻击。此外，还命令吉安的罗霖第七十七师及驻防各地的军队均就地相机堵击，并命令驻闽西的刘和鼎第五十六师及湘粤赣边境的军队随时准备堵截，企图一举"剿灭"红一方面军主力。鲁涤平也太高估自己了，要知道，他的对手是毛泽东啊！

国民党军队一进入苏区内，就陷入困境。在人烟稀少的大山中，既找不到向导，又找不到粮食，不得不等到后方补给接上后再前进。他们就像没头苍蝇一样到处乱撞，却找不到红军的踪影。时为国民党第五十师上士文书的罗文浪回忆当时的情景时说：

中央苏区实行坚壁清野……我们驻在源头时，大米运不进来，掳掠些稻谷，但找不到推砻和舂具，磨子也不全，费尽力气弄出点大米来，里面还有许多稻谷。我早晨看到士兵解的大便，里面有很多的谷子没有消化。其次，是找不到一个壮年男子汉，行军时因为没有很好的向导，时常走错了路，在荒僻的山中上不得，下不得。[1]

红军却恰恰相反，人民群众不断把得到的情报送给他们，因而对国民党军队的一举一动掌握得清清楚楚。这时国民党军分布的情况是：最西边的是罗霖第七十七师，驻在吉安，隔在赣江以西。最东边的是刘和

反"围剿"中的红军战士

---

[1]　罗文浪：《第五十师在中央苏区东韶溃败记略》，文闻编：《"围剿"中央苏区作战密档》，第24页。

鼎第五十六师，驻福建建宁，不一定入赣。东西两头相距 800 里。这 800 里中间，敌军分两大路：敌之右路军是张辉瓒第十八师、谭道源第五十师和公秉藩新编第五师；敌之左路军是朱绍良指挥的毛炳文第八师和许克祥第二十四师。敌第十九路军第六十师进到万安，第六十一师进到泰和。这样在红军集结地北面的敌军，实际上只有三个师，且分占三处：西边张辉瓒师进占东固、南垅，公秉藩师在张辉瓒师后面的富田；中间的谭道源师进到源头；东边许克祥师进至洛口，毛炳文师进到广昌，其先头进到头陂。敌军分散、疲惫、士气低落。

红一方面军的情况是：红一、红三军团加上红二十二军缩编的第六十四师，共约 4 万人。部队经过整训，政治工作做得比较普遍深入，士气高涨。苏区内广大人民群众已经组织起来，并能封锁消息，掩护和支援红军作战。同时，苏区一些地方独立团也能配合作战。这些情况表明，红军歼敌条件日渐成熟。

龙冈设伏，歼灭张辉瓒师

12 月上旬，红一方面军总部到达黄陂后，毛泽东主持召开了总前委扩大会议，讨论反"围剿"作战方案。大家认为，敌军虽然有 10 万人，但都不是蒋介石的嫡系部队。在正面三处敌军中，张辉瓒第十八师和谭道源第五十师是鲁涤平的嫡系，也是这次"围剿"的主力军。如果打掉了张辉瓒、谭道源两个师，敌人的"八百里连营"就被切断了，使之成为远距离之两群，其"围剿"便可基本打破。从兵力上讲，张辉瓒、谭道源两师各约 1.4 万人，红一方面军则有 4 万人，一次打敌人一个师，兵力数量上占优势，取得胜利有把握。那么打毛炳文、许克祥两师行不行呢？不行。第一，地区居民条件不够好；第二，打了后再向西，则张辉瓒、谭道源、公秉藩三个师势必靠拢集中，不易取胜，全战役不易解决。因此，会议决定先打张辉瓒师或谭道源师。

为了动员苏区广大军民充满信心迎接即将到来的战斗，中共红一方面军总前委和总部将毛泽东在黄陂会上的发言《八大胜利的条件》作为反"围剿"宣传材料印发。12月25日，苏区军民在宁都县小布召开了反"围剿"誓师大会。毛泽东亲自为大会写了一副对联："敌进我退，敌驻我扰，敌疲我打，敌退我追，游击战里操胜算"；"大步进退，诱敌深入，集中兵力，各个击破，运动战中歼敌人"。会上，毛泽东以这副对联为题，具体生动地解释了"诱敌深入"的必要和好处。他还分析了敌必败、我必胜的六个条件：1. 苏区军民一致，人民积极援助红军，这是最重要的条件；2. 红军可以主动选择最有利的作战阵地，设下陷阱，把敌人关在里面打；3. 红军集中了优势兵力，可以一部分一部分地歼灭敌人，一口一口把敌人吃掉；4. 可以发现敌人的薄弱部分，拣弱的打；5. 可以把敌人拖得筋疲力尽，然后再打；6. 可以造成敌人的过失，乘敌之隙，加以打击。毛泽东这些分析，简单明了，说服力很强，极大地增强了苏区军民粉碎敌人"围剿"的信心和决心。

为了达到全歼敌人的目的，最好的办法是歼灭敌人于运动中。即等待敌人发生错觉、兵力分散、离开工事、进入红军的有利地形，发起突然攻击，一举将敌歼灭。

毛泽东、朱德最初的目标是锁定谭道源师。说起谭道源，也是湘军的老人。谭道源是湖南湘乡人，曾在湘军谭延闿部中任团长、第三梯团少将司令、第三师师长。谭延闿编为国民革命军第二军后，任第五师师长。蒋介石发动四一二政变后，谭道源随鲁涤平归附武汉政府，通电反蒋。5月21日任第十三军副军长。国民党军蒋、冯、阎、桂四大派系"北伐"后，桂系控制了两湖地区。1929年春，由于鲁涤平靠近蒋介石而被桂系撤去湖南省主席职务，谭道源追随鲁涤平投靠蒋介石，任第五师师长。从历史上看，谭道源长期为鲁涤平的部下，是鲁涤平的心腹大将。大革命时期，谭道源曾和共产党员有交集，1925年其任广州湘军讲武堂整理处副监兼教育部部长时，共产党员方维夏、邓中夏曾为政治教师，毛泽东为语文教师。由于都是湖南人，谭道源这时与毛泽东还有一定私交。在北伐战争中，谭道源随时任第二军代理军长的鲁涤平进入江西，当时和他搭班子的党代表就是方维夏。由于信仰不同，谭道源和毛泽东这两个湖南故旧，处于两军直接对垒的位置。

12月24日，红一方面军得到情报，谭道源大肆拉夫，准备出发，向小布前进。小布地形有利于设伏，是个歼敌的好机会。26日拂晓，红一方面军轻装向北前进，在小布设伏。为不使暴露目标，部队严格规定：白天不许煮饭，前线指挥员都不许带马。但红军从早晨等到黄昏，未见敌人出现。当晚部队撤回。第二天半夜，红军又去小布设伏，等了一整天，仍未见到敌人，只好再次撤回。两天跑了两次空，一些人就说起怪话来。毛泽东认为红军反攻的第一个战斗关系重大，影响全局，必须打胜，必须在敌情、地形、人民等各方面条件都有利于我而不利于敌的情况下才能动手。"否则宁可退让，持重待机。机会总是有的，不可率尔应战。"事后才明白，谭道源全师已经集合好队伍，准备向小布前进。其先头部队已经出发，但因一反革命分子从苏区内部跑出去向谭道源告密，说小布埋伏了许多红军。谭道源怕得要死，立即下令停止出发，并将已经出发走了相当远的先头部队追了回去。这样，谭道源暂时逃过了一劫。

在红一方面军主力在小布设伏准备打谭道源师的时候，毛泽东、朱德派红十二军军长罗炳辉率领该军第三十五师会同地方武装，将张辉瓒师一步一步从东固引向龙冈。他们指示罗炳辉：在诱敌过程中，只许打败，不许打胜。

12月28日，朱德、毛泽东发布命令："张辉瓒师经善和、藤田到达潭头，现向上冈、龙冈推进中。""方面军决改换目标，横扫在我左翼当前之敌（张辉瓒部及许、公、罗各师）"[1]。29日，朱德、毛泽东率领红一方面军主力转移到黄陂西面的君埠及其以北一带，隐蔽待机。这样，在伏击谭道源师未成的情况下，毛泽东、朱德又把目标锁定为张辉瓒。

张辉瓒是这次"围剿"中央苏区的急先锋，正处于骄狂之时，哪知其军事生涯将要画上句号！

在湘军中，张辉瓒的资历也是很老的。早年先后毕业于湖南兵目学堂、湖南讲武堂、保定陆军军官学校。1908年留学日本陆军士官学校。

1912 年任湖南都督府参谋。1917 年参加护法运动，任游击司令。1918 年任湘军兵站总监、第四区守备司令。1921 年任湘军第四混成旅旅长、湖南警务处处长，参加过驱除张敬尧运动。1923 年任建国湘军总司令部军务委员、第九师师长。建国湘军被编为国民革命军第二军后，历任第四师师长、第二军副军长。1928 年 10 月，第二军缩编为第十八师，鲁涤平为师长，张辉瓒为副师长。随鲁涤平入赣后，任南昌卫戍司令、第九路军第十八师师长。这个简历说明，张辉瓒是鲁涤平最得力的干将，受到鲁的器重。因而，张也在这次"围剿"中格外卖命，力图为鲁在蒋介石面前挣得本钱。

张辉瓒的第十八师进占东固后，即命令戴岳第五十二旅向南垄推进。戴岳回忆说：

沿途有小接触，我李月峰团一排长受伤。红军似在迟滞我军行动，或者是诱我深入。我到南垄的次日，与主任参谋练光枢到附近侦察地形，发现荆棘丛中隐匿妇幼不少，我彼时未惊动他们，并为一妇女赶回一头小猪。根据沿途找不到食物和用具等情况，知道苏区已采取空室清野的措施。在南垄停约三天，没有发生战斗。12 月 29 日，部队到达龙冈。龙冈位于丰县城南约 180 华里，集镇上铺屋有 300 余家。当时，市面上不但找不到食物，且寂无一人（师部到达后，搜出一中年男子，即指为奸细，把他枪毙了），惟遥见远山红旗隐约，我认为情势是相当严重的。当日下午 5 时许，张辉瓒率王捷俊的第五十三旅及师直属部队（计有炮兵营、工兵营、特务营、骑兵连）开到龙冈。先一日，我曾写信给张，请他全部开来，不必留兵。他不听，仍留朱耀华的第五十四师在东固，说是维护后方交通。晚 9 时许，师部召开军事会议（师部驻在集镇上一铺屋内），张辉瓒首先说明谭道源师望援甚切，本师奉命驰援，定于次日继续前进，问我们有无意见。我建议停留一天，急电朱耀华旅于次日午前赶来龙冈，电公师于次日开达表湖（距龙冈 8 华里），两个师齐头并进，互相策应，可立于不败之地。张说："救兵如救火，应迅速前进，不宜迟疑。"我再询问红军的情况，张说红军已与谭师相隔很近，恐已接触等语。我又力争说："据判断，红军原想诱谭师深入山谷，以便一举予以歼灭，及见谭师不进，且择地构筑工事，解决比较困难（我到东固后，曾电第五十师副师长兼第一四九旅旅长岳森，告以红军行动，说红军似系诱我深入，不宜轻进）；又侦知我师前来增援，如两师会合，解决更不容易，势必暂时以少数兵力牵制当前之敌，其主力则以迅雷不及掩耳的手段先来解决我师，然后再回头打谭师……"张坚持迭电谭师催援，想已接触的成见，指我为判断错误，并谓命令已下达，各师明日须遵令前进，不得延误。当时，参加会议的师代参谋长周纬黄因病未发言，旅长王捷俊表示惟命是听。其他各副旅长等见张态度坚决更不敢持异议，会议于是结束。[①]

张辉瓒很快就为他的刚愎自用付出代价。

红军转移到君埠地区后，当天黄昏得到情报，东固敌张辉瓒率师部和两个旅同日已进到龙冈，其另一个旅仍在东固。预料敌人次日可能向君埠前进。龙冈和君埠之间有个黄竹岭，敌人东进必须仰攻该山。这时，敌谭道源师仍在源头，毛炳文师则移到洛口、平田、东山坝一带。毛泽东得知这一情报非常高兴，认为敌人已经被调动，立即下定决心，抓住战机，在敌前进中将其消灭。当晚8时，朱德、毛泽东命令红一方面军主力第二天由君埠向龙冈运动，利用有利地形，趁敌军立足未稳，突然发起进攻，将其围歼于龙冈山区，并在军事上作了周密部署。

12月30日拂晓，担任正面迎击敌军的红三军第七师，进到预定阵地。朱德、毛泽东率领总部少数参谋人员，进入设在小别山的指挥所。这时天色尚早，满山都是雾，只见群峰雾锁，枫叶霜红，曙光初照，落叶满山。不久，旭日东升，群山雾散。前沿阵地居高临下，看得很清楚，敌张辉瓒部早饭后即从龙冈出发，向东前进。上午9时，张辉瓒师先头戴

---

① 戴岳：《记第一次"围剿"中央苏区的龙冈之役》，文闻编：《"围剿"中央苏区作战密档》，第4—5页。

岳旅进到龙冈以东的小别村附近登山时，早在这里隐蔽待机的红三军第七师突然发起猛烈攻击。

这时，尚在龙冈的张辉瓒，对红军情况一点也不知道，错误地判断红军主力还远在黄陂、小布一带，戴岳旅所遇到的不过是游击队，不是红军主力。因而，张辉瓒既没有及时增援前方，也不戒备侧翼，而是命令戴岳旅拼命抵抗。战斗打到中午时分，戴岳旅逐渐展开两个团的兵力，战斗一时打得相当激烈。正面迎击戴岳旅的红三军第七师，实际上只有一个团的兵力，是由江西地方武装才升级整编的，装备差，火力弱，迎敌有些吃力，向总指挥部请求增援。这时，总指挥部附近只有一个连的警卫兵力，并已分散担任警戒和掩护大小行李，没有兵可派出增援，于是派了一个参谋处长去了解情况。朱德告诉指挥部的人员说：凡是部下请求增援，就必须派兵去，多少总要派。没有兵就派将。参谋处长到了第一线师指挥所位置，据师长说：有个新俘虏不久的班长，企图率领一班人投降，当即被班里战士打死，前线已经稳定。不久，红三军第八师、第九师和红十二军的一部分，向戴岳旅的两翼发起猛烈攻击。

戴岳旅在红军三面进攻之下，支持不住，向张辉瓒告急。张辉瓒派出一个团前去增援，还没有进入阵地，就同戴岳旅一起被全歼。敌副旅长洪汉杰、团长李月峰毙命，戴岳夹在士兵中逃出。

下午3时，左路红十二军、右路红四军和红三军团一部，在朱德、毛泽东的指挥下，已按预定计划分别迂回到龙冈侧后，占领当地山头，截住张辉瓒部主力四个团的退路，切断了他们同东固、富田的联络，从背后向龙冈发起攻击。整个龙冈被红军紧紧围住，张辉瓒部已插翅难逃。下午4时许，红军发起总攻，张辉瓒指挥部队往西北突围，突不出去。红军迅速冲进张辉瓒的师部，活捉了第五十三旅旅长王捷俊。张辉瓒慌乱之中换上士兵衣服逃跑，被搜获。

中央革命根据地第一次反"围剿"第一仗胜利旧址——龙冈。1930 年 12 月 30 日，歼张辉瓒部近万人，活捉了张辉瓒。

全歼张辉瓒部后，毛泽东、朱德即从黄竹岭下山，沿大路向龙冈走去，沿途听到许多指战员高兴地喊着："活捉张辉瓒啦！""前面捉到了张辉瓒啦！"郭化若在回忆中说：

正在夕阳无限好的时候，毛主席健步走到了龙冈大坪上，只见已经放下武装的一堆俘虏，集合在大坪的一边，站成正方形队。这时有人把张辉瓒捆绑着带过来，他换着士兵穿的灰布棉军衣军裤，帽子不见了。送他来的人说，他才被俘虏时，隐瞒身份，说是个书记官，当场就被一起的俘虏揭发。他一路走，一路有人发出叫打声。他走过来时，俘虏队中立刻有两个人走了出来，猛打了他两个耳光，口里还说："你压迫我们够了！现在我不怕你了！"我们劝阻了，并给他松了绑。张辉瓒一见毛主席就鞠躬敬礼，口称"润之先生"，说他过去怎么见过面，说了些别后钦慕景仰的话。毛主席叫他一起就地坐下，简单地对他谈了些革命道理和革命形势，又问了一些敌军内部的情况。张辉瓒还表示，情愿捐款、捐药、捐枪、捐弹，请求免他一死。毛主席交代要好好看管他，不要杀。[1]

---

[1]　郭化若：《"诱敌深入"，活捉张辉瓒》，《星火燎原》（选编之二），战士出版社 1979 年版，第 74 页。

毛泽东留着张辉瓒，一方面是让其做其他湖南军阀的工作，另一方面是用他为红军换取急需的经费、武器、弹药和药品。当时中共中央和中央军委就释放张辉瓒一事也同意和国民党方面进行谈判，并已派李翔梧携涂作潮前往南昌就谈判一事与张辉瓒的家属进行接触。然而，由于张辉瓒在东固血债累累，民愤实在太大。当时听到红军活捉了张辉瓒的消息，宜黄、兴国、乐安，还有很远的信丰的老百姓，都赶来看，要求一定要杀张辉瓒。1931年1月28日在东固召开的公审张辉瓒大会，根据群众要求将其处决。老百姓觉得还不解气，将张辉瓒的头割下来，放在一个小木笼里，上面还插了一个三角旗，上面写着："这是张辉瓒的头"。然后，将这个笼子放在一只用几块破匾钉成的小木筏上，丢入赣江，让它漂到南昌去。李翔梧和涂作潮报纸上得知张辉瓒被处决的消息，机警撤回上海。

由于中央苏区和上海的中共中央没有电讯联系，张辉瓒被处决后，朱德才得知中共中央要他释放张辉瓒的指示。史沫特莱在《伟大的道路》一书中有这样的记述：

几个星期之后，共产党中央委员会从上海派来的通讯员来到朱将军的指挥所。他送来一封信件，要求释放张辉瓒，蒋介石的交换条件是释放大批政治犯，并愿付20万现款。

"我们对杀了他很感后悔，"朱将军说得好。"倒不是因为那笔钱，而是因为蒋介石对此进行了报复，杀害了我们许多在狱中的同志。"[1]

挥师向东击溃谭道源

张辉瓒师近1万人在龙冈地区被红军歼灭后，鲁涤平急忙电令在源头的谭道源师迅速向东转移，向洛口的许克祥第二十四师和头陂的毛炳文第八师靠拢，以免被红军各个击破。毛泽东、朱德早已料到谭道源师

一定会向东逃跑。为了在谭道源师同许克祥、毛炳文两部靠拢前加以消灭，毛泽东、朱德在1931年元旦率部向东，当天赶到小布。

谭道源得知红军追来，1月2日一早率部从源头东逃。第二九八团是后卫，该团第三营掩护行李和卫生队。约在9时左右抵达牛角湾时，听到了枪声，第三营营长罗廖依，不知道第十八师在龙冈被歼灭，错误地认为是地方赤卫队来截尾巴，就将部队展开抵抗。没想到是红军正规部队，战斗不到两个小时，该营和第二营一个连及团卫生队就被歼灭三分之二，营长和第七连连长翻越大山逃跑，第八、第九连连长和机关炮连连长全部被俘。当晚，谭道源主力到达东韶。谭道源师到达东韶是准备按照鲁涤平的电令，向洛口的许克祥师靠拢，但许克祥师这时已退到头陂同毛炳文会合。谭道源无奈，只得在东韶匆忙赶修工事，抵抗红军追击。谭师的第二九五团刚到东韶，又与追击的红军发生小接触。

1月2日晚10时，朱德、毛泽东下达命令："方面军决于明晨追击东韶之敌，然后次第扑灭朱逆绍良部之许（2团）、毛（2旅）2师，以树政治上之声威。"[1] 命令下达后，各路红军立即向东韶急进，追击谭道源师。1月3日上午，担任中路的红十二军先头部队首先同敌人接战。随后，红军主力很快赶上来，发动猛攻。

谭道源师除了第二九八团残部作预备队外，其余五个团都投入应战。谭道源部因上一天刚到东韶，立足未稳，饥饿疲惫，工事也未完全修好，仓促应战，在红军的猛烈进攻下，无力招架。红军发动了一次又一次冲锋，谭道源的部队不断后退。红军的包围圈不断紧缩，连谭道源的师部也在红军的火力之下。战至下午3时许，敌人阵地被红军突破。谭道源趁红三军的迂回部队尚未赶到预定地点时，率残部突围。红军在追击中消灭逃敌3000余人。谭道源残部向南丰方向溃逃。罗文浪后来回忆到此时的情景时说："一些部队向东北逃窜，我也跟着跑。到了一个大山口，回头望东韶，全师部队已溃不成军。漫山遍野地乱窜，行李和

---

[1] 《红一方面军胜字第2号命令——追击敌谭道源师的命令》（1931年1月2日午后10时于小布），赵泉钧等编著：《罗坊会议》，第348页。

雪白的光洋，丢在地上，也没有人弯腰去捡。所谓久经战阵场的第五十师就这样的悲惨的崩溃了。"①

东韶战斗后，参加"围剿"中央苏区的其他各路国民党军队仓皇退走。

红一方面军在五天之内连续打了两个胜仗，歼敌 1.3 万人，缴获各种武器 1.2 万件，电台两部，胜利地打破了国民党军的第一次"围剿"。毛泽东高兴地写下了《渔家傲·反第一次大"围剿"》：

> 万木霜天红烂漫，天兵怒气冲霄汉。
>
> 雾满龙冈千嶂暗，齐声唤，前头捉了张辉瓒。
>
> 二十万军重入赣，风烟滚滚来天半。
>
> 唤起工农千百万，同心干，不周山下红旗乱。②

中央苏区粉碎国民党军的第一次"围剿"，是自红军创建以来同国民党军队作战取得的空前的大胜利，在全国引起强烈震动。中共中央政治局 1931 年 2 月通过的《给中国红军及各级党部训令》高度赞扬了这个胜利，认为："红军一三集团军与江西劳动群众，在苏维埃政权之下的一致行动，得到了出人意外的结果。他们在伟大的中国革命发展史上，已经写上了新的光荣的一页。"③

---

① 罗文浪：《第五十师在中央苏区东韶溃败记略》，文闻编：《"围剿"中央苏区作战密档》，第 24 页。

② 《毛泽东诗词选》，人民文学出版社 1986 年版，第 30 页。

③ 《给中国红军及各级党部训令》（1931 年 2 月中央政治局通过），中央档案馆编：《中共中央文件选集》（1931）第 7 册，中共中央党校出版社 1991 年版，第 143 页。

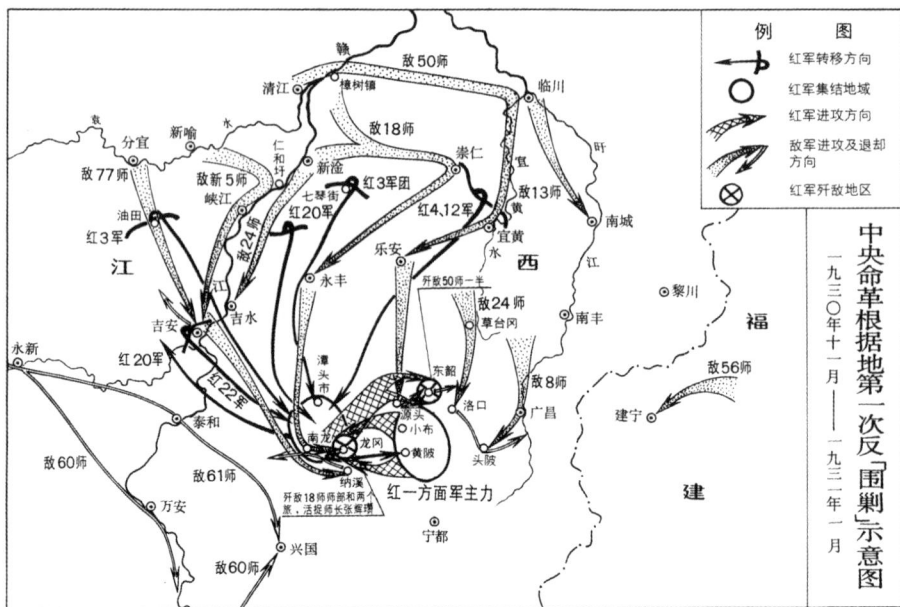

中央革命根据地第一次反"围剿"示意图

　　中央苏区第一次反"围剿"胜利，不仅使六届四中全会后的中共中央感到"出人意外"，而且也使共产国际远东局委员、中共中央军事顾问组负责人盖利斯兴奋异常。1931年2月10日，盖利斯在给共产国际执行委员会东方书记处军事委员会主席别尔津的信中报告："朱德、毛泽东、彭德怀几乎收复了自己原有的阵地"，"粉碎了对我们的第一次大规模进攻，这是无可争辩的事实。蒋介石关于消灭苏维埃运动的种种期限都已成为泡影。"他还神采飞扬地说："第一次'围剿'的结果，我们的部队大大增强了……上海的情绪也高涨了。""第一、三军团大大改善了自己的物质状况。"①

---

① 《盖利斯给别尔津的信》(1931年2月10日于上海)，中共中央党史研究室第一研究部译：《共产国际、联共(布)与中国革命档案资料丛书·联共(布)、共产国际与中国苏维埃运动》(1927—1931)第10卷，中央文献出版社2002年版，第56、57、58页。

红一方面军有了"秘密武器"

早在 1930 年 8 月 20 日，红一军团在湖南浏阳文家市消灭湘军戴斗垣旅的时候，曾缴获一部无线电台。遗憾的是，红军战士不懂无线电台的作用，把它砸烂了。毛泽东得知后非常惋惜，说这就是游击主义的破坏性，要制止战争中的破坏行为。在第一次反"围剿"中，红一方面军在消灭张辉瓒师时，缴获了一部电台。毛泽东、朱德发布消灭谭道源师命令时，特意指出，胜利后，须注意收缴敌人的无线电机不准破坏，还应收集无线电台机务人员、话务员等。1931 年 1 月 3 日，红一方面军在追歼谭道源师时，又缴获一部电台。红一方面军缴获的这两部电台，其中从张辉瓒那里缴获的那部，发报机被砸坏了，从谭道源那里缴获的那部是完整的。这样，红一方面军有了一部半电台。

红军在缴获张辉瓒第十八师电台时，还俘虏了配属该师的国民党交通兵团无线电第一大队第五分队（番号为 KFF）。其中有队长李仁忠（改名李三毛）、报务员王净（原名吴人鉴）、吴如生（原名罗世镕）、韦文宫（原名韩依冠）、机务员刘盛炳、文书李家驹、架线班长李国梁和两名架线员，以及"借读"人员刘寅（原名刘达瑞）。1 月 2 日，这些人被送到了红一方面军总部。

这些人员刚被俘时由于对红军的政策还不了解，心里很害怕。虽然红三军政治部的同志向他们讲了共产党和红军的政策，并让他们和红军战士同吃同住，使他们情绪稍稍稳定些，但内心还是疑虑重重。

1 月 3 日下午，毛泽东和朱德接见了这些特殊的俘虏。刘寅回忆当时的情况说：

地点是在去小布路上的一个祠堂里。我们当时见到的有朱总司令、毛总政委、朱云卿参谋长等领导同志。参谋处长郭化若介绍了我们的情况之后，毛总政委非常和蔼地对我们说，无线电是个新技术，你们学了这一门很有用，也很难得，现在你们参加了红军，就要把这些技术用来为工人农民服务。希望你们为建立红军通信努力工作。朱总司令那天很高兴，讲话也比较多，他说，你们要好好地干，你们在外面是谋生，是干事，到红军也是干事，但红军是为工人、农民干事的，为无产阶级打天下的。将来，全国人民要翻身解放，无产阶级要夺得天下，你们还是一样的干。你们在外面有较高的待遇，我们也一样给。外面有的东西，我们这里现在没有，将来也会有，有人会给我们送来的。譬如无线电，你们来了，这不就有了！你们要很好地干，这个事情（指无线电通信）就归你们管。将来中国、全世界都胜利的，全国胜利了，这件事情还是归你们管。①

毛泽东、朱德同这些国民党通信兵的谈话，和蔼、诚恳，使他们心中感到热乎乎的，解除了心中的疑虑，自愿加入红军。这样，红一方面军总部首先有了电台。刘寅曾这样说："后来有人说我们是大炮欢迎过来当红军的，用现大洋买来干革命的，这不符合事实。我们所以能留在红军，并且能长期安心地作红军的无线电通信工作，有我们自身的经济与社会原因，更主要的是由于朱总司令和毛总政委等老一辈无产阶级革命家的亲切教诲、英明领导和他们对待知识分子和技术人员的正确政策。"②

1月中旬，红一方面军总部成立无线电队，总部开始派了一个姓王的同志任代理队长，是个共产党员，30多岁，江西抚州人，曾在国民党统治区学过几个月的无线电，但没有在机上实践过。大家称他为"王代队长"。没过几天，"王代队长"调走了，方面军总部正式任命王净为队长，冯文彬为政治委员。无线电队有100多人，除电台技术人员外，还有监护排、运输排、炊事班等。

红一方面军总部无线电队建立后，朱德非常关心，每天吃过饭就要

---

① 刘寅：《在战斗中成长》，中国人民解放军总参谋部通信部编研室：《红军的耳目与神经》，中共党史出版社 1991 年版，第 82 页。

② 刘寅：《在战斗中成长》，中国人民解放军总参谋部通信部编研室：《红军的耳目与神经》，第 82 页。

到电台来。他到电台一是听听新闻，再就是对电台人员进行思想教育。朱德总是和蔼可亲、平易近人，到电台时还要带上一包"麻雀"牌香烟给电台抽烟的同志。要知道，香烟在偏僻的苏区可是稀罕之物。朱德对这些刚参加红军的原国民党军技术人员的关怀，使他们深受感动，极大地激发了他们的工作热情。

红一方面军总部参谋处长郭化若分管电台的业务工作，副官长杨立三帮助解决物质生活问题。刚开始电台人员晚上同其他红军战士一样，睡在稻草上，杨立三看到了，立即把自己的大红毯子送给他们。后来，杨立三还派人专门给电台人员每人做了一套新棉衣。

为了照顾电台人员的生活，红一方面军总部还专为电台规定了一些制度，如津贴制、夜餐制等。技术津贴是专门为技术人员制定的，医生、修理技师、无线电通信人员都有，充分体现了总部领导对技术人员和知识分子的关心。当时，红军战士一天只有三个铜板的生活费，而对无线电技术人员却给了很高的生活待遇。担任无线电队队长的王诤，每月待遇是50块银元。其他人每月40元、30元不等。这些待遇完全兑现了朱德对他们说的"你们在外面有较高的待遇，我们也一样给"的诺言。无线电技术人员同普通红军战士的待遇差距这么大，令他们都感觉过意不去，于是联名给方面军总部写信，请求免发技术津贴。后来接替郭化若任方面军总部参谋处长的左权亲笔复函，表扬了无线电技术人员的这种精神，同时说明对待技术人员在生活上应有所照顾。考虑大家的要求，后来总部把技术津贴酌减一些，王诤的50元减为30元，30元的减为20元。方面军总部供给部的同志考虑银元比较重，不便携带，特意把银元换成金戒指。

无线电技术在当时来说，确实是高科技。无线电技术人员，是稀缺人才。毛泽东、朱德等方面军总部首长，是把他们当"心尖子"、"宝贝"来特别呵护的。

红一方面军有了电台后，因其中一部电台不能发报，因此不能进行两地联络，于是就利用电台办了两件事。一件事是抄收国民党中央社发的新闻，翻译出来供方面军总部领导参阅。因当时苏区看报纸很困难，消息很闭塞，自从有了电台后，这种局面一下子改变了。每天抄收新闻，便形成了电台的一个制度。当时，国民党军电台在通报中常用简语谈话，每到驻地就要互相询问"QRC?"（你部驻在何地?）和回答"QRC?……"（我部驻在……）。部队出发时，拍发"我台奉命立即出发"，"请即停止联络，我们立即出发，×小时后再见"。国民党军电台人员放心大胆地拍发这些简语谈话时，可能做梦也想不到，红军能够准确无误地听到他们这些谈话。而听到听懂他们用暗语谈话的人，恰恰是他们昔日的同行，现在是红军的无线电技术人员王净、刘寅等人。王净、刘寅等通过收听敌人电台的通报对话，了解敌人的动向，准确地向方面军总部首长和作战部门提供情报，起到了技术侦察兵作用，成了红一方面军的"千里眼、顺风耳"和"秘密武器"。

毛泽东、朱德还从红军发展角度出发，决定开办无线电培训班。红一方面军总部特意发出无线电培训班招生命令，要求各部队选调可造就的青年到总部无线电队学习，以便扩充无线电队组织，迅速建立红军无线电通信。

2月初，第一期无线电培训班在宁都小布开办。无线电队队长王净、政治委员冯文彬仍为培训班负责人。学员共有12个，均是从各军选调的有文化，政治上也比较好的青年，其中最小的只有十四五岁。他们是：胡立教、李赤华（女）、李建华（女）、曹丹辉、钟贞一、温亮彰、李立田、骆炳林、吴慕林、周淼、肖英、钟佩兰（女）。

培训班的教员由王净、吴如生、韦文宫、刘寅等担任。后来吴如生、韦文宫调红三军团电台，培训班就主要由王净、刘寅担任。王净本人经过正规无线电学校学习，技术比较全面，机务、报务都能教。刘寅则教收报、发报和文化课。

培训班的条件很差，没有固定的教室，借用当地老百姓堂屋或在大树下上课，把门板床板两头用石头支起来当课桌。最困难的就是学习用的器材太缺，只有一个电码练习器和两个电键。由于电键不够用，学员们的左手大拇指就成了练习用的"电键"。由于国民党的经济封锁，铅笔、纸张也是"宝贝"，学员们用得非常爱惜。

　　毛泽东对这个训练班很关心，开学后的第一堂政治课就是他亲自讲的。朱德经常到训练班和学员们谈心。时任红一方面军总政治部代理主任的周以栗也经常到训练班作形势报告或上党课。

　　在十分简陋的条件下，在方面军总部的关心，教员、学员们的共同努力下，共用四个月的时间，就培养出了红军第一批电台人员。这些学员结业后，立即成为红一方面军总部无线电队人员，参加中央苏区第二次反"围剿"斗争，并屡屡立下奇功。

第三章　第二次反"围剿"，横扫千军如卷席

一、二十万军重入赣

蒋介石策划对中央苏区第二次"围剿"

对中央苏区"围剿"的失败，是鲁涤平27年军事生涯中最惨痛的失败。他赖以坐稳国民党江西省主席位子的资本——第十八师、第五师，一个主力被歼，一个受到重创。他的左膀右臂——张辉瓒、谭道源，一个被俘后遭到处决，一个因吃败仗而一蹶不振。难怪鲁涤平听到失败的消息后痛哭流涕好几天。军队是军阀的命根子，鲁涤平在"围剿"中央苏区中损兵折将，将自己的本钱几乎丢光，知道自己以后的日子不会好过。

1931年1月2日，蒋介石这一天是很忙的，在南京搞新年团拜活动、阅兵、接见外宾，等等。完事后，前往上海。到上海后，蒋介石心里惦记着江西"剿共"之事，不由得心烦意乱。当天，他在日记中记道："此来上海，心甚郁闷，尤以赤匪猖獗，内部未宁为虑。"

心中怕什么就来什么，次日，即传来了张辉瓒第十八师主力在龙冈

被歼灭的消息。当天，蒋介石在日记中哀叹："军队全在将领，如将领不得人，则军队愈多，愈可顾虑。"4日，蒋介石便急急忙忙赶回了南京。

就在蒋介石回南京的第二日，接到了鲁涤平报告"围剿"中央苏区失利的消息。蒋介石当日在日记写道："咏安①乃张皇失措如此，如此将领，焉得不败？"于是，蒋介石复电鲁涤平，要求："镇静勿慌！"

蒋介石决定换将，于2月初任命军政部长何应钦兼任陆海空军总司令南昌行营主任，组织对中央苏区的第二次大规模军事"围剿"。

何应钦，字敬之，原籍江西，生于贵州兴义。生于1890年，比蒋介石小三岁。贵州初级陆军学堂及武昌第三陆军学堂毕业。1908年留学日本，先后进振武学校、士官学校。而蒋介石也在振武学校学习过，比何高一个年级。1911年参加辛亥革命，1913年任江苏军队第一师营长。二次革命失败后，又去日本士官学校完成学业。1916年秋回国，任黔军旅长。1921年升任黔军参谋长。1922年任云南讲武堂教务长。1924年任广州孙中山大元帅府参谋。黄埔军校开办后，任少将战术总教官、黄埔军校学生组成的教导一团团长，开始与时为校长的蒋介石直接共事。后在蒋介石手下任国民革命军第一军师长，兼任黄埔军校教育长。北伐战争开始后，任第一军军长、东路军总指挥、福建省临时政治会议主席。1927年4月，积极追随蒋介石反共"清党"。同年8月，在桂系与蒋介石发生矛盾时，何应钦暗中支持桂系。自此，蒋介石与何应钦之间开始产生间隙。1928年1月蒋介石复职后，免去了何的本兼各职。2月，国民党军第二次"北伐"奉系军阀张作霖时，经别人说合，蒋介石又任何为第一集团军参谋长。

国民党军二次"北伐"胜利后，蒋介石开始削弱国民党及军队内的竞争对手，于10月任命何应钦为训练总监。11月，又被调为裁军委员会主持工作。在国民党第三次全国代表会议上被选为中央执行委员、中央政治会议委员。不久，蒋介石又任其为陆海空军总司令部参谋长，后又先后出任开封、郑州、武汉行营主任。这一段时间，何应钦利用编遣、

---

① 即鲁涤平的字。

整军之机，忠心为蒋介石排除异己、扩充嫡系卖命。1930 年 3 月，蒋介石任其为军政部部长。蒋阎冯中原大战之时，蒋遇到了他在新军阀混战中空前的困难。而这时，何应钦的父亲去世，而他却一直在前线督战，不回贵州兴义老家奔丧。此举使蒋介石看在眼里，亲在南京设何父灵堂祭吊，并亲笔写挽联。何应钦感激涕零，更加为蒋介石卖命。此段时间，可以说是蒋、何关系的"蜜月期"，何成为蒋手下最得力的大将。对中央苏区进行第二次"围剿"，蒋介石以何应钦为最高指挥官，期待何能够将中央苏区和朱毛红军一举荡平。

蒋介石给何应钦的任务是要在三个月内消灭红一方面军主力，即从 1931 年 3 月初开始，在 5 月 5 日"国民会议"召开以前，要攻克红一方面军的根据地，以期在"国民会议"上献礼，向与会者显示，自己不但能够战胜国民党内的竞争对手，而且也能将红军"剿灭"，树立自己在国民党内的绝对权威。

何应钦被蒋介石任命为陆海空军南昌行营主任后，即偕行营参谋长贺国光赴南昌住百花洲。2 月 4 日，何应钦改组南昌行营，分别召集各路军总指挥开会，检讨第一次"围剿"中央苏区失败的原因和制订第二次"围剿"计划，王金钰、孙连仲、朱绍良等参加会议。第十九路军总指挥蒋光鼐因病在广州未参加会议。最后，会议决定如下作战方针：以右路军全力"扫荡"东固、龙冈红军；南路军占领兴国为据点，进攻崇贤、江背等地。此后，各路军即会攻宁都，寻求红军主力聚而歼之。在战略上，吸取第一次"围剿"孤军深入招致失败的教训，采取稳扎稳打，先求稳当，次求变化，步步为营，紧缩包围，分进合击，相互策应的方针。

何应钦的具体作战部署为：

以王金钰第五路军为右路军，辖五个师，分为两个纵队，于 4 月上旬分别由吉安、吉水、永丰南进，先以主力占领东固、龙冈地区，再会攻宁都。

以孙连仲第二十六路军为之中路军，下辖三个师，由宜黄、乐安分两路出发，于 4 月上旬先从沿线"扫荡"，进占洛口、南团之线，构筑据点，尔后会攻宁都。

以朱绍良第六路军为左路军，下辖五个师，于4月上旬以主力先占领广昌，并以一部兵力进占头陂、新安、白水之线，构筑据点，待右路军"扫荡"东固、龙冈地区后，再会攻宁都。

以蒋光鼐第十九路军为南路军，下辖两个师又一个独立旅，以兴国为据点，先攻占龙冈、城冈、江背之线，策应右路军会攻宁都。

其他地方守备部队共六个师一个旅，具体配置为：第五十二师由南昌进驻清江至峡江一线，新编第十三师守南丰、南城，第五十六师守福建建宁、江西安远，新编第十四旅守福建宁化，新编第二师守福建长汀、连城，第四十九师守福建上杭、武平。另以粤系第八路军所辖第六十二师由广东蕉岭进入福建，协助第四十九师"清剿"粤闽边区。

按照2月4日制定的作战部署，从2月中旬开始，第五路军从河南郑州调至江西修水、武宁、萍乡、宜春地区后，于3月间集中于吉安、吉水、永丰地区；第二十六路军从山东济宁调至江西，集中于崇仁、宜黄、乐安地区；第六路军集中于江西南城、南丰地区；第十九路军集中于江西兴国地区。南昌行营直辖的各师、独立旅则分别配置于赣江、抚河及闽西地区守点守线，作为策应部队。

这次"围剿"，蒋介石还动用了还为数不多的空军，其航空署下辖的第一、第三、第五分队，分别进驻南昌、樟树、吉安地区，协助各路军作战。

国民党军对中央苏区的第二次"围剿"共18个师又三个旅，约20万人，比上一次"围剿"的兵力多出了一倍，且有空军助阵，并由既有中国军事教育背景，又喝过东洋墨水，且有多年实战经验的何应钦指挥，中央苏区面临着比第一次反"围剿"更为严峻的考验。

一条秘密交通线，从上海通往中央苏区

中共六届三中全会决定设立苏区中央局后不久，中共中央就把尽快成立苏区中央局提上了日程。1931年10月3日，中共中央政治局会议初步决定由周恩来、项英、毛泽东、余飞、袁炳辉、朱德和当地一人组成

苏区中央局，项英先去中央苏区。

10月17日，中共中央政治局会议决定，由项英、毛泽东、周恩来、任弼时、朱德、吴振鹏、余飞，再加上当地二人，组成苏区中央局，周恩来为书记。由于三中全会后各种工作头绪很多，肩负中央重任的周恩来暂时脱不开身，项英先去中央苏区，苏区中央局书记暂时由其代理。会议根据周恩来的提议，决定由项英、毛泽东、任弼时、朱德、彭德怀、贺龙、黄公略、周逸群、叶剑英、张云逸、邓中夏、曾中生、邓发、邓小平、黄甦、袁国平、刘伯承、周恩来、关向应、恽代英、李富春等25人组成苏区军委。

这时，中共中央不仅要把项英等苏区中央局成员派往各苏区，而且要把在上海的干部派往苏区，特别是送往中央苏区，以加强干部力量。因此，建立通往各苏区的秘密交通线尤其紧迫。为了建立秘密交通线，中共中央成立了交通局，由周恩来、向忠发、李立三、余泽鸿、吴德峰组成中央交通委员会，吴德峰为交通局局长，担负建立通往苏区的秘密交通线和全国秘密交通网，输送党的干部和苏区急需的各种物资的任务。

吴德峰，湖北保康县石磐岭人。幼年读私塾，1909年至1911年在湖北官立两等小学堂读书。辛亥革命后在湖北学生军当兵。1914年至1918年在湖北省立第一师范学习，与董必武有师生之谊，并开始追求进步，参加学生运动。1924年2月参加中国共产党，同年7月任中共武昌地委委员。1925年夏经党组织同意加入国民党，任国民党湖北省党部执行委员兼工人部部长、军事部部长。1926年5月，任中共武汉地委代理军委书记。10月任国民党武汉市政府常务委员兼公安局局长。1927年2月任中共湖北省委常委、军委常委。大革命失败后，在鄂南领导发动秋收起义。后曾任中共湖北省委代理军委书记。同年12月至1928年1月，任中共赣西南特委书记。1928年1月至6月，任中共赣北特委书记。因河南省党组织遭到敌人严重破坏，被紧急调到河南，任中共河南省委员。10月，任中共河南省委军委书记。1929年4月，吴德峰被周恩来调到中央外交科，负责建立中央与各省的交通工作。1930年7月，中央军委建立交通总站，吴德峰任负责人。应该说，吴德峰是老党员、老交通，长期在国民党统治区做地下工作，有着丰富的秘密工作经验，中共中央将建立通往各苏区的秘密交通线的重任交予他，自然是经过慎重考虑的。

这时，中共中央也给中央苏区提出了建立交通网的任务。1930 年 10 月 24 日，中共中央政治局在《关于苏维埃区域目前工作计划》中指出："交通问题特别是与敌人统治区域的往来，中央苏区与其他苏区的关系必须尽可能的与尽最大速度的将它们打通，这首先便需要交通站在整个苏区与苏区附近的敌人统治的交通要道上完全建立起来。要使苏区的交通网与我们在敌人统治区域的交通网能完全衔接起来。"[1]

中共中央决定建立交通局后，吴德峰以中央军委交通总站为基础，将中央外交科也归并交通局，吴德峰以陈刚为副手，同时调集在秘密交通战线上工作的精兵强将开辟上海至中央苏区的秘密交通线。调中共南方局秘书长饶卫华在香港建立华南交通总站；调广东省委、福建省委秘密交通员曾昌明、肖桂昌、熊志华等任中央秘密交通线专职交通员；派陈彭年、顾玉良、罗贵昆三人到汕头建立交通站；调中共广东省委发行科长李沛群任闽西交通站站长，卢伟良任大埔交通站站长。

在国民党军警林立、特务密探遍地的国民党统治区建立秘密交通线极其困难，好在此前上海至闽西的秘密交通有比较好的基础。1929 年 8 月上旬，红四军七大后，陈毅到上海向中共中央汇报工作，就是从闽西上杭蛟洋出发，经龙岩、厦门到香港，然后由香港坐船到上海。中共中央给红四军前委的文件，也是由上海到香港，再由香港到厦门，然后经闽西送到红四军前委。有些文件是先送到中共福建省委，再由福建省委转送红四军前委。这时，中共福建省委负责指导红四军的工作。如 1929 年 10 月 6 日，中共福建省委给闽西特委和红四军前委写信，要求红四军出击东江；10 月 13 日，福建省委还派巡视员、组织部长谢汉秋到上杭，督促红四军出击东江，等等。不过，这时的秘密交通线，主要还是送党的文件为主，偶尔也护送一下干部。而以护送干部为主，困难和危险要大得多。

---

[1] 《中央政治局关于目前苏维埃区域工作计划》（1930 年 10 月 24 日），中央档案馆编：《中共中央文件选集》（1930）第 6 册，第 461、462—463 页。

闽西苏区这边，建立了武装交通机关——工农通讯社。1930年6月，毛泽东派卢肇西前往上海与中共中央联系。卢肇西于年底返回闽西苏区，按照中共中央的指示，成立了闽西苏区工农通讯社。同时各县成立工农通讯社分支机构。工农通讯社的主要任务是：传递信件，护送干部，保护军事物资输入苏区。工农通讯社成员多是青年共产党员，穿便衣，带手枪。

永定县是闽西苏区同国民党统治区的接壤地带，因此永定工农通讯社是交通大站。据时任永定县苏维埃主席罗助发、福建省苏维埃政府行政科长张福贵、溪南区苏维埃主席张发太回忆：

> 永定通讯社的上下联系是：下至大埔、到背坑、青溪，上至上杭卢丰大枯村。运送的物资有布匹、食盐、药品、纸张、电讯器材、印刷器材、军械器材。运输靠群众，通讯社负责护送，群众很有组织，一叫就来，不论雨天黑夜。以后分为日夜两班，分工负责运送。日班在苏区内部，夜班往来于红白交界区，当时大埔是白区，到青溪运货要夜晚走，不能点火，不能讲话，只能以暗号联络。青溪到古木督来往一趟要走九十多里，一个晚上赶回来。群众看见穿黑衣衫、带驳壳枪的交通员一来，就主动准备好工具等待来叫挑担。①

在苏区建立交通机关比较顺利，因为这是红军控制的区域。但在国民党统治区就不那么顺利了。1930年10月20日左右，共产国际远东局又一次和中共中央研究了组建苏区中央局问题，决定苏区中央局"由项英、少先队员②、毛泽东、工会和青年代表组成，再加上几位外国同志"。③与10月17日中共中央政治局会议决定的苏区中央局组成名单相

---

① 罗助发、张福贵、张发太：《早期的武装交通机关——工农通讯社》，中共广东省委党史研究室、中共汕头市委党史研究室编：《红色交通线》，第56页。

② 关向应。

③ 《共产国际执行委员会远东局给共产国际执行委员会的信》（1930年10月20日于上海），中共中央党史研究室第一研究部译：《共产国际、联共（布）与中国革命档案资料丛书·联共（布）、共产国际与中国苏维埃运动》（1927—1931）第9卷，第396页。

比，这个名单有一个重大变化，即除了增加关向应外，还要"再加上几位外国同志"。这表明，共产国际远东局对中国同志的能力不放心，还要从远东局派几位代表前往中央苏区参加苏区中央局。但是，这时上海至中央苏区的秘密交通线正在建立之中，外国人到中央苏区则更为困难。因此，共产国际远东局在给共产国际执行委员会的信中抱怨说："至今还没有找到出路，哪怕有 10% 的把握把几位非中国同志送到那里去。"①

盖利斯在 10 月 20 日给苏联红军参谋部第四局局长别尔津的信中也报告了建立秘密交通线遇到的困难。盖利斯在信中说："一些人陆续被派往苏区，但是他们离开上海后就再也不知道他们的情况了。一个半月前，中央也派了一位委员（少先队员②同志）去那里。目前他回来了，因为他无法找到我们的部队。"那么，是什么原因使关向应无法到达苏区呢？盖利斯信中是这样说的："在存在警察、军阀、富农和豪绅的道道搜查情况下，他无法穿越斗争地带。他说，在搜查时我们的许多同志被逮捕了，凡是不能对警察或当地农村资产阶级卫队提出的到哪里去和去干什么等问题作出令他们满意的回答的人，统统枪毙。他们枪毙人可以说是为了以防万一。据他说，在靠近前线的地带笼罩着野蛮的恐怖气氛。"③这说明，在苏区和白区交界处，敌人搜查、盘查很严，如果没有预先准备好的滴水不漏的应付敌人盘查的一套话，很容易引起敌人的疑心而被抓捕甚至牺牲。在进入苏区的秘密交通线未完全建好情况下，被派往苏区的干部，要么进入不了苏区，要么被敌人抓住而牺牲。

这时，共产国际远东局最关心的是苏区中央局成员进入中央苏区问题，尽快建立秘密交通线，是这个问题的关键。对于这个问题，盖利斯在给别尔津的信写道：

---

① 《共产国际执行委员会远东局给共产国际执行委员会的信》（1930 年 10 月 20 日于上海），中共中央党史研究室第一研究部译：《共产国际、联共（布）与中国革命档案资料丛书·联共（布）、共产国际与中国苏维埃运动》（1927—1931）第 9 卷，第 396 页。

② 关向应。

③ 《盖利斯给别尔津的信》（1930 年 10 月 20 日于上海），中共中央党史研究室第一研究部译：《共产国际、联共（布）与中国革命档案资料丛书·联共（布）、共产国际与中国苏维埃运动》（1927—1931）第 9 卷，第 414 页。

我们去苏区的问题——这是我们局以及我们同中国人的会议的议事日程上不断提出的一个问题。关于中央局去苏区的问题也是如此。可是，直到现在这个问题还没有解决。考虑过各种可能的方案，但毫无结果。一个外国人进入苏区要比中国人更困难。我向中国人提供 1000 美元作为这项工作的费用，并指出，我们准备步行几百俄里，不要求任何舒适的条件，还提出了各种方案，等等，即使只有 20%—30% 的成功机会也准备行动。但毫无结果。这个问题使我感到极为不安，其他同志也是这样。现在中国人已派侦察人员去探听进入苏区的可能性，但是这需要时间。正在采取某些措施，组织通过汉口和厦门的路线。可是这样做是否会有结果，我不知道。如果有 4000 到 5000 美元花在旅途上，那么经过一两个月可能会有结果。①

盖利斯给别尔津的信说明这几点：一是共产国际远东局和中共中央都在为不能尽快把中共苏区中央局组成人员和共产国际远东局代表送到中央苏区而闹心；二是共产国际远东局为了尽快能够建立秘密交通线提供了不少经费；三是中共中央正在采取积极措施建立秘密交通线；四是为了建立上海与中央苏区的秘密交通线，中共中央曾在多条线路上进行尝试。

到 12 月初，秘密交通线建立终于有了一些眉目。12 月 2 日，米夫在向共产国际执行委员会报告工作的信中提道："目前项英已到那里②去了。""在远东局里我们决定要求中央派三名指导员前往苏区，我们预先向他们说明要求，以便他们能向我们提供更全面的苏区情况。""军事三人小组③直到现在还呆在这里，因为没有任何机会把他们派出去。现在中国人正在建（联络）站，所以可能要过两周或三周他们才能动身。"④这

---

① 《盖利斯给别尔津的信》（1930 年 10 月 20 日于上海），中共中央党史研究室第一研究部译：《共产国际、联共（布）与中国革命档案资料丛书·联共（布）、共产国际与中国苏维埃运动》（1927—1931）第 9 卷，第 418 页。

② 指中央苏区。

③ 指中共中央军事顾问组盖利斯、马雷舍夫、费尔德曼。

④ 《米夫给共产国际执行委员会的信（摘录）》（1930 年 12 月 2 日于上海），中共中央党史研究室第一研究部译：《共产国际、联共（布）与中国革命档案资料丛书·联共（布）、共产国际与中国苏维埃运动》（1927—1931）第 9 卷，第 504、509 页。

说明，秘密交通线已经基本建成，能够送中国人进入中央苏区，而外国人进入中央苏区还不行。

项英是在 1931 年 1 月 15 日到达中央苏区的。由中共中央派出，从上海出发、和项英差不多前后脚到中央苏区的干部还有叶剑英、左权、萧劲光、傅钟、李俊杰（李卓然）、蔡树藩、徐特立、张爱萍、朱瑞、刘伯坚夫妇、李六如、贾拓夫等。项英等安全到达中央苏区的消息传回上海后，周恩来于 1931 年 1 月 31 日在中央政治局常委会议上报告，由上海至中央苏区的秘密交通线已经打通。并提出：现在必须迅速进去。交通线应保持继续畅通[1]。中共中央建立交通局时，周恩来给吴德峰的任务是集中三个月时间，打通上海至中央苏区的秘密交通线。经过秘密交通线上同志们的艰苦努力，此项任务如期完成。

根据中央秘密交通线交通员曾昌明回忆：通往中央苏区的交通线有"闽粤线、粤赣线、闽东北线、闽西线等。每条线都有几个交通员和十几个以上的武装交通员。"[2] 据有关资料，闽粤线为上海—广东汕头、澄海、饶平黄岗镇—福建平和县—广东大埔县—福建永定县；粤赣线为上海—香港—广东汕头、潮安、大埔—福建永定[3]，或上海—广东汕头、潮安、梅县松口、丙村、蕉岭、平远—江西寻乌、安远、会昌、瑞金，还有上海—香港—广州、韶关、南雄、始兴—江西大庾、信丰、雩都、兴国；闽西线为上海—福建厦门、漳州、龙岩、永定、上杭、汀州。闽东北线则没有详细的资料记载。

上述通往中央苏区的秘密交通线中，只有上海—香港—广东汕头、潮安、大埔—福建永定这条线一直是畅通的，其他线有的是时通时断，有的则很快被敌人破坏了。

为什么这条秘密交通线一直是畅通的呢？主要有以下原因：

一是严密的秘密交通工作纪律。秘密交通线作为一条特殊的战线，

---

[1]　中共中央文献研究室编：《周恩来年谱》（1898—1949），第 203 页。

[2]　曾昌明：《中央交通局工作概况》，中共广东省委党史研究室、中共汕头市委党史研究室编：《红色交通线》，第 47 页。

[3]　有时不经香港，直接到汕头。

决定着与其他战线不同的工作方式，需要严密的工作纪律。上海—香港—广东汕头、潮安、大埔—福建永定这条交通线直属中央管辖，中央交通局规定"交通局的各线、站只同所在地的党委书记一人联系，不准和别的负责人发生关系（各地党委的组织部长只知道有这么一个组织，但不予过问具体工作情况）"。[①] 因此，即使在这条交通线往来的交通员，由于彼此的任务不同，相互之间也是没有联系的。即使有的人互相认识，见面时也都不打招呼，装作不认识，互不过问彼此的工作任务。同时，中央交通局对交通员挑选也是很严格的，要求交通员对党忠诚可靠、政治立场坚定、严守纪律、不怕任何困难，在执行交通任务过程中，能够面对种种困难和危险。中央交通局为什么规定交通站和交通员不同地方党组织发生横的联系？主要是在国民党特务、密探遍布的情况下，地方党的组织经常出问题，遭受破坏，只让交通员同省委书记、特委书记、县委书记一人联系，使地方党组织知道交通线的限于极少数人，免得地方党受到破坏后威胁到这条秘密交通线的安全。严格的秘密交通工作纪律，保密工作做得好，是这条秘密交通线成为党在土地革命战争时期由国民党统治区到中央苏区的唯一安全畅通的地下交通线的重要原因。

二是充分利用特殊的政治、社会环境和地理条件。首先，这条秘密交通线上的香港是英国的殖民地，汕头是通商口岸，都是华洋杂居之地。从上海开往这两地都有外国海轮，旅客外国人、学者、商人比较多。这种情况有利于党的秘密交通工作。因此，党的重要干部到中央苏区绝大多数是从上海乘外国海轮先到香港、汕头。走海路这条线不仅快捷，更重要的是安全系数高，不像陆路那样需要通过国民党特务、密探遍布的城市和层层关卡。其次，这条秘密交通线上由汕头到经潮安到大埔这一段，是国民党粤军控制的区域，大埔到永定这一段，是赤白交界地区。这一地区地理上属于大东江区域，是自国共第一次合作开始革命运动就得到猛烈发展的地区。1929 年 9 月两广发生新军阀战争，中共中央

---

① 李沛群：《关于中共中央交通局从上海到闽西苏区的交通路线情况》，中共广东省委党史研究室、中共汕头市委党史研究室编：《红色交通线》，第 82 页。

曾派红四军出击东江，以促进东江革命根据地的发展。然而，两广新军阀战争很快结束。广东新军阀部队无论在数量上还是在战斗力上，都比赣南、闽西的敌人力量强大，红四军出击东江失利。此后，由于李立三"左"倾冒险错误，东江苏区各县革命力量受到粤军很大打击。随着毛泽东、朱德率领红军在赣南、闽西发展壮大，中央苏区反"围剿"战争主要在江西开展，国民党广东省当局"对别省红军……采取防守的策略"，"红军没有打到广东的地盘，"他们不来"进攻红军"。毛泽东、朱德指挥红一方面军在中央苏区取得第一次反"围剿"的胜利，虽使广东当局非常恐慌，但相比各地其他红军和根据地蓬勃发展来讲，东江工农武装斗争的情绪是比较低落的，因而，"反动派戒严也是不注意的。现在潮汕和大埔各地仍然和以前一样，韩江电船仍然由韩江营十余个士兵护送。"[1]这说明，粤军对于韩江水上的控制不是很严密的。而在韩江沿江的大埔、蕉岭、平远、兴宁、梅县、五华、丰顺等县，在南洋、潮汕经商或在外从政的官僚政客比较多。他们往来多走韩江水路，韩江营的士兵对衣着漂亮的旅客搜查很马虎。因此，负责大埔交通中站的卢伟良向中央交通局报告："汕头至大埔方面都是坐船，因人情风俗关系，故此地多数出外往洋或军政界等，故来往大多数很复杂的人，来往的人多穿漂亮的衣服，因为他是回来的，一定有比较好的衣服穿起来。"由于当地流传"大埔梅县人穿好衣服"说法，卢伟良建议赴中央苏区的干部不仅衣服穿得漂亮些，而且"行李也要带多点才象做官或出洋回来的人"。[2]刘伯坚在给中共南方局的报告中也说明了同样情况。他说："根据我们这次往来，闽西同志的经验，用家眷的形式是很顺利，因为韩江上下的闽粤边境的人到韩江经商，尤其是到南[洋]的非常多。我两次过潮汕，保安队都不检查我的行李，却要检查别人"。原因在于"我有家眷和小孩，沿途乡村的人

---

① 《东江埔中部至中央交通部信——目前闽西东江政治情况中站工作情形》（1931年12月28日），中共广东省委党史研究室、中共汕头市委党史研究室编：《红色交通线》，第39页。

② 《卢伟良的报告——关于广东各县的政治经济情况》（1931年3月24日），中共广东省委党史研究室、中共汕头市委党史研究室编：《红色交通线》，第27页。

都以为我是南洋发财回家的（在政府任事请假回家）"。① 党的重要领导干部们正是利用这种情况通过这条交通线安然到达中央苏区的。

当然，这条秘密交通线畅通无阻，也是长期默默无闻战斗在秘密交通线上的交通员们的英勇机智保卫的结果。

从上海至中央苏区的这条秘密交通线经过茫茫大海、高山、河流和森林绵延数千里，穿越敌人的重重封锁，将中央苏区和中共中央连接起来，同外界连接起来，使大批干部、文件、出版物、宣传品和无线电器材、印刷器械、药品、布匹、食盐等紧缺物资源源不断地输送进中央苏区，从而成为中央苏区打破国民党经济封锁的主要血脉，为中央苏区建设和反"围剿"斗争作出了重要贡献。

这条秘密交通线一直坚持到中央红军长征后一段时间还畅通无阻，是个奇迹！体现了中国共产党人的勇敢和智慧！

反"围剿"战略方针之争

项英通过秘密交通线来到中央苏区后，即根据中共中央的决定，在宁都小布成立中共苏区中央局，项英任代理书记，毛泽东、朱德、曾山为委员。同时成立以项英为主席的中央革命军事委员会，朱德、毛泽东担任副主席。毛泽东兼任政治部主任。原先的中共红一方面军总前委撤销。这样，中央苏区领导层发生了重大变化。

项英为什么被中共中央委以重任？

项英，1899 年生，原名项德隆，曾化名江俊、江钧，湖北江夏（今武汉市江夏区）人。项英早年入武昌模范纺织厂当纺织工人。1919 年参加董必武、陈潭秋等开办的工人夜校。1920 年成功发动武汉第一次纺织女工罢工。1922 年初，到江岸筹办工人俱乐部，当选为干事。同年 3 月加入中国共产党。此后，以江岸工人俱乐部为基础，组织了武汉第一个铁路工会，随后又在谌家矶组织机器工人工会，在大冶、汉阳、萍乡组织

---

① 《刘伯坚给南方局的报告（节录）》（1930 年 11 月），中共广东省委党史研究室、中共汕头市委党史研究室编：《红色交通线》，第 41 页。

汉冶萍工人工会。不久，任湖北省工团联合会组织部长。8月，被选为
京汉铁路总工会筹备处总干事。1923年2月4日，任京汉铁路罢工委员
会总干事。同年6月在中共三大上当选为中央委员。1924年初在上海
任中共中央职工运动委员会书记。在1925年1月中旬召开的中共四大
上，再次当选为中央委员。1927年4月，任湖北省总工会组织书记兼汉
口工人纠察队队长。在1928年7月召开的中共六大上，由于共产国际
强调党的中央领导机构中的工人成分，项英当选为中央委员、政治局委
员、常委，跻身于中央最高决策层。1929年11月，在第五次全国劳动大
会上当选为中华全国总工会委员长。1930年8月，任中共中央长江局书
记。派他到中央苏区，还是看重他的工人成分。

从经历看，项英主要从事工人运动和白区地下工作，与军事工作很
少沾边，更没有创建根据地的经验。由于他刚从上海来到中央苏区，军
事上又是外行，虽然担任中央革命军事委员会主席，但在军事指挥上主
要依靠毛泽东。

1931年3月18日，项英主持召开中共苏区中央局第一次扩大会议。
会议主题是讨论第二次反"围剿"战略方针问题。这次"围剿"，国民党
军兵力达20万，红一方面军比上次反"围剿"时兵力略有减少，共有3
万余人。从双方兵力上来讲，大约是六比一。兵力如此悬殊，红军面临
的形势比上次要严峻得多。对此，有人对取得第二次反"围剿"胜利没
有信心，主张红一方面军撤离根据地，另寻出路。这是第二次提出红一
方面军撤出中央苏区战略转移的主张。毛泽东坚决反对这种主张，认
为凭借根据地内的有利条件，红军一定能够打破国民党军的第二次"围
剿"。由于两种意见相持不下，讨论没有取得结果，未能就反"围剿"的
战略方针作出决定。

就在项英离开上海后，中共中央也发生了大事。对中央苏区如何进
行反"围剿"斗争六神无主的米夫，干涉中国共产党内部事务却十分在
行。12月中旬，米夫分别会见了得意门生王明等和罗章龙、徐锡根等，
但拒绝会见何孟雄。米夫提出要召开六届四中全会，全会的中心是反右
倾，并且严厉指责了六届三中全会。

在米夫的压力下，原本已经十分困难的中共中央处于更加困难的境地。12月9日，中共中央政治局作出决议，承认："三中全会虽然一般的接受了共产国际的路线，——但是这是在调和主义的立场上去接受的，——就是对于立三同志的整个路线，取了调和态度，并且替这一路线辩护——这就把互相矛盾互相对立而不能并存的国际路线与立三路线混淆起来……因此，三中全会的路线也就不正确了。"①16日，中央政治局决定撤销对王明、博古等四人的处分，同时也撤销了对何孟雄等人的处分。

但这样仍不能使米夫满意。12月23日，中共中央不得不发出紧急通告，对六届三中全会和六届三中全会后的中共中央作了全盘否定，说："三中全会本是为的接受国际路线而召集的，但因为站在调和主义的立场上来接受，结果使三中全会的路线仍然成为立三路线的继续，并对立三路线加了一层保障"。"三中全会对国际路线的解释，在理论上策略上也同样发生了许多错误。这样，就使调和主义的中央所领导的全党工作仍然在重复与继续立三路线的错误。直至国际来信后，中央政治局虽承认了立三路线的错误，但在十一月二十五，十二月九日两决议案中，在中央告同志书中还是保持着调和主义的态度"。紧急通告还表示："为要保障国际路线与反立三路线之绝不调和的彻底的执行，党内应实行改造"。"必须引进积极反立三路线反调和主义的干部尤其是工人干部到指导机关"。②

三中全会后的中央，把话都说到了这样的份上，王明、罗章龙等并不就此罢休。罗章龙等对中央紧急通告采取否定态度。1931年1月1日，罗章龙主持作出了《全总党团决议案》，要求立即停止中央政治局的职权，由共产国际代表领导临时中央机关，立即召集紧急会议；认为瞿

---

① 《中央政治局十二月九日的决议》（1930年12月9日），中央档案馆编：《中共中央文件选集》（1930）第6册，第503—504页。

② 《中央紧急通告（中央通告第九十六号）——为坚决执行国际路线反对立三路线与调和主义号召全党》（1930年12月23日），中央档案馆编：《中共中央文件选集》（1930）第6册，第547、549页。

秋白、周恩来、李立三均不堪教育,向忠发、项英、关向应、邓中夏、贺昌、罗登贤须离开领导机关,施以严重的处罚。在罗章龙看来,三中全会后的中央所有人都不行了,需要大换马,由他来收拾残局。王明等虽与罗章龙等共同攻击三中全会后的中央,但他们又不希望罗章龙宗派得利。于是,王明同米夫商议后,左右开弓,一方面继续猛烈攻击三中全会后的中央,一方面又指责罗章龙、何孟雄等为右派。他们改变召开紧急会议的主张,要把反对立三路线、反对三中全会后的中央的旗子完全抓在手中。

这时,话语权完全掌握在米夫手中。他是共产国际代表、远东局书记,是共产国际的代言人。米夫告诉大家,他已报告共产国际,决定召开四中全会,而不是紧急会议,并由他起草了《中共四中全会决议案》。他还提议王明担任江苏省委(三中全会后一度改为江南省委)书记。中共中央政治局没有接受米夫的提议,在 12 月 23 日决定此时还在苏联莫斯科担任赤色职工国际执行委员会委员的刘少奇担任江苏省委书记,在刘少奇没有归国前由王明代理;还决定博古补为团中央委员,参加团的中央局工作。

瞿秋白、周恩来认为他们在处理立三路线问题既已错误,就应该团结各方面反对过立三错误的人来执行国际路线。他们推荐何孟雄等去见米夫。在讨论四中全会补选中央委员名单时,他们又提了何孟雄。这些都被米夫拒绝。

1931 年 1 月 7 日,中共六届四中全会在上海秘密召开,参加会议的有向忠发、瞿秋白、周恩来、任弼时、贺昌、罗登贤、关向应、王明、沈泽民、夏曦、王稼祥、陈原道、何孟雄、罗章龙、陈郁、徐锡根、王克全、余飞、史文彬、张金宝、王凤飞、韩连会、博古、温裕成、徐兰芝、邱泮林、肖道德、顾作霖、柯庆施、陈云、周秀珠、袁炳辉、袁乃祥、沈先定、许畏三、李维汉等 37 人。米夫参加会议,是会议的实际操纵者。另有记录二人。会议从早晨开到晚上 10 点多,共开了十多个小时。

会议一开始,罗章龙等反对举行四中全会,要求召开紧急会议,围绕会议性质和议程发生激烈争吵。米夫拿出他的共产国际代表权威,宣布四中全会已得共产国际批准，要求停止争论。

向忠发在会上作了《中央政治局报告》，共讲了十个问题，主要讲的是：国际路线是中国共产党唯一正确的进攻路线；立三路线与国际路线对立；三中全会及其后的中央站在调和主义的立场，没有实行真正的转变，瞿秋白要负主要负责；改造中央和地方各级党部，取消三中全会补选的赞成立三路线的中央委员，引进反立三路线反调和路线的干部，尤其引进工人同志到中央委员会；在实际工作中实行坚决的转变，在反对"左"倾的同时，更要加紧反对右倾机会主义。向忠发作为中央最高领导人本来就名不副实，是个摆设，他的这个报告完全是按照米夫和王明的一套来的，成了他们的提线木偶。

王明俨然成了四中全会的主角，以马列主义"理论家"的姿态作了长篇发言。他一开场就说他的《两条路线》（后来更名为《为中共更加布尔塞维克化而斗争》）的意见书没有带来，要大家去详细地看，气焰十分嚣张。他一共讲了四个问题：首先说立三路线是"左"倾空谈掩盖下的右倾机会主义的消极，在每个问题上都表现得极为明显。王明虽然也指出立三路线中若干"左"的政策，但主要是批判立三的右倾机会主义，如否认一省或数省首先胜利；对自由资产阶级分子、富农、上层小资产阶级分子的右倾政策等。其次，指责三中全会在接受国际决议的名义下，继续立三路线。王明点名批判瞿秋白与李立三的错误有不可分割的联系，所以对立三路线采取公开的调和态度。第三，强调只撤换几个中央负责人是不够的，必须发展全党的政治斗争，从思想上、政治上和组织上全面彻底地改造党，特别要以反三中全会反调和路线的"新干部""工人干部"来代替"旧干部"。第四，强调要加紧反对右倾机会主义。

王明发言后，有几个人相继发言，有的完全同意王明对立三路线的批判。接着何孟雄提议政治局的同志先发言，要听听他们是否改正了错误。何孟雄的提议得到了一些与会者的支持。接着，周恩来、关向应、瞿秋白、向忠发、李维汉、顾作霖等发了言。

周恩来在发言时，对三中全会的错误承担了责任，同时仍坦率地针对当时党面对的分裂危机和派别分歧谈了他的担忧，强调要维护党内团结。周恩来说："党现在正处在困难时期，立三路线是涣散了党的，党现在要加紧的将它恢复与健全起来。""如果说凡是过去坚决执行了立三路线者、或者指导机关主要负责同志便是立三派，拿他们当派别看待，说他们不堪造就，这依然是立三路线的继续，我们也是要反对的。因为站在派别观念上来解决问题，就一定会离开党的利益而只顾派别的利益，这不是布尔塞维克党允许的。"①

周恩来即使自己处于"被告"席的境地，也在勇敢地反对一些人的派别活动，维护党的团结和统一。

瞿秋白在发言中主动地、诚恳地承担了三中全会及政治局所犯错误的最主要责任。说自己参加了共产国际 7 月决议案的讨论，对情况是了解的。自己认为立三的意见和政治局的路线是个别错误，而不是路线上和国际不同，因此 10 月来信后没有认识到犯了"调和主义"错误，而是经 10 月来信所领导的党员群众的斗争和国际代表的指导，才了解到这一点。

在共产国际及其代表米夫的压力下，周恩来、瞿秋白违心地承认自己的错误。其实，7 月份在莫斯科讨论李立三问题时，共产国际并没有指出李立三的错误是"路线错误"。

政治局成员们发言之后，何孟雄、王稼祥、罗章龙等十几人发了言，大都是批评立三路线、批评三中全会，强调要彻底改造党的领导。

会议由米夫作结论，他强调立三"左"倾路线的实质是"右"倾，用"左"倾词句遮盖了实际工作的机会主义，批评三中全会路线将国际路线隐藏在立三路线后面继续推行立三路线，尤其瞿秋白要负责。对于周恩来，米夫说："恩来同志自然应该打他的屁股，但也不是要他滚旦，而是在工作中纠正他，看他是否在工作中改正他的错误。"②指责三中全会不是反李立三，而是反对那些反李立三的王明、沈泽民等，说这些人是站

---

① 《周恩来在中共六届四中全会上的发言记录》(1931 年 1 月 7 日)，中共中央文献研究室编：《周恩来传》(1898—1949)(修订本)(上)，第 283—284 页。

② 《国际代表在四中全会上的结论》(1931 年 1 月 7 日)，中央档案馆编：《中共中央文件选集》(1931)第 7 册，第 39 页。

在国际路线反对立三路线，是坚决执行国际路线的。他对罗章龙等人坚持要求开紧急会议也进行了批评。

米夫作完结论后，会议基本通过了由米夫等事先准备好的《四中全会决议案》，选出王明等五人委员会与共产国际远东局共同修改。

接下来，按照米夫以远东局名义同中共中央政治局事先议定的名单，补选了中央委员和改选了中央政治局：李维汉、贺昌退出中央委员会，增补王明、沈泽民、夏曦等九人为中央委员；瞿秋白、李立三、李维汉退出中央政治局，新增选王明、任弼时、陈郁、刘少奇、王克全五人为政治局成员。

对于这个结果，共产国际远东局给共产国际的信中解释是："将旧领导中的优秀分子、罗章龙派的工人部分和年轻的共产国际派联合起来，使他们完全协调一致地工作。"[1] 其实，说穿了，米夫虽然对其"高足"王明等宠爱有加，但也知道他们理论上一套一套，而实际工作经验并不多，因而还不能把有丰富工作经验、有威望的周恩来等中央领导人完全排除出中央去。

1月10日，中央政治局召开会议，讨论政治局成员分工和中央常委人选问题。共产国际远东局提出王明为中央常委候补委员，周恩来提议王明仍应做江南省委书记。会议决定向忠发、周恩来、张国焘为中央常委，陈郁、卢福坦、徐锡根为候补中央常委，常委会主席仍由向忠发担任。

中共六届四中全会以后，中共中央的领导权实际上由得到米夫支持的王明所操纵。四中全会没有任何积极的建设性的作用，反而在中国共产党纠正李立三"左"倾盲动错误后不久，又开始了以王明为主要代表的"左"倾教条主义错误在中共中央的统治，且长达四年之久，给中国革命事业带来沉重的灾难，中央苏区也深受其害。

六届四中全会后，为了贯彻会议精神，王明控制下的中共中央开始

---

[1] 《共产国际执行委员会远东局给共产国际的信（摘录）》（1931年2月22、23、25、28日于上海），中共中央党史研究室第一研究部译：《共产国际、联共（布）与中国革命档案资料丛书·联共（布）、共产国际与中国苏维埃运动》（1927—1931）第10卷，第120页。

向各革命根据地派遣代表团，其中，任弼时、王稼祥、顾作霖被派往中央苏区。

1931 年 1 月 28 日，任弼时、王稼祥由中央交通员肖桂昌护送，乘日本轮船经海路前往中央苏区。共产国际远东局经与中共中央协商后，中共中央军事顾问组的盖利斯与马雷舍夫与任弼时和王稼祥乘船同往中央苏区。然而，盖利斯和马雷舍夫却因故没有成行。肖桂昌在回忆中说："中央决定我送两个外国人进苏区，那时因船票手续没办妥，外国人不能走"①。

关于这次进入中央苏区没有成功的情况，盖利斯在 2 月 28 日写给别尔津的信中是这样说的：

在轮船开动之前，我们十分惊奇，有 10 到 15 名我们的日本竞争对手陪伴我们。其中一位自称是日本使馆的工作人员；他们——同船长一起——表面上都对我们非常友好。他们详细询问我们：我们是什么人，护送我们的朋友是什么人，我们在这里干什么，将来打算干什么，等等。在得到我们适当的答复后，他们接过由我们的朋友填写的我们的履历表，给我们买了票，并给我们看了我们所代表的那个社团的秘书在一份履历表上写的一行字：他根本不认识我们和我们的朋友。我们当然试图千方百计证明，事情不是这样，这是误会，等等，我们抗议这种不公正的做法。但船长拒绝运送我们，命令开船。我们的朋友同时充当我们的侍从，他们提走了我们的行李，我们转到一艘小汽艇上，兜了几圈之后就回到了家里。

怎么能发生这种事呢？我们很清楚。船长怕碰上土匪，他们询问了我们的机构（我们是以它的名义去的），得到了否定的答复。我们预料到了可能有人要查询，并在这方面采取了措施，我们估计，在我们离开以后，会有人发电报查询，为此我们也准备了这个机构。但我们没有料到，我们

① 《肖桂昌历史自传》（1944 年 5 月 9 日），中共广东省委党史研究室、中共汕头市委党史研究室编：《红色交通线》，第 46 页。

的竞争对手是如此狡猾，他们当即就询问了我们的机构。如果查询碰上老板，那就好了（动身前我们的一位朋友同他呆了一个晚上，喝了"两杯"酒），但查询是在清晨进行的，不了解情况的秘书不可能作别的答复。

可能，查询机构还有别的原因（不只是由于害怕土匪），但我并不认为，这里有挑衅行为。遗憾的是，对于这次旅行知道的人很多，很可能我们的朋友不够谨慎。或许，我们在这件事情上做得过分了，因为我们事先就得知，我们的朋友不够谨慎，保守公务秘密不够认真。我亲眼看到在船上有我们这个单位的 5 个人，他们到这里来是随便看看热闹。

还有第三种说法：在出发前日本人就了解了我和我同伴的情况。我们动身之前两周，有 24 名日本人住在与我们相邻的房子里；他们是什么人，我们没有弄清楚，但可以推测，在这么大一帮日本人中可能有一些密探，我们作为邻居引起了他们的注意。我们的确没有发现，他们对我们感兴趣，但这并不是说，他们不曾感兴趣。在我们看来，后一种情况很可能是我们这次旅行告吹的原因。值得注意的是，已经给我们买了船票，况且我们并没有写明个人的地址，而只有机构的地址。这一切中最可恶的是，不仅未能前往，而且我们的靴子①也给弄脏了，我们得呆在这里无靴子可穿。暂时我们可以躲在家里，但总不能没有靴子呆得太久，因为这种情况下不仅无法考虑公务旅行，而且在当地也可能招来很大的麻烦事。

我试图安排新的旅行，但我不抱幻想，在目前情况下这不会有大的风险和困难。我的同伴的情况很不妙：他说英语带很重的俄语口音，而且说得很蹩脚（他学语言进展很慢）。他一个人无论如何不能进行这种旅行，同我一起去也很困难，因为我们操不同的语言。我们还要在这里的局里讨论旅行的问题，我将把结果专门向您通报。②

---

① 暗语，指护照。

② 《盖利斯给别尔津的信》（1931 年 2 月 28 日于上海），中共中央党史研究室第一研究部译：《共产国际、联共（布）与中国革命档案资料丛书·联共（布）、共产国际与中国苏维埃运动》（1927—1931）第 10 卷，第 150—151 页。

　　幸亏出了纰漏盖利斯和马雷舍夫没能经秘密交通线前往中央苏区。中共苏区中央局这时正因第二次反"围剿"作战方针问题发生严重分歧，而从以往盖利斯给别尔津的信中对中国情况汇报看，他轻视中国革命根据地创建者的军事指挥能力，本身没有中国红军游击战争的经验，却把自己看得比中国同志高明。他和马雷舍夫若到了中央苏区，很难听进毛泽东、朱德等的正确意见，在军事上独断专行，瞎指挥，致使中央苏区第二次反"围剿"失利。或许，等不到第五次反"围剿"，或许中央苏区历史，甚至是中国革命历史，这时就会拐弯！阴差阳错，盖利斯和马雷舍夫这次没有能够去成中央苏区，毛泽东、朱德迎来了指挥反"围剿"胜利的空间。

　　由于国民党军的"围剿"，这时闽西苏区和赣南苏区没有连成一片，任弼时、王稼祥和顾作霖 ① 组成的中共六届四中全会后的中央代表团到达宁都已是 4 月上旬了。他们到后参加了苏区中央局的领导工作。4 月 17 日，苏区中央局第一次扩大会议在宁都青塘继续举行，中央代表团传达了中共六届四中全会精神，同时也肯定了毛泽东、朱德等人以前的工作。

　　这时，国民党军大兵压境，最迫切的问题还是要确定反"围剿"的战略方针问题。然而，与会人员不但没有就战略方针问题达成一致意见，反而分歧比上次开会时更加严重了。为什么会这样呢？问题出自中央代表团带来了 1931 年 3 月 2 日《中央给一三集团军总前委，第二集团军前委，各军前委，各特区军委，各集团军与各军的军长政治委员的公函——关于第二次反"围剿"的补充指示》。这个指示一方面说："在战略上，当着敌人力量尚未集中的时候，我们必须利用敌人的弱点，击溃敌人的一方。如能诱敌深入，聚而歼灭他，这也是可采用战略。"另一方面又说："我们最主要的任务是在任何情形之下，不要使红军的基本力量受着摧残，必须非常慎重的应付决定胜负的战斗。""若遇环境不利，不能作殊死战的时候，为着阻止敌人的猛攻，应一面继续战斗，以掩护基本部队

---

① 顾作霖先到闽西苏区，任弼时、王稼祥到闽西后与他会合，然后一起去赣南宁都。

的撤退（基本军，师，团），以便建立新的苏维埃运动根据地。"指示认为，在此情形之下，江西红军"可退至湘南，粤桂北，及贵州东南"。[①]

刚到中央苏区时，不懂军事的项英还不好意思随便发表意见。有了中共中央的指示，项英等人可有了依据，感觉有了底气，认为敌我力量悬殊，敌军的严密包围难以打破，竭力主张将红军主力转移到根据地以外去。担任会议记录的苏区中央局秘书长欧阳钦在回忆中说："当时一些人受了第三国际布哈林的影响（第三国际挂帅的是斯大林，但做实际工作的是布哈林等人），主张退出中央苏区，到四川去，说斯大林都讲过四川是最好的根据地。"[②]还有一些人主张"分兵退敌"，采取"削萝卜"战术。即红军分散行动，不在根据地打，碰到一小股敌人，就打一下，认为这样做"一则可以使敌人包围落空，一则目标转移，可以退敌"。毛泽东主张继续依托根据地的有利条件，就地诱敌深入。红军钻到敌人中间去，寻找敌人弱点，打击敌人。同时，毛泽东也反对分兵，认为集中兵力才能各个击破敌军，指出分兵不但不能退敌，反而会给红军带来更大的困难。毛泽东的意见被主张"削萝卜"的人讥讽为"钻牛角"[③]。会上，赞同毛泽东的意见的只有朱德、谭震林等人，处于少数地位。

战略方针的正确与否决定着中央苏区反"围剿"的胜败和红一方面军的前途，实际上也决定着中国革命的前途。参加苏区中央局扩大会议的人员中，不少是刚到中央苏区，没有经历过第一次反"围剿"，缺乏军事斗争经验，这样关起门来决定反"围剿"战略方针，确有"秀才谈兵"的味道。毛泽东觉得这样开会不行，提议扩大会议参加者的范围，让那些参加过第一次反"围剿"的高级干部参加会议，得到了苏区中央局的同意。应该说，苏区中央局此举是非常明智的。

会议再开时，参加者除了中央局成员外，扩大到了各军军长、政治

---

① 《中央给一三集团军总前委，第二集团军前委，各军前委，各特区军委，各集团军与各军的军长政治委员的公函——关于第二次反"围剿"的补充指示》（1931 年 3 月 2 日），中央档案馆编：《中共中央文件选集》（1931）第 7 册，第 157、158 页。

② 欧阳钦：《回忆苏区中央局"青塘会议"》，陈毅、萧华等著：《回忆中央苏区》，第 160 页。

③ 毛泽东：《关于第七届候补中央委员选举问题》（1945 年 6 月 10 日），《毛泽东在七大的报告和讲话集》，中央文献出版社 1995 年版，第 230 页。

委员，有时参谋长、政治部主任也参加会议。果然，会议的情况发生了变化。毛泽东在发言中分析了敌我形势，指出红军打破国民党军的这次"围剿"的条件比上一次反"围剿"还要好，胜利的可能性更大。与会许多红军高级干部支持毛泽东、朱德的意见，主张坚决在根据地内打破敌人的"围剿"。原先主张分兵的同志也同意先打一仗后视情况再分兵。

在根据地内打的问题初步解决之后，会议转入讨论先打哪一路敌人的问题。林彪等人主张先打蒋光鼐、蔡廷锴的第十九路军，理由是第十九路军只有两个师，孤立地驻在兴国，距离其他各路军较远。由于第十九路军是这次"围剿"中战斗力最强的部队，为了说明要打强不能打弱的理由，林彪搬出了旧的战略原则："只有战略进攻者可以自由选择进攻的时间和目标（或地域），而战略防御者，则必须以主力对敌之主力。不打败敌之主力，即不能完成战略防御的任务。"林彪等人忽视了第十九路军不但是在各路敌军中最强者，而且到了兴国相当久的时间，完成了防御工事，两个师又集中在一起，不易分割。如果红军去打兴国，实际上是攻坚，放弃红军打运动战的长处。如果一时打不下来，北面的敌人一下子压过来，红军就要吃亏。即使打下兴国，北面的敌人势必靠拢，难于打破敌人"围剿"。

有人建议先打朱绍良的第八路军，理由是：朱绍良、毛炳文、胡祖玉都是蒋介石的亲信。但打朱绍良第八路军就得向西扫，西边为赣江所限，打光之后，无发展余地。彭德怀主张打小的，即打分散边沿之敌。毛泽东认为各路敌人中，南路的第十九路军最强，先打南路，没有绝对胜利的把握，且红军主力从东往西打，西面限于赣江，回旋余地小。他也不同意彭德怀打小的主张，认为"打小的接连打上七、八仗，自己把自己拖疲劳了，还不能解决全战役问题。"[1] 他提出把红军主力向西拉到富田、东固一带，诱敌深入苏区腹地，然后自西往东先打弱敌王金钰、孙连仲部。尤其是王金钰部是北方的部队，虽然有五个师，人数虽多，但水

---

[1] 何长工：《回忆三次反"围剿"前后的几次重要会议》，陈毅、萧华等著：《回忆中央苏区》，第133页。

土不服，不善于爬山。杂牌军各怀鬼胎，对红军恐惧，士气不振，内部矛盾多，便于打。先打垮他，向东横扫过去，在闽赣交界的建宁、黎川、泰宁一带，扩大根据地，征集资财，不但可以粉碎敌人的"围剿"，也为以后的战争创造条件。毛泽东的主张，可以简单概括为"柿子拣软的捏"。为什么先打弱敌？毛泽东会后同总部参谋处长郭化若的闲谈中道出"天机"："先打弱敌的道理，是古已有之的。《管子》中说：'故凡用兵者，攻坚则韧，乘瑕则神。攻坚则瑕者坚，乘瑕则坚者瑕。'（《管子·制分》）不是古人早已讲过了吗？"①

由于毛泽东讲得合理，分析细致，终于说服了大家，会议采纳了毛泽东提出的先打弱敌的作战方针。

4月19日，朱德、毛泽东发出首先歼灭敌王金钰部的命令。红军各部队在龙冈一带集中完毕，又向西推进20公里，在群众条件和地形都十分好的东固地区隐蔽待机。

鉴于一些同志仍主张"打一仗再分兵"，4月30日，中共苏区中央局根据毛泽东的提议在东固又一次开会讨论反"围剿"的问题。后来，中共苏区中央局秘书长欧阳钦根据任弼时指示赴上海向中共中央汇报中央苏区的情况，他在《中国苏维埃区域报告》中谈到这次会议时写道："由泽东同志先报告，这一次讨论的精神则完全转变了，认为目前全国革命是高涨的，我们应该采取积极进攻策略，敌人包围我们的军事力量虽多，但有许多弱点，如在包围的军阀与军阀不一致，指挥不统一，他们军官与士兵中间不一致，兵士不愿打红军，没有群众条件，地势不熟，给养运输非常困难。我们在军事力量的对比上，虽然很小但我们有几个优点：第一红军好，此时士兵群众斗争情绪非常之高，干部非常热烈，红军上下一致的团结力非常坚强，大家都是摩拳擦掌的要打；第二群众好，群众得到了土地革命的利益，又被敌人的摧残，斗争情绪当然好，对红军是极端拥护；第三是地势好，我们对于这带地势都非常熟悉，我们可以占领优越的地势以进攻敌人。现在敌人有这多弱点，我们有这多优点，我们是可以

① 《郭化若回忆录》，军事科学出版社1995年版，第64页。

以少胜众的，在历史上以少胜众的事实很多，革命的军队要能以少胜众，所以当时最后决定的策略是'坚决的进攻，艰苦的奋斗，长期的作战，以消灭敌人'。并且承认过去的'分兵'的策略是机会主义"。①

至此，中央苏区第二次反"围剿"的战略方针终于定下来了。任弼时、王稼祥等组成的中央代表团在这场争论中，经过反复听取各方意见，最终支持了毛泽东、朱德等人的主张。后来，毛泽东在谈到这场争论时说："当时，我们感觉到如果没有代表团，特别是任弼时、王稼祥同志赞助我们，反对'削萝卜'的主张就不会那样顺利。""如果没有代表团，特别是王稼祥同志，赞助我们、信任我们——我和总司令，那是相当困难的。"②

过去研究中央苏区第二次反"围剿"时，往往注重军事作战的过程，而忽视关于战略方针问题发生的争论这个重要历史细节。历史已经远去，试想没有毛泽东坚持、力争实施正确的战略方针、耐心说服大家，朱德等人的鼎力支持，恐怕红一方面军等不到1934年10月第五次反"围剿"失败，早在1931年4月就要实施战略转移了！而那时红一方面军才3万多人，没有什么思想上和物质上的准备，广大干部战士对"左"倾教条主义错误还没有更深刻的认识，一旦撤离根据地长途行军至粤桂北或贵州东南或四川，要冲破国民党军的重重封锁，后果是不堪设想的。由此可见远在中国最大的都市上海的共产国际远东局、六届四中全会后的中央，坐在洋房子里只知道照搬联共（布）、共产国际的指示，哪里知道创建根据地和开展反"围剿"的实际斗争?！他们在遇到问题时，不是狂热、瞎指挥，就是六神无主、惊慌失措！"左"倾教条主义危害至深呐！

---

① 欧阳钦：《中央苏维埃区域报告》（1931年9月3日），中共江西省委党史研究室等编：《中央革命根据地历史资料文库·党的系统》（3），中央文献出版社、江西人民出版社2011年版，第1753—1754页。

② 毛泽东：《关于第七届候补中央委员选举问题》（1945年6月10日），《毛泽东在七大的报告和讲话集》，第230页。

二、自西向东横扫七百里

大胆"钻牛角尖"，歼灭公秉藩师

"围剿"中央苏区的国民党军右路军王金钰五个师于 1931 年 4 月开始行动。5 月初，王金钰到南京参加"国民会议"，前线指挥事务交参谋长齐向辰负责，吉安的总部后方事务由总参议冯铸青负责。王金钰赴南京前将第二十八师与第四十七师第一三九旅编为第一纵队，以齐向辰为司令官，由吉安进攻富田、固陂圩；以第四十三师编为预备队，由吉水进占水南以东之白砂；以第五十四师编为第二纵队，以第九军副军长兼第五十四师师长郝梦龄为司令官，由永丰进占沙溪，主力控制于藤田。

红一方面军在东固地区密集隐蔽集结后，西面的敌王金钰部第四十七师和第二十八师由吉安进至富田陂下一带，北面郭华宗第四十三师由吉水进至水南、白砂（距东固约 70 华里），南面的蒋光鼐、蔡廷锴第十九路军仍在兴国县城。红军逼近作战目标王金钰部所在地隐蔽待机，大胆地和敌人靠得这么近，三面都有敌人，一些人担心，毛泽东却胸有成竹。

红军近 4 万大军集中一块，后勤供给不免有些困难。红军开始退却时，虽然在命令中规定就地购买粮食，不动用指战员们随身带的大米，但毕竟有限。好在地方党组织积极动员群众支援，保证了指战员饿不着肚子。然而，时间一久，吃菜就成问题了。开始还可以买到一点菜，后来就买不到了。为了解决吃菜问题，战士们就到山上找野竹笋尖，下田摸田螺。一到晚上，就可以看到"满田灯光摸螺蛳"的战地风光。尽管生活艰苦，但红军指战员官兵一致，精神饱满，士气高涨。

红一方面军在东固等了 20 多天，为的就是等敌王金钰部脱离其富田坚固阵地，便于歼灭敌人于运动中。但是，王金钰部就是躲在东固坚固的工事里不动。红军也得到情报，蒋介石曾多次催促王金钰"进剿"，但皆因大雨冲垮了道路、桥梁,延误了敌人出动的时间。

5月11日,何应钦命令第五路军在15日前要占领东固,以树各路之先声,会同其他路进攻宁都。5月12日,第五路军第一纵队司令官齐向辰即下令第四十七师第一三九旅由富田出发,经九寸岭、观音崖向东固搜索前进;令第二十八师公秉藩部,由固陂圩出发,经中洞、桥头江、山坑、东固岭向东固搜索前进,限15日占领东固。

5月13日,红军得到敌人右路军出动的情报,当晚10时15分,朱德、毛泽东发出命令,要各军作好迎击敌人的准备。

5月14日黄昏,红一方面军总部电台截获了敌人一份重要情报。事情是这样的:驻在富田的公秉藩第二十八师师部电台同该师驻吉安留守处电台通报时,用明码说:"我们现驻富田,明晨出发。"吉安台问:"到哪里去?"富田台答:"东固。"①

敌人是欺负红军没有电台,竟然放心大胆地用明码电报。令他们没有想到的是,这时红一方面军总部刚刚建立无线电队。敌公秉藩第二十八师师部电台同该师驻吉安留守处电台用明码通报,就撞在了红一方面军总部无线电队的枪口上。无线电队队长王诤立即把截获的这个重要情报报告总部。这时,毛泽东、朱德还得知了王金钰部的右翼部队正分两路东进的情报。

毛泽东、朱德根据敌情经过商议决定采取一个大胆的行动:"钻牛角尖",即红军主力从北面的敌郭华宗师和南面的蒋光鼐、蔡廷锴第十九路军之间的50里空隙中隐蔽西进,以两翼包抄的方式攻击敌军后背,消灭王金钰的第四十七师和第二十八师。5月14日晚8时,朱德、毛泽东发出了攻击从富田出动的敌军的命令。郭化若在回忆中这样写道:"方面军书面的合同命令,当晚八时许拟就后,经毛主席亲自修正,为了保密,分别由高级干部亲自送给红四军、红三军和红三军团的军政首长,当夜连军参谋长也不知道命令的内容,只知道明天出发。"②

"钻牛角尖"是一个出奇制胜的战术,问题的关键在于"牛角尖"能

---

① 《曹丹辉日记》,《江西党史资料》第18辑,第182页。
② 郭化若:《横扫七百里的辉煌胜利》,《星火燎原》(选编之二),第92页。

否钻通，钻通了"牛角尖"而又不被敌人发觉。5月15日，红一方面军各部开始行动，总部仍驻墩上。但毛泽东还不放心，思考如何用更好的办法歼灭敌人。半夜，毛泽东亲自来到红三军军部，和红三军军长黄公略一起寻找熟悉当地情况的向导进一步调查西进路线情况。经过调查，发现东固至中洞大路的南侧，有一条过去不知道的小路。毛泽东立即改令红三军沿这条小路秘密前进，包围敌公秉藩师的右翼。这一改变，对歼灭该师有重要作用。

5月16日拂晓，红一方面军总部由墩上出发，沿中洞的大路前进。这时，毛泽东等率领总部部分人员已登上东固至中洞大路北侧的白云山。因为时间紧迫，毛泽东在一个小镇上留下一个字条，将红三军改变行军路线的情况通知朱德，并要朱德率领总部也上白云山。但朱德尚不知道这个改变，仍按照原来的路线前进。总部特务连走在前面，当到达白云山下时，同正在东进的公秉藩师先头部队遭遇。朱德立刻命令特务连在林木丛生的山坡上进行阻击。公秉藩先后以三个营的优势兵力猛扑过来。朱德指挥特务连且战且退，引着敌军向前走了二里多地。毛泽东在白云山上听到山下有激烈枪声，立即指挥部队从山上扑下来，将敌击退。毛泽东和朱德一起登上白云山，指挥全军战斗，毛泽东一边走一边告诉朱德和总部人员，他一早登上白云山时，山头还是一片白云。看来，白云山是名不

白云山，位于江西省吉安、泰和、兴国三县交界处。毛泽东同志曾在这里指挥第二次反"围剿"作战。

虚传。

这时担负中路的红三军已沿山间小路前进到中洞南侧，在草丛中隐蔽前行。因红军行动秘密，苏区人民严密封锁消息，国民党军队进入苏区后，像瞎子聋子一样，得不到一点红军的消息，始终没有发现红军主力的影子，还认为红军主力远在宁都地区，大摇大摆地向东行进。当公秉藩师的后卫部队全部离开中洞后，红三军像猛虎一样从高山上压下来。公秉藩师刚从北方调过来不久，不习惯于南方的山地作战。红军突如其来的攻击，敌公秉藩师一下子给打蒙了，乱成一团，四处逃散，没有什么抵抗就缴了枪。被俘的敌军官兵由于想不到红军会突然出现，惊呼："你们是从天上飞下来的呀！"战至下午 4 时许，红军歼灭公秉藩师大部。

与此同时，左路的红三军团也迂回到固陂，消灭公秉藩的兵站，并于当夜从侧后攻入富田。经过一昼夜的激战，公秉藩的第二十八师全部被歼灭，公秉藩被俘。这个狡猾的家伙，冒充营部书记，混在士兵中没有被红军发觉，而且一样受到优待，领了三块银元被释放了。副师长王庆龙被击毙。次日上午 9 时，红三军也进入富田。

敌上官云相第四十七师王冠英旅在 5 月 12 日奉第一纵队司令官齐向辰命令由富田出发，向九寸岭推进。由于这一带道路被红军破坏，该旅只得边修路边前进，行动极为迟缓。5 月 16 日，该部进至九寸岭、观音崖一带，即遭红军伏击，伤亡惨重。该旅在第一纵队司令官齐向辰指挥下突围，于 5 月 17 日向永丰方向溃逃，沿途又被红四军、红十二军追击，全旅伤亡、被俘约 3000 余人。

毛泽东、朱德在白云山上，对战局的进行情况了如指掌。特别是无线电台发挥了重要作用。战斗开始后，白云山能够听到右前方观音崖、九寸岭方向激烈的枪声。打了一阵，枪声就逐渐由东向西移去。毛泽东和朱德从枪声判断，红军两路已先后夺得隘口前进了。中洞方向一阵激烈枪声后，设在半山腰的红一方面军总部的电台接收机里传了公秉藩师部电台发出明码 SOS 求救的呼声，毛泽东、朱德就知道敌公秉藩师部已被红三军包围了。接着，第四十七师师部电台也发出求救的呼声。后来，求救呼声听不到了，总部便判断战斗已经结束。电台，在反"围剿"战斗中立了头功、大功！

歼灭公秉藩师后，红三军缴获了敌人师部无线电队全部人员和电台，黄公略派了一个参谋带领一个特务连专门看押。这是红一方面军最期待、最宝贵的战利品！当时，红军无线电台人员听到这部电台的声音很响亮，就十分眼馋，要求总部领导一定要把这部电台夺过来。朱德在后来曾告诉史沫特莱："我们从电报里知道公秉藩的第二十八师有一套新式无线电报机。我们的无线电报务员恨不得把它弄到手，我也跟他们说，一定可以到手。"[①] 朱德特别指示要缴获公秉藩的电台，黄公略自然要倍加保护这些战利品了。

白砂再胜，郝梦龄第五十四师溜走

王金钰右路军第四十三师，在师长郭宗华的指挥下，第一二七师、第一二八师占领吉水的白砂后，构筑据点工事，其一部进占白砂以南的大源坑、潭头。5月18日，红军主力猛攻水南。王金钰部第四十七师残部退往水南，其惊慌情绪使原驻水南的郭华宗一个团更加惊慌，很快被红军击溃。19日，红军乘胜追击，围攻白砂，歼灭敌第四十七师残部和郭华宗第四十三师一个旅，共俘敌3000余人，缴枪2000余支。红一方面军取得第二个战斗的胜利。

这时，驻在藤田地区的是王金钰右路军第五十四师。第五十四师原是奉系军阀张作霖的部队，师长郝梦龄，别名锡九，河北藁城人，保定军校第六期毕业；副师长魏我威，河北藁城人，先后毕业于保定军校第九期和陆军大学第八期；参谋长刘家麒，湖北武昌人，保定军校第六期毕业，后又在陆军大学特二期学习；高级参谋孔繁沄，河北任丘人，先后毕业于保定军校第七期和陆军大学第八期。所部旅长、团长，也大多系保定军校毕业，是一个小"保定帮"。因此，该师虽系杂牌军，但装备较好，军官受过系统军事教育，有较强战斗力。

在由永丰出发，经藤田向沙溪前进的途中，第五十四师沿途看不到红军的踪影，也见不到壮年人和青年人，偶尔能够见到个别老年人，向

---

① ［美］艾格妮丝·史沫特莱著，梅念译，胡其安、李新校注：《伟大的道路》，东方出版社2005年版，第347页。

其问道路和情况，老年人不是装聋，就是作哑。沿途所经村落，没有粮食，没有锅灶，室内只能看见墙壁上的革命标语。如："欢迎白军弟兄参加打土豪分田地"、"天下穷人是一家"、"白军弟兄起来打倒克扣你们粮饷的军官"、"白军弟兄起来，反对打骂你们的军官"、"穷人不给代表地主利益的军阀卖命"……这些标语令反动军官们十分头疼，怕它唤醒士兵们的阶级意识。因此，见到这些标语，反动军官就命人去刮。由于标语太多，敌人刮不胜刮。

第五十四师在前进途中，见不到老百姓，得不到红军的情报，官兵情绪十分恐惧，战战兢兢走了五六天，第一六一旅前进到沙溪及其以南地区，师部前进到沙溪，第一六〇旅、第一六二旅前进到藤田及其附近地区。他们就在这里构筑工事，以藤田为主要阵地，以沙溪为前进阵地。不久，坏消息一个接一个传到第五十四师。先是5月16日，公秉藩第二十八师在富田以东的中洞、山坑被歼；接着是5月17日第四十三师在九寸岭、观音崖遭到红军伏击，损失惨重；再接着就是5月19日在水南、白砂第四十七师残部和第四十三师遭到红军攻击受到重创。这些消息，使第五十四师惶惶不可终日。

旋即，第五十四师师长郝梦龄接到南昌行营急电，要其相机向右翼增援。郝梦龄认为右路军主力已被红军各个击破，凭工事固守尚可，如果增援在途中与红军遭遇或被伏击必定惨败不可，所以，决定将在沙溪的第一六一旅星夜撤回藤田固守。

藤田是一个盆地，四面多山，难守易攻。第五十四师全师集中藤田后，郝梦龄怕红军在消灭第四十三师后会攻藤田，于5月20日改变固守计划，连夜开拔，分两路向永丰退却。郝梦龄溜之大吉，避免了被红军歼灭的一劫。

由于郝梦龄保存实力，何应钦、蒋介石也没有追究他擅自后撤的责任。

中村战斗，重创高树勋师

郝梦龄师侥幸躲过被红军歼灭一劫，高树勋的第二十七师就没有这么幸运了。

高树勋师属于中路军，从 4 月下旬开始南进。该师三个旅由乐安经招携、小树岭，向东韶前进。王恩布第八十一旅为先头，其余依次为池峰城第八十旅和施积枢第七十九旅。敌部进入苏区后，完全失去耳目，如坠入云里雾里，找些当地老百姓询问红军情况，一问三不知，陷于孤立境地。

5 月 18 日，高树勋率领第二十七师师部到达南团，接到中路军总指挥孙连仲转来的南昌行营电报，要他驰援在藤田的第五十四师。高树勋立即决定 19 日由南团取道中村向藤田前进。高树勋不会想到郝梦龄会从藤田撤向永丰，此后发生的事让他为这个决定后悔死了。

由南团向藤田的途中，都是崇山峻岭、羊肠小道。第二十七师官兵都是北方人，不善于爬山，叫苦不迭，一天从早到晚只能走四五十里。

白砂战斗结束后，朱德、毛泽东指挥红一方面军继续向东横扫。5 月 21 日，敌第二十七师先头第八十一旅到达中村，高树勋则率领师部到达坳子岭。到达中村的第八十一旅遭到红军的猛烈攻击，激烈的战斗中，敌第八十一旅先头团团长王广田被红军击毙，该团也伤亡惨重。高树勋得到消息后，立即率师部和池峰城旅向中村急进，到达中村已经日薄西山。高树勋考虑到道路如此难走，参加夜战不利，决心在中村利用简易工事抵抗红军。于是，高树勋令王恩布旅固守阵地，池峰城旅在中村东面占领阵地，施积枢旅在中村停止待命，所有非战斗部队撤退到大金竹。

22 日拂晓，红军在朱德、毛泽东指挥下，分两路包抄中村。此时，因郝梦龄第五十四师已从藤田撤到永丰，高树勋第二十七师去藤田增援第五十四师已成为多此一举，孙连仲电高树勋，令该师速向东陂撤退；同时，孙连仲还电令驻洛口附近的第二十五师李松龄部向草台岗北撤。

这时，高树勋部就是想跑也跑不了了，红一方面军由西南把四面皆山、中间是平地的中村团团包围起来。在红军的猛烈进攻下，高树勋第二十七师师部及其直属部队和池峰城旅旅部及其直属部队，狼奔豕突，七零八落，无法组织战斗，各部依据房屋、田园、沟渠各自为战。红一方面军全歼该先头旅，重创高树勋师师部。高树勋见势不妙，丢掉部队，弃马夺路，穿山越岭，直到大金竹才停下来收容部队。中村东面的池峰城旅也已土崩瓦解，退到大金竹。

高树勋收拾其残部后向乐安溃退。孙连仲立刻命令李松龄第二十五师于 23 日由东韶撤往宜黄。红军取得第三次战斗胜利——中村战斗胜利。

攻克广昌，敌师长胡祖玉重伤后毙命

担任左路军任务的国民党军第六路军朱绍良部，除将新编第十三师路孝忱部留在南丰、南城间维持后方联系，作为战略预备队外，其余所辖第五师、第八师、第二十四师、第五十六师按南昌行营的命令，在 5 月 15 日以前先后攻占广昌及其以南的头陂、新安、白水之线。朱绍良的第六路军总部则驻在广昌督促各师修筑工事，搜购粮草，作南进的备战。5 月 23 日，朱绍良得悉高树勋部被红军重创北撤的情况，判定红军必然东进围攻广昌，随即下令第八师向广昌以南集结，第五师从头陂退回广昌待命。

中村战斗结束后，红一方面军的领导机构有所调整。这种调整对反"围剿"作战是有利的。中共苏区中央局成立后，撤销了中共红一方面军总前委。第二次反"围剿"作战开始后，中共苏区中央局不便随军行动留在龙冈。而前方红军行动和战地地方工作繁重，若事事都要请示苏区中央局，不可避免地会贻误战机。为了前方作战的需要，5 月 24 日，在南团重新成立中共红一方面军临时总前委，以毛泽东为书记，朱德、彭德怀、林彪、黄公略、谭震林、周以栗为委员。

5 月 25 日晚，毛泽东在宁都和广昌交界处的洛口圩严坊村召开临时总前委第一次会议，决定方面军主力在第二天开到广昌县城西北的苦竹集中，准备全力攻击朱绍良部的毛炳文、许克祥、胡祖玉三个师。

5 月 26 日，朱绍良令许克祥第二十四师派出一部先撤至甘竹、白舍；第八师毛炳文部派出一部先撤至傅坊占领掩护阵地；第五师和第八师主力分别担任广昌城西北和西南一带高地的守备。作为总掩护退却的部队，第六路军总部及第二十四师主力在广昌城内作退却的准备。

这天，毛泽东、朱德率领红一方面军总部抵达苦竹后，得到敌人动向的情报。当晚8时，毛泽东在苦竹召开临时总前委第二次会议，讨论是按原计划打南丰还是先占广昌问题。会议经过讨论，决定改变原定攻打南丰的计划，于27日进攻广昌。

次日清晨，天空下起了蒙蒙细雨，红一方面军主力直逼广昌城下，从北、西、南三面发起猛烈攻击。敌第五师师长胡祖玉到阵地上视察时，被红军机枪击中胸部，伤势十分严重。敌第五师官兵顿时军心惶惶。敌第六路军总指挥朱绍良强作镇静，勉强维持到当天晚上才下令分路向南丰撤退。

28日，守广昌城的敌第五师主力无心恋战，向南丰逃走。胡祖玉由秘书胡运鸿和工兵营营长刘采廷从广昌护送至傅坊。胡运鸿在回忆中说："第二天下午，我们将胡祖玉送到南丰，一宿后，即用船送往抚州转南昌医治。""胡祖玉伤势严重，曾用飞机接上海名医牛惠生来赣诊治。牛诊断结果，认为无法救治。6月3日死于南昌医院。蒋介石为了给他的将领打气，好替他卖命，下令'公葬'，拨治丧费一万元，抚恤费三万元。"[1]

红一方面军歼灭胡祖玉第五师一个团，占领了广昌，取得第四次战斗胜利——广昌战斗胜利。

夺取建宁，痛击刘和鼎师

国民党军刘和鼎第五十六师，下辖第一六六旅、第一六七旅、第一六八旅三个旅。1931年春，奉南昌行营的电令，刘和鼎派副师长陈万泰率第三三一团及三三四团第二营驻防延平（今南平市），并负责延平到福州闽溪交通；派第一六八旅旅长桂振远率领第三三二团、三三四团驻建宁。同时，为了窥探红军的情况，刘和鼎派第三三三团进驻江西安远，

---

[1] 胡运鸿：《记第五师师长胡祖玉在广昌被击伤亡》，文闻编：《"围剿"中央苏区作战密档》，第39—40页。

又向宁化方面派出第三三六团与周志群旅联系。刘和鼎派出的这两个团，在红军还没有什么消息的时候，耀武扬威往来于闽赣边。但在四五月间听到红军有东指福建的消息时，就不分昼夜从宁化、安远撤回建宁，协同该师原驻建宁的部队，占领建宁外围有利地形，构筑工事，准备以逸待劳迎击红军。

5月28日上午10时，毛泽东在广昌城北的沙子岭主持召开临时总前委第三次会议，讨论红军下一步行动问题。会议认为，因通往南丰的桥梁已被破坏，此时如向南丰追击逃敌已追不上。从战略上和形势上，红军都应追击刘和鼎师，夺取建宁城，以便以后筹款。

会后，毛泽东、朱德立即率领红一方面军总部和红三军团、红十二军，日夜兼程东进，直指建宁城。

5月30日下午，刘和鼎在建宁外围发现红军在各山头活动，即令各守军进入阵地，破坏通往宁化、石城两座木桥。

5月31日天色未明，红军包围建宁城，突然发起攻击。尤其是溪口方面，红军攻击更是猛烈。战至下午，敌第一六七旅旅长刘尚志支持不住，守溪口的部队溃退下来。这样，红军占领了建宁河对岸的炮台山高地。

此时，守卫接龙桥的敌军乱成一团，争先逃命。当这些溃兵逃离接龙桥二三里路时，敌第三三六团团长汤霖喝令："弟兄们！师长尚在城内未退出来，赶快冲回去，违者枪毙！"这时溃兵逃命要紧，谁还听汤霖命令，继续奔逃。

由于红军已经堵住了通往泰宁的大道，第五十六师残兵败将退向将乐县。真是兵败如山倒，第三三六团团长汤霖被红军击毙，第三三二团、第三三三团、第三三六团被红军全部歼灭，其余残部一口气退到海口对面的大山。刘和鼎在建宁无路可走，脱下军装，带了两个卫士，在河边抢了一个打谷桶，想顺流而逃，但为红军火力所阻击，撞碎在岩滩。刘和鼎落水后，被卫士救上岸，狼狈逃到将乐。

建宁之战，红军歼灭敌人三个多团，夺取建宁城，缴获大批西药和其他军用物资。红一方面军又夺取了第五次战斗也是最后一次战斗的胜利。

从5月15日至31日，红一方面军打一仗，胜一仗，连续打了五个胜仗，攻城拔寨，无坚不摧，如风卷残云般自西向东横扫 700 里，歼敌 3 万余人，缴枪 2 万余支，使国民党军对中央苏区的第二次"围剿"灰飞烟灭，并进一步扩大了苏区。胜得如此痛快淋漓，红一方面军全体将士能不心情喜悦，士气高涨么？

红一方面军总司令朱德后来说："这一仗打下来是一个大胜仗，可以说是三次'围剿'中间最大的一仗。缴获非常之多，被打垮的也多，有些是自己根本就不情愿打，自己就垮下去了。王金钰还是满清时编起来的陆军旧队伍。在作战中间捉了无数的俘虏，但都大批的放出去了。""北面很长的一线，由吉安到建宁，都打垮了。""这时打破了敌人第二次'围剿'战争。"①

朱德后来任红军总司令、人民解放军总司令，新中国成立后 1955 年授勋时为共和国第一元帅，在多年后谈起第二次反"围剿"作战，仍然记忆犹新，话语中回味无穷，充分说明这次反"围剿"在他的军事生涯中的地位。

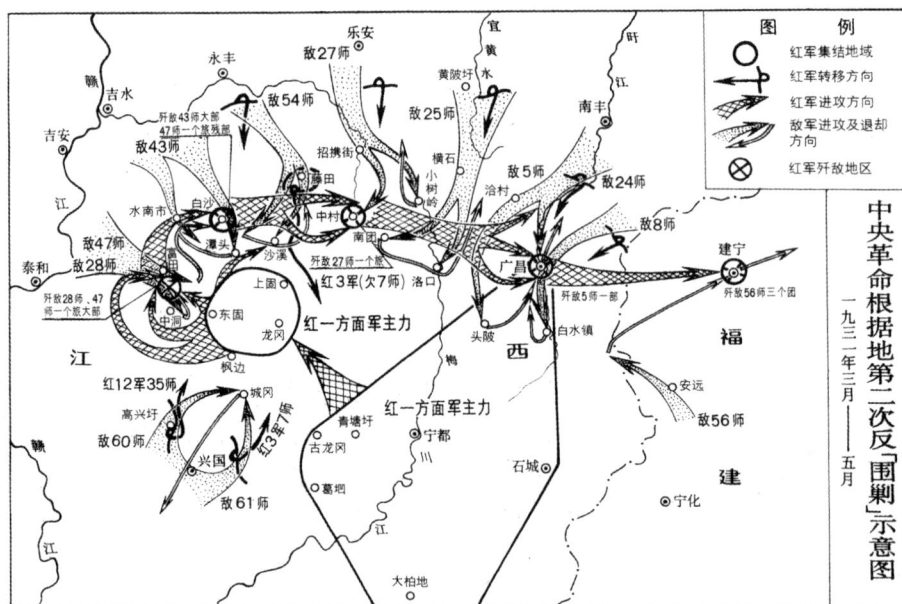

中央革命根据地第二次反"围剿"示意图

---

① 中共中央文献研究室编：《朱德传》（修订本），第 298 页。

毛泽东在第二次反"围剿"胜利后更是喜悦，禁不住诗兴大发，又写了一首《渔家傲·反第二次大"围剿"》：

> 白云山头云欲立，白云山下呼声急，枯木朽株齐努力。
> 枪林逼，飞将军自重霄入。
>
> 七百里驱十五日，赣水苍茫闽山碧，横扫千军如卷席。
> 有人泣，为营步步嗟何及！[1]

趁势反攻，扩大苏区

红一方面军第二次反"围剿"胜利，沉重打击了蒋介石的气焰，国民党各路军队被迫撤离中央苏区的中心区域。

这时，国民党统治集团内部纷争又起，蒋介石为此大伤脑筋。早在1930年11月的国民党三届四中全会上，蒋介石欲通过《训政时期约法》，设置总统，置五院院长于总统之下，遭到时为立法院院长的国民党元老胡汉民的反对。会后，蒋胡两人围绕制定约法问题继续争吵并开展争夺国民会议代表席位的斗争，矛盾日益激化。1931年2月28日，胡汉民于夜间同蒋介石发生激烈争吵后，被蒋介石扣押。次日，胡汉民被迫辞去国民政府委员和立法院院长职务。事后，蒋介石称胡汉民"引咎辞职"，以林森为立法院院长。

蒋介石此举触怒了一帮国民党中央监察委员。4月30日，邓泽如、林森、萧佛成、古应芬等四名国民党中央监察委员为此事弹劾蒋介石。5月28日，国民党内反蒋派汪精卫、唐绍仪、孙科、古应芬、李宗仁、陈济棠在广东又成立一个"国民政府"。

5月17日，蒋介石听说反对他的"粤方伪政府不能成立，古应芬、陈济棠陷于进退维谷"时，还暗自高兴地说："彼辈以国事为儿戏，其可

---

[1] 《毛泽东诗词选》，第36页。

叹也！"然而，一星期之后，蒋介石又得到了入粤准备组织"国民政府"的消息，在日记中十分愤懑地写道："赣南共匪猖獗，孙科、汪兆铭入粤，组织伪府，而北方之阎、冯又有死灰复燃之势，国难以此时为最乎？"蒋给自己打气："吾人惟有本我之责任与良心，抱死而后已之志，与奋斗到底之而已！是以忧虑固甚，而神明则泰然也。"

5月26日，蒋介石截获了蒋光鼐与陈济棠暗中联系的电报后，气得要死，说："赤祸滔天，国亡无日，而若辈犹死不知悟，诚党国之不幸也！"5月28日，蔡廷锴奉南昌行营命令，火速驰援朱绍良第六路军，向东挺进。第十九路军本来就不积极，得知朱绍良部受到红军沉重打击后，就一屁股停下不走了，折返富田。不久，又回师兴国，随后撤往赣州。6月3日，蒋介石接到蒋光鼐有关电报，说："憬然[①] 果有异心附逆乎？此亦在意中，不足虑也。"又说："蒋、蔡既变，则赣中剿匪计划，大受影响；且粤桂逆军，亦必攻我湘鄂矣。"

国民党军对中央苏区第二次"围剿"败仗一个接一个，内部纷争愈演愈烈，搞得蒋介石焦头烂额，以至于跑到南昌召开高级军官会议，大骂部属们无能，甚至痛哭失声。

国民党统治集团内部纷争为红军实施反攻、向外发展、扩大苏区提供了好机会。6月2日晚，红一方面军临时总前委召开第六次会议。会议在毛泽东的主持下，分析打破第二次反"围剿"后的形势，认为国民党军各路军现已退出中央苏区的中心区域，暂时转入战略防御；两广的反蒋军队正准备进军湖南同蒋系军队作战。在这种形势下，"蒋（介石）有先对付两广的必要，对我们有改守势之可能"。[②]红一方面军应抓住这一有利时机，转入战略进攻。据此，会议决定红一方面军的战略进攻分三期进行。

会后，毛泽东、朱德按照会议决定，率领红一方面军实施第一期工作计划，指挥主力向北推进到宜黄和南丰、南城、黎川之间，以及建宁、

---

① 蒋光鼐的字。

② 《总前委第六次会议纪要》（1931年6月2日），中共中央文献研究室编：《朱德传》（修订本），第299页。

泰宁的闽赣边境，在这些地区积极开展发动群众、扩大红军、建立苏维埃政权和筹款等工作。

不久，形势发生了新变化，蒋介石有对两广军阀采取守势而对红军发动新的进攻的迹象。鉴于此，红一方面军临时总前委及时改变原定部署，决定主力向东推进到闽西和闽西北地区开展工作。为什么到这些地方开展工作？主要是因为这一带地势偏僻，受到敌人威胁较小；山地纵横，无河川阻隔，最适宜造成新战场；有款可筹，一年内不愁给养；群众很多，可以扩大红军。从以后反"围剿"的事实看，不能不佩服毛泽东、朱德的远见。同时，红一方面军临时总前委还决定红三军（欠第九师）进到于都、会昌地区开展工作，坚强后方建设。

按照红一方面军临时总前委的决定，6月下旬，红三军第九师位于南丰、宜黄之间地区，监视南丰、宜黄之敌；红四军第十二师位于南丰以南地区监视南丰敌人；红三军团以建宁、泰宁、将乐为工作区域，以顺昌、邵武、光泽为筹款区域；红四军（欠第十二师）以归化、清流、连城为工作区域，以沙县、永安为筹款区域；红十二军以宁化、长汀、石城为工作区域；红三军（欠第九师）以于都、会昌为工作区域；方面军总部驻建宁。为了加强南线领导，红一方面军临时总前委于6月21日建议并经中共苏区中央局批准，组成以陈毅为书记的中共南路工作委员会，领导红三军军委和中共赣西南特委；组成以周以栗为书记的中共闽赣边工作委员会，领导红十二军军委、红三十五军军委和中共闽赣边特委。

红一方面军经过不到一个月的时间，分兵在赣东、赣南、闽西、闽西北的广大区域内，发动群众，扩大苏区，筹集了大量给养和款项，整训部队，组建新部队，为即将开始的第三次反"围剿"斗争准备了条件。

红一方面军有了空中信息"桥梁"

在中央苏区第二次反"围剿"开始之前，中共中央培养的无线电人员伍云甫、曾三、涂作潮经上海至中央苏区的秘密交通线到达中央苏区。他们的到来加强了中央苏区的无线电技术力量。

　　说起中共中央培养无线电人才，不能不说周恩来的远见卓识，这还要从 1928 年说起。

　　1928 年夏天中共六大之后，各地利用国民党新军阀混战的有利形势，红军和根据地不断扩大，苏维埃政权相继建立。在农村革命形势蓬勃发展的新形势下，原先靠地下交通员向苏区传递文件的办法，已经不适应革命形势发展的需要。因此，中共中央迫切需要建立电台，密切与各地党组织和各革命根据地的联系，以加强对整个革命运动的指导。于是，在周恩来的倡议和领导下，中共中央开始了培训无线电技术人员、制造无线电通信设备等创建无线电通信的工作。

　　培训无线电通信技术人员的工作，是在国内和国外分别进行的。

　　1928 年秋，在中共中央军委工作的李强接到任务，学习无线电技术，准备建立无线电电台。李强原名曾培鸿，曾是上海东华大学土木工程系学生，接到任务后，二话不说，改学无线电技术。

　　由于处在国民党统治区，白色恐怖严重，为不引人注意，李强只能偷偷自学。他是工科出身，英文、数理化基础好，接到任务后，就买了《无线电基本原理》《无线电业余手册》等英文书籍进行攻读。他回忆说：

　　参加革命前，我在大学学习了两年，没有毕业。在大学里，我是学修铁路、建桥梁的。好在学校里，我的各门基础课学得比较扎实，数、理、化的成绩比较好。中学里的自然科学都用英文课本，加上在大学里全用英文课本，所以接受学习制造无线电的任务后，就到街上买美国大学用的有关教科书，进行系统自学。因为基础好，学起来并不困难。①

　　理论上学习比较好办，实践就困难了。没有电台，李强就秘密到上海无线电工厂偷着学习。在博物馆路有一家大华科学仪器公司，专门生产发报机，但厂子管得很严，李强不能进厂子去学，便把这家公司的产

---

　　① 李强：《一次划时代的通信革命》，中国人民解放军总参谋部——通信部编研室：《红军的耳目与神经》，第 1—2 页。

品搞出来，一面解剖，一面学习。当时的上海，鱼龙混杂，什么人都有，卖什么东西的都有，一般电台零件比较好买，但发报机的重要零件在街上买不到。发报机是重要零件，在外国人开的洋行里能够买到，只要先付定金，说要什么型号，约定三个月到货。李强通过外国洋行买到了发报机的重要零件，但遇到了更困难的拦路虎——紫铜管绕线圈。这个东西连外国洋行也买不到。好在李强有一个朋友是无线电业余爱好者，李强从他那里学到了不少东西，自己摸索着制作紫铜管绕线圈。就这样，一边学习，一边制作零件，一边组装收发报机。功夫不负有心人，1929年春末，李强组装成了第一批收发报机。

李强还找到大华科学仪器公司的一位职员，两人在厂里工人的帮助下做零件，并对外做起买卖来。他们买来零件，做成发报机卖到轮船公司的船上。这样做，有利于掩护李强为党组装收发报机工作的实际身份。

1929年下半年，李强奉命去香港，选择建电台的房子。李强到后，从既利于隐蔽，又利于工作角度出发，选择了离海边不远的弥敦道的一所房子。这个房子是中式的四层楼，李强选中了第四层，将整层共四间屋子都租了下来。党组织在当地找了一个朝鲜同志当报务员。李强把房子租好后，党组织从广东派了会说香港话的卢彪夫妇住下作掩护。完成租房任务后，李强就回了上海。

年底，李强第二次去香港，同行的有报务员黄尚英。他们是带着电台和密码坐船从上海到香港去的。上船前，李强买了两个大铁皮箱子。这种箱子在当时是很时髦的，但从外表看很笨重。箱子很大，里面能装东西，立起来放，像大衣柜，打开以后，一边可挂衣服，一边放其他东西。李强把收发报机放在铁皮箱里，运上船。为了掩护身份，李强穿得很阔气，坐头等舱，像一个有身份的头面人物。船到香港后，李强和黄尚英刚从船上下来，警察就要检查。李强知道，他们的检查并不认真，就塞给他们四块钱。警察拿到钱，看都不看在铁皮箱子上画了检查过的记号就放行了。

收发报机顺利运到香港后，李强把密码交给了一个叫王梦兰的同志。李强把电台安装好后，按照预先约好的波长、呼号和时间，先收听上海的中共中央的声音。双方都听到后，就开始通报了。

1930年1月，上海的中共中央的电台与在香港的南方局的电台正式通报。这是党内首先成功实现的无线电通信，为此后中共中央与中央苏区的无线电联络打下基础。

比李强晚一些，时任法租界中共党支部书记的张沈川也按照周恩来的指示开始学习无线电通信技术。张沈川回忆说：

> 1928年10月的一天，组织上调至我（当时任法租界地方党支部书记）到三马路惠中旅馆一楼一个房间，说是中央组织部长伍豪（周恩来）和我谈话。去后，周恩来很详细地问了我的情况，过去在什么地方念书，参加过哪些政治活动，什么时候入的党，由谁介绍的？我一一作了回答。最后，恩来同志说，组织上决定调你学习无线电通信技术。并说，从明天起，你就归他领导（指坐在一旁的顾顺章）。第二天，顾即派李强找到了我。以后，李强就经常帮助我学习，每月的生活费也是他带给我的。[①]

这年冬天，张沈川用张燕铭的化名考进了"上海无线电学校"。该校设在国民革命军总司令部第六军用电台内。开学后，张沈川发现第六军用电台台长兼校长刘鹤年是熟人。刘鹤年原在青岛侧候所担任报务员，1925年在青岛曾和张沈川一起参加"青沪惨案后援会"，支持日本纱厂罢工工人。张沈川告诉刘鹤年，自己家中生活困难，无法再上大学，来上海学无线电技术，将来好找个生活出路。而刘鹤年等办无线电学校，也是为了收学费，牟利赚钱。

半年后，张沈川从无线电学校毕业，得到刘鹤年的同意，住进第六军用电台实习。刘鹤年等见张沈川能完成收发报任务，便要他经常值夜班，他们好在外面吃喝玩乐。过了一段时间，张沈川摸到了他们的生活规律，在深夜自己单独值班时偷抄了两本军用密码，交给了党组织。这

[①] 张沈川：《"地下"无线电波》，中国人民解放军总参谋部——通信部编研室：《红军的耳目与神经》，第7页。

两本军用密码对于此后破译国民党的电报是非常有用的。

1929 年 7 月初，国民党黄埔军校电训班毕业的张健等三人被分配到第六军用电台实习。这三个人受过特务训练，一到电台，就注意到张沈川这个"实习生"，找他的麻烦。张沈川觉得再待下去危险，于是就对刘鹤年说："实习生多，练习的机会少了，我决定搬出去，找工作。"刘鹤年同意后，张沈川立即卷起行李，迅速离开了第六军用电台。

张沈川离开后，在英租界赫德路一个弄堂租了一间二楼前楼住下，党组织调了一个叫贺果的同志和他同住同学习无线电技术。

从 1929 年下半年起到 1930 年上半年，通过分散居住、单线施教的办法，李强、张沈川培训出了党的第一批无线电通信技术人员。当时参加学习的有黄尚英、王子纲、伍云甫、曾三、曾华伦、王有才、刘光慧（女）、赵荫祥（女）、蒲秋潮（女）等。

在莫斯科，1928 年初夏，苏联也开始为中国共产党培养无线电技术人才。毛齐华回忆：

1928 年初夏的一天，莫斯科中国共产主义劳动大学（简称"中大"或"劳大"）的秘书长阿勒拉莫索（他曾在苏联驻华使馆工作过，会说中国话）交给我一份名单，要我（当时，我是该校支部局组织委员）通知一些人去见他。名单上有方廷桢（方仲如）、陈昌浩、沈侃夫（陈宝礼）、李元杰、程祖怡和我 6 人。我们到他办公室见他时，他对我们说，根据中国革命的需要，中共代表团的要求，第三国际的支持，决定派你们几个去学习无线电通信技术。这是绝对保密的事，跟任何人都不能讲。你们白天在校上课，晚上去学习。[①]

国际无线电训练班设在一条偏僻的街道上，周围用木板作围墙，门内有苏联红军站岗。中国的六名学员每周到这里学习两次，都是在晚

---

① 毛齐华：《我党早期的"地下"电台》，中国人民解放军总参谋部——通信部编研室：《红军的耳目与神经》，第 14—15 页。

上，每次两个小时。在"中大"学习还和往常一样。

在苏联学习无线电通信技术条件要比国内好得多。国际无线电训练班由苏联教员教课。开始阶段是学习收发报技术，教员用电键"滴滴答答"地拍发，六个学员围着桌子而坐，头戴耳机，边听边抄，抄完后当场校对是否准确。

暑假之后，六名中国学员开始学习无线电原理和制作机器零件的技术。教员讲课用的是俄语，毛齐华和沈侃夫不懂俄语，方廷桢等人懂俄语。毛齐华和沈侃夫只好课后请方廷桢等辅导，才能跟上学习的进度。在训练班隔壁有一家无线电元件的小工厂，教员告诉他们，要到小工厂去看看，争取时间学会使用简单的工具制作电容器、变压器、线圈等无线电元件。回国后有些元件可能买不到，要自己动手做。

中国学员到这家工厂里去时，苏联工人对他们很热情，要工具和提问题，都能够得到满意的答复。毛齐华和沈侃夫都是工人出身，对于制作机械感兴趣，经常到那个小工厂去。

1928年底，由于陈昌浩调走搞青年团的工作，中途辍学，国际无线电训练班剩下五人。1929年底，为了有更多的时间学习无线电通信技术，五名中国无线电学员搬到了国际无线电训练班去住，只是在"中大"有重要报告时才去听一听。

从1930年起，中国学员常常带着自己制作的收发报机，乘火车到离莫斯科几十公里远的郊外去实习。实习时与业余电台"CQ"联络，顺利时，他们一晚可以与十多个西欧国家业余爱好者的电台通报。有时，他们还到莫斯科郊外国际电台参观学习。

这年秋末，国际无线电训练班负责人晓克找方廷桢、沈侃夫、李元杰、毛齐华谈话，告诉他们，根据共产国际的指示，他们在这里的学习毕业了，要回国工作。于是，他们四人按照晓克交代的路线和方法，秘密从莫斯科到海参崴。几天之后，他们又从海参崴乘车到一个秘密交通站，改换行装，由苏联交通员带路，翻山越岭，回到祖国东北。然后，四人分散行动，相约在上海南京路先施公司附近马路上会面。初冬，四人在上海相聚，并同党组织接上了头。

在苏联的列宁格勒伏龙芝军事通信联络学校，也有一批中国学员。1929 年 1 月，原在莫斯科东方劳动者共产主义大学学习的涂作潮进入列宁格勒伏龙芝军事通信联络学校学习。这个学校学习的内容比较多，涂作潮回忆说：

在"通校"里，我们主要学习放狗、放鸽、有线通信、无线通信、绘制军用地图、修理汽车、木工和锻工等等。校长瑞斯基，政委康士坦丁洛夫，数学教员聂里多夫，初级无线电教员雅克列夫，高级无线电教员乌拉索夫，技术员梅也尔、索培尔（这两位是德国人）。在这里，我的同学有：刘希吾（四川人）、谭显犹（广西人，留法学生），此外还有宋廉（四川人）。[1]

1929 年下半年，刘伯承在苏联伯力组织金矿里的华工成立"远东支队"，准备打回中国去，涂作潮和宋廉先后奉命到这支部队里搞无线电通信工作。

1930 年 3 月，按照党组织的要求，涂作潮和宋廉回国到上海。

在苏联培训的两批无线电通信技术人才先后回国到上海，壮大了党的无线电通信技术队伍。

他们回去后，中共中央在西摩路一幢楼房建立一个功率 250 瓦的"国际电台"，准备和海参崴通报，由毛齐华、曾三以及宋廉负责报务。常住电台的是吴克坚夫妇。

尽管党在上海自己培训了一批无线电通信技术人才，从苏联又回来了两批无线电通信技术人才，但这时全国各革命根据地不断发展扩大，要加强中共中央同各根据地的联系，在根据地建立电台，这点人才是远不够用的。1930 年初夏，张沈川奉党组织之命，拟定培训 20 名无线电技术人员的计划。张沈川考虑到英租界是商业区，来往人多，情况复杂，

---

[1]　涂作潮：《"木匠"的回忆》，中国人民解放军总参谋部——通信部编研室：《红军的耳目与神经》，第 33 页。

较易隐蔽，可开设两个电料行，向主管部门登记，领取营业执照，老板、店员、学徒都以合法身份，经销电灯泡等电器用品，以及修理电灯、自来水管和收音机等业务。学员白天照常营业，深夜学习无线电通信技术。如一个店遭敌人破坏，还有一个店。

但是，中共中央特科负责人顾顺章否定了张沈川的建议，主张将无线电集训班办在法租界。他的理由是：在法租界巡捕房有一可靠的内线，如发生什么问题，他会事先知道，可以采取措施来应付。

顾顺章是领导人，当然得听他的。于是，顾顺章在法租界巨赖路（今巨鹿路）四成里12号租赁一幢石库门三层楼房，开办无线电集训班，对外挂"上海福利电器公司工厂"的招牌，大家都叫它"福利公司"。无线电培训班名义上的负责人是顾顺章，实际负责人为李强，并兼管机务。张沈川管报务，吴克坚管组织和经费。从莫斯科回来的涂作潮、毛齐华、宋廉、方廷桢、沈侃夫、李元杰等六人均参加了集训班的教学工作，如方廷桢教电学，兼管学员的政治学习和组织生活等，沈侃夫教机务。教职员全是参加过上海三次工人武装起义、香港工人罢工、秋收起义、广州起义，经过党多年教育和革命斗争考验的党、团员。学员是广东、江苏、湖南、福建等省选派的，计有广东8人、江苏5人、湖南2人、福建1人，共16人。

由于顾顺章过于自信法租界巡捕房有线人，这次无线电集训班一改过去分散教学、单线联系的办法，采取集中教学。虽然挂着"上海福利电器公司工厂"招牌，但进进出出的学员们，却有穿长袍的，有穿西装的，有穿学生装的，有穿工人装的，显得形形色色，而且大都是青壮年。并且对外又没有业务关系，也没有具体做什么产品。因此，很容易引起敌人注意。

由于隐蔽不周密，敌人的侦探两次进厂侦察。这本应该引起高度警惕，但顾顺章不仅没有考虑敌情，采取必要措施，反而要大家安心学习。结果出事了！12月17日上午，李强、毛齐华、吴克坚、涂作潮、宋廉、伍云甫、曾三等不在集训班，张沈川在二楼教收发报课，十多名学员在练习收报，突然闯进来六七个巡捕，把张沈川、方廷桢、苏干达、陈坦等

20 名教员、学员全部抓走。

"福利公司"被破坏后不久，恰逢中央苏区第一次反"围剿"胜利。为了中共中央与中央苏区能够及时联系，1931 年 1 月，周恩来指示聂荣臻安排伍云甫、曾三、涂作潮前往中央苏区。伍云甫回忆说：

1931 年，春天的步履转眼踏上了上海滩。黄浦江上的风吹在人脸上犹有余寒，……我、曾三和一个机务员奉命到指定地点去接受党的一位负责同志的指示。……不多一会儿，我们到了指定地点，接见我们的原来就是我们熟悉的聂荣臻。聂荣臻向我们介绍了当时国内的革命形势和各地红军迅速发展的情况，并且告诉了我们一个喜讯，说去年除夕，江西苏区的红军在毛泽东的战略指导下，粉碎了蒋介石 9 个师 10 万兵力的围攻，活捉了敌师长张辉瓒。这个消息虽然我们在前几天已略知一二，但经他一传达，我们好象又上了一次生动的党课，受到很大鼓舞。然后他说："为了保证今后党中央和江西苏区能及时联系，党中央决定立即派无线电技术人员到那里去，建立无线电联络。"停了一停，他向我们投射出征询的目光："现在党指派你们作为去完成这个任务的第一批同志，有意见吗？"

一个共产党员执行党的决议还有什么可犹豫的呢，何况到苏区去，到红军中去，正是我们朝夕向往的事情。我们知道，一束束看不见的电波已经把党中央和各中央局紧密地联系在一起；现在党中央又派我们去搭一座新的"空中桥梁"——党中央和苏区、和红军的无线电联络线，心里当然非常兴奋。①

接到去中央苏区的任务后，伍云甫、曾三、涂作潮三人，化装成华侨商人，由秘密交通员护送，由上海搭乘一艘法国邮轮先到香港。然后，他们又乘日本轮船到汕头。在汕头上岸后，乘火车到潮安。再由潮安换乘

---

① 伍云甫：《江南柳》，中国人民解放军总参谋部——通信部编研室：《红军的耳目与神经》，第 65—66 页。

机帆船沿韩江北上。一天晚上，当船到大埔清溪镇时，一只小木船向他们搭乘的机帆船划过来。伍云甫他们知道，这是党的地下交通员。于是，他们让机帆船停下来，跳上了这只小船。交通员用小船把他们送到了大埔，住进了地下党组织专门开的为方便过往干部吃饭、住宿的一家饮食店。

无线电训练班旧址，学员们用缴获的电台为反"围剿"战争作出了贡献。

饮食店老板孙世阶从外表上看，像是一个惯走江湖的人物，用殷勤奉承的手段，把当地的头面人物摆弄得服服帖帖。这里人来人往，生意兴隆，谁也不会怀疑这是共产党的地下交通站。伍云甫等到了饮食店后，孙世阶用眼睛打量了头面人物一下，没说什么话，就让"伙计"带他们到楼上去休息。伍云甫向同行的曾三、涂作潮小声开了个玩笑："到了朱贵的酒店，不愁上不了梁山啦！"

过了一会儿，孙世阶上楼来了。伍云甫等三人急切地请他马上派人护送他们到苏区去。孙世阶摇了摇手，往楼板上的破洞指去。伍云甫一看，原来有几个横眉竖眼的人正在喝酒。侧耳听他们说话，才知道是当地民团的，马上要上山巡逻。伍云甫他们只好安心睡觉。睡到半夜，孙世阶把伍云甫一行人叫醒，说："走吧！"

在皎洁的月光中，伍云甫等人在孙世阶派的几个交通员护送下，翻越了一座山又一座山。天色快明时，猛听到前方不远地方传来一声："口令！站住！"交通员回答了口令，转身对伍云甫等人说："到家啦！"

　　这里是福建永定县的地界，当地苏维埃负责人热情接待了伍云甫一行，还给他们每人配了一马匹乘坐。再往前走，他们到了虎岗，受到中共闽粤赣苏区特委书记邓发和闽粤赣军区参谋长萧劲光的欢迎。在虎岗住了二日后，他们继续出发，经长汀、瑞金等地，于3月到达宁都青塘。他们这次经秘密交通线到达中央苏区，前后历时一个多月。

　　伍云甫、曾三、涂作潮都是无线电高手，到中央苏区后，立马发挥了重要作用。在第二次反"围剿"中，伍云甫、涂作潮与王诤、曹丹辉带着第一次反"围剿"从谭道源那里缴获的电台，跟随朱德、毛泽东到前线；曾三与刘寅带着从公秉藩那里缴获的100瓦电台随叶剑英在后方。这时，红三军团配备了一部25瓦的电台，建立了无线电分队，队长吴如生，政治委员杨光池。红一方面军在5月底占领建宁后，6月2日下午，后方电台同前方的红三军团电台进行了第一次沟通联络，彼此发了一份短报，从此开始了红一方面军自己利用无线电通信的新局面。

　　在第二次反"围剿"作战中，红一方面军又缴获了几部电台，又有一批国民党军无线电人员加入到红军队伍中，如沈毅力、朱虚之、陈宗泰、朱道松等。

　　第二次反"围剿"结束后，红一方面军总部无线电队开办了第二期训练班，学员有20多人，有邹毕兆、郑执中、欧阳枫等人。红一方面军的无线电队伍像滚雪球一样，不断发展，在建宁，成立了方面军总部无线电总队，队长王诤，政治委员冯文彬。

　　留在后方的那部大功率电台，一天24小时开机，监听国民党军电台的消息。一旦得到情报，立即报告前方。蒋介石谋划对中央苏区发动第三次"围剿"，他发给何应钦关于"围剿"计划的电报被红一方面军后方电台破译了，立即报告给前方方面军总部电台。当时，由于天气不好，方面军总部的电台听得不是很清楚，只记下了零零星星的几个字码。根据这些字码，王诤、伍云甫等人推测出电报内容大意是蒋介石第三次"围剿"快开始了，红军应在三天之内由福建返回江西苏区中心区域集结待命。红一方面军的"千里眼"和"顺风耳"，又一次为新的反"围剿"立下大功！

第四章 第三次反"围剿"，将敌人肥的拖瘦，瘦的拖死

一、第三次"围剿"来势汹汹

蒋介石亲自披挂上阵

国民党军对红一方面军和中央苏区连续两次"围剿"失败，使蒋介石受到沉重打击。尤其是第二次"围剿"，兵力增加到 20 万，还派出大将何应钦任南昌行营主任，结果被毛泽东、朱德率领的红一方面军打得稀里哗啦，横扫七百里，在半个月内连吃五次败仗。这对蒋介石来说，是前所未有的奇耻大辱，真是扎心痛！于是蒋介石决定调整内部矛盾，决心集中更多的兵力"剿共"。1931 年 6 月 6 日，蒋介石发表《告全国将士书》，声称要"戒除内乱"，"剿灭赤匪"。并发誓："幸而完此夙愿，决当解甲归田"；否则，"就舍命疆场"。[①]

---

① 转引自中国工农红军第一方面军史编审委员会：《中国工农红军第一方面军史》，解放军出版社 1993 年版，第 236 页。

6月7日，蒋介石开始思考新的"围剿"计划；11日，开始研究新"围剿"要采取什么战略的问题。不过，蒋介石这时急需做的事是要开国民党三届五中全会。五中全会在13日开幕，15日闭幕。21日，蒋介石自南京乘军舰西上南昌，准备组织对中央苏区第三次"围剿"。在西上途中，整整一天，蒋介石都在冥思苦想"围剿"中央苏区的作战计划。两次"围剿"朱毛红军，为什么惨败，问题出在哪里？蒋介石苦苦思考，弄得头疼，也没想得明白。以致于他在日记中写道："剿匪布置复杂，作战计划甚难决也。"

6月22日，蒋介石到达南昌，次日，宴请众将领。席间，蒋介石讲战术问题超过两个小时。散席时，蒋介石又嘱咐高级将领们作战注意之要点。蒋说："应先占领重镇，然后再以政治方法施之。"此后数日，蒋介石专心研究"剿共"战术，认为："此次剿赤，凡抄袭部队，须多用假旗号，或冒用红旗，使匪混乱也。"

前两次"围剿"，参加"围剿"的部队杂牌军居多，第三次"围剿"，蒋介石决心调自己的嫡系部队参战，图谋一举将红一方面军歼灭。于是，蒋介石一面命令原在中央苏区周围的部队固守阵地，并令第六、第二十六路军"恢复南城、南丰间交通，准备再度围剿"[1]；一面令其嫡系部队赵观涛第六师、蒋鼎文第九师、卫立煌第十师、罗卓英第十一师、陈诚第十四师，共10万人，由河南、湖北等省迅速进入江西，担任"围剿"主力军。蒋介石还亲自披挂上任，任"剿匪"总司令，任命何应钦为前线总司令，同时聘请英、日、德等国军事顾问。至6月底，国民党军原在中央苏区周围的部队和新调来的部队，总兵力达23个师又三个旅，共30万人。

可以看得出来，蒋介石从前两次"围剿"失败得出来的教训有三：一是参战部队为杂牌军，战斗力不强，且和他离心离德，不为他卖死命。因而，他调集了自己的嫡系部队作为"围剿"的主力军；二是作为"围剿"的最高指挥者无能。所以，这次他亲自出马，任"围剿"军总司令；

---

[1]　王多年主编：《反共戡乱》（上篇）（第一卷），台湾黎明文化事业公司1982年版，第228页。

三是投入的兵力不够多。因此，这次投入的兵力达 30 万，是红军的 10 倍。看来，蒋介石为了"剿灭"红一方面军，不惜下了血本。

有自己的嫡系 10 万人作"围剿"军主力，总兵力又是红军的 10 倍，蒋介石底气十足，一改第二次"围剿"采取"稳扎稳打，步步为营"的战略方针，采取"长驱直入"的战略方针，企图依仗绝对的优势兵力，首先击破红一方面军主力，然后再深入进行"清剿"，捣毁中央苏区。

为了实施新战略，蒋介石把"围剿"军编成左翼和右翼两个集团军。其具体部署是：

左翼集团军，由何应钦兼任总司令，指挥赵观涛第六师编成的第一路进击军，陈诚的由第十八军军部及其第十一、第十四师编成的第二路进击军，朱绍良的由第六路军指挥部及其第五、第八、第二十五师编成的第三军团，蒋鼎文的由第九师编成的第四军团。

左翼集团军基本上是蒋介石的嫡系部队编成，任务是从南城方面向中央苏区实施进攻，寻求红一方面军主力作战。蒋介石对左翼集团军寄很大希望，认为："以重兵贯注左翼，更以强大的部队控置于黎川、建宁、南丰之间，防制赤匪由闽边而来，抄袭我主力之侧背。"

左翼集团军是蒋介石的"心尖子"，生怕有个什么闪失，使自己的嫡系部队受到损失。6 月 28 日，蒋介石在日记中嘀嘀咕咕写道："近来深思熟虑，终觉原定之战略未妥，心不能安。"

右翼集团军，由陈铭枢任总司令，指挥由第十九路军指挥部及其第六十、第六十一师和第五十二师编成的蔡廷锴第一军团，由第二十六路军指挥部及其第二十五、第二十七师编成的第二军团，由第五路军指挥部及其第四十七、第五十四师编成的上官云相第三路进击军。右翼集团军从吉安、永丰、乐安方面向中央苏区实施进攻，协同左翼集团军"进剿"。蒋介石让右翼集团军承担这样的任务，是认为"右翼地形复杂，进展困难，应取守势，暂不求进步"。

蒋介石为什么以陈铭枢为右翼集团军总司令呢？说穿了，还是为了让第十九路军为他卖命。前面提到，蒋介石截获第十九路军总指挥蒋光鼐暗中与反蒋派陈济棠往来的电报，怀疑第十九路军与陈济棠勾勾搭搭，但他又缺乏真凭实据。第十九路军是杂牌军中战斗力最强的部队，蒋介石"围剿"中央苏区，还需要这支部队。陈铭枢与陈济棠不和，又是蒋光鼐和蔡廷锴的老上司，以他为右翼集团军总司令，就是笼络住陈铭枢，让他来约束住第十九路军不跟陈济棠走，不使反蒋派增加军事力量，为他蒋介石"围剿"红军卖命。

蒋介石还以第十师和攻城旅组成总预备军，卫立煌任总指挥，位于临川地区，准备随时加入进攻作战；空军第一、第三、第四、第五、第七队分驻南昌、樟树、吉安等机场，由临时空军指挥部指挥，支援左、右集团军作战。另以第七十七、第二十八师和第十二师第三十四旅位于吉安、泰和、万安、赣州等地，担任"清剿"，维护后方和赣江之交通、并拦阻红军西渡赣江任务；第二十三、第七十九师（由原新编第十三师改编）和骑兵第一师位于南城、宜黄、崇仁、抚州、樟树地区，担任"清剿"和维护后方交通任务；第四十九、第五十六师和新编第四旅位于闽赣边境，防堵红军东进。此外，调驻河南的第五十三师南下江西，准备集中吉安待机。

蒋介石把留在南丰、宜黄以南地区活动的红军误认为是红一方面军主力，令何应钦迅速发起进攻，并令总预备军之第十师归左翼集团军指挥。6月30日，何应钦由南昌到达抚州。7月1日，国民党军开始进攻，左翼集团军第一、第二路进击军向南丰、黎川之线推进；5日，占领黎川，迫近南丰；6日，第一路进击军向张村、康都前进，第二路进击军向大洋源前进，第十师主力进驻黎川，一部进占德胜关。第三军团在掩护第一、第二路进击军进占黎川后，进占新丰及其南北地区。第四军团集结于抚州、南城地区，准备策应第一线的作战。13日，第一、第二路进击军进占广昌。19日，第二路进击军进占宁都城，第一路进击军进占宁都固村。随后，第二路进击军由宁都分经青塘、赖村向西推进，第一路进击军由固村经宁都城向黄陂推进。在左翼集团军向中央苏区长驱直进的同时，右翼集团军之第一军团由吉安、吉水地区出发，向富田、东固、崇贤前进；第三路进击军由永丰地区出发，向沙溪、莲塘前进；第二军团由乐安、宜黄地区出发，向招携、宁都前进。

为了督战，7月2日，蒋介石乘船亲往抚州督战。临行前，部属们都劝说他："前方危险，水道又多阻滞，船行不易。"蒋介石不听，说："你们都是为我个人着想，而不顾全大局。我这个人的性格是，每离都市，无论行军督战，身临战地，心神反觉舒快，自以为惟此可得休养。一经开船，如脱重负。"蒋介石说时故作轻松，内心实际却一点也不轻松。当天，蒋介石在船上还同随行将领探讨反间战法，要求大家慎用。当晚，蒋在船上休息。

7月3日，船至抚州。蒋介石闻知黎川尚未占领，后勤补给又没有跟上，为此表示忧虑。蒋介石还自嘲："人无自由之日，若余一生受制于人，无丝毫解放之余地，是自寻苦吃。"次日，蒋介石精心思考作战计划，说："望于10日至15日期间，能在白水、石城之间决战，就好了。"当晚，蒋介石失眠了，在日记中写道："粮秣缺乏，渡河又困难，余未到赣之前，行营与兵站，对于此一无准备，不负责任，不尽职守，视官兵之生命如儿戏，视指挥军事为应酬，奈之何战不败、国不乱哉？如余不亲来视察，不知此战局又将如何结果也？"蒋介石把过去失败的责任都一股脑推到下属身上，好像他自己一出马，就胜利在握了一样。

7月5日晨，蒋介石下船上岸，到达抚州腾桥，得到了第十八军占领黎川的消息。此后几天，蒋介石先后到南城、南丰，先后与朱绍良、卫立煌等见面，视察了飞机场，检阅了第六路军。

7月10日，蒋介石研究了地形，决心派第六师出石城。次日，蒋介石看了各方情报后，得出了结论："赤匪仍欲全力攻我右翼，希冀击破一点，以动摇我全局。"这个结论使蒋介石十分头疼，当晚苦思竟不能入睡。此日凌晨1时，蒋介石醒来，2时起床，立即给陈诚、卫立煌手书命令。3时，蒋介石由南丰返回南城，令第九师、第十师在后方警戒，部队各抽三个团，为第十八、第八军运米。同时电令陈铭枢、上官云相，高度戒备，以防红军进攻。

7月13日，蒋介石得到北方石友三叛乱的消息，在以后的几天中，忙着调兵遣将对付石友三。16日晚，蒋介石返回抚州，乘船走水路离开抚州，次日上午7时在东平王庙上岸，步行八里路至莲塘，乘火车返回南昌。

蒋介石对第三次"围剿"可以说是"殚精竭虑"。动用了自己的嫡系部队，绞尽脑汁去思考作战计划。30 万参加"围剿"的部队有进攻的，有协助的，有防堵的，有维持交通的。计划不可谓不严密！他本人甚至亲到前线去督战、打气。在"围剿"的开始，国民党军长驱直入，连续攻占黎川、广昌、宁都，蒋介石在开始笑得十分甜。但开始笑，不一定能够笑到最后！

红一方面军主力千里回师赣南

国民党军从第二次反"围剿"结束到第三次"围剿"开始，中间只隔一个月，比前两次"围剿"时间间隔短得多。中共红一方面军临时总前委虽然预见到国民党军肯定会发动第三次"围剿"，但没有料到它在第二次"围剿"刚遭受失败后会来得这么快。当国民党军开始进攻时，红军还没有来得及做充分准备：广大指战员在经过苦战之后，尚未得到休整，兵员也没有得到补充，总兵力只有 3 万余人；部队远离根据地中心区，正分散在闽西北和闽西一带做群众工作和筹款，一时还没有能够集中起来。

面对国民党军第三次"围剿"来得快、来势更加凶猛，毛泽东、朱德十分沉着冷静，有条不紊地收缩部队，依照"诱敌深入"的方针对付敌人。最初，毛泽东、朱德曾设想在闽赣边界布置战场，消灭进犯敌军一路，再及其他。但他们很快发现敌人这次"围剿"规模之大和来势之猛超乎预料，于是立刻放弃原来计划，一边指挥留驻赣南的部分红军，在地方武装和人民群众的配合下，开展游击战争，牵制敌军前进；一边指挥在闽西和闽西北地区的红军主力，迅速收拢部队，回师赣南，诱敌深入到兴国、于都、宁都、瑞金等群众条件良好的地区，"避敌主力，打其虚弱"，打破这次大规模"围剿"。

7 月上旬，毛泽东、朱德将红一方面军主力在闽赣边界收拢后，急行军回师赣南。由于国民党军推进得速度很快，左翼集团军的陈诚部主力在 13 日占领了建宁以西的广昌，红一方面军主力从闽西、闽西北驻地直接向预定的作战地区宁都、兴国一带，就要同敌军主力相遇。毛泽东、朱德如果真这么做了，那就正中了蒋介石寻找红军主力进行决战的计谋了。正在南丰、南城督战的蒋介石可就真要笑了。毛泽东、朱德根据敌情，决定采取"磨盘战术"，绕过敌军进攻的锋芒，从中央苏区南部插入敌人背后。这就需要实行千里大迁回，沿闽赣边界的武夷山脉南下，到根据地南部的瑞金再折向西北。朱德通俗地说："我们的方法，就是先躲开他（敌人），等他疲劳不堪了，再开始打。"①

7月10日前后，毛泽东、朱德率领红一方面军主力由闽西、闽西北驻地出发，从敌人的左侧，沿闽赣边界的武夷山脉向南急进。时值盛夏，烈日当空，天气热得似乎一点就着火，红军在闽赣边界的崇山峻岭千里跋涉，十分艰苦，但情绪十分饱满。开国上将李志民在回忆中说：

这是一次大规模的战略行动，也是一次艰苦的进军。从福建西部地区，绕过整个根据地南部，到赣南的瑞金、兴国，全程约一千多里。部队分路出发，以急行军速度，沿着闽西、赣南的山岭小道向西疾进。七月，正是盛夏季节，战士们背负着全部行装，在烈日下行军，一个个汗流浃背。脚下的石板路，被火热的太阳一晒，脚落上去烙得钻心的疼；阳光的反射烤得人喘不过气来。这时早稻还没有收割，正是青黄不接的时候，大兵团行动，粮食也很困难。有时粮食不足，部队只好喝点稀饭充饥。尤其困难的是病员增多了，中暑的、发疟疾的、拉痢疾的，这个没好，那个又病倒了，收容队一天天在扩大。

但是，千难万险也难不倒英雄的红军战士。他们从第一、第二次反"围剿"的亲身体验中懂得了一条道理：为了打胜仗，就一定得走路。当时，部队流传着的所谓"胜利在脚"、"走路出胜利"的口号，便是对这个道理的简明扼要的解释。为了胜利，大家都自觉地忍受着一切困难，衣服被汗水浸透了，把汗水拧掉；草鞋磨破了，用破布把脚包起来，或者干

---

① 转引自中共中央文献研究室编：《朱德传》（修订本），第 307 页。

脆打赤脚；饿了，把皮带扎紧点；病了，把病号们组织起来，提前出发，走在部队的先头，互相搀扶前进。在行军行列里，战士们时而开起政治讨论会，时而进行文化学习。特别是行军鼓动工作，更是活跃。道边的山石上、树干上到处是标语口号。每到难走的地方，军团"火线剧社"的同志们或者师宣传队的宣传员们就出现了，道旁留声机吱吱呀呀地唱着，宣传员们唱歌、呼口号，鼓动着战士们前进。每当休息的时候，哪怕只有十几分钟，士兵委员会的骨干分子们也在进行鼓动工作，来个小演出，唱段山歌，或者班排之间进行一次唱歌比赛。山谷里、树林里，到处升腾起歌声和欢笑，疲劳和酷热就被忘得干干净净。

经过连续十来天的行军，部队完成了千里回师的任务，经过石城、瑞金，来到了老根据地——兴国。①

透过这个回忆，可以看出红军统帅和指战员们之间的高度一致性。毛泽东之所以敢于作出实行千里大迂回的决策，是源于对自己部队的了解。指战员们执行任务时，能够正确认识到自己的使命，因此能够调动他们所有的能量来完成这个任务。在过去一切旧军队所不可能做到的事情，而在红军却能够做到。这样的军队，怎么能不打胜仗呢？

7月24日，红一方面军主力到达于都县北部的银坑，与由广西突围后转战到江西的红七军及原在赣南的红三军等会合。接着，又继续向西北隐蔽转移，于28日到达兴国西北的高兴圩，完成了绕道千里，回师赣南的战略任务，为转入反攻创造了条件。

红一方面军主力千里大迂回完全出敌不意，这是蒋介石在冥思苦想作战计划时，怎么也想不到的！蒋介石的噩梦，就此开始！

---

① 李志民：《奇兵制胜》，《星火燎原》（选编之二），第107—108页。

二、拍案叫绝的反"围剿"作战

大胆穿插，取得三战三捷

国民党军进入根据地后，东奔西走，寻找红军主力作战，到处扑空。7月底，蒋介石、何应钦发现红一方面军主力已集中在它的侧背兴国地区后，立即集中九个师的兵力，分数路向兴国扑来，企图消灭红军主力于赣江东岸。

蒋介石张开一张看起来像铁一样的大网，想把红军主力一网打尽。红军该从哪里破网而出，使蒋介石图谋落空呢？毛泽东、朱德率领部队到达高兴圩的当天，立刻召开军事会议，讨论作战方针。会议决定："由兴国经万安突破富田一点，然后由西而东，向敌之后方联络线上横扫过去，让敌主力深入赣南根据地置于无用之地，定此为作战之第一阶段。及敌回头北向，必甚疲劳，乘隙打其可打者，为第二阶段。此方针之中心是避敌主力，打其虚弱。"①

毛泽东、朱德之所以选择北出富田作为反攻的突破口，是因为当时得到情报，说国民党军主力向兴国急进，其右侧的富田一带只有三个团防守。但当红军主力开始北上时，忽然发现陈诚、罗卓英两个师已先于红军赶到富田，这是蒋介石的嫡系部队，装备好，战斗力比较强，红军准备夺取富田的计划已无法实现。敌情发生变化，毛泽东、朱德当机立断，率部重返高兴圩，另寻战机。

8月上旬，敌人四面迫近，红一方面军主力隐蔽在高兴圩及其附近几十里的地区。白天，敌人依仗空中优势，派飞机不断地扫射、轰炸，为其地面上的陆军部队壮胆。红军处境非常危险，但各部队却看不到丝毫

① 毛泽东:《中国革命战争的战略问题》(1936年12月)，《毛泽东选集》第一卷，第219页。

慌乱的情绪，大家都在做夜行军的准备。广大干部、战士们相信自己的领导者毛泽东、朱德有对付敌人的妙计。

毛泽东、朱德对当前敌情作了冷静的分析，认为陈诚、蔡廷锴、赵观涛和蒋鼎文等部战斗力强，不易突破，而东面由龙冈向良村、莲塘进犯的上官云相的第三路进击军（由第二次"围剿"时的王金钰残部改编而成）不是蒋介石的嫡系，战斗力较弱。于是，毛泽东、朱德决定将原定迂回敌军侧后的计划改为实行中间突破，向东面的莲塘、良村方向突进。这是一个大胆出敌不意的行动，当然也是险中求胜的决策，表现出朱毛二人具有他人都无法企及的胆略。按照这个计划，红军主力要在南北都有强大的敌军，中间只有 40 里的空隙中穿过。

为了实施这个大胆的计划，毛泽东、朱德以部分红军会同地方部队和赤卫队，伪装红军主力，向西佯动，示形于敌，把敌陈诚、赵观涛、蒋鼎文各部吸引到赣江边去，把蔡廷锴部牵制在兴国北面。8 月 5 日晚，毛泽东、朱德趁赵观涛部和陈诚部被吸引到赣江边的万安、良口地区的机会，率领红一方面军主力在夜幕的掩护下，开始了从崇贤和兴国两地敌军之间 40 里的空隙处穿插行动。李志民回忆这次行动时说：

夜行军的准备工作是严格按照上级的规定进行的。一切能够发光的东西都要隐蔽好。白铁油桶用烟熏黑，白马穿上了伪装衣。一切能发响声的用具，象铁锹、锅铲，都用布包好。行军纪律异常严格：不准讲话，不准咳嗽，不准吹号、吹哨子；前后联络用扎在左臂上的白毛巾作识别；不准设置路标，碰到岔路一律用标兵；行军中的向导，除由政府审查选派外，要求各连从本地人中选出人组成向导队……

天将黄昏，前卫部队开始行动了。我简单地向部队作了动员之后，便决定观察一下部队行进的情形。我向着路边一块突出的山石走去，老远就看到团长龙昌汉同志那瘦小结实的身影。他停立在那里，正目不转睛地望着山道上向东疾进的部队。我走到他的身边，好半天，他才低声说："老李啊，真叫人担心，要是哪一点检查不到……"他摇了摇头，没有说下去。

"没有关系。"为了安慰他也为了安慰自己，我说："战士遵守纪律是很自觉的；再说，已经检查了好几遍了！"

他的心情我是完全理解的。这的确不是一次平常的行动。据确实的侦察，在我们东南是蒋鼎文的第九师、韩德勤的五十二师和独立旅，北面是蔡廷锴师和蒋光鼐师，西面是赣江，东、南、北三面敌人共有十二个师逼近我们，东南面与北面敌军相距不过四十里。按照总部的计划，我军三万人马就要偃旗息鼓、衔枚疾走，在一夜之间从这四十里的空隙中穿插过去，向东北方向插入敌后，实行中间突破，打上敌人。这样大部队的隐蔽行军，如果有一点响声或者一丝亮光暴露了目标，作战计划便有遭到破坏的危险。黑暗里，战士的影子在飞速地闪过。没有人说话，没有人咳嗽，甚至连粗声喘息也听不到，只有脚步的沙沙声急促地有节奏地响着。眼看一个连过去了，没有发现任何破绽。我俩几乎是同时松口气："走吧！"

天亮的时候，部队停止行进了。各部在林木茂密的山岭上分散隐蔽起来。

……

整整一天，我们都隐蔽在丛林里。隐蔽的命令较之夜行军的命令还要严格：如有暴露，按级负责。命令被认真地执行了。早晨，我和龙团长登上一座山崖，极目望去，只见晨风吹拂着树头、竹梢，鸟儿安详地飞过。到处是一片宁静。看着这如画的景象，不禁为我们红军战士那高度自觉的遵守纪律的精神而感到自豪——这不是一连一营，而是整整三万大军啊！

天亮了没有多久，三架敌机来到了山岭的上空，嗡嗡地低飞着、盘旋着，而密林中红色战士们却正呼呼地进入了甜蜜的梦乡。敌机盘旋数圈后，显然什么也没有发现，垂头丧气地向北飞走了。整个白天，不断有敌机在上空盘旋侦察。但是，就在这绿荫覆盖着的山岭上，一场大战的准备工作正在进行。竹林里，灌木丛中，战士们成连成排的聚集在一起，擦枪，打草鞋，开会，作战斗动员……人们不时地拨开树丛仰望天空，盼着太阳快点落下去。

难耐的白天过去了,暮色里,部队象一股股暴发的山洪,钻出树林,奔下山岗,向着东北方向的莲塘涌去。①

作为亲历者,李志民细致的描写使读者有身临其境的感觉。这种几万人神不知鬼不觉的穿插行动,也只有毛泽东、朱德才能够想出来、做出来。国民党军队的指挥者是无论如何也想不到、做不到的。毛泽东、朱德为什么能够总打胜仗,就是他们总是不会按照国民党蒋介石所预料的那样出牌,总是出敌不意,出奇制胜。

8月6日午前,红一方面军主力到达莲塘,跳出了敌军主力的包围圈。国民党军对于红军主力的东进行动一点也没有察觉。红军一到莲塘,就发现上官云相的第三路进击军第四十七师第二旅正大摇大摆、毫无戒备地开向莲塘。这时,国民党第一、第二路进击军在红十二军第三十五师、红三十五军和地方武装的牵引下,正向西扑向赣江边,寻找红军主力作战,上官云相这个旅态势比较孤立,成了红军嘴边的一块"肥肉"。机会太好了!毛泽东、朱德决定集中兵力迅速歼灭该敌。7日拂晓,红军主力突然发起猛攻。敌人不知道红军是从哪里冒出来的,仓促应战。经过两个小时战斗,红军全歼该旅和上官云相听到枪声后派来侦察的一个营,击毙敌旅长谭子钧。上官云相只带了两三个副官和几个马弁逃回龙冈。红一方面军取得第三次反"围剿"的首战胜利。

红军神速歼灭敌人,一个被俘的敌参谋颇有感慨地说:"情报,完全是情报失灵才倒的霉!一到这里,老百姓跑得连个影子也没有,弄得队伍象个瞎子。昨天通报还说你们被蒋光鼐、蔡廷锴围在高兴圩,哪晓得今天你们却在这里包围了我们!"②

上官云相在遭到红军主力突然攻击时,发十万火急的电报向郝梦龄的第五十四师求救,第五十四师接到求救电报,意见不一。第五十四师在第二次"围剿"中,已经领教到红军的一些惯用战法:红军若是不

---

① 李志民:《奇兵制胜》,《星火燎原》(选编之二),第109—111页。
② 李志民:《奇兵制胜》,《星火燎原》(选编之二),第113页。

战，就让国民党军连一个人也看不到；红军要是战时，就以迅雷不及掩耳之势，将被攻击的国民党军一举歼灭。当时，第五十四师师部的多数参谋人员根据红军的惯用战法估计，认为第四十七师等不到第五十四师到达，很快就被消灭。第五十四师南进，不是增援，而是"送礼"。这些人除了悲观、恐惧外，拿不出任何办法。但第五十四师也有个别人认为，上官云相不是张辉瓒，不是王金钰，他会支撑三五天的，能等到第五十四师到达。副师长魏羙威虽然知道危险，但认为当军人的到这个时候不能说别的，只有打上去，死里求生。师长郝梦龄与上官云相都是保定军官学校第六期毕业，有同窗之谊。他认为从任务上，从道义上，绝不能置第四十七师于不顾。于是，郝梦龄不计成败利害，决定向莲塘前进增援第四十七师。师长决定了，谁还说什么？第五十四师变更向古龙冈前进的方向，直奔莲塘而去。

莲塘战斗后，朱德、毛泽东指挥红一方面军主力挥戈北向，乘胜进取良村。朱德带领一个警卫排向良村插去，在途中与正由良村增援莲塘的郝梦龄第五十四师第一六〇旅遭遇。按预定计划，林彪指挥的红四军应该先占领路旁的山头，但他们没有按时到达，被郝梦龄部抢先占领了。朱德到达山脚下时，才发现这个情况。好一个红军总司令，尽管身边只有几个参谋人员和一个警卫排，但并不怯阵，立即指挥投入战斗，一直坚持到大部队赶到。

国民党第五十四师先头第一六〇旅是在不期而遇的情况下被迫进入战斗的，一下子就被红军打得晕头转向。当时，第五十四师行军在山间小道上，队伍拉得很长。军官们带的行李很多，尤其是各级主管，带的行李更多，光他们带的小伙房就能拖一二里地。前面枪一响，后面的挑子、驮子乱成一团。红军歼灭敌第一六〇旅一个团，击毙敌旅长张銮诏，残敌向良村溃退。

先头部队发生战斗后，第五十四师副师长魏羙威到前线去指挥，师长郝梦龄在良村一面指挥后续部队向遭遇点两侧支援，一面让师部在良村停下来。红军攻势很猛，不得已，郝梦龄亲上前线指挥。

良村处在一个山间小盆地的盆底上，四周都是山地，易攻不易守，郝梦龄、魏莪威指挥第五十四师企图守住良村四周山地。

第五十四师官兵同红军作战，本来心就虚。不久，守卫良村四周山地的一些部队就溃退下来，向北逃跑。因为师长、副师长均不在良村师部，所以师部人员不敢自动走。稍后，他们见前线部队大部都向北溃退，师部人员也乱糟糟地向北逃去。等部队逃到良村北面的一个路口时，红军已经把良村完全包围起来。红军的主力仍继续向北反击第五十四师的残部。

郝梦龄和高参孔繁沄在良村南督战，看到全师溃败，知道战局已无可挽回，就利用残余部队的掩护，退到龙冈。副师长魏莪威在部队崩溃后，仍一面后退，一面收容残兵，进行顽抗，结果被红军击毙。当天下午1时，红军攻占良村，歼灭该师大部。

俗话说，躲过初一，躲不过十五。郝梦龄第五十四师，在第二次"围剿"中由于溜得及时，侥幸逃脱了红军的打击。第三次"围剿"，他主动送上了门，红军对第五十四师当然不客气，歼灭了他一个多旅，给他沉重打击。可见，只要参加对中央苏区的"围剿"，被毛泽东、朱德指挥的红一方面军消灭是早晚的事。

国民党军在莲塘、良村迭遭失利，蒋介石闻之哀叹道："剿匪须延长时间矣！"

一天进行莲塘、良村两战，红一方面军共歼灭敌人两个多旅，俘敌3500余人，缴获长短枪3100余支，机关枪40余挺，迫击炮14门，电台2部，马200余匹，各种子弹30余万发。红军自身牺牲250余人，伤860余人，红三军团第一师师长李实行在莲塘战斗中身负重伤，后在医院牺牲。

莲塘、良村战斗胜利后，红一方面军指战员士气高涨。而连吃败仗的国民党军则士气一落千丈。毛泽东、朱德决定趁热打铁，再歼龙冈敌人。这时，龙冈驻有国民党军周浑元第五师四个团、郝梦龄第五十四师两个团，还有从莲塘、良村溃退去的四个团，共八个团的兵力。8月8日午后2时，朱德、毛泽东命令红一方面军于9日拂晓向龙冈发起总攻击。当部队行进时，得知龙冈守军已有准备，在驻地周围修了许多坚固的工事；又获悉毛炳文第八师刚刚从君埠、南陵地区撤回黄陂。在此情况下，攻打敌人坚固防守的龙冈显然是不可取的，朱德、毛泽东立即改变原计划，不去龙冈，出敌不意去黄陂攻打立足未稳的毛炳文师。

经过三天急行军，8月11日清晨，红一方面军主力到达黄陂附近。红四军、红十二军担任主攻，从黄陂南侧攻击；红三军团、红七军向黄陂东侧迂回，断敌后路，阻击东面增援之敌。毛炳文师在第二次"围剿"中没有遭到红军打击，这次在劫难逃！李志民回忆说：

　　守黄陂的是毛炳文的第八师。他们居高临下，踞守着有利地形，又修好了工事，自以为万无一失。我一军团根据这个情况采用了新的打法，一下子来了几个集中——兵力集中、炮火集中、军号集中。五、八军奉令采取两翼大包抄。

　　总攻击是在11日12时开始的。集中的炮火突然打向敌人的前沿工事，几十支马号吹起了冲锋的号令，顿时，炮声大作，军号齐鸣，整个黄陂墟被打得烟雾弥漫，守敌根本抬不起头来。我早有准备的突击部队，乘势分路突进墟场。

　　一进墟场，天下就是我们的了。敌兵们被打得滚的滚，爬的爬，一片混乱。有个骑兵连，马匹都备好了鞍子，也没来得及逃走，全部当了俘房。黄陂战斗仅仅用了一个多钟头的时间，全歼敌军四个多团。[①]

黄陂战斗真是一场速战速决的漂亮仗，红一方面军俘敌4000余人，缴获长短枪3000余支，机关枪30余挺，迫击炮11门，电台1部，各种子弹40余万发。而红军仅牺牲80余人，伤300余人。难怪蒋介石又发出哀鸣："黄陂果失，第八师惯于崩溃，可痛！可叹！"

从8月7日至11日，红一方面军五天之内连续打了莲塘、良村、黄陂三个胜仗，共歼敌万余人。这几次战斗中，红军宽待俘虏政策发生巨大威力，不少敌人士兵被红军包围，在军事政治夹攻下，便高举枪支喊

[①]　李志民：《奇兵制胜》，《星火燎原》（选编之二），第114—115页。

道："不打啦，缴枪，缴枪！"有的俘虏还对红军战士说："我这是第三次缴枪了，前两趟还领了六块大洋的路费哩！"

红军向战斗中俘虏的国民党官兵宣传革命道理：蒋介石是新军阀，是独裁者，在帝国主义支持下，剥削压迫工人、农民，打内战，搞得广大人民群众活不下去。我们要革命，我们要打倒蒋介石这个帝国主义的走狗。你们在家中受地主、豪绅的压迫剥削，到军队中受反动军阀的打骂、奴役，我们现在欢迎你们参加革命。红军不打骂士兵，干部和士兵待遇平等，士兵自己管理自己的伙食。我们打土豪、分田地，让人人有饭吃，有衣穿。你们看好不好，同意的报名参加，士兵我们欢迎，军官只要愿意参加革命，我们也欢迎。至于愿意回家的，我们送路费给你们。到家以后，穷人和穷人串联起来，打土豪，分田地，闹革命，不要再受地主豪绅的剥削压迫。

在红军的教育下，有的俘虏坚决要求留下当红军，马上撕掉国民党军帽徽，掉转枪口，参加战斗。

声东击西，国民党军处处扑空

红一方面军三战三捷，蒋介石气急败坏，命令其第一、第二路进击军和第一军团掉头向东，向黄陂地区猛扑过来，企图集中优势兵力，围歼红军主力于黄陂地区。

就在黄陂战斗中，红一方面军从毛炳文师部缴获一份第六师师长赵观涛和第十师师长卫立煌发出的紧急电报，称这两个师已向黄陂地区开来。毛泽东、朱德根据这份紧急电报和其他有关情报分析，认为国民党军主力被部分红军向西引到赣江边后，未找到红军主力，已发现中了调虎离山计，莲塘、良村两次战斗后，他们发现红军主力在黄陂一带集结，肯定会向黄陂扑来，红军不宜在黄陂久留。于是，朱德、毛泽东命令部队于当夜离开黄陂，向君埠地区隐蔽待机。

毛泽东、朱德神机妙算，果然，第二天敌赵观涛第六师、卫立煌第十师、许克祥第二十四师和高树勋第二十七师就进占黄陂。然而，红军已无踪影，敌人又扑了个空。接着，国民党其他部队也很快从四面八方向黄陂、君埠开来，形成一个包围圈，企图一口吃掉红一方面军主力。局势一下子又严峻起来，红一方面军面临着自第一次反"围剿"以来最危险的境地。

8月13日晚，毛泽东、朱德在君埠召开军事会议，商讨对策。会上，毛泽东主张红军应该避免同超过自己数倍的敌军决战，而要采取"声东击西"的战术，用一部分兵力继续向东引开敌军，掩护主力秘密西进，回到兴国隐蔽待机。上次红一方面军以一部分兵力把敌人向西引开，主力东进；这次是以一部分兵力把敌人向东引开，主力西进，真是载入中国军事史册的精妙一计！毛泽东的主张得到会议一致同意。

定下"声东击西"的妙计，如何才能使国民党军中计？抚州是国民党军在赣东"围剿"中央苏区的前进基地，蒋介石、何应钦特别害怕抚州落入红军之手。其实，毛泽东、朱德是不会以红军的劣势武器装备进攻敌人坚固设防的城市的，但针对蒋介石、何应钦这个心理，他们命令红十二军伪装成红军主力，大张旗鼓地向乐安佯动，使国民党军产生错觉，以为红军主力要北攻抚州，吸引他们向东北方向调动。

这是一个奇特的现象！8月15日夜间，毛泽东、朱德率领红一方面军主力悄悄地由君埠地区向西急进。而国民党军却正由西向东开进。在蒋光鼐第一军团和陈诚第二路进击军之间，有一条宽20里的缝隙，红军准备从这条缝隙中穿插过去。这两部敌人就有20来万，3万人的红军从这狭小的缝隙中通过，能不能够不被敌人发现，不少人都心里暗暗捏了一把汗。

十天前，红军主力是在夜间由西向东进，这次却是由东向西进，且敌人两部之间的缝隙比上次还窄一倍，上演了更为神奇的一次夜行军。红军在大山丛中，沿着一条小河沟蜿蜒西进，一会儿走上山腰，一会儿又下到谷底。开始还有小路，走着走着没有路了，钻进荒僻的丛林草莽之中。借着稀疏的星光，可以看到新砍的树桩和灌木根部。部队便攀藤附葛，在这新辟的山道上行进。就在不远的山头上，"突突突，突突突"，敌人的机枪声盲目地扫射着，为自己壮胆。敌人打着手电筒行军，电光一闪一闪的。在红军前进的队伍中，不断传来低沉的命令。红军已经走到两路敌人的间缝了，两翼不到十里便是敌军。

在这次危险的行军中，红一方面军最高指挥者的状况将对全军产生重要影响。那么，毛泽东、朱德在这次行军的情况是怎样呢？请看李志民的描述：

走着走着，前面突然停住了，队伍靠着路边休息。过了一会，从前卫方向返回一小队人马，挨着我们身边走过去。在几个侦察员后面，我们看见一个魁梧的身影，在快步走着，偶尔还停住脚，向战士们问几句什么。我们看得清清楚楚，正是总政治委员毛泽东同志。这时，队伍里立时活跃起来，干部和老战士认出是谁，都低声传告着："看见了没有？是毛总政委呀！""毛总政委亲自带着我们，没问题，一定能安全地跳出去！"原来是前面走不过去了，毛总政委带着另找路线。后来听说，整整一夜，毛总政委和朱总司令、叶总参谋长都拿着指南针走在部队的前面，披荆斩棘，开辟道路，带领部队前进。看见毛总政委和朱总司令亲自带领部队前进，部队更加快了脚步，伤病员也咬牙坚持着紧跟上队伍。[①]

毫无疑问，毛泽东、朱德走在部队的最前面，开辟道路，带领部队前进，极大地提高了干部、战士突出重围的信心。

经过一夜的急行军，红一方面军主力终于跳出敌军的包围圈，到达兴国东北部的白石、枫边地区，隐蔽在深山密林中，一边休整，一边静观敌军动向。对于这次惊险的夜行军，朱德记忆犹新，1944年，他在编写红军一军团史座谈会上说："我们在敌人两路夹攻，不到二十里宽的区域中转移出去，进退自如，打得相当巧妙。这都是由于群众条件优越，将敌人'肥的拖瘦，瘦的拖死'，弄得敌人疲惫不堪。"[②]

担任掩护红军主力向西转移任务的红十二军，在军长罗炳辉、政治委员谭震林的带领下，相机占领了乐安城。这下，蒋介石、何应钦更深

---

① 李志民：《奇兵制胜》，《星火燎原》（选编之二），第116页。
② 朱德：《在编写红军一军团史座谈会上的讲话》（1944年），《朱德选集》，第131页。

信不疑这是一支主力红军，并判断红军主力将进攻抚州，急令卫立煌第十师由黄陂火速回抚州，又令赵观涛第六师、罗卓英第十一师、陈诚第十四师等部由黄陂、君埠地区向北追击红十二军，准备决战。红十二军牵着敌人的鼻子，专拣险路、难走的路走。红军没有重武器且善走山路，在山间行走如飞。敌人带着许多重武器，在大山里行动困难，被拖了半个月，累得贼死，苦不堪言，也找不到红军主力的踪影。一位国民党军官在一封家书中抱怨说："这一月来，无论官兵差不多没有不病的。肥的拖瘦，瘦的拖死。至于山高路险，跌死的人马以及病后被土匪杀死的官兵，总和起来比出发时候的人数差不多要少三分之一。"①

8月25日，蒋介石得到消息，两广国民党当局准备在9月初进兵湖南，在日记中写道："若辈叛逆，既无廉耻，何有心肝，不惟乘灾祸国，而且乘危卖国，士之失节，诚无所不为矣，可叹！"这时，蒋介石提出的应对两广的计划为：其一，叛逆攻湘，我仍专心剿赤；其二，尽撤剿赤之兵，对付叛逆，先灭叛逆，再清赤匪；其三，维持剿匪现状，而抽调主力援湘。他认为，应在三种方案中选择其一。当日，蒋介石电召何应钦、陈铭枢到南昌来。

26日，何应钦、陈铭枢到南昌，蒋介石又叫来熊式辉，同议剿赤援湘方案。商议后，蒋介石决定：在叛逆未攻湘以前，第一纵队经约溪、良村，以莲塘、龙冈头为中心；第二纵队经观音岭、永亭，以城冈、因富为中心。限月杪以前洗剿龙冈、东固、因富以南，良村、龙冈头以北地区之匪完毕。而第三纵队，则"洗剿"小布、大金竹、君埠、中村、寒下完毕后，控置于沙溪、潭头、白砂之间。看来，蒋介石在做两广进兵湖南之前迅速消灭红一方面军的美梦。

8月底，被毛泽东、朱德"声东击西"之计迷惑的蒋介石、何应钦才发现红一方面军早已西去，急令"进剿"军主力掉头向西。当国民党"进剿"军喘着粗气再到兴国北部地区寻找红军主力决战时，红一方面军主力已在白石、枫边地区从容休整半个月了。

---

① 《白军官长的九封信》，《江西党史资料》第19辑，第237—238页。

不与敌人硬碰，毛泽东、朱德于9月初率领红一方面军主力继续西移，转移到兴国、万安、泰和三县之间的均村、茶园冈山区隐蔽集结。当国民党"进剿"军主力开到兴国北部时，又是扑了个空，啥也没有见着。

国民党军在中央苏区东来西往，到处扑空。所到之处，遇到老百姓坚壁清野，吃不上，喝不上，睡不香，疲劳至极。蒋介石希冀迅速消灭红一方面军的美梦破灭。

连战老营盘、高兴圩、方石岭，打破第三次"围剿"

蒋介石几十万军队这边陷入中央苏区泥潭，那边后院起火，广西、广东国民党当局举起反蒋旗帜，进兵湖南。9月1日，蒋介石得知这个消息，说："两广逆军，不出余所料，果余上月杪集中攻湘，当天灾、匪患交迫之际，竟冒大不韪作乱，亦为外邦敌国之所轻笑，可痛孰甚？"蒋介石叫苦不迭，但又给自己壮胆，认为："彼一出两广，无所依据，是亦自取灭亡也。"当日晚，蒋介石彻夜睡不着觉。经过思来想去，蒋介石不得不结束对中央苏区的第三次"围剿"。9月4日，何应钦按照蒋介石的决定，命令左、右翼两集团军实行退却。

按照何应钦的命令，蒋鼎文第九师、韩德勤第五十二师、蒋光鼐的第六十师和第六十一师，由兴国高兴圩、老营盘向泰和、吉安撤退。毛泽东、朱德决定抓住这一时机，出敌不意歼灭正在运动中的蒋鼎文师和蒋光鼐的两个师，然后相机扩大战果。

9月6日晚，朱德、毛泽东命令红一方面军主力各部分左、中、右三路，向高兴圩、老营盘急进。当晚，各路红军进入预设阵地。

次日拂晓，蒋鼎文第九师正沿着高兴圩至老营盘大道向北撤退，红三军和独立第五师抢占了敌人必经黄土坳，切断了敌先头旅与后续部队之间的联络，从北、南、西三面包围了这个先头旅，发起猛烈攻击。战至下午2时，干净利索地全歼该旅，俘敌2000余人，缴获长短枪2000余支，机关枪35挺，迫击炮10门，各种子弹60余万发，电台1部。

与此同时，红三军团、红四军、红三十五军向高兴圩的蒋光鼐两个师发起攻击。此战历时两天，双方打成平手。由于蒋光鼐部战斗力比较强，且又先占据了有利地形，而红军兵力不够集中，战斗打成对峙局面。为争取主动，朱德、毛泽东命令部队撤出战斗，转至茶园冈、均村、永丰地区整理待机，以红四军和独立第五师在老营盘阻敌北撤。

蒋鼎文电告了蒋介石第九师和蒋光鼐两个师遭受红军严重打击后，蒋介石一方面埋怨两部只相隔20里而不互相配合，一方面又阿Q式地自我安慰，说："第九师之独立旅与第十九路军，死伤虽大，但赤匪伤亡，数倍于我，赤匪受此打击，不难歼灭。"于是，蒋介石命令第六、第九师，由龙冈向高兴圩东北夹击。

国民党军队在老营盘、高兴圩战斗中受到红军的打击后，不敢再走这条路北撤，改变了北撤路线。朱德、毛泽东于9月11日晚9时命令红军主力向东急进，进行追击。

9月上旬，国民党军韩德勤第五十二师，奉命向兴国县城前进。到达兴国县城后，发现这是一座空城。由于找不到吃的，第五十二师只好杀骡马充饥。在兴国待了三天后，韩德勤接到命令，要该师护送蒋鼎文第九师到泰和整理。可以离开兴国这空空如也的地方，第五十二师的官兵这下高兴了。他们没想到，厄运即将降临。

9月13日，第五十二师改归第四军团指挥，奉命向第九师余部靠拢，朝东固北撤。15日拂晓，红军主力赶到东固以南的方石岭、张家背附近，抢先控制有利地形。韩德勤第五十二师六个团和蒋鼎文第九师一个炮兵团进入红军伏击圈。红军乘敌不备，发起攻击，激战几个小时，将敌人全部消灭。韩德勤被俘后，扮成伙夫逃走。旅长王付乾、团长甘达潮被击毙。参谋长罗铁华、旅长张忠颎、团长刘嘉树被俘。方石岭战斗俘敌5000余人，缴获长短枪4500支，机关枪70挺，各种子弹120万余发，马200余匹。至此，国民党军对中央苏区的第三次"围剿"被彻底粉碎。

在第三次反"围剿"中，红一方面军在地方武装和根据地人民群众的配合下，如鱼得水，灵活机动穿插于敌人重兵集团之间，先后进行了莲塘、良村、黄陂、老营盘、高兴圩、方石岭六次战斗，除高兴圩打成平手外，都取得很大胜利，歼灭国民党军17个团，共3万余人，缴获长短枪1.5万余支。

蒋介石曾夸口，"三个月消灭共产党"，被毛泽东、朱德重重打脸。

在方石岭战斗之后，红三军军长黄公略指挥部队转移时在吉安六渡坳遭遇敌机轰炸不幸牺牲。红一方面军失去了一员重要战将，为纪念这为杰出的将领，中共苏区中央局曾在东固地区设立公略县，在瑞金建立"公略亭"，并将红军第二步兵学校命名为"公略步兵学校"，以志纪念。

中央苏区第三次反"围剿"胜利后，毛泽东、朱德决定以一部分地方武装监视北面的国民党军队，主力红军则移到以瑞金为中心的地区，向闽西北和赣西南开展工作。红军拔除了许多地主武装盘踞的"土围子"，发动群众，使党、团组织和苏维埃政权恢复和建立起来。其间，红军主力和地方武装攻占了会昌、寻乌、安远、信丰、广昌、连城、上杭、武平等县城，使赣西南和闽西根据地再次连成了一片，中央苏区发展到包括瑞金、于都、兴国、泰和、吉安、吉水、永丰、乐安、宜黄、南丰、广昌、宁都、石城、会昌、寻乌、信丰、赣县、长汀、连城、武平、上杭、永定、龙岩、漳平、宁洋（后撤销）、宁化、清流、归化等28县的地境，总面积5万多平方公里，人口250余万，形成全国最大的苏区。

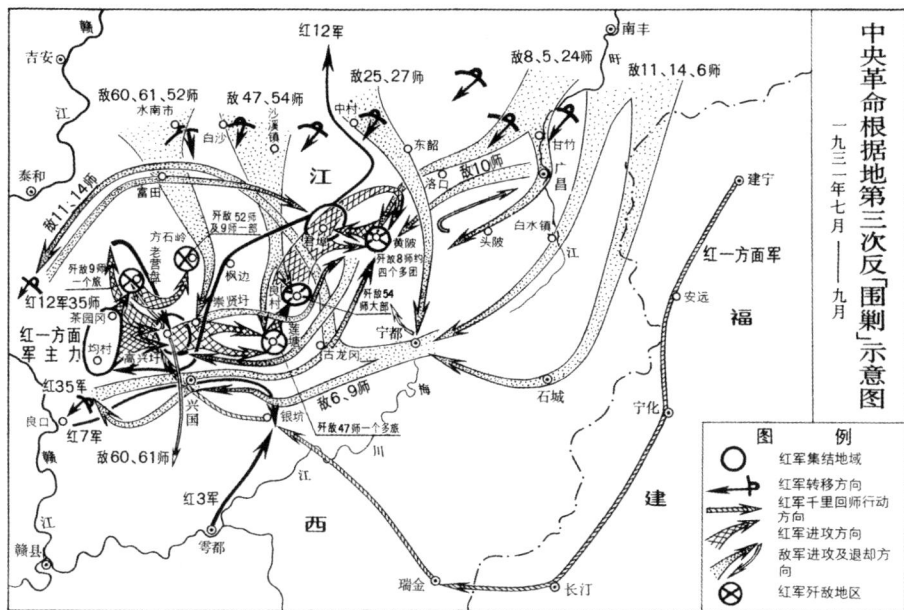

中央革命根据地第三次反"围剿"示意图

三、建立中华苏维埃共和国

全国苏维埃区域代表大会在上海秘密召开

中央苏区第三次反"围剿"取得胜利，苏区得到巩固和扩大。与此同时，鄂豫皖、湘鄂西、湘赣、湘鄂赣、赣东北等苏区也都取得反"围剿"胜利，发展到相当规模。中共中央决定以中央苏区为依托，建立苏维埃中央政府。

还在一年多前，中共中央就决策建立全国性苏维埃政权。

中共六大以后的两年时间，红军和革命根据地蓬勃发展，共产国际也为这个形势所鼓舞，于1929年10月26日致信中共中央，指示："现在已经可以并且应当准备群众，去实行革命的推翻地主资产阶级联盟的政权，而建立苏维埃形式的工农独裁"[①]。1930年1月11日，中共中央政治局通过接受共产国际1929年10月26日指示信决议，表示："现在就去准备群众"，"推翻地主资产阶级的国民党政权"，"建立工农兵苏维埃政权"[②]。约在当月中旬，共产国际远东局向中共中央政治局提议"召开中国各苏区代表大会"。认为通过召开"苏维埃代表大会，各苏区的代表大会将会将加强各苏区之间的思想联系，将在各根据地确定我们的工作方针，并从组织上统一各苏区"。考虑到"由于根据地彼此相隔甚远，代表们要穿过军阀控制的地区，召开这样的代表大会要经过努力才能克服种种困难"，共产国际远东局建议"中国各苏维埃根据地的这次代表大会

---

① 《共产国际执委致中共中央委员会的信——论国民党改组派和中国共产党的任务》（1929年10月26日国际政治秘书处通过），中央档案馆编：《中共中央文件选集》（1929）第5册，第792页。

② 《接受国际一九二九年十月二十六日指示信的决议——关于论国民党改组派和中国共产党的任务》（1930年1月11日中央政治局通过），中央档案馆编：《中共中央文件选集》（1930）第6册，第4、8页。

应在一个最强大的苏区举行，万不得一才可以在非苏举行"。①

1月20日，中共中央政治局会议根据共产国际远东局的提议，决定召开全国苏维埃区域代表大会，先在上海开准备会，然后到苏区开正式会。中共中央政治局没有按照共产国际远东局提议的在苏区召开全国苏维埃区域会议，应该是考虑到面临的一个非常现实的问题，即开这样的会，负有领导责任的中共中央负责人必须参加，而他们到苏区则更困难更危险。由于周恩来在中央常委中分管军事工作，是中央军委书记，对各苏区比较了解，因此，会议决定由他起草通告。此后，中共中央筹备召开全国苏维埃区域代表大会的工作紧锣密鼓进行。

2月3日，中共中央政治局召开会议，专门讨论筹备召开苏维埃区域代表大会问题。周恩来在会上提议，全国苏维埃代表大会以中共中央和中华全国总工会的名义发起，组成四五人的筹备委员会，中华全国总工会、中央军委、中央组织部、《红旗》编辑部及共青团各派一人为委员，以任弼时为主席。会议一致同意周恩来的提议。

2月4日，中共中央发出周恩来起草的《中央通告第六十八号》。通告指出："苏维埃区域与红军的扩大，的确要成为决定新的革命高潮的主要动力之一。""因此党的策略更须注意于全国苏维埃区域与红军的联系"，"中央特号召全国各级党部尤其是农村地方党部在群众中公开宣传今年五一节将开一全国苏维埃区域代表大会，以联系全国苏维埃区域与红军，以统一中国革命的指导与行动。"关于参加会议的代表，通告要求："除工会代表外各苏维埃区域应有二人以上之主要代表，红军如军应有一人以上之主要代表，其他游击区域及农民斗争区域亦应有一人以上之主要代表，至其他群众代表农民赤卫队代表则由各地酌选，但每区至多不得超过五人。"②通告还就宣传全国苏维埃区域代表大会作了部署。

---

① 《共产国际执行委员会远东局给共产国际执行委员会东方书记处的信》（1930年1月30日于上海），中共中央党史研究室第一研究部译：《共产国际、联共（布）与中国革命档案资料丛书·联共（布）、共产国际与中国苏维埃运动》（1927—1931）第9卷，第40页。

② 《中央通告第六十八号——关于召集全国苏维埃区域代表大会》（1930年2月4日），中央档案馆编：《中共中央文件选集》（1930）第6册，第16、17、19页。

　　筹备委员会成立后，于 2 月 7 日开会。周恩来在会上作报告，对会议日期、代表名额分配、会议议程和决议草案等作了说明。15 日，中共中央政治局常委会召开会议，讨论提交给全国苏维埃区域代表大会的决议草案，并以中共中央、中华全国总工会的名义发表《为召集苏维埃区域代表大会宣言》。3 月初，由于中共中央与共产国际在一些问题上发生严重意见分歧，派周恩来赴莫斯科向共产国际执行委员会报告工作，任弼时调任中共湖北省委书记。鉴于此，中共中央政治局决定由中华全国总工会委员长、党团书记罗章龙任筹备委员会主席，另调中共湖北省委常委、宣传部部长林育南任筹备委员会秘书长。

　　5 月 20 日，全国苏维埃区域代表大会在上海秘密召开，李立三致开幕词。同时召开的还有全国红军代表会议。虽然比原定的五一节召开晚了 19 天，但各苏区的代表辗转经过哨卡林立、军警宪特遍地都是的国民党统治区到上海，实属不易。出席大会的代表共 49 人，其中除中共、中华全国总工会和各地赤色工会代表外，苏维埃区域的代表来自赣西南、闽西、鄂东、左右江、粤东江、鄂西、闽北、湘鄂赣边、鄂豫边、沔阳、皖南；红军的代表有第一军、第四军、第五军、第六军、第七军、第八军；游击战争区域的代表有温台、赣东北、赣北、徐海、霍山、南阳、满洲；革命团体的代表有少共、自由大同盟、左翼作家联盟、上海反帝大同盟、中国革命互济会等。

　　全国苏维埃区域代表大会通过《全国政治形势及苏维埃区域的任务》《暂行土地法》《扩大红军与武装农民》《苏维埃组织法》《告农民书》《劳动法》《告全国工人书》《告劳动妇女书、青年书》《援助东方被压迫民族革命决议案》等。

　　5 月 23 日，全国苏维埃区域代表大会最后一次会议，主席团作出决议：在 1930 年 11 月 7 日召开第一次全国苏维埃代表大会，成立中华苏维埃共和国临时中央政府，以集中革命的指挥力量，统一全国各苏区的政权和法令。同时还决定，为筹备召开中国工农兵会议第一次全国代表大会，特邀请全国 45 个单位派代表组成中国工农兵会议第一次全国代表大会中央准备委员会；并决定在中央准备委员会正式成立之前，先由中共中央、中华全国总工会、共青团中央、左翼作家联盟、社会科学家联盟、上海总工联、自由大同盟、反帝大同盟、中国革命互济会等九个革命团体，组成中央准备委员会临时常务委员会，代行中央准备委员会职权。

共产国际远东局与中共中央政治局发生意见分歧

全国苏维埃区域代表大会结束不久，党内就发生了李立三对国民党新军阀中原大战和湘粤桂边战争爆发后革命形势作了错误估计，于6月11日召开中共中央政治局扩大会议，通过《新的革命高潮与一省或数省首先胜利》，"左"倾冒险错误在中共中央取得统治地位的情况。

李立三这时的兴奋点是在上海、南京、武汉等中心城市组织武装暴动，各地红军向中心城市进攻，迅速取得革命在一省或数省的首先胜利，进而取得全国革命胜利。而共产国际及其远东局这时的兴奋点在于迅速召开第一次全国苏维埃代表大会。6月19日，共产国际东方书记在给中共中央的电报中说："我们认为，只要保证我们在苏区中央（临时）革命政府内的影响，就可以成立这样的政府。"①收到6月11日中共中央政治局扩大会议决议后，共产国际远东局于6月20日复信中共中央政治局，批评："你们在你们的决议中写道，在中国目前的形势下，如果其他的中国群众不准备发动起义，在单独的省里苏维埃政权就无法存在。""怎么能这么说呢？"针对决议中"决不会有什么'割据''偏安'的局面"一句，信中反驳道："我们现在难道不是在湖北、江西、福建等地'割据'吗？"信中认为：对于我们有广泛革命运动而又掌握广阔地域的每一个省，我们的战略计划应该是怎样的呢？我们在这些省里的任务是以尽快的速度创造前提，尤其在工业中心更应如此，因为工业中心城市使我们更容易建立中央苏维埃政权。中央苏维埃政权无疑会遭到联合起来的反动派的进攻，这些战斗的结局以及全国取得胜利的速度取决于我们动

---

① 《共产国际执行委员会东方书记处给中共中央的电报》（1930年6月19日于莫斯科），中共中央党史研究室第一研究部译：《共产国际、联共（布）与中国革命档案资料丛书·联共（布）、共产国际与中国苏维埃运动》（1927—1931）第9卷，第175页。

员和引导群众斗争的能力。但在这些省里的苏维埃政权依靠千百万工人和农民，将是加速在中国发展我们阶级力量的强大因素，它将是一切反对国民党、军阀集团和军阀政府的劳动群众集结的地方。如在目前形势下，我们不给自己提出在这些走在前头的省份里创造成立中央苏维埃政府，尤其是在工人中心城市成立中央苏维埃政府的前提的具体任务，……这样我们在湖北、广西、福建等省仍停留在游击战的水平上，这样我们只要一直泛泛地思考问题，我们就会被打败。如果你们认为，这样含糊不清的决议有好处，那你们就错了，这样的决议只会使人糊涂，带来害处。不言而喻，严肃而具体地提出这个任务意味着动员全中国首先是全党尽可能的群众，坚决面向大工业中心城市的工人群众。

信中要求："开展召开第一次全国苏维埃代表大会的活动。""必须在工厂和农村广泛开展宣传这次会议的全部决议（指全国苏维埃区域代表大会决议——引者），选举贯彻实施这些决议的战斗委员会，选举出席第一次全国苏维埃代表大会的代表。"①

共产国际远东局给中共中央政治局的信，无非是表达了这样几个意思：一是忧虑中共中央强调取得一省或数省胜利，进而取得全国胜利，会把建立苏维埃中央政权的时间表定在全国胜利之后；二是要中共中央尽快建立苏维埃中央政权，认为只有这样才能号召和动员群众，集聚革命力量，加快推翻国民党政权的速度；三是认为在某一个革命形势发展好的省里，尽快占领一个工业中心城市，在该城市建立苏维埃中央政权。

李立三幻想在几个中心城市组织武装暴动，集中红军攻打中心城市，迅速取得一省或数省胜利，进而取得全国胜利，这固然是"左"倾冒险计划，但共产国际远东局认为只要一建立苏维埃中央政权，就能号召群众，集聚革命力量，加快推翻国民党政权的速度，也是没有认识到中国革命的长期性，是不切合实际的。

---

① 《共产国际执行委员会远东局给中共中央政治局的信》（1930 年 6 月 20 日于上海），中共中央党史研究室第一研究部译：《共产国际、联共（布）与中国革命档案资料丛书·联共（布）、共产国际与中国苏维埃运动》（1927—1931）第 9 卷，第 180、181、182 页。

中共中央政治局接到共产国际远东局的信后，立即在次日回信，对于所受指责立刻顶了回去，表示："中央的这一决议完全符合共产国际执委会、中国共产党第六次代表大会的指示"。向共产国际远东局"提出严肃的政治抗议"。坚持认为："现在已经到了准备，而且非常积极地准备争取一省或数省的胜利并在全国建立革命政权的时候了。党的任务完全不是准备夺取局部的政权。如果我们现在只是准备局部夺取政权，那就是右倾方针，就是对革命形势估计不足。"并批评共产国际远东局负责人罗伯斯特"一贯执行右倾方针"。①

看到中共中央政治局态度如此，共产国际远东局又 6 月 22 日再次致信中共中央政治局：

敬爱的同志们：

为了实施最近几个月党的极其重要的活动，即召开中华苏维埃第一次代表大会，我们根据我们口头交换的意见，提出以下具体建议：

（1）以筹备会议的名义立即发表号召书；具体通知三个月以后召开中华苏维埃第一次代表大会。这一号召书的草案我们将于星期二寄给你们。

（2）组织召开苏区和红军的扩大会议，由会议选出代表。

（3）在企业特别是大企业中加紧开展活动，选举"召开苏维埃代表大会委员会"和选举代表，包括没有建立苏维埃政权的农村在内。

（4）在报刊上加紧开展宣传活动，印发传单，组织集会和示威游行。

（5）每一个行动都应与这一活动的口号联系起来。

……

代表远东局 罗伯斯特②

---

① 《中共中央政治局给共产国际执行委员会远东局的信》（1930 年 6 月 21 日于上海），中共中央党史研究室第一研究部译：《共产国际、联共（布）与中国革命档案资料丛书·联共（布）、共产国际与中国苏维埃运动》（1927—1931）第 9 卷，第 183、184 页。

② 《共产国际执行委员会远东局给中共中央政治局的信》（1930 年 6 月 22 日于上海），中共中央党史研究室第一研究部译：《共产国际、联共（布）与中国革命档案资料丛书·联共（布）、共产国际与中国苏维埃运动》（1927—1931）第 9 卷，第 186—187 页。

共产国际远东局这封信给中共中央政治局定了召开第一次中华苏维埃全国代表大会的时间表，提出了选举出席会议代表的步骤、办法，等等，是督促中共中央政治局把召开第一次全国苏维埃代表大会作为第一要务的信。

根据共产国际远东局的要求，6月25日中共中央政治局派出李立三和关向应作为代表，与共产国际远东局讨论召开第一次全国苏维埃代表大会问题。李立三向共产国际远东局表示，他原则上同意共产国际远东局的建议，但政治局还没有作出决定，一切要到星期六才能办妥。共产国际远东局要求在星期六以前提出具体的活动计划，李立三表示同意。然而，共产国际远东局从李立三的态度判断，认为他对努力召开第一次中华苏维埃全国代表大会的重要作用严重估计不足。

6月23日至25日，共产国际远东局负责人罗伯斯特给共产国际执行委员会东方书记处写信，报告了最近同中共中央政治局的分歧，其中关于召开第一次中华苏维埃全国代表大会是主要内容。信中说：李立三"似乎放弃了召开第一次全国苏维埃代表大会的想法"，除了苏区分散和交通不便等技术问题外，理由是"政治形势有了变化，形势变得更为紧张"，"目前的政治形势不允许召开这类代表大会"。如果"号召召开全国苏维埃代表大会，那么由于政治形势这次代表大会根本就开不成。这将是政治上一大损失"。信中表示："我们为这些事实、为他所列举的在我们看来非常荒唐的论据而感到愤怒，使我们感到愤怒的还有这样一个事实，这个决定是越过我们作出的。"并报告："我们非常尖锐地向他指出，这绝对是向困难投降，绝对是对整个苏维埃运动的意义不理解，他把趋于紧张的形势与召开苏维埃代表大会的活动对立起来了，绝对是对动员群众的意义不理解，我们要求撤销已作出的决定。政治局声称，这似乎办不到。我们对此答复是口头表述了附件中我们提出的建议。总的来说这些建议被接受了。关于如何具体实施这些建议的争论尚未结束。但我们的印象是李［立三］内心不同意这个想法，在发生了这些事情之后我们非常怀疑他是否理解这一想法。"①罗伯斯特在补充的信件中要求共产国际东方书记处通过信件或电报，就召开第一次全国苏维埃代表大会问题向中共中央政治局施加压力。

共产国际远东局向东方书记处"告状"，中共中央政治局自然也会向共产国际"告状"。6月25日，向忠发给在莫斯科的周恩来写信，信中讲述了中共中央政治局同共产国际远东局的分歧。其中关于双方在苏维埃代表大会问题上的争论部分，向忠发在讲了发生争论的结果后，说罗伯斯特"认为中央在召开苏维埃代表大会问题上犯了十分严重的政治错误。我们觉得这样的批评十分奇怪，如果他在给共产国际执委会的报告中也这样来谈论我们，那就有可能在相当程度上损害了我们在共产国际执委会眼中的形象。因此我们希望，你们向共产国际执委会说清楚我们分歧的实质，这些分歧实际上是怎么回事。"②

共产国际远东局、中共中央政治局都请上级机关共产国际对关于召开中华第一次全国苏维埃代表大会问题的争论进行裁决，那么，共产国际的意见是什么呢？7月16日，共产国际执行委员会政治秘书处扩大会议讨论中国问题，周恩来、瞿秋白、张国焘参加了会议。7月23日，共产国际执行委员会政治秘书处通过《关于中国问题决议案》。决议案在"党的主要任务"部分开头便指出："苏维埃的运动，已经对于党提出组织苏维埃中央政府，以及调节这一政府的行动的任务。这个任务是有第一等重要意义的。"③共产国际执行委员会政治秘书处明显支持了共产国际远东局的意见。

---

① 《埃斯勒给共产国际执行委员会东方书记处的信》（1930年6月23日至25日于上海），中共中央党史研究室第一研究部译：《共产国际、联共（布）与中国革命档案资料丛书·联共（布）、共产国际与中国苏维埃运动》（1927—1931）第9卷，第189、190页。

② 《向忠发给周恩来的信》（1930年6月25日于上海），中共中央党史研究室第一研究部译：《共产国际、联共（布）与中国革命档案资料丛书·联共（布）、共产国际与中国苏维埃运动》（1927—1931）第9卷，第203页。

③ 《共产国际执委政治秘书处关于中国问题的决议案》（1930年7月23日），中央档案馆编：《中共中央文件选集》（1930）第6册，第585页。

中央准备委员会成立

在共产国际和远东局的督促下，7 月 30 日，中央准备委员会临时常委会向全国 45 个党团组织、苏维埃区域和革命团体发出选派代表来上海参加中准会的邀请书。不久，李立三得到了红三军团占领长沙的消息，于是，更加狂热地布置各地武装起义，中央准备委员会的成立工作进展迟缓。

周恩来于 8 月 19 日回国后，无疑推动了李立三召开第一次全国苏维埃代表大会的行动。8 月 27 日至 28 日，中共中央政治局听了周恩来传达共产国际包括关于召开苏维埃代表大会在内的指示后，表示完全同意共产国际的建议。8 月 29 日中共中央给长江局并转湖南省委、湘鄂赣前委及行委的一封指示信中，提出了苏维埃中央政权、中共苏区中央局和革命军事委员会组成人员的名单。

中华苏维埃共和国中央工农革命委员会名单：

向忠发、李立三、周恩来、瞿秋白、项英、徐锡根、关向应、温礼成、张国焘、卢福坦、顾顺章、史文彬、陈郁、罗登贤、卢永炽、邓中夏、郭沫若、李维汉、王克全、任弼时、朱德、毛泽东、彭德怀、贺龙、恽代英、黄平、余茂怀、朱宝连、宁迪卿、唐宏经、刘成章、阮啸仙、周逸群、黄公略、周秀珠、陈国忠。

并须增加湘鄂赣边当地工农兵士群众的领袖（最好是非党员），可扩到 45 人。

常委名单：向忠发、周恩来、李立三、项英、瞿秋白、黄平、毛泽东、朱德、彭德怀、顾顺章、恽代英。主席向忠发。

苏区中央局名单：

关向应、朱德、毛泽东、彭德怀、袁国平、李文林、王首道，指定关向应为书记，朱德为总司令。

革命军事委员会名单：

关向应、朱德、毛泽东、彭德怀、黄公略、贺龙、周逸群、邓中夏。

湘鄂边赤卫队总司令……，以关向应为书记。①

从这个名单看，苏维埃中央政府的主席最初是拟由向忠发担任。向忠发要中共中央政治局主席、常委会主席和苏维埃中央政府主席"一肩挑"；关向应苏区局书记和革命军事委员会书记"一肩挑"。

9月12日，中央准备委员会第一次全体会议在上海召开。会议讨论通过了中央准备委员会临时常委会的工作报告、政治宣言、第一次全国工农兵代表大会选举条例及议事日程；讨论通过了《中华苏维埃共和国国家根本法（宪法）大纲草案》《劳动保护法》《土地暂行法》等文件；规定苏维埃全国代表大会的名称为：中华工农兵会议（苏维埃）第一次全国代表大会，中央政府的名称为：中华苏维埃共和国临时中央政府委员会。会议选举成立了中央准备委员会常务委员会，由向忠发、关向应、毛泽东、袁国平、徐茂怀和当地一群众代表组成；讨论通过了第一次全国工农兵代表大会各级准备委员会组织大纲，要求中央及各地区均需成立准备委员会，分别处理代表选举等事宜。

鉴于准备工作还没有就绪，中央准备委员会决定将原定于1930年11月7日在上海召开的中华苏维埃第一次全国代表大会推迟至1930年12月11日广州起义三周年纪念日召开，开会地点也由上海移至毛泽东、朱德创建的苏区。中央准备委员会第一次全体会议还决定中央准备委员会转移至赤色区域去继续工作，在白色区域设立中央办理处，负责中央指定区域的准备工作。

中央准备委员会成立后，加快了筹备召开苏维埃第一次全国代表大会的步伐。9月25日，中共中央机关报《红旗日报》刊登了《加紧准备全国苏维埃代表大会工作的通知》，要求各地积极做好召开全国苏维埃代表大会的准备工作。中央准备委员会第一次全体会议通过的《中华苏维埃共和国国家根本法（宪法）大纲草案》《劳动保护法》《土地暂行法》等文件也陆续在《红旗日报》上刊出。26日，中央准备委员会制定并

---

① 《中共中央给长江局并转湘省委、湘鄂赣前委及行委的信——关于占领长沙的战略与政策的指示》（1930年8月29日），赵泉钧等编著：《罗坊会议》，第185—186、190—191页。

颁布了《中国工农兵（苏维埃）第一全国代表大会苏维埃区域选举暂行条例》。

计划赶不上形势变化，得悉国民党军即将对中央苏区发动大规模军事"围剿"的情报后，中央准备委员会于 10 月 18 日召集上海代表开会，决定将苏维埃第一次全国代表大会推迟到 1931 年 2 月 7 日（二七惨案纪念日）举行。10 月 24 日，中共中央政治局向全国各苏区发出指示，要求各苏维埃特区必须在 12 月 1 日之前召开苏维埃代表大会，选出出席苏维埃（工农兵）全国第一次代表大会的代表。10 月 28 日，中共中央发出第九十二号通告，要求白区党组织加紧选出出席苏维埃（工农兵）全国代表大会的代表。

第一次全国苏维埃代表大会一再延期

由于国民党军准备对中央苏区发动大规模军事"围剿"，加紧了对中央苏区四周的封锁，1930 年 10 月初中共中央与红一方面军的交通联络就已经中断。中共中央从 10 月中旬决定打通上海至中央苏区的秘密交通线，至 1931 年 1 月中旬，经过三个多月的努力，总算打通了这条秘密交通线。这样，参加中央准备委员会第一次全体会议滞留在上海的赣西南苏区代表，迟至 1931 年 3 月才返回中央苏区。由于中央苏区和中共中央没有无线电联络，毛泽东、朱德等红一方面军领导人对于中共中央关于召开第一次全国苏维埃代表大会的指示、中央准备委员会关于大会召开的时间、地点的决定，当然不可能知道。况且这时中央苏区正面临着生死存亡的搏斗，毛泽东、朱德集中精力对付国民党军的第一次"围剿"。因而，中央苏区没有也不可能着手做召开第一次全国苏维埃代表大会的准备工作。

1931 年 1 月中旬，项英到达中央苏区后，毛泽东、朱德方知要在中央苏区召开第一次全国苏维埃代表大会的有关情况。中共苏区中央局成立后，发出的第一号通告就把"建立全国苏维埃根据地和全国苏维埃临时中央政府"作为"第一等的重要意义"的内容之一。并明确提出：

"赣西南特区与湘鄂赣边特区为苏维埃中心区,中央临时政府建立在此区。"[1] 这时,中央苏区正面临着比国民党军第一次"围剿"多一倍兵力的第二次"围剿",形势更加严峻,有人甚至提出红一方面军撤出中央苏区,因此,原定在1931年2月7日召开第一次全国苏维埃代表大会的计划显然是无法实现的,只好延期。

会议一再延期,令共产国际非常不高兴。1931年1月17日,共产国际执行委员会东方书记处指责中共中央没有执行共产国际执委会政治书记处的指示,其中一项便是"没有成立临时苏维埃政府"。[2] 真是站着说话不腰疼!他们坐在莫斯科有壁炉取暖的办公室里,哪里了解在中央苏区召开第一次全国苏维埃代表大会面临的实际困难!

共产国际批评得很武断,其实,中共中央这时对于召开第一次全国苏维埃代表大会还是很重视的。2月6日、13日,中共中央政治局召开的两次会议上,召开第一次全国苏维埃代表大会和成立苏维埃临时中央政府都是重要议题。会议决定增加周恩来和王明参加中央成立的苏区委员会,负责讨论共产国际远东局代为起草的土地法、劳动法、经济政策、苏区组织法和军事训令等五个文件稿,同时提出军事委员会和苏维埃临时中央政府组成人员名单。

由于还不知道中共苏区中央局已经成立,2月20日,共产国际东方书记处又拟了关于成立中国中央苏维埃政府问题给远东局的电报,要求政治书记处政治委员会批准。这个电报中说:"我们认为再拖延苏区中央局和苏维埃民政当局[3] 的建立是极端危险的,有碍于建立根据地和纪律严明的红军。请采取果断措施,立即在赣南建立有威望的中央局,责成它:(1)召开苏维埃代表大会;(2)在代表大会上选举中央苏维埃人民

---

[1] 《中共苏区中央局通告第一号——苏维埃区域中央局的成立及任务》(1931年1月15日),中共江西省委党史研究室等编:《中央革命根据地历史资料文库·党的系统》(2),中央文献出版社、江西人民出版社2011年版,第1338、1339页。

[2] 《共产国际执行委员会东方书记处给共产国际执行委员会的书面报告》(1931年1月17日于莫斯科),中共中央党史研究室第一研究部译:《共产国际、联共(布)与中国革命档案资料丛书·联共(布)、共产国际与中国苏维埃运动》(1927—1931)第10卷,第34页。

[3] 原文如此,应为苏维埃中央临时政府。

委员会；（3）在苏维埃人民委员会下成立革命军事委员会，该委员会在中央局监督下工作；（4）在苏维埃人民委员会下面成立工农检察院机构和在党委会（直至区党委）下面成立由工人、雇农和贫农组成的检察委员会，同混入的异己分子、怠工现象、官僚主义和分化党与苏维埃人员的行为作斗争。为确保党对苏维埃政府的绝对领导，应避免让很多的中央委员和高级指挥人员进入苏维埃政府。应由最有影响的积极分子——工人、农民和红军战士（其中包括若干非党人士）组成多数。请尽快召开苏维埃代表大会，尽可能地直接参与大会的举行。"[①] 这个电报，对于如何召开第一次全国苏维埃代表大会还是有一定操作性的。

　　无论共产国际怎样着急，在中央苏区第二次反"围剿"的激战正酣、决定存亡的情况下，是无暇顾及召开第一次全国苏维埃代表大会的。及至 6 月 1 日，即第二次反"围剿"胜利的第二天，中共苏区中央局立即发表宣言："中华苏维埃中央革命军事委员会，已经决定在今年 8 月 1号（现已改期至公历 11 月 7 日）召集全国苏维埃代表大会及产生中华苏维埃临时中央政府，来领导全国的革命斗争，来对抗反革命的中央政府——南京政府——来统一各苏区及全国红军的革命行动，来推翻帝国主义国民党的统治，来建立全国的苏维埃政权。"[②]

　　6 月 20 日，苏维埃中央军事委员会发布第 14 号通令，解释了推迟召开第一次全国苏维埃代表大会的原因，主要是因为各地选举代表需要时间，再加上交通困难，各地代表很难到齐。7 月 1 日，中共苏区中央局作出关于召集全国苏维埃第一次代表大会的决议，就宣传和选举问题作出了具体部署。

　　恰在这时，蒋介石发动了对中央苏区的第三次更大规模的军事"围剿"。从 7 月初至 9 月中旬，中央苏区领导层不得不又一次把全部精力

---

① 《共产国际执行委员会东方书记处给共产国际执行委员会政治书记处政治委员会的书面报告》（1931 年 2 月 20 日），中共中央党史研究室第一研究部译：《共产国际、联共（布）与中国革命档案资料丛书·联共（布）、共产国际与中国苏维埃运动》（1927—1931）第 10 卷，第 112—113 页。

② 《苏区中央局为第一次全国苏维埃代表大会宣言》（1931 年 6 月 1 日），中共江西省委党史研究室等编：《中央革命根据地历史资料文库·党的系统》（3），第 1622 页。

投入到反"围剿"中去。不过，这也恰恰证明，苏维埃中央军事委员会将召开第一次全国苏维埃代表大会推迟到 11 月 7 日是一个正确的决策。

中国历史上第一个工农当家作主的全国性政权

在毛泽东、朱德的正确指挥下，红一方面军胜利地粉碎了国民党军对中央苏区的第三次"围剿"，赣南、闽西苏区连成一片，中央苏区得到进一步巩固和扩大，为第一次全国苏维埃代表大会顺利召开创造了条件。

1931 年 10 月 11 日，中共苏区中央局电告中央："全苏大会在 11 月 7 日召开，苏区党代表大会在 11 月 1 日召开。中央局、政府名单，请讨论决定。苏维埃组织法及宪法大纲，请电告或寄来。望派人领导两个大会。"①

接到苏区中央局来电，中共中央极其兴奋，即在 10 月 15 日回电，指示："党现在必须动员一切力量，准备苏大会的开幕。""大会开幕时，必须举行全苏区的庆祝大会与群众示威，赤卫队、少年先锋队、童子团等必须参加，在可能条件之下，举行一部分红军阅兵"。"出版苏大会日刊，大会除通过致国际的贺电与电告全中国民众书等等之外，应发表对外宣言，必须做慰劳红军的运动，提起红军的战斗情绪，对于红军必须通过特别优待的条例。"②

在此后的差不多十天之内，中共中央发出了一连串的文件。

10 月 16 日，中共中央宣传部发出《关于中国苏维埃第一次全国代表大会宣传大纲》，指出："全中国工农兵苏维埃第一次代表大会将选出中华苏维埃共和国临时政府。它将是中国革命史上继承广州公社的第一个工农的革命政府。"认为"中华苏维埃共和国的成立，是世界资本帝国

---

① 《苏区中央局真电》（1931 年 10 月 11 日），中共江西省委党史研究室等编：《中央革命根据地历史资料文库·党的系统》（3），第 1792 页。

② 《中共中央致苏区中央局电——动员一切力量准备大会的开幕》（1931 年 10 月 15 日），中共江西省委党史研究室等编：《中央革命根据地历史资料文库·党的系统》（3），第 1794 页。

主义在殖民统治的铁链中最脆弱的一环的最先破裂。"①

10 月 18 日，中共中央发出紧急通知。通知宣布："全国第一次苏大会将于 11 月 7 日在江西开会。"认为"中国工农群众自己的全国政权机关能够在中央苏区建立起来，这是中国革命运动极大的胜利。"② 通知对各地党组织如何动员和组织拥护第一次全国苏维埃代表大会运动作了部署。

10 月 20 日，中共中央发表《中国共产党为第一次全国苏维埃代表大会告全国工农劳苦民众》，号召："全国一切被压迫被剥削的劳苦民众们，起来！罢工罢课罢操游行示威庆祝第一次全国苏维埃代表大会！武装拥护苏联与中国苏维埃共和国！"③

10 月 24 日，中共中央发出通知第六号，要求："各地省、区党部，必须立刻开始这一选举代表出席大会的工作。"并认为"这当然不是简单的组织问题，而应该是一个广大的政治的运动。在这一运动中，各地党部，必须加紧反富农的斗争，重新分配土地，实行 8 小时工作制以及一切苏维埃的法令，改造苏维埃、贫农团、雇农工会、职工会等的成分与巩固他们的组织。党与青年团应该在这一运动中，做公开征收党员与团员的运动，发展与巩固党与团的组织。"④

中国即将召开苏维埃全国第一次代表大会的消息立刻传到了莫斯科。10 月 27 日，共产国际执行委员会政治书记处政治委员会开会，听取了共产国际国际联络部密电处发来的关于召开中华苏维埃第一次全国代表大会的电报，决定："责成[共产国际执委会]东方地区书记处向各国党发去关于开展支持代表大会活动的材料，并采取措施让各党向代表大会发去

① 《中央宣传部关于中国苏维埃第一次全国代表大会宣传大纲》（1931 年 10 月 16 日），中共江西省委党史研究室等编：《中央革命根据地历史资料文库·党的系统》（3），第 1796、1797 页。

② 《中央紧急通知——关于动员和组织拥护第一次全国苏维埃代表大会运动》（1931 年 10 月 18 日）中共江西省委党史研究室等编：《中央革命根据地历史资料文库·党的系统》（3），第 1799 页。

③ 《中国共产党为第一次全国苏维埃代表大会告全国工农劳苦民众》（1931 年 10 月 20 日），中共江西省委党史研究室等编：《中央革命根据地历史资料文库·党的系统》（3），第 1804 页。

④ 《中央通知第六号——关于召开中国苏维埃第一次代表大会问题》（1931 年 10 月 24 日），中共江西省委党史研究室等编：《中央革命根据地历史资料文库·党的系统》（3），第 1805 页。

贺电。地区书记处应以共产国际执委会名义拟定指示信和贺电，并提交
[共产国际执委会政治书记处]政治委员会。"共产国际还致电德共中央，
要求："必须以党和群众革命组织的名义在报刊上发表贺信"。①

很明显，无论是中共中央，还是共产国际，在得到中共苏区中央局
确定能够在 11 月 7 日召开苏维埃全国第一次代表大会的信息后，都非
常兴奋，有关工作也十分高效。

召开苏维埃全国第一次代表大会的日期已经是板上钉钉，不会变
了，苏维埃临时中央政府的组成人员就成为一个亟待解决的问题。

如前所述，李立三"左"倾冒险错误统治时期的中央，曾在 1930 年 8
月 29 日提出一个苏维埃共和国中央工农革命委员会组成名单，并以向忠
发担任常务委员会主席。在 1931 年 2 月 20 日的政治局会议上，周恩来
代表政治局所属的苏区委员会提出了一个约 30 人的苏维埃共和国临时
中央政府执委候选名单，初步意见是由向忠发担任主席，毛泽东、项英为
副主席。但刚从苏联回国，以列席身份参加政治局会议的张闻天却有不
同看法，表示："我觉得特生（即向忠发——引者）做政府主席是没有必要
的。"② 与会人员有的赞同张闻天的意见，并提出由毛泽东担任主席；有的
不赞同张闻天的意见，坚持向忠发担任主席。两种意见相持不下，会议只
好把这个球踢给共产国际。共产国际最后同意由毛泽东担任主席。

1931 年 8 月 30 日，中共中央曾通过一个《关于中央苏区组织问题
的决议》，其中一条为："苏维埃临时中央政府的候选名单，应由中央局
决定，原则上应多选各苏区的工农群众领袖，党的领袖只选其能实际参
加苏维埃政府工作与一般的群众对他有信仰的人，在白色统治区域做工
作的人不宜多选。四中全会后中央向你们提议的一部分名单，可做中央

---

① 《共产国际执行委员会政治书记处政治委员会会议第 191（Б）号会议记录（摘录）》（1931 年
　10 月 27 日于莫斯科），中共中央党史研究室第一研究部译：《共产国际、联共（布）与中国革命
　档案资料丛书·联共（布）、共产国际与中国苏维埃运动》（1931—1937）第 13 卷，中共党史出
　版社 2007 年版，第 63、64 页。

② 中共中央党史研究室张闻天选集传记组编、张培森主编：《张闻天年谱》（1900—1941）（上卷）
　（修订本），中共党史出版社 2010 年版，第 83 页。

局决定的参考。"① 决议中提到的四中全会后中央提议的名单，应该指周恩来在 2 月 20 日提的那个名单。

尽管中共中央有话，苏维埃临时中央政府的名单由苏区中央局决定。但作为下级机构，中共苏区中央局在 10 月 11 日报告准备在 11 月 7 日召开苏维埃全国第一次代表大会时，仍然要求苏维埃临时中央政府名单由中共中央来讨论决定。由于此事比较急，在没有得到中共中央回复的情况下，苏区中央局又致电中央，报告："中央全苏大会 11 月 7 日开，闽西、赣东南代表可按期到会，赣东北、琼崖、鄂西已有一人代表到此，白区城市工人代表尚未到"。请求"中央政府名单请速讨论决定电告"。并说，"因中央局不明他赤区详情，无法决定名单。苏维埃组织法及宪法大纲，请中央起草电拍，望派一政治局委员，最好是工人同志来苏区主持中央政府工作。"②

在苏区中央局的催促下，中共中央回电："政府执行委员名单，在弼时处有③。但须除去向忠发、周逸群、邝继勋④。加徐锡根、陈绍禹⑤、关向应、瞿秋白及各地苏维埃政府主席。人民委员会主席一人决定毛泽东，副主席二人张国焘与江西苏维埃政府主席。革命军事委员会设主席团，决定朱德、王稼祥、彭德怀，朱德为主席。稼祥任总政治部主任兼外交部长。肃反邓发。教育部长秋白。"⑥

根据中共中央的一号电示，苏区中央局最后确定苏维埃临时政府中

① 《中央关于中央苏区组织问题的决议》（1931 年 8 月 30 日通过），中共江西省委党史研究室等编：《中央革命根据地历史资料文库·党的系统》（3），第 1737 页。

② 《苏区中央局 10 月电——报告全苏大会日期、各地代表到会情形及苏区党大会的日期与议程》（1931 年 10 月），中共江西省委党史研究室等编：《中央革命根据地历史资料文库·党的系统》（3），第 1814 页。

③ 应指 1931 年 2 月 20 日中共中央政治局会议上讨论过的约 30 人的名单。

④ 向忠发已于 1931 年 6 月 22 日被捕后叛变，并被国民党当局处决。周逸群在 1931 年 5 月同国民党军队作战中牺牲。邝继勋这时因反对张国焘的冒险计划被撤去红四军军长职务，调任第十三师师长，离开鄂豫皖根据地的领导层。

⑤ 即王明。

⑥ 《中央致苏区中央局第一号电——政府执委、军委主席团、各部部长名单》（1931 年 10 月），中共江西省委党史研究室等编：《中央革命根据地历史资料文库·党的系统》（3），第 1815 页。

央执行委员会 63 委员名单，其中，毛泽东、项英、张国焘、周恩来、卢福坦、朱德、邓发、王稼祥、方志敏、孔荷宠、任弼时、贺龙、沈泽民、黄平、陈郁、罗登贤、胡均鹤、卢德先、徐特立、阮啸仙、徐锡根、关向应、瞿秋白等是中共中央政治局提名的，其余均是各地红军和苏维埃政府领导人，是苏区中央局根据中央政治局确定的原则提名的。关于苏维埃临时中央政府副主席人选和军事委员会人选，苏区中央局对于中共中央的提名略有调整。10 月 31 日，苏区中央局致电中共临时中央[①]："中央政府名单，我们提议项英为付［副］主席，江西省政府主席曾山为土地部长，过去闽西特委书记邓子恢为财政部长，请讨论并电告。军事委员会，来电只提朱德、王稼祥、彭德怀，我们提议加周恩来、毛泽东、贺龙、林彪四军长、谭震林十二军政委、孔荷宠、叶剑英、邵式平，请讨论电告。"[②] 中共临时中央接受了这个提议。

那么，苏维埃全国第一次代表大会在中央苏区什么地方召开呢？中共苏区中央局锁定了瑞金。

瑞金汉代属于于都县。县城原为一片河滩地，地下有金，因淘金者聚集，定居者日渐增多。唐朝天祐元年（公元 904 年），为了加强对此地治理，从于都划出，以淘金场为中心设置瑞金监，因"掘地得金，金为瑞"，故名"瑞金"，五代南唐改为瑞金县。

瑞金地处江西省东南端，位于武夷山脉南段西麓，系赣、闽、粤三省接壤要冲，地域居中，物产丰富。往东 80 里，即是闽西长汀，顺汀江南流可直下龙岩、上杭、永定，直达广东梅州、潮州、汕头出海；往北绵江

---

① 1931 年 4 月，中共中央政治局候补委员、参与领导特科的顾顺章在武汉被捕叛变。6 月，中共中央政治局、常务委员会主席向忠发在上海被捕叛变。这两人的叛变给中共中央机关和中央领导人的安全造成极大威胁。在周恩来等人的领导下，党采取果断行动，迅速将中央机关和中央主要领导干部转移到安全地带或撤离上海。王明于 10 月前往莫斯科，周恩来准备到中央苏区。在他们离开上海之前的 9 月下半月，由于在上海的中央委员和政治局委员都已不到半数，根据共产国际远东局的提议，在上海成立临时政治局，由博古（秦邦宪）、张闻天（洛甫）、康生、陈云、卢福坦、李竹声六人组成。博古、张闻天、卢福坦三人任中央常委，24 岁的博古负总的责任。

② 《苏区中央局电中央——接受中央土地问题指示、苏维埃政府问题》（1931 年 10 月 31 日），中共江西省委党史研究室等编：《中央革命根据地历史资料文库·党的系统》（3），第 1820 页。

水道直通赣江，既可达赣州、南昌、九江，又可与赣南各县沟通水路交通，运输便利。

同中央苏区其他县比较，瑞金革命基础深厚。早在 1927 年 8 月下旬，周恩来、贺龙、叶挺、朱德、刘伯承等领导的南昌起义部队经过这里时，就在瑞金城里绵江中学帮助建立了中共瑞金支部。贺龙、郭沫若就是在瑞金经周恩来、李一氓介绍加入中国共产党的。1929 年春，毛泽东、朱德率领红四军向赣南、闽西进军时，曾先后两次经过瑞金，给该县革命斗争以很大影响。1930 年 4 月，瑞金党组织领导了武阳暴动、安治暴动，成立了瑞金县苏维埃政府和红军第二十四纵队。1931 年春，在红三十五军和红十二军的帮助下，全县形势很好，并全面分配了土地。

瑞金党组织原由中共闽西特委管辖。1931 年 3 月，中共闽粤赣苏区特委派李添富担任瑞金县委书记。李添富到任时，正值闽西苏区大搞肃"社会民主党"。他自任肃反委员会主任，仿效闽西肃反委员会主任林一株大搞刑讯逼供那一套，在全县开展大规模肃"社会民主党"运动。他对那些出身地主、富农家庭的党员、干部，或者是对他那套"左"的做法不满的人，以及有某些错误和缺点的人，通通指认为"社党分子"，随意捕杀。瑞金一县之地，被错误杀害者多达 435 人，其中有县委、县苏维埃政府部长以上干部邓希平等 28 人，区、乡一级干部 77 人。由于李添富错误的肃反政策所致，瑞金全县群众不满，干部情绪低落，面貌死气沉沉。

就在李添富把瑞金搞得乌烟瘴气的时候，年仅 27 岁的邓小平同金维映一起，由中共中央派到中央苏区工作，于 8 月到达瑞金。此时，中共赣东特委书记谢唯俊正在瑞金，他要邓小平、金维映一起，调查解决李添富乱肃"社会民主党"的问题。随后，由中共中央派到中央苏区工作的余泽鸿、吴静焘夫妇也来到瑞金。大家一致推举邓小平出任中共瑞金县委书记，调查李添富的问题。经过一个多月的调查，邓小平等终于弄清了李添富乱肃"社会民主党"的事实真相及其严重恶果。9 月底，在中共赣东特委的支持下，邓小平采取果断措施，召开全县党员活动分子会议和县、区、乡三级主要干部会议，以大量的事实揭露了李添富的严重错误和罪行，宣布撤销李添富的一切职务，予以处决。同时，邓小平在大会上宣布三条：第一，立即停止杀人；第二，凡被怀疑为"社党分子"的一律不抓；第三，已被关押在狱的，如是贫农、中农的一概释放，回原地继续参加革命斗争，如是地主、富农的罚钱释放，罚不到钱的取保释放。于是，被关押的300多人幸免于难。

邓小平主政瑞金后，整顿和健全了县、区、乡三级苏维埃政权，成立了以黄正为主席的县苏维埃政府；兴办干部培训班，培养了60多人的本地干部；维护分田成果，发展农业生产，特别强调不要侵犯中农利益，也不要过分打击富农；十分注意加强党的宣传工作，创办中共瑞金县委机关报《瑞金红旗》；开展节约运动。邓小平在瑞金的工作卓有成效，成为中央苏区各方面最好的县。

9月28日，毛泽东、朱德率领中共苏区中央局和红一方面军总部进驻瑞金叶坪，邓小平和毛泽东首次会见。通过邓小平的介绍，苏区中央局和方面军总部对瑞金及其周边各县的情况有了更多的了解。根据了解到的情况，苏区中央局和方面军总部领导一致认定，留驻瑞金"居中指挥"为宜。于是，瑞金就成了中央苏区的政治中心，也就成为召开中华苏维埃第一次全国代表大会的会址。

大会旧址——瑞金叶坪谢氏宗祠

为了做好召开中华苏维埃全国第一次代表大会具体工作，中共苏区中央局成立大会筹备处，下设秘书股、会务股、宣传游艺股、保卫股等机构。项英负责会务准备，任弼时负责人事安排和大会代表选举等工作。

会场选定在叶坪谢氏宗祠。这是一幢明代建成的青砖灰瓦半寺式建筑，颇为坚实、宽敞。项英遵照毛泽东的指示，征得村中谢氏长辈同意之后，请来泥木工匠进行改建，并组织人员精心布置，使其成为一个庄严的会场。

叶坪村东北有一片刚收割完毕的晚稻稻田，大会筹备处找人开辟平整为阅兵场，并用竹木临时搭建了一座阅兵台，供大会开幕时阅兵之用。

由于到会的各地代表有五六百人之多，安排好外地代表吃住就成为一件大事。大会筹备处专门成立了一个代表接待组，由善于理财的毛泽民负责，康克清、贺子珍、彭儒等参加。邓小平领导下的中共瑞金县委和县苏维埃政府对此事给予了大力支持，动员叶坪、洋溪、黄埠头、合龙、沙洲坝等村子的群众腾出自己的住房，安排会议代表住宿。大会所需的粮食、蔬菜、肉等食品，全部由叶坪附近的区、乡苏维埃政府筹集供给。

为活跃大会期间的文艺生活，筹备处邀请红军学校的钱壮飞、胡底、李伯钊等人创作排练了话剧《最后的晚餐》。于都、瑞金、赣县等县的地方剧团创作排练了《活捉张辉瓒》等剧目，将毛泽东、朱德等红军领导人形象首次搬上了舞台。苏区党政机关和红军各部队的文艺骨干也准备了活报剧、采茶戏、歌舞、魔术等丰富多彩的文艺节目。军委总政治部还将红军在反"围剿"作战中缴获的战利品集中起来，办了一个"红军战利品陈列室"，展出了缴获张辉瓒的呢料军裤、公秉藩的私章和各式武器装备。邓小平和中共瑞金县委、县苏维埃班子成员还动员瑞金各乡村龙灯队、秧歌队、锣鼓唢呐队等群众祝贺队伍，准备在大会开幕当日举行提灯晚会。

鉴于国民党军有飞机，为防备大会开幕时遭到敌人飞机的空袭，大会筹备处根据毛泽东等人的提议，安排中共长汀县委在长汀城郊搭建了一个苏维埃代表大会的假会场，以迷惑敌机。同时，将红军阅兵式、授旗授奖章仪式等大型户外活动安排在早晨 7 点钟以前结束，以确保大会安全召开。

大会筹备处秘书股除为大会准备好各种文件、文告外，还为出席大会的所有代表制作了一枚精美的代表证章。

1931 年 11 月 7 日，这是一个载入史册的日子。中华工农兵苏维埃第一次全国代表大会在瑞金叶坪村隆重开幕。

这天早晨，东方微明，叶坪阅兵广场已是人声鼎沸。根据中共中央的要求，庆祝中华工农苏维埃第一次全国代表大会隆重召开，中国工农红军第一次举行阅兵典礼。红三、红四、红七、红十二军和红三军团各派出一个营，中央军事政治学校学员、瑞金县赤卫队、少先队，接受检阅。毛泽东、朱德、项英、任弼时、彭德怀、邓发、周以栗、叶剑英、曾山、张鼎丞等中央苏区领导人和红军将领在主席台检阅受阅部队。参加大会的代表和瑞金前来观礼的群众，站在检阅台两侧观看。红军受阅部队迈着坚定、整齐的步伐，似滚滚铁流经过检阅台，毛泽东、朱德等频频挥手致意。人民群众也情绪高涨，欢声雷动。

当日下午，大会开幕式在叶坪谢氏宗祠举行。大会主席台正面挂着世界无产阶级革命导师马克思列宁的画像，画像正中挂着鲜艳的镰刀锤子红旗。主席台左边贴着"学习过去苏维埃运动的经验"，右边贴着"建立布尔什维克的群众工作"，上方贴着"全世界无产者联合起来"。主席台前沿，放着一块匾额，上书"工农炮垒　民主专政"，精辟概括了中华苏维埃共和国的政权性质。整个大厅放了约 200 张长木凳供代表们坐。红军无线电通讯队在会场上架设了电灯，用反"围剿"中缴获的敌人发电机发电照明。整个会场既庄严又多彩多姿，预示着革命事业辉煌的前途。

出席大会的正式代表和列席代表 610 余人（湘赣、湘鄂赣苏区代表还没有赶到，不在其内）聚集大厅参加开幕式。这是中国共产党自成立以来，第一次召开的规模大、人数最多，且是在自己控制的地区召开的代表大会，说明中国共产党的事业越来越兴旺发达，充满勃勃生机。

大会推选毛泽东、项英、任弼时、朱德、周以栗、曾山、陈正人、张鼎丞、邓广仁等 37 人为主席团成员，随后由主席团执行主席宣布中华工农兵苏维埃第一次全国代表大会正式开幕。

项英在大会上致开幕词。项英说："全苏大会是全国工农及英勇红军斗争的结晶，是统一全国的苏维埃运动，建立中华苏维埃共和国临时中央政府，来领导全国工农劳动群众推翻日本帝国主义在华统治，推翻中国豪绅地主资产阶级的统治，为争取苏维埃新中国而奋斗。"

在开幕式上，宣读了毛泽东的题词："苏维埃为工农劳苦群众自己管理自己生活的机关，是革命战争的组织者与领导者。"

开幕式之后，中共苏区中央局在瑞金的七名委员：毛泽东、项英、任弼时、朱德、王稼祥、顾作霖、邓发，在叶坪村合影留念。一些大会代表和工作人员也纷纷合影留念，留下具有历史意义的美好瞬间。

开幕这天，有十余架敌机在长汀、瑞金轰炸，投弹百余枚，炸毁房屋百余栋，死伤数十人，所幸大会没有受到任何损失。毛泽东果然料事如神！

大会历时 14 天，于 11 月 20 日闭幕。大会期间，发表了《中华苏维埃共和国临时政府对外宣言》《中华苏维埃第一次全国代表大会告全中国工人与劳动民众》《中华苏维埃共和国第一次全国工农兵大会宣言》，一致通过了《中华苏维埃共和国劳动法》《关于经济政策的决议案》《关于红军问题决议案》《中国工农红军优待条例》《关于中国境内少数民族问题的决议案》《地方苏维埃政府的暂行组织条例》《中华苏维埃共和国划分行政区域暂行条例》《中华苏维埃的选举细则》《中华苏维埃宪法大纲》《中华苏维埃代表大会给中共中央电》等。

大会选举出了苏维埃政府中央执行委员会委员，共有 63 人，他们是：毛泽东、项英、张国焘、周恩来、卢福坦、朱德、瞿秋白、张鼎丞、邓发、王稼祥、徐锡根、范乐春、陈绍禹、彭德怀、关向应、孔荷宠、方志敏、任弼时、贺龙、沈泽民、谭震林、黄平、曾山、林彪、陈郁、罗登贤、夏曦、邓子恢、刘少奇、刘大朝、陈正人、袁德生、崔棋、屈登高、段德昌、葛耀山、彭轨、陈福元、古大存、韦拔群、张华先、何叔衡、黄苏、胡海、滕代远、肖恒太、罗炳辉、陈毅、张云逸、周以栗、卢德光、胡均鹤、徐特立、邵式平、洪紫清、刘光万、余汉朝、吴致民、刘建中、李宗白、刘生元、王永盛、阮啸仙。这些人中，不少人在 1949 年 10 月 1 日的天安门城楼上，可以看到他们的身影。

大会主席团授予红一军、红二军、红三军、红四军、红六军、红七军、红十军、红十二军、红十六军、红三军团奖旗，授予毛泽东、朱德、彭德怀、方志敏等八人以奖章。

11 月 20 日，在大会闭幕式上，毛泽东致闭幕词。他指出："临时中央政府在目前时局之下，在大会所付托的使命之下有三大任务"："第一是组织革命战争"；"第二是巩固扩大革命根据地"；"第三是创造一支大而有力的红军"。号召工农劳苦群众"用战争武装自己，用战争打倒敌人"！指出"战争〔是〕使我们得到解放的唯一有效的方法。"①

闭幕式同开幕式一样隆重，作为红四军特务营代表参加闭幕式的刘辉山回忆说：

下午三点钟，会议主席宣布开会。在热烈的掌声和欢呼声中，毛主席讲了话。他告诉我们：红旗不倒就是我们的胜利，敌人的破产；红军的发展，是保证红色政权存在的必要条件。现在建立了红色政权，将来还要巩固和扩大，以促进全国革命高潮的到来……

这是一个幸福的时刻。我紧抱着怀里的枪，仰着脸，目不转睛地望着毛主席那魁伟的身躯，和那温厚、纯朴的脸，听着他那平静而充满自信的声音，我觉得浑身都充满力量。就是他，创造和教养了我们红军，并指挥红军以少胜多，以弱胜强，粉碎了蒋介石一次又一次的"围剿"，消灭了大量敌军，从而建立、巩固和扩大了红色根据地，建立了自己的政权。就是他，将领导我们获得更大的胜利。我们都记下了他的话，并以雷样的掌声表示对自己领袖的热爱。

接着，朱德总司令等首长也相继讲了话。当会议主席宣布大会结束时，整个会场立时欢腾起来，口号声、欢呼声响成一片。大家都为中国人民第一次建立自己的中央政权，人民真正当家作主而兴奋、而欢呼……

---

① 毛泽东：《第一次全国苏维埃代表大会闭幕词》（1931 年 11 月 20 日），中共江西省委党史研究室等编：《中央革命根据地历史资料文库·政权系统》（6），第 114、115 页。

游行开始了。我们红军战士们穿着灰色军衣，领口缀上黑边红底的领章，胸前佩着椭圆形红色的"中国工农红军"的符号，戴着八角帽，手持带着明晃晃刺刀的步枪，排成六个方队，整齐、雄壮、精神抖擞，以刚健的步伐走在浩浩荡荡的游行队伍的最前列。当通过主席台时，毛主席亲切地向我们频频招手，全场群众也热情地向我们欢呼。这是领袖和人民给予我们的荣誉和奖赏。我们把手臂甩得更直，步伐也更加整齐和有力。我们要用行动证明：我们不仅能消灭敌人，开辟革命根据地，而且还能继续粉碎敌人的"围剿"，保卫新政权。接着通过主席台前的有儿童团、红军大学、赤卫队等等。当我们离开会场很远时，还听到人群中"毛主席万岁！""工农民主政府万岁！"的呼声，如波涛奔腾，久久不息。

入夜，半弯明月爬上了东山头，我提着五星红灯，随着队伍，赶到松山岗子上去参加"提灯晚会"。啊！会场里，简直是一片灯的海洋。"灯"把我们围住了，人们向我们红军"提灯"队伍问好，还有的燃起了鞭炮。

灯，各种各样的灯。六面都画着人民胜利的跑马灯，团团直转，惹得一群孩子哈哈大笑。一条数丈长的龙灯，弯弯曲曲忽上忽下，像游动在自由的大海中。锣鼓的声音吸住了我，往人群里一看，原来是一群技巧熟练的舞花杆的人们。一阵悠扬的乐曲又把我引入了另一个场面：人堆里，"老渔翁"正要下网打蚌，"小蚌精"直按手中的电筒，像明珠在夜中闪闪发光。唢呐的乐曲伴着踩高跷的歌舞；坐旱船的姑娘还在唱着："……今天的人民呀嗨哟，当了家呀划哟。……"

人们沉醉在狂欢中。红军指战员和工人、农民群众在灯火和歌声中欢度了自己幸福的节日。[①]

这个回忆，真实、生动地再现了中华工农兵苏维埃第一次全国代表大会闭幕式的盛况，读之使人身临其境，深深地感受到人民群众发自内心的欢庆自己的中央政权诞生。

中华工农兵苏维埃第一全国代表大会闭幕后，瑞金改名为"瑞京"，

---

① 刘辉山：《欢庆红色中央政权的诞生》，《星火燎原》（选编之二），第145—146页。

瑞金县划为中华苏维埃共和国临时中央政府直辖县，由此成了红色首都。

11月25日，经中共临时中央同意，中华苏维埃共和国中央执行委员会发布通令，以朱德、彭德怀、王稼祥、林彪、谭震林、叶剑英、孔荷宠、周恩来、张国焘、邵式平、贺龙、毛泽东、徐祥谦（徐向前）、关向应、王盛荣等15人组成中华苏维埃共和国中央革命军事委员会（简称中革军委），朱德为主席，彭德怀、王稼祥为副主席，王稼祥为总政治部主任。中革军委成立后，取消红一方面军总司令、总政委的名义及其组织，所有红军完全集中统一于中革军委指挥统辖之下。

朱德任中革军委主席，是他在红军中享有崇高威望，是历史形成的，充分说明他对创建人民军队的重大贡献。

两天之后，在叶坪村外一片茂密的树林里，毛泽东主持召开了中央执行委员会第一次全体会议。会议按照苏维埃组织法规定的程序，选举毛泽东为中央执行委员会主席和人民委员会主席。人们开始称毛泽东为"毛主席"。这时还只有苏区的干部、党员、人民群众称"毛主席"。18年后，毛泽东在天安门上宣布中华人民共和国成立时，伴随着《东方红》的歌曲声中，"毛主席"在中华大地上已经是家喻户晓的称呼。在中华民族史上，在现代中国，"毛主席"是影响深远的一个名词。

中央执行委员会第一次全体会议还选举项英、张国焘为中央执行委员会副主席、人民委员会副主席。同时选举了中央政府各部人民委员（即部长）。

王稼祥为外交人民委员；

朱德为军事人民委员；

项英为劳动人民委员；

邓子恢为财政人民委员；

张鼎丞为土地人民委员；

瞿秋白为教育人民委员；

周以栗为内务人民委员；

张国焘为司法人民委员；

何叔衡为工农检察人民委员；

邓发为国家政治保卫局局长。

对于中华苏维埃共和国的成立，中共中央党史研究室著的《中国共产党的九十年》作了如下评价：

中华苏维埃共和国是中国历史上第一个全国性的工农民主政权，是中国共产党在局部地区执政的重要尝试。中华苏维埃共和国临时中央政府的成立，在一定程度上加强了对被处于分割状态的各根据地的中枢指挥作用，在政治上也产生了很大影响，并推动了各根据地的政权、经济、文化教育等方面的建设。[1]

四、宁都起义，蒋介石挨了重重一击

不愿为蒋介石卖命的第二十六路军

1930年10月，冯玉祥在同蒋介石的中原大战中失败，所部纷纷倒向蒋介石，剩下的部队只有宋哲元部和孙连仲所属的第十二、十三、十四、十五师，以及孙殿英的残部，退到晋南、豫北狭窄地区，要粮没粮，要钱没钱，处境极为窘迫。冯玉祥的前线总指挥鹿钟麟宣布下野，把在豫北部队的指挥权交给了孙连仲，去了天津。

这时，黄河以南是蒋介石的部队，北面是张学良的部队，困境之中的孙连仲决定接受蒋介石的改编。胜利者蒋介石对于孙连仲求收编的条件非常苛刻，要孙连仲部离开河南，经徐州、兖州到济宁一带驻防，而后再授予番号，进行改编。改编完成之后，才能发放经费。

人在屋檐下，不能不低头。1930年底，孙连仲根据蒋介石提出的条件，把部队转移到济宁。孙连仲当时对国民党山东省主席韩复榘抱有某种幻想。认为他是河北雄县人，韩复榘是河北霸县人，两人是小同乡，

且是老同事，希望到了韩复榘的地盘上，日子能够好过一点。

部队到了济宁后，蒋介石给了孙连仲一个第二十六路军的番号，命令将部队由原先的四个师缩编为两个师。孙连仲虽然感到憋屈，但已经迈出了第一步，只好硬着头皮迈出第二步。在部队改编过程中，孙连仲又偏向自己的"亲儿子"，将嫡系部队第十二师（师长高树勋）编为第二十七师，其余第十三、十四、十五三个师合编为第二十五师，亲自兼任师长，原来的三个师长一律降为旅长。这样，第二十七师兵员不足，第二十五师兵员过剩，大大突破了一个师的编制定额。为了平衡起见，孙连仲将董振堂第七十三旅的曹金声部调出，作为高树勋师的建制；又把属于季振同第七十四旅的野榴炮团调出，使季旅的战斗大为削弱。孙连仲的这种不公平做法，使董振堂、季振同非常不满。

尽管孙连仲的做法引起第二十六路军内部一时议论纷纷，怨声沸腾，他本人却装聋作哑，硬着头皮将部队改编方案贯彻下去。

部队改编后，大家以为生活可能会有所改善，盼望薪饷能够赶快发下来。但是，盼来盼去，却盼来了蒋介石一纸开赴江西参加"剿共"的命令。这下，蒋介石收编第二十六路军的面目一下子暴露无遗。

早在孙连仲部刚到济宁不久，蒋介石就派人来，要第二十六路军开往江西参加"剿共"。孙连仲犹豫不决，既怕蒋介石以调江西为名，中途将其解决；又怕到江西后被红军打败，落个"战败法办"的下场。没有主意的孙连仲问计于参议赵大璞。赵大璞反问孙连仲：总座估计今年年内会不会有人再向蒋介石挑战？孙连仲答：石友三心里非常不安，可能会有所行动。赵大璞又问：谁会和石友三站在一起？孙说：极少。赵继续问：假若我们没有军费、没有粮食，韩复榘能够帮助我们吗？孙连连摇头：不可能，不可能！

听到孙连仲这几个答复后，赵大璞进一步给他分析：总座，那你应该奉调去江西。目前是蒋介石正需要部队的时候。现在江西的北方部队有王金钰、郝梦龄、陈调元等，他们都是战败被蒋介石收编的。我们去后，处境与他们相同，互相结纳，他们能存在，我们也能存在。万一蒋介石要吃掉我们，我们就与王金钰、郝梦龄等一起联手抗蒋。如果不去江西，纵然还能驻在这里，但同韩复榘的部队一比，一穷一富，军心也难以久固。假使韩部有人不明大义，暗中挖我们的墙脚，恐怕也有伤总座和韩复榘的友情吧！

赵大璞这些话，说得孙连仲动心了。这时，蒋介石又派韩复榘等来做说服工作。山东是韩复榘的地盘，他当然不想让第二十六路军待在济宁，蒋介石把第二十六路军调到江西"剿共"，他是求之不得。于是，积极劝说孙连仲到江西去。蒋介石也拿出了最擅长、最有效的一招，将孙连仲请到南京，重金收买。拿人家的手短，孙连仲在蒋介石的威逼利诱下，终于下决心去江西参加"剿共"战争。看到孙连仲"上了船"，蒋介石立刻发出了第二十六路军南调的命令。

"这是调虎离山！""这是借刀杀人！"得到了蒋介石调第二十六路军南下"剿共"的命令后，广大官兵一片哗然，不满意的程度比改编时更强烈。

第二十六路军为什么不愿去江西"剿共"呢？其一是这支部队原系冯玉祥的，连年随冯玉祥参加反蒋战争，对蒋介石本身就没有什么好感。知道自己不是蒋介石的嫡系，虽被蒋收编，也不受蒋介石待见，不会有什么好果子吃。其二是官兵绝大多数是北方人，从未到过南方，对南方存在严重的恐惧心理。自从部队要向南方开拔的消息传开后，关于南方如何如何可怕的传说也就蔓延开了。什么山高路险水急呀，什么南方话听不懂、生活不习惯啦，什么瘴气可以毒死人啦，越说越玄乎，越说大家心里越害怕，害怕不能活着回来。

但是，反对任你反对，不满任你不满，由于总指挥同意南调，命令还是要执行的。1931年初春，董振堂第七十三旅郭道培团登上了第一列南下的火车。但列车开到济宁与兖州之间的孙氏店车站时，该团官兵坚决拒绝开差，举行哗变，破坏了铁路、车辆，把部队拉走了。考虑到胳膊扭不过大腿，蒋介石真追究起来，对第二十六路军是不利的。经过做工作，不久郭道培又率全团回来了，但此举还是使第二十六路军南下计划耽搁了几天。

蒋介石将第二十六路军调往江西，起初也是怕石友三、韩复榘和孙连仲联合一块，与他对抗。孙连仲犹豫南下时，蒋介石曾怀疑是由于韩复榘的煽动。1931年1月23日，蒋介石曾在日记中写道："时局又将发生变化，当慎重处之。""近为调孙连仲部事，费神殊甚。"29日，得到孙连仲开拔的电报，蒋介石"心稍安适"。

虽然孙连仲部已经开拔，但蒋介石心里总惦记着，生怕出什么岔子。2月3日，听说第十二师张兴仁、萧希贤哗变，反抗金汉鼎。蒋介石心又悬起来了，"恐因此牵动大局，孙连仲部或亦因而延不开赣"。直到第十二师的事情解决，蒋介石的心才又放下来。2月6日，第二十六路军发生了郭道培团哗变事件，蒋介石认为是韩复榘煽动的结果。当时，他正在起草一个文告，把笔一扔，仰天长叹，"为之心痛不已！"19日晚，得知运送孙连仲部的一列火车已经到达浦口时，蒋介石还说："此心略安；但尚未能定也"。就这样，蒋介石为了第二十六路军开赴江西之事，心情一直起起落落。

第二十六路军到江西后，在南昌停留了几天。这时，蒋介石才发下饷来。但是，第一次发饷就没有发足，只发了平均百分之六十五。而紧挨着第二十六路军住的中央军，总是能够按月发足饷、装备。这次发饷后不久，蒋介石就命令第二十六路军分左右两路开赴前线。因此，第二十六路军官兵发牢骚说："发这几个臭钱，要买弟兄们的命哩！"

在对中央苏区第二次"围剿"中，担任右路军的高树勋第二十七师，在中村遭到红军重创。这是第二十六路军挨的红军迎头一棒，使全军本来就不高的士气变得更加低落。

担任左路军的第二十五师比较幸运，几乎没有打什么仗。董振堂的第七十三旅走在最前头。他本来就不想同红军作战，所以经常搞一些假情报，说什么地方有红军主力，什么地方出现大批红军，作为自己迟迟不前进的理由。这些情况逐级上报，一直报到南昌行营。后来蒋介石到南昌坐镇，发现第七十三旅的报告和其他部队报告的情况出入很大，认定是指挥官虚报军情，借故不前，马上给第二十六路军总指挥部发来电报，怒气冲冲地责骂董振堂贪生怕死，畏缩不前，并威吓说：如若不改过自责，将功补过，定按军法处置。为此，许多人都为董振堂捏了一把汗。

第三次"围剿"开始后,第二十六路军奉命经黄陂、东韶,进驻宁都县城。途中除遇到少数游击队袭扰外,没有遇到红军的主力部队。当时,宁都城外十多里便是游击区,三四十里以外便是红军的天下。进入宁都后,第二十六路军的厌战情绪不断蔓延着。

国民党军对中央苏区的第三次"围剿"失败不久,就爆发了日本侵略中国东北的九一八事变。九一八事变极大地震动了第二十六路军这些北方官兵,使他们醒悟、思考,国家命运处在生死存亡的关头,军人的真正职责是什么?

事变发生后,蒋介石政府抱不抵抗主义,一味依赖英法控制国际联盟,盼望国联主持公道。蒋介石亲自发表演说,大肆宣扬"攘外必先安内"、"不可轻言抵抗"谬论。蒋介石的妥协投降,使大片国土迅速沦入敌手。第二十六路军官兵气愤地说:"他妈的!与其困在这里,不如战死在抗日的沙场!"

孙连仲也知道蒋介石利用第二十六路军打红军是达到一石两鸟的险恶用心,觉得在江西只有死路一条。因此,他很想把部队重新拉回北方去。于是给南昌的蒋介石发去电报,说第二十六路军广大官兵强烈要求回北方打日寇,保卫家乡,保卫祖国,希望获准。孙连仲知道蒋介石是不会批准的,所以没有等到蒋介石复电,就命令部队撤离宁都,向北开拔。

听说还回北方去,第二十六路军官兵个个笑逐颜开。谁知走到宁都以北60余里的湖岭嘴,蒋介石的电报来了,把孙连仲臭骂一顿,并命令部队立即返回原防,不得有误。孙连仲无法,只得执行命令。第二十六路军在湖岭嘴磨蹭了两日,第三天又开回了宁都。

返回宁都后不久,第二十七师师长高树勋和总指挥孙连仲借口到后方休养治病,先后离开部队到南京、上海享乐去了。临走前,孙连仲决定不再兼第二十五师师长,把第七十五旅旅长李松昆提为师长,并委以代理总指挥重任。李松昆是个无能之辈,他的第七十五旅的战斗力,比起第七十三、七十四旅差远了。没有什么威望和能耐的李松昆突然被提为师长兼代理总指挥,第二十六路军一下子炸了窝,认为他全靠私人关系得以飞黄腾达。

此时的第二十六路军,上上下下,各种矛盾交集,就像是一堆干柴,只要有一点火星迸发,就会燃起冲天大火。

第二十六路军的中共秘密组织

第二十六路军第二十五师第七十三旅上尉参谋刘振亚是共产党员,在部队即将开往江西时,他找到军官教导团同党组织失去联系的袁血卒,两人接上了关系。不久,由于袁血卒、李肃等人说替军阀卖命没有意思,不值得,受到反动军官的注意,不得不离开军官教导团。袁血卒没有社会关系可以依靠,于是赶到浦口找第二十六路军。他改名袁零,到第七十三旅第二团第三营当兵。3月间,部队开到宜黄县,袁血卒在黄陂找到了刘振亚。刘振亚说:"你来得正好,可以回开封,找家里(党组织)想办法。"他给了袁血卒路费,告诉接头地点是"河南开封相国寺后街同春饭庄陈立"。

袁血卒到开封后,同陈立接上关系。第二天,在西北军军官学校学过工兵的共产党员王超从归德(今商丘市)来到开封。袁血卒把他所知道的第二十六路军的情况同陈立和王超谈了。王超和陈立将情况汇报给中共河南省委军委负责人方纪刚。他们把中共在西北军的旧关系捋了一遍,商议了两个方案:一是去河南潢川吉鸿昌部开展工作,二是到江西第二十六路军中开展工作。方纪刚说:"从全国范围考虑,我们工作重点在江西。蒋介石把新收编的二十六路军匆匆忙忙地开赴江西'剿赤',我们的工作也应赶上去。你们是留在河南好呢,还是去江西好呢?从全局看,我个人认为你们还是到江西好。这要请中央决定,你们暂等几天。"

经陈立同意,袁血卒给李肃去了一封信,要他到徐州车站等候。过了几日,王超告诉袁血卒:"组织上决定我们一同到上海去。"他俩到徐州后,在车站正好碰上李肃,三人一同到上海。到上海后他们先是住浙江路中国旅馆,后移住四马路振华旅馆二楼。

在旅馆，经袁血卒介绍，王超批准，李肃加入了中国共产党。负责中共中央军委工作的周恩来派李富春和中央军委专门负责兵运工作的朱瑞，为他们开办了"兵运训练班"。训练班结束后，中共中央军委决定把他们派到第二十六路军去，并告诉王超，与苏区接头时说"朱瑞叫来的"；与上海联系信上写"交通大学袁风渊收"。

5月，王超、袁血卒、李肃离开上海，到了南京。他们在下关码头正准备过江时，巧遇经董振堂批准请假回家的刘振亚。于是，他们又一同找到旅馆，租了一间房子。刘振亚向他们介绍了第二十六路军的近况。刘振亚说：

赵博生跟董振堂穿的是一条裤子，来往甚密。边章五有时也来凑合。我把他算做保定讲武堂派。他们对蒋光头都很愤慨。我这次请假回家，是董振堂批准的，并要我路过上海打听一下刘部长（指刘伯坚）的消息。他现在正专心学习三民主义，希望在里面找到有关时局的答案。他认为民生主义就是共产主义，并且说三民主义是中山先生的，共产主义是马克思的。马克思是外国人，中国人不应该信仰外国人的什么主义。董振堂对打土豪、分田地很赞成，但不知道这是马克思主义，他还问过苏维埃是干什么的、武装暴动是怎么回事，还提了许多我解答不了的问题。

刘振亚分析了第二十六路军主力第七十四旅旅长季振同以及所部团、营长们的态度，并说：

行伍出身的师团长，如李松昆、郭道培、王天顺、李锦亭等，用他们自己的话来说"斗大的字认不得两升，是枪杆子里爬出来的"。他们对蒋介石另眼相看二十六路军，表示不满。他们信任董振堂、赵博生。我把这些人叫行伍派。还有些我们军官学校的同学，大家都受过大革命的影响，对刘伯坚同志有着深刻的印象，有强烈的反蒋思想。他们多是连、排长，接近广大士兵，是各派争相拉拢的对象。二十六路军的派别斗争，集中在苛扣士兵的军饷上。士兵苦于打骂，曾向天发誓，不给蒋介石卖命。①

　　了解了初步情况后，他们四人决定火速赶往江西。在南昌，由于找不到去抚州的船，他们多待了一天。第二天，搭上了去抚州的烟篷船。经抚州到达宜黄后，规定了几条秘密活动原则，大家便分散行动。刘振亚回第七十三旅，李肃去第七十四旅，袁血卒到第七十九旅二团团部，王超以住闲和差遣名义住总指挥部和第七十四旅。王超要求大家顺着自己熟悉的关系，找发展对象，成熟一个，发展一个；谁发展，谁领导。只发生直的关系，不发生横的关系。特殊情况例外。暂不形成组织，但对党要绝对忠诚，不能有任何隐瞒。参加共产党有牺牲的危险，即使杀头，也不能出卖组织。这是发展对象最起码的觉悟，没有这点觉悟，不能发展为党员。

　　在宜黄，袁血卒、李肃发展了军官学校工兵队同学李秉仁入党；袁血卒发展王铭五入党；王超发展了总指挥部译电主任罗亚平（又名罗致中）入党；刘振亚发展了第七十三旅学兵连李青云入党。第二十六路军进驻宁都后，根据分工，袁血卒和李肃专做士兵工作。袁血卒发展了第七十九旅二团特务排的田玉珊、李春华入党。此后，他又发展了总指挥部执法队的王振铎入党。王振铎又发展了孙步霞、杨履元入党，并以"拜把子"的形式掌握了执法队。李青云在学兵连发展了王际坦（即王幼平）入党。王际坦则又发展了赵洪志、杨艺林、谭时清、刘静生、霍万仲等入党。就这样，第二十六路军中的共产党员像滚雪球一样，越来越多。

　　中共中央军委根据第二十六路军中党活动的情况，决定加强领导，组织特支委员会，由刘振亚担任书记，袁血卒任组织委员，王铭五任宣传委员。其下设士兵支部和官长支部，刘振亚分管官长支部，袁血卒分管士兵支部，王铭五负责文件的修改、收存及收缴党费。此后，第二十六路军中共产党的秘密活动就更加广泛地开展起来。

---

① 袁血卒：《宁都暴动纪实》，陈毅、萧华等著：《回忆中央苏区》，第218、219页。

第二十六路军中共特支成立后，把目标对准了赵博生。

赵博生是第二十六路军的参谋长，在西北军中以正直、艰苦朴素著名。他在大革命时期受过共产党的影响，尤其对刘伯坚非常敬仰，并对从苏联翻译过来的《国际歌》《少年先锋队歌》很欣赏。当西北军同共产党合作时，赵博生非常活跃，充满朝气。他对现实不满，有抗日的要求，对部下抓的老百姓，凡是送到总指挥部的都放掉了。他经常问士兵们："你为什么要打红军？红军分田地，你不赞成吗？给你三亩地要不要？""打红军、打日本，你赞成打哪个？"

中共特支观察赵博生的言行，分析他是倾向革命的，决定对他进行试探。王超认为："他内心活动的主要东西，是在寻找新的出路。我们党不采取主动出击的办法，就会失去机会。"于是，中共特支在宁都城北石桥背52号一老百姓家楼上，以打麻将、煮鸡吃作掩护，第三次讨论发展赵博生入党问题。经过讨论，决定由中央军委兵运部派来的王超执笔写一封给赵博生的长信。信写好后，特支组织委员袁血卒交给总指挥部译电主任罗亚平，放在赵博生的书中。袁血卒问罗亚平：有没有把握？罗亚平说：试试看。赵博生毕竟是第二十六军的高官，争取他入党是有风险的，为此中共特支做了四种预案：1. 如果赵博生能接受信中的主张，特支就公开态度；2. 如果赵博生迟疑不决，特支就采取不即不离的态度，再拖一拖；3. 万一出问题，就准备牺牲一人，其他人不暴露；4. 如果一般的追查，就说捡到一封信，放在这里，该不该？不该，下次不干就是了。

过了一个多星期，王超十分兴奋地找到袁血卒，向他谈了罗亚平试探的经过。就在罗亚平把信送去的第三个早晨，赵博生看了一下信，然后偷偷地把它珍藏在书里了。一天早操时，赵博生把罗亚平叫到寝室里，让罗亚平坐下，还倒上了一碗茶。然后，从桌上书中拿出罗亚平放进去的那封信。一看信，罗亚平就知道是怎么一回事了，表面上装得像什么都不知道似的，但内心有些紧张。赵博生面色和蔼、亲切，指着信中划有红道道的地方，说："说得对呀！有独到见解。蒋介石就是不抵抗主义！说得完全对。不抗日，中国一定亡。"他对罗亚平说："我看这封信不是你写的。但是，和你有密切关系。"并带着开玩笑口吻说："要是吃官司判罪的话，你是第一个嫌疑犯。你说对吗？"接着，他提出要求："今天我找你没有别的话说，就是要你做我的引路人。我要求加入中国共产党。别看我是参谋长，组织叫我干什么我就干什么。只要是我做得到的，即便是赴汤蹈火也在所不辞。你做我的引路人吧！"赵博生的这些话，正是罗亚平要听的，他第一时间把这个消息告诉了王超。

之后，王超亲自出面与赵博生谈了入党问题。经过多次考验，特支讨论决定发展赵博生入党。介绍人为罗亚平，袁血卒代表组织同赵博生谈话。中共特支把发展赵博生的经过报告了中共中央。10月底，由朱瑞经手，中共中央批准了赵博生入党。袁血卒将这个消息告诉了赵博生，并对他说：要做到严守秘密，遵守纪律，永不叛党，为共产主义奋斗终生。

赵博生入党后，工作积极，并介绍了第八十旅的两个连长董俊颜、卢子美入党。

一次意外，成为宁都起义的导火线

1931 年 12 月上旬，王超奉调回上海中共中央。他到南昌接头时，没有想到接头机关被敌人破坏了，误把第二十六路军中党组织领导人名单和两个决议案交到敌人手中。12 月 5 日，蒋介石南昌行营给第二十六路军总指挥部发来十万火急电报，令严缉刘振亚、袁汉诚（袁血卒当时的名字）、王铭五等三人，星夜送行营惩处。

南昌行营的电报是由第二十六路军的译电主任罗亚平收到译出的。罗亚平大吃一惊，忙把电报交于刘振亚。刘振亚立刻找袁血卒商议如何应对。袁血卒问他：赵博生的态度怎么样？刘振亚说：电报是罗亚平先交给我的，还没有告诉参谋长。于是，刘振亚和袁血卒一起去找赵博生。

到赵博生处后，袁血卒问：董振堂知道吗？刘振亚征求赵博生的意见，是否需要马上告诉董振堂。赵博生说：我看告诉他好。三人商量结果是，由赵博生去告诉董振堂。同时他们约定好晚上在赵博生宿舍碰头。

12月9日，一架国民党飞机在宁都降落。飞机上下来一名军官傲慢地说："有委座（指蒋介石）手令。事关机密，要见参谋长。"赵博生接过一看，原来是落在敌人手中的党组织对第二十六路军活动的政治决议和组织决议，以及蒋介石彻底清查第二十六路军中"共党"的手令。但蒋介石万万想不到，他的手令成为燃爆第二十六路军起义的导火线。

孙连仲不在，赵博生大权在握，是起义的有利条件。时间紧急，犹豫就是失败。有赵博生参加的中共特支会议决定举行全部起义，并分头进行工作：为应付南昌行营，由赵博生以参谋长的名义，立即拍去"遵令即办"的电报，并立即争取季振同、黄中岳等人的工作；袁血卒等人马上动身日夜兼程去苏区与红军总司令部取得联系；刘振亚等在党内部署起义的准备工作。

赵博生给南昌行营拍发电报后，要罗亚平拟了一封南昌行营回复的假电文，内有：安内是攘外的前提，剿匪是抗日的先导，望火速进剿，莫失良机。赵博生带这封假电报去找董振堂，说：绍仲（董振堂的字），情况十分紧急，蒋介石消灭杂牌军，心狠手毒，言出法随。我们到了当机立断的时候了。董振堂看了电文，说：恩溥（赵博生的原名），我的心同你的心一样，有福同享，有祸同当，决不食言。你说怎么办就怎么办。我听你的！

赵博生说：联合红军，北上抗日。董振堂问：人家相信我们吗？刘部长是不是在那边？能联系上吗？赵博生肯定地回答：能！

董振堂担心地问：第七十四旅怎么办？季振同能跟着我们一起搞吗？赵博生说：我来就是和你商量这个问题的。只要你同意联合红军，我们就有办法。刘伯坚部长确实在瑞金，我想季振同也会跟我们走的。因为蒋介石这样对待我们，他是很不满意的。他不是想利用红军找冯总司令吗？你考虑一下，可否咱俩一同去找季振同，试探一下他的态度？

俩人找到季振同后，给他看了电文。季振同气愤地说：他妈的！什么"进剿"不"进剿"，我们前进是死，后退也是死，干脆和红军联合起来，回北方打日本。未知二位老兄意见如何？赵博生一听，称赞他有远见卓识，表示赞同这个想法。董振堂也说：你说的办法太好了。除此之外，没有更好的办法。但不知中岳是怎么想的？季振同说：放心吧！我同中岳的关系，如同博生和你的关系一样，用不着多费口舌。

赵博生、董振堂争取季振同很顺利，那么袁血卒去苏区的情况怎样呢？

袁血卒去苏区的情况很有喜剧性。动身之前，赵博生给他一张执法队的证明，这样好过第二十六路军的警戒线。当他进入苏区时，放哨的少先队员向他要路条。他说没有。于是，四个少先队员一拥而上，不由分说将他的双臂反扭过来，五花大绑，捆了个结实。少先队员们要袁血卒承认自己是敌探，不然就要捅死他。

袁血卒解释了半天，少先队员们也没有听懂。少先队员们说的话，袁血卒也听不懂。袁血卒急得满头大汗，突然想出了一个办法：唱《国际歌》！果然，少先队员们一听《国际歌》，便给他松了绑，把他送到设在固村圩的中共彭湃县委办公室。

见到中共彭湃县委书记何步青后，袁血卒说：是朱瑞叫我来的。何步青说：朱瑞同志我认识。接着，袁血卒向何步青说明了来意。何步青一听，说：事关重要，要抓紧时间。于是，给了袁血卒一匹马，还派人送他到瑞金叶坪红军司令部。

朱德在住处接见了袁血卒，问他：你是地下党员吗？袁血卒说：是，是朱瑞叫我来的。

朱德亲自给袁血卒倒了一碗水，继续问：你们第二十六路军有多少人？袁血卒答：浦口点名时有两万人，实际上没有那么多。后来病死了不少。

朱德对袁血卒赞赏地说：这么干好得很。当红军好。红军是人民的军队，是为全世界求解放的军队。十月革命列宁、斯大林创造了第一个红军，现在我们创造了第二个红军。你们能暴动过来加入红军，我们欢迎。欢迎你们同我们站在一个阵线，去打倒日本帝国主义，挽救民族危亡。我们军委要开个会，听听你们是怎样准备暴动的。这是大事情，还要报告毛泽东同志。

袁血卒问了一句：总司令，您知道刘部长吗？

朱德知道他问的是谁，答道：你问的是刘伯坚吧？他在冯玉祥那里当过总政治部副部长。明天他参加军委会，你就看到他啦。

正说话间，一位女红军进来，说：总司令，就在这里吃饭吧。说罢，端进来一铁盆菜头烧猪肉，又端来一盆辣椒炒豆腐。朱德拿出了苏区最好吃的东西款待来自第二十六路军的袁血卒。饭后，杨立三把袁血卒带到一个整洁的房间里休息。

第二天早饭后，朱德主持召开了军委会议，参加者有左权、刘伯坚、王稼祥、李富春、叶剑英。叶剑英亲自作记录。袁血卒在会上汇报了第二十六路军准备在宁都暴动的情况。接着，与会者进行了讨论，分析了暴动成功的主客观条件，也讨论了暴动万一失败应采取的措施。

会后，王稼祥、刘伯坚、左权把袁血卒带到毛泽东的办公室。毛泽东亲切地同他握手，满面笑容地说：军委会议讨论的暴动方针，很好。袁血卒同志，你认为暴动有多大的把握。

袁血卒一时有些紧张，没有马上答出来。稍停了一下，他肯定地说：有把握！

毛泽东历来做事缜密，又追问一句：有很大的把握吗？

袁血卒说：假使第七十四旅不参加暴动，第七十三旅和总指挥部参加暴动是有把握的。

听了袁血卒的答复后，毛泽东指出：暴动是一件大事，将给蒋介石一个很大的打击。能争取全部暴动最好。全部暴动的条件是存在的。这全靠我们党做好过细的组织工作，行动要坚决，要注意保密。万一不能全部暴动，局部暴动也是好的。在反革命的心脏上插上一刀也是好的。

之后，朱德和叶剑英代表红军总司令部给袁血卒如下指示：1. 用最大的努力争取全部暴动。成功的可能性是存在的；2. 第七十四旅万一争取不过来，则以第七十三旅和总指挥部的部队及其党员能够掌握的部队，以"进剿"为名，在适当的地点解决反动军官，实行局部起义开到苏区；3. 暴动如不成功，暴露了的同志，如赵博生等人，同起义部队到苏区来，没有暴露的同志继续隐蔽在第二十六路军中开展工作；4. 解决反动军官时要坚决，行动要快。行动前要注意保密。暴动的时间是 12 月 13 日夜 12 点；5. 暴动以后改为红军第十六军，由季振同、黄中岳、董振堂、赵博生互推领导人；6. 如有可能，暴动时把宁都地主武装的头子严维绅、黄才梯等逮捕起来。

朱德是南昌起义的领导者之一，叶剑英是广州起义的领导者之一。上述几条，凝聚着他们参与组织领导起义的经验。

朱德、叶剑英还就第二十六路军开进苏区路线和红军如何协助他们——向袁血卒进行了交代。叶剑英还给袁血卒一张苏区地图，标明了暴动后各部队的行进路线和驻防分布。

宁都起义，经过中革军委与毛泽东直接谋划和批准，已经箭在弦上。

宁都霹雳，震惊全国

为了不引起别人的怀疑，从苏区进入白区，袁血卒在肩上扛的步枪上挂着一只大母鸡，装扮成一个国民党军兵痞的模样。回到宁都，他就找刘振亚，汇报了从红军总司令部和中革军委那里带回的指示。

赵博生把暴动后改编为红十六军的意见告诉了季振同。季振同嫌番号小，借口国民党南昌行营运来的棉衣、饷款已到广昌，为了得到这批棉衣和饷款，要求把暴动日期由 12 月 13 日晚推迟到 14 日晚。

中共特支根据红军总司令部用最大的努力争取全部暴动的指示，为了坚定第七十四旅参加暴动的决心，经过商议，让第七十四旅派郭如岳、卢寿椿为代表，与袁血卒一起去向中革军委反映和协商。

这时，王稼祥、左权、刘伯坚等已带着电台到彭湃县苏维埃所在地固村圩，负责与起义部队联系。袁血卒和郭如岳、卢寿椿星夜赶到固村圩，向王稼祥等人请示。王稼祥向瑞金的中革军委报告了有关情况，中革军委同意起义推迟一天，起义后部队编为红军第五军团，下辖三个军。中华苏维埃共和国临时中央政府主席毛泽东、中革军委主席朱德共同签署了委任状，委任季振同任红五军团总指挥，董振堂任红五军团副总指挥兼第十三军军长，赵博生任红五军团参谋长兼第十四军军长，黄中岳任第十五军军长。得到这个指示后，袁血卒和郭如岳、卢寿椿立即返回宁都。

袁血卒回来后，向刘振亚汇报了第二次请示中革军委的情况。刘振亚告诉袁血卒：第二十六军的政治条件是共同的，要用最大的努力，争取全部暴动计划的实现。刘振亚要袁血卒与赵博生讨论后，找董振堂、李青云等一块讨论。于是，赵博生、董振堂、李青云和袁血卒在第七十四旅旅部召开了中共特支会议。会议通过了宁都起义的计划，并决定把总指挥部及一部分饷款一并搬到第七十四旅旅部。赵博生也去第七十四旅。特支以这种行动说明第七十四旅旅部已成为新的总指挥部；赵博生已不是指挥季振同的人，而是甘心情愿受季振同指挥的人，由此决定季振同暴动的决心。

12月14日黄昏，宁都起义决定性的时刻到来了。赵博生以第二十六路军参谋长身份，用执行国民党南昌行营"进剿"命令名义，召集团以上军官在总指挥部开会。除了第二十五师师长李松昆外，其他军官悉数到齐。21时，赵博生以简明的语言向到会军官们讲明了当前形势和第二十六路军的处境，宣布起义加入红军，要求他们赞成的当场表态，不赞成的也请表态。反动军官郭道培、王天顺、李锦亭跳楼欲逃跑，被楼下人员擒获。

孙步霞率领执法队协助解决反动军官后，立即鸣枪为号，全部开始行动。李青云带领学兵连作为董振堂的机动兵力，分出一部由郭如岳率领控制总指挥部电台。刘振亚率领特务排保持宁都开往苏区的交通线。按照分工，季振同负责解决第二十五师师部。季振同派卢寿椿带一部分人去第二十五师师部捉拿代总指挥李松昆。李松昆逃往宁都城北石上，带领驻守这里的一个团奔逃广昌。赵博生、董振堂以私人关系争取第二十七师第八十旅参谋长边章伍，以掌握该旅。袁血卒以师生关系争取第二十七师参谋处长王鸿章，以掌握该师其他部队。董振堂率特务连扼守总指挥部与第七十四旅中间地带以取得各方面联络和配合。

由于计划周密，第二十六路军起义进行得非常顺利，除误会致两名士兵死亡外，至深夜，起义取得了完全胜利。

一夜之间，一支 1.7 万人的国民党部队调转枪口，加入到红军队列。

宁都起义，是中国共产党领导的一次非常成功、非常重要的武装起义。它在国民党军之中，撕开了一个很大的裂口，引起很大震动，给蒋介石沉重一击，也震惊了全国。

红五军团，又一支红军劲旅诞生

1931 年 12 月 15 日清晨，鲜红的太阳从东方升起，把万道红光洒向宁都城。第二十六路军以第七十三旅为前锋，在董振堂的带领下，开往苏区。之后，第七十四旅也开出宁都城，向苏区前进。

当第七十四旅从宁都小东门撤出时，恰逢红四军第十二师由相反方向朝宁都城开进。红十二师是按照红军总司令部命令，在宁都城外配合第二十六路军起义的。第二十六路撤出宁都城后，红十二师奉命进驻。

第七十四旅撤出宁都城时，发生了戏剧性的一幕。宁都城内的一些土豪劣绅，不知第二十六路军已经起义，仍把他们当成"自己人"，害怕第二十六路军撤出宁都城后红军进来，于是收拾细软和贵重物品，背着大包小包跟在第七十四旅后面逃难。这些家伙们，一直跟着进了苏区，被当地革命群众像捉小鸡似地一个个捉了起来。

当天，第七十三旅、第七十四旅先后到达固厚地区，受到中革军委代表王稼祥、刘伯坚、左权热情迎接和当地广大群众热烈欢迎。苏进回忆说："当我们走近固厚时，天已经黑了，只见前面一个村庄，村头上有人举着火把。走近一看，原来是根据地的儿童团少先队，有一百多人，每人手里举着一面纸做的彩色三角小旗，列队站在大路两旁，喊着欢迎我们的口号。见到这动人的场面，我的眼睛湿润了。自从来到江西，群众遇见我们，不是躲避唯恐不远，就是投来冰冷、仇视的目光，哪有出来表示欢迎的？我突然觉得，这根据地的山、根据地的水、根据地的一草一木，和根据地的人民群众，对我统统变了，变得不再陌生、疏远，而是那样可爱可亲。"①

这天晚上，季振同、董振堂、赵博生、黄中岳及全体指战员通过电台向全国发表《中国工农红军第五军团宣言》，郑重宣布："我们原是国民革命军第二十六路，受国民党蒋介石的压迫，开到江西'剿共'，但是我整个两师于1931年12月14日，在红色的江西彭湃县城（即旧宁都县城）实行革命的暴动，消灭了豪绅地主资产阶级的走狗反革命的军官，扯毁了国民党的青天白日旗，高举苏维埃的红旗，加入工农红军，编为中华（国）工农红军第五军团了！我们永远受中华苏维埃共和国中央革命军事委员会的指挥，永远在中国共产党领导之下，实行土地革命，打倒国民党军阀，推翻帝国主义在华的统治，完成中国民族的解放和统一。"《宣言》号召国民党军起来，"不为地主资产阶级打仗，而为解放全中国几万万被压迫的工农打仗，不替军阀争地盘作帝国主义的走狗打仗，而为中国真正独立与和平统一打仗"②。

16日，第二十六路军按照中革军委命令正式改编为中国工农第五军团，编入红一方面军建制。刘伯坚代表中华苏维埃共和国临时中央政府和中革军委宣布了红五军团和各军领导人的任命。次日，红五军团进到秋溪、龙冈、横江地区。接着，红十四军进驻沿坝地区，红十五军进驻九堡地区。

为了加强红五军团的政治建设，将这支部队建设成为无产阶级化的军队，中革军委先对其进行近两个月的整训。

首先是建立政治委员制度，确立党的领导。派萧劲光担任红五军团政治委员，刘伯坚为政治部主任；旷朱权为红十三军政治委员（后为王如痴、何长工），黄火青为红十四军政治委员，左权为红十五军政治委员（后为朱瑞）；程子华、李翔吾、高自立、唐天际等任师政治委员，并派了一批政治工作干部任团政治委员。另外，还从红一、红三军团选派一批基层干部和战士到红五军团。这些举措使红五军团党的力量迅速增强，

---

① 苏进：《忆宁都起义前后》，陈毅、萧华等著：《回忆中央苏区》，第283页。
② 转引自中国工农红军第一方面军史编审委员会：《中国工农红军第一方面军史》，第278页。

在军团、军、师、团一级设立了政治委员和政治部，连队建立了党支部。

其次，建立民主制度。在政治上，实行官兵平等，不准打骂士兵；连队成立士兵委员会，协助行政领导管理部队。在经济上，实行经济民主，官兵待遇平等；连队建立经济委员会，协助行政管理伙食。

第三，组织政治学习，进行阶级教育。为了提高官兵的政治觉悟，克服在旧军队中养成的不良习气，各级政治委员、政治部主任到部队讲课，讲红军宗旨、性质、任务，使广大官兵明确红军是工农的子弟兵，树立为工农求解放的思想。

整训期间毛泽东在瑞金叶坪接见了红五军团总指挥季振同等人。朱德亲自到医院看望了红五军团伤病员。红军最高首长亲自看望他们，使伤病员们非常感动。

为了提高红五军团的政治、军事素质，中革军委在瑞金为红五军团举办政治军事训练班，培养了一批政治、军事骨干。

经过整训，红五军团脱胎换骨，成为红一方面军的主力部队之一，以崭新的风貌出现在中央苏区反"围剿"的舞台上。

第五章 第四次反"围剿"，创造大兵团伏击歼敌范例

一、"左"倾教条主义方针开始在中央苏区深入贯彻

中共临时中央头脑发胀

就在蒋介石谋划发动对中央苏区第三次军事"围剿"之时，中共中央这里又一次出了大事。1931 年 6 月 22 日，中共中央政治局主席、常委会主席向忠发被捕。

还在 4 月下旬的时候，参与领导中央特科工作并是中共中央政治局候补委员的顾顺章，护送张国焘去鄂豫皖革命根据地后，违反党的秘密工作纪律，在汉口新市场游艺厅表演魔术，被叛徒认出遭到逮捕。顾顺章是个软骨头，被捕后立即叛变。此人长期负责党的保卫工作，了解极多党的重要机密，清楚只有极少人才知道的中共中央机关和许多中央领导人的住址，也熟悉党的各种秘密工作方法。为了邀功换取高官厚禄，顾顺章向国民党当局建议以突然袭击的方式将中央机关和主要领导人

一网打尽。他的被捕叛变，使中共中央处于即将遭受灭顶之灾的危险之中。

因顾顺章被捕叛变的情况发生在汉口，中共中央一无所知。幸亏打入到国民党中央组织部调查科当机要秘书的中共地下党员钱壮飞得到了这个极秘密的情报，立刻派人连夜从南京赶到上海，报告中央特科负责人李克农。李克农即刻转报中共中央。

周恩来得知消息后，沉着冷静，一分一秒也不耽搁，当天就同陈云商定对策，在聂荣臻、陈赓、李克农、李强等协助下，采取了一系列紧急措施：销毁大量机密文件；迅速将党的主要负责人转移，并采取严密的保卫措施；把一切可以成为顾顺章捕捉目标的干部，尽快地转移到安全地带或撤离上海；切断顾顺章在上海所能利用的重要关系；废止顾顺章所知道的一切秘密工作方法。当夜，中共中央机关、江苏省委和共产国际远东局机关全部搬了家。

当周恩来抢在前面指挥把一切都做完之后，顾顺章才到上海，指引着国民党特务进行大搜捕。周恩来原来的住处也被搜查了，但已人去楼空。

周恩来以惊人的智慧和超人的机敏、周密的部署，在万分危急的情况下，妥善保卫了中共中央的安全，避免了一次后果极端严重的大破坏，为中国革命立了一大功。

经历顾顺章叛变之后的紧张时刻，中共中央机关活动的范围被迫更加缩小。此时，留在上海的中共中央政治局委员只有向忠发、王明、周恩来、卢福坦（后叛变）四人。鉴于此，中共中央改变工作方式，采取分头负责的办法，政治局会议和常委会议很少开。但是这种状况并没有持续多久，问题出在了向忠发身上。

向忠发当时隐蔽在周恩来在小沙渡的寓所，周恩来一再叮嘱他不要出去活动。但在6月21日，向忠发擅自外出私会与他同居的女人杨秀贞，并在杨秀贞处过夜。岂料这时杨秀贞已被国民党特务盯上，通过杨秀贞来寻找向忠发的踪影。次日，向忠发从杨秀贞住处出来，到车行叫出租车时，即被埋伏在这里的特务抓获。

获悉向忠发被捕后，周恩来立刻组织人营救。但向忠发被捕后，就把周恩来在小沙渡的住处供出。敌人派人去搜查，周恩来和邓颖超已经撤离。敌人仍不死心，派人在这里守候。

敌人的疯狂搜捕，使周恩来不得不更加严密地隐蔽起来，同其他领导人互不往来。这种情况，他在上海已经很难存身。如前所述，六届三中全会后中央决定组建苏区中央局，确定周恩来为书记。但中共中央内部接二连三发生事情，此事便耽搁下来。鉴于在上海已无法存身，中共中央决定停止周恩来的工作，等候向中央苏区转移。

由于瞿秋白、张国焘先后从苏联莫斯科回国后，中共驻共产国际代表团没有团长，共产国际要求中共派人去接任，王明觉得这是离开上海这个危险之地的机会，便自告奋勇，前去莫斯科任中共驻共产国际代表团团长。周恩来要去中央苏区，王明要去莫斯科，向忠发被捕叛变，留在上海的四名中央政治局委员，只剩下卢福坦一人。同时留在上海的中央委员，也不足半数。鉴于这种情况，9月下半月，根据共产国际远东局（这时米夫已经离开中国）的提议，决定成立临时中央政治局，由博古、张闻天、康生、陈云、卢福坦、李竹声（后叛变）六人组成。博古、张闻天、卢福坦三人任中央常委，博古负总的责任，此即党史书上习惯说的临时中央。这个中央临时领导机构，随后得到共产国际的批准。

博古，原名秦邦宪，1907年6月24日生于浙江杭州，祖籍江苏无锡。出身书香门第，远祖为北宋著名词人秦观。七岁进入无锡秦氏公学接受启蒙教育，八岁考入无锡第二高等小学，不久转入无锡省立第三师范附属小学。1921年9月考取江苏省立苏州第二工业学校（后改名为江苏省立苏州工业专门学校）预科。在校期间，开始阅读新文化报刊，聆听中国共产党早期活动家恽代英、萧楚女到苏州的宣传讲演，思想开始走向进步，并参加了进步团体"中国孤星社"。"中国孤星社"无锡支部全体加入锡社后，被推举为锡社无锡支部负责人。1925年春，由同学周学熙介绍，先后加入国民党和中国共产主义青年团。这年5月，上海发生五卅惨案，积极筹划组织苏州学生联合会支援上海工人反帝斗争，多次参加苏州学生声援上海工人的反帝活动。8月1日，出任《无锡评论》编辑部主任，主持编辑业务。9月，考取上海大学社会学系。10月，由无锡旅沪学生顾谷宜介绍加入中国共产党。1926年10月，通过考试，经中共中央批准，赴苏联留学。11月，抵达莫斯科，开始在中山大学学习，取俄文名字"博古诺夫"，因而化名博古。

在莫斯科中山大学留学的经历，是博古人生的转折点。

中山大学坐落在莫斯科河西的沃尔洪卡大街16号，是一幢四层的楼房，里面有教室、办公室、图书馆和餐厅，据说十月革命前是俄国一位贵族的府邸，里面宽敞豪华，大厅里浮雕精致，吊灯堂皇。楼前一片树木，间有排球场地。楼后有一篮球场，夏天打篮球，冬天泼上水就成为滑冰场，供学员们滑冰。学校初办时，学员比较少，就住在这栋楼里。后来学员多了，学生住不下了。博古这批学员入学时，学生已是上课在这栋楼，住在另外一个地方。苏联政府对办中山大学还是舍得花钱的，学员生活待遇很好，衣食住行都有学校供给，每周有两次晚餐改善伙食，星期六有蛋炒饭、火腿肠、鸡蛋，每月津贴25卢布，用于买烟酒和中餐。

博古到中山大学不久，很快就卷入了联共党内之争。

1927年6月，中山大学校长拉狄克因为是托洛茨基派的重要成员被撤销校长职务后，联共中央任命教务长阿古尔为代理校长。阿古尔同学校支部局书记谢德尼可夫之间本来就有矛盾，他代理校长后，重用中国留学生中资格比较老的周达文、董亦湘和俞秀松等，被称为"教务派"。俞秀松是上海共产党早期组织成员、社会主义青年团的创始人。董亦湘是上海大学的教员。同阿古尔对立的谢德尼可夫则拉拢张闻天、沈泽民等，被称为"支部局派"，彼此矛盾激化。在学校总结工作会上，两派互相攻击，各不相让，争吵了七天。选边站队，博古参加了"支部局派"。由此对他后来的政治生涯产生了重要影响。但大多数中国留学生对这两派都不感兴趣，被称之为"第三势力"。

8月份，中山大学副校长米夫带着他的高足、也是翻译王明从中国回到苏联莫斯科。此时米夫27岁，也算是一个"年轻娃"，资历很浅，十月革命后在红军一个团里做过政治工作。1921年毕业于斯维尔德洛夫共产主义大学。中山大学一成立，米夫就被任命为副校长，并且同共产国际东方部一起研究中国问题，被看作是中国问题专家。1926年，米夫参加共产国际代表团到上海考察。1927年春，米夫率领联共宣传团再次到华，先后到上海、广州、武汉等地访问。四一二政变后，米夫参加了在武汉召开的中共五大，要求中国共产党拥护武汉政府，走非资本主义发展道路。米夫两次到华，都选王明做翻译。王明俄语好，能说会道，背起马列经典句子，一套一套的，又是学生公社主席，米夫非常喜欢，走哪儿带到哪儿。而王明也紧跟米夫，是米夫名副其实的"跟屁虫"。

米夫想控制中山大学，王明向他献策：掌握"第三势力"，联合"支部局派"，打击"教务派"。米夫听从了王明的计谋，果然奏效，"教务派"遭到失败。9月，阿古尔被解除教务主任职务，代理校长也一并取消。与此同时，谢德尼可夫也被撤职离开中山大学。教务处领导改组，支部局也立即改组，波古里耶夫和别尔曼分别任教务长和支部局书记。别尔曼积极追随米夫，协助米夫控制"支部局派"，打击"教务派"，并且把"支部局派"的中国留学生留校工作。这样，米夫实际上掌握了中山大学的领导权，铺平了通往校长的道路。博古作为"支部局派"的成员，同米夫、王明的距离自然就拉近了。

这时，联共领导层斯大林和托洛茨基派的斗争加剧，中山大学的学员思想也很混乱，暗中分成了拥护斯大林和共产国际派，拥护托洛茨基派。1927年11月7日是俄国十月革命纪念节，莫斯科红场照例进行大游行。中山大学的游行队伍经过检阅主席台时，有人公然打出拥护托洛茨基的横幅，这是俄籍教员中一部分托洛茨基派分子干的。而中国留学生经过检阅主席台时，竟然也有少数人喊出拥护托洛茨基的口号。此事令斯大林大怒，认为我花钱让你们好吃好喝好住，培养你们，不是让你们来反对我的！米夫紧跟斯大林，在12月召开的联共党十五次代表大会上，拼命地抨击托洛茨基反对派在中国问题上的主要观点，讨得了斯大林的欢心。于是，米夫被任命为中山大学校长，按照斯大林的命令在中山大学彻查托洛茨基派分子。从此，中山大学陷入了大动荡局面。王明和包括博古在内的原"支部局派"成员，都在米夫的指挥下，起劲地进行反托派斗争。1928年3月，米夫再次高升一步，被提拔共产国际东方部副部长。这就使得他得以直接插手和干预中国革命和中国共产党的内部事务。

随着米夫的权力上升，王明也水涨船高，成了米夫的"全权代表"。中山大学开始形成以王明为首的教条小宗派。杨尚昆在回忆中说：

经过分化和改组，中大的学员基本上有两部分人：一部分是大革命失败以前进校的知识分子，有的是留校的毕业生。他们俄语比较好，不但在学校里占有重要的地位，有的任副校长，有的是支部局委员，有的还是共产国际东方部和校内中国问题研究所的实习生和研究生。王明是米夫的翻译，党的六大期间又担任大会的翻译，斯大林和中国领导人谈话时也由他口译。张闻天和博古先后担任过向忠发的翻译。我是翻译班的，又担任特别班的口译。人们称我们为"翻译派"，对领导比较靠近。另一部分人是大革命失败后从国内来到莫斯科入校的。他们中不少是老干部，是大革命斗争中的骨干，被称为"实际派"。

这两部分人经历不同，心态也不同。

"翻译派"自称"新知识分子"，许多人自命不凡，看不起国内的领导人，认为他们不懂理论，认为"实际派"没有执行共产国际的路线，把中国革命搞垮了。王明更是如此，他瞧不起原来的领导人，讥讽他们不知道怎么革命，甚至骂他们是"罪人"。参加六大的翻译工作后，他到处散布说：斯大林讲革命形势的高潮和低潮问题，中国党的领导人都听不懂，斯大林只好在纸上画。他吹这些牛，好像只有他懂，中国革命要靠他这样的知识分子。回想中国党内占主导地位的"左"的思想，它的根源很大程度来自共产国际的东方部。

所谓"实际派"，他们对大革命的失败既不甘心，又有埋怨情绪。有的责备领导无能；有的认为共产国际代表罗易和鲍罗廷有严重责任，甚至还责怪共产国际和斯大林。王明和米夫盛气凌人地指责这些同志是"右派"、"工人反对派"、"共青团先锋派"和"教务派的残余"等等，帽子满天飞。后来，凡对支部局有不满的，一律被列为搞"第二条路线"，将反托派反"第二条路线"的斗争结合在一起,捕风捉影地闹出一个"浙江同乡会"事件,把联共党内同反对派的斗争搬到中大来。[①]

那么,"浙江同乡会"是怎么来的呢?事情是这样的,中山大学浙江籍同学,出于同乡情谊,常在一起吃中国餐。一次,在东方大学当翻译的孙冶方,约请董亦湘、俞秀松等在家里聚餐,有人开玩笑说,他们是在开浙江同乡会。无独有偶,蒋介石的儿子蒋经国转到列宁格勒军政学院后,月津贴增加了,俞秀松、董亦湘等老乡给他写信要他做点"贡献",戏称"缴会费"。此事传到了中山大学支部局,王明便拿这说事,上纲上线为这是一个秘密政治派别组织,不但莫斯科有,列宁格勒也有,头头是原"教务派"的俞秀松、董亦湘、周达文,重要成员有蒋经国、左权、朱务善等,"工人反对派"是受"浙江同乡会"指使的群众。王明是一石三鸟,通过子虚乌有的"浙江同乡会"打击"第二条路线"联盟。

这时,联共党内政治空气极其紧张,中山大学闹出个"浙江同乡会"的秘密政治派别组织,这还了得!校长米夫不敢怠慢,忙请苏联国家安全部门克格勃派人来参与调查。然而,假的、不存在的事,不可能变成真的。令人生畏的克格勃调查来调查去,只发现一些微不足道的证据,无法证实有"浙江同乡会"存在。

王明等人不肯善罢甘休。这时,中共中央派向忠发、李震瀛到莫斯科参加赤色职工国际第四次代表大会,米夫和王明请向忠发到中山大学作报告。向忠发听了王明等人的一面之词,就在一次大会上放炮,称"浙江同乡会"是"反党小组织",要消灭小组织,头头和中心人物要"予以严厉的制裁",积极分子"应该开除党籍或留党察看"。此言一出,中山大学浙江籍学员人人自危。他们向共产国际和中共驻共产国际代表团提出申诉,要求重新调查,弄清真相。中共驻共产国际代表团指定瞿秋白处理这件事。

---

① 杨尚昆:《关于"二十八个半布尔什维克"问题》,黎辛、朱鸿召编:《博古,39岁的辉煌与悲壮》,学林出版社2005年版,第189页。

瞿秋白派邓中夏、余飞到中山大学调查，王明控制的支部局拒绝合作，千方百计抵制调查。瞿秋白排除干扰，经过调查，在给中共中央的报告中依据事实指出：被指控为"浙江同乡会"负责人的周达文是贵州人，"重要成员"左权、朱务善为湖南人；而张闻天、沈泽民、博古虽然是浙江人，却和周达文、左权、朱务善等人的观点不同，可见不存在"浙江同乡会"。瞿秋白的报告认为，俞秀松、董亦湘、周达文等学员在一些具体问题上，确实对支部局有意见，但并不是派别活动。中共驻共产国际代表团要求王明等人提供"浙江同乡会"的证据，王明等人置之不理。共产国际监察委员会、联共（布）中央和中共驻共产国际代表团组成审查委员会，审查"浙江同乡会"问题。周恩来在中共六大后处理未了事情，也参加了审查委员会。审查委员会召集中山大学支部局负责人和被控告的董亦湘、孙冶方等进行对质，结论是：指控不实，不存在"浙江同乡会"。周恩来在中山大学全体师生大会上宣布了这个正确结论。

在中山大学的派别斗争中，王明以支部局为依托，形成了教条小宗派。博古从"教务派"和"支部局派"斗争开始，就成为"支部局派"的支持者，自然而然地就成为王明教条宗派的成员。

1930年5月，博古从苏联回国到上海，先是被分配到全国总工会，担任宣传干事，并参加《劳动报》等工人报纸的编辑工作。在一次示威游行活动中，博古和王明相遇。在莫斯科中山大学留学的共同经历，共同的思想观点，又在米夫的支持下，属于同一个小宗派，使博古和王明有了他乡遇故知的感觉。李立三"左"倾冒险错误发生后，王明、博古等对李立三提出尖锐批评，受到李立三的组织处分。王明和博古多次给米夫写信，告李立三的状。中共六届三中全会后，博古又与王明等人一起，积极攻击三中全会后的中央。至此，博古成了王明教条宗派中仅次于王明的重要人物，是王明最信任、关系最铁的人。因此，六届五中全会连中央候补委员都不是，仅在1931年4月任共青团中央书记的博古，一跃成为中共临时中央政治局的负总责者。

纵观博古任中共临时政治局负总责者之前的经历，有这样几个特点：1. 学生时代即参加爱国运动。2. 参加中国共产党后，未在基层组织受到斗争的锻炼，即到莫斯科中山大学受到系统的马列主义理论教育。重视理论，轻于实践。

博古任中共临时中央政治局总负责者时，也就是 24 岁多一点。中共中央最高领导者的担子放在这个年轻人身上，的确是太重了。

年轻，就容易冲动、急躁。当中央苏区第三次反"围剿"胜利的消息传到上海后，以博古为首的中共临时中央于 1931 年 9 月 20 日作出决议案，认为："江西工农红军冲破了敌人第三次'围剿'与其他苏区红军的胜利"，为中国苏维埃革命运动"无疑的开展了更广大的发展前途"。并判断"目前中国政治形势的中心的中心，是反革命与革命的决死斗争。这一斗争现在正在更激烈的，更广大的向前开展着"。号召"党更加十倍百倍地努力去领导苏维埃运动与工农红军及千百万劳苦群众去更热烈地更英勇地取得国内战争的胜利"。要求各苏区"尽可能的把零碎的分散的苏区打成一片"，"立刻扩大与巩固红军"，"要扩大苏区至中心城市"①。

决议案中带宣传口号性的语言充分体现了博古的特点，说明以他为首的中共临时中央的脑袋发烫了，膨胀了。

恰在这时，发生了日本侵略中国的九一八事变，博古等人虽然正确地判断："东三省的占据，象电火一样燃烧了千百万工农群众的以至小资产阶级的反帝热情，使他们为了中国民族的自由与独立而斗争。"但过高估计形势，认为苏区反"围剿"胜利，国民党统治区人民抗日救亡运动兴起，"国民党的统治的崩溃，正在加速进行着。"②中国革命危机逐渐成熟，革命浪潮的高涨，"必然要根本推翻外国帝国主义及中国豪绅地主资本家国民党的反动统治，建立工农兵苏维埃政权。"③ 年轻的博古，面对

---

① 《由于工农红军冲破第三次"围剿"及革命危机逐渐成熟而产生的党的紧急任务》（1931 年 9 月 20 日中央决议案），中央档案馆编：《中共中央文件选集》（1931）第 7 册，第 401、406、409、410、411 页。

② 《由于工农红军冲破第三次"围剿"及革命危机逐渐成熟而产生的党的紧急任务》（1931 年 9 月 20 日中央决议案），中央档案馆编：《中共中央文件选集》（1931）第 7 册，第 405、406 页。

③ 《中国共产党为日本帝国主义强暴占领东三省事件宣言》（1931 年 9 月 20 日），《中共中央文件选集》（1931）第 7 册，第 397 页。

新情况，对全国形势作了这样盲目乐观的估量，把理想当成现实，其指导方针必然向更"左"的方向迅猛发展。

米夫向斯大林建议：中国红军要占领一些中心城市

中央苏区连续三次反"围剿"胜利，让共产国际刮目相看。1931 年 11 月 15 日，在米夫的主持下，共产国际执行委员会东方书记处召开扩大会议，由不久前到莫斯科任中共驻共产国际代表团团长的王明报告中国局势。

在温暖如春的共产国际大厦中，王明就像进了"保险箱"，再也不用过在上海向忠发叛变后那种东躲西藏、胆战心惊的日子了。毛泽东、朱德指挥红一方面军取得中央苏区第三次反"围剿"的胜利，与王明没有什么关系，但他却指手画脚地讲了三部分：1. 中央苏区粉碎蒋介石的第三次"围剿"和成立中华苏维埃共和国；2. 中国的水灾和饥民斗争；3. 九一八事变后中国的抗日救亡运动。王明认为，他的报告"最主要的是第一点，即红军取得的胜利和中央苏维埃政府的成立"。并称："目前，党向苏区提出一项任务，要他们竭尽全力争取一省或数省内首先取得胜利，先是江西。"他在报告中提出了占领中心城市问题，主张红军"在军事方面训练城市作战行动"。认为红军"不是永远在农村作战"，"红军应该学习巷战"。王明报告的最后，是他最拿手、也是共产国际最爱听的语言："以中央为首的我们党，在共产国际的领导下，在斯大林同志的领导下，近来已取得一些巨大的胜利。我们坚信，在列宁主义的旗帜下我们必将在全中国取得胜利。"[①]

由于中国共产党内连续出现叛徒，米夫在上海也不安全，因而早在 4 月下旬就与盖利斯一起回到了莫斯科，任共产国际执行委员会东方书记处副主任。

---

① 《共产国际执行委员会东方书记处扩大会议速记记录》（1931 年 11 月 15 日于莫斯科）中共中央党史研究室第一研究部译：《共产国际、联共（布）与中国革命档案资料丛书·联共（布）、共产国际与中国苏维埃运动》（1931—1937）第 13 卷，第 69、70、71、72 页。

王明的报告，令米夫感到十分兴奋和鼓舞。11 月 20 日，米夫给斯大林写信，认为联共（布）和共产国际过去曾指示"中国红军在开始时期不要占领大城市"，但现在形势不同了，中央苏区连续三次取得反"围剿"的胜利，"给红军提供了扩大苏区，展开攻势，不停留于占领相应中心城市的可能性，而依我看还有必要性"。

米夫向斯大林建议通过以下决议：

（1）中国共产党人不应该把过去关于中国红军不宜过早夺取大城市的方针看作是教条。这个问题应该根据一般政治形势和具体的军事战略形势来加以解决，中国共产党应仔细考虑形势的一切变化。

（2）同时，国民党对苏区第三次进攻的被粉碎，把一些苏区和红军部队连结起来的必要性，为成立中央苏维埃政府设立行政中心的必要性，以及苏维埃运动进一步发展的要求，且目前已把夺取中心城市的任务提上了日程，只要有可能保住它们，至少能保住比较长的时间，那么夺取中心城市就是适宜的。最后一点要求首先夺取那些帝国主义势力最不集中和它直接武装干预最困难的崭新城市。[①]

无论是米夫，还是王明、博古，谈起中央苏区第三反"围剿"胜利时，一个个都底气十足，表现得神灵活现，说得头头是道。他们将中央苏区反"围剿"的胜利归之于斯大林、共产国际的领导，归之于中共六届四中全会后的中央指示，实际上是在标榜他们自己的"功劳"。他们大概忘记了国民党军向中央苏区发动第一、第二次"围剿"时，在国民党军一次比一次多的兵力压境的面前所表现出惊慌失措的心态，所表露出的悲观情绪。那时他们对红一方面军反"围剿"能够取胜的信心在哪里？他们永远也不会认识到，中央苏区连续三次反"围剿"的胜利，正是毛泽东等抵制他们的教条主义方针，从实际出发制定正确的战略方针，并采取正确的战术，指挥红军勇敢作战的结果。

米夫、王明在莫斯科进行遥控，博古在国内贯彻执行，开始向各根

---

① 《米夫给斯大林的信》（1931 年 11 月 20 日于莫斯科），中共中央党史研究室第一研究部译：《共产国际、联共（布）与中国革命档案资料丛书·联共（布）、共产国际与中国苏维埃运动》（1931—1937）第 13 卷，第 78—81 页。

据地推行向中心城市进攻的方针，各苏区的反"围剿"斗争前景逐渐暗淡，忧虑和愁眉开始出现在各苏区广大红军指战员的脸上。

赣南会议，毛泽东受到错误批判

随着"左"倾教条主义方针在各苏区的推行，中央苏区三次反"围剿"胜利的大功臣毛泽东，由于一贯从实际出发、实事求是的作风，日子越来越不好过了。

1931 年 11 月 1 日至 5 日，根据中共临时中央的指示，在中央代表团的主持下，中央苏区党组织第一次代表大会（即赣南会议）在江西瑞金叶坪村召开。毛泽东以苏区中央局代理书记的身份出席了会议。这次会议，对根据地问题、军事问题、土地革命路线问题展开了争论。毛泽东坚持认为，中央苏区从实践中形成的一整套路线和方针是正确的，是符合苏区的实际情况的。与会的几个中心县委书记也举出大量事实来支持毛泽东的看法。

还在 8 月 30 日，中共中央在致苏区中央局并红军临时总前委的指示信中指出："中央苏区现时最严重的错误是：缺乏明确的阶级路线与充分的群众工作。""例如你们容许地主残余租借土地耕种，对于富农只是抽肥补瘦，抽多补少，而不实行变换富农肥田给他坏田种的办法"，"犯有富农路线的某些错误"。"红军直到现在还没有完全抛弃游击主义的传统与小团体观念，这在红军已在进行规模战争与担负着争取一省几省首先胜利的任务是不相称的"。[1]

这些指示完全是居高临下、不懂装懂、不顾实际情况的指责，中央代表团以此为"尚方宝剑"，对中央苏区的工作进行了多方面的批评，将毛泽东等说得一无是处。

会议在"国际路线"的旗号下，通过了中央代表团起草的五个决议案。由于中央苏区连续三次反"围剿"胜利的事实摆在那里，谁也无法

---

[1]　转引自中共中央文献研究室编：《毛泽东年谱》（1893—1949）（修订本）（上卷），第 352 页。

否认，因而决议案在原则上进行了肯定，认为"中央苏区是获得了伟大的成功。红军围绕着广大群众的力量，击破了帝国主义国民党三次'围剿'，战胜了几十万的白军，开辟了战争史中的新纪元"。几句肯定话之后，接着便是："中央区虽然有了这些伟大的成功，但中央区至今还存在着许多严重的错误与缺点"。① 表示"完全同意"中央指示信对中央苏区的批评，并从各个方面加以展开。

在思想理论上，决议案把毛泽东坚持从实际出发、反对本本主义指责为"狭隘经验论"。认为中央苏区"党内流行一种狭隘的经验论调，实际上是反理论的倾向而形成的一种事务主义的现象"。② 上纲上线地说："狭义的经验论"，"根本〈否〉认马克思列宁主义的理论，单凭自己的狭小经验和短小眼光来分析各种问题，这完全是农民的落后思想，事实上会要走到错乱的非阶级路线的前途上"。③

在土地革命问题上，决议案接受共产国际和中共中央提出的"地主不分田，富农分坏田"的"左"倾方针，指责毛泽东主持召开的二七会议"虽然反对了露骨的富农路线，虽然在土地问题上进了一步，但其'抽多补少'，'抽肥补瘦'，'分配土地给一切人'是模糊土地革命中的阶级斗争，也同样的犯了富农路线的错误。"认为此种土地分配办法"使土地革命不能深入，使贫苦农民或者根本没有得到土地革命的利益（如没有分配土地的地方），或者没有得到最大的利益，而使富农偷取土地的果实。这些错误，使农村中的阶级斗争与对阶级的关系的认识模糊起来。"④

在根据地发展问题上，决议案将"傍着发展"的正确方针当作"右倾保守"来反对，主张中央苏区急速发展。认为"中央区的根据地还是

---

① 《政治决议案——中央苏区第一次党代表大会通过》（1931 年 11 月 1 日—5 日），中央档案馆编：《中共中央文件选集》（1931）第 7 册，第 452 页。

② 《党的建设问题决议案——中央苏区第一次党代表大会通过》（1931 年 11 月 1 日—5 日），中央档案馆编：《中共中央文件选集》（1931）第 7 册，第 467 页。

③ 《红军问题决议案——中央苏区第一次党代表大会通过》（1931 年 11 月 1 日—5 日），中央档案馆编：《中共中央文件选集》（1931）第 7 册，第 487 页。

④ 《政治决议案——中央苏区第一次党代表大会通过》（1931 年 11 月 1 日—5 日），中央档案馆编：《中共中央文件选集》（1931）第 7 册，第 448 页。

很流动的，与闽西苏区只是在最近才能贯通，与河西苏区仍是隔离的"。要求"中央区与湘赣苏区以及赣南的零星苏区必须于最短时间内贯通，再进一步与赣东北、湘鄂赣边苏区贯通，这样来扩大并巩固苏维埃根据地"。① 在这里，决议案完全把主观愿望当成现实，无视敌我力量对比，把敌人看成了是泥捏似地，一碰就碎；把发展根据地看成是"吹糖人"一样容易。

在红军建设问题上，决议案指责古田会议决议确立的党对军队的绝对领导是"党包办一切"，认为"党包办一切的结果，把红军中军事政治机关，失去其独立系统的工作，变成了不健全的残废机关。这种由党来包办一切的根源，仍然是国民党以党治国的余毒"。② 提出："红军中包办一切军队行政的各级党的委员会应即取消。各级党的组织应当由各军政治部管理。"③ 并认为红一方面军"直到现在还没有完全脱离游击主义的传统"，"忽视阵地战和白刃战"④，游击主义是大规模作战的"绝大障碍"，强调"红军的一切建设，必须根据当前和将来作战的环境和任务转变过来，建筑在大规模的作战基础上，反对游击主义的传统"⑤。

决议案要求："要集中火力反对右倾"；"在实际工作当中，要与一切立三路线影响和党内主要危险——右倾机会主义作最残酷的斗争"。⑥

决议案对中央苏区工作的批评虽然没有点名，但与会者心知肚明，矛头是对准毛泽东的。"狭隘经验论""富农路线""游击主义""右倾机

① 《政治决议案——中央苏区第一次党代表大会通过》(1931年11月1日—5日)，中央档案馆编：《中共中央文件选集》(1931)第7册，第452、458页。

② 《红军问题决议案——中央苏区第一次党代表大会通过》(1931年11月1日—5日)，中央档案馆编：《中共中央文件选集》(1931)第7册，第486页。

③ 《党的建设问题决议案——中央苏区第一次党代表大会通过》(1931年11月1日—5日)，中央档案馆编：《中共中央文件选集》(1931)第7册，第478页。

④ 《政治决议案——中央苏区第一次党代表大会通过》(1931年11月1日—5日)，中央档案馆编：《中共中央文件选集》(1931)第7册，第453页。

⑤ 《红军问题决议案——中央苏区第一次党代表大会通过》(1931年11月1日—5日)，中央档案馆编：《中共中央文件选集》(1931)第7册，第488页。

⑥ 《党的建设问题决议案——中央苏区第一次党代表大会通过》(1931年11月1日—5日)，中央档案馆编：《中共中央文件选集》(1931)第7册，第483页。

会主义",一项项大帽子,是往毛泽东头上戴的。

中央代表团把中央苏区的工作说得一塌糊涂,他们也不想想,如果毛泽东把事情做得如此糟糕,怎么能指挥红一方面军连续三次取得反"围剿"的胜利?

会议根据临时中央的指示,设立中央革命军事委员会,取消红一方面军总司令和总政治委员、总前委书记名义。毛泽东的苏区中央局代理书记也被解除,由项英任代理书记。这样,就把毛泽东排除在中央苏区红军的领导地位之外。

即便如此,中共临时中央仍不满意,认为赣南会议对毛泽东批判得很不够。1932 年 5 月 20 日,中共临时中央给苏区中央局的电报中批评中央代表团在这次会议中没有完全贯彻中央的"进攻路线"和"反右倾"纲领,认为"自我批评的发展,在大会及其前后都没有充分的发展,两条路线的斗争,尤其非常薄弱,大会上反对所谓狭隘的经验论,代替了反机会主义的斗争,这些都是党大会最主要的错误与缺点"。[1]

红一方面军粉碎第三次"围剿"后,中央苏区党应做的事情是总结成功经验,迎接国民党军新的军事"围剿"。然而,中央代表团主持的赣南会议不但没有做,反而把成功经验当作错误来批判,这就使中央苏区红军此后反"围剿"斗争蒙上了阴影。赣南会议,一次"左"倾教条主义错误指导下的会议!

二、中央苏区曲折地向外发展

周恩来就任中共苏区中央局书记

1931 年 12 月上旬,周恩来离开上海赴中央苏区。送他离开上海的

---

① 《中央给苏区中央局的指示电》(1932 年 5 月 20 日),中央档案馆编:《中共中央文件选集》(1932)第 8 册,中共中央党校出版社 1991 年版,第 220—221 页。

黄平回忆说：

> 他当时住海宁路与山西路转角处的一家小店（大概是烟纸杂货店，夜晚看不清楚）楼上。……恩来离沪那天，我是晚上八时许到他家的。当时他穿着对襟蓝哔叽中式短上衣和蓝哔叽中式裤子。这是广东熟练工人的打扮。……化装就绪，他拿了一只小手提箱，我们两人就一起下楼，雇了两辆人力车就动身了。为避免引人注意，邓颖超也来下楼送行。到了十六铺，我们立即就上了一艘太古洋行或怡和洋行的轮船，经过香港或直放汕头，我不能确定，但决不会冒被捕的危险，在香港上岸。在统舱里找到绰号叫"小广东"的交通员，恩来认识他。我把恩来交给了"小广东"，就告别下船。[①]

周恩来赴中央苏区走的是他 1930 年 10 月亲自指挥建立的秘密交通线。黄平说的交通员"小广东"是肖桂昌，原在中共广东省委发行科和交通科工作，周恩来指挥建上海至中央苏区秘密交通线时，调中央交通局担任交通员，因此和周恩来比较熟悉。据有关回忆，周恩来趁轮船由上海至汕头。当时周恩来化装成一个基督教牧师，穿着牧师的衣服，戴着十字架，留大胡子，戴一副墨镜。他这身打扮符合上海到汕头旅客华洋混杂的特点，是不容易引起别人怀疑的。

周恩来由肖桂昌护送在汕头下船后，由汕头秘密交通中站安排，住进了汕头最大的旅馆"金陵旅社"。住下之后，却出现了一点小小的情况。事情是这样的："金陵旅社"楼梯的拐角处挂了一个玻璃镜框，内有一张 1925 年"汕头各界欢迎黄埔学生军大会"照片。周恩来当时是东征军总政治部主任兼第一军政治部主任，在这张照片中还处于显要位置。因此，在"金陵旅社"住显然是不安全的，容易被别人认出。汕头秘密交通中站当即将周恩来转移到棉安街一家小旅店去住。

这家小旅店别看小，还挺有来头，是镇守汕头的国民党军独立第二

---

① 黄平：《往事回忆》，人民出版社 1981 年版，第 79、80 页。

师师长张瑞贵秘密开的。由于后台硬，警察、地痞、流氓都不敢找这家旅店的事，甚至连国民党汕头公安局也不敢到此"查夜"。周恩来转移到这家旅店是相当安全的。

周恩来和肖桂昌在棉安街旅店住了一天后，第二天坐火车到潮安。由于潮梅一带在外做生意的比较多，周恩来这次把自己打扮成一个商人模样。肖桂昌和另外一个叫"小黄华"的交通员扮成他的同行者。

他们三人买的是二等座的火车票，谁知上车后发现二等座车厢里只有他们三个人，太显眼了。周恩来有很丰富的地下工作经验，看到不对劲，急忙拉他俩走入三等座车厢。三等座车厢里人多，各色人都有。他们和当地老乡们挤在一起，把帽子拉低，装作看报纸。不料，开始查票后，来查票的检票员是1925年东征时的一个铁路职工。当时是一个工运骨干，曾到过当时周恩来任专员的东江行政专员公署向他请示过工作。周恩来认出他后，忙把头上戴的帽檐拉得更低，扭过头假装看火车窗外的风景。肖桂昌机智地站起来，把周恩来挡住，顺手把车票交给那个检票员。检票员一看是二等票，就用手指指相邻的二等车厢，要他们三人到那边去。幸好，只有一个检票员检票，肖桂昌当面答应，见那人走后，就坐着没动。这个小插曲总算过去了。

从汕头到潮安也就几十公里，火车很快就到了潮安。周恩来一行三人在潮安吃过午饭，乘下午2时开往大埔的电船。他们买的是电船尾部的小厢房票，上船后就关上房门休息。船到大埔县城后，他们又转乘开往虎头沙的小电船，途经清溪镇时上岸，到清溪镇秘密交通中站，然后由武装交通手枪队护送，星夜赶到离虎头沙（又名石下坝）十里的多宝坑秘密交通小站休息。之后，他们绕过反动民团力量较强的虎头沙继续前进，趁夜翻山越岭，经洋门、党坪一带到铁坑秘密交通小站。到后，天色已经大亮，铁坑交通站就安排他们在老百姓家谷仓里睡觉。天黑以后，交通站派可靠向导和交通站的驳壳枪队护送周恩来一行过伯公坳。经过伯公坳的一座山，就是广东和福建两省的交界了。这里山坳上原有一个村庄，由于国民党保安队、民团的"剿共"，山头被烧得光光的，村子也只剩下残垣断壁。村子里有一个群众叫邹清仁，大家叫他"清仁古"，最熟悉这一带的情况。他的亲属已被反动民团杀光，只剩下他一人。他对国民党反动派非常仇恨，常冒着性命危险为进入中央苏区的领导干部带路。这次周恩来进入中央苏区，也是由邹清仁带路通过粤闽边界。他们翻越了几座山头，再行十余里，就到了福建永定边境的陶坑。这里设有一个秘密交通小站。从陶坑到金沙乡，每隔二三十里就设一个交通小站，负责人都是本地人。这一带区和乡都有红色组织，敌人来犯时，赤卫队就掩护过路的干部们到山上隐蔽。因此，进入永定境内后，就安全多了。

周恩来一行到了永定县城后，中共永定县委书记萧向荣给闽粤赣省委代理秘书长李沛群写信，要他调派两匹马到永定接人。李沛群接信后，立即调派了两匹马。于是，周恩来和肖桂昌由永定县委派出的武装人员护送，骑马经过一周左右，到达中共闽粤赣省委所在地长汀。

周恩来一进入中央苏区，就敏锐地发觉肃反扩大带来的严重后果。12月18日，周恩来在前往长汀途中写给中央政治局的信中说：我进入苏区虽只有三日，但沿途所经，已见到闽西解决"社会民主党"问题上造成的"恶果是非常严重的"。[①]他曾向一个红军团长询问"AB团"的情况。那个团长回答：过去据说有"六千AB团"，有很多是"并未完全审问清楚，但因军事作战时期不得已"。周恩来对这个说辞非常愤慨，在给中央政治局的信中痛心地写道："据我在途中所见到闽西党的最近决议及中区党的文件，都还只言反AB团反社党的成功，而未及他的错误，可见此事转变之难与问题之严重性"。[②]

到长汀后，周恩来先到中共闽粤赣省委机关去，正好碰到中共长汀县委妇女部部长李坚真进去向省委汇报工作。周恩来和她打招呼，问道：这位女同志，要干什么去呀？李坚真回答：抓反革命！周恩来一听，又笑着问：抓反革命，好哇！你说说，是怎么抓的？李坚真爽快地说：就这样抓的嘛！周恩来又问：嗯！你怎么知道他是反革命啊？这下，李坚

---

① 《周恩来书信选集》，中央文献出版社1988年版，第78页。

② 《周恩来书信选集》，第77页。

真被问住了，答不上来。旁边的人向李坚真介绍：这是周恩来同志。周恩来看到李坚真有些尴尬，于是耐心地解释道：斗争土豪劣绅，成分一定要搞清楚。抓反革命，一定要有充分的证据。是敌人，一个也不能放过。是好人，一个也不要冤枉[1]。

周恩来意识到，肃反扩大化成为苏区发展的严重障碍。12月25日，他在给中央政治局的信中说：闽西的工作确有相当成绩，"假使不是肃反工作做得那样严重错误，则群众的积极性与干部的产生必不致如现在感到困难。因此，加强党的正确领导，是闽西党的根本任务"。[2]

闽西肃反扩大化的主要表现是肃"社会民主党"。那么，肃"社会民主党"是怎么来的呢？事情是这样的：1931年初，新红十二军召开纪念国际共产主义运动先驱李卜克内西、卢森堡、列宁大会。会上，当介绍李卜克内西、卢森堡是第二国际领导人、社会民主党党员时，吴拙哉等几个红军战士高呼"拥护第二国际""社会民主党万岁"等口号。第二国际是各国社会党的联合组织，初期执行了马克思主义路线，后来堕落为修正主义。李卜克内西、卢森堡是德国社会民主党和第二国际的左派领袖，同第二国际的修正主义者进行了坚决的斗争，后来为共产主义事业献出了宝贵的生命。没有文化水平，更谈不上对第二国际有多少了解的红军战士，呼出上述口号，是不值得大惊小怪的。但有人把这当成一回事，报告第一〇〇团政治委员林海汀。林海汀没有理睬，有人就把此事捅到闽西苏维埃政府那里。

新红十二军和闽西党组织的一些领导人得知后，认为情况严重，把呼口号的人当作反革命分子逮捕，并由此牵涉林海汀及江桂华、张德宗等人。肃反委员会立即对他们进行刑讯逼供，结果屈打成招，诱供出一个子虚乌有的"闽西社会民主党特委"，书记为傅柏翠，宣传部长为林海汀，组织部长为黄洪，江桂华、张德宗为委员。此外，还供出了一大批与他们有关系的所谓"社会民主党分子"。2月21日，闽西苏维埃政府

---

① 见李坚真：《永恒的怀念》，《人民的好总理》（上），人民出版社1977年版，第184页。

② 转引自中共中央文献研究室编：《周恩来传》（1898—1949）（修订本）（上），第301页。

接连发出"裁"字第一、第二号通告，号召各级苏维埃政府集中火力进行"肃清社会民主党"的斗争。3月1日，在永定虎岗召开了"闽西工农兵审批反革命社会民主党分子大会"，大会设立了以闽西肃反委员会主席林一株为主审的"革命法庭"。3月2日，林海汀等17名"社会民主党主犯"被判处死刑。从此，一场祸及全闽西的肃"社会民主党"运动开展起来，所谓的"社会民主党"分子如滚雪球般，越肃越多。

3月15日，中共六届四中全会后的代表团到达时为闽粤赣边特委所在地虎岗，于20日召开特委常委、共青团、苏维埃政府、工会党团会议，传达六届四中全会精神，并确定闽西党组织的中心任务之一是肃清"社会民主党"，自上而下地彻底改造苏维埃。4月4日，中共中央给闽粤赣边特委发来指示信，认为"闽西的所谓社会民主党、江西的AB团及其他地方的改组派等等，从蒋介石到傅柏翠都有整个的联系和计划的"，要求"肃清内部的——红军中、政府中、党部中的一切反革命分子，站在阶级立场上的最严厉的手段来镇压。"[1]根据这封指示信精神，中共闽粤赣边特委于5月13日作出《关于彻底肃清社会民主党、AB团的决议》，号召各地要"以肃反为一切工作的中心"，限令在两个月内肃清"社会民主党"。这样，火借风势，风助火势，相互作用，恶性循环，闽西肃"社会民主党"运动愈演愈烈。

在国民党军不断对中央苏区进行"围剿"的严峻形势下，闽西苏区红军自相残杀，这是多么惨痛的教训啊！

肃"社会民主党"使闽西苏区元气大伤，闽西苏维埃政府35名执行委员被肃过半，新红十二军连以上干部半数被肃，6000多人被错杀。其中包括一些闽西各县党组织的负责人和暴动领导者，如长汀的段奋夫、王仲颜，永定的卢肇西、陈正，龙岩的陈锦辉、邓潮海、张双铭、张涌滨，上杭的邱伯琴、蓝鸿翔，武平的张涤心、练宝桢等。这些同志为创建闽西苏区作出了重要贡献，是宝贵的骨干力量。更有甚者，闽西苏维埃政府主席张鼎丞、中共闽粤赣临时省委组织部长罗明这些深孚众望的领导

---

① 《中央给闽粤赣特委信——闽粤赣目前形势和任务》（1931年4月4日）。

人也受到怀疑。

肃"社会民主党"造成了闽西苏区党团组织和苏维埃政权机关的涣散，干部非常缺乏，红军士气低落，并且降低了党和苏维埃政府在群众中的威信，使革命力量严重削弱。在国民党军和反动民团的进攻下，上杭、永定、龙岩中心区域内许多乡镇相继丢失，苏区急速缩小。到 7 月初，虎岗被国民党军占领，中共闽粤赣边特委和闽西苏维埃政府被迫迁到上杭白砂。闽西苏区处于严重的困难之中。

邓发离开闽西到中共苏区中央局工作后，闽西肃反委员会被撤销，另成立了以郭滴人为处长的闽西政治保卫处，主管肃反工作。罗明、张鼎丞、郭滴人根据群众的揭发，发现林一株等人利用手中掌握的肃反大权为非作歹的罪行，于 9 月份将其处死。

11 月上旬，中华苏维埃第一次全国代表大会在瑞金召开，出席会议的郭滴人、张鼎丞向毛泽东和苏区中央局汇报了肃反中的错误做法。毛泽东当即指出：这样搞，不要敌人打，我们自己就会垮台！毛泽东并要他们回去后立即停止肃清"社会民主党"运动，平反冤错案，还给了他们 5000 元的善后救济费。郭滴人、张鼎丞回到闽西后，释放了一大批被关押的人员。然而，在当时的大气候情况下，肃"社会民主党"运动未能真正停下来。

目睹了闽西把肃反作为一切工作的中心带来的严重后果，周恩来决定到中央苏区后做的第一件大事就是采取措施迅速纠正肃反扩大化。1932 年 1 月 7 日，周恩来到达瑞金后不久，即以中共苏区中央局书记身份主持召开会议，讨论纠正肃反扩大化问题。会议根据周恩来的报告，通过了《苏区中央局关于苏区肃反工作决议案》。决议案指出："中央局在深刻的检查了过去苏区肃反工作以后，完全同意周恩来同志的报告。""因过去对 AB 团及一切反革命派认识不正确，将 AB 团扩大化了，以为一切地主残余富农分子都可当 AB 团看待，以为一切从异己阶级出身的分子都可能是 AB 团，把党的错误路线的执行者，和犯错误的党员与群众都与 AB 团问题联系起来，甚至发展到连工农群众都不能信任了。""结果发展到以肃反为一切工作中心的极危险的观点。在打 AB 团中更专凭犯人口供，依靠肉刑，以致造成肃反工作的唯心论。"决议案指出，肃反扩大化后果"最严重的是党内因此发生恐慌，同志间互相猜疑不安，甚至影响到指导机关。这不但不能打击和分散反革命的力量，孤立各个异己分子，夺取反革命欺骗下的群众，相反的，倒使我们自己的阶级战线革命力量受到动摇和损害。这是严重的错误。"决议案还指出：在一个时期内肃反的组织竟不受当地党和政权的指导，成为超过党超过政权的独裁机关。对此，决议案表示："中央局要以自我批评的精神，承认对于过去肃反工作中路线错误的领导责任。"①

在"左"倾教条主义错误在全党占统治地位的大气候下，周恩来主持中共苏区中央局作出决议，指出肃反扩大化的严重后果，并承担了责任，是非常可贵的。

这次会议之后，中共苏区中央局又采取了一系列具体措施，中央苏区肃反扩大化基本上得到了纠正。

周恩来到中央苏区就任中共苏区中央局书记，使布满"左"倾教条主义政治的阴霾中，透出了一片蓝色的天空。

红军攻打赣州失利

第三次反"围剿"胜利后，红一方面军得到很大发展，部队素质有了进一步提高，武器装备也有很大改善，中央苏区区域进一步扩大。蒋介石在九一八事变后采取对日妥协退让政策，激起全国人民反对，掀起了抗日爱国热潮。爱国学生纷纷走上街头集会请愿、宣传禁售日货。许多大、中学生，还到南京向国民党政府请愿，但遭到反动军警的压制和阻拦。在中日民族矛盾上升的情况下，一度依附于国民党的民族资产阶级和上层小资产阶级也改变政治态度，反对对日妥协投降，主张抗日救国，指责蒋介石对日实行"无耻的镇静政策和不抵抗主义"。

声势浩大的群众抗日救亡运动，冲击着国民党的反动统治，引起国

---

① 《苏区中央局关于苏区肃反工作决议案》（1932 年 1 月 7 日），《六大以来》（下），人民出版社 1980 年版，第 359、360、361 页。

民党内各派系之间的矛盾激化。汪精卫、孙科、陈济棠、李宗仁等反蒋派利用全国要求抗战的民气，向蒋介石集团发动猛烈的攻击，一时形成了浓厚的倒蒋气氛。蒋介石陷于不利的政治形势中，又玩起了以退为进的把戏，于12月15日被迫辞去国民政府主席及行政院院长职务。蒋介石的"下野"，中央苏区迎来空前的向外发展好时机。

1931年底，中共苏区中央局召开会议，讨论中央苏区扩大方向和红军作战行动时，毛泽东提出"沿福建、广东、江西和湖南边界上的三山建立苏区的计划"。苏区中央局的一个成员反对这一计划，指责"在目前的政治形势下，这是规避占领大城市"。他提出"我们应该在赣江两边之间建立联系并在它的上游占领最重要的城市"。认为"目前的形势对我们有利。我们应该同过分害怕攻占大城市的右倾机会主义作斗争"。[①] 这个意见得到了苏区中央局的其他成员的赞同，决定红军攻打赣州。

周恩来就任中共苏区中央局书记后，就红军作战方向问题征求毛泽东的意见。毛泽东根据国民党军固守坚城和红军武器装备差等情况，说明红军不能去攻打中心城市，建议红军向苏区东北方向发展，反对攻打赣州。周恩来到中央苏区前，曾主张攻打赣州，同毛泽东交换了意见后，致电上海的中共临时中央，明确表示：进攻中心城市有困难。中共临时中央复电：原议不变，攻打城市不能动摇；如果不能打下南昌，至少要在抚州、吉安、赣州中选一个城市打[②]。1932年1月9日，中共临时中央又作出决定，认为："过去正确的不占取大城市的策略，现在不同了；扩大苏区，将零星的苏区联系成整个的苏区，利用目前顺利的政治与军事的条件，占领一二个重要的中心城市，以开始革命在一省数省的首先胜利是放到党的全部工作与苏维埃运动的议事日程上面了。"[③]中共临时中央这个决定，与米夫给斯大林的信所提建议完全一样。由此看来，米夫

---

① 《周恩来、王稼祥、任弼时和朱德给中共中央的电报》（1932年5月3日于瑞金），中共中央党史研究室第一研究部译：《共产国际、联共（布）与中国革命档案资料丛书·联共（布）、共产国际与中国苏维埃运动》（1931—1937）第13卷，中共党史出版社2007年版，第146页。

② 中共中央文献研究室编：《周恩来传（1898—1949）》（修订本）上，第304页。

③ 《中央关于争取革命在一省与数省首先胜利的决议》（1932年1月9日），中央档案馆编：《中共中央文件选集》（1932）第8册，第42页。

的建议得到了斯大林的支持，中共临时中央这个决定是贯彻莫斯科的指示。

在中共临时中央的压力下，1月上旬，周恩来主持召开中共苏区中央局会议，讨论中共临时中央所指示的在抚州、吉安、赣州中选择一个城市攻打问题。会上，许多人认为抚州及其周围有朱绍良部十个师，吉安及其周围有陈诚五个师，在三个城市的比较中，只有赣州守军少，并且同周围其他军队的联系不密切。这样，转了一圈，又回到了打赣州的问题上。

毛泽东还是坚持不打赣州，在发言中说，赣州是赣南的政治经济中心，是闽粤两省的咽喉，是敌军必守的坚城；它三面环水，只有南面是陆地，四周城墙高大厚实，地势十分险要，素有"铁赣州"之称，1930年3月中旬，红四军曾围攻赣州三天，没有攻下，只得撤围；现在赣州南北部都屯集着国民党的重兵，以红军现有的力量和技术装备很可能久攻不克，还是以不打为好。即使要打，也只能采取围城打援的战术。

忠言逆耳，毛泽东的忠告被那些头脑发热的中共苏区中央局成员当成耳旁风，他们根据中共临时中央的指示，坚持要打赣州。毛泽东成为少数，建议他们再听听前线指挥员的建议。项英立马说：在第一次苏维埃代表大会时，我曾问过彭德怀，可以不可以打赣州？彭德怀回答："赣州守军马旅估计有六千人，地方靖卫团两千人，共八千人，如有时间，蒋介石又不来增援，是可以打下的。"[①]

项英拿彭德怀的意见堵毛泽东的嘴，毛泽东也不好再说什么。会议遂按照多数人的意见，决定攻打赣州。这是苏区中央局执行中共临时中央"进攻路线"的第一个军事行动。

其实，彭德怀说的可以攻打赣州是有条件的，一是敌人兵力薄弱，二是有时间，三是赣州敌人得不到增援。项英却忽视了彭德怀所强调的条件。

那么，彭德怀为什么同意条件许可的情况下打赣州呢？他在回忆

---

① 《彭德怀自述》，第180页。

中说：

> 当时我想，赣州城是赣南的商业中心（三四万人口），也是反动中心。打下赣州，对发展和巩固赣南十二县（赣县、南康、大余、上犹、崇义、信丰、龙南、定南、全南、寻邬、安远、会昌）有利；又能使湘赣苏区连成一片，巩固后方，使中央苏区形势更好，党中央[1]和中央苏维埃政府在瑞金就比较安全；红军再向北发展，不仅无后顾之忧，而且有了一个新的态势，更有利于机动作战。这样，我们占江西省一大半；即南有中央苏区，西北有湘鄂赣边区，东北有闽浙赣边区，左有湘赣边区做依托。[2]

彭德怀的想法代表了一部分红军高级指挥员和苏区中央局成员的想法。

1月10日，中革军委发布攻取赣州军事训令。训令把中央苏区红军分成主作战军、支作战军和机动部队三部分，分别担任攻城、打援和发展新区任务。

主作战军以红三军团总指挥彭德怀为前敌总指挥，由攻城部队、监视部队和地方工作部队组成。攻城部队由红三军团和红七军担任。其中，红七军主攻东门，红三军团第二师主攻南门，第一师主攻西门。监视部队由红四军第十师担任，位置于南康之唐江以北地区，任务是准备截击由赣州北逃之敌。地方工作部队由红四军担任，位置于大余新城、南康和上犹梅寺附近，任务是打击从南雄、大余前来赣州增援的粤敌，建立军事交通线，贯通于都、赣县、新丰、南康、大余苏区，占领大余、信丰县城，掩护攻城部队。

支作战军以江西军区司令员陈毅为总指挥，由赣南独立第二师、独立第三师、独立第六师和赣东独立第四师、湘赣独立第一师组成。其中，

---

① 彭德怀的回忆有误，中共临时中央这时还在上海，尚未迁入中央苏区。

② 《彭德怀自述》，第180页。

独立第二师、独立第三师位置于会昌筠门岭附近，消灭会昌、寻乌边境的团匪，巩固会寻苏区；闽西独立第七师须与独立第三师取得联络，并以大部分向武平方面发展；独立第四师以广昌为中心，巩固广昌苏区，并派部队向南丰、宜黄、乐安方向游击，保障中央苏区北路之安全；独立第五师和湘赣独立第一师，分别位置于万安河河西地区，监视吉安之敌行动。

机动作战部队由红三军、红十二军、红五军团和红十六军组成。红三军暂担任消灭宁都、于都境内敌人残余地方武装的任务；红十二军在宁化西南及连城西北一带工作；红五军团部署在赣州城东北方面的江口地区整训；红十六军在株萍线附近活动，以进窥樟树威胁吉安之敌。此外，还安排红五军团第十三军担任总预备队。

2月3日，红三军团从会昌出发，经于都至赣县的下湖塘等地架桥渡过信丰河，于2月4日到达赣州城东外五里亭、天竺山及西南城郊。同时，红四军各师也先后进入南康、信丰、大余新城、上犹、唐江等地，完成了合围赣州的任务。攻打赣州的序幕拉开了。

守卫赣州的是国民党第三军第十二师第三十四旅，旅长马崑，下辖第六十七、第六十八团和一个独立连，全旅兵力约3000余人。另有从赣南各县逃亡到赣州城的地主武装5000人左右。他们把坚固的赣州城作为救命稻草，随时准备和红军拼命，因此，这部分反动武装的抵抗能力不可低估。此外，还有警察队、商民自卫团等武装。所有武装加起来，兵力约万余人，枪支近万。赣州城危急时，还可得到南面的国民党粤军、北面的国民党中央军的增援。

守城的国民党旅长马崑害怕红军攻城，进行了严密的防备。他组建了"民团指挥部"，下辖17个大队，每个县的地主武装编成一个大队，使这些地主武装成了最顽固、最反动的守城力量。同时成立了"城防办事处"，征集物资粮饷，赶制守城器械。守城敌军的兵力部署为：第六十七团守东门、小南门、建春门；第六十八团守南门、西津门；各县民团大队分别协同守城。

2月13日晚，红军发起了第一次攻城。在机枪火力掩护下，红军以十人为一组架云梯爬城，向守军发起了一次又一次猛攻。由于没有强大的火炮打开坚固的城墙，红军单靠爬云梯，进攻均被守敌火力所阻。

爬城强攻不下，红军决定改变战法，爆破攻城。各部队组织爆破组，在指定地点挖掘坑道，一步一步向赣州城墙逼近。2月23日，红军第二次攻城。攻城部队爆破组抬着装满火药的棺材分别在西门、南门、东门进行爆破。上午9时，主攻西门的红一师，由特务连连长刘少卿带领冲锋队冲进月城，向城内猛攻，遇到两翼敌人工事和城内鼓楼敌人火力的猛烈阻击，伤亡严重，被迫撤回。11时许，负责主攻南门的红二师炸开南门城墙一角。谁料城墙外塌，将200名红军突击队员压死。守敌依托月城左右坚固工事顽抗，红军后续部队未能突入城内。与此同时，主攻东门的红七军，也炸塌了东门的月城。红军战士乘着爆炸后的弥漫硝烟，在机枪的掩护下，从三米宽的豁口向城内冲锋，占领了大城的城楼。巡逻至此的马崑强令止住后退的士兵，指挥卫队协同防守红军后续部队。红军后援部队曾几次发起冲锋，终因自己火力太弱，而敌人火力太猛，没有能够成功突入城内。最先突入城内的战士，孤立无援，大都壮烈牺牲。经过四个小时的激战，红军攻城部队无法突入城内，不得不从城楼撤下。第二次攻城遂告失利。

3月4日拂晓，红军第三次攻打赣州城。红七军用三个装满火药的棺材炸开了东门城墙20多米，炸死敌营长李自林等200多人。红七军第五十五团在团长卢绍武、政治委员陈漫远的指挥下，发起猛烈冲锋。谁知，红军有两名原为马崑旧部的士兵前一天向马崑告密。由于马崑事先得知了红军攻城的情报，连夜将东门铁匠街的全部房屋拆毁，强令居民每户送一个沙包，构筑了第二道防御工事；同时将守卫东门的兵力由原来的一个营增加到一个团。红军破城攻入月城后，敌军以新的防御工事为屏障，以强大的火力网进行阻击。双方展开激烈的争夺战，红七军连续发起四次冲锋，与敌激战四个小时，虽曾一度攻上城楼，但付出了很大的伤亡代价，不得不最后撤出战斗。主攻西门的红一师和主攻南门的红二师，均因所挖坑道积水，无法引爆炸城火药，放弃攻城战斗。红军第三次攻城又以失利而告终。

红军三次攻城都告失利，特别是第二、三次功亏一篑，使敌旅长马崐惶惶不可终日。他知道，若无援兵，城破是迟早的事情。因而，马崐一面死守，一面向蒋介石求援。蒋介石深知赣州战略地位重要，若被红军攻下，中央苏区就会和湘赣苏区连成一片。于是，急令驻吉安的嫡系陈诚调兵援助赣州。陈诚得令后，不敢怠慢，派其主力第十一师、第十四师和两个独立旅共3万余人组成"援赣剿赤进击军"，由第十一师师长罗卓英任前敌指挥驰援赣州。2月27日，罗卓英率部进至赣州西北30公里的沙地、横市井一线；29日，占领赣州西北郊赤珠岭、杨梅渡南桥地区，并在赣州北门外架起浮桥，与守城的马崐部取得联系。援兵到来，马崐大喜，冒险出城，与罗卓英商定了"缩小阵地，增兵进城，内外夹击，以解赣围"的军事方针。罗卓英派了一个工兵营连夜随马崐进赣州城。红军采取多种办法试图破坏敌军架设的浮桥，都未获成功。

3月5日夜，罗卓英部两个团由浮桥进城。7日凌晨，国民党军分三路从坑道向攻城红军阵地出击。红一师师部遭到敌人突然袭击，指挥系统被打乱。红军指战员各自与敌激战，边打边撤。有的部队与冲上来的敌人展开肉搏，有的战士拉响手榴弹与冲上来的敌人同归于尽。红军虽消灭了大量敌人，但自身伤亡严重。上午，形势危急，中革军委主席朱德亲率警卫营及总预备队红五军团第十三军赶来增援。下午3时，红军在赣州城郊天竺山、白云山一线同敌人展开肉搏战。红五军团第十三军是宁都起义部队改编为红军后参加对敌作战的第一仗，只见他们脱去上衣，挥舞大刀，跃入敌阵，杀得敌人鬼哭狼嚎。红十三军作为一支生力军的出现，遏制住了敌人从城内的凶猛反扑，掩护攻城红军撤出战斗。

从2月4日起，至3月7日止，红军攻打赣州33天，不仅没有攻下，还伤亡3000多人。

对于攻打赣州失利，多年后，彭德怀在回忆中作了这样的总结：

打赣州有以下错误：

从政治形势看，当时处在"一·二八事变"的形势下，应当高举抗日民族革命战争旗帜，以停止内战，开赴抗日战争前线为号召，改变某些具体政策，适应开展抗日民族统一战线工作。红一方面军主力应当开向闽浙赣边区，以援助上海抗战来组织抗日力量，开展政治攻势，揭露蒋介石一切卖国阴谋。按照上述方针，打通中央苏区和闽浙赣边区的联系，扩大苏区，扩大武装力量，为以后反"围剿"准备条件。打赣州不仅没有利用"一•二八事变"，高举抗日旗帜，在政治上打击蒋介石国民党，反而给蒋介石"攘外必先安内"的反动政策找了借口。也没有估计到我军进攻赣州，蒋介石就可能让出大庾钨矿给粤军，作为勾结粤军"围剿"我军之条件，客观上对于蒋粤矛盾起了一定的缓和作用。我在当时没有这种认识，执行方面军总司令部打赣州的错误命令时，不仅未加任何抵制，而且是自觉地坚决地执行。只想打开赣州，解放赣南，联系湘赣边区，巩固后方，保证瑞金（中央所在地）安全，然后再行北进。这样片面的想法，显然是脱离了当时客观政治形势的。

从军事上看，当时罗卓英两个师从吉安沿赣江西岸南援，广东两个师六个团由南雄沿粤赣公路北援，我应集结方面军主力一、三军团于南康机动位置，另以其他部队围困赣城进行佯攻。那次消灭两路援军的任何一路都是最好的机会，但我未积极建议打援。久攻不克，援军既到，又未迅速撤围，屯兵坚城下，相持日久，兵力疲劳。其次敌情不明，对敌兵力估计过低，实际守城敌军比估计大一倍以上。……敌情没有确实弄清楚，就贸然攻坚，这也是一次严重的错误。[1]

作为当事人之一，彭德怀对打赣州失利的总结是在历史的尘埃已经落定多年后写的。他结合当时自己的心路历程，作了坦荡的自我批评，承担了自己的责任，是非常可贵的，表现了老一辈无产阶级革命家、军事家的宽阔胸怀。他对打赣州失利的总结，令我们深思，也有助于我们认识这段历史。

---

[1] 《彭德怀自述》，第181、182页。

毛泽东率领东路军攻占漳州

中共苏区中央局决定攻打赣州后，毛泽东留在瑞金。1月中旬，他在叶坪主持召开了中共苏区中央局主要成员会议，报告中央苏区三次反"围剿"的情况和九一八事变后的全国形势。毛泽东认为，日本帝国主义侵略中国东北势必引起全国的抗日救亡高潮，国内阶级关系必将发生变化。有个中央代表团成员当即声色俱厉地顶毛泽东：日本占领东北主要是为了进攻苏联，不作此估计就是右倾机会主义，我们必须提出武装保卫苏联，否则就是典型的右倾机会主义。大帽子压得毛泽东在会上从此沉默，一言不发。

会后不久，毛泽东向苏区中央局请病假休养。苏区中央局批准了他的病假，苏维埃临时中央政府的工作暂由项英负责。

1月下旬，毛泽东带着警卫班到瑞金城郊东华山一座古庙休养，但两件大事一直在他心中惦记着：一件是日本继续扩大对中国国土的占领，一件是红军攻打赣州。

就在毛泽东上东华山不几天，上海发生了一二八事变。毛泽东从报纸上看到了这个消息，立即为中华苏维埃共和国临时中央政府起草了《对日战争宣言》，指出："日本帝国主义，自去年'九一八'以武力占领中国东三省后，继续用海陆空军占领上海嘉定各地，侵扰沿海沿长江各埠，用飞机大炮屠杀中国人民，焚烧中国房屋，在东北及淞沪等地，被损害的不可数计，这种屠杀与摧残，现在仍在继续发展。"宣告："中华苏维埃共和国临时中央政府特正式宣布对日战争，领导全中国工农红军和广大被压迫民族，以民族革命战争，驱逐日本帝国主义出中国。"[①] 在日本野蛮侵略中国，中华民族到了最危险的时候，中国共产党领导下的中华苏维埃共和国明确表示对日宣战，与蒋介石的妥协退让形成鲜明的对比。然而，由于这个宣言没有提"武装保卫苏联"的口号，引起中共苏区

---

① 《中华苏维埃共和国临时中央政府宣布对日作战宣言》（1932年4月15日），中央档案馆编：《中共中央文件选集》（1932）第8册，第636、637页。

中央局的一些人不满，所以拖到 4 月 15 日才在苏维埃共和国临时中央政府机关报《红色中华》上发表。

毛泽东担心的事情还是发生了。3 月上旬的一天早晨，天下着蒙蒙细雨，项英骑马来到东华山，告诉了毛泽东攻打赣州失利的消息，并把中革军委从赣州前线发来的急电交给他。中革军委电请毛泽东暂停休养，赶赴前线参加决策。当晚，毛泽东从瑞金出发，火速赶往赣县江口塘村前线指挥部。

3 月 9 日至 13 日，周恩来在江口塘村主持召开了有中共苏区中央局成员、中革军委成员和红军各军团主要负责人参加的苏区中央局扩大会议。毛泽东在听取各军团负责人关于攻城情况的汇报后，对攻城的重大伤亡和造成的红军政治声威的严重损失感到非常愤慨，严厉批评了攻打赣州的军事错误。在讨论红军下一步行动方针时，毛泽东主张红军主力向敌人力量比较薄弱、党和群众基础较好、地势有利的赣东北发展，这样一方面可以延缓敌人对苏区的"围剿"，使苏区发展壮大；另一方面可以使中央苏区与闽浙赣苏区连成一片。同时，以抗日民族革命的口号声援上海一二八事变，推动全国抗日救亡运动。毛泽东这种主张，是要转入外线的进攻作战，以"出击求巩固"。但另一些人仍认为，红军攻打赣州是依据中共临时中央和苏区中央局的决议，在政治上是正确的；胜败是兵家常事，现在虽从赣州撤围了，并不是不再打赣州了；红军还是要执行中央的"进攻路线"，要夺取中心城市，主张红军开到湖南去。会议否定了毛泽东的意见，也没有把部队开到湖南去，决定红军"夹赣江而下"，向北发展，相机夺取赣江流域的中心城市或大城市；以红一、红五军团组成中路军，在赣江东岸活动，先北上赤化宜黄、乐安等地，再攻抚州，毛泽东以临时中央政府主席和中革军委委员身份率中路军行动；以红三军团、红七军组成西路军，开赴上犹、崇义一带，赤化湘赣边界各县，并向北发展进逼吉安。

为了便利指挥作战，中革军委在 3 月 12 日发出《重编一、三、五军团训令》，以红四军、红十五军编为红一军团，林彪为总指挥，聂荣臻为政治委员；以红五军、红七军、红十四军编为红三军团，彭德怀为总指挥，滕代远为政治委员；以红三军、红十三军编为红五军团，季振同为总指挥，董振堂为副总指挥，萧劲光为政治委员。

江口会议后，红军中路军在林彪、聂荣臻的率领下于3月16日从赣县长洛向宁都行动。这时，福建是国民党军事力量的薄弱环节，除张贞的第四十九师外，其他都是些地方保安部队。闽西的红十二军刚占领上杭、武平两县，敌人守城的地方部队被击溃后退往广东。随中路军行动的毛泽东依据闽西敌情发生的变化，主张中路军改变行动方向，转向闽西。他向红一军团领导人林彪、聂荣臻阐述了自己的意见，得到林、聂的支持。林、聂向中革军委报告，建议中路军的行动方向改向闽西。红一军团随即进抵闽西长汀待命。

3月27日、28日，周恩来在瑞金主持召开中共苏区中央局会议讨论中路军的行动方向问题，决定将红军中路军改为东路军，由毛泽东以临时中央政府主席身份率领攻打闽西龙岩，并向东南方向进军。毛泽东又一次有了领兵打仗的权力，这是周恩来对毛泽东一个很大的支持。但中共苏区中央局同意红军东路军的行动是"解决资金问题"，"在漳州募集资金后"，再"回过头来进攻广东来犯福建和江西之敌"。①

会后，毛泽东赶到长汀，在红一方面军团以上干部会上作了东征动员。毛泽东告诉大家：我们的新任务，是经闽西向闽南方向发展。他指出："闽南逼近厦门，当前日寇的势力已到达厦门，我进军闽南，对日寇侵略阴谋是一个打击。我军以实际行动贯彻我党抗日主张，无论对国内、国外，都将产生极大的政治影响。同时应该看到，我们中央根据地沿赣江向北没有多少发展余地，国民党'剿共'的大本营就设在南昌。如今向西发展，有赣江梗阻，大部队往返不方便。向南发展则必然会和广东部队的主力顶牛。只有向东发展最有利。向东则一来有闽西老根据地作依托，二来闽南尚有广阔的发展余地，是一个最好的发展方向。因此决定趁第三次反'围剿'胜利以后敌人暂时无力组织新的进攻的空隙，

---

① 《周恩来、王稼祥、任弼时和朱德给中共中央的电报》（1932年5月3日于瑞金），中共中央党史研究室第一研究部译：《共产国际、联共（布）与中国革命档案资料丛书·联共（布）、共产国际与中国苏维埃运动》（1931—1937）第13卷，第147页。

乘红军大胜利的余威，……打到外线去，打到闽南去，发展根据地，扩大我军的政治影响，并获得物资补给。"①

毛泽东在长汀进一步了解福建境内情况后，于3月30日致电周恩来，提出一个大胆的设想，远离根据地，直下漳州。电文说：

恩来同志：

（一）电悉。政治上必须直下漳泉，方能调动敌人，求得战争，展开时局。若置于龙岩附近筹款，仍是保守局面，下文很不好做。（二）据调查，漳州难守易攻，故我一军团及七师不论在龙岩打得着张贞与否，均拟直下漳州。（三）粤敌从大埔到龙岩胁我后路只须五天；五军团从信丰到龙岩须十五天，故若待已知粤敌入闽，然后调动，必迟不及。（四）一军团已开至汀东之新桥休息，以乱敌探耳目，候七师取齐，即先向东行。五军团可随后入闽，但至迟四月二十日须先到龙岩待命。十三军亦须入闽，位于龙岩坎市，保障后路。现一军团前进，后路完全空虚，七师望催兼程来汀，若七师不取齐，一军团下漳州更单薄。（五）我明日去旧县晤谭（震林）、张（鼎丞）。

泽东

酉三十日②

打赣州，毛泽东极力反对，这时，他又极力主张打漳州，为什么？这个电报实际上说得明明白白。赣州城墙坚固，三面环水，易守难攻，南北又有强力援兵；漳州相反，易攻难守，周围又无强力援兵。教条主义者凡事从一厢情愿出发，调门唱得很高，不从实际出发，不管自己力量强不强，一头撞到坚墙上，撞得头破血流还不接受教训，嘴里还嚷嚷着"进攻，进攻"。毛泽东不像那些教条主义者，他不打无把握之仗。他从实际出发，全面衡量敌我力量、有利和不利条件，能打胜则要坚决拿下，

① 《聂荣臻回忆录》，解放军出版社2007年版，第111—112页。

② 转引自中共中央文献研究室编：《毛泽东传》（1893—1949）（上），第284页。

打不赢不硬打，再寻找新的战机。这是毛泽东领兵打仗的取胜之道，提出攻打漳州，是最鲜明的体现。

对于攻打漳州，有些人很有顾虑，惧怕红军主力远离苏区后整个苏区被敌占去。周恩来接到电报后，立刻从瑞金赶到长汀，在 4 月 1 日召开作战会议。毛泽东在会上阐述了这次战役的政治意义。他还说明："中央红军进攻漳州的任务是消灭张贞师，收缴军事物资，帮助当地开展游击战争。任务完成后，就回师中央苏区，并不是要长期占领漳州。"① 会议还听取了中共福建省委关于漳州地区情况的报告。最后，会议同意毛泽东提出的龙岩、漳州战役计划，具体部署了前后方的各项工作。

会后，周恩来留驻长汀，组织兵力，筹集给养，保障前线需要。毛泽东在会后带领警卫排，星夜从汀江赶往上杭。

毛泽东在上杭经过调查，致电周恩来，建议："敌一部既入闽，我直捣漳泉部队必须更迅速更集中，否则敌占先着，我军将进退维谷。五军团全部必须立即出发，取直径急行军，……于十四日到龙岩"。"中央局、军委宜移长汀"。②

在上杭，毛泽东还向谭震林、张鼎丞等布置了配合红军东路军东征龙岩、漳州的任务。

4 月 2 日，红一军团离开长汀，经河田、涂坊等地，于 4 月 7 日到达白砂。这天，毛泽东也由上杭赶到白砂。

4 月 9 日，红一军团全部到达龙岩西部约 50 华里的大池圩。部队一面休息，一面侦察敌情。经过侦察，得知龙岩城内是张贞第四十九师两个团和少量的地方民团武装，战斗力并不强。毛泽东与林彪、聂荣臻等研究后决定，直接向龙岩攻击前进。

次日拂晓，红十五军为先头，红四军跟进，乘敌不备，向龙岩发起攻击。红十五军先消灭了小池的少量敌人，即向龙岩外围的要点考塘前进。考塘守敌有一个团及一个补充营，凭借工事和炮楼进行顽抗，红

---

① 《罗明回忆录》，福建人民出版社 1991 年版，第 110 页。
② 转引自中共中央文献研究室编：《毛泽东传》（1893—1949）（上），第 285 页。

十五军进攻受阻。红四军随即沿两侧进行攻击，将考塘之敌包围歼灭，随即于当天占领龙岩。

龙岩之战，红一军团歼灭张贞部一个多团，为漳州战役胜利开了一个好头。

4月11日，毛泽东在龙岩主持召开红一军团师以上干部会议，总结龙岩战斗经验和研究下一步行动计划。

战后必须总结经验教训，这是毛泽东的一贯作风。毛泽东在会上说：龙岩战斗胜利的原因是：在白砂休息了一天，集结了兵力，直取龙岩；在大池圩隐蔽宿营，不去有敌人守备的小池，达到了攻其不备的目的。教训是：红十五军第四十五师解决小池前哨之敌行动还不够迅速，致使龙岩有一部分敌人来得及逃跑，未能全歼。与会者都同意毛泽东的分析。

会议在讨论下一步行动时，大家共同的意见是：张贞第四十九师共有九个团，在龙岩仅被我军消灭不到两个团。张贞与闽南地主资本家关系极深，当地的交通与通信联络均比较方便，不会轻易撤退，一定会在闽南某地集中兵力与红军决战。于是，会议决定的部署是：由罗炳辉率领的红十二军在闽粤边的上杭、武平地区警戒粤敌，保障后路和右侧翼；红一军团在龙岩休息，让敌集中，待红五军团赶到，东路军主力会合以后向集中之敌进攻。红五军团于4月14日赶到龙岩后，毛泽东决定红十三军驻守龙岩，负责保障龙岩至漳州的战勤供应运输线，以红三军与红一军团一起参加进攻漳州战斗。这个行动计划报告中革军委并得到了批准。

这时，敌张贞的部队全部退守漳州。红军东路军主力即由龙岩出发，经和溪、龙山一线，于4月15日进抵漳州西北约20多公里的马山。次日，红军东路军总部在毛泽东的领导下，在马山组织了敌情地形侦察，确定了红军进攻部署。据侦察，张贞防守漳州的兵力为第四十九师第一四五、第一四六两个旅加地方靖卫团、保安队等共八九千人。两个旅的主力部署在漳州西北天宝到南靖一线，一部分敌人控制在漳州市内，其主阵地在大尖山、十二岭到天宝以北。这一带地势险要，山岭起伏，北扼天宝大山，南靠宽阔的龙江，要进攻漳州，必先突破这一线阵地。红军东路军总部确定以红四军主攻敌人天宝阵地，以红十五军助攻宝林到南靖一线的敌人，以红三军为预备队。

4月17日，红四军越过龙江支流东溪，到达大尖山北的南坪、内洞一线进攻出发阵地，红三军也进到这一地域。红军本拟在17日即发动攻击，但老天爷不凑趣，17、18日连降大雨，河水陡涨，视界迷濛，而且道路和地形都不熟悉，因而推迟进攻时间。19日拂晓，红军发起进攻。担任主攻的红四军先头第十一师在第十师的配合下，向杨梅岭、十二岭和风霜岭的敌人阵地发起猛烈进攻。红十一师师长刘海云、政治委员刘亚楼，系林彪、聂荣臻麾下猛将，下辖三个团。第三十三团是先头团，已在4月17日由政治委员刘忠和副团长陈东生率领，克服河水暴涨的困难，抢先渡过东溪。全师进攻后，第三十三团掩护第三十一、第三十二团渡过东溪展开，接着受命担任从正面配合红十师攻占大尖山东侧的敌人阵地，尔后直插漳州城郊的天宝。红三十二团由政治委员杨成武率领，在红三十三团后跟进，扩大战果。红三十一团由团长吴皋群和政治委员宋成泉率领，绕到敌后攻击大尖山守敌。

整个进攻漳州城的战斗几乎都是按照东路军总部预定的作战计划实现的。红军与漳州城郊大尖山到天宝一线据险顽抗的张贞一个旅展开激战。天宝敌阵地被红军攻占后，守敌的防线即全面崩溃，一个旅被红军全歼。此时，敌人从漳州城派一部分兵力增援，遭到红军迎头痛击，立马缩了回去。红十五军在助攻方向的进展也很顺利。由政治委员左权亲率第四十四师打前锋，佯攻宝林桥，强渡芗水，配合主攻部队把沿途各点敌人歼灭或击溃。张贞见漳州守不住了，急令将城中弹药库破坏，率残敌向漳浦、泉州、厦门方向逃窜。4月20日，红军东路军占领漳州，然后又相继占领了离厦门不远的石码（今龙海市）和漳州以北的长泰，以南的漳浦、云霄、平和。

漳州战役，红军东路军歼灭敌张贞第四十九师大部，俘敌1600余人。张贞从此一蹶不振，其残部大部分逃到了诏安，长期未能恢复战斗力。

4月21日，毛泽东在漳州主持召开了师长、师政治委员以上干部会议，讨论下一步工作，决定：第一，红十五军在南靖至天宝一线，红三军、红四军在漳州附近进行下列工作：收集战利品，搜查反革命分子，重点是搜查反动党政军机关、旅馆和地主豪绅住宅；向群众进行宣传，分发谷物给群众，扩大红军政治影响；向地主豪绅筹款。第二，严格执行入城纪律，不许拿非公用品，不许打破东西，维持革命秩序。第三，军事上随时准备打击入闽的粤敌。

4月22日下午，红三军、红四军和总部连以上干部在漳州城内听毛泽东作报告。毛泽东总结了前一阶段作战的经验，布置了下一阶段的任务。他很风趣地说：有人说我们红军只会关上门打狗，怀疑我们在白区不能打仗，可是你们看，我们在白区不是打得很好嘛！

打下漳州后，红军的重要任务是筹款。红四军在漳州、石码、长泰等地，红三军在漳浦，红十五军在天宝、南靖等地发动群众，打土豪、扩大红军、筹粮筹款。尽管入城前，已经宣布了有关纪律，但仍发生有无意中违反纪律的情况。比如语言不通引起的隔阂。福建历史上称"百越"，很闭塞，隔一个县，讲的语言就不同。红军初到闽南，闽西人也不太懂闽南话，结果闹出不少误会。再比如，漳州一带，侨眷比很多，比较有钱，穿戴也比较阔气。红军战士多来自偏僻的农村，见到穿毛料丝绸拿文明棍戴眼镜的，就误认为他们是土豪，把他们抓了起来。毛泽东发现了这些情况后，指示部队立即清查，把误抓的人都释放了。通过这件事情，部队得到了一次深刻的教训，即办事要注意调查研究。

漳州是福建一个比较繁华的城市，红军在漳州筹款100多万元，还有大量布匹、粮食、食盐等。这些钱和物资绝大多数运到中央苏区的中心瑞金和长汀，解决了苏区和红军在财政上、物资上都很紧缺的困难。此外，还动员了近千名群众参加红军，并调拨了几百条枪给闽南游击队，编成中国工农红军闽南独立第三团，推动了闽南红色斗争的发展。红军东路军的行动，巩固和扩大了中央苏区东南部。

红军东路军在漳州打了胜仗，部队情绪非常高涨。红一军团、红五军团军需服装都得到了解决。各部队还轮流看了一场无声电影。电影在当时中国来讲，还是稀罕之物。红军东路军指战员能够看上电影，在全国红军中，还是首次。

红一军团的部队，在漳州还拍了一张有数千人参加的照片。更值得一提的是，红军东路军在漳州还缴获了两架国民党军的飞机。红一军团总指挥林彪、政治委员聂荣臻在飞机前照了一张照片。这两张照片，都是极其珍贵的党史、军史照片。红军缴获的这两架飞机是小型侦察机，其中一架不能开，

1932年红军打下漳州时缴获的飞机

另一架能开，由一位会驾驶飞机的朝鲜同志开到了瑞金。

聂荣臻晚年在回忆录中总结了毛泽东指挥漳州战役的战略战术特点和占领漳州后的策略思想，他说：

打赣州，没有打下来，吃了个大苦头。打漳州，打下来了，吃了一个甜头。两者相距一个多月。两相比较，究其原因，赣州，是敌人的强点，又有国民党大部队增援，再加上我们侦察警戒疏忽，所以吃了亏，毛泽东同志一开始就不主张打。漳州，是敌人的薄弱点，毛泽东同志赞成我们打，并且亲自指挥我们打，取得了胜利。所以，选择敌人的弱点打，应该是我们处于劣势的部队绝对要遵守的一个军事原则。此外，即使漳州打下来了，也不能引申说凡城市都可以打。普遍地攻打城市，在当时条件下显然是错误的。"争取一省与数省首先胜利"、"夺取中心城市"等口号显然更是战略性的错误。

这是我跟随毛泽东同志东征领会的战略思想。

毛泽东同志在战术指挥上也有很多特点。第一，他很注意调查研究。对敌情、地形以至民情风俗都是亲自找人或到现场作调查。这次打

漳州,认为漳州"易攻难守",就是他调查得来的结果。他在调查的基础上,又善于把握全局,捕捉战机,迅速定下决心。他还很注意分析、研究、判断,摸敌人的规律,寻找敌人的弱点,迅速行动。第二,他制造假情况,给敌人一些虚设的"示形",以便调动敌人或麻痹敌人,出敌不意。比如这次作战,用毛泽东同志自己的话来说,就是做了许多"乱敌探耳目"的动作。这次打龙岩是"不顾坎市,直取龙岩",而且是在"大池圩宿营,不去小池",所以达到了击敌不备的目的。第三,他很注意集中优势兵力。这次决定打漳州,是他建议把五军团从江西调来,才形成作战拳头的。第四,他很注意总结经验教训。在龙岩,在漳州,他都亲自给干部作总结。第五,他也讲民主,大的军事行动,都尽可能事先征询我们意见,然后再作出决定。

毛泽东在开辟闽南新区所制定的方针,更帮助我学到了很多宝贵的策略。其策略思想的基础是从实际情况出发,不因占领漳州冲昏头脑,不因占领漳州而背上包袱。占领漳州后,本来局面很大,可是他估计我们力量有限,不可能长期占领。所以他确定在新区工作的方针是"公开宣传,秘密组织"。只是在原先有游击武装基础的地区开展武装斗争,即"以龙溪为中心,向南靖、云霄、平和、漳浦等五县扩大游击战争,创造小红军、建立小苏区"。在漳州,"只散发谷物,而不建立政权,不分土地"。

漳州战役,是我第一次在毛泽东同志直接领导下,带兵打仗和做群众工作,他一系列正确的战略、战术和政策思想,以及他的领导才能,都给了我深刻的印象,使我由衷地钦佩。[1]

聂荣臻1925年2月在莫斯科东方大学学习时,被抽调到苏联红军学校中国班学习,是中国共产党最早培养的军事骨干之一。同年8月上旬回国,任黄埔军校政治部秘书。后在中共广东区委军委工作。大革命失败后,先后参加过南昌起义和广州起义。后在周恩来领导的中共中央

---

[1] 《聂荣臻回忆录》,第119—120页。

军委工作。1932年1月进入中央苏区。原本他是被派往湘鄂赣苏区工作的，进入中央苏区只是路过。不料组织改变了决定，让他留在中央苏区工作。从他来中央苏区前的经历看，虽然参加过南昌起义和广州起义，但基本是做军事机关工作。跟随毛泽东率领东路军行动，是聂荣臻第一次真正意义上的领兵打仗实践。红军东路军先后攻打龙岩、漳州的行动说明，同国民党军队作战，是人民军队军事骨干成长最好的军事学校，而毛泽东则是最好的军事教官。他言传身教，教会人民军队的指挥员如何同反动军队作战，带出了一大批能征善战的将帅，而聂荣臻就是其中之一。在红军东路军行动中，聂荣臻从毛泽东那里学到了从前没有学到的东西，终身受用。

红军西路军挺进上犹、崇义

根据江口会议的决定，1932年3月20日，红军西路军在彭德怀、滕代远的率领下，从赣县江口出发，经信丰、南康贤女埠、大余新城、崇义杨梅寺，于4月12日抵达上犹，总指挥部于14日到达上犹营前。

上犹、崇义，这两个县是湘赣苏区的组成部分，并组建了红军独立第九师第四十三团。红军西路军到来后，得到当地热烈欢迎。4月12日，彭德怀以红五军为右翼，在寺下圩、大路坪、唐屋地区发动群众，筹款筹粮，尔后以主力出击粤北仁化，牵制东江粤军入闽，一部进至上犹营前地区发展苏区；以红七军为左翼，进占江口、长潭，攻取崇义，逼退上犹之粤军，恢复与发展苏区。4月13日，驻崇义的国民党粤军独立第一旅被红军气势吓倒，弃城而逃。红七军不战而胜，占领崇义县城。次日，红三军团指挥部和红五军进驻营前。

彭德怀为了打通湘赣两省的联系，决定向湘赣边界地区推进。4月21日，红三军团先头部队进至崇义西部之麟潭。为扫清前进路上的障碍，彭德怀决定由红三师师长彭遨率主力一部，在地方武装的配合下奔袭文英。文英位于崇义西南部，地处湘赣边界地区，是江西通向湘南的要道。还在1928年的时候，国民党湘军就在这里修筑坚固碉堡，驻兵防守，成为扼守湘南的重要据点。红三军团渡过赣江后，湘军估计红军会攻占文英，即向这里增兵 500 人加强防守，并对防御工事进行了加固。

4 月 22 日拂晓，红五军第三师在地方游击队、赤卫军千余人的配合下，分四路迂回包围文英圩。敌人凭借坚固的工事，进行顽强抵抗，战斗非常激烈。红军经过三日连续战斗，终于在 4 月 24 日炸毁敌人最后据守的真君庙，将敌全部歼灭，占领文英。此次战斗，红军俘虏敌人营长焦钊炎以下官兵 600 余人，毙伤 100 余人，缴获长短枪 450 余支，重机枪 2 挺。文英战斗后，红五军分两路向汝城进发。

驻守汝城的是敌保安团，团长胡凤璋原系湘赣边界无恶不作的土匪，后率所部被国民党汝城县政府收编。该部都是些亡命徒，又常在这一带活动，非常熟悉地形，因而相对于国民党其他部队来说，具有较强的战斗力。

4 月 30 日，红军开始向汝城县城发起进攻。守敌胡凤璋保安团抵抗至晚上，弃城连夜逃到马桥石泉，并派人向广东、湖南国民党当局求救。5 月 1 日，红军占领汝城县城。胡凤璋组织反扑，遭到红军痛击。从 5 月 3 日起，红军进攻胡凤璋盘踞的石泉村。胡部顽抗，死伤惨重。红军攻入石泉村内，胡敌退入围楼，固守待援，战斗成胶着状态。

红军西路军在湘赣边境地区的行动，震动了国民党"剿共"总司令部，总司令何应钦纠集湘军第十五师、第六十三师，粤军第一师、第二师各一部及三个独立旅，中央军第四十三师、第五十二师，共六个师的兵力，发动对红军西路军的湘、粤、赣三省"会剿"。面对敌人优势兵力，红军西路军于 5 月 13 日主动撤出汝城县城，在三省交界地区与敌周旋。

红军西路军进入河西地区后，在同国民党军队作战时，注意扩大红军队伍，在上犹、崇义各扩大红军 400 余人，在遂川扩大 200 余人。原先活跃在上犹、崇义地区的红四十三团也编入红三军团序列。与此同时，地方红色武装也得到迅速发展壮大。红军西路军总指挥部和中共河西道委决定把崇义游击大队、上犹游击大队和赣南游击大队合编为红军独立第十二师，并从主力部队派出有经验的干部叶长庚担任师长，魏桓担任政治委员。此外，还帮助组建了新的崇义游击大队和独立第十二营、上犹独立第二团。各县、区、乡赤卫军也得到扩大。

根据中共苏区中央局的指示，红军西路军进入河西后，对当地党组织进行了整顿和充实，进一步健全了机构。4月17日，在上犹县营前成立了中共河西道委，以领导上犹、崇义、南康、遂川及赣县、万安、泰和河西的苏区，隶属中共湘赣省委。在未与中共湘赣省委建立交通联系之前，由红三军团政治部指挥。中共河西道委书记初为贺昌，后为陈葆元。中共河西道委成立后，从红军和地方党组织抽调一批有工作经验的同志，组成九个工作团，分别派赴上犹、崇义、南康及湖南汝城、桂东等地，发动群众，开展土地革命，组建群众武装，建立苏维埃政权。这些措施有力地促进了河西地区的革命力量发展，苏区迅速扩大。到6月，整个河西苏区共辖十个区，人口13万，面积达3000平方公里。

红军西路军在湘赣边界地区作战，沉重打击了中央苏区西线的敌人，巩固和发展了中央苏区西部地区。在此后的第四次反"围剿"战争中，西线基本无战事。

三、蒋介石向各苏区发动第四次"围剿"

蒋介石联合汪精卫执政

蒋介石宣布下野后，国民党中央于1931年12月下旬在南京召开四届一中全会，容纳了汪精卫、孙科、陈济棠、李宗仁等反蒋派在广州成立的"国民党中央"委员们，但汪精卫、胡汉民仍称病不出席会议。会上，通过了修正的国民党政府组织法，规定国民党政府的主席"不负实际上政治责任"，立法、行政、司法、监察、考试等五院院长"各对中央执行委员会负责"，中央执行委员会之上为中央政治会议。这个规定，把国民党政府的实权收归中央政治会议。会议选林森为国民政府主席，孙科为行政院院长，陈铭枢为行政院副院长，蒋介石、汪精卫、胡汉民为中央政治会议常务委员。从这个结果看，限制了蒋介石的独裁，通过汪精卫、胡汉民分去蒋介石的权力。孙科、陈铭枢分别任行政院正副院长，似乎是反蒋派占了上风。

蒋介石当然不满意，跑回老家浙江奉化。汪精卫、胡汉民也不满意，称病于上海、香港。一时间，国民党南京政府处于各方合而不作局面。

这时，反蒋派成立的广州"国民政府"虽然于 1932 年 1 月 5 日宣布取消，但成立了西南政务委员会和国民党西南执行部，仍与南京政府处于对立的地位。"南天王"陈济棠提出了西南五省"大团结"的倡议，企图扩大控制地盘；蒋系的何成浚发起了九省"联防"计划，与陈济棠对抗；张学良也联合阎锡山、冯玉祥旧部，提出北方六省"大联合"的口号。国民党内部各怀鬼胎，乱成了一锅粥。

孙科就任国民党南京政府行政院院长后，在全国群众性抗日救亡运动的压力下，与外交部部长陈友仁主张对日绝交。一直主张对日妥协的蒋介石得到这个消息后，坐不住了，于 1 月 13 日从奉化飞到杭州造访孙科。到后，孙科却在上海不来杭州。被孙科闪了，蒋介石气急败坏地说："余于此时，始知哲生[①]已另设特种委员会，并决定对日绝交，与停付公债本息。中国危矣！"他认为，"此倒行逆施之策"出自老政治对手胡汉民，"彼之用心，仍欲借外侮之名，扫除其所谓蒋派势力者，北方则由冯玉祥主持，以倒张学良，南方则由粤桂出兵两湖，以消灭我之军队，而乃提空名抗日，以欺国民，使我不能继起收拾危局"。埋怨孙科认不清胡汉民的这个目的，"竟愿为民族万世之罪人"。

在蒋介石的逻辑里，黑白是颠倒的，白即黑，黑即白。别人主张抗日，对日绝交，中国就危险了，就是"民族万世之罪人"了！反过来而论，他主张对日妥协，就是"收拾危局"的"民族英雄"了。真是奇怪！

1 月 16 日、17 日，蒋介石在杭州两次得到从南京来的报告，说冯玉祥、李烈钧等受胡汉民的主使，支持孙科通过对日绝交案。蒋介石急得像热锅上的蚂蚁，急电孙科，邀请其到杭州，力图阻止孙科通过该案。

---

① 孙科的号。

汪精卫是反蒋派的头，蒋介石为了阻止孙科通过对日绝交案，也顾不上那么多了，于1月18日找汪精卫商议如何阻止国民党政府通过对日绝交案问题。蒋介石知道，不给汪精卫些甜头，是得不到汪的支持的。因此，蒋介石、汪精卫杭州会谈，其实就是权力分赃谈判。经过会谈，两人达成协议，掌权后，蒋介石任国民党政府军事委员会委员长，汪精卫任行政院院长。汪精卫本人是个政治投机分子，借重他人实力从大革命时期一直同蒋介石斗到现在，被蒋介石扔过来一个行政院院长的骨头就妥协了。蒋、汪再度实现合作，汪精卫支持蒋介石阻止孙科通过对日绝交案，实际上就是全力支持蒋介石的对日不抵抗政策，这是两人合作的基础。

蒋介石与汪精卫达成协议后，联名致电胡汉民，征求他对政治局势的意见。这时，蒋介石又得到南京来的报告，说对日绝交案势难中止，必欲通过。蒋介石的心一下子又悬了起来。不久，蒋介石千盼万盼的孙科到了杭州。从孙科那里得知南京政府未通过对日绝交案的消息后，蒋介石心里悬着一块大石头算落了地。当晚，蒋介石与汪精卫、孙科会商，决定不等胡汉民回电，蒋、汪二人赴南京"相助"孙科。

1月19日，蒋介石造访汪精卫、孙科，就在这时接到胡汉民的复电。胡汉民在电报中告知他不去南京。蒋介石看完电报，怒气冲冲地说："展堂①滞留香港，不惟不肯入京商议大计，且必阻吾人入京。"于是，蒋再电胡汉民，要其到上海候着。当晚，蒋介石设宴招待汪精卫、孙科。席间，蒋介石表示自己决心赴南京助"林主席处理大局"。孙科、汪精卫答应同往南京。蒋介石对他二人说："我不入京，则必对日绝交。此时对日绝交，则国家必亡。所以不顾一切，决计入京。"蒋介石把"对日绝交"说成"国家必亡"，把自己赴南京复职、重新推行对日妥协的不抵抗政策，说成像是为了国家危亡而慷慨赴死那样壮怀激烈。

1月21日，蒋介石坐汽车到南京。次日，在南京政府召开的会议上，蒋介石把矛头指向粤方，称："我对大局的贡献，就是认为对外问题，非

---

① 胡汉民的字。

先统一国内不可！如广东能切实归附中央，则对内对外问题，皆可迎刃而解！否则，广东人亡国民党，国民党亡中华民国，而亡国之罪，应由广东人负之。"在此后召开的会议上，蒋介石力主对日缓和。

孙科任行政院院长，其实是个空头职务，南京政府的军事、政治和经济大权，仍掌握在蒋介石手里。因此，他上任之后，什么都玩不转。对此，他也明白，在一次对中外记者谈话时说：我只是一个过渡缓冲人物罢了。蒋介石强势返回南京，并极力主张对日缓和，孙科于24日离开南京，避走上海。陈友仁在上海仍然坚持声称："以为今日救国，舍对日绝交与对俄复交之外，无他办法。"蒋介石却认为："友仁之主张对日绝交者，即为对俄复交之阴谋，显然暴露，以国家供其牺牲。"25日，孙科致电南京政府，辞去行政院院长职务。陈友仁也辞去了外交部部长职务。

孙科、陈友仁辞职，蒋介石搬掉了继续对日妥协的石头，心里暗自高兴，还假惺惺地表示挽留。在27日得知孙科躲了起来不见人后，蒋介石还虚情假意地说："此甚于逃脱矣！而置党国于不顾，使余进退两难，可叹之至！"28日，汪精卫接任行政院院长，宋子文任行政院副院长，蒋介石则包办中央政治委员会。由此，开始了蒋、汪联合执掌国民党政府的政治局面。蒋介石、汪精卫商定的外交方针是："一、积极抵抗；二、预备交涉。"蒋介石又走进了国民党政府舞台的中央。

签订《淞沪停战协定》，部署第四次"围剿"

九一八事变后，日本迅速占领了中国东北大片国土。日本侵略中国的行径受到国际社会的反对。为了转移国际视线，迫使国民党当局承认其占领中国东北的既成事实，日本企图把上海变成它侵略中国内地的新基地。

1932年1月18日，日本间谍川岛芳子唆使日本两名僧人和三名日本信徒，到上海公共租界东区的华界马玉山路三友实业社总厂寻衅滋事。三友实业社总厂内工人义勇军正在操练，五个日本人朝他们扔石子，双方开始起冲突。于是，川岛芳子早已经雇佣的打手扮成工人模样混入人群，演出了一场苦肉计，将日方五人打成一死一重伤。警察到后，未能成功逮捕致死致伤人的这些打手。事件发生后，日方贼喊捉贼，指控是中国人的工厂纠察队所为。此即"日僧事件"。

1月20日凌晨2时许，数十名日侨组织"青年同志会"成员趁夜放火焚烧三友实业社，并砍死一名、砍伤两名前来救火的工部局华人巡捕。当天下午，日本驻上海公使馆陆军辅助武官田中隆吉煽动1200名日本侨民在文监师路集会，并沿四川路游行，前往该路北端的日本海军陆战队司令部，要求日本海军陆战队出面干涉。这些人走到靠近虬江路时开始骚乱，袭击当地华人商店。

日本驻上海总领事村井仓松为扩大事端，于21日向国民党上海市市长吴铁城一方面承诺缉拿焚烧三友实业社凶手，一方面提出四项无理要求：1. 上海市长对日僧事件进行公开道歉；2. 逮捕和处罚作案者；3. 对被害者进行经济赔偿；4. 取缔和解散上海以抗日救国会为首的一切反日组织和团体。

"日僧事件"发生后，日本海军以保护侨民为由开始向上海调兵遣将。至1月28日，日本在上海集结了军舰24艘，飞机20余架。同日，日本海军省又下令调航空母舰"加贺号"、"凤翔号"，巡洋舰"那珂号"、"由良号"和"阿武隈号"及四艘水雷艇开往上海。

1月24日，日本特务机关派人放火焚烧了日本驻华公使重光葵在上海的住宅，污称是中国人所为。27日，村井仓松向国民党上海市当局发出最后通牒，限28日18时以前对四项要求给予满意答复，否则采取必要行动。上海市市长吴铁城根据蒋介石、汪精卫的旨意，于28日13时45分复文村井仓松，屈辱地全部接受日方提出的无理要求。是夜23时零5分，上海市公安局接到日方村井仓松给吴铁城和上海市公安局长的回信。信中对上海当局接受日方四项要求表示"满意"，却又提出以保护侨民为由，要求中国军队必须撤出闸北。吴铁城接到此回信时已经23时25分。

尽管吴铁城秉承南京政府旨意跪求平安，但日本的目的是扩大侵略中国的战争，不等吴铁城回复，便在是夜 23 时 30 分发动对闸北的进攻。中国驻军第十九路军第七十八师翁照垣第一五六旅奋起抵抗，一二八事变爆发。

日本在上海开战后，认为还像在中国东北沈阳那样，不费多大劲就能占领。日本第一舰队司令官盐泽狂妄地宣称，四小时内即可占领上海。但事实给了这位日本将军重重的一击。第十九路军将士在蔡廷锴、蒋光鼐的率领下，激战两昼夜，将各路日军分别击退，并给予重大杀伤。

日军初战遭到惨败，总领事村井仓松伪装和平，托英、美领事出面调停，停战三日。日军借停战之机，增兵至万余人，于 2 月 2 日又发起猛攻，战线扩大至蕴藻浜、吴淞一带。第十九路军在上海民众的大力协助下，顽强抵抗。战至 2 月 7 日，日军迭遭失败。

一二八事变后，蒋介石十分惊恐，怕被日军逼着签订城下之盟，于次日决定将国民党政府迁到洛阳。蒋急找林森、汪精卫商议，连夜为林森、汪精卫安排渡江北上。30 日，蒋介石将林森、汪精卫送过江后，本人也偕宋美龄过江。2 月 2 日，蒋介石抵达洛阳。此后，国民党大员陆续到达洛阳。

国民党政府在洛阳开始办公后，由汪精卫负责外交。汪精卫按以前与蒋介石约定的外交方针，提出"一面抵抗，一面交涉"。这个方针实际上是要略作抵抗后，请求英、美等国的调停，谋求对日妥协。因而，蒋介石对第十九路军的抵抗不给任何实际的帮助。2 月 13 日，蒋介石亲到浦镇，指示第十九路军"保持十余日的胜利，及早收束，避免再战为主"。蒋介石命张治中率领第五军进驻上海，原本是制止第十九路军抗日的，哪想到第五军出于民族义愤，违背蒋介石的旨意，反而参加抗战，增加了上海抗战的力量。2 月 23 日，日军不断增援，第十九路军派参谋长谒见蒋介石，痛哭流涕，请求蒋介石派兵援助。蒋介石推诿道："各部队俱未集中，何能增援？"在各方的责难下，蒋介石迫不得已派上官云相师和戴岳独立旅赴援，但迟至 27 日，上官云相师只有两个营开到远离前线的黄渡作防御工事，其余各团留驻镇江，而戴岳旅也停驻杭州，不再挪窝了。

与国民党政府形成鲜明对照的是，中国共产党和上海民众给予了第十九路军以坚强有力的支援。中国共产党通过上海的组织发动群众支援前线。中共江苏省委领导下成立的上海民众反日救国联合会，在这一活动中发挥了重要作用。上海各界民众纷纷组织义勇军、敢死队、救护队协助作战，护理伤员，捐献慰劳金和慰劳品。全国各地民众和海外华侨仅捐献给第十九路军的款项即达 700 余万元。在中国共产党和广大人民群众的有力支援下，第十九路军和随后参战的第五军部分官兵，不顾武器装备和兵员数量远不如日军等种种不利条件，发扬顽强战斗、不怕牺牲的爱国精神，坚持抵抗一个多月，取得近代以来中国对日作战史上前所未有的重大战果。日本侵略军被迫三易主帅，数度增兵，结果是损伤 1 万余人却无法实现速战速决的迷梦。上海数十万军民同仇敌忾，齐心御侮，涌现出大量可歌可泣、气壮山河的爱国英雄事迹。

由于蒋介石、汪精卫一直谋求对日妥协，不派兵增援。而日军方面不断增兵，延长了从闸北经吴淞直到长江岸的战线，在浏河偷袭登陆，使中国军队腹背受敌。3 月 1 日，第十九路军和第五军奉命放弃前线阵地，撤出上海。于是，日军占领淞沪。

3 月 5 日，国民党四届二中全会在洛阳召开，成立军事委员会，以蒋介石为委员长，并决定筹备召开"国难会议"。4 月 7 日，"国难会议"开幕，由汪精卫主持。会议决定"御侮"、"救灾"、"绥靖"三项方针。这三项方针，说白了，就是对日妥协和"剿共"，且重点是"剿共"。把这样一个会议冠名为"国难会议"，真是极大的讽刺！难怪遭到爱国人士的抵制，原定会议代表为 227 人，实际出席仅 144 人。

由于第十九路军在上海和全国人民的支持下奋勇抵抗，粉碎了日本侵略军速战速决短期内占领上海的战略计划；又由于上海抗战引起日本和其他帝国主义国家之间的关系复杂化，使日军一时难以扩大战争；同时蒋介石、汪精卫的对日妥协，又使日军的无理要求得到一定满足，因而，日本借坡下驴。在英、美、法的调停下，中日谈判，于 5 月 5 日签订《淞沪停战协定》。协定规定上海至苏州、昆山一带地区中国军队不能驻扎，只能由警察接管，而日本反而可以在许多地区驻扎军队。签订《淞沪停战协定》后，蒋介石暗地里笑了，他可以腾出手来，集中力量对付共产党领导的苏区和红军了。

《淞沪停战协定》传出后，遭到上海人民乃至全国人民的强烈反对。上海各团体抗日联合会等群众组织通电表示抗议，指责国民党政府丧权辱国。中华苏维埃共和国临时中央政府发出通电，反对《淞沪停战协定》，指出："这种无耻的投降与公开的卖国，更明白的揭露了国民党政府是帝国主义瓜分中国的内奸，帝国主义侵略中国的清道夫。"号召"全中国的劳苦群众坚决的起来进行革命的民族战争，反对日本帝国主义与一切帝国主义，反对帝国主义的走狗与清道夫——国民党政府，来保卫中国的领土的完整，来求得中国完全的独立与解放。"[①]

《淞沪停战协定》签订不久，蒋介石就正式宣布"攘外必先安内"为国民党处理对内对外关系的基本国策。接着，蒋介石把英勇抗日的第十九路军调往江西参加"剿共"。

6月中旬，蒋介石在江西庐山召开豫、鄂、皖、湘、赣五省"剿匪"军事会议，具体部署对各苏区的第四次"围剿"。根据各苏区不易联系的特点，国民党军这次"围剿"采取逐次转移重点，实施各个击破的策略。具体分为两个阶段：第一阶段，调集40万兵力，先把重点放在鄂豫皖和湘鄂西苏区，以解除红军对武汉的威胁；第二阶段，对鄂豫皖和湘鄂西苏区的"围剿"得手后，再集中兵力"围剿"中央苏区。

7月14日，蒋介石亲自任鄂豫皖"剿匪"总司令，以30万兵力向鄂豫皖苏区发动进攻。同时，另以10余万兵力向湘鄂西苏区发起进攻。国民党军对各苏区的第四次"围剿"开始了！

---

① 《中华苏维埃共和国临时中央政府反对国民党出卖淞沪协定通电》（1932年5月9日），中央档案馆编：《中共中央文件选集》（1932）第8册，第646、647页。

四、红一方面军取得第四次反"围剿"胜利

南雄、水口战役

国民党军对鄂豫皖、湘鄂西苏区发动第四次"围剿"后，对中央苏区在策略上主要是采取守势，其部署为：以何应钦为赣粤闽边区"剿匪"总司令，陈济棠为副总司令，刘建绪为湘军总指挥，余汉谋为粤军总指挥，陈诚为江西国民党军总指挥，赵观涛为赣东北"剿赤"总指挥，在赣粤闽三省对中央苏区和湘赣、湘鄂赣、赣东北苏区采取包围的态势。

陈济棠当了赣粤闽边区"剿匪"副总司令，为了把势力伸向赣南，乘中央苏区主力红军分成东西两路军的机会，以第一军军长余汉谋指挥的19个团大部侵入赣南，对中央苏区南部地区构成严重威胁。其第一师、第二师和军直属第二教导团集结在赣州城及其以西唐江等地，并向横石井、社溪一带"进剿"；第四师进驻信丰，并向于都进逼；军直属第一教导团随军部驻大余；独立第一旅、独立第二旅分别驻粤北仁化和南雄。

打击侵入赣南粤军，稳定中央苏区南部地区势在必行！

根据中革军委的决定，红军东路军于1932年5月底在龙岩地区集中，6月2日、3日，红一、红五军团由集中地出发，回师赣南。

对于国民党军的进攻策略，中共临时中央是有所了解的，于6月5日发出军事训令，指示："中央苏区一、五军团主力应先与河西三军团相呼应解决入赣粤敌，在可能条件下占领梅岭关，再沿江北上，占领赣州，吉安，樟树，以争取南昌为目的，赣州如一时不能攻下可先取吉安"。[①]中共临时中央要求中央苏区红军集中力量打击入赣粤敌是对的，但要求此后北上占领赣州、吉安、樟树等城市，甚至占领国民党的"剿共"大本

---

① 《中央致各苏区的军事训令》（1932年6月5日），中央档案馆编：《中共中央文件选集》（1932）第8册，第230页。

营南昌则是非常错误的。

6 月中旬，周恩来在长汀主持召开中共苏区中央局会议，贯彻临时中央的指示。会后，恢复了红一方面军番号，取消东路军和西路军名称。红一方面军仍辖第一、第三、第五军团，朱德兼任方面军总司令，叶剑英和王稼祥分别兼任参谋长和政治部主任。毛泽东仍以临时中央政府主席身份随红一方面军行动。

毛泽东为什么还能以临时中央政府主席身份随红一方面军行动？这有一个鲜为人知的过程。事情是这样的：还在 4 月 11 日，中共临时中央常委会听取苏区中央局委员项英关于赣南会议前后的情况汇报时，就认为赣南会议批评毛泽东的"狭隘经验论"是远远不够的，必须上升到反对"机会主义"的路线高度①。4 月 14 日，中共临时中央发出《中央为反对帝国主义进攻苏联瓜分中国给各苏区党部的信》，认为："右倾机会主义的危险是各苏区党目前的主要危险"，要求对"右倾作最坚决无情的争斗"②。

根据中共临时中央的指示，在 4 月下旬召开的苏区中央局会议认为，"毛泽东的错误是机会主义的"，"决定同毛泽东的错误进行斗争，并在党的机关报上进行批评"。由于毛泽东在漳州前线，没有参加会议，苏区中央局决定"当毛泽东回来时，将召开［中央苏区］中央局会议"。③

中共苏区中央局将同毛泽东存在严重分歧的情况报告中共临时中央后，临时中央又转报共产国际。5 月 15 日，共产国际执行委员会政治书记处委员会会议讨论了分歧问题，致电中共临时中央，不赞同对毛泽东采取斗争的方式。5 月 27 日，中共临时中央致电共产国际执行委员会政治书记处委员会，表示："对毛泽东的态度，我们完全同意你们的指示，

---

① 中共中央文献研究室编：《毛泽东传》（1893—1949）（上），第 290 页。

② 《中央为反对帝国主义进攻苏联瓜分中国给各苏区党部的信》（1932 年 4 月 14 日），中央档案馆编：《中共中央文件选集》（1932）第 8 册，第 201 页。

③ 《周恩来、王稼祥、任弼时和朱德给中共中央的电报》（1932 年 5 月 3 日于瑞金），中共中央党史研究室第一研究部译：《共产国际、联共（布）与中国革命档案资料丛书·联共（布）、共产国际与中国苏维埃运动》（1931—1937）第 13 卷，第 147—148 页。

你们的意见将转告给［中共苏区］中央局"。①

6月初，毛泽东从漳州返回。中共苏区中央局召开会议，传阅了共产国际指示信。会议"一致同意中央的指示，坚决揭露了以前的错误，进行了深刻的自我批评，确定了当前政治工作的积极进攻方针和在江西省取得首先胜利的行动方针。"毛泽东"深刻承认了自己以前的错误，完全放弃了自己向东北扩张的意见。"会后，中共苏区中央局给临时中央报告情况的电报中说："所有问题都迎刃而解了"，"我们的讨论是在同志式的气氛中进行的，只限于中央局委员之间。这并不妨碍毛泽东的领导工作。目前我们正齐心协力地执行中央的指示，不会再有任何冲突。"②

由此可以看出，共产国际指示的效果还是明显的。中共苏区中央局原定等毛泽东从前线回来后召开会议，准备对他的"机会主义"展开无情斗争，由于有了共产国际的指示，会议变成了"在同志式的气氛中进行"，毛泽东还能继续进行"领导工作"。当然，由于共产国际肯定了中共临时中央的积极进攻方针，毛泽东也放弃了向苏区东北的方向发展意见。这次会议后，毛泽东同苏区中央局关于苏区发展方向和红军作战行动的分歧和争论暂时平息。中共苏区中央局派毛泽东"去前线策划军事行动"，他本人"也希望去前线"。这时，毛泽东身体不好，"失眠，胃口也不好。但他和部队一起活动，在主持作战行动时精力充沛，富有才华"。③6月10日周恩来给中共临时中央的电报反映了会后毛泽东的精神状态。

6月21日，红一、红五军团到达赣南安远县天心圩时，朱德、毛泽

---

① 《中共中央给共产国际执行委员会政治书记处委员会的电报》（1932年5月27日于上海），中共中央党史研究室第一研究部译：《共产国际、联共（布）与中国革命档案资料丛书·联共（布）、共产国际与中国苏维埃运动》（1931—1937）第13卷，第156—157页。

② 《中共苏区中央局给中共中央的电报》（1932年6月9日于瑞金），中共中央党史研究室第一研究部译：《共产国际、联共（布）与中国革命档案资料丛书·联共（布）、共产国际与中国苏维埃运动》（1931—1937）第13卷，第164页。

③ 《周恩来给中共中央的电报》（1932年6月10日于瑞金），中共中央党史研究室第一研究部译：《共产国际、联共（布）与中国革命档案资料丛书·联共（布）、共产国际与中国苏维埃运动》（1931—1937）第13卷，第166页。

东、王稼祥决定，首先向入赣粤军的后方基地南雄发起进攻，并于当天命令全军："首先要迅速的、坚决的消灭入赣之敌"。[①]

接到命令后，红一、红五军团不顾天气炎热、长途行军的极度疲劳，以急行军速度经信丰南部渡过桃江，于6月底7月初先后到达广东乌迳地区。红三军团也在彭德怀、滕代远的率领下，抵达赣南大余东北地区，以钳制由赣南后撤的粤军。

侵入赣南的粤军，得知红军主力由闽西回师赣南，并有夺取它的后方南雄的意图后，急令李振球、叶肇两个师共八个团向大余集中，企图在东、西两路红军会合前实行各个击破。7月1日，当李振球、叶肇两师向南推进到南康、大余间的池江附近时，遭到红三军团截击，四个团被击溃。7月4日，红三军团开始向大余粤军多次发起围攻，但因粤军凭险固守，双方打成对峙。

由于红三军团误报大余守敌已经向仁化方面逃跑，方面军总部当即命令红五军团迅速直插南雄以南，防止南雄敌人向南逃跑。当方面军总部知道大余敌人没有动，而粤军第四师却离开信丰到达九渡水，正向南雄撤退，又命令红五军团迅速返回湖口待命。

7月7日，粤军第四师抵达乌迳。陈济棠命令独立第三师、第五师由韶关增援南雄，企图南北夹击由闽西回师的红军部队。方面军总部命令林彪、聂荣臻指挥红一、红三军团和红十二军，准备歼灭南雄出犯敌人；命令红五军团和红独立第三、第六师负责歼灭敌第四师。

7月8日凌晨，红五军团在向乌迳开进途中，发现敌第四师由浈水南岸向南雄逃窜，即改变行军方向，向水口堵击。当天下午，在水口以东的蒻过村，红五军团与敌隔河打响。红五军团以第十三军在正面攻击，以第三军由左翼渡河绕到敌后，很快击溃敌人两个团。敌人当晚退守水口圩及附近高地。红五军团误认为水口之敌已经向南雄逃跑，致使方面军总部改变了原定红一军团和红十二军增援的计划，红一军团和红十二军未赶往水口。

---

① 转引自中共中央文献研究室编：《朱德传》（修订本），第339页。

次日，余汉谋一面命令其第四师固守待援，一面命令粤军独立第三师和独立第二旅紧急由南雄增援水口。当日中午，南雄援敌与第四师会合，即以优势兵力向红军反扑。红五军团错把敌人九个团当作三个团打，双方激烈拼杀，红五军团伤亡很大，处境危险。危急时刻，幸亏陈毅率领江西红军独立第三、第六师赶来，才将战局稳住。

7月9日下午，林彪、聂荣臻接到方面军总部命令，要红一军团与红十二军紧急开往水口增援红五军团。10日拂晓，红一军团、红十二军到达水口战场，即会合红五军团、江西红军独立第三师、第六师，向粤敌进攻，双方激战在水口周围，浈水河畔。红军将士们非常英勇，许多人手持大刀与敌肉搏，一时战场上杀声震天，使敌人受到重创。由于红三军团未能赶到参战，敌我兵力基本相当，经过几个小时战斗，红军只将敌人击溃，敌人逃回南雄。

经过南雄、水口战役，红一方面军共击溃粤军15个团，使粤军全部退出赣南，并在此后较长一段时间不敢再向赣南进犯。这就使中央苏区的南部基本得到稳定，为后来红一方面军在反"围剿"中北线作战解除了后顾之忧。

水口战役的教训是前方误报敌情，红军兵力不集中，只将敌军击溃，没有歼灭大量敌军，自身伤亡比较大，打成了一场消耗战。

乐安、宜黄战役

水口战役后，按照中共临时中央6月5日的军事训令，红一方面军应立刻从赣州上游西渡赣江，沿江北上，夺取赣州、吉安，以打通与湘赣苏区的联系。

几个月前，红军打赣州遭到重大损失也没有攻下来，难道还要再去重蹈覆辙吗？不按中共临时中央的训令，下一步该指向哪里？这时，红一方面军各部队正在信丰一带一面休整，一面打土豪筹款，待命行动。7月21日，周恩来以中共苏区中央局代表身份由后方来到信丰红一方面军总部，同毛泽东、朱德、王稼祥商讨后，认为这一计划难以实现，因为当时国民党军队已经集结 40 个团以上兵力，准备阻止红军西渡赣江。7 月 25 日，周恩来、毛泽东、朱德、王稼祥联名致电中共苏区中央局："我们再四考虑，认为赣州上游敌军密接，在任何一点渡河出击赣敌，都有被敌人截断危险，如攻新城、南康，将引起宁、赣敌人分进合击，或隔江对峙，造成更不利条件。""因此，决在赣江下游先取万安，求得渡河，解决陈、罗①等四个师主力，以取吉安等城市。但此行动须极迅速秘密，我们决后天开始集中行动。"②

到前方之前，中共苏区中央局提议周恩来兼任红一方面军总政治委员。他到前方后，很快发现红一方面军总部组织方面的问题，即毛泽东以中央政府主席名义在前方，"实在不便之至"，"只能主持大计"，不能发挥毛泽东在指挥作战方面"经验与长处"，且自己任总政治委员后，出现多头指挥的状况，将使毛泽东"无事可做"。③7 月 25 日，周恩来与毛泽东、朱德、王稼祥致电中共苏区中央局，提议："为前方作战指挥便利起见，以取消政府主席一级，改设总政治委员为妥，即以毛（即毛泽东——引者）任总政委。"鉴于中革军委、中央局代表、红一方面军总部的职权范围存在不清问题，电报还建议："作战指挥权属总司令、总政委，作战计划与决定权属中革军委，关于行动方针中央局代表有权决定，会议只限于军委会议。"④

由于中共苏区中央局坚持要周恩来兼任红一方面军总政治委员，7 月 29 日，周恩来再次写信给中央局，坚持要毛泽东任红一方面军总政治委员，并提议以周恩来、毛泽东、朱德、王稼祥四人组织"最高军事会

---

① 指陈诚、罗卓英，当时分别任国民党闽粤赣边区"剿共"总司令部第二路军司令官和第二路军第十一师师长。

② 周恩来、毛泽东、朱德、王稼祥：《当前作战方向问题》（1932 年 7 月 25 日），中共中央文献研究室、中国人民解放军军事科学院编：《周恩来军事文选》第一卷，第 153 页。

③ 周恩来：《南雄水口战役的初步总结及组织问题》（1932 年 7 月 29 日），中共中央文献研究室、中国人民解放军军事科学院编：《周恩来军事文选》第一卷，第 159 页。

④ 周恩来、毛泽东、朱德、王稼祥：《提议毛泽东任总政委》（1932 年 7 月 25 日），中共中央文献研究室、中国人民解放军军事科学院编：《周恩来军事文选》第一卷，第 151 页。

议"，"以周为主席，负责解决一切行动方针与作战总计划"。①

红一方面军于8月上旬先后到达兴国、于都地区后，国民党军第十四师、第五十二师也沿着赣江西岸北进，在8月上旬到达遂川地区，第二十八师向万安集结，准备阻止红军西渡赣江。针对新的敌情，8月初，周恩来、毛泽东、朱德、王稼祥等在兴国的竹坝召开军事会议。接着，中共苏区中央局也在兴国召开会议。两个会议重新讨论红一方面军的行动方向问题，认为赣江以西有敌人的重兵防守，红军如按预定计划由万安西渡赣江，必将陷于被动；而赣江以东的敌军兵力比较薄弱，特别是乐安、宜黄地区只有高树勋第二十七师驻守，容易攻克。基于这个分析，红一方面军决定放弃西渡赣江的计划，改为北上直取乐安、宜黄。苏区中央局的会议还接受了周恩来的建议，决定在前方组成由周恩来任主席，毛泽东、朱德、王稼祥为成员的最高军事会议，负责决定前方的行动方针和作战计划；毛泽东任红一方面军总政治委员。

8月8日，朱德、王稼祥、彭德怀以中革军委名义下达发动乐安、宜黄战役的训令，指出："从目下敌军配备上与行动上看来，判断敌军是以遏制我军渡过河西贯通湘、赣之目的，将主力摆在河西，赣东敌军数量较少，其中以乐安、宜黄方面为最薄弱"，"应该针对着北路的'围剿'敌军布置较弱与我军运动较有利的一面，集结本方面军的全力，以坚决、迅速、秘密的行动，首先消灭乐安、宜黄方面之高树勋所部"。②

根据中革军委训令，红一方面军从兴国、于都出发，经过八天行军，于8月中旬到达乐安招携一线。由于是在苏区行军，群众条件好，乐安、宜黄敌人未发现红军行动。

当时，乐安、宜黄两城由敌孙连仲部高树勋第二十七师防守，东面南丰至南城一线有敌毛炳文、许克祥、李云杰三个师，西面有敌陈诚、罗卓英、吴奇伟八个师。红一方面军决定首先消灭高树勋第二十七师，取得乐安、宜黄两城，再乘胜东击毛炳文、许克祥、李云杰等师，取得南丰

---

① 周恩来：《南雄水口战役的初步总结及组织问题》（1932年7月29日），中共中央文献研究室、中国人民解放军军事科学院编：《周恩来军事文选》第一卷，第159页。

② 转引自中共中央文献研究室编：《朱德传》（修订本），第343页。

城；然后向西进击陈诚、罗卓英、吴奇伟等部，调动敌人分兵南下，以减轻鄂豫皖、湘鄂西苏区的压力。

8月15日，红一方面军总司令朱德、总政治委员毛泽东签发攻击乐安训令，以林彪为攻城总指挥、聂荣臻为政治委员，统一指挥攻城行动；以红五军团在城南作为预备队，红三军团在东北部警戒宜黄、崇仁之敌。8月16日，红军进攻乐安战斗打响，开始以红三军攻城，未能成功。次日，林彪、聂荣臻决定改由红四军为主强攻乐安城。战斗在凌晨打响，红军从四面包围乐安城，攻城部队搭上云梯，前仆后继，勇敢冲上城头。红四军第十一师第三十一团很快冲入城中，打开城门，其他部队由此涌入。战至中午，红军全歼敌第二十七师第八十旅3000余人。攻克乐安当天，敌机前来骚扰，被红军击落一架。攻克乐安，红一方面军北进后首战告捷。

接着，周恩来、毛泽东、朱德、王稼祥指挥红一方面军乘胜前进，直抵宜黄城下。8月20日拂晓，红三军团发起进攻宜黄战斗。当天下雨，宜黄城周围地形开阔，城外工事较多，红三军团白天进攻未能奏效，遂改为夜攻。夜里天气转晴，月光很亮，红三军团攻进西南门和东南门，从乐安赶来增援的红一军团第三军从西北门攻进城内。城内守敌大部被歼，一部分从东北门向通往抚州大道的龙骨渡逃跑。红三军奉命追击，于22日在龙骨渡又将逃敌千余人截获，大部俘虏。这样，高树勋第二十七师，除高本人带少数人逃走外，其他全部被歼。红军俘敌5000余人，缴获枪支4000余件。

红军占领乐安、宜黄后，获悉毛炳文、许克祥、李云杰三师将东援宜黄，故决定进攻南丰、南城之毛炳文、许克祥、李云杰三部。8月22日，红十二军乘虚占领南丰，缴获大批米、面、汽油等物资。红军按原定计划进至南城附近，准备攻取南城。侦察得知，敌人已经集结17个团的兵力坚守城内工事，城外地形于红军作战又极为不利，敌人企图待红军疲惫后，对红军实施前后夹击。红一方面军总部遂决定撤围南城，就近发动群众，伺机歼敌。此前不久，闽西红军独立第七师也于8月19日占领了宁化城。

红一方面军一周内接连取得胜利，"不仅直接援助赣东北、赣西北，策应鄂豫皖、湘鄂西，并且调动了赣河敌人，使粤敌难以深入中区，给河西苏区及红八军以发展机会，并可进逼吉安。"①

宁都会议，毛泽东离开红军领导岗位

红一方面军进行乐安、宜黄战役时，鄂豫皖和湘鄂西苏区的第四次反"围剿"进入异常艰苦阶段。

国民党军队采取"分进合击，步步为营，边进边剿"的方针，向鄂豫皖苏区发动猛烈进攻。中共鄂豫皖中央分局书记兼军委主席张国焘积极执行中共临时中央关于攻打中心城市、争取一省数省首先胜利的冒险方针，盲目轻敌，不接受红四方面军总指挥徐向前等提出的正确建议，坚持"不停顿地进攻"，红军虽给国民党军以重创，但自身也遭到重大伤亡。8月21日，国民党军队开始会攻鄂豫皖苏区的政治中心新集。红四方面军经过五天激战，毙伤敌军2000余人，但敌军仍继续向前逼进，形成对红军的三面包围之势，红军不得不退出新集，东转皖西金家寨、燕子河地区。不久，红四方面军主力又面临国民党军重兵压境的严重局面。

在湘鄂西苏区，国民党军10万人于8月间分几路向洪湖苏区分进合击，重兵包围。中共湘鄂西中央分局书记兼红三军政治委员夏曦，拒不接受红三军军长贺龙提出的集中红军主力转移到外线作战，在运动中歼灭敌人的正确意见，而是从单纯防御的观点出发，提出"不让敌人蹂躏苏区一寸土地"的口号，决定分兵堵击。周恩来、毛泽东、朱德、王稼祥接到由中共苏区中央局转来的这一行动计划后，立即复电指出：红三军应集结全军力量，机动地选择敌之弱点，先打击并消灭他一面；以地方武装及群众的游击动作，钳制其他方面，然后才能各个击破敌人。如因顾虑苏区被敌侵入而分一部兵力去堵，不仅兵力少堵不住，而且对于

---

① 转引自中共中央文献研究室编：《朱德传》（修订本），第344页。

决战方面减少兵力损失更大。由于夏曦依然坚持自己的错误主张，不久，洪湖苏区全部落入敌人手里，红三军不得不全部撤离苏区。

红一方面军乐安、宜黄战役后，在下一步应采取何种行动方针以减轻鄂豫皖、湘鄂西等苏区的压力问题上，中共苏区中央局在前方和在后方的成员之间发生严重分歧。

按照原定计划，红一方面军在乐安、宜黄战役之后，应北攻抚州。但此时敌人担心北攻抚州、威胁南昌，正由武汉、南昌、吉安等地赶来增援。根据这些新情况，红一方面军总部当机立断改变预定计划，主动撤退至东韶、洛口一带休整，寻找战机。对于这一决策，在后方主持中共苏区中央局的领导人于 9 月 7 日致电周恩来，批评红一方面军"不迅速向西求得在宜黄以西打击陈（诚）吴（奇伟）则是缺点"，"撤退东（韶）洛（口）"，"再撤退宁都青塘待敌前进，我们认为是不正确的决定"，"这给群众以十二分不好影响"。[1] 电报要求红一方面军袭取永丰。次日，周恩来复电中央局，说明："我军五日始在东、洛集中完毕，西袭永丰不仅体力未恢复，落伍更多，并且敌军已先臻安防我西进，五十二、四十三、五十九各师又均在永、吉附近，袭取永丰将成为不可能。""在目前，湘鄂西受损失，敌加紧进攻鄂豫皖，对中区前线进攻正在计划之时，我中区红军仍应以积极准备以陈、吴为主要目标。至如何布置，须看这几天敌军行动。"[2]

根据国民党军队在中央苏区北线部署的实际态势，周恩来、毛泽东、朱德、王稼祥于 9 月 23 日致电中共苏区中央局并转临时中央，对红一方面军下一步的行动问题提出意见：

目前红军的行动最好能立即出击敌人，开展闽北，发展局势，振兴士气，并给鄂豫皖、湘鄂西以直接援助。但出击必须有把握胜利与消灭敌人一部，以便各个击破敌人，才是正确策略，否则急于求战而遭不利，将造成更严重错误。

现在敌人固守白区城市据点，在吉水、永丰、乐安、宜黄、南城、南

---

① 转引自中共中央文献研究室编：《毛泽东传》（1893—1949）（上），第 295 页。

② 周恩来：《袭取永丰将成为不可能》（1932 年 9 月 8 日），中共中央文献研究室、中国人民解放军军事科学院编：《周恩来军事文选》第一卷，第 174、175 页。

丰、黎川一线城市周围，还有广大区域未曾赤化，……在白区还不易打击与消灭敌人三个较强的师的靠拢行动。故如再打乐安、宜黄两城，两三天东西北三面敌人可集中至少五个师兵力来增援合击。同时吴奇伟、周浑元也决不如高树勋之易攻。如攻里塔圩，敌力较弱将退入南丰城，南丰工事甚坚，可据守以待更大的援兵，届时援兵过多，将使我不能击敌一面，攻永丰城则更逼近敌之大量增援部队。

由此，我们认为在现在不利于马上作战的条件下，应以夺取南丰、赤化南丰河两岸尤其南丰至乐安一片地区，促敌情变化，准备在运动战中打击与消灭目前主要敌人为目前行动方针。……①

中共苏区中央局根本听不进前方领导人的建议，于9月25日致电周恩来、毛泽东、朱德、王稼祥，指责：

这在实际上将要延缓时间一个月以上。将于鄂豫皖、湘鄂西与更直接的河西十六军、八军积极而艰苦的行动，不是呼应配合的。而是更给敌军以时间来布置。分散亦有被敌袭击危险，于我们不利，可以演成严重错误。……我们认为，红军主力配合现联系力量积极的出击敌军，先去袭击乐安之九十师给以打击，并求得消灭此敌。如因有敌三面增援之困难，十分不易得手，则可主力由南丰、黎川之间，突击或佯攻南城，引出南丰之敌而消灭之。②

后方的中共苏区中央局领导只知执行中共临时中央要红一方面军向北攻、占领中心城市的指示，又见鄂豫皖、湘鄂西等苏区局势严重困难，竟然不顾敌情地要求红一方面军贸然出击作战！

军事作战哪能儿戏？一招不慎，损失惨重。接到苏区中央局电报，周恩来、毛泽东、朱德、王稼祥立即在同日回电，仍坚持原来意见：

（一）现在如能马上求得战争，的确对于鄂豫皖、湘鄂西是直接援助，并开展向北发展的局面，我们对此已考虑再四。但在目前敌情与方面军现有力量条件下，攻打增援部队是无把握的，若因求战心切，鲁莽

---

① 周恩来、毛泽东、朱德、王稼祥：《在运动战中打击与消灭主要敌人》（1932年9月23日），中共中央文献研究室、中国人民解放军军事科学院编：《周恩来军事文选》第一卷，第183—184页。

② 转引自中共中央文献研究室编：《朱德传》（修订本），第347页。

从事，结果反会费时无功，徒劳兵力，欲速反慢，而造成更不利局面。

（二）如攻乐安，以过去经验，急切不易得手，必引起西路敌强大增援，内外夹击，将陷于不利，由黎川佯攻南城，有大河相隔，佯攻无作用，无法打增援部队。……

（三）我们认为打开目前困难局面，特别要认识敌人正在布置更大规模的进攻中区，残酷的战争很快就要到来，必须勿失时机地采取赤化北面地区，逼近宜、乐、南丰，变动敌情，争取有利于决战以消灭敌人的条件。……①

周恩来、毛泽东、朱德、王稼祥考虑到前后方的意见分歧很大，单通过电报难以把双方的理由说明白，很难尽快统一认识，因此，他们在电报中建议立刻在前方召开中共苏区中央局全体会议，共同讨论目前红一方面军的行动方针等问题。前方领导人的用意在于，后方领导人到了前方后，能够更清楚地了解敌情，便于形成共识。

9月26日，中共苏区中央局复电前方领导人，指示红一方面军要北攻在乐安的吴奇伟第九十师，并告知苏区中央局委员项英、邓发已去闽西参加会议，且前方领导人还要随军前进，不能开苏区中央局全体会议。

当天，周恩来、毛泽东、朱德、王稼祥给苏区中央局回电，明确表示不同意苏区中央局北攻乐安的意见，理由是此时据守乐安的吴奇伟师比高树勋当时守乐安的一个旅兵力又强很多，上次攻高树勋一个旅防守的乐安，还花两天的时间，这次如三天还攻不下来，西来的援敌必然赶到，红军会遭到内外夹击的不利处境。电报最后提出，苏区中央局全体会议，等项英、邓发从闽西回来后，仍以到前方开为好。并建议会议日期在10月10日以前为好。

苏区中央局全体会议不能马上开，朱德、毛泽东根据前方最高军事会议的决定，于同一天向全军发出在敌人尚未大举进攻前向北工作一时期的训令。训令对当前敌情作了全面分析，提出："我们中区工农红军为

---

① 《提议在前方召开中央局全会讨论作战行动问题》（1932年9月25日），中共中央文献研究室、中国人民解放军军事科学院编：《周恩来军事文选》第一卷，第189—190页。

要造成胜利的进攻，以粉碎反革命的大举进攻的优越条件，决定备战的在这一向北地区做一时期（十天为一期）争取群众，推广苏区以及本身的教育训练工作。"这是一个符合前线实际情况的正确决策。

这个训令惹恼了中共苏区中央局，加之苏区中央局又收到中共临时中央7月21日长信和9月下旬要求在敌军合围前的"击破一面"的指示电，于9月29日复电前方负责人，指责这个训令"完全是离开了原则，极危险的布置"，决定"暂时停止行动，立即在前方开中局全体会议"。①9月30日，中共苏区中央局又致电周恩来，质问："方面军是不是向北行动？"严厉地说：一切离开原则完成目前任务的分散赤化观点，"应给以无情的打击"。②

中共苏区中央局后方负责人认为，前后方出现意见分歧主要是毛泽东的原因，在9月30日给中共临时中央的电报中说："毛泽东同志对扩大中央苏区、占领中心城市和争取〔革命〕在一省或数省首先胜利的斗争表现动摇。他的扩大苏区到……东部山区的机会主义路线仍在继续，他常常试图加以实施，忽视党的领导"。认为"虽然莫斯克文同志③在那里，但他实际上很难贯彻〔苏区中央〕局的意见，从根本上改变他们的活动。"表示："为了军事领导人观点的一致，我们坚决而公开地批评毛〔泽东〕同志的错误，并想把他召回到后方〔中央〕苏维埃政府中工作。"④这样，中共苏区中央局又回到了4月份对待毛泽东的态度。

10月3日至8日，中共苏区中央局全体会议在宁都小源召开。《苏区中央局宁都会议经过简报》称：这次会议"开展了中央局从未有过的反倾向斗争"。"批评了泽东同志过去向赣东发展路线与不尊重党领导机关与组织观念的错误，批评到前方同志对革命胜利估计不足、特别指示〔出〕泽东同志等待观念的错误"，强调"要及时和无情的打击一切对革

---

① 转引自中共中央文献研究室编：《毛泽东传》（1893—1949）（上），第296页。

② 转引自中共中央文献研究室编：《朱德传》（修订本），第349页。

③ 周恩来。

④ 《中共苏区中央局给中共中央的电报》（1932年9月30日于瑞金），中共中央党史研究室第一研究部译：《共产国际、联共（布）与中国革命档案资料丛书·联共（布）、共产国际与中国苏维埃运动》（1931—1937）第13卷，第210页。

命胜利估计不足、对敌人大举进攻的恐慌动摇失却胜利信心、专去等待敌人进攻的右倾主要危险"①。

宁都会议争论的焦点是前线的作战方针问题。毛泽东坚持9月26日训令的观点，不同意红军无条件地离开苏区出击强敌。苏区中央局的一些成员，根据中共临时中央的历次指示，批评前方"表现对革命胜利与红军力量估量不足"，"有以准备为中心的观念，泽东表现最多"。会上指责毛泽东对"夺取中心城市"方针的"消极怠工"，是"上山主义""东北路线"。把毛泽东提出的"诱敌深入"方针，指责为"守株待兔""专去等待敌人进攻的右倾主要危险"。

宁都会议是对毛泽东算总账的会议，把憋了半年的对毛泽东的恼怒全都发泄了出来。

苏区中央局提出将毛泽东召到后方，但周恩来不同意，朱德、王稼祥也不同意。周恩来深深地知道毛泽东的高超军事指挥能力，说："泽东积年的经验多偏于作战，他的兴趣亦在主持战争"，"如在前方则可吸引他贡献不少意见，对战争有帮助"。因此，他提出了两种办法，要求选择其中之一：一种是由他负主持战争全责，毛泽东仍留前方助理；另一种是毛泽东负指挥战争全责，他负监督行动方针的执行。但与会一些人认为毛泽东"承认与了解错误不够，如他主持战争，在政治与行动方针上容易发生错误"。毛泽东因不能得到中央局的全权信任，坚决不赞成后一种办法。会议最后通过了周恩来提议毛泽东"仍留前方助理"的意见，但又同时批准毛泽东"暂时请病假，必要时到前方"②。这就实际上解除了毛泽东在红军中的职务。

会后，毛泽东准备到长汀福音医院疗养，他对王稼祥说：算了吧，我们是少数，还是服从多数吧！对向他送别的周恩来表示：前方军事急需，何时电召便何时来。

---

① 《苏区中央局宁都会议经过简报》（1932年10月21日），中央档案馆编：《中共中央文件选集》（1932）第8册，第530页。

② 《苏区中央局宁都会议经过简报》（1932年10月21日），中央档案馆编：《中共中央文件选集》（1932）第8册，第530页。

在宁都会议举行期间，中共临时中央常委会于 10 月 6 日讨论苏区中央局 9 月 30 来电报告的问题。第二天，临时中央致电苏区中央局，在肯定了"积极进攻路线"后，重申"请尝试用同志式的态度争取他（指毛泽东——引者）赞成积极斗争的路线"，"不进行反对毛泽东的公开讨论"。① 表示"现在我们反对将他从军队中召回，如果他服从党的纪律的话。目前采取这一步骤，会给红军和政府造成严重的后果。要保证领导的一致。这是斗争成功的前提。"要求苏区中央局"速发给我们补充信息，不要等到［一切］事实既成之后。"②

10 月 8 日，共产国际远东局书记埃韦特向共产国际执行委员会书记皮亚特尼茨基报告了中央苏区领导层的分歧情况。他的意见是："毛泽东的总方针是错误的"，"江西领导采取进攻策略的政治方针是正确的。必须保证对这一方针的普遍承认。必须说服毛泽东相信这一方针的正确性，并尽可能采取和善的方式。"他批评苏区中央局"在［事先］未做准备和未告知我们的情况下，做出了撤销职务和公开批评的决定"。认为"不用说，对问题的这种态度在目前会向敌人暴露我们的弱点，不用尽所有其他可能解决问题的办法，不认真做准备［更不用说得到您的同意］，是不能作出这种决定的。毛泽东迄今还是有声望的领袖，因此为实行正确路线而与他进行斗争时必须谨慎行事。所以我们反对决定的这一部分。要求消除领导机关中的意见分歧，反对目前撤销毛泽东的职务。我们要使他改变观点。"③

中共临时中央和共产国际在对待毛泽东的态度上是一致的，说明他

① 中央档案馆编的《中共中央文件选集》（1932）第 8 册中第 543 页为"公开讨论泽东的观点"，但对照 1932 年 10 月 8 日共产国际远东局书记埃韦特给皮亚特尼茨基的报告中有"这里的中央主张进攻策略，但反对撤销和公开批评［毛泽东］（［1932 年］10 月 7 日交换的电报你们已经收到）"之语，"公开讨论泽东的观点"不是临时中央的原意。

② 《中共中央给中共苏区中央局的电报》（1932 年 10 月 7 日于上海），中共中央党史研究室第一研究部译：《共产国际、联共（布）与中国革命档案资料丛书·联共（布）、共产国际与中国苏维埃运动》（1931—1937）第 13 卷，第 213—214 页。

③ 《埃韦特给皮亚特尼茨基的报告》（1932 年 10 月 8 日于上海），中共中央党史研究室第一研究部译：《共产国际、联共（布）与中国革命档案资料丛书·联共（布）、共产国际与中国苏维埃运动》（1931—1937）第 13 卷，第 217—218 页。

们就此事进行过沟通。临时中央的指示电发给苏区中央局时，宁都会议已经结束。可以说，宁都会议解除毛泽东在红一方面军的领导职务，将他召到后方，是在没有得到共产国际远东局和临时中央指示的情况下，造成的一个既成事实，不符合组织程序，是严重错误的。

10月12日，中革军委通令："为了苏维埃工作的需要，工农红军第一方面军兼总政治委员毛泽东同志暂回中央政府主持一切工作，所遗总政治委员一职，由周恩来同志代理。"而在14日，红一方面军发布的战役计划上，最后仍列三个人的署名："总司令朱德，总政委毛泽东，代总政委周恩来"。周恩来并在计划上注明："如有便，请送毛主席一阅。"10月26日，中共临时中央任命周恩来兼红一方面军总政治委员。

宁都会议迫使毛泽东离开红军领导岗位，削弱了红一方面军的领导力量，给此后红军建设和作战造成重大损失。

建宁、黎川、泰宁战役

宁都会议前后，湘鄂西和鄂豫皖苏区的第四次反"围剿"相继失利。红三军离开洪湖苏区，先后向大洪山地区和湘鄂边境转移；红四方面军主力也离开鄂豫皖苏区，向平汉路以西转移，后来到达川陕地区。

国民党军在湘鄂西、鄂豫皖得手后，即开始布置对中央苏区的大举进攻。1932年10月，国民党军在中央苏区周围已陆续集中近20个师的兵力。

根据敌军兵力分布情况，红一方面军总部决定乘敌大举进攻中央苏区的部署一时尚未就绪，继续采取守势之际，到东面敌人比较薄弱的建宁、黎川、泰宁地区发起进攻，以打破敌人的"围剿"计划。

10月14日，红一方面军总部下达建宁、黎川、泰宁战役计划，指出："为策应各苏区红军互相呼应作战，乘敌人上述部署未完成的时候，击破敌人一方和联系东北红军起见，拟出敌不意迅速而同时地消灭建宁、泰宁、黎川的敌人而占领其地域"，"赤化所在地域及征集红军所需资材，以利于此后的战役"。① 计划部署红二十二军为右纵队，负责消灭泰宁地区敌人。该纵队由巴口桥出发，经客坊、均口、梅口向泰宁前进，并以一部兵力直趋邵武，沟通崇安红军的联系；红一军团为中央纵队，负责消灭建宁地区敌人。该纵队由头陂集结地域分两路：一路经广昌、水南、里心，一路经尖锋、客坊、双溪向建宁前进，并派一部兵力进至康都向南丰警戒；红三军团为左纵队，负责消灭黎川地区敌人。该纵队由广昌集结地域出发，经千善、康都、西城桥、横村向黎川前进。红五军团为战役预备队，随时准备支援红一军团和红二十二军作战。该部由甘竹集结地域出发，经千善、傅坊、蛟洋、建宁向泰宁以西梅口地区前进。方面军总部随红一军团取到水南、里心前进，在该部占领建宁后，进至建宁以北安仁。方面军总部要求沿苏区边境作战地域的各级地方武装，应向敌人后方积极开展游击活动，配合主力红军作战。

10 月 16 日，红一方面军各纵队各自从集结地域出发东进。中央纵队红一军团，总指挥林彪率领红四军经尖锋、客坊向建宁进军；政治委员聂荣臻率领红三军和军团部经水南、里心向建宁前进。驻守建宁、里心的是国民党新编第四旅和一些地方民团，根本不是红军主力部队的对手。听说红军大军东进，敌新编第四旅旅长周至群吓破了胆，觉得还是三十六计走为上策，于 17 日弃城逃跑。红一军团消灭了一些民团，顺利地占领了里心、建宁。占领建宁后，红一军团除第三军留在康都地区向南丰警戒外，其主力以战备姿态在新占领地区做群众工作，征集资材。

左纵队红三军团于 17 日击溃敌第二十四师一个团，占领黎川。之后，红三军团即将第一师移至樟村、西城桥之间地区，第三师移至永兴桥、横店地区，监视敌人，发动群众和征集资材。

右纵队红二十二军于 19 日击溃新编第四旅主力，歼其一个团，占领泰宁。22 日，占领邵武。24 日，攻克光泽。之后，红二十二军军部和第六十六师驻邵武，第六十五师驻光泽，第六十四师驻邵武、建阳之间的

---

① 《建黎泰战役计划》（1932 年 10 月 14 日），中共中央文献研究室、中国人民解放军军事科学院编：《周恩来军事文选》第一卷，第 200—201 页。

三都、界首、长坪地区，发动群众，征集资材，并分别向顺昌、资溪、建阳等地警戒。

战役预备队红五军团于19日进至泰宁以西大田地区，在大田、溪口、新桥一带发动群众，征集资材。

红一方面军在建黎泰势如破竹，使国民党军大为震动。10月21日，国民党赣粤闽"剿匪"总司令何应钦命令驻南丰的第八师两个旅和第二十三师一个旅向龙安镇、钟贤镇等地进逼，协同驻南城之第二十四师向黎川反扑。同时令第十九路军派兵增援闽北，协同原固守南平、建瓯、建阳、顺昌、将乐之线，防红军继续东进。为诱歼进攻之敌，红三军团主动撤出黎川，转移至黎川南部之樟村、西城桥一带集结待机。23日，敌第二十四师占领黎川。

红三军团撤出黎川后，驻南丰之敌第八、第二十三两师主力向黎川南部之团村、横村、康都地区"进剿"，威胁建宁。10月24日，进至南丰南部的宜古坳、乾昌桥、沧浪、大洋源地区。该敌进至上述地区后，游移不定，不与红军进行大的接触。红一方面军总部判断，该敌企图以带游击性质的行动，阻止红军发展苏区和征集资材，决定将计就计，以小部分就地分散工作，迷惑敌人，集中主力部队歼灭该敌。红一方面军总部的部署是：以红三军团和红一军团第四军为右翼队，由彭德怀、滕代远指挥，分由梅源、坪上圩向石沟圩方向攻击，并截击石沟圩以东退逃南丰之敌和准备打击南丰来援之敌；红一军团第三军和红三十一师为左翼队，由红三军军长徐彦刚、政治委员朱瑞指挥，主力由杭山圩、童坊经董家山攻击沧浪之敌，以一个师由康都佯攻石沟圩，截断沧浪一带敌军的退路，该师以一个团从左翼佯攻荷田岗，监视并阻止南丰之敌增援，掩护红军左翼的安全；红五军团第十三军为预备队，由军长赵博生、政治委员王如痴指挥，在战斗发起后，随右翼队行进。

11月1日6时，红军各部开始攻击前进。8时半，右翼队红三军团第五军第一师进至乾昌桥附近，向沧浪东北高地之敌发起攻击；左翼队红三十一师进至凤翔峰，向沧浪西南周家堡一带高地之敌发起攻击。经过三个小时激战，周家堡、沧浪东北高地和沧浪之敌不支，退到沧浪以西云下山主阵地，继续凭险顽抗。红军左、右翼队协同作战，激战至 12 时半，攻占云下山阵地。敌军退至山下及其南北一带阵地继续顽抗。15 时，红军右翼队进至老石岭以东，从东北、东南两个方向进攻该敌；红军左翼队向该敌右翼压迫，密切配合右翼队行动。敌军不支，向石沟圩退去。

11 月 2 日，红军向石沟圩之敌发起攻击，遭到该敌的顽强抵抗和敌机猛烈轰炸扫射。红军几经攻击，未能奏效，于是撤出战斗，转向东进。11 月 3 日，红一、红三军团一起向黎川开进。防守黎川的敌人见红军两个主力军团出动，不敢较量，主动放弃黎川。于是，红一、红三军团一起重占黎川。此后，红一、红三军团就在黎川附近游击和筹款。

建宁、黎川、泰宁战役，红一方面军在敌人继续采取守势的条件下，集中优势兵力，择敌弱点，以较小的代价占领建宁、黎川、泰宁、邵武、光泽等广大地区，打开了赣东、闽北局面，对以后反"围剿"作战是有利的。

金溪、资溪战役

建黎泰战役之后，红一方面军总部依照"先发制人"的战略方针，连续发出"继续击破敌人一面"和"继续开展北向胜利"的指示，要求部队迅速消灭金溪、资溪地区之敌并打击其增援部队。

11 月 16 日，红一、红三军团和红二十二军分别由黎川和邵武、光泽地区出发北进；红五军团以一部留在泰宁维护建宁、邵武之间的交通，主力进至资溪村和西城桥对南丰、南城之敌警戒，配合主要方向作战。17 日，红一军团击溃敌第五师一部，战领资溪。19 日歼敌一部，占领金溪。

红一方面军占领资溪、金溪后，何应钦十分恐慌，认为资溪、金溪不保，贵溪至南城交通被截断，关乎全局，决心重占资、金，恢复南城、南丰之间的交通，遂令第二十四师和第二十七师分别由南城和浒湾合击金溪，并令第二十三师由南丰向南城集结，第五十六师一部和新编第四旅主力进攻邵武、光泽，进而向赣东进逼，以策应金溪方面的作战。

11月20日，当敌第二十四师四个团进至南城东北之礼西赵附近地区时，红三军团和红三军主力奉命截击该敌。次日，红三军团由古塘地区攻击该敌右侧背，红三军主力由清水塘地区攻击该敌正面。红军南北对进，前后夹击，歼灭该敌一个团。22日7时，敌第二十三师两个团赶来增援。红军由西向东、由北向南对敌发起猛烈攻击，进攻反复冲杀，给敌人重大杀伤，但没能将敌歼灭。敌第二十四师撤回南城，第二十三师撤至南城东北之万年桥。

当红三军团和红三军主力在南城东北地区与敌作战时，浒湾之敌第二十七师分三路向金溪进攻。11月20日，该敌先头进至琉璃冈、八角亭、大仙岭一线。红一军团第四军和第三军一部及红二十二军当即给与迎头痛击，迫敌退回抚州。

金资战役第一阶段作战，由于红一方面军分兵作战，未能取得预期胜利。红一方面军打下资溪、金溪，没有利用这一有利时机，向东北发展，以沟通赣东北与中央苏区的联系，是一个比较大的失策。

礼西赵、浒湾战斗之后，何应钦为改变其在抚河流域的被动局面，决定将驻赣江流域的陈诚部三个师东调，并委陈诚为"抚河方面进剿军前敌总指挥"，统一指挥第五、第八、第十一、第十四、第二十三、第二十四、第二十七、第九十师和新编第三十七师，共九个师兵力，与红军较量。12月5日，国民党军重占金溪。

这时，陈诚采取谨慎态度，致电蒋介石，要求"暂时采取防堵"策略，获得蒋介石的同意，遂令第八师、第二十四师回防南丰，第二十三师移防南城，第十四师移防腾桥一带，第九十师移防抚州以南的龙骨渡地区。

国民党军转入防守后，红一方面军一时未能捕捉到有利战机。方面军总部决定以主力进抵邵武城近郊，然而，该地区敌人的十个团已集中邵武城内，采取老虎不出洞的办法。红军遂主动撤围邵武，于12月18日重返至黎川地区待机。

12月下旬，敌第五师第十三旅前出至黄狮渡地区，位置比较突出。

歼灭该部的有利战机出现，红一方面军总部决心"消灭黄狮渡、嵩市敌人，占领金溪，以吸引金溪西南两面敌人与之决战"。命令红三军团、红二十二军和红三十一师为右翼队第一梯队，统由彭德怀、滕代远指挥，担任消灭黄狮渡地区之敌任务；红一军团为右翼队第二梯队，策应第一梯队作战。红五军团为左翼队，钳制南城之敌第二十三师和腾桥之敌第十四师的增援，配合黄狮渡地区的红军作战。

1933年1月1日，红一方面军全军在黎川城举行北上誓师大会。经过誓师，红军将士士气高涨。

1月5日、6日，红三军团和红二十二军在黄狮渡首战告捷，消灭敌第五师第十三旅大部，俘虏1000多人，活捉敌旅长周士达。

刚担任红一军团参谋长的徐彦刚，在率领红一军团一部配合红三军团作战中，搭上敌人电话线，冒充敌人军官与之通话，得知抚州、浒湾敌人向金溪、黄狮渡进攻部署。红一方面军总部根据徐彦刚得来的敌情，于1月7日给红一军团下达了歼灭浒湾之敌的命令。

1月8日9时半，浒湾战斗打响。红一军团由金溪沿公路向西进攻，在金溪通往浒湾的公路中间点的枫山埠与孙连仲、吴奇伟各一个旅共六个团的敌人遭遇，遂在公路两侧召开激战。这时，红三十一师也加入作战，红二十二军作为预备队。

敌人抢先占领了公路北侧制高点有利地形，居高临下，又有飞机大炮助战，猛烈地向红军扫射和轰炸，战斗非常激烈。林彪和聂荣臻等军团首长在远处可以看到，在一片地域不大的战场上，硝烟弥漫，震耳欲聋的枪炮声中夹杂着双方厮杀的呐喊声。红军虽然英勇冲杀，但敌人占据有利地形，又有飞机大炮先进武器，态势对红军很不利。红一师师长陈光、红十师师长李锡凡先后负伤，其他指战员伤亡也比较多，部队一时有招架不住之势。看到此种情况，红一军团几个主要领导急忙赶到前沿阵地直接指挥战斗。军团首长亲上前线，战士们士气大振，稳住了阵势。红军随之不断发动猛烈攻击，敌人死伤惨重，战至中午逐渐向西溃退。

下午1点多，吴奇伟为了挽救败局，由浒湾增兵两个团，在浒湾附近的唐岗铺会合溃退下来之敌进行反扑。下午 3 点，预备队红二十二军投入战斗。红军增添了生力军，猛攻敌人，经过一个小时激战，敌军再也支撑不住了，开始全线溃退。溃退敌人经过浒湾，不敢停留，直接向抚州逃窜。当晚，红一军团进占浒湾。

向黄狮渡进攻之敌第十四师，其前卫第四十一旅进到彭家渡、徐元地区，受到红五军团的阻击。敌师长周至柔命令部队展开，敌第四十一旅旅长李树森派两个团向红军开始猛烈攻击，战斗十分激烈。周至柔也是不顾血本，将师指挥所推进到离黄狮渡以西不到十里的村庄内。敌第十四师的依仗武器装备比红军好，在猛烈的炮火掩护下节节推进，压迫红军向后撤退。黄狮渡有一条河流从金溪通黄狮渡流入抚河，而靠黄狮渡以西不到半里就是一些南北走向的山脉，其中有几座高山。红五军团副总指挥赵博生就在其中一座山上指挥战斗。敌第四十一旅付出了很大伤亡代价后，占领了这几座山。为了夺回被敌人占领的阵地，赵博生亲率突击队向敌实施反击。在战斗中，赵博生不幸牺牲。后来，红五军团在红一军团第三军、红三军团第七军及第三师支援下，消灭敌第十四师一部。当敌师长周至柔获悉第二十七师和第九师溃败的消息后，连夜率部逃回南城。金溪资溪战役第二阶段作战至此结束。

赵博生

赵博生在黄狮渡战斗中牺牲，红军失去了一位重要战将，是人民军队的重大损失。

赵博生，原名赵恩溥，1897 年生于河北黄骅市腾庄乡慈庄一农民家庭。7 岁入私塾读书。辛亥革命爆发后，深受影响，立志救国救民。1914年考入保定军官学校第六期，1917年毕业，先后入皖系、直系、奉系部队，第二次直奉战争后，听说冯玉祥部队纪律严明，投入冯玉祥部队。1926 年 9 月，冯玉祥在五原誓师，响应北伐，在国民军中建立了政治工作制度，共产党员刘伯坚担任政治部主任，赵博生深受影响。大革命失败后，赵博生曾派人寻找共产党组织。1930 年冯玉祥在中原大战中失败，其主力被蒋介石收编，他率领特种兵旅教导大队拒绝收编，成立三民主义救国军，被推举为司令。后部队遭受土匪武装袭击，退守深山，在各种困难压力下，不得不解散。后接受第二十六路军总指挥孙连仲的邀请，担任参谋长。1931 年随军到江西参加"剿共"，但反对蒋介石的"剿共"政策。蒋介石发动对中央苏区第二次"围剿"前夕，他曾派人到上海找共产党组织联系，但未果。这时，第二十六路军中共特支关注到他的政治态度，于 1931 年 10 月发展他为共产党员。12 月 14 日，参与领导宁都起义。宁都起义后，任红五军团参谋长兼第十四军军长、红五军团副总指挥兼第十三军军长。

为纪念赵博生的革命业绩，中华苏维埃共和国临时中央政府将宁都县改为博生县，在瑞金建立博生堡。毛泽东称赞他是"坚定革命的人"。

金溪、资溪战役历时两个月，红一方面军广大指战员英勇作战，先后击溃敌军六个师，其中歼敌一个多旅，给北线之敌特别是号称"基干军"的第九十师以沉重打击。红军士气也更加高涨，为日后粉碎国民党军对中央苏区的第四次"围剿"创造了有利条件。

国民党军开始"围剿"中央苏区

1932 年 12 月，国民党驻南昌的赣粤闽边区"剿共"总司令何应钦为准备对中央苏区进行第四次"围剿"，调整了军事部署，将原来按辖区划分的第一路至第九路分区消极防守部署，改为适于积极"进剿"的机动兵团。以驻抚河流域和赣江两岸的部队编为中路军，由第十八军军长陈诚担任总指挥，担任"主剿"任务，寻求红一方面军主力作战。中路军是以蒋介石的嫡系部队为主，有 12 个师 70 个团约 16 万人。以第十九路军第六十、第六十一、第七十八师及第四十九、第五十六、新编第二师和新编第四旅组成左路军，共六个师另一个旅，由第十九路军总指挥蔡廷锴任总指挥。以粤军第一、第二、第三、第四、第四十四师、独立第三师和独立第二旅组成右路军，共六个师另一个旅，由粤军第一军军长余汉谋任总指挥。左、右两路军分别在闽西和赣粤边境地区担负就地"剿办"和策应中路军进攻的任务。

除上述三路军外，何应钦以第二十三师担任总预备队；第三、第四航空队以南昌为基地，支援地面作战。另以第八、第二十四、第二十八、第五十三师以及独立第三十二、第三十六旅担任永丰、乐安、南丰、南城、抚州以及万安、泰和等地的守备，防堵红军并维护后方交通。

在国民党军这次"围剿"中，陈诚的地位显得非常重要，明显得到了蒋介石的器重。蒋介石为什么宠信陈诚？其一，蒋介石与陈诚都是浙江人。蒋介石是浙江奉化人，陈诚是浙江青田人，两人是大同乡。从地域关系上讲，蒋介石对陈诚自然要比非浙江人的距离要近些。其二，蒋介石与陈诚都有保定军官学校学习的背景。蒋介石在 1907 年入保定军官学校学习，陈诚在 1919 年进入保定军官学校第八期炮科学习，比蒋介石晚 12 年，算是蒋的小师弟。蒋介石为巩固在国民党南京政府的统治地位，想尽一切办法拉拢人。他笼络陈诚，是通过陈诚是保定军官学校第八期毕业的关系，拉拢在中国军界有很大势力的保定系。其三，蒋介石与陈诚有裙带关系。陈诚的妻子是谭延闿的三女儿。谭家三小姐的干妈是蒋介石夫人宋美龄。谭家三小姐嫁给陈诚，还是宋美龄保的媒。其四，陈诚对蒋介石效忠。为讨蒋介石的欢心，陈诚尽量启用黄埔系的人。对于其他地方杂牌部队，陈诚则千方百计诱骗、拉拢、控制，为蒋介石所用；或者编并、压缩、消灭，为蒋介石排除异己。陈诚为蒋介石卖命，献忠心，效犬马之劳，这是蒋对他喜爱的一个重要原因。由于以上关系，陈诚自然是蒋介石的大红人！

陈诚被蒋介石委以重任，自然卖力气表现。他将中路军的 12 个师编成三个纵队：第一纵队由第五军军长罗卓英为纵队长，在宜黄南部地区集中，向广昌方向进攻；第二纵队由第四军军长吴奇伟为纵队长，在抚州以南地区集中，与第三纵队协同作战，侧击黎川；第三纵队由第八军军长赵观涛为纵队长，在金溪地区集中，与第二纵队协同作战，向黎川正面进攻。另以第四十三师为预备队。陈诚要求三个纵队于 1933 年

1月6日以前集中完毕。

尽管何应钦已经部署了对中央苏区的第四次"围剿"，但蒋介石还是不放心，于1月27日晚乘"楚有"舰赴江西。29日，到达九江后，蒋介石称：此次来赣的目的，是决定大政方针。当日，蒋在九江换乘火车赴南昌，一路都在思考"剿匪"计划。到南昌后，即与熊式辉等大员商讨对中央苏区的第四次"围剿"。2月6日，蒋介石亲自兼任江西"剿共"总司令，组织指挥这次"围剿"。

2月下旬，国民党军经过调整、补充后，按照既定方针，开始向中央苏区实施大规模"围剿"。陈诚中路军战略攻取目标指向闽赣要冲，先是黎川，后是广昌；战略进攻态势，以数纵队分进合击，寻求红军主力"围歼"之。具体步骤为：第一纵队以宜黄、乐安两个坚固设堡据点为基础，左与第二纵队联系，由西向东通过苏区边沿地带，向广昌攻击前进；第二纵队以南城坚固设堡据点为基础，右与第一纵队联系，通过苏区候坊、新丰，向广昌攻击前进；第三纵队以南丰坚固设堡据点为基础，暂集结南丰附近待机行动，须随时准备协同第一、第二纵队围歼红军及合围进攻广昌。驻临川的中路军总指挥部，进攻开始后，于南城设指挥所。总预备队控制于南城附近，作战重点保持与东路第二纵队方面的联系。

国民党军对中央苏区第四次"围剿"的大幕拉开了！

前后方争论再起，反"围剿"初战不利

对于蒋介石发动新的"围剿"，红一方面军总部首长早有清醒的认识。早在1932年9月下旬，红一方面军进至乐安、宜黄、南丰一带地区，发动群众，扩大苏区，进行社会、地理和军事调查，为第四次反"围剿"布置了预定战场。12月，中革军委按照敌人可能进攻的方向，将中央苏区划分为东北、东南和赣江三个作战地域，各布置了总指挥部，统一指挥该地域内的地方红军和群众武装，为更好地发挥主力红军、地方红军和群众武装的整体力量打击敌人，创造了条件。特别是在金溪、资溪战役后，红一方面军总部首长为最大限度地集中兵力，粉碎国民党军即将

开始的大举进攻,将奉命由赣南、闽西调来配合作战红二十一、红十二军和由闽浙赣苏区调来的红十军(调中央苏区后与红三十一师合编为红十一军),编入红一方面军序列。这样,红一方面军下辖三个军团、四个军和若干独立师、团,共约 7 万人。

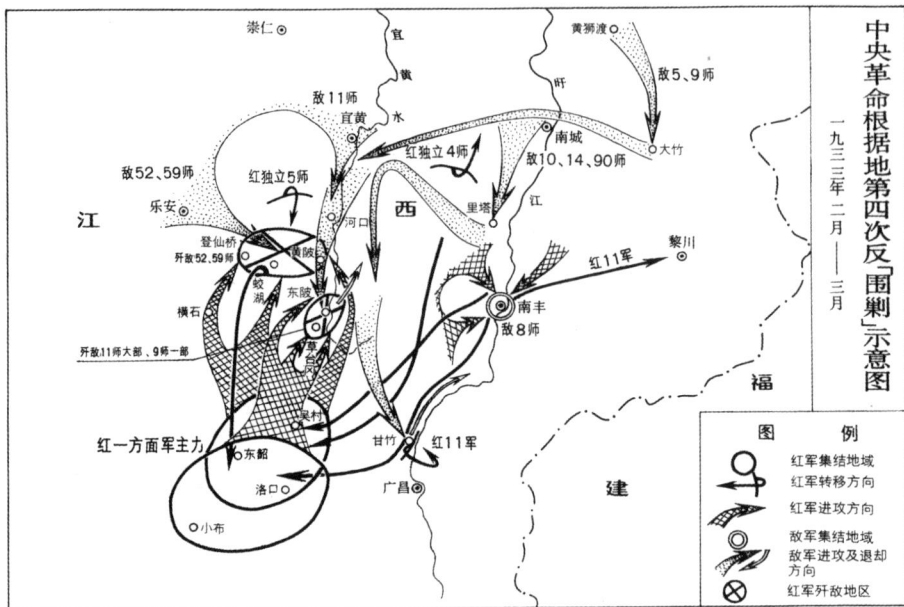

中央革命根据地第四次反"围剿"示意图

红一方面军还在思想方面作了充分准备。1932 年 11 月 24 日,红一方面军总司令朱德、总政治委员周恩来、总政治部主任王稼祥在发出的准备粉碎敌人大举进攻的紧急训令中明确指出:"敌人大举进攻的战火就在眼前",要求各部队认真做好反"围剿"准备;"实行政治上的动员","加紧阶级的政治教育","要最大努力的提高军事技术与战术","加紧作战地域的群众工作","争取新占领区域的赤化","解决筹款",[①] 等等。

不仅在思想上做准备,朱德、周恩来还在 12 月 2 日发布了加紧军事训练的训令,指出:现在"特别是军事技能更有落后现象","这在敌人大举进攻中,是不可容有的现象。因此,我们在战斗间断的瞬间,拟予更

---

① 《为粉碎敌人第四次"围剿"的紧急训令》(1932 年 11 月 24 日),中共中央文献研究室、中国人民解放军军事科学院编:《周恩来军事文选》第一卷,第 208—209 页。

迫切的训练"。朱德、王稼祥、彭德怀又在 12 月 26 日以中革军委名义给各作战区政治部发出密令，指出一定要运用前三次反"围剿"作战的经验，准备在整个战线上运动作战，以消灭敌人。同时又指出：必须估计到这次"围剿"敌人兵力比前三次"围剿"时增多了，"在战略与战术上，都有相当的变更和进步。因此，我们应较三次战役时期更有进步、更加紧张和努力的来部署一切政治上、军事上的动员"。①

前方领导人在为反第四次"围剿"创造有利条件，然而，中共临时中央和苏区中央局的军事冒险方针成为反"围剿"的不利条件。

1933 年 1 月 4 日，中共苏区中央局转发临时中央的电报，要求红一方面军"无论如何需冲破敌人的包围，击溃其主力"。1 月 12 日，周恩来向中共苏区中央局并转临时中央建议，红一方面军主力北上贵溪一带，与赣东北红十军密切联系，待抚州等北线敌军出动增援或进攻红军时，在抚河和信江之间的广大地区于运动中消灭敌人。为了实现这一行动计划，同日，周恩来、朱德、王稼祥又致电中共闽浙赣省委，指示他们"应将作战中心转到信河南岸"，协助红一方面军将闽浙赣苏区同中央苏区打成一片。② 这本是一个很好的主张，但遭到中共苏区中央局反对。苏区中央局担心作战区域离苏区稍远，又怕红军主力北上后敌人大举向中央苏区进攻，无法抵御。在苏区中央局的一再催促下，红一方面军只得把赣东北红十军接过信江后，撤离浒湾、金溪地区。

中共苏区中央局不同意周恩来的建议，那么他们的主张是什么呢？苏区中央局的作战方针恰恰与周恩来的意见相反，是要求红一方面军集中主力，进攻敌人重兵防守的南丰城，企图以此来破坏敌人的"围剿"。1 月 16 日，苏区中央局要求红一方面军"转移到抚河以西，调动敌之主力决战"，提出"首先打击南城城外敌人，调动敌人，求得战机"。对于这个脱离战场实际的指示，周恩来、朱德在 21 日、23 日两次致电苏区中央局并临时中央，提出不同意见。

---

① 转引自中共中央文献研究室编：《朱德传》（修订本），第 352、353 页。
② 转引自中共中央文献研究室编：《朱德传》（修订本），第 355 页。

见前方领导人持不同意见，中共苏区中央局于 1 月 24 日致电周恩来、朱德、王稼祥等，口气十分强硬地命令："我们绝对的要你们在将来关于策略上的问题立即告诉我们，不要拖延过迟，我们要你们站在一致的路线上执行以下的指示"："集中我们所有主力取得南城并巩固和保持他"。"然后再进攻和取得南丰，并巩固和保持他"。最后要求："立刻将你们和前方的决定，清楚直接电告我们"，"并电告我们执行之结果"。①

面对中共苏区中央局对前方行动的指责和强令攻打敌人重兵防守的坚城，周恩来在 1 月 26 日致电苏区中央局转临时中央，认为前方的行动方针"并无错误"，不存在"右倾观念"②。1 月 27 日，周恩来再次致电中共苏区中央局并转临时中央，指出："依现时敌情，即抚河流域敌之两个较强的'进剿'军还未组织完备以前，我军能在抚河东岸会合十一军求得运动战消灭敌人主力，确比围攻南丰暴露我军企图去打敌增援队为好"。"转移到抚河西，须攻城才能立即调动敌人，因南丰、南城、宜黄、抚州都在河西岸，不能如东岸一直深入抚州附近去威胁与调动敌人。攻城与消灭增援队一有暴露企图、二有易受夹击的不利，故不如在东岸自如。因此在东岸目前如能求得运动战，决不应轻易过河。"③1 月 30 日，周恩来又一次致电中共苏区中央局并转临时中央，在陈述了敌情之后，指出："在此敌情下，连续的残酷的战斗转眼就到，我如立即转到抚河西，只有攻城才能调动敌人"，存在以下不利条件："一暴露企图，二易受夹击之不利外，还有三损伤大，四不能筹款，五耗费时日"。认为"在大战前如蒙此不利，而攻城又攻不下，增援军三个师并进又不便打，则不仅未破坏敌人进攻部署，且更便利于敌人的进攻"。表示："在敌人部署完毕前，如能在抚河东岸连续求得运动战解决敌人，我都不主张立即过河攻城"。坚持"消灭敌人尤其主力，是取得坚城的先决条件。敌人被消灭，城虽坚，亦无从围我，我可大

---

① 转引自中共中央文献研究室编：《朱德传》（修订本），第 356 页。

② 《以消灭敌人主力击破抚河围攻战为目的》（1933 年 1 月 26 日），中共中央文献研究室、中国人民解放军军事科学院编：《周恩来军事文选》第一卷，第 239 页。

③ 《红一方面军部署情况的说明》（1933 年 1 月 27 日），中共中央文献研究室、中国人民解放军军事科学院编：《周恩来军事文选》第一卷，第 241、242、243 页。

踏步地直入坚城之背后,否则徒损主力,攻坚不下正中敌人目前要求"。①

周恩来可以说费尽口舌,把前方敌情,有利条件,不利条件,怎么样才能消灭敌人主力,打乱敌人的部署,给中共苏区中央局说得明明白白、清清楚楚。然而,中共苏区中央局就是一根筋,要求红一方面军进攻坚城南丰。2月4日,中共苏区中央局致电周恩来、朱德、王稼祥,强调"在目前敌人据点而守的形势下,无法避免攻击坚城",要求"总政治任务之下,应以抚州为战略区,目前行动先攻南丰"。甚至表示"虽大损失亦所不惜,虽敌三四师由马路并进亦非与之决战不可",并以"经中央局全体通过"②的名义压前方领导人执行。

在中共苏区中央局的压力之下,前方红一方面军领导人不得不作出执行攻击南丰的军事部署。2月7日,周恩来致电苏区中央局并转临时中央,在报告了红军攻击南丰的军事部署后,特别指出:"上述部署不是呆板的,敌情地形有变尚须活用。"如果不便红军强袭,"便须经过苏区改攻宜黄或乐安去调动敌人,求得运动战中解决敌人"。并说:"这一部署与中央局命令原旨有出入,我认为攻下南丰最好,但攻下宜黄、乐安,在运动战中消灭增援敌人,仍然可乘胜直胁抚州,且更便运转"。③可见,周恩来等前方领导人被迫执行苏区中央局强攻南丰的命令,但不是机械地执行,作了强攻受挫情况下红军如何行动的预案。

国民党军集中重兵对中央苏区进行第四次"围剿",敌众我寡,红军处于劣势,不能与敌硬碰硬。然而,中共苏区中央局却在2月4日电报中强调进攻南丰"虽大损失亦所不惜"。周恩来等对这种不计代价的硬拼观点持不同意见,在2月7日的另一致苏区中央局的电报中说:"为着在连续的战斗中有更多的运动战好消灭敌人,同时在敌人进攻布置未完毕前仍可求得运动战,似不宜先在攻坚上损失过大的战斗力,如损失大

---

① 《消灭敌人主力是取得坚城的先决条件》(1933年1月30日),中共中央文献研究室、中国人民解放军军事科学院编:《周恩来军事文选》第一卷,第244、245页。

② 转引自《中国工农红军第一方面军史》编审委员会:《中国工农红军第一方面军史》,解放军出版社1993年版,第335页。

③ 《对执行中央局强攻南丰命令的部署》(1933年2月7日),中共中央文献研究室、中国人民解放军军事科学院编:《周恩来军事文选》第一卷,第251页。

而又不能攻入，则更挫士气。请求你们考虑。"①

鉴于前方战事紧张，战机瞬息万变，而后方中共苏区中央局又不断指手画脚，束缚前方领导人指挥作战的手脚，周恩来在 2 月 7 日第三次致电苏区中央局并转临时中央，提出："关于行动部署，尤其是关联到战术问题的部署，请求中央、中央局须给前方以活动、以机断余地和应有的职权，否则命令我们攻击某城而非以训令指示方针，则我们处在情况变化或不利的条件下，使负责者非常困难处置。"②

由于中共苏区中央局一再坚持要强攻南丰，红一方面军总部只得硬着头皮以一部分兵力袭击新丰街，主力进攻南丰城。为牵制敌人，保障主力在南丰的作战，以红十一军进逼浒湾和南城，红二十一军进逼永丰，江西军区独立第四、第五师在宜黄、乐安以南地区活动。

南丰濒临抚河西岸，地处抚河流域狭长平原的中部，扼广昌通往抚州大道的咽喉，与黎川、崇仁有大道相连，为抚河战线国民党军进攻中央苏区的重要据点，筑有坚固的城防工事，守军为敌陶峙岳第八师，共两个旅六个团。其第四十四、第四十五、第四十七、第四十八和第四十三团（欠第二营）驻守城内及城郊地区；第四十六团驻新丰街；第四十三团第二营在里塔圩，与驻南城之第二十四师保持联络。

2 月 9 日，红一方面军以红五军团和红二十二军为右纵队，红三军团为中央纵队，红一军团为左纵队，由黎川地区向南丰地区开进。在开进中，红二十二军占领里塔圩，守敌退回南丰。驻守新丰街之敌第四十六团，因归路被红军截断退向南城，归敌第二十四师指挥。

11 日，红一方面军主力逼近南丰城。朱德、周恩来对进攻南丰作了如下部署：以红三军团、红五军团分别由西、北两个方向攻城，红三军团为主攻；红十二军在城东南抚河右岸配合行动；红一军团集结在城西之尧石、贯巢地区准备打击援敌。红一方面军各部队随即按照上述部署向

① 《红军不宜在攻坚中损失过大战斗力》（1933 年 2 月 7 日），中共中央文献研究室、中国人民解放军军事科学院编：《周恩来军事文选》第一卷，第 253 页。

② 《须给前方以机断余地和应有职权》（1933 年 2 月 7 日），中共中央文献研究室、中国人民解放军军事科学院编：《周恩来军事文选》第一卷，第 255 页。　　　·

各自预定地区开进。

12日黄昏，红一方面军发起进攻。红三军团、红五军团各一部分别向南丰西郊之敌第四十五团和城北郊之敌第四十四团阵地发起攻击，红十二军向抚河右岸之敌第四十八团发动进攻。红三军团、红五军团与敌激战一夜，但战果不大，只夺了敌人十多个堡垒，大部阵地仍在敌人手里。红十二军攻占了敌人抚河右岸阵地，敌第四十八团撤回城内向主力靠拢，并破坏浮桥，守城待援。此次战斗，红军消灭敌人还不到一个营，自身却伤亡400多人。红三军团第三师师长彭遨，亲临前线侦察敌情、地形，部署攻击，不幸中弹牺牲。除彭遨外，红三军团还牺牲了两名团长。

中共苏区中央局不听前方领导人正确意见，一味要求强攻坚城南丰，导致红一方面军反"围剿"初战受挫。

大兵团伏击，取得黄陂、草台岗大捷

红一方面军进攻南丰后，陈诚深知南丰地位重要，是以后"进剿"中央苏区的支撑点，不能有失，除要求陶峙岳固守南丰外，急令驻南城的许克祥第二十四师驰援南丰；并指挥中路军各纵队由北向南挺进，特别是要求罗卓英率领的主力第一纵队迅速向宜黄地区集中，准备将红军主力围歼于南丰城下。

周恩来、朱德等在制定进攻南丰计划时，就预设了红军攻城遇到困难而敌人重兵增援的行动方案。因而，他们没有按照中共苏区中央局的意见继续强攻南丰，而是果断地决定把强攻改为佯攻，留下一部分兵力在南丰迷惑敌人，主力迅速撤离南丰，集结于南丰城和里塔圩一线以西地域，背靠苏区，待机消灭增援之敌。

此时，吴奇伟指挥的第二纵队正向南城开进；罗卓英指挥的第一纵队第五十二师、第五十九师已于2月21日、22日在乐安集中；罗卓英亲率第十一师正向宜黄推进；敌第三纵队准备从金溪地区南下，意图将红军主力围歼在南丰、广昌地区。

周恩来、朱德鉴于敌人兵力过于集中，再战不利，毅然决定红十一军伪装红军主力，由新丰东渡抚河，向黎川地区急进，引诱陈诚部主力向东；而红军主力在2月23日和24日再向南秘密转移到宁都北部的东韶和洛口一带，一边休整，一边隐蔽待机，准备将敌军消灭于运动中。

周恩来、朱德从战场实际出发作出的这一正确决策，使红一方面军由被动转变为主动，对打破国民党军对中央苏区的第四次"围剿"具有决定性的意义。

周恩来、朱德的高明之举果然迷惑了陈诚，他以为红军主力真的到黎川方面去了，便令第二纵队和第三纵队向黎川地区前进，寻找红军主力决战。第一纵队纵队长罗卓英为了配合第二纵队、第三纵队的行动，于2月24日亲率第十一师南下黄陂；李明的第五十二师和陈时骥的第五十九师由乐安向东南推进，准备到黄陂同第十一师会合。然后，三个师合力奔袭广昌、宁都，截断红军主力退路。这样，敌人露出了破绽，三个纵队被分割在相距比较远的地方，为红军集中优势兵力加以各个击破创造了有利条件。

周恩来、朱德率领红军主力转移到东韶、洛口后，于2月25日在东韶召开军事会议，认为向黄陂推进的敌第五十二师和第五十九师已暴露在红军面前，而且同在黎川地区的敌第二纵队、第三纵队相距较远，处于孤立地位，正是将它们消灭在运动中的大好时机。黄陂一带山高林密，层峦叠嶂，道路崎岖，地形险要，是打伏击战的好地势。会议决定在东坑岭、固岗、登仙桥以东，河口、黄陂、东陂以西地区，选择有利地形，以伏击的战法，首先歼灭敌第五十二师和第五十九师于东进途中，尔后相机歼灭其他各路敌军。

宜黄县黄陂蛟湖。中央红军在周恩来、朱德同志指挥下，进行第四次反"围剿"。1933 年 2 月 28 日在此地歼敌李明一个师。

同一日，红一方面军总政治委员周恩来和总政治部主任王稼祥向各军团、各独立军、师发出政治工作指示：号召全军以最大的决心与勇气争取第一仗的大胜利，给国民党军的进攻以迎头痛击。

会后，朱德、周恩来发出向黄陂地区进军的命令，指出："乐安敌人两个师，有于本（二十六）日向东、黄陂前进，宜黄敌人一个师自神岗、党口前进模样。""我方面军拟于二十七日，以遭遇战在河口、东陂、黄陂以西，东坑岭、固岗、登仙桥以东地带，侧击并消灭乐安来敌。"[1]各部队按照命令，迅速向黄陂地区出发。聂荣臻在回忆中说：

这几天适逢连日阴雨，山野昏暗，浓雾浸没山头，傍晚更甚，夜间漆黑，道路泥泞，滑得很。我们带着队伍为了取得采取平行路线前进的军事效果，有时根本走不上路，只能披荆斩棘，向着黄陂、蛟湖、登仙桥——预定的作战地域前进。二十七日拂晓以前，徐彦刚参谋长和罗瑞卿保卫局长，带着七师、九师和一个跑兵连在右；我和林彪带着十师、十一师在左，分别到了伏击阵地。三军团在一军团的右翼，与我们平行

---

[1]　转引自中共中央文献研究室编：《朱德传》（修订本），第 359 页。

开进。部队展开不久，我和林彪就到了蛟湖以北十一师的指挥阵地，他们的左邻为十师，右邻为九师。十师隐伏在面对着登仙桥大路南之东北山上，十一师则在坳下集结待命。……从十一师回到军团指挥所，天刚麻麻亮。军团指挥所和十一师指挥所设在同一个山头上，相距并不远。从军团指挥所，我们也能直接观察到敌人来的必经之路。不过天亮的时候有浓雾，在伏击阵地上，往外只能看到一个个山头，像一座座孤岛，时隐时现。……①

红军布好了阵地，敌人那边的情况怎样了呢？

敌第五十二师、第五十九师，是经过长途行军由安福、吉安于 2 月 22 日到乐安的。在乐安还没待上几天，便接到第一纵队纵队长罗卓英的命令，暂由第五十二师师长李明指挥两师向黄陂开进。

李明，广西贵县人，1892 年生，粗通文墨。初投军林虎部，后投靠北洋军阀曹万顺。北伐战争时其部收编为国民革命军第十七军第十一师，任第六十五团团长。后升任第十一师副师长。1932 年调任第五十二师副师长，同年升任师长。

李明未与红军交过手，不知道红军的厉害，他根据驻乐安的第四十三师师长刘绍先介绍的情况，认为苏区一向沉寂没有变化，红军一直避战，没啥战斗力。因此，他还召集两师团长以上的军官召开了一次会议，为下属们打气，并把两师分为两个纵队，第五十二师为右纵队，第五十九师为左纵队，平行前进，相距约 30 里。

2 月 26 日，李明率领第五十二师出发，按第一五五旅、师部、第一五四旅的次序向黄陂前进。行约 60 里，即在中途宿营。27 日晨，继续向黄陂前进。原定行军方案是走小路，不走大路。李明急于立功，认为走小路要绕道走，行动缓慢，坚持走大路，并说："共产党土枪土炮，怕什么！不说打，就是他们听到李明的名字都会害怕。"十分傲慢。在李明的指挥下，其部大摇大摆前进。第一五四旅第三〇七团行抵蛟湖。蛟

---

① 《聂荣臻回忆录》，第 134—135 页。

湖位于高山鞍部，南北两侧都是高山，李明的师部随该旅后行进，先头至尾的距离拉得很长。

傲慢很快让李明付出了代价。

27日上午9时，敌第五十二师开始进入红军伏击阵地。这时，日出雾散，林彪和聂荣臻在军团指挥所可以清楚地看到敌人大摇大摆、毫无戒备地行军。敌人过了四个团后，有人建议打，聂荣臻说：我们要沉住气，敌人这样大的部队进到根据地来，不可能没有辎重部队。果然，敌人的辎重部队最后过来，还有一个团在后面掩护，但没有进入伏击圈。聂荣臻回忆道：

这样直到敌人的师部和四个团加辎重队确实已进入口袋，我们才发出总攻信号，顿时像天崩地裂似地爆发了震动山岳的枪炮声，把敌人的师部和四个团加辎重队，压到了蛟湖北面我军的伏击阵地。这时，敌五十二师师长李明以一个团冲锋、一个团掩护的办法向我阵地猛冲，企图突围逃跑。打到后来，敌人东奔西突，想夺路逃跑，果不出所料，他们是企图从西北面突围。我赶到了十一师三十二团的指挥阵地，刘亚楼也到这个团指挥阵地。凭肉眼就能看出，向西北突围的敌人，持短枪的不少，似乎是敌人的指挥机关和他们认为得力的掩护部队。而且它越攻越接近三十二团驻守谷口的山头。我一边用望远镜观察，一边对该团政委杨成武说："这是紧要关头！"杨成武很激动，扬起驳壳枪，边跑边喊："同志们跟我来，冲呀！聂政委刚才讲了，这是紧要关头，冲呀！"他带领部队迅速将这股敌人压到了谷底，与友军一起展开了捉俘虏竞赛。这时，我手头只有一个特务连，就带着他们也冲了下去。徐彦刚同志在阵地上看到我，连连向我大声喊着，你不能来，你不能来，意思要我注意安全。当时这激动人心的战斗场面，我顾不得这些，带着那个特务连冲了下去。只见敌人的军官到处东奔西窜，嗷嗷乱叫，一个个束手被擒，那真是痛快啊！那时蒋介石实施连坐法，敌人后卫一个团在登仙桥附近眼看着主力已被歼，它仍然不退，被刘海云同志带着他那个师把这个团歼灭了。①

敌师长李明，在战斗中被红军击中翻身落马，头部和腹部均受重伤。敌人失去指挥中心，部队乱成一团，死伤惨重，没有死的也都当了俘虏。到黄昏前，敌第五十二师师部、师直属队、后卫第三〇九团和第一五四旅一部被歼。李明浑身上下泥血模糊，红军找来一副担架，让四个俘虏把他抬到蛟湖李家祠堂门口，并让医生给他打了一针强心剂。由于伤势太重，李明当晚一命呜呼。

敌第五十二师第一五五旅主力到达桥头地区后，从激烈的枪声中判断师部方向和第五十九师前进的霍源方向发生战斗，因情况不明，就地停止前进，占领阵地，转入防御。27 日 16 时，红三军团先头第二师到达桥头以南的下庄、安槎等地区，与敌接触。18 时，红三军团主力到达，即将敌第一五五旅主力合围。

28 日 2 时，彭德怀、滕代远决心乘敌混乱之际，集中兵力迅速消灭敌人，命令红二师向下庄、安槎之敌进攻，并适时向军坪方向迂回，断敌退路；红七军向蛟湖之敌攻击，协同红一军团继续围歼敌第一五四旅残部；红一师为预备队，集结于拿山附近，随时准备支援桥头与蛟湖方向的作战。是日晨 6 时半，红三军团对被围之敌发起攻击。战至 11 时，红三军团将桥头地区敌第一五五旅全部歼灭。

这样，在黄陂之战中，红一方面军左翼队干净利索地歼灭敌第五十二师，除俘虏不久死去的敌师长李明外，还俘虏了敌第三一二团团长彭梦耕，击毙敌第三〇七团团长房少斌，击伤敌师参谋长柳际明、第一五四旅旅长傅仲芳、第三〇九团团长吕国铨、第三一〇团团长王岳，歼敌 6000 余人，缴获步枪 3000 余支，机关枪 80 挺，迫击炮 10 余门，无线电发报机 7 部。

敌第五十九师 2 月 26 日从乐安出发后，按第一七七旅、师部、第一七五旅、独立团次序，经乐安以东圭峰、霍源，向黄陂前进。当天行军

---

① 《聂荣臻回忆录》，第 136 页。

约 60 里，在圭峰以西沿途宿营，也未发现情况。27 日晨，该部继续向黄陂前进。9 时许，该部忽然听到西侧有枪炮声，认为是第五十二师在作实弹演习，仍然继续前进，不加理会。直到下午 2 时许，先头第一七七旅行抵霍源以北地区，距黄陂还有 12 里时，旅长方靖接到前卫第二五四团团长李青报告，说发现红军，才知道红军主力已到达这里了，同时判断右侧的枪炮声应是第五十二师与红军主力在交战。

方靖一面将情况报告师长陈时骥，一面命令部队集结，进行战斗部署：以主力四个营在霍源东西两侧占领阵地，一部在霍源以南高地与红军保持接触，以掩护师主力占领阵地。

由于对第五十二师的情况不明，陈时骥决定就地建立工事，与第五十二师取得联络，坚守待援。于是，陈时骥命令第一七五旅及独立团在霍源以北占领阵地，与第一七七旅作重叠配备。当日下午，情况并不严重，在霍源以南高地上有第三五三、第三五四团各营与红军对峙，有少数伤亡，第三五四团第一、第二营营长负伤。当夜，第五十九师各部彻夜构筑工事，阵地南面、东面，仅有小战斗，情况没有显著变化，但与第五十二师没有联系上。

这时，国民党军第一纵队纵队长罗卓英率领第十一师由宜黄南下，先头进至河口以北的杏坊附近，但未能与第五十二师和第五十九师取得联络。若敌第十一师靠近第五十九师就不好消灭敌人了，红军右翼队首长决心加快战斗进程，赶在敌第十一师到达前歼灭第五十九师，于是当晚调整作战部署：以红二十二军之一部向河口方向侦察警戒，阻击敌第十一师增援，该军主力经佛岭坳兜击霍源之敌；红三十九师以一部从正面攻击霍源之敌，配合红二十二军作战，一部配合红十二军夹击云峰山之敌；红三十八师与红十五军协同作战，歼灭军山之敌；红军独立第五师协同红二十二军一部阻击宜黄方向援敌。

28 日 8 时，红一方面军右翼队各部开始发起猛攻。10 时许，霍源以北的敌第五十九师师部和第一七五旅的阵地被突破。红军分头在摩罗嶂一带搜山抓俘虏。这一带山上山下到处都是敌人溃兵。有些溃兵自动把武器架起来，请红军派人去收缴。敌第五十九师师长陈时骥是个麻子，在清查抓到的俘虏中，找脸上有麻子的军官，把他给查出来了。敌第一七五旅旅长杨德良是个近视眼，到阵地上督战时，把冲进阵地来的红军当成是自己溃退下来的官兵，向前阻挡，被红军击中胸部负重伤，不久死去。

敌第一七七旅由于部署得较快，利用地形和工事进行顽抗。由于第一七五旅阵地被红军突破，师长陈时骥被俘，处于孤立无援，陷入层层包围之中。适遇天降小雨，满天满山濛濛一片，在一两米外不见人。敌第三五三、第三五四团各自坚守至下午3时以后，旅长方靖负重伤，第三五四团团长李青负轻伤。至黄昏时，敌人各团向乐安方向逃窜。但在霍源以南第三五三团一个营和第三五四团一个营，因没有接到撤退命令，大部被红军消灭。

3月1日上午，向乐安方向逃窜的敌第五十九师残部，在登仙桥东北地区被红一军团消灭。至此，敌第五十九师除在西源一带的独立团和第三五一团大部在第十一师接应下逃脱外，其余均被消灭。

黄陂战斗，在朱德、周恩来指挥下，红一方面军共歼敌约两个师，俘虏师长两人，缴获大量战利品，其中有许多新式自动武器。附近几个县派了许多农民帮助红军打扫战场，搬运战利品，搬了一个星期才算搬完。

对于黄陂战斗，朱德多年后仍然记忆犹新，说："那都是最精锐的兵，有最新式的捷克轻机关枪几百挺，还都是一枪未发过的。因为敌人不晓得，来袭击我们，却不料突然遭到我们的袭击。这次的袭击算是最大部队与最大的成功。"[1]

前方打了胜仗，一直板着脸指责前方领导人的中共临时中央也露出了笑脸。3月1日，中共临时中央致电周恩来、朱德，祝贺红一方面军黄陂战斗的大胜利，称："给了国民党的四次'围剿'以致命的打击，给了帝国主义完全瓜分中国、镇压中国革命的企图，以工农红军的铁掌拳的回答。"[2]

敌第五十二师、第五十九师被歼灭后，红一方面军首长本想乘胜再

---

① 转引自中共中央文献研究室编：《朱德传》（修订本），第360页。

② 转引自中国工农红军第一方面军史编审委员会：《中国工农红军第一方面军史》，第343—344页。

歼敌第十一师，"只因山地战各军联络与我指挥均不易达到"，"各军位置不利于出击十一师增援队"。[①] 再加上国民党军第二纵队三个师正在西援第一纵队，企图从新丰截击红军主力的归路。为了避免被围，朱德、周恩来于3月1日命令部队向南迅速转移到小布、南团、东韶、洛口地区待机，准备再战。当国民党援军三个师到达黄陂、东陂时，红军已没有踪影。

敌第五十二师、第五十九师被红军歼灭后，罗卓英的第一纵队实力所剩无几，原定二路进攻广昌的计划无法实施。陈诚在第四次"围剿"开始前，曾在蒋介石面前夸下海口，消灭红军，在黄陂遭到惨重失败后，为挽回脸面，不被蒋介石撤职，只好硬着头皮调整部署，再度进攻。鉴于黄陂失败的教训，陈诚改变了作战方式，将原来三路"分进合击"改为一路"中间突破"。将原来的三个纵队缩编为前后两个纵队，以第二纵队为前纵队，第一纵队余部和第三纵队第五、第九两师为后纵队，共六个师兵力，梯次轮番地向东南方向的广昌搜索前进，目的是直取广昌，寻找红军主力作战。

3月16日，敌前纵队进到新丰市、侯坊、草台岗一线，后纵队进到东陂、黄陂、蛟湖一线。敌人两个纵队靠拢一起，行动谨慎，不便红军分割歼灭。要想歼敌，必须想办法将敌人分散开。敌人想直取广昌，周恩来、朱德决定将计就计，以红十一军进至广昌西北地区，在地方武装的配合下，积极活动，佯攻吴奇伟指挥的前纵队的先头部队，示形于敌，使他们误认为红军主力就在广昌地区，吸引前纵队向广昌急进，拉大同后纵队的距离，为红军主力相机消灭后纵队创造有利战机。陈诚果然把红十一军当成红军主力了，立即命令前纵队加速向广昌前进，并将后纵队第五师改隶前纵队指挥，以加强前纵队的进攻力量。

这时，红一方面军经过半个多月的休整补充，士气正旺，从3月15日起，陆续由集中地出发，进至徐坊、大坪、东边岭、横石、亮溪一带，

---

① 《大捷后我军转移准备再战》（1933年3月2日），中共中央文献研究室、中国人民解放军军事科学院编：《周恩来军事文选》第一卷，第268页。

迫近草台岗、徐庄地区隐蔽待机。草台岗、徐庄一带地区，四周群山环抱，峰峦起伏，丛林密布，道路崎岖，敌人重装备难以发挥威力，飞机难以空中支援，易于发挥红军擅长山地运动战的特长，是红军打伏击的好战场。

3月20日，陈诚部前纵队进至甘竹、罗坊、洽村一带，后纵队第十一师进至草台岗、徐庄地区，第五十九师残部在第十一师后跟进，第九师进至东陂附近。敌前后两个纵队相距将近100里，后纵队态势孤立，力量比较薄弱，出现红军求歼运动中或立足未稳之敌的有利良机。

敌人已经入瓮，朱德、周恩来于3月20日下达作战命令："我军拟于二十一日拂晓，采取迅雷手段，干脆消灭草台岗、徐庄附近之十一师，再突击东陂、五里排之敌。"①

被红一方面军锁定歼灭的目标敌第十一师，也算是红军的老冤家。该师在1932年春解赣州之围时，曾给红军主力重大危害。因而，敌师长萧乾以此自傲，在敌第五十二师、第五十九师被红军歼灭后，仍然不把红军放在眼里。

3月20日上午，萧乾率领第十一师由霍源出发，中午经过东陂时，第九师师长李延年前去迎接他。两人用望远镜观察四周。李延年和一起来的参谋在地上展开5万分之一的军用地图，介绍情况，说："南面广昌县属草台岗方面有'赤匪'小股部队活动，环绕东陂不时都有间断枪声，逃去山区的农民常常秘密开会，第九师警戒哨曾遭受骚扰被我击退。"李延年劝说萧乾，第十一师靠拢第九师宿营，慎重搜索前进，等待纵队指挥官罗卓英到来再从长决策。萧乾满不在乎地说："'农匪'是牵制、迟滞我军行动，我们不受敌人欺骗。我师即向东南进发，今晚宿营草台岗，明日经苦竹圩，迅速赶到广昌。贵师明晨向南行进，我们梯次推进，会师广昌，即可顺利完成'进剿'任务，又可免去第二纵队孤军突入之不利。"于是传出命令，前进25里，在草台岗宿营。

---

① 《采取迅雷手段干脆消灭敌人》（1933年3月20日），中共中央文献研究室、中国人民解放军军事科学院编：《周恩来军事文选》第一卷，第275页。

敌第十一师在行军途中，偶遇几个老百姓，企图打听红军的情况，结果都被告诉"不知道"。敌人装得很和善，好话说尽，甚至硬塞给每个老百姓一块银元，但得到的回答仍是"不知道"。

由东陂到草台岗系进入隘路。该地附近地形极为复杂，高山绵亘重叠，由北向南延伸，其制高点是草台岗以南的霹雳山。由此向南，仍然是连绵不断的高山地区。敌第十一师对当面红军情况一无所知，盲目地前进。

下午 3 时半，萧乾率领师部和第三十一旅驻徐庄。村子里仅有老太太和十岁以下的小孩，男人一个没有。只见这一带四面大山重叠，枪声稀疏时起，萧乾心里也开始发毛，遂令第三十二旅旅长莫与硕率其部三个团分别驻霹雳山、龙嘴寨、黄柏山；第三十一旅第六十一团在黄柏山、草台岗南北线，第六十三团在龙嘴寨以北道路西端，第六十二团为预备队，配置在徐庄师部附近。

敌第十一师进驻徐庄后，逃亡的地主豪绅回来了。他们把萧乾当成"救星"，并向他透露，附近有正规红军活动。萧乾不以为然地说："我们来了，他们就跑了。只是当地'农匪'倒值得注意，你们要组织武装民团进行'清剿'，枪支我们可以给你们补充。"萧乾这么一说，其部也没有把红军当成一回事。

21 日拂晓，红三军团率先向敌发起攻击。红一师在界上地区展开向霹雳山之敌进攻，红二师和红七军由瓦城下、茅亭下一线向黄柏山之敌进攻；红三师为军团预备队在界上待命行动。红一军团这里，林彪和聂荣臻在 20 日午夜就到了红十师驻地，督促红十师按照命令规定的时间出发。拂晓前，红十师已向敌人占领的黄柏山前进。黄柏山是紧邻草台岗南面的制高点，高约五六百米，不攻下黄柏山就无法攻下草台岗。在红十师后跟进的是红十一师，也到了指定位置。他们到了之后，红七师和红九师没有到。到了上午 8 时半，仍未见到这两个师，林彪和聂荣臻十分着急。怎么办，让先到的两个师投入战斗，等于让敌各个击破。9 时左右，林彪和聂荣臻听到红三军团方面枪声甚密，只得赶紧以号音命令红十师迅速向黄柏山攻击前进，红十一师在红十师之右侧迅速展开，协助攻击黄柏山之敌，并断其退路。与此同时，红二十一军由大公田、西岭地区向东陂之敌进攻，阻断敌第十一师与东陂敌第九师之间的联系，保障主力围歼敌第十一师；预备队红二十二军在张山附近待命，并以一部向东陂警戒。

右翼队方面，红五军团第十五军、第三十九师及红十二军也分别向霹雳山、雷公嵊和摇篮寨之敌发起进攻；预备队红三十八师进至焦坊待命。

10 时许，红三军团第一师主力，在迫击炮火掩护下向霹雳山之敌发起猛烈攻击，敌第三十二旅的一线阵地被红军占领。敌人为了守住第二线阵地，旅长莫与硕亲自到阵地上，手里扬着手枪，进行督战，还喊着："哪位连长能够打退赤匪，抢回阵地，我马上升他当营长。"这时候保命要紧，莫与硕开出的营长头衔无人响应。眼看着守不住阵地了，莫与硕本人也受了点轻伤，见大势已去，就先逃走了。旅长逃走，其他人自然无心恋战，二线阵地很快被红军攻破。12 时半，红军占领霹雳山。在攻击作战中，红一师师长彭绍辉率部冲锋，身负重伤。红军攻占霹雳山后，彭德怀、滕代远当即以预备队红三师投入战斗，与第一师协力向龙嘴寨攻击，并以一个团加强对黄柏山之敌的攻击。

黄柏山这里，红一军团第九师上午 10 时许赶到，11 时许，红七师才赶到。聂荣臻十分生气地责问两师负责人为什么迟到？他们解释，部队经过玉华山一段路时，树木都被当地群众砍倒了，横在路上，导致行军缓慢。砍树阻路，本是苏区群众防敌的措施，由于红七、红九师事先没有侦察清楚，才造成了延误攻击时间。

红九师、红七师到来后，增加了攻击力量。12 时许，红十师、红十一师向黄柏山发起猛攻。敌人居高临下，凭火力顽抗。红十师第二十八团政治委员沈联雄牺牲。战斗最激烈的时候，敌人的飞机前来助阵，到处扔炸弹。这时，林彪、聂荣臻，还有红七师师长彭雄和一个管理科科长在前沿阵地指挥位置。林彪正在写作战命令，一个炸弹下来，爆炸的气浪把林彪掀到了山坡下，管理科科长受了伤，聂荣臻和彭雄也被气浪掀在地上。他们起来，拍拍身上的尘土，继续指挥战斗。13 时许，林彪、聂荣臻命令军团参谋长徐彦刚率红九师用中央突破的战法猛攻敌人,策应左右邻部队的攻击。激战约两个小时,红九师将当面敌人冲垮。最后,红七师和红九师会攻黄柏山上残敌。由于敌人居高临下,红军是仰攻,在付出了比较大的伤亡后,终将黄柏山上敌人解决,敌人只逃跑了很少一部分。

战至 17 时,敌第十一师阵地全部被红军突破。红军各部队乘胜追击,将敌第十一师大部歼灭。

可笑的是,敌第十一师官兵每人发了一根绳子,说是准备捉了红军捆绑起来回去领赏用。让他们想不到的是,自己倒做了红军的俘虏。只不过红军优待俘虏,不会用他们带的绳子去捆他们。

草台岗战斗,红一方面军消灭了蒋介石的嫡系、陈诚赖以起家、素称没有打过败仗的国民党军第十一师,击伤敌师长萧乾和第三十二旅旅长莫与硕,击毙第六十二团团长曾孝纯、第六十四团团长孙嘉傅和第六十六团团长李宴芳。

红军追歼敌敌十一师时,敌第五十九师残部和第九师的一个团在罗卓英的严令下,在东陂地区向南增援,进至雷公嵊南端和大排地区,遭红三军团第二、第三师和红二十一、红二十二军的猛烈抗击,敌第九师的团长张琼被击伤,黄陂战斗漏网的第五十九师独立团团长陈君峰被击毙,第三五一团团长周化南被击伤。国民党军各部纷纷撤退,第四次"围剿"被红一方面军打破。

中央苏区第四次反"围剿"斗争,共消灭蒋介石嫡系部队三个师,俘敌 1 万多人,缴枪 1 万余支,蒋介石比割他的肉都心疼,在给陈诚的手谕中写道:"此此挫败,惨凄异常,实有生以来唯一之隐疼"。[1]有关回忆资料说,当陈诚在电话中接到第十一师溃败的报告后,"当时就脸色苍白的,手拿着电话发抖","顷刻之间,急得吐了几口血"。[2]陈诚打了败仗,向蒋介石自请"军法治处"。陈诚是蒋介石的爱将,哪里舍得!将手高高

---

[1] 转引自中共中央文献研究室编:《朱德传》(修订本),第 363 页。
[2] 黄维:《第十一师在宜黄以南的溃败情况》,文闻编:《"围剿"中央苏区作战密档》,第 160 页。

举起，轻轻放下，在回电对陈降级任用，并慰勉："骄必败，败者胜之机，望毋灰心。"①

中央苏区的第四次反"围剿"斗争的胜利，是周恩来、朱德运用和发展以往反"围剿"的成功经验，从战场实际出发，同中共临时中央、苏区中央局"左"倾教条主义作战方针进行艰难抗争的结果。在红一方面军处于受敌夹击的不利态势时，周恩来、朱德没有按照中共苏区中央局的命令进攻敌人重兵设防的坚城南丰，而是适时下定决心，毅然采取退却，用佯攻或伪装主力转移迷惑调动敌人，将大兵团兵力秘密集结起来，选择有利地形，出其不意地向敌军一部分发动猛烈攻击，迅速消灭或击破敌人一翼。这种大兵团伏击歼灭战的战法是此前不曾有过的，创造了红军历史上的战新范例。

---

① 周上凡：《陈诚部在第四次"围剿"中被歼记》，文闻编：《"围剿"中央苏区作战密档》，第 187 页。

第六章 第五次反"围剿"，以堡垒对堡垒，丢失中央苏区

一、"左"倾教条主义方针在中央苏区全面贯彻

中共临时中央迁入中央苏区

九一八事变后，全国规模的抗日救亡运动兴起的时候，中国共产党本应根据国内阶级关系剧烈变动的新情况，制定出正确的战略策略，以团结一切可能团结的力量，推动以抗日战争为中心的中国革命事业的发展。但是，党的六届四中全会后的中央及其后的临时中央，未能适应形势发展的需要，继续推行冒险主义和关门主义方针。这种错误方针的贯彻推行，使党在国民党统治区和苏区的工作，都遭到程度不同的严重损失。

这时，共产国际套用国际关系是资本主义世界和社会主义世界对立这一公式，过分强调帝国主义国家反对苏联和反对中国革命的一致性，忽视中日民族矛盾上升和帝国主义国家之间矛盾的发展，认为日

本侵占中国东北不仅是反对中国革命，而且是向反苏战争又前进了一步，要求中国共产党不仅要反对日本帝国主义，而且要反对一切帝国主义，并且强调以民众革命推翻国民党的统治是反对帝国主义民族革命战争的先决条件。中共临时中央根据共产国际的指示，也认为目前帝国主义反对苏联战争的危险，是最主要的危险，九一八事变是反苏战争的序幕。临时中央虽然也指出日本帝国主义是要把中国变成它的殖民地，提出"进行革命的民族解放战争来保卫中国"的正确口号，但从上述估计出发，又把"武装保卫苏联"作为反对日本侵略斗争的任务。当自己的国家遭受侵略时，却提出了保卫别国的口号，这样口号能会被国人所接受吗？

中共临时中央看不到日本侵略引起的中国社会阶级关系的新变化，否认以民族资产阶级为主体的中间势力的抗日要求，否认国民党内部在抗日问题上正在发生变化，认为当前形势的特点是革命与反革命的决战，中间势力帮助国民党维持它的统治，使群众不去反对与推翻国民党的统治，因而是最危险的敌人，应该以主要的力量来打击这些妥协的反革命派。一二八事变发生后，上海民众反日会中的共产党党团主张把召集"工农兵代表会议"的口号，改为召集"工农商学兵代表会议"的口号，临时中央竟认为这个口号有一个"商"字，是向资产阶级投降，是根本错误的。当上海抗战最激烈的时候，临时中央在1932年2月26日发表告全国民众宣言，提出七条主张，除主张坚决抗日外，还号召"武装的工人，农民，兵士，立刻成立革命军事委员会，领导这一民族的革命战争"，"由革命军事委员会召集工农兵以及一切劳苦民众的代表会议，它把政权交给民众自己的政府"等等。这种口号，排斥了中间势力，把可能成为朋友的力量，推向反动统治阶级一边。这种利用民众抗日要求高涨，要在敌人力量强大的大都市立刻实行类似俄国十月革命那样武装夺取政权，是非常不切实际的！

以博古为首的临时中央，没有丰富的斗争经验，只能照搬苏联经验和共产国际指示。在抗日已开始成为中国革命的中心问题时，不管哪个阶层、派别、集团、个人，只要主张抗日，反对蒋介石的不抵抗主义，就是倾向于革命的，或者至少是有利于革命的。但他们坚持认为，只有明确表示坚决拥护共产党领导的苏维埃政权，起来推翻国民党政权，才算是革命，因而只要是资产阶级，是属于国民党内的派系，即便主张抗日，仍然是反革命。他们所讲的统一战线，是排斥一切上层分子、排斥一切中间势力、只要"兵"不要"官"的所谓下层群众的统一战线。他们还粗暴地指责党内那些注意到和承认中间势力的抗日倾向并表示愿意与之合作的同志，是做了国民党各派及其他各派的俘虏。

中共临时中央没有把工作重点放在扩大抗日统一战线和发展革命力量上，而是片面强调国民党政权与苏维埃政权的对立。他们错误地估量形势，认为国民党统治的崩溃正在加速地进行着，红军和苏维埃能够立刻取得决定性的胜利。他们重新提出争取"中国革命在一省数省的首先胜利"的方针，指令各苏区的红军采取"积极进攻的策略"，攻打中心城市；规定党在国民党统治区的第一等的任务，是用最大的力量去开展城市工人的罢工斗争。他们在领导城市工人运动时，继续采取冒险主义的方针，如组织赤色工会，无条件地进行冲厂、罢工、全行业罢工等。他们拒绝采用合法的形式来组织工人，开展斗争。他们这样做，其实就是把基层组织通过努力建立和发展起来的一点力量，轻易送进虎口。他们不顾客观条件是否具备，要求山西、河南、河北、山东等地的党组织，通过发动兵变和工农运动，创造出"北方苏维埃区域"，并且为此于1932年6月在上海召开北方各省委代表联席会议，通过《革命危机的增长与北方党的任务》《开展游击运动与创造北方苏区的决议》等文件，错误地批判所谓"北方落后论"，否认全国革命发展的不平衡性，给北方各省党组织规定了不切合实际的立即创造北方苏区的任务和政策。而这时，党在北方各省的力量还很弱小，在日本侵略势力已经威胁到华北地区后，党本当适应群众的抗日要求，发动和支持群众的抗日救亡活动，积蓄和扩大革命力量。但是，在北方各省委代表联席会议后，北方一些省的党组织按照会议要求，不顾客观条件，先后发动多次毫无成功希望的武装暴动。如山东省委自1932年8月至1933年9月，先后指示地方党组织在博兴、益都（今青州市）、日照、沂水、苍山、龙须崮发动六次大暴动，均遭到失败。河北省委用限定日期的办法，指令一些地方的党组织发动几次暴动，也遭到了失败。这些莽撞、冒险和命令主义的做法，给革命事业造成的损失，令人痛惜，教训十分深刻！

在国民党的反动统治下，中国共产党在国民党统治区活动本来就极其困难，临时中央推行冒险主义和关门主义，把自己变成孤家寡人，使这种困难变得更加严重，因而使党在国民党统治区的组织和工作遭到严重损失。例如，从1931年初到1932年底，中共河北省委遭到三次大破坏，1933年又遭到四次大破坏。唐山省委、北平市委等也都遭到破坏。1931年4月到1933年7月，中共山东省委遭到五次大破坏，并与中共中央失去联系。国民党统治区的工运工作也受到很大破坏，赤色工会会员到1933年1月剩下不足3000人。

由于党在国民党统治区的组织屡屡遭到破坏，中共临时中央在上海待不下去了。1932年10月，共产国际执行委员会东方地区书记处向共产国际执行委员会书记处建议："[中共]中央从上海迁至苏区"。共产国际执行委员会书记处政治委员会会议讨论后，决定"暂时不作出决定"，责成"[共产国际执委会]东方地区书记处和组织应再一次认真地研究一下中国[共产党]的组织系统"[1]。

共产国际执行委员会书记处政治委员会会议没有通过，王明于11月2日给联共（布）驻共产国际执行委员会代表团写信求助。信中说："根据一般政治上的考虑和由于骇人听闻的恐怖，党的领导中心几乎没有可能在上海存在，因此提出了最大限度地减少我党在上海的机构并将中央迁往中央苏区的问题。"[2]

虽然没有发现联共（布）驻共产国际执行委员会代表团对王明的要

---

[1] 《共产国际执行委员会书记处政治委员会会议第278（Б）号记录》（1932年10月15日于莫斯科），中共中央党史研究室第一研究部译：《共产国际、联共（布）与中国革命档案资料丛书·联共（布）、共产国际与中国苏维埃运动》（1931—1937）第13卷，第221页。

[2] 《王明给联共（布）驻共产国际执行委员会代表团的信》（1932年11月2日于莫斯科），中共中央党史研究室第一研究部译：《共产国际、联共（布）与中国革命档案资料丛书·联共（布）、共产国际与中国苏维埃运动》（1931—1937）第13卷，第225页。

求是什么态度，但 12 月 3 日共产国际执行委员会政治书记处政治委员会会议讨论王明提出的中共临时中央迁往中央苏区的建议，说明联共（布）驻共产国际代表团是起了作用的。共产国际执行委员会政治书记处会议决定："采纳王明同志的建议，将中共中央、[中国]共青团中央和赤色工会理事会①从上海迁往苏区，在上海只留下这些机构的全权代表。"②

12 月 19 日，中共临时中央致电共产国际执行委员会政治书记处政治委员会，建议："在上海留一名[中共]中央的代表，一名总会③的代表和一名负责联络的同志，并成立[中共]上海中央局来领导整个联络、印刷、无线电和情报工作。他们必须脱离当地的党组织。只是其中一人应与上海党组织每周或每两周联系一次。"并说："我们决定，在上海的[中共]中央代表将是斯拉文④，并立即派赵容⑤去你们那里作为我们的新代表。"电报还告知："[中共]中央政治局和共青团以及总会的其他成员，包括伊思美洛夫⑥、波戈列洛夫⑦、梅尔库洛夫⑧和陈云逐渐地去中央苏区。我们建议[中共]中央迁至中央苏区后召开第五次全会，以便总结近两年来的斗争经验，并确定明确的主要任务和苏维埃运动的策略。"⑨中共临时中央这封电报，提出了其迁往中央苏区后留在上海的党的领导机构组织框架、去共产国际的新代表和去中央苏区的中共临时中央领导成员。特别值得注意的是，要召开六届五中全

---

① 指中华全国总工会。

② 《共产国际执行委员会政治书记处政治委员会会议第 284（Б）号记录》（1932 年 12 月 3 日于莫斯科），中共中央党史研究室第一研究部译：《共产国际、联共（布）与中国革命档案资料丛书·联共（布）、共产国际与中国苏维埃运动》（1931—1937）第 13 卷，第 253 页。

③ 指中华全国总工会。

④ 李竹声。

⑤ 康生。

⑥ 张闻天。

⑦ 秦邦宪。

⑧ 王云程。

⑨ 《中共中央给共产国际执行委员会政治书记处政治委员会的电报》（1932 年 12 月 19 日于上海），中共中央党史研究室第一研究部译：《共产国际、联共（布）与中国革命档案资料丛书·联共（布）、共产国际与中国苏维埃运动》（1931—1937）第 13 卷，第 281 页。

会，总结两年的斗争经验，提出主要任务和策略，其实就是要在苏区全面贯彻"左"倾教条主义方针、策略，这就预示着中央苏区将面临着更加严重的困难局面。

共产国际执行委员会东方书记处很快同意了中共临时中央的建议，指示："为了加强上海中心，除斯拉文以外，建议利用不久前派去的不为警察侦探所熟悉的米茨凯维奇①和阿尼西莫夫②同志。""中共中央五中全会只应在王明到来后召开，他应是这次全会上的主要报告人之一。""除赵容外，有必要再派一名中共驻共产国际执委会的代表。后者必须是中央苏区局组成人员，应在王明同志回去后再来。""我们的代表应留在上海帮助［中共］上海中央局。"③共产国际东方书记处这个电报，除了对留在上海的领导机构的人员明确指示外，很重要的是要把王明派回国，到中央苏区去，并任中共中央的最高领导者。

12月22日，共产国际执行委员会政治书记处政治委员会给中共中央拍电报，询问："王明是否直接去香港，你们能否从那里把他及其夫人送到中央苏区？请立即回复。"④

共产国际很急，想让王明直接走香港，通过秘密交通线进入中央苏区。没有看到中共临时中央如何回复共产国际的电报，但从12月27日共产国际国际联络部驻上海代表格伯特给共产国际书记皮亚特尼茨基的电报可以看出些端倪。格伯特在电报中说："同意［中共］中央意见，我们建议将中央委员会的以下人员组成交给［中央苏区］：［中共中央］政治局由13名委员（其中两名不在国内⑤）和5名候补委员组成：第1号

---

① 盛忠亮。

② 汪盛狄。

③ 《共产国际执行委员会东方书记处给中共中央的电报草稿》（1932年12月21日于莫斯科），中共中央党史研究室第一研究部译：《共产国际、联共（布）与中国革命档案资料丛书·联共（布）、共产国际与中国苏维埃运动》（1931—1937）第13卷，第283页。

④ 《共产国际执行委员会政治书记处政治委员会给中共中央的电报》（1932年12月22日于莫斯科），中共中央党史研究室第一研究部译：《共产国际、联共（布）与中国革命档案资料丛书·联共（布）、共产国际与中国苏维埃运动》（1931—1937）第13卷，第285页。

⑤ 指王明和康生。

波戈列洛夫，第 2 号伊思美洛夫，第 3 号赵容（未来驻共产国际的代表），第 4 号陈云，第 5 号沃罗夫斯基①，第 6 号莫斯克文，第 7 号布林斯基，第 8 号项英，第 9 号邓发，第 10 号毛泽东，第 11 号 jungend②，第 12 号王明，第 13 号斯皮里多夫③。""书记处由 6 人组成：第 1、2、4、6、7 号，书记：第 1、6、8 号。"④ 从电报中中共临时中央提交的中共六届五中全会的人事名单看，王明只是政治局成员，书记处成员是博古、张闻天、陈云、周恩来、张国焘，书记则为博古、周恩来、项英。很明显，这个名单中，王明不是核心成员，博古不仅是核心成员，而且是核心中的核心。尽管这个名单并不是中共六届五中全会召开后中央领导机构的名单，但反映出一个微妙的情况，博古似乎不希望王明这时回国进入中央苏区。

从 1933 年 1 月开始，中共临时中央的领导成员们陆续离开上海，经秘密交通线进入中央苏区。

中共临时中央进入中央苏区后，博古召集在瑞金的临时中央政治局成员和中共苏区中央局成员开会。出席会议的有博古、张闻天、陈云、刘少奇、项英、任弼时、顾作霖、邓发。周恩来、朱德、王稼祥因在前方指挥第四次反"围剿"作战，未能出席会议。毛泽东在长汀养病，也未出席会议。会议决定成立中共中央局，以博古为总负责人，博古、张闻天为常委。张闻天任中央局宣传部部长兼中央党报委员会书记，任弼时任中央局组织部部长，严重为秘书长。

中共中央局成立后，以周恩来为书记的中共苏区中央局并未宣布撤销，对外仍以中央苏区中央局名义行文。但从此以后，中共中央局直接领导中央苏区的工作。中共中央局实际上是以博古为首的中共临时中央在中央苏区的领导机构。

博古不但把党权全部抓在自己手里，而且还抓军权。5 月 8 日，根

---

① 黄平。

② 德文：年轻人，即中国共青团书记，当时是王云程。

③ 张国焘。

④ 《格伯特给皮亚特尼茨基的电报》（1932 年 12 月 27 日于上海），中共中央党史研究室第一研究部译：《共产国际、联共（布）与中国革命档案资料丛书·联共（布）、共产国际与中国苏维埃运动》（1931—1937）第 13 卷，第 286 页。

据中共临时中央的提议，将中华苏维埃共和国中央革命军事委员会同红军总部分开，在前方组织中国工农红军总部，任命朱德为中国工农红军总司令兼红一方面军总司令，周恩来为中国工农红军总政治委员兼红一方面军总政治委员；把原来随军在前方的中革军委机关移至瑞金，增加博古、项英为中革军委委员。并规定：当中革军委主席朱德在前方时，这个职务由项英代理。由于博古、项英成为中革军委成员，并且由项英代理中革军委主席，中革军委就由原先中共苏区中央局领导下的苏区军事最高领导机构成为中共中央局领导下的中共最高军事领导机构，起着中共中央军委的职能。由于博古的到来，红军的最高军事指挥体制发生了重大变化。不懂军事的博古、项英控制了中革军委，掌握了作战计划和行动方针的决定权。前方的周恩来、朱德不再有作战计划和行动方针的决定权，只有具体作战指挥权。这样，在毛泽东离开红军领导岗位后，周恩来、朱德的军事领导权力也被大大压缩。

博古在党内资历甚浅，既没有什么重大建树，又没有什么威望，只是在顾顺章、向忠发先后被捕叛变，中央主要领导干部相继转移到安全地带或撤离上海，留在上海的中央委员和政治局委员都已不到半数的非常时期，才担任了临时中央的负责人的。到了中央苏区，他当仁不让地当了中共中央局负责人，而且去抓军权。1945 年 5 月 3 日，博古在中共七大的发言中曾检讨了他当时的心迹。博古说：

在上海中央破坏后，由老的中央政治局委员指定我做临时中央负责人。当指定我做这个工作的时期，我并没有感到不能担任领导整个党这样的事情。相反的，当时背了相当多的包袱，反对李立三的英雄是一个包袱，李立三把我处分了，四中全会取消了我的处分，这时又洋洋得意，再加上四中全会后我在青年团做了一个时期的工作，少共国际的决议上，说我们的工作有成绩有进步，这又是一个包袱，说我领导团还行，难道就不能领导党？第二没有就就业业之心，毫没有对革命、对党、对人民有很严重的责任感。做了临时中央负责人以后，更发展自己品质的坏的方面，目空一切，看不起任何人，不请教任何人，觉得我比任何人都高明，要是有人有老子第一的想法，那我就是这样的人，发展了刚愎自用，不愿自我批评，不愿意听人家批评，对于一切错误采取文过饰非的态度。也因为这样，在临时中央到了苏区以后，这个时候我只是在形式上推一推，"请别的同志担负吧！"别的同志说，"还是你来吧。"我说"好，就是我。"①

经过延安整风运动和 12 年的时间沉淀，博古发言中对他当时任中央负责人的想法的剖析是真实和深刻的。

反对"罗明路线"和反对邓、毛、谢、古

博古率领中共临时中央迁入中央苏区后，开始全面推行"左"倾教条主义方针和路线，干的第一件大事就是反对"罗明路线"。

罗明是何许人呢？

罗明，广东大埔人，1900 年生。1925 年厦门集美师范学校毕业，后入广东大学学习。省港大罢工爆发后，曾在省港罢工委员会协助工作。1926 年后，曾任中共汕头地委书记、闽南临时委员会书记、福建临时省委书记、福建省委代理书记。1928 年 4 月赴苏联莫斯科参加中共第六次全国代表大会。回国后历任中共闽粤赣边区特委组织部长，福建省委代理书记。

博古等反对"罗明路线"，实际上是反对中央苏区以毛泽东为代表的正确主张。那么，博古他们为什么要拿罗明开刀呢？事情还须从毛泽东宁都会议后到长汀福音医院养病说起。

毛泽东到长汀福音医院养病时，同在医院养病的还有江西省苏维埃政府副主席陈正人、中华苏维埃临时中央政府内务部部长周以栗。中共福建省委、省苏维埃政府机关驻在长汀，时为省委代理书记的罗明，因为腰伤也在这个医院治疗。

---

① 吴德坤主编：《遵义会议资料汇编》，中央文献出版社 2009 年版，第 125 页。

以闽西为主要区域的福建苏区是毛泽东呕心沥血创建的，是中央苏区的重要支撑，所以在养病期间，毛泽东对福建苏区非常关心。毛泽东虽然离开了红军的领导岗位，但仍是苏维埃临时中央政府的主席，因而常找罗明、张鼎丞、谭震林等福建苏区党政领导人谈话，了解情况，指导工作。毛泽东对罗明说，福建和江西一样，应加紧开展广泛的地方游击战争，以配合主力红军的运动战，使主力红军能集中优势兵力，选择敌人的弱点，实行各个击破，消灭敌人有生力量，粉碎敌人的第四次"围剿"。毛泽东还认为，边区和苏区中心区域的工作应有所区别。在上杭、永定、龙岩老区开展游击战争，牵制和打击驻漳州和广东的国民党军队的进攻，对于粉碎敌人的"围剿"，保卫中央苏区十分重要。

罗明认为毛泽东的意见很对很重要，不待腰伤好完就急急忙忙出院工作，召集省委成员开会，传达毛泽东的意见。中共福建省委决定由省委常委、组织部部长刘晓主持省委工作；罗明任特派员，作为省委全权代表，去上杭、永定、龙岩地区与方方、谭震林一起，成立中共前敌委员会，领导开展上杭、永定、龙岩地区的政治动员和军事行动。罗明还到长汀、新泉、上杭、永定等县，分别召开各县县委扩大会议，传达毛泽东的指示，部署开展游击战争。

在罗明的领导下，上杭、永定、龙岩地区积极开展游击战争，取得了很好的战果，以上杭白砂为中心，打了三次胜仗，给进犯苏区的敌人以有力的打击。

罗明根据上杭、永定、龙岩地区的斗争实际，于1933年1月21日在新泉写了《对工作的几点意见》的书面报告给省委。随后，他又在旧县写了《关于杭永岩情形给闽粤赣省委的报告》。同时，中共新泉县委书记杨文仲也给省委写了信。罗明和杨文仲的报告和信，具体反映了闽西的实际情况，提出了对工作的意见：1. 闽西地方红军应向敌人力量薄弱的闽西北发展。2. 要迅速造成新的红军主力。在扩大红军时，中心区域和边缘区域应区别对待。扩大红军时应以扩大独立师、团为主，充实地方武装，而不应将所有兵员都集中到主力兵团去。3. 地方武装应开展灵活的游击战争，从打小仗、打胜仗中锻炼提高。分兵把口是错误的，不估量地方武装力量，硬打强敌也是错误的。4. 各县区的工作应着重抓好中心区域，使其带动其他县区的工作。

这些意见符合闽西实际，是在斗争实践中的经验总结，是正确的。

博古等人从上海进入中央苏区后到达白砂时，正巧罗明也在白砂指导工作。罗明利用吃饭的时间，向博古汇报了自己的上述想法。博古听后问：你是省委代理书记，不领导全省工作，跑到杭、永、岩来干什么？罗明回答：我是按照毛泽东同志的指示并经省委决定，来这里开展游击战争的。博古听后一怔：毛泽东的指示？随即转问罗明对中央的新指示即"进攻路线"有何意见。罗明回答说还没有听到传达。当回答博古询问对苏区当前斗争意见时，罗明如实相告：苏区的革命斗争要和白区的抗日斗争结合起来，应根据苏维埃中央政府和军委会提出的抗日、民主和停止进攻苏区三项条件，同各党派、各军队联合起来共同抗日。博古不待罗明说完，把手一挥，说：吃饭了，不谈了。

博古、张闻天等到瑞金不久，罗明和杨文仲给福建省委的报告和信也转到了中共中央局。他俩把报告和信看了以后，博古联想到他在白砂与罗明的谈话，便断然认为报告和信对革命是"悲观失望的""机会主义的"，是"退却逃跑路线"，等等。尤其是罗明在《关于杭永岩情形给闽粤赣省委的报告》中，强调必须改变过去的那种"空洞说教"，强调要"切实保护群众利益，调动群众的斗争情绪和胜利信心"，并说："如果我们不懂得这一点"，"那就请我们最好的领袖毛主席、项主席、周恩来同志、任弼时同志，或者到苏联去请斯大林同志，或者请列宁复活，一齐到上、下溪南，或者到其他已受摧残的地方去对群众大演讲三天三夜，加强政治宣传，我想也不能彻底转变群众斗争的情绪。"

在博古心中毛泽东定格的形象是一个"右倾机会主义者"，好家伙！在罗明这里竟成了"最好的领袖"，甚至放在与斯大林、列宁相提并论的地位。博古等人认为，不开展对罗明的斗争，就无法在苏区全面推行"进攻路线"。于是，博古等于2月上旬把在长汀的刘晓、张鼎丞等狠狠地批了一顿，并决定在福建苏区开展反对"罗明路线"斗争。

2月15日，博古主持中共苏区中央局会议，作出《苏区中央局关于闽粤赣省委的决定》，指出："中央局检阅了福建省委工作之后，认为省委是处在一种非常严重的状态中，在省委内一小部分同志中，显然形成了以罗明同志为首的机会主义路线。"称"这一路线对于目前革命形势的估计是悲观失望的，对于敌人的大举进攻表示了张惶失措"，"主张党应该抛弃这一苏区根据地，向着后方逃跑退却，这一路线甚至公开走上了取消党，取消群众革命团体的取消主义道路"。在扣完大帽子之后，作出关于反对"罗明路线"的决定，少共中央局也紧跟，在2月20日作出《关于开展反对罗明路线斗争的决议》，决定改组福建团省委，同时在全苏区团内开展反对"罗明路线"斗争。

2月23日出版的中共苏区中央局机关理论刊物《斗争》第三期，刊登了《苏区中央局关于闽粤赣省委的决定》，同时还刊登了张闻天的文章《什么是罗明同志的机会主义路线？》以及2月20日作出的《中共中央局关于开展反罗明路线斗争的决议》。

博古等大张旗鼓开展反对"罗明路线"斗争时，罗明还蒙在鼓里。他在上杭县看到《斗争》刊登的苏区中央局、中共中央局决议和张闻天的文章时，才知道苏区中央局和中共中央局已先后决定开展反"罗明路线"的斗争。后来，福建省委通知他立即从上杭返回长汀参加会议。途中，碰到张鼎丞，他不解地问道：我究竟犯了什么错误？张鼎丞告诉他：他们说我们犯了路线错误，说我们不扩大红军，只顾打游击战争。罗明说：我们工作上有许多错误，但没有路线错误，如果是路线错误，为什么第三次反"围剿"取得了胜利，根据地得到这样快的扩大？我们并没有反对扩大主力红军，只是要求对中心区和边缘区应有区别。就是在杭永岩地区也没有说不能扩大主力红军，这哪里是路线错误？

2月24日，根据中共苏区中央局的布置，中共福建省委在长汀城召开临时代表大会，中央局派张闻天参加。罗明按照中央局的决定在会上作了"检查"。会上虽然对罗明进行了批判，但各地代表仍有不同意见。会议作出了《临时省委对〈中央局关于闽粤赣省委的决定〉的决议》。此后，反对"罗明路线"的斗争就在福建苏区开展起来。

中共福建省委临时代表大会之后，罗明又被调到瑞金去"检查"。由于罗明不承认自己犯了路线错误，一位"左"倾教条主义者和他谈话，说：你不承认有路线错误，还引用列宁的话来反驳，你们山沟里有什么马列主义？你说的边缘区和中心区不能一样扩大主力红军，要采取逐步扩大的办法，是不是说我们不了解边缘区的实际情况，要我们去调查研究？这是你们狭隘的经验主义。你不承认是路线错误就开除你的党籍，撤销你的党内外一切职务。这个人还对罗明说：还有比你更高级的领导干部，也犯了同样错误。在瑞金，罗明被批斗了好几天。在一次批斗会上，有人甚至提出要枪毙他，让杨尚昆给劝住了。最后，罗明和杨文仲一起被调到中央党校学习和工作。

反对"罗明路线"斗争首先在福建省委机关展开，然后自上而下，由内到外，全面铺开，一直搞到每一个支部、区乡苏维埃政府。凡是对反"罗明路线"怀疑、不同意、不满意、不积极拥护、不坚决执行的同志，一律戴上"右倾机会主义""富农路线""罗明路线""调和路线""两面派"等大帽子，进行"残酷斗争""无情打击"，把对待敌人的斗争方式用来对待自己的同志和进行"党内斗争"，搞得人人自危，伤害了许多好同志。如张鼎丞明确表示不同意反"罗明路线"，被扣上了"一贯的机会主义、官僚主义者"的帽子，被撤销了福建省苏维埃政府主席职务；中共福建省委常委、福建军区司令员谭震林因拒绝检查犯了"罗明路线"错误，被攻击为罗明的"好徒弟"、"腰痛脚软的机会主义者"，不久被撤销了军区司令员的职务；福建省委常委郭滴人被说成是"罗明路线"的拥护者，对他进行斗争后调到省委宣传部。不久又加以打击，调到军区宣传部，再加以打击，调去监视几十个人修筑工事，还说他不行，最后调到军区宣传部当勤务员的教员；省委常委兼组织部部长刘晓和团省委书记陈荣，被指责为"腐朽的自由主义和调和主义者"而受到批判，陈荣被撤职；省委宣传部部长李明光、省苏维埃政府土地部部长范乐春、军事部部长游端轩、省军区的杨梅如、霍步青等，也都受到批判打击。此外，上杭、长汀、永定、连城、武平、汀东等县委、县苏维埃的领导，新泉、武平、宁化、永定等团县委书记及一大批基层领导干部，都先后受到打击和撤换。这些受到打击的干部，都是积极拥护毛泽东正确主张的干部。

博古等在福建开展反对"罗明路线"斗争后，又在江西开展了反对以邓小平、毛泽覃、谢唯俊、古柏等为代表的所谓"江西罗明路线"斗争。

邓小平时任中共会昌、寻乌、安远中心县委书记；毛泽覃曾任中共苏区中央局秘书长，永丰、吉安、泰和中心县委书记；谢唯俊曾任中共赣西南特委委员、赣东特委书记、江西省第二军分区司令员；古柏曾任中共寻乌县委书记、县苏维埃政府主席，红一方面军总前委秘书长，江西省苏维埃政府党团书记兼内务部部长、文化部部长。

这四个人为什么成为博古等人锁定的新目标呢？原来他们都是务实派，有一个共同的特点，即对脱离实际的、空泛的"左"倾教条主义很反感，曾分别发表过一些正确意见，抵制"左"的做法。如主张在红军弱小的情况下应向农村发展，不赞成向中心城市和交通要道发展；主张"诱敌深入"，然后集中力量各个歼灭，不赞成硬拼；主张主力红军、地方红军、群众武装都应发展，互相配合，不赞成用削弱地方武装和群众武装的办法扩大红军；认为苏区的中心区和边缘区的工作应加以区别，不能采取一样的办法；在土地分配问题上，坚持"抽多补少""抽肥补瘦"的正确政策；主张苏区的行政、扩大红军、地方武装等工作都由政府负责，不应由党代替政府工作。在赣南会议前后，他们就批评那些从上海派来的脱离苏区实际的领导者是"洋房子先生"，说他们是专门到苏区来"找岔子"的。针对有人批评毛泽东是"狭隘经验论"，他们反驳说："大城市产生了立三路线，我们苏区的山上，却全是马克思主义"。他们在各自的岗位上，抵制"左"倾错误，是毛泽东正确主张的支持者，成为博古等推行"进攻路线"的绊脚石，博古等人当然要搬掉他们。

反"江西罗明路线"斗争的突破口是寻乌事件。那么，寻乌事件又是怎么一回事呢？

1932年11月下旬，国民党粤军在会昌、寻乌、安远三县苏区周围驻兵约有七个师。这时，蒋介石正准备对中央苏区进行第四次"围剿"，于是诱迫担任赣粤闽"剿匪"副总司令的陈济棠发动对会昌、寻乌、安远苏区发动进攻。而原先在这一带活动的红二十一军已经编入主力红军赴赣东准备参加第四次反"围剿"作战，留下来的只有三分区的游击大队100余人和各县的游击队、赤卫队，战斗力很弱，根本无法抵御国民党粤军七个师的大举进攻。粤军乘会、寻、安三县兵力空虚之机，分三路向这里发动猛攻，其中一路占领了几乎整个寻乌县。中共会寻安中心县委书记邓小平面对敌人的猛烈进攻，积极带领苏区群众实行坚壁清野，以灵活的游击战术与敌周旋，无奈敌我力量相差太大，寻乌县城被粤军占领。

寻乌县城丢失后，中共会昌县委书记罗屏汉于12月21日给江西省委写了一个总结报告，以自我批评的方式检讨说，县委乃至中心县委都存在严重的"纯粹防御"观念，没有主动向敌出击，才导致寻乌县事件发生及会昌、寻乌、安远三县一些边区被敌人占领。罗屏汉的这个报告本身就不符合客观实际，不想中共江西省委认可了他的观点，在给苏区中央局的报告中亦认为会寻安中心县委存在"纯粹防御"和"消极防御"的错误。这下，可给了"左"倾领导者一颗打击邓小平的"炮弹"。1933年2月23日，《斗争》第三期发表的《什么是进攻路线？》文章中，点名批判中共会寻安中心县委犯了"纯粹防御路线"的错误，指责"永吉泰与会寻安长期陷在纯粹防御的泥坑口"，提出要"反对一切机会主义的动摇，反对机会主义的逃跑和纯粹防御的路线，反对对于这些路线的调和"。

《什么是进攻路线？》一文发表后，中共江西省委迫于博古等人的压力，采取了两项措施：一是将邓小平从会寻安中心县委调到省委任宣传部部长；二是于2月28日致信会寻安中心县委，严厉批评其"纯粹防御路线"错误。邓小平调到省委后，省委书记李富春派他于3月中旬前往万泰、公略、永丰苏区巡视，代表省委解决那里的问题。

中共江西省委对邓小平的处理方式令博古等人不满。3月下旬，邓小平回到江西省委刚汇报完工作，就被博古等人叫到瑞金，名义上是参加中共中央局会议，全面汇报会、寻、安三县的工作，实际上是接受博古等人的"审判"。会后，邓小平被迫向中央局递交了一份题为《会寻安工作检查》。

3月底，由于对江西省委不满意，中共中央局不让江西省委参加，直接在会昌县筠门岭倒水湾召开会、寻、安三县党的积极分子会议。张闻天代表中共中央局主持会议，并作了政治报告和结论。3月31日，会议作出了《会寻安三县党积极分子会议决议》。决议称："会寻安三县，过去在以邓小平同志为首的中心县委的领导之下，执行了纯粹防御路线。这一路线在敌人大举进攻前面，完全表示悲观失望，对于群众的与党员同志的力量没有丝毫信心，以致一闻敌人进攻苏区的消息，立刻表示张皇失措，退却逃跑，甚至将整个寻乌县完全放弃交给广东军阀。这一路线显然同党的进攻路线丝毫没有相同的地方。这是在会寻安的罗明路线。说纯粹防御路线不是罗明路线的观点，是完全错误的。"① 会议改组了会寻安中心县委，并改组了三县县委常委会。

然而，事情并没有因开了会、寻、安三县党的积极分子会议和改组中心县委就完结，而是进一步升级。张闻天将他在会、寻、安三县党的积极分子会议上的政治报告和结论，改成一篇《罗明路线在江西》的文章，在《斗争》第八期上发表。文章说："仔细地检查江西一些边区的工作，那我们立刻可以看到罗明路线不但在福建的杭永岩，而且也在江西。"② 文章把邓小平当成"江西罗明路线"的主要代表人物，并点了万泰、公略、永丰、乐安等边区县党组织的名，指令中共江西省委在全省开展反对"江西罗明路线"的斗争。

在博古为首的中共中央局的重压之下，4月16日至22日，中共江西省委不得不在宁都七里村省委机关驻地召开"江西党三个月工作总结会议"。博古亲自到会督阵，参加会议的有江西省委委员、各中心县委书记和县委书记、省直机关党的负责人、军队中党的负责人，共200余人。会上，博古等人仅凭着邓小平、毛泽覃、谢唯俊、古柏给毛泽东写过一两次信，就给邓小平等扣上"罗明路线"在江西的"创造者"和"反党的派别和小组织的领袖"的大帽子。

---

① 《会寻安三县党积极分子会议决定》（1933年3月31日），《斗争》第八期，1933年4月15日出版，第6—7页。

② 洛甫：《罗明路线在江西》，《斗争》第八期，第1页。

这次会议开了七天，“左”倾领导者发动和组织与会者对邓小平、毛泽覃、谢唯俊、古柏进行一次又一次的批判，强迫他们承认犯了“纯粹防御”“退却逃跑”“取消苏维埃革命”等错误。邓小平等四人在遭受“无情打击”后，始终坚持马克思主义者的原则立场，只承认自己在工作中存在的缺点错误，对于强加在他们头上的种种莫须有罪名一概不承认、不检讨。“左”倾领导者撤销了他们四人的党内外一切职务，还下了他们的枪，将他们下放到基层劳动。

4 月下旬，在中共中央局的严厉督促下，江西省委在全省开展反“江西罗明路线”的斗争，从省委到各中心县委、县委、区委直至基层支部的领导干部和政府机关、群众团体工作人员，许多都受到错误的批判斗争。

无论是在福建反对“罗明路线”，还是在江西反邓、毛、谢、古，矛头都是对准毛泽东的。目的是反对以毛泽东为代表的正确主张，为“左”倾教条主义的“进攻路线”开辟道路。1941 年 9 月 10 日，毛泽东在中央政治局扩大会议上指出：“一九三三年反邓、毛、谢、古‘右倾机会主义’的一篇文章，实际上是指鸡骂狗。当时认为‘罗明路线’在福建，在江西，在建黎泰，整个中央苏区都弄成是‘罗明路线’。”[1]1945 年 4 月 21 日，毛泽东在中共七大上的一次讲话中说：“反罗明路线就是打击我的，事实上也是这样”。[2]

福建和江西，是中央苏区的最主要的也是最基本的区域，在这两个区域开展反“罗明路线”斗争，打击了一大批具有实践经验、拥护毛泽东的正确主张的骨干力量，对于反对国民党军的第五次“围剿”产生了极为不利的影响。

---

① 毛泽东：《反对主观主义和宗派主义》（1941 年 9 月 10 日），《毛泽东文集》第二卷，人民出版社 1993 年版，第 373 页。

② 毛泽东：《中国共产党第七次全国代表大会的工作方针》（1945 年 4 月 21 日），《毛泽东在七大的报告和讲话集》，第 14 页。

红一方面军第五次反"围剿"战前敌我态势图
（1933 年 9 月）

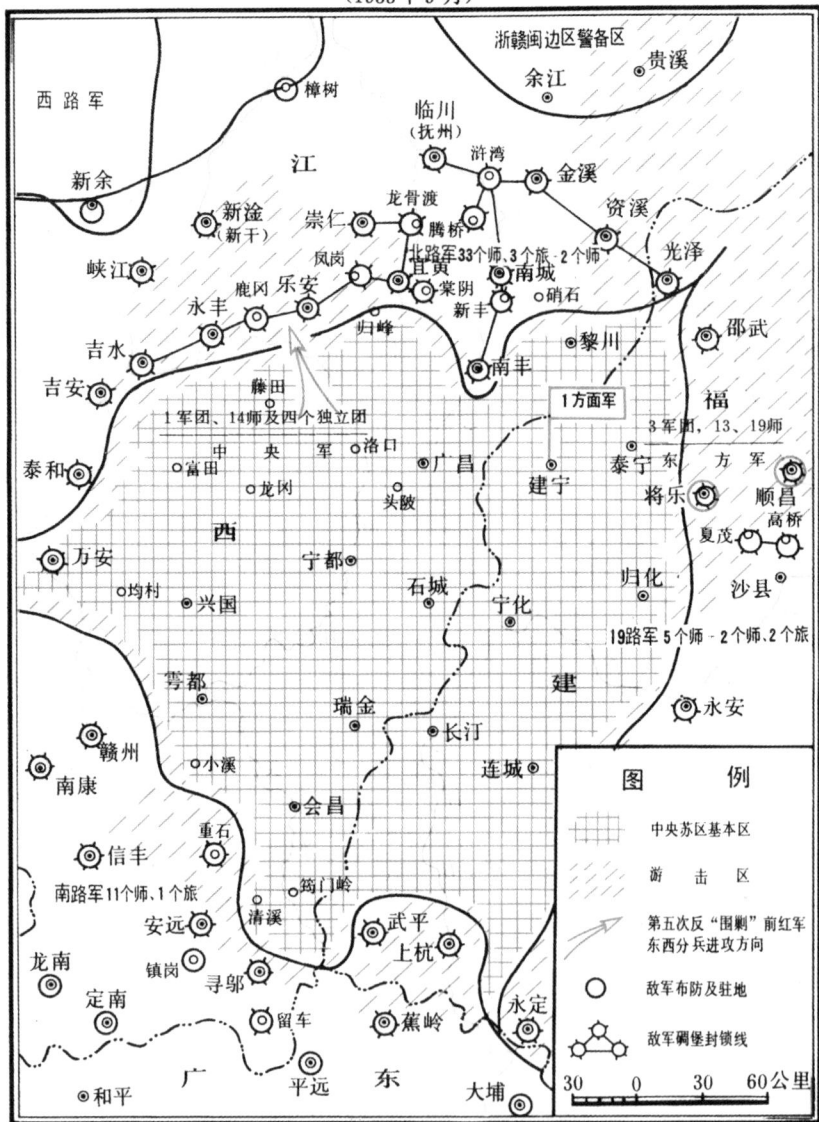

红一方面军第五次反"围剿"战前敌我态势图

红军主力分离作战，实行"两个拳头打人"

中央苏区第四次反"围剿"胜利后，敌我态势发生很大变化。敌中路军在黄陂、草台岗吃大亏以后，龟缩在乐安、宜黄、南丰、南城和抚州等城内，不敢再轻易向苏区进犯。其东路军和南路军本来就是抱着观望的态度，见中路军遭到红军沉重打击，就更不敢轻举妄动了。中央苏区军民迎来向外发展的好机会，若采取正确的方针、策略，巩固和扩大苏区，将为中央苏区第五次反"围剿"创造有利条件。然而，博古为首的"左"倾教条主义领导者，采取了错误的方针、策略，使中央苏区军民错过了发展的大好时机。

1933年3月22日，红一方面军刚打完草台岗战斗，部队尚未休整，博古等人就按照向北发展、夺取中心城市的战略方针命令部队立即出发，进攻乐安。接到命令，红一方面军顾不上打扫战场，就立即向乐安开进。24日，红军到达乐安前线，将乐安四面包围起来。

防守乐安的是敌第四十三师一个旅。该敌从1932年9月重占乐安后，就在乐安城外构筑了大量坚固的堡垒工事，城墙也作了加固，城防工事和火力也都有较大的增强。红一方面军以红一军团为主，在25日、26日连续两天对乐安展开强攻，都被敌人堡垒里的机枪火力所压制。红军虽然打得很英勇，但始终没有突破敌人堡垒线。27日、28日，红军改为夜袭，也没有成功。29日，当红军再次准备以坑道爆破攻城时，国民党军以五个师增援乐安，其先头第十四师、第九十师各一部已经进至崇仁。红一方面军首长见此情况，命令停止进攻，派小部队监视敌人，主力撤围乐安。

攻打乐安不克，不能不令人深思，为什么敌人以一个旅的兵力，凭借工事和火力坚守一个小县城，而红军尽遣主力却屡攻不下？究其原因，主要是红军缺少炮兵，仅靠步枪、手榴弹和少量机枪，是难以摧毁敌人坚固堡垒工事的。红军的特长是运动战、野战、集中优势兵力打歼灭战，在敌强我弱、敌人装备优良的情况下，红军应该扬长避短，不能打攻坚战、消耗战。非常遗憾的是，博古等"左"倾领导者根本认识不到这一点，还是要求红军执行他们的"进攻路线"，去攻打城市。

3月底，红十六军进攻新干。4月5日，红一方面军首长以一部兵力佯攻永丰，主力则开到永丰以西以北地区，待敌人来增援新干或永丰时在野战中消灭之。接到命令后,红军各部队即向水东、鹿岗、谭城桥、戴坊、龚坊一带开进待机。但是,敌人有了不久前惨败的教训,都躲在城里不轻举妄动,一直到6月上旬,红军都未能获得战机,只好在当地进行打土豪、筹款等工作。

6月4日,红一方面军首长获悉驻守宜黄的敌第十师与驻守抚州的敌独立第三十二旅调换防务,敌独立第三十二旅先头2000余人已经由抚州到达宜黄,还有两个团正向宜黄开进,遂于6月5日命令红一军团为主攻,红五军团为助攻,红三军团为总预备队,进攻和消灭敌独立第三十二旅,并由红一军团统一指挥三个军团的作战行动。

接到命令后,林彪、聂荣臻率领部队连夜由乐安北面的沙港、马鞍坪一线出发,冒雨在崇山峻岭中沿羊肠小道急行军九个小时,走了70多里山路,赶到了宜黄以北附近地区。红一军团计划以红一师围攻宜黄,以红二师北上消灭敌独立第三十二旅后续两个团。红二师在宜黄北不远的赤井亭与敌遭遇,将敌击溃。敌人一部逃入宜黄城,一部退到龙骨渡。红一师击毙敌人100多人,俘虏200余人,自身伤亡20人,初战小胜。

6月7日、8日、9日,红一军团第一、第二师攻打宜黄城。由于红军行动迅速,乘敌人换防混乱之机,攻占了大部分宜黄城外围的堡垒。但地形对于红军不利,大部队进攻行动受到城外宽阔的宜黄水河水阻隔,小部队涉水渡河偷袭行动又被敌人发现受机枪火力压制而失败。10日,红一方面军首长命令撤围宜黄。

6月13日,红一方面军首长周恩来、朱德接到中共中央局关于今后作战的指示,这是一封很长的电报,实际上是新上任不久的共产国际远东局军事顾问组总顾问弗雷德·施特恩的意见,因而亦称"沪电"。指示批评红一方面军把"主力集中于一个单独的作战地位,即方面军,这就不能从各方面配合作战"。[①] 并判断:蒋介石与闽、粤当局有矛盾,而在中央苏区北部采取守势,不易攻击,提出将红一方面军分离作战。根据

---

① 《中央对于今后作战计划的指示》(1933年6月),中央档案馆编:《中共中央文件选集》(1933)第9册,第226页。

中共中央局这个指示，苏区中央局作出布置："拟改令彭滕①率三军团全部，去做东方军的基干，并拨驻汀州之模范师，上杭附近之第十九军、宁化独七师、十九师、廿师及长汀以北和闽赣边省地方部队等，归其统一指挥。""一、五军团依计划在北面地带，积极活动"②。中共中央局和苏区中央局要求红一方面军主力分离作战的指示和布置，被称为"两个拳头打人"。

中共中央局和苏区中央局提出"两个拳头打人"的作战方针是十分愚蠢和荒唐的。在敌我力量悬殊的情况下，红军作战的重要战术原则是集中兵力打速决战、歼灭战，博古、项英等人恰恰是要红军放弃自己的优势和特长。对此，周恩来、朱德当然有不同意见。6月14日，周恩来复电中共中央局，针对组织东方军入闽作战一事，指出：估计到对清流、归化、将乐、邵武攻击必须时日，6、7两月正是给养最困难的时候，清流、泉上一带是贫瘠的地域，目前方面军已有断炊之虞。质问：不知你们估计到否？③17日，周恩来又与朱德致电中共中央局，虽表示原则上接受其作战计划，但又提出：暂时抽调一部分主力，但不能过分削弱主力，去领导东方军削弱和消灭敌人的羽翼，分散和各个击破敌人以增强我们自己，须充分利用敌人的弱点和矛盾，须充分估计敌我力量对比与地形物质等条件。同时强调指出：该计划中"许多具体规定须加考虑与修改，才能实现这一行动的总方针，否则预先可看到将不能达到他所预想的要求"。④18日，周恩来、朱德又一次致电中共中央局，就作战具体部署提出了自己的意见。电报坚持："方面军主力一、三军团目前绝对不应分开"，不同意中共中央局以红三军团为东方军基干的布置，建议"东方军应以五军团（一个师）第三师第十四师三个师组成"。指出东方军入闽作战是"酷暑远征"，"在选择敌人方面攻清流将乐又将陷于攻坚"，

① 彭德怀、滕代远。
② 《苏区中央局关于执行中央作战计划的布置》（1933年6月13日），中央档案馆编：《中共中央文件选集》（1933）第9册，第232页。
③ 中共中央文献研究室编：《周恩来年谱》（1898—1949），第247页。
④ 中共中央文献研究室编：《周恩来年谱》（1898—1949），第247页。

主张"东方军以活动于建泰将乐邵光地区为合宜","这不仅较打卢兴邦十九路军易于求得补充，并容易求得运动战，且对于赣东北目前严重现象也给了直接援助。"①同一天，周恩来还单独致电博古、项英，对他们在17日连续两电指责前方领导人贯彻"沪电"不力进行了反驳，指出："正因有沪电，关系全盘利害及前途，故在同意它的总路线下，须仔细考虑它提出的具体步骤是否能够达到它所预期的要求，而不致将两月时光空空过去，甚至影响到许多不对[部队]的减员与减弱战斗力。这必须从敌情、地形、物质条件与我们的任务各方面加以估计。"并表示："如果我们待机是守株待兔，当是错误，但自东黄陂战斗后，每次转变阵势确是有机可待"②。

可以说，为了劝说博古、项英等人放弃执行"沪电"所制定的作战计划，周恩来、朱德一电接一电，耐心讲明敌我情况，利害关系，地理条件，物质条件，等等，真是苦口婆心。然而，把共产国际军事总顾问奉若神明的博古、项英等人，哪里听得进去！6月21日，博古、项英等人致电周恩来：

豪③：

看了你对沪指示提出提议，我们仍坚持原电的意见。有如下必须说明：

（甲）沪指示编组东方军团及其作战纲领，主要的是改进从前一手打人的单一作战法，而成为更有利的配合各方的两根作战线，来展开战斗新的局面。即使目前略受损害，也要看到前途，总结经验，尤其是今后确实掌握敌情的变化，和我军的数量逐步增加，须得有两作战线，且敌人实际上亦已构成两作战线来进攻我们。你对于目前的利益和虑及如沪

---

① 《周恩来、朱德关于作战具体部署的意见》（1933年6月18日），中央档案馆编：《中共中央文件选集》（1933）第9册，第234、235页。

② 《对沪电战略路线的意见》（1933年6月18日），中共中央文献研究室、中国人民解放军军事科学院编：《周恩来军事文选》第一卷，第297页。

③ 周恩来。

所预见的地形，甚至行军的困难，只令东方军团在泰邵作战，而束缚其主力向东面进展，结果将不能达到沪所说的前途。

（乙）这一战略指示是有整个性的，如果你束缚东方军团向清归进展，则敌十九路军在侧背仍得卢师的掩护，致该敌有可能响应粤军的北侵，威胁汀瑞，影响北面作战。且我们处被包围的地位作战，尤其内部有国涛［特］分子，使我们难于转移突击方向，各个击破敌人。你对于整个的如南方的作战并未估计在内。

（丙）照战略原则，自然打敌人的主力，如此刻的蒋军队。但此须先有打主力的好部署，才能消灭其主力。同时，要在部署未完之际，避免与其主力作战。因此，我们同意了上述部署，并拟定三军团作东方军团，使顺利的完成此部署。北方战地既不能与敌主力决战，调出三军团，尤其彭滕去任指挥是适宜的。

（丁）东北两面敌人，都筑构了强固的堡垒。上海曾指出东方军团在头一阶段，主要是消灭敌人实力，不大注意取得城市，这就是估计了堡垒问题。同样，我们要了解敌人堡垒在与红军数量特别悬殊的条件下，表现了它的作用；假如敌我兵力对比差不多，则红军正可以利用再分散兵力，以一部对之封锁或掩护，而以主力从其［间］隙入到敌人后方逼之决战。此有苏联内战中外线作战运动战斗的先例，譬如说要消灭清流之敌，可以先入归化地带，［捣］其后方要害逼其决战。……①

博古、项英等人这个电报说明，似乎讲得头头是道，然而却恰好反映出他们不懂军事：

其一，他们不懂红一、红三军团，是红一方面军的两把利剑，双剑合璧，威力巨大，才能歼灭敌人一个整师以上的兵力。国民党军对中央苏区的军事"围剿"，往往都是两倍以上、数倍乃至十倍的兵力。中央红军的反"围剿"作战，靠击溃战，或者小打小闹，是不能粉碎敌人"围

---

① 《秦邦宪、项英、王稼祥、刘伯承对上海军事指示之说明》（1933 年 6 月 21 日），中央档案馆编：《中共中央文件选集》（1933）第 9 册，第 245—246 页。

剿"的。必须寻找敌人的薄弱一路，或者孤军深入之敌，每战歼灭整团、整旅、整师的敌人，特别是整师的敌人。有这么几次战斗，才能粉碎敌人的"围剿"。而要做到这些，必须是红一、红三军团一起配合作战。而且，红一、红三军团长期在一起作战，相互之间对战术很了解，配合非常默契。中央苏区前四次反"围剿"胜利，红一、红三军团合力作战歼敌，起了重要作用。博古、项英等人不懂得这些，偏偏要红一、红三军团分离作战。

其二，他们不懂得利用敌人之间的矛盾。从对中央苏区第三次"围剿"开始，蒋介石的嫡系部队成为"围剿军"的主力，是红一方面军的主要对手，杂牌军则处于观望的状态。广东的陈济棠，从掌握广东军政大权，当上"南天王"之后，就成为蒋介石要削平的地方实力派之一，与蒋介石矛盾日益尖锐，成为反蒋行列的重要成员。1931年2月28日，因国民党内斗，胡汉民被蒋介石软禁。陈济棠通电反蒋。5月，汪精卫等在广州另立国民政府，陈济棠是政府委员、军事委员会常委。1932年1月蒋介石、汪精卫合作后，陈济棠同蒋介石矛盾仍很深，时刻提防着蒋介石。毛泽东、朱德指挥红一方面军在南雄水口狠狠教训了入侵赣南的粤军后，陈济棠认识到红军不好惹，不再积极进攻中央苏区，以保存自己的实力。福建的蔡廷锴第十九路军，从上海被调防到福建"剿共"后，十分清楚蒋介石的意图是一箭双雕，使第十九路和红军相互拼杀而两败俱伤。这样，蔡廷锴就实行保存实力、消极执行进攻苏区的计划。蔡廷锴后来在回忆中表明了他当时的心迹："1932年6月甫抵闽不及一月，南昌行营即来电要派兵住龙岩、永定、闽西等属，所幸红军主力已由闽西转向江西作战，在长汀、龙岩、新泉以西，在闽北邵武、将乐以西地区，只有一部守备苏区部队，没有进攻企图，前线虽接触频仍，但没有大战斗。从1932年8月迄1933年春是相安无事。我们对蒋介石的对策只有谎报敌情与虚报战果来应付。南昌行营当时派督战官蔡荣驻在总部监视。这些特务耳目却增加我不少麻烦。约在1933年四、五月间，南昌行营一再来电要十九路军派兵八个团进占连城、朋口、芷溪之线，限期到达具报。我无法阳奉阴违，于是命令七十八师区寿年部由南靖、永安西进连城"。[①] 博古、项英组织东方军，把蔡廷锴的第十九路军作为打击目标，选错了对象。他们正确的做法，应该是打击蒋介石的嫡系部队。因为蒋介石的嫡系部队是预设的对中央苏区第五次"围剿"的主力，选择他们作打击目标，打乱他们"围剿"中央苏区的计划，才是正道。

其三，他们不懂如何调动敌人、在运动中将敌人消灭之，不懂得如何扩大和巩固苏区。第四次反"围剿"胜利后，红一方面军在北线三次作战都不理想，主要原因是博古、项英等人要求红军进攻设有坚固堡垒工事的城市的结果。敌人躲在坚固的堡垒工事里不出来，博古、项英等人除了命令红军硬攻之外，别的就束手无策。另外，博古、项英等人把占领城市作为巩固和扩大苏区的主要手段，认为不占领城市，苏区就没有扩大和巩固。正因为如此，导致了他们在苏区发展战略方向的迷失。中央苏区每次反"围剿"胜利后，就迎来发展和巩固的新时机。那么，中央苏区第四次反"围剿"胜利后，应该利用这个时机向哪个方向发展呢？正确的方向是向东北发展，使中央苏区和闽浙赣苏区连成一片。这时，敌人在北线对红军采取守势，修筑碉堡线，调兵遣将，积蓄力量，准备由北向南发动对中央苏区的第五次"围剿"。红军可以不向敌人坚固设防的县城进攻，而向东北方向发展，扩大苏区，与闽浙赣苏区连成一片。这样，红军不仅力量大增，地域得到扩大，使敌之正在修筑的堡垒线置于无用之地，为反对第五次"围剿"预设多种选择的广阔战场，而且可以将敌从坚固设防的城市中调动出来，在运动中歼灭，从而打乱敌人的"围剿"计划，为中央苏区反"围剿"准备更多的时间。然而，照搬书本、共产国际指示的博古、项英，哪里知道这些呢？

6月22日，中共中央局再次致电周恩来，表示不同意前方领导人周恩来、朱德提出的作战计划，认为"此计划仅侧重闽赣、闽浙赣方向，而对东南、西南战线将来无重大影响。"坚持要求执行上海方面的计划，

---

① 蔡廷锴：《回忆十九路军在闽反蒋失败经过》，中共三明市委党史研究室、中共泰宁县委党史研究室：《东方军研究》，第289页。

"以威胁十九路军右侧翼，引动他们破坏粤闽敌配合进行的计划"，以便"闽敌急进，则我东方军可以顺而南向，打击闽敌侧背"。因而，红三军团"在目前形势下，或须暂缓北向行动。"电报把"抚赣间区域"作为"钳制方向"，清流、归化作为"反突击方向"。钳制方向的任务由红一、红五军团及两个独立团担任，"反突击之力量""必须以三军团与彭为指挥适合"。指令"即以三军团代五军团并立即行动。"①

接到苏区中央局电报后，周恩来不得不表示："绝对服从你们命令，并立即执行。"但他要求："在部队调动中回瑞一行，面陈不同意见或改在博生 ② 开军委会或中局会。因许多问题非电文所能详，许多批评完全不是我们愿［原］意也。"③

周恩来的要求遭到博古、项英等人的拒绝。7月1日，项英以中革军委代主席的名义发出关于东方军组成及干部配备和指挥关系的指示："着以三军团（暂缺第六师），十九师为东方军，开始组成部分，任彭德怀兼东方军司令员，滕代远兼政委，为配合作战，三十四师及闽赣军区、宁清归分区，各独立师团营不论，归彭、滕就近指挥，并以袁国平兼东方军政治部主任，后东方军仍直接受一方面军朱周指挥"。④

7月2日凌晨，东方军所属红四师、红五师等分别从江西广昌头陂、东坑和下坊出发，分两路经新安、丹溪和驿前、石城向福建挺进。4日，彭德怀、滕代远根据敌人兵力布防情况，致电朱德、周恩来转项英，提出首先消灭宁化泉上敌人，然后再同时攻击嵩口、清流之敌。次日，朱德、周恩来复电同意。但是，项英不同意，希望东方军攻打清流。彭德怀、

---

① 《苏区中央局对新作战计划之意见致周恩来电》（1933 年 6 月 22 日），中央档案馆编：《中共中央文件选集》（1933）第 9 册，中共中央党校出版社 1991 年版，第 248、249 页。

② 为纪念红五军团副总指挥兼第十三军军长赵博生，1933 年 1 月 11 日中华苏维埃共和国临时中央政府人民委员会第 30 次常委会议决定，1 月 13 日中华苏维埃共和国临时中央政府执行委员会发布 15 号命令，将江西宁都县改名为博生县。

③ 《周恩来复中央局电》（1933 年 6 月 23 日），中央档案馆编：《中共中央文件选集》（1933）第 9 册，第 249 页。

④ 《军委关于东方军之组成及干部配备和指挥关系的指示》（1933 年 7 月 1 日），中共三明市委党史研究室、中共泰宁县委党史研究室：《东方军研究》，第 127 页。

滕代远没有听项英的，决定东方军首先围困泉上，同时以一部兵力切断敌人与泉上、清流、永安、连城的联系，截击来援之敌。彭德怀、滕代远部署红五师围困泉上土堡，红十九师在将乐万安一带，独立第七师在清流东北部，红三十四师在宁化、清流交界的长校、雾阁一带。

东方军围困泉上后，敌卢兴邦急派敌一五六旅旅长张兴隆和第三〇九团团长卢胜斌率领一个团从清流北上增援。7月9日，红四师在师长张锡龙、政治委员彭雪枫指挥下，在延祥、石狮岭一带利用有利地形伏击敌人，击毙敌旅长张正隆，俘虏敌团长卢胜斌及一名营长，俘敌连以下官兵300多人，缴获步枪400余支，轻机枪4挺。当日，红五师第十三团击溃归化守敌一个营，占领归化城。红四师占领清流嵩溪，独立第七师向清流东北部田背等地进击。这时，项英却急于东方军进攻清流和连城守敌，直接要求东方军只留下一个团围攻泉上，主力立即转移到清流西北，准备消灭从清流县城撤退之敌，或配合红三十四师打击连城来援之敌。

泉上是宁化通往归化、将乐等地的要冲，拔掉泉上土堡，不但可以扫除东方军向东运动、扩大苏区的障碍，而且可以解决东方军本身的装备和物资补给问题。项英的指令，打乱了东方军原定围攻泉上的计划，其结果不仅会导致泉上土堡攻不下来，也达不到围城打援的目的，还解决不了部队的给养问题。因此，朱德、周恩来和东方军司令员彭德怀、政治委员滕代远都坚持首先攻下泉上。7月11日，朱德、周恩来致电项英，陈述先攻打泉上的理由。同日，周恩来又致电博古、项英、刘伯承，表示："我意如果敌情不变，许多步骤不宜扰乱，机动亦须与正在执行的战场方针相合。目前，三军团不断获得胜利，即由于我们依一贯方针，步步实施，而敌人处于被动步骤。"并对项英越过方面军总部给东方军下命令提出了抗议，指出："除直接通知敌情与紧急危险时的处置外，项代主席请勿直接电令彭、滕、周、曾①，使他们对上级整个部署无所适从，这是战斗中大忌。"②

---

① 彭德怀、滕代远、周子昆、曾日三。周子昆时任福建军区司令员兼红三十四师师长，曾日三时任福建军区政治委员兼红三十四师政治委员。

② 《敌情不出意外变化，行动步骤不宜扰乱》（1933年7月11日），中共中央文献研究室、中国人民解放军军事科学院编：《周恩来军事文选》第一卷，第302页。

　　盘踞在清流的敌新编第二师三个团，在东方军胜利发展的震慑下，于7月14日晚弃城逃往永安。红三十四师得知这一情况后，立即经安乐桥向嵩口坪东南截击。敌第七十八师一个团由连城向清流增援，进至雾阁、马屋附近，被红三十四师击溃。红军乘胜追击，一举占领上堡。红四师第十、第十一团和独立第七师乘机占领清流，第十二团向嵩口坪、秋口进逼，牵制连城守敌。至此，敌新编第二师在宁化、清流、归化的部队，仅剩下泉上的第三〇七团。

　　7月16日，项英又两次以"十万火急"电令东方军，一方面要求不放走泉上之敌，一方面又要迅速南下配合红三十四师歼灭连城四堡、北团的敌第七十八师两个团，准备打击连城的敌增援部队三个团至四个团兵力。当日，周恩来复电项英，提出不同意见，指出：泉上敌人不应放走，围攻至少要两个团兵力，如果以四个团兵力配合红三十四师攻击连城四堡，打增援敌人的兵力就不够了。周恩来根据实际情况，尽力调整东方军的部署，电令红十九师迅速由将乐白莲地域南下，赶到泉上围攻土堡。

　　泉上土堡坚固，守敌除卢兴邦第三〇七团外，还有宁化、清流、石城、长汀等县逃来的地主武装400多。土堡内囤积了大批粮食、食盐和军用物资，是敌人负隅顽抗的堡垒。红五师围困泉上后，曾用迫击炮攻击未成，后改用挖坑道爆破围墙的办法，经过十多天的时间，挖了一条十多丈的坑道，以土硝装入三副棺材，准备实施爆破。7月19日拂晓，在滕代远、寻淮舟、乐少华的指挥下，红五师第十五团和红十九师用土硝炸开土堡围墙，攻克了泉上，全歼敌第三〇七团和地主武装，击毙团长以下400余人，俘敌1244人，缴获步枪925支，轻重机枪9挺，短枪71支，迫击炮两门，各种子弹5万余发。缴获大批粮食、食盐、现款和其他物资。

　　至此，东方军攻占归化、泉上，占领清流，使宁化、清流、归化、建宁连成一片，胜利地完成了第一阶段的任务。

　　泉上战斗结束后，鉴于项英屡屡插手前方军事指挥，干扰了东方军的作战行动，周恩来于7月20日致电项英，批评道：我们争论并非企图不同，更非执行上海计划不忠实，你何以喋喋虑此？并且强调指出：在战术问题上须估计到当时当地敌情、地形与兵力、给养条件等，我坚决执行已定步骤（每一步骤是有前后接应的）达到胜利[①]。

7月24日，中革军委命令东方军主力迅速南下，攻取连城，求得消灭第十九路军之一部，以扩大第一阶段战果，减轻南方战线今后的困难。

7月26日，东方军从宁化、清流南下连城作战。7月30日至31日，在连城朋口及莒溪歼灭敌第七十八师两个团；8月2日午后4时乘胜进占连城县城；8月3日再在小陶追歼敌第七十八师一个团。

东方军此次南下作战，共消灭敌第七十八师三个团，俘敌2000余人，缴枪2000余支，军粮1500余担，恢复了连城、朋口、新泉一带大片苏区，使闽西北、闽西两块苏区连成一片。

8月13日，中革军委决定红一方面军转入第二阶段的作战，要求"第一方面军应以主力出动顺（昌）将（乐）邵（武）光（泽）地带，先消灭闽中北部敌之敌，再剪除赣敌之左翼，以一部活动于抚河西岸，箝制正面之敌"。[②]15日，朱德、周恩来指示东方军彭德怀、滕代远等，于16日由连城地区经归化、夏茂北进，消灭洋口、顺昌、将乐地带之敌，并准备打延平西来增援部队。同时，根据中共中央局和中革军委关于加强东方军作战力量的指示，对东方军的编成作了调整：红三军团第六师归还建制，调红二十一师第六十一团加入东方军，仍由彭德怀、滕代远指挥；另以红五军团第十三师和红二十师为抚东支队，由董振堂、朱瑞指挥，配合东方军作战。

董振堂

[①] 中共中央文献研究室编：《周恩来年谱》（1898—1949），第249页。

[②] 转引自中国工农红军第一方面军史编审委员会：《中国工农红军第一方面军史》，第358页。

东方军第二阶段的作战进展不如第一阶段那么顺利。从 8 月 25 日至 9 月 18 日，东方军连续进行围攻将乐、顺昌、延平战斗，虽击溃并消灭敌第五十六师和补充师一部，缴获一批军用物资，但上述三城均未攻克，东方军本身也遭受不少损失，部队连续作战，十分疲劳。9 月 25 日，因国民党军对黎川县城发动进攻，中革军委决定结束东方战线作战。东方军遂向泰宁集中，准备返回江西作战。

东方军连续作战，弄得疲劳不堪，那么留在原地的红一、红五军团如何呢？

留在原地的红一、红五军团，由林彪、聂荣臻统一指挥，在抚河、赣江之间的吉水、永丰、乐安、宜黄、崇仁等地区，破坏敌军的联系，进行钳制性作战，配合东方军行动。说是配合东方军行动，基本上没有打什么仗，部队只是进行了一些小规模的游击战，再就是打土豪征集资材。

8 月中旬，红一军团与红十四师，以及独立第一、第二、第三、第四团等正式组成中央军，林彪、聂荣臻分别兼任中央军司令员和政治委员。

这时，赣江、抚河北线国民党军的部署情况是：第九十三师主力驻守吉水，以一个团驻守枫坪；第十师及第八十三师各一部驻守永丰；第二十七师一个旅驻守江口，第八十三师一部驻守罗埠、阎田等地；第四十三师、第九十七师驻守乐安；第三、第十四师驻守龚坊、三塘一带；保安师一部驻在八都。至 8 月下旬，国民党军在这一线的堡垒封锁线，除吉水县的乌江圩地区外，已基本完成。8 月 29 日，国民党军为最后完成由赣江至抚河之间的堡垒封锁线，由第八十师师长李思愬率第二三八旅第四七五、四七六团和师补充团、师部及直属分队，由永丰地区出发，经罗嶂、大盆山到乌江圩地区修筑堡垒。

敌第八十师的行动消息被活动在茶口的红一军团侦察获悉。林彪、聂荣臻等研究了这一带的地形，决定利用这一带地形有利于红军隐蔽部队的特点，以奇袭手段，歼灭乌江圩这股敌人，并打击援敌。于是，林彪、聂荣臻于 8 月 30 日率领红一、红二师秘密进至茶口、大桥附近。红一师（欠第一团）于 8 月 31 日凌晨 3 时出发，经八江、桑园绕至乌江圩西北，切断乌江圩至吉水的交通，并钳制枫坪的敌人，战斗发起后由西向东攻击。红二师及红一师第一团，由师长徐彦刚和政治委员胡阿林率领，经桑园正面向乌江圩之敌展开攻击。林彪、聂荣臻率领军团指挥机关，紧跟红二师前进。当日15时，红军展开后，恰逢大雨如注，雷电交加。这样的天气，正好掩护部队出其不意袭击敌人。接敌之后，红五团与占领马鞍山的敌人展开白刃格斗，红六团配合向敌冲锋，占领了马鞍山。红一团、红四团占领了小孤山，向乌江圩展开猛烈的侧击。这时，红一师也从西北方向兜击过来，对乌江圩形成四面包围。战至19时许，敌人除一小部逃窜外，其余全部缴械投降。

乌江圩战斗共进行了约四个小时，全歼敌人近4000人，其中击毙1000余人，俘虏2000余人，俘虏中有敌第二三八旅旅长何文鼎和团、营级军官多名，并缴获许多武器弹药和军需物资。可惜的是，敌师长李思愬乘夜色带少数人突围，逃到八都。

乌江圩战斗胜利证明，红军若善于捕捉战机，集中兵力，出敌不意，攻其不备，消灭敌人一个师或一个旅仍然是有可能的。红三军团若能留在北线地区，与红一、红五军团一起作战，创造机会，捕捉战机，多取得像乌江圩这样的战斗，将战斗胜利转化为战役的胜利，不但能够歼灭敌人有生力量，打乱其准备新的"围剿"计划，而且能扩大苏区，与闽浙赣苏区连成一片，从而为中央苏区第五次反"围剿"赢得主动权。遗憾的是，博古、项英等坚持按照共产国际总顾问弗雷德·施特恩的意见，实行"两个拳头打人"的方针，结果是东方军连续作战，疲劳不堪，虽取得一些胜利，扩大了苏区区域，对推动蔡廷锴第十九路军反蒋有一定作用，但未取得预期战果。而留在抚河至赣江之间的红一、红五军团，由于无多少仗可打，虽取得乌江圩战斗胜利，但个别战斗的胜利无法阻止敌人逐步完成吉水、永丰到乐安、宜黄的堡垒封锁线。

红一方面军主力分离作战，使中央苏区白白浪费了两个多月准备反"围剿"的宝贵时间。毛泽东曾指出："军事平均主义者到一九三三年，有所谓'两个拳头打人'的说法，把红军主力一分为二，企图在两个战略方向同时求胜。那时的结果是一个拳头置于无用，一个拳头打得很疲劳，而且没有当时可能取得的最大胜利。"①而蒋介石却获得了喘息时间，一面从容地策划第五次"围剿"方针和计划，一面命令其部队在中央苏区周围休养生息，补充物资，加固工事，准备新的进攻。

二、蒋介石策划对苏区进行最大规模"围剿"

蒋介石改变"围剿"战略战术

国民党军对中央苏区第四次"围剿"失败时，蒋介石还在保定。他在1933年3月23日得知了这个消息。蒋介石坐不住了，匆匆处理完手头的事，于25日由保定坐飞机南返。岂料天气不佳，这天风大，飞机是逆风而飞，颠簸得很厉害，弄得蒋介石晕机，呕吐不止，十分狼狈。无奈，飞机降落在开封，蒋介石当夜乘火车南行。26日，火车到浦口后，蒋介石乘船渡江，回到南京。然而，迎接蒋介石的并没有什么好消息，4月3日，他听到江西新干被红军攻下的消息。蒋介石认为情势紧急，自己再不前往江西压阵，前方那些将领们就会在红军攻势下败得不可收拾。

4月4日，蒋介石在南京乘"楚有"舰由长江上驶江西，次日晚到九江换乘火车连夜赶往南昌，于6日凌晨1时到达。接着，他又马不停蹄，于中午赶往抚州，听取参与"围剿"的将领们的汇报。听完后，蒋认为以后"围剿"的战术、编制与组织"应有所改正，以期奏效"。看来，在连续四次对中央苏区的"围剿"失败后，蒋介石开始反思，是不是自己的战术出了问题，开始求变。

这时，日本占领热河后，正向长城线上的军事要隘喜峰口、冷口和古北口等地进犯，矛头直指北平、天津。驻守长城的中国军队，包括原属冯玉祥的西北军、原属张学良的东北军，甚至蒋系的中央军，在全国抗日浪潮的推动下，奋起抵抗，重创日军，使全国人心为之一振。蒋介

---

① 毛泽东：《中国革命战争的战略问题》（1936年12月），《毛泽东选集》第一卷，第225页。

石怕在江西"剿共"前线的将领要求抗日而动摇他的"剿共"大计，特发出通电，宣称：在"剿共"前线的将领"若复以北上抗日请命，而无意剿匪者"，"决不稍加姑息"；"奢言抗日"者，"立斩无赦"①。

4月7日，蒋介石又召集将领们训话，宣称：我们的敌人不是倭寇而是共产党，要"专心一志剿匪"，"无论外面怎样批评谤毁，我们总是以先清内匪为唯一要务。"

4月下旬，蒋介石召集有关人员，研究"剿共"的战略问题。经过一番研究，蒋介石似乎有些心得。4月30日，蒋介石把心腹大将陈诚召来，面授"剿共"战略战术原则机宜。完了，蒋介石总结性地说："剿匪兵不在多，期于简练；歼渠非专恃勇，藉于善谋。"要陈诚多动动脑子。5月初，蒋介石连续几天废寝忘食，审定《剿匪要旨》。5月4日，蒋介石将《剿匪要旨》审定完毕，在当日的日记中写道："自觉必能生效也。"此后，蒋介石便紧锣密鼓地研究对中央苏区的第五次"围剿"部署，撤销了赣粤闽边区"剿共"总司令部，设立"军事委员会委员长南昌行营"，全权处理赣粤闽湘鄂五省军政事宜。5月14日，蒋介石初步计划的"围剿"部署是：以第四、第七、第八十、第八十九师，集中江西为一路；第六、第二十一、第七十九师，集中闽北为一路；第九、第十一、第十四、第五十九、第九十师，又为一路；第五师与独立第三十二旅又为一路；而以独立第三十三旅、三十六旅为预备队。5月30日，蒋介石在庐山与德国原国防军总司令塞克特商讨"围剿"中央苏区军事方略，定下：第一注重训练，教导旅，而于高级将领教育，尤应注重实际；第二注重兵器，独立制造；第三注重长江防备。

蒋介石马不停蹄，于6月7日返回南昌。次日，召开各军、师参谋长会议。会上，蒋介石先后五次讲话，滔滔不绝，也不觉累。然而，连日劳顿，蒋介石累病了，6月12日下午又发起高烧。蒋介石把"剿共"放在第一位，强支持着病体，出席参谋长会议闭幕式，并致长达四小时之久的闭幕词。由此可见，蒋介石一提"剿共"就来劲。

在前几次"围剿"中，国民党军采用"长驱直入"、"分进合击"、"稳扎稳打、步步为营"等作战方针，都惨遭失败，这使蒋介石认识到再采用

———————————

① 蒋介石：《告各将领先清内匪再言抗日电》（1933年4月6日）。

这些作战方针，结局将还是失败。在南昌召开各军、师参谋长会议期间，蒋介石的南昌行营第一厅第六课少将课长柳维桓提出"围剿"红军采取"构筑碉堡，侧重据点战"的建议。此建议引起蒋介石的注意。6月20日，蒋介石跑到抚州前线，与将领们研讨作战方针问题。经过一番讨论、思考，6月23日，蒋介石确定，"围剿"红军"以筑碉防守为本。"

6月下旬，蒋介石把办军官训练团提到了议事日程。6月27日，蒋介石同陈诚商讨了训练中下级军官的计划；29日，与有关人员研究了在庐山办军官训练团的问题。事后，蒋介石在日记中写道："颇费思索也"。7月18日，庐山军官训练团第一期在海会寺开学，蒋介石亲临并训话，对学员洗脑、打气，表示："欲使我军人，人人视死如归，为国牺牲，余惟尽心力而教之而已。"

庐山军官训练团以陈诚为团长，聘请塞克特为首、由德、意、美等国的军事教官组成军事顾问团，专门讲授"围剿"红军的战术和技术。从7月18日至9月17日，庐山军官训练团连续办了三期，受训者达7500多人。第三期毕业的当天，蒋介石在日记中满有底气地写道："自信此后，必于剿匪建国，有一进步"。

除了作各种军事上准备外，蒋介石还在政治上、经济上作了准备。政治上，在根据地周围地区实行保甲制度和"连坐法"，训练民团，建立保安队、壮丁队、"铲共义勇队"，强化各级反动政治机构，让各地的土豪劣绅回乡主持地方行政，直接协助国民党正规军的"围剿"行动。经济上，对根据地实行严密封锁，切断苏区同外界的一切联系，严禁苏区的粮食、钨砂等输出，严禁国民党统治区的食盐、布匹等日用必需品输入，禁止商人同苏区人民进行贸易。

为了筹措"围剿"经费，蒋介石派财政部长、也是他的大舅子宋子文周游欧美，以出卖中国的权利为条件，取得了美国5000万美元的棉麦借款，以及4000万美元的航空借款。根据航空借款协定，美国计划卖给国民党军850架飞机，在第五次"围剿"开始时，已有150架飞机运到中国。此外，蒋介石还得到英国500万英镑军械借款，法国1000万元借款，德国2000万元借款。这样，蒋介石原先干瘪的腰包现在鼓囊囊了。他用这些借款用于购买军火，增加部队新式装备。

蒋介石为了对中央苏区发动第五次"围剿"，真是费尽了心机！确实，蒋介石的这些变化和准备，将使中央苏区面临着前所未有的严峻局势。

陈诚担任"围剿"中央苏区急先锋

经过半年精心的策划、准备，1933年9月，蒋介石调集100万军队"围剿"各苏区，自任总司令，首先以50万兵力，分路"围剿"中央苏区。

蒋介石这次"围剿"，采取持久战与"堡垒主义"新战术，实行"以守为攻，乘机进剿，运用合围之法，兼采机动之师，远探密垒，薄守厚援，节节进逼，对峙则守，得隙则攻"[1]的作战原则，企图依托堡垒逐步紧缩中央苏区，消耗红军有生力量，尔后寻求红军主力作战，彻底消灭红一方面军，摧毁中央苏区。

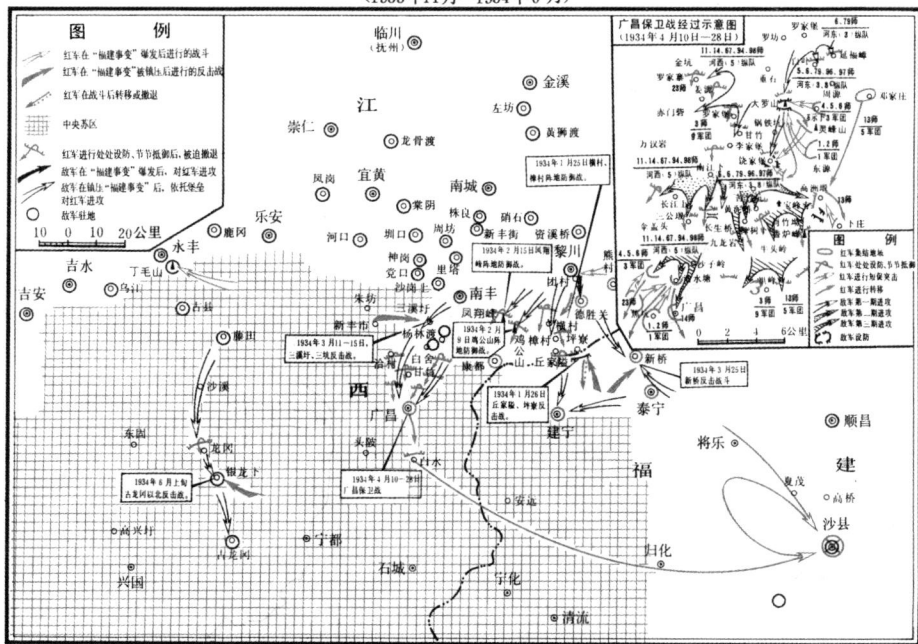

红一方面军第五次反"围剿"作战经过要图

① 转引自中国工农红军第一方面军史编审委员会：《中国工农红军第一方面军史》，第409页。

　　蒋介石的具体军事部署是：以顾祝同为北路军总司令，蒋鼎文为前线总指挥，下辖三路军，共33个师另三个旅，是"围剿"中央苏区的主力。其中，以四个师另两个旅编为第一路军，顾祝同兼总指挥，刘兴为副总指挥，配置于新干、吉水、永丰、乐安、宜黄地区，构筑碉堡封锁线，逐步向中央苏区推进，并阻止红军向赣西北前进；以六个师编为第二路军，蒋鼎文兼总指挥，汤恩伯为副总指挥，配置于崇仁、腾桥、金溪地区，构筑碉堡封锁线，逐步向中央苏区推进，并阻止红军向赣东北前进；以18个师另一个补充旅编为第三路军，陈诚为总指挥，薛岳为副总指挥。第三路军又以14个师编为机动作战的第五、第七、第八纵队，以四个师另一个旅编为守备队，集结于南城、南丰地区，沿抚河两岸构筑碉堡封锁线。第三路军是北路军的主力，其任务是：在第一、第二路军的配合下，依托碉堡向广昌方向推进，寻求红一方面军主力决战。此外，北路军总司令部还直接指挥第二十三、第二十八师，扼守赣江西岸的吉安、泰和等地，配合西路军封锁赣江，阻止红一方面军主力西进。第十三、第三十六、第八十五师为总预备队，置于抚州附近地区。

　　南路军以陈济棠为总司令，指挥粤军11个师另一个旅，构筑碉堡，扼守武平、安远、赣县、上犹地区，阻止红军向南发展，并逐步向筠门岭、会昌地区推进，协同北路军作战。

　　第十九路军等部共六个师另两个旅，扼守闽西和闽西北地区，阻止红军向东发展；浙赣闽边区警备部队五个师另四个保安团，"围剿"闽浙赣苏区，并配合北路军之第二路军，阻止红军向赣东北方向发展。

　　西路军以何键为总司令，指挥九个师另三个旅，"围剿"湘赣、湘鄂赣苏区，并相机东进，阻止红军向赣江以西机动。

　　空军五个大队，配置于南昌、抚州、南城等地，掩护和支援地面部队，特别是北路军作战。

　　从蒋介石的军事部署看，只有北路军承担进攻中央苏区的任务，其他路军的任务只是防堵红军。而在北路军中，陈诚指挥的第三路军又是主力和急先锋。陈诚又在国民党军对中央苏区的第五次"围剿"中扮演了重要角色。

陈诚在对中央苏区第四次“围剿”失败后被蒋介石降级任用，感恩涕零，更加死心塌地为蒋介石卖命。他对所部在黄陂、草台岗失败作了这样的反思：

蛟湖霍源之败，有的人诿过于天候及地形之不利于我，这是不成理由的。天候恶劣，地形险峻，是双方共之的！共军利用之以攻我，我就不能利用之以反制吗？赣南春季多雨，年例如此，往往一两个月雨雾迷濛，不见天日。行军之前不先考虑及此，就是一种疏忽。至于地形早应侦察清楚，贸然进入地形不明之境，更是一种疏忽。为什么有此疏忽，轻敌之故耳。为什么轻敌？当然是“骄”字在那里作祟。

还有人归咎于五十二、五十九两师之番号不利，所以才招致失败的，这个理由就更可笑了。这两个师是由十一师两个独立旅改编的。补充进去的部队，都是些纪律不良的杂色队伍。以此两个师素不为民众所欢迎。师行所至，民众逃避一空。他们得不到民众的助力，只得摸索行进，这才使他们陷入伏中而不自知。失败之后，不怪本身的不健全，而怪番号之不利，未免太缺乏反省精神了。

十一师那种布阵法，预备队留得那样少，对于敌人“以大吃小”的惯技，完全不拿来放在心上。这能说不是疏忽大意吗？这能说不是骄傲轻敌吗？

以上轻敌致败的责任，都应由纵队指挥官来负。至于改变计划，于准备尚未完成之际，急于求敌决战，以致欲速不达，反而失事的责任，我是推卸不掉的。不过因为外寇的深入，上级固已有此指示，我亦无可如何。

再则黄陂之败，由于我之事必躬亲，也是一大原因。那时我处理公务，不大假手幕僚。以致形神劳瘁，往往朝夕不寐。一夕得前方电报，请示机宜，我因疲困已极，竟手持电报睡去，及醒，再行处理，已失时效，此一事给我教训甚大。人的精力有限，责任越大，越要分工合作，始克有济。以诸葛武侯之贤明，过亲细务，犹不免于偾事，则我辈常人，事必躬亲，焉有不败之理？经过这次教训，在我指挥的部队中立即彻底实

行分层负责制。……①

陈诚作为国民党军的高级将领，由于所处的阶级立场和角度不同，其反思虽未说到而且也不可能说到根本，但也说明，在遭到惨重失败之后，还是吸取了一些教训的。这应该也是他仍然得到蒋介石的重用，在对中央苏区第五次"围剿"中充当急先锋的原因。

果然，陈诚这次没有让蒋介石失望。9月25日，陈诚指挥的第三路军第八纵队周浑元部第五、第六、第九十六师由南城出发，经硝石进攻闽赣边界的黎川——这是蒋介石9月初定的目标，拉开对中央苏区第五次"围剿"的帷幕。由于黎川城内红军力量薄弱，国民党军于27日占领黎川。陈诚为蒋介石的第五次"围剿"立下了头功。

三、共产国际军事顾问李德成为红军反"围剿"的最高指挥者

李德来到了中央苏区

国民党军发动了空前规模的第五次"围剿"时，中央苏区红军主力有8万多人，地方红军和赤卫队等群众也较前有发展。尽管形势空前严峻，如果红军能够正确估计形势，利用有利条件，针对敌方采取的新策略，灵活运用历次反"围剿"的成功经验，即采取积极防御的方针，集中优势兵力，扬我之长，攻敌之短，在运动战中各个歼灭敌人，打破敌人这次"围剿"仍然是可能的。

这时，毛泽东已被排挤出红军指挥岗位，仍在红军指挥岗位周恩来、朱德却在决策上没有发言权，博古为首的中共中央局直接领导这次反"围剿"斗争。就在黎川失守不久，一个金发碧眼的德国人来到中央苏

---

① 《陈诚先生回忆录：国共战争》，台北"国史馆"2003年版，第40—41页。

区。这个德国人叫奥托·布劳恩，中国名字李德，发表文章时用笔名华夫，是经共产国际批准由远东局派到中央苏区的军事顾问。不懂军事的博古，就把红军指挥大权完全交给了李德。

李德，1900 年生于慕尼黑。青年时参加过巴伐利亚苏维埃共和国和德国中部的工人起义。1926 年被捕，1928 年越狱成功，逃往苏联。到苏联后，李德参加了红军。由于他有一些作战经验，晋升很快，曾任骑兵师的参谋长。后来，李德被选调到莫斯科伏龙芝军事学院学习。1932 年春，李德从伏龙芝军事学院毕业后，被派往中国。

李德最初到中国时，并非共产国际远东局的成员，而是苏联红军参谋部第四局的人员。当时，李德的任务是给苏联情报人员佐尔格送巨款，以贿赂国民党政府官员营救被捕鲁格（也译作鲁埃格）。

那么，李德又是怎样成为中共中央的军事顾问的呢？事情是这样的。1931 年 4 月下旬，鉴于上海的白色恐怖非常严重，共产国际驻华代表、远东局书记米夫和军事顾问组负责人盖利斯在上海不安全，回了莫斯科。米夫和盖利斯离去后，中共临时中央于 12 月请求共产国际再派一个代表到中国来。12 月 27 日，共产国际执行委员会政治书记处政治委员会会议听取了中共临时中央的请求后，决定责成库西宁、皮亚特尼茨基和米夫物色一个非苏联籍人去中国。1932 年 3 月 4 日，共产国际执行委员会政治书记处政治委员会会议根据皮亚特尼茨基和库西宁的建议，决定派东方书记处副主任、前德共中央委员埃韦特任共产国际执行委员会驻华代表、远东局书记。

共产国际派了新任驻华代表，但未派人接替盖利斯，远东局仍缺军事人员。1932 年 6 月 20 日，中共临时中央致电共产国际执行委员会，告知已经和中央苏区建立起无线电联系，可以用上海的电台指导中央苏区的军事行动，请求共产国际派一名军事专家帮助中共中央对中央苏区的指导。12 月，埃韦特在致皮亚特尼茨基的第二号报告中说："给我们派来一位邻居。""他那个局把他置于我们的管辖之下，财务方面也由我们管。"[1] 埃韦特说的"邻居"和"他那个局",俄罗斯方面在编辑档案资料时分别注明"指 O. 布劳恩"和"工农红军参谋部第四局"。苏联红军参谋部第四局把李德派到远东局工作,无疑是满足中共临时中央关于派军事专家帮助工作的请求。李德到远东局工作后,就成为中共临时中央的共产国际军事顾问组成员。李德后来在回忆中说:"在中央委员会秘密办事处,尤尔特[2] 同志和我同中央委员会书记博古(秦邦宪)、洛甫(张闻天)所谈论的,都是一些紧急的政治问题和军事问题。"从这时起,李德和博古、张闻天应该是比较熟悉了。

李德到远东局后,最初的任务是花三个月的时间,整理出一份关于苏区和红军军事状况的报告,以便联共(布)、共产国际对中国工农红军的军事行动实行统一、系统的指导。王明在共产国际执行委员会第十二次会议上曾报告:"目前我们已拥有 26 个军、15 个独立师及一些其他部队,根据地的面积扩大了许多倍,在军事技术方面,如果不计空军和重炮部队,可以说我军与国民党军相差无几了。"《国际新闻通讯》第 106、108 期刊登的署名齐华的文章,说:"在华北(保定地区)建立了一些稳固的苏区,第 4 军(应为红四方面军——引者)有兵力 3.5 万人,已胜利推进到陕西省。江西中央军团(红 21、3、5 军)及红 10 军有兵力 15 万人,占领了许多城市,其中包括乐安、宜黄、龙南、邵武。"纽约的《工人日报》甚至认为中国苏区已"占中国四分之一的土地,有人口 1 亿。"李德在给共产国际的报告中认为这些数字是过分夸大的,并批评道:"甚至在这里的中共中央政治局委员们,不核实具体情况,也持这种观点"。他认为:"需要根据翔实的材料对其加以驳斥。"[3] 李德根据苏区党组织和红军部队代表给中共中央报告的数字,制定了一个"目前苏区土地面

---

① 《埃韦特给皮亚特尼茨基的第 2 号报告》(1932 年 12 月初于上海),中共中央党史研究室第一研究部译:《共产国际、联共(布)与中国革命档案资料丛书·联共(布)、共产国际与中国苏维埃运动》(1931—1937)第 13 卷,第 264 页。

② 翻译的问题,即埃韦特。

③ 《布劳恩关于中央苏区军事形势的书面报告》(1933 年 5 月于上海),中共中央党史研究室第一研究部译:《共产国际、联共(布)与中国革命档案资料丛书·联共(布)、共产国际与中国苏维埃运动》(1931—1937)第 13 卷,第 330—332 页。

积（人口及军队人数）"表，统计出苏区面积有 11.28 万平方公里，人口 700 万，红军最少时为 5.7 万人，最多时 8 万人。他认为："这些数字基本上是准确的。如果算上苏区之外 50% 暂时处于我们影响之下或我们影响还不够稳定的地区，即我军暂时占领的地区或游击战地区及其相应的人口，则总面积将达到 17 万平方公里，人口将达 1000 万。与拥有 400 万平方公里领土和 4 亿人口的 18 个内陆省份相比，以上面积仅占 1/24，人口只占 1/40。"

李德在报告中还分析了敌我力量的对比，认为"上述红军部队总起来说抵抗敌军不少于 60 个师……敌军总数约为 60 万到 70 万人，目前闽赣两省就占其中的一半，即 35 万人，而且是经德国教官进行一些改编的最精锐的部队"。"敌我双方的绝对对比都是在 1∶6 至 1∶10 之间，而实际兵力对比，因不计算不参与作战行动的敌军（守备部队和讨伐军），则可确定为这些比数的一半。"关于武器装备，李德在报告中说："红军实际上只有步枪和有限的机枪，弹药数量也很少，即使在决定性的战斗中，每支步枪分到子弹也很少超过 10 到 15 发。实际上，我们根本没有火炮，即便是轻型火炮也没有。缴获的野战炮，由于没有炮弹和缺乏经验，未能派上用场……可见，红军不得不依然使用冷兵器与敌人作战，这就加大了攻克敌人防御工事的难度。"而敌人方面，"武器装备的质量在不断提高，其机枪和火炮的配备程度已接近现代军队的水平（1 个营有 1 个机枪连；1 个师有 1 个炮兵营；1 个军即由几个师组成的兵团，有 1 个炮兵旅）。"在分析了敌人存在的问题，中国共产党和红军在政治等方面的有利因素后，李德认为："尽管在力量对比上不太有利，但毫无疑问，这些因素足以使我们在实行适当的战术情况下取得巨大的胜利。"[①]

李德这个报告成文的时间，是中央苏区第四次反"围剿"正在进行之中。蒋介石用于对中央苏区第四次"围剿"的兵力约是 40 万。李德估计的 35 万是比较接近。同时，他对红军武器装备的了解，是基本符合实

[①] 《布劳恩关于中央苏区军事形势的书面报告》（1933 年 3 月 5 日于上海），中共中央党史研究室第一研究部译《共产国际、联共（布）与中国革命档案资料丛书·联共（布）、共产国际与中国苏维埃运动》（1931—1937）第 13 卷，第 336、341 页。

际情况的。因此，同王明在共产国际夸大中国红军的人数、苏区的面积及人口相比，李德还是比较实事求是的。这也从另外一方面证明，李德到共产国际远东局工作，和王明没有什么关系。

除了整理出上述关于中国苏区和军事状况的报告外，李德还协助埃韦特指导各苏区的军事斗争。由于远东局这时已与中央苏区、红四方面军①、鄂豫皖苏区建立起电讯联系，从 1932 年 11 月下旬开始，远东局通过电报直接给中央苏区、红四方面军、鄂豫皖苏区发出军事指令和指示，指导他们的军事行动。李德是起草这些军事指令和指示的参与者。

从李德来中国前的军事经历和到远东局后的情况看，让他当一个红军的师长、团长或高级参谋人员，还是能够胜任的。把中央苏区的军事指挥大权完全交给他，让他指挥好几个军团、几万人马和国民党军作战，实在是"小马拉大车"。李德瞎指挥，造成红军在反"围剿"斗争多次坐失良机，损失严重，博古用人不当，应负主要责任。延安整风期间，博古在 1943 年 9 月的中央政治局扩大会议上检讨自己的"左"倾错误时说："李德在中央苏区越权，我放纵其越权，这是严重错误，应受党的处分。"②

李德到中央苏区来的缘由又是什么呢？如前所述，1931 年 1 月盖利斯等去中央苏区的行动受阻，之后，远东局又向共产国际执行委员会请示从远东局成员中再派人去。共产国际执行委员会政治书记处政治委员会在 1931 年 3 月 18 日决定："尽快答复远东局关于远东局成员中谁应前往中国苏区的询问。答复可以口头协商，不召开会议。期限两天。责成库西宁同志准备答复意见。"③至于库西宁是怎么答复的，尚未见到有关材料。但远东局把向苏区派代表仍作为一项工作内容。3 月 28 日，远东局在给共产国际执行委员会的信中，提出要派三名代表到苏区去，其

---

① 由于张国焘的轻敌，红四方面军在第四次反"围剿"中失利，主力 2 万多人于 1932 年 10 月中旬撤离鄂豫皖根据地。

② 博古：《我要说明的十个问题》（1943 年 9 月），黎辛、朱鸿召主编：《博古，39 岁的辉煌与悲壮》，第 161 页。

③ 《共产国际执行委员会政治书记处政治委员会会议第 128 号记录》（1931 年 3 月 18 日于莫斯科），中共中央党史研究室第一研究部译：《共产国际、联共（布）与中国革命档案资料丛书·联共（布）、共产国际与中国苏维埃运动》（1931—1937）第 10 卷，第 173 页。

中一名到中央苏区，一名到鄂豫皖苏区，一名到湘鄂西苏区。但此计划因种种原因而搁置。

博古对共产国际军事顾问太迷信了，觉得没有就无法指导各苏区的军事行动，于1932年6月20日致电共产国际执行委员会，不仅要求派军事专家帮助中共临时中央，而且还表示："我们可以把外国人护送到苏区，希望你们尽快派专家来。"[①] 由于中共临时中央的请求，李德到远东局工作后，埃韦特曾在1932年12月初给皮亚特尼茨基的报告中说："他暂时在这里按自己独特的题目加工材料。可能稍后我们要把他派到苏区去。"[②] 这封信说明，李德一到远东局工作，埃韦特就有派他到中央苏区的意向。12月31日，皮亚特尼茨基致电负责管理经费的共产国际执行委员会国际联络部驻上海站代表格柏特，明确指示："瓦格纳（即李德——引者）应去苏区。行前发给他每月200元的薪金和去苏区的旅费。在那儿他应从当地的朋友们那里领取薪金。请在你们的报告中告诉我发给他的确切数目。"[③]

得到皮亚特尼茨基批准后，远东局却没有马上让李德到中央苏区去。事情是这样的：这时正是中央苏区第四次反"围剿"开始和红四方面军主力到达川陕准备开辟通（江）、南（江）、巴（中）根据地的时候，联共（布）、共产国际和远东局为了加强对中国红军作战的指导，任命曼弗雷德·施特恩[④] 为军事代表、中共中央军事总顾问。而这时曼弗雷德·施特恩还远在大洋彼岸的美国，尚未到任，远东局缺乏军事人员，所以留李德协助指导中国各苏区的作战。等到1933年3月下旬中央苏

---

① 《中共中央给共产国际执行委员会的电报》（1932年6月于上海），中共中央党史研究室第一研究部译：《共产国际、联共（布）与中国革命档案资料丛书·联共（布）、共产国际与中国苏维埃运动》（1931—1937）第13卷，第177页。

② 《埃韦特给皮亚特尼茨基的第2号报告》（1932年12月初于上海），中共中央党史研究室第一研究部译：《共产国际、联共（布）与中国革命档案资料丛书·联共（布）、共产国际与中国苏维埃运动》（1931—1937）第13卷，第264页。

③ 《皮亚特尼茨基给格伯特的电报》（1932年12月31日于莫斯科），中共中央党史研究室第一研究部译：《共产国际、联共（布）与中国革命档案资料丛书·联共（布）、共产国际与中国苏维埃运动》（1931—1937）第13卷，第288页。

④ 在中国化名为弗雷德。

区第四次反"围剿"胜利后，5月下旬又发生了冯玉祥在张家口成立察哈尔抗日同盟军，远东局和中共上海中央局在讨论了局势后，决定指示中共北方党组织动员群众支持冯玉祥。李德奉远东局之命前往北平，计划与中共北方党组织取得联系，然后一同到张家口拜会冯玉祥，"以便依据共产国际执行委员会的指示签署具体协定"①。由于准备与之接头的人被捕，李德无功而返。北平之行，使李德又耽搁了一些赴中央苏区的时间。

曼弗雷德·施特恩是在1933年4月下旬或5月上旬到达上海的。由于军事总顾问已经到任，李德从北平回到上海后，经过一些准备，并出席了远东局一次会议，于9月底赴中央苏区。

李德曾在回忆录中叙述了他由秘密交通线到中央苏区的过程：

半夜，我带着几百块美元，以应付意外情况，和一只小手提箱，乘车来到码头，在那里上了一只英国海轮，上这只船的好处是不会有人提什么好奇的问题。为慎重起见，我还是弄来了一张国内护照，护照上填写的地方，当然不包括那些"防匪地区"。海轮把我带到汕头，在这个华南港口的唯一的一家欧洲旅馆中，我根据约定见到了中国的联络员，他是保卫机关的一名工作人员，姓王，说一口流利的英语。他曾在基督教教会学校读过书，在冯玉祥军队中担任过牧师，后来成了共产党员。这里附带说一下，1937年我在延安又见到了他，当时他在中央新闻部门当翻译，另外还担负一些保卫和联络任务，例如1936年在西安他给埃德加·斯诺同邓发接上了关系。

第二天早晨，王拿着我的小箱子（到了瑞金我又把这只箱子取了回来，里面的东西完好无缺），这样，如果我们在路上被截住，我可以说我是无辜的旅游者。接着我们一起乘车向内地行驶，到了附近的县城潮安，潮安的那一边就是"禁区"了。我们步行离开城市，向韩江河畔走去，还没有到达河畔，突然被一个国民党哨兵截住。一名军官检查我的护照，检查了好久，最后还是让我们走了。王对军官说，我是考古学家，

---

① ［德］奥托·布劳恩著：《中国纪事》，东方出版社2004年版，第29页。

想参观附近的一座古代寺庙。

以后没有再遇到其他意外情况，我们到达了韩江。另一个联络员已经在那里等着我们，使我很失望的是他不懂外文。后来我多次见到他，1935 年长征途中，在一次蛮子的突然袭击中，他牺牲了。王匆匆与告别，我的新同伴把我引到一只船上，船系在岸边，有倒垂的灌木覆盖。我爬进狭窄的船舱，在这里我平躺了几乎二天二夜，不敢出声。将近傍晚，船终于开动了。晚上，这只小船同其他许多小船一起由一只轮船拖着，向上游驶去。沿途停了多次，在我的上面是人的脚步声，有几次，显然是在盘查，混杂着粗鲁的问话和命令。我的下面是流水的声音。第三天我才走上了小船的船板，船夫们拖着小船，在韩江的源流上缓缓前进。天黑以后，我们在一个村庄旁边偷偷地上了岸，潜入了一间偏僻的房子。在那里迎接我们的是几个带着毛瑟枪的人，这就是我第一次见到的中国红军战士。

我们仍然在国民党地区。第二天夜晚，我们又动身了。我们在稻田中间狭窄的田埂上鱼贯而行，绕过极其昏暗的村庄的屋角和篱笆，走进了山区。突然在我们前面传来了枪声，我们的侦察员同国民党的巡逻兵遭遇了，我们不得不折转回来。第二个夜晚，我们比较幸运，到天亮时已走了好大一截路程。白天我们睡在亚热带树林里，成群的蚊虫蜂拥而来。过了两夜到达了无人区，一营地方部队在等着我们。我们继续翻山越岭，在白天行动。一眼望去，到处都是淤塞的稻田，野草丛生的薯地，荒芜的蔗田，烧成废墟的房屋。四周几乎杳无人烟，这是长年内战的后果。

又是上山，一直爬到山顶，我们越过了福建和江西两省的交界线。接着我们看到的是一幅完全不同的、使人愉快得多的情景。我们下了山，走上一片宽阔的肥沃的平原，这里有收割过的田地、干净的房子和勤劳的人们。

在整个旅途，我像是一个聋哑人。我学会的几句支离破碎的中国话，对我一点用处也没有。我会讲的是中国官话，也就是北京方言，而我们的同伴们讲的都是广东或福建方言。旅途中我有时骑马，有时步行，头上戴着一顶大草帽，脸上遮着一条毛巾，警卫员们簇拥在我的四周，把所有好奇的人挥走。就这样，我们到了红色首都瑞金。……①

比起上海的条件来，这一路的条件肯定要差得多，尽管李德一路吃了不少苦，但没有遇到多大的危险，平安到达。

李德的到来，自然使博古欢欣鼓舞。博古到中央苏区后，盼星星，盼月亮，总算是把李德盼来了。在李德到瑞金的当天晚上，博古和张闻天就到李德处看望。据李德说，博古和张闻天向他简要地介绍了中央苏区的经济、政治和军事形势。并告诉李德，就在这天黎川被国民党军占领。博古和张闻天认为，闽赣军区司令萧劲光在黎川不战而弃，带领部队仓皇撤退，是过了时的游击战方法的回潮。这种战法必然会导致苏区战略重点、甚至大片地区丢失，而且很难再从敌人手里夺回来。博古和张闻天还告诉李德，1933 年初就发生过福建省委代理书记罗明和其他政治、军事领导，在一次国民党第十九路军的进攻中，也是逃跑似地慌忙撤退，当时失去的苏区各县一直到现在才得以收复。他们给李德打"预防针"，说毛泽东对这个问题反应很敏感，他同罗明和萧劲光执行的是同一条路线。

就在这天晚上，博古、张闻天同李德商议了他的工作问题。三人一致同意，由李德主管军事战略、战役战术领导、训练以及部队的后勤的组织等问题。李德参加政治局及其常委讨论军事问题的会议。

博古和张闻天还告诉李德，博古分工承担党和军队工作，张闻天负责政府和地方苏维埃工作。

最后，博古嘱咐李德尽可能呆在自己的房间里不要出门，以免引起人们的注意，再加上国民党不断散布有"俄国间谍"活动，他出门不安全。李德同意了。

为了李德的安全，博古指示专门为他修建了一处单独的房子。因此，"独立房子"就成为李德住处的代号。"独立房子"周围都是稻田，一

① ［德］奥托·布劳恩著：《中国纪事》，第 36—38 页。

条小路通往外边，位于中革军委驻地沙洲坝附近两华里处，前门对着红军总政治部的小村子，离中共中央局、团中央驻地也不远。之所以选择这样一个位置，主要是方便中共中央局、中革军委成员到"独立房子"开军事会议。

李德不懂中文，先后在莫斯科中山大学和步兵学校学习过的伍修权被中共中央局调去做他的翻译。伍修权在回忆中说：

1933 年 10 月，我在红军学校第五期任团政委。正当这一期快毕业时，军委参谋长刘伯承同志通知红军学校，说要调动我的工作。这次调动的地方是秘密的，去了以后还不能与外界有任何接触。那时干部的流动性大，组织性纪律性都很强，调什么工作就干什么工作，不问职务高低，说走就走，几乎听不到讲价钱的事。我得到调动的通知后，二话没说，马上就把背包一打，几件衬衣一夹，反正一个人简单得很，很快到军委找刘伯承同志报了到。

刘总参谋长告诉我，共产国际派到我党中央的军事顾问李德，已经到了瑞金。中央决定，调我去为他作翻译。刘总参谋长鼓励说我的俄文比较好，完全可以胜任这项工作。他对工作又作了具体的交代，在保密问题上当时说得很严格，其实以后要求并没有那么严。当地军民群众都知道李德，我们也可以和别人接触。刘伯承同志向我交代后，又亲自领我和李德见了面，为我作了引见和介绍。这时李德已换上了我们红军服装，样子很严肃。当时我们认为他是共产国际派来的顾问，帮助我们革命，可能是个了不起的人物，因此开始对他还是很尊敬的。[1]

伍修权到李德处工作不久，中共中央局又调王智涛作李德军事训练方面的翻译。凡是李德为红军干部讲军事课的时候，由王智涛担任翻译。伍修权负责作战方面和李德出席中央各个会议时的翻译。李德对伍修权的翻译水平相当满意，曾在回忆中说："在我所参加的政治局和常委

---

[1]　伍修权：《我的历程（1908—1949）》，解放军出版社 1984 年版，第 66—67 页。

会以及革命军事委员会的会议上，都是他为我翻译，我认为他翻译得完全正确。"①

尽管国民党军的严密封锁，中央苏区各方面都非常困难，博古等人对李德礼遇有加，对他生活上非常照顾。苏区当时十分缺粮，党政机关工作人员的供应标准很低，伍修权、王智涛每人每天只有十两粮食（那时 16 两为一市斤），分成两顿吃，根本吃不饱。而李德则不同了，苏区产的鸡鱼肉蛋源源不断地供他享用，作战缴获和从白区弄来的香烟、咖啡优先供应给他。就这，他还不满足，常到军委总参管理局局长宋裕和那里去要东西。为了照顾李德起居，还给李德配备了警卫员、炊事员、马夫等。

李德的反"围剿"作战"新"战法

李德来了，第五次反"围剿"的仗该怎么打？前面已经提到，李德到远东局后，最初的三个月是整理出一分关于苏区和红军军事状况的报告，提供联共（布）、共产国际高层参考。这样，李德有机会翻阅各苏区给中共临时中央的各种报告，对中国红军的基本情况和战术有所了解。国民党军在对中央苏区进行第四次"围剿"时，已在苏区的外围地区及部分苏区内部的重要交通线修筑堡垒；另外，还在其所占据的城市的城外构筑水泥碉堡并铺设铁丝网，李德认识到这种情况"会给红军造成新的困难局面"。对于红军过去的战术，李德颇有微词，认为："即便在组成了正规部队并以老苏区为根据地的地区，红军也还未能摆脱游击战的思想和作战方法。这就使得红军能够轻而易举地夺取一些新的地区和防御较差的城市，但也很容易很快失守。他们回避决定性的战斗，不去强攻设防的据点。在这方面已有明显的转变，但还远远不够。"他还认为："每一种战术方针肯定都有自己优势的一面，但各种不同战术方针的冲突实际上会导致这样一种状况：即使红军取得许多局部胜利，但迄今为

---

① ［德］奥托·布劳恩著：《中国纪事》，第 38 页。

止它们很少能取得决定性的战略优势。"①

李德表达了这样的理念：其一，红军要从游击战向正规战转变；其二，红军占领了城市要守住；其三，红军要强攻敌人设防的据点，进行决定性战斗，取得战略优势。

博古非常赞同李德的作战理念，因此，对李德言听计从，并把中央苏区第五次反"围剿"作战指挥大权完全交给他。

然而，共产国际有关中央苏区第五次反"围剿"作战的指示与李德的作战理念不同。1933 年 9 月 29 日，共产国际执行委员会政治书记处政治委员会致电中共中央并埃韦特，指示："中央苏区的主力不应参与阵地战，它们应该进行运动战，从两翼实行夹击。中央苏区要有预备力量，以对付任何突然袭击。考虑到蒋介石后方防御薄弱，你们必须把自己的行动与红军部队的行动结合起来，尽可能广泛地开展积极的游击运动，组织破坏活动，破坏敌人后方工作，干扰敌人有步骤地准备实施打击和其前线部队实行佯攻。"同时，电报强调："我们关于军事问题的建议不是具有约束力的指示，如何决定由［中共］中央和［中国工农红军］革命军事委员会负责，我们只是提出我们的想法供你们决定。"②

共产国际提出的红军应进行运动战、不应进行阵地战的作战方法和破坏敌人后方的工作建议基本上是正确的。

博古、李德没有把共产国际的指示放在心上，他们一门心思放在如何收复黎川上。

黎川位于闽赣边界，东连福建光泽、邵武，南达福建建宁、泰宁，西通江西南丰、南城，北出江西金溪、贵溪，战略地位十分重要，由闽赣军区部队防守。第五次反"围剿"开始前，闽赣军区司令员兼政治委员萧劲光曾建议红军主力集结于黎川东北的光泽、资溪一带，从翼侧打击进

① 《布劳恩关于中央苏区军事形势的书面报告》（1932 年 3 月 5 日于上海），中共中央党史研究室第一研究部译：《共产国际、联共（布）与中国革命档案资料丛书·联共（布）、共产国际与中国苏维埃运动》（1931—1937）第 13 卷，第 340 页。

② 《共产国际执行委员会政治书记处政治委员会给中共中央的电报》（1933 年 9 月 29 日于莫斯科），中共中央党史研究室第一研究部译：《共产国际、联共（布）与中国革命档案资料丛书·联共（布）、共产国际与中国苏维埃运动》（1931—1937）第 13 卷，第 509—510 页。

攻黎川之敌，而不死守黎川。毛泽东也认为应该放弃黎川，诱敌深入到建宁、泰宁地区，集中红军主力，在运动加以歼灭。然而，博古等人却要部队死守黎川，不能丧失苏区的一寸土地。国民党军三个师来攻，闽赣军区的部队几乎都调去配合东方军作战，防守黎川的兵力只有一个70多人的教导队和一些地方游击队，而这时红一方面军的东方军正在围攻将乐、顺昌，中央军正在永丰、乐安作战，无法赶来。萧劲光没有办法，只得将部队撤出黎川，避开敌人的攻势。

国民党军占领黎川后，加速构筑工事，巩固黎川与资溪桥、硝石之间的联络，以全力完成其由吉水到黎川的全线封锁。针对这种情况，周恩来、朱德致电中革军委和中共中央局，认为红军"必须以极大机动性处置当前战斗，正面迎敌或强攻黎川都处不利"。建议待东方军集中后，一部佯攻黎川，吸引该敌；主力突击飞鸢敌之侧背，"并以二十师突入金溪、浒湾之间，以调动敌于运动中以各个消灭"。[①]

博古、李德不听周恩来、朱德的建议，急于收复黎川，令红三军团、红五军团北上应敌。红军主力在洵口与敌遭遇，打了一个胜仗。于是，博古、李德又贸然命令红军向敌军已修筑坚固阵地的硝石、资溪桥等地进攻，结果使红军消耗很大，连战不利。

共产国际远东局对中央苏区最初的反"围剿"行动感到不满意，于10月14日致电中央苏区，一方面说"在10月3日和5日之间以及7日和8日的最近十天里，敌人几个师的先遣队被我军牵制住了，出现了比较有利的条件"；另一方面批评"我们未能打击周浑元第3纵队或罗卓英第5纵队的主力部队，这些条件未能加以利用，结果严重的局势一个接一个地出现了。现在，当樊嵩甫的第2纵队和赵观涛的第1纵队的部分部队能够打击我们的右翼和后方，而陈诚的第4和第6兵团向东南推进的时候，这个机会又错过了。"远东局认为："我们应该再次积极尝试打破敌人的计划。"为此，远东局提出如下计划：

---

① 中国工农红军第一方面军史编审委员会：《中国工农红军第一方面军史》，第412页。

目的：

（1）创造新局面，恢复自由行动。

（2）改变敌人主攻方向，把敌军从中央苏区引开。

（3）实行运动战，以赢得时间。

（4）突破进攻者内线，击溃赵观涛或樊嵩甫纵队。

（5）争取同我赣东北军队实行积极配合。这些行动是计划的第一部分。时间约两周。兵力是东方军的主力部队。

计划的第二部分：完成计划第一部分最后阶段的东方军和10军团的联合力量，急转西进，迅速向抚河推进，总的方向是在南昌和抚州之间，将根据11月初出现的形势行事。所有其他部队的行动是对东方军战役第一部分的补充，它们应该是：

（6）1军团在抚河东岸移动，同19师和20师一起作为一个兵团采取行动，完成这里的任务。

（7）在乌江的中心地区建立一个新的军团，那里的14师作为所有向抚河以西活动的独立团的骨干力量。

（8）加快建立广昌军团。

（9）只要有可能的地方，都要建立游击队。

在（6）、（7）、（8）、（9）点中指出的行动，是与计划第一部分同时实施的，虽然是防御性的，但其主要目的是赢得时间和积蓄补充力量。尽管如此，这些行动应该积极实施，但要避免过早的冒险。

如果我们受到情势所迫，需要付出代价，那么在我们实施整个计划的第二部分之前，也只有领土应该是我们付出的代价。

……

如果提出的所有措施同时付诸实施，那么即使最近几天局势可能有很大变化，即使晚些时候1军团的部队同它右翼的19师和20师，以及它左翼的3师和5师一起利用以下几周时间进行运动战，以避免同敌人强大部队发生战斗，并离开它们向东北方向运动，即使这将意味着暂时丢掉一些领土，我们最终还是能够靠联合力量大量地挽回损失。那时我们还能够回到最初的六月战役计划中所拟定的第三阶段任务上来。①

远东局这封电报有纸上谈兵和脱离实际的地方，如提出在乌江的中心地区建立一个新的军团，加快建立广昌军团，等等。但其思考问题的方法和战术原则还是可取的有价值的，如：灵活应敌；实行运动战，避开敌人主力；可以暂时放弃苏区的一些地方，等等。

收到远东局电报后，中革军委于 18 日进行了讨论。10 月 20 日，博古致电远东局：

我们同意计划中的主要建议，即全力以赴向北进攻的打算和［想法］；但由于计划是建立在放弃内线作战和绕过敌人侧翼向前推进的基础之上的，军事委员会不能同意这个计划。我们军事委员会认为，现在在保存我们有生力量的情况下，我们的主要任务是全力保卫我们的主要地区。因此我们认为，将我们 85% 的有生力量绕过敌人侧翼推进和放弃内线作战，这种战术是极其危险的。

……

军事委员会的具体决定是：既然暂时不存在敌人直接进攻的危险，而周、薛纵队在行军中和在资溪桥地区修筑工事，我们应该全力歼灭它们。军事委员会 10 月 18 日命令中包含的具体措施，我们单独作了通报。第 19 师和第 20 师还在北面活动。②

博古的电报，通篇只有客气地同意远东局的向北进攻一句外，其他则毫不客气地提出了反对意见。这反映了博古、李德与远东局完全不同的作战理念。远东局要红军运动战，避免同强大的敌人硬拼；可以暂时

---

① 《共产国际执行委员会远东局给中央苏区电报》（1933 年 10 月 14 日于上海），中共中央党史研究室第一研究部译：《联共（布）、共产国际与中国苏维埃运动·共产国际、联共（布）与中国革命档案资料丛书》（1931—1937）第 13 卷，第 546、547—548 页。

② 《秦邦宪给共产国际执行委员会远东局的电报》（1933 年 10 月 20 日于中央苏区），中共中央党史研究室第一研究部译：《共产国际、联共（布）与中国革命档案资料丛书·联共（布）、共产国际与中国苏维埃运动》（1931—1937）第 13 卷，第 555—557 页。

放弃苏区的一些区域，不要死守某一个地区；把战争引向外线。博古、李德要进行阵地战，强攻敌人设防地区；不能放弃苏区的土地，放弃后敌人修筑工事就很难收复了；战争只能在内线进行，离开内线红军有生力量就有可能被敌人切断。

10月30日，共产国际执行委员会远东局致电中央苏区："我们研究了你们据以不接受我们10月14日电报中所提出的建议的理由。我们得出的结论：面对不可避免的一仗，你们将再次作出尝试改善我们的处境，这之前，你们还想冒险在黎川以北打一场打仗。"接下来，远东局对10月14日电报提出的计划中的一些问题进行了解释，并认为："总的战略形势要求我们，不要寻求过早地进行决战。我们需要马上做什么呢？这就是取得部分胜利，歼灭敌人两三个师。这会促进敌人营垒内部的瓦解并使我们做好迎接更大战斗的准备。"那么，打大仗的准备包括哪些方面呢？远东局提出以下几点："（1）突破敌人外部侧翼；（2）建立广昌军团；（3）把10军团的兵力重新部署在靠西的地方；（4）14师支援的中心地区的游击行动，积极向东和东北方向运动；（5）雩都的军团转移到吉安对面的地区，作为控制这里可能出现的局势的力量；（6）赣西的部队向南昌至九江铁路线推进；（7）争取更多地瓦解敌军，在反日斗争方面提出新的建议等。"远东局基本上坚持了10月14日电报提出的计划。但远东局同时说："我们的建议不意味着干涉革命军事委员会共同一致的决定。形势不允许长时间的讨论和拖延。你们在当地，应该根据你们的判断行事，并要考虑我们的建议。"①

无论是共产国际、还是远东局，对于中央苏区第五次反"围剿"的作战原则都强调红军要进行运动战，但又强调只是建议，没有约束力，怎么打，由中共临时中央自己定。因此，从10月到12月底，红军按照博古、李德的作战计划作战，先后打了浒湾、八角亭和云盖山、大雄关等战斗，结果怎么样呢？红军不仅没有歼灭敌人的有生力量，反而因辗转

---

① 《共产国际执行委员会远东局给中央苏区的电报》（1933年10月30日于上海），中共中央党史研究室第一研究部译：《共产国际、联共（布）与中国革命档案资料丛书·联共（布）、共产国际与中国苏维埃运动》（1931—1937）第13卷，第576、578页。

于敌人重兵与堡垒之间，疲惫和消耗了自己的兵力。对于这一阶段的作战，李德的回忆是这样的：

中央红军根据革命军事委员会的决议，在战争的第一阶段，也就是说从 1933 年 10 月到 12 月底，在北线，主要是在东北一线作战。……

10 月底，我第一、第三军团与陈诚的三至五个师展开了大规模的遭遇战。敌人虽然遭到重创，但未被歼灭，因为它们依仗着在此期间构筑了堡垒的黎川城，立即掘壕自卫，转为防御，使其优势火力充分发挥了作用。在这个地区后来又有两次遭遇战，战斗开始时我军取得了胜利，但结果不分胜负。

11 月份，第一、第三军团把作战重心从敌人有计划地构筑堡垒的东北部移到盱江两岸，以便在那里先发制人，进攻从南丰向广昌挺进的国民党主攻部队。那里发生了一系列战役，在这些战役中，我们虽然取得了战术上的胜利，但没能取得决定性的胜利。每当我们进攻时，敌人就退到碉堡里，以火力掩护自己。不久，来增援的主攻部队的陈诚主力，也是尽量回避任何决战。这几次战斗一般被称为浒湾战役（以盱江而得名，盱江又称浒江），它持续了一月之久，实际上成了我们这方面的分散的短促突击。

12 月，当陈诚在东北部又试图从黎川向建宁推进时，我们经历了同样的情形。我第三、第五军团向陈发起进攻，但也只能把它打回去。

因此在这三个月中，中央红军只得满足于取得一系列战术上的胜利，至于在大规模的包围战和开阔地野战中歼灭敌人，这个主要目的则没有达到。红军的攻势只好停下来，但是敌人也没有达到其目的，它未能攻下广昌和建宁，然而却把堡垒体系从黎川一直延伸到闽西北的邵武。①

李德的回忆只字不提自己战术指导思想和指挥错误的问题，但也不

① ［德］奥托·布劳恩著：《中国纪事》，第 52—53 页。

得不承认这一阶段的作战是一场消耗战，红军没有取得大规模歼敌的决定性胜利。

中央苏区第五次反"围剿"第一阶段作战的结果表明，李德所持的红军要进行正规战，强攻敌人设防的据点，举行决定性战斗，以取得战略优势的理念破产。

为了推卸自己瞎指挥的责任，李德拿萧劲光作替罪羊。黎川失守后，博古、李德为了让萧劲光"戴罪立功"，任命他为1933年10月28日新成立的红七军团政治委员。红七军团奉命参加浒湾战斗，在八角亭地区遭到由浒湾和金溪、琅琚出击的国民党军第四师、第八十五师和第三十六师一部夹击，最后因阵地被敌突破而撤出战斗。李德以黎川失守和浒湾失利之事，在瑞金对萧劲光进行公审，称之为"罗明路线在军队中的代表"，判处他五年徒刑，开除党籍、军籍。在公审前，李德主张杀掉萧劲光。征求意见时，毛泽东坚决不同意，说黎川失守这件事不能全部归罪于萧劲光。王稼祥也不同意对萧劲光处以极刑。公审判决后，萧劲光被关押起来，毛泽东派贺子珍前往探视，让她转告萧劲光，黎川失守是整个指挥部署的问题，你应该撤，做得对。经毛泽东、王稼祥的干预，萧劲光被关了一个月后，安置到红军大学当战术教员。

面对敌人的堡垒战术，如何才能破敌呢？李德为什么不用过去红军行之有效的反"围剿"作战方法呢？李德也承认："中央苏区的红军，在过去战胜国民党的军队中曾取得了许多伟大的胜利。这些胜利是由于在运动战中攻击运动中之敌并与在敌人后方发展游击战争有艺术的配合，这明白地表示出革命军队的基本优点：高度的机动性、机断专行以及勇敢的突击。"但他认为，敌人在吃了苦头之后，在战略上"放弃了过去坚决的突击"，采取"堡垒主义"的战术，在此情况下，"用我们过去简单游击战争的方式已经是不够了，为要在敌人新战术的条件下，取得决定的胜利，红军必须研究并应用现代的军事战术。除了保持我们原来的主要优点以外，并充实以新的战斗方式。"那么，李德的"现代的军事战术"是什么呢？他提出了以下三个原则：

（甲）为进行游击动作，派出不大的部队配合地方部队在敌人的后方侧翼有时甚至于在正面，进行游击战争，钳制削弱并瓦解敌人，在居民的帮助下，在一切的战斗动作中表示充分的自动性、灵活性和坚决性，才能执行其所担负的重大任务。进行游击战争时，包含有破坏道路、拆毁工事及坚壁清野的任务。

（乙）在最主要的方向部署防御以行直接保卫苏区，要以最少数的兵力和资材（弹药亦然）钳制敌人大的兵力，才是真正的防御。因此构筑支撑点或堡垒地域，以便确实的能抵抗敌人的飞机和大炮，或是在山地地区进行连续的运动防御战。

在各种情况下，应估量到我们军队的特性，特别是他奋勇的威力。防御时应布置积极的防御，以少数的兵力及火器守备堡垒，而主力则用来实行短促的突击及袭击，以便于堡垒前瓦解敌人，消极的防御一定是失败的。

（丙）在某一方面向集中主力以行坚决的突击并在堡垒外消灭敌人的有生兵力。游击战争和防御虽是革命战争必须的方式，但是辅助的方式，主力的机动和突击是有决定意义的。只有这样才能争取五次"围剿"中及敌人以后进攻中的胜利，而重新转到战略上的进攻。

但是在这一方面战术的方式也是变动了，照正规说来，敌人往往不是离开其堡垒一二十里以上（往往是少些），诱敌深入已是达不到目的的，而要去寻求敌人，自己要隐蔽，当敌人出击时，则有计划的或诱致敌人而猛扑之。主要是从侧面突击敌人的后续部队，或是突击其先头部队，但总要切断敌人与其基本堡垒的联络，以便确实的消灭其有生兵力及夺取其物质资材。作战时应使用全力以便一举而迅速的解决战斗。

李德还要求："全体的指挥员都应该了解我们战术的这三个原则"[①]。

李德的这三个战术原则简单概括就是 "以堡垒对堡垒"、"短促突击"。此后，李德又撰写了《论红军在堡垒主义下的战术》，专门对红军堡垒的作用和"短促突击"作了更详细的说明。李德认为：堡垒的作用

---

① 李德：《革命战争的迫切问题》，中共中央党史研究室第一研究部编：《共产国际、联共（布）与中国革命档案资料丛书·共产国际、联共（布）与中国革命文献资料选辑》（1931—1937）第16卷，中共党史出版社 2007 年版，第 603、604 页。

在于"确实的牵制（削弱、阻止及部分消灭）敌人"。因此，"这些堡垒，不仅要能抵御机关枪火〔力〕，而且要能抵御迫击炮兵的炮弹和飞机的炸弹；应有很好的伪装以避免地下和室中的观察，并且应有周围的防御，破坏敌人的道路及设置障碍物（地雷亦在内）。"[①] 那么，"短促突击"如何进行呢？具体为：

A. 向敌人运动中的部队进行短促的侧击。……

B. 在敌人后续梯队或堡垒内来的增援队未到达前，迅速解决战斗，这样使敌人无法补助堡垒进行防御战。……

C. 迅速转变自己的突击方向，主要的是利用敌人诸纵队的内翼侧，在其诸纵队间执行机动。……[②]

李德把"以堡垒对堡垒"和"短促突击"作为击破国民党军"堡垒主义"的法宝，在实战中效果如何呢？聂荣臻在回忆中说：

在福建事变期间，我们一军团被西调至中央根据地北线的永丰地区作战，企图在那里突破敌人的堡垒封锁线。在战术上，李德强调要以堡垒对堡垒，实行"短促突击"，为此，军委于11月下旬专门下达了命令，要部队用这种战术作战。这个战术，就是敌人修碉堡，我们也修碉堡，待敌人进至距我碉堡二三百米，我们即用短促突击去消灭敌人。采用这种战术，我军消耗很大，又打不出什么结果。1933年12月25日开始在永丰南面打的丁毛山战斗，就是和宋子文的两个美械装备的税警团及唐云山的第九十三师打。面对着他们修筑的堡垒线，我们也修筑堡垒与之对抗，打了一个多星期，结果完全是得不偿失的消耗战。敌人又有飞机，又有大炮。国民党军队从德国买了几门普伏式山炮、野炮，还有几门一〇二口径的重迫击炮，数量并不多，但调动很灵活，侦察到我主力

---

① 李德：《论红军在堡垒主义下的战术》，中共中央党史研究室第一研究部编：《共产国际、联共（布）与中国革命档案资料丛书·共产国际、联共（布）与中国革命文献资料选辑》（1931—1937）第16卷，第623页。

② 李德：《论红军在堡垒主义下的战术》，中共中央党史研究室第一研究部编：《共产国际、联共（布）与中国革命档案资料丛书·共产国际、联共（布）与中国革命文献资料选辑》（1931—1937）第16卷，第622、623页。

到了哪里，他们就把它调来了。我们部队打得很英勇，但伤亡很大。当时一军团同敌人对阵的主要是红一师，师长李聚奎同志，政委谭政同志。二师则负责向永丰、江口警戒。此外还有警卫师和独立十三团参加，统一归林彪和我指挥。一师由东北向南进攻敌人的堡垒线。有的得而复失，失而复得。我当时也到了阵地上，只见阵地上硝烟弥漫。三团共有九个连队，却阵亡了十三名连级干部。当时就有人听到三团一个当排长的瑞金老表发牢骚说："不知搞啥鬼呵！我们一夜不困觉做了一个堡垒，人家一炮就打翻了；而人家的堡垒，我们只有用牙齿去咬！我们没有重火器，天天同人家比堡垒，搞什么鬼呵！"[1]

由于李德搞"以堡垒对堡垒"和"短促突击"，从 1934 年 1 月下旬到 3 月底，红军所进行的一系列战役、战斗，其结果，不是打成对峙，就是中途撤退。2 月 10 日，林彪和聂荣臻向中革军委提交了一项"关于用运动战消灭敌人建议"，陈述了红一军团在建宁西北的守备阵地，纵横有数十里，防线太宽，兵力薄弱，弹药缺乏，工事不坚固；处处设防，处处薄弱，突破之后，工事往往反被敌人利用。建议以后不要处处修工事，力求在运动战中消灭敌人。如修工事，也只是在预定的战线上，有重点地修。中革军委复电林、聂二人，认为建议在原则上是对的，同时要他们坚决服从军委命令。

李德在文章中对"以堡垒对堡垒"和"短促突击"战术讲得头头是道，为什么在实战中不管用，问题出在哪里呢？说到底，是脱离红军对敌作战实际。李德在制定这些战术时，只考虑红军政治素质高的优势，国民党军这方面的劣势，而对国民党军兵力、武器、物资、财力等的绝对优势、红军在这几个方面的劣势却很少考虑或不予考虑。

先看一下"以堡垒对堡垒"战术。国民党军修堡垒，可以用坚固的建筑材料，而红军修堡垒，只能用苏区的木材，上面再盖些土；国民党军对付红军的堡垒，用大炮和迫击炮可以摧毁；红军没有炮，火器不行，对

---

① 《聂荣臻回忆录》，第 153—154 页。

国民党军的堡垒无可奈何。这说明，李德设计"以堡垒对堡垒"战术时，没有考虑到红军与国民党物资、武器之间的优劣因素，没有认识到同样是堡垒，发挥的作用是不一样的。

再看一下"短促突击"战术。按照李德的设计，短促突击是在敌人离开碉堡十里后，隐蔽埋伏我方碉堡两翼红军兵力突然袭击敌人的后方梯队，发挥勇敢善战的特点，用白刃格斗的办法，迅速消灭敌人。这完全是个一厢情愿的战术设计，它是寄托于敌人根本不打或不经打，一打就投降的基础上的。李德要求担任短促突击任务的红军占兵力的三分之二或三分之二以上的兵力。这对于红军来说，是用了主要的兵力。但对于国民党军来说，就不一定了。国民党军在第五次"围剿"中，兵力是红军的五倍。它每次发动攻击的兵力就算不是全部出动，每次攻击分为几个梯队，每个梯队兵力同红军短促突击的兵力相比，不一定是劣势，且多数是优势。国民党军每次攻击，后面都有拿枪逼着的督战队，所以前面梯队的士兵也是不敢在红军突击的情况下轻易后退的。红军依靠高质量的政治素质，勇敢同国民党军进行白刃格斗，就算取胜的情况下，也是"杀敌一万，自损三千"；如果胜负各半的情况下，自己伤亡就很大了；如果失败的情况下，自己伤亡就很惨重了。同国民党掌握着全国政权，兵员消耗后可以得到源源不断的补充；虽然中央苏区人民群众踊跃参加红军，但同国民党比起，苏区的面积还是有限，在国民党军采取持久战的战略情况下，红军兵员消耗严重，久而久之，兵力资源就会枯竭。

事实证明，"以堡垒对堡垒"和"短促突击"战术，在红军武器装备、物质基础、人力资源、财力都处于绝对劣势的情况下，是无法取得反"围剿"胜利的。红军只能一步步退却，最后丢失苏区。

"以堡垒对堡垒"和"短促突击"在实战中碰壁，但李德不认为是自己军事教条主义的结果，而是认为别人没有按照他说的去做，又撰写《反对曲解我们的战术》《再论战术原则》《短促突击的战例》等文，继续推销"短促突击"战术，把中央苏区第五次反"围剿"斗争引向失败的道路。

四、失去了一次非常有利的粉碎敌人"围剿"机会

蔡廷锴寻找红军谈判

就在博古、李德让武器装备很差的红军与蒋介石用美、英等国的贷款购买的新式武器装备武装起来的国民党军打正规战、阵地战、堡垒战，同敌人拼消耗的时候，一个打破敌人"围剿"的机遇来临了。

奉蒋介石之命，在对中央苏区第五次"围剿"中担任扼守闽西、闽西北地区，阻止红军向东发展的第十九路军将领宣布抗日反蒋，调转枪口发动了福建事变。

第十九路军是在北伐战争时期国民革命军第四军一部的基础上发展起来的，是国民党杂牌军中战斗力比较强的一支队伍。在国民党新军阀混战中，曾追随蒋介石，为蒋战胜对手卖过命。因非蒋介石的嫡系，受到蒋的削弱、排挤，第十九路军将士对蒋非常不满。同时，九一八事变后，蒋介石对日妥协投降，实行不抵抗政策，推行"攘外必先安内"的反动方针，把在上海英勇抗击日军的第十九路调到福建"剿共"，更使第十九路军对蒋介石不满的情绪日增。从自身的生存出发，第十九路军不愿打内战，开始寻求同中国共产党和红军合作。

1933 年 6 月，蔡廷锴就试图通过廖仲恺夫人何香凝与共产国际远东局进行谈判，表示："同意与红军一起作战，反对帝国主义与南京。"① 远东局将这个消息报告皮亚特尼茨基后，共产国际对蔡廷锴抛过来的"橄榄枝"采取了不信任的态度。6 月 24 日，共产国际执委会政治书记处政治委员会给埃韦特回电，指示："告知中国同志的意见，不应当与第 19

---

① 《共产国际执行委员会远东局给皮亚特尼茨基的电报》（1933 年 6 月 10 日于上海），中共中央党史研究室第一研究部译：《共产国际、联共（布）与中国革命档案资料丛书·联共（布）、共产国际与中国苏维埃运动》（1931—1937）第 13 卷，第 443 页。

路政府军司令①进行任何谈判。当他真正开始与国民党和日本人进行斗争时，才有可能建立统一战线，而现在谈判会成为陷阱。"并告诫埃韦特："您不要与任何人直接进行谈判。您应当从中国同志们那里获得信息。如果他们与什么人进行谈判，那么他们只能以中国共产党的名义进行。在各种重要情况下，他们都应与您商量，而您也应告知我们。"②7月2日，埃韦特给皮亚特尼茨基回电，报告："我们认为，19路军司令的建议是不严肃的。我们已建议[中共]中央谨慎行事。"③就这样，共产国际及其驻华机构关上了第十九路军与中国共产党和红军谈判的大门。

1933年7月红一方面军东方军入闽作战后，给第十九路军沉重打击，使蒋光鼐、蔡廷锴痛切地感到，继续同红军作战没有出路，决定派人到中央苏区同红军进行谈判。由蔡廷锴的老上级陈铭枢推荐，第十九路军以陈公培为代表前去中央苏区同红军谈判。

为什么以陈公培为代表去呢？让我们了解下陈公培这个人。

陈公培，原名善基，曾用名吴明、无名，湖南长沙人。金陵大学农学院肄业。1919年在北京参加工读互助团的实验活动，后参加留法勤工俭学预备学校。1920年6月，在上海与陈独秀、李汉俊等一起从事中国共产党早期组织的酝酿及创建活动。同年7月，赴法国勤工俭学。1921年春，与在法国的张申府、周恩来、赵世炎等共同组成旅法中国共产党早期组织。同年10月，因参加中国旅法勤工俭学学生的爱国运动被押解回国。回国不久，奉命去海南筹建党组织的活动。1924年入黄埔军校。1926年7月参加北伐战争，任国民革命军第四军政治部主任。1927年7月大革命失败后，参加南昌起义。起义军南下潮汕失败后去上海，不久脱离中国共产党。

---

① 蔡廷锴。

② 《共产国际执行委员会政治书记处政治委员会给埃韦特的电报》（1933年6月24日于莫斯科），中共中央党史研究室第一研究部译：《共产国际、联共（布）与中国革命档案资料丛书·联共（布）、共产国际与中国苏维埃运动》（1931—1937）第13卷，第445页。

③ 《埃韦特给皮亚特尼茨基的电报》（1933年7月2日于上海），中共中央党史研究室第一研究部译：《共产国际、联共（布）与中国革命档案资料丛书·联共（布）、共产国际与中国苏维埃运动》（1931—1937）第13卷，第447页。

由此看来，陈公培一是参与过共产党早期组织创建，是中国共产党最早一批党员；二是同中共领导人周恩来是个老熟人，一起共过几年事；三是在国民革命军第四军任过政治部主任，既与时任第十师师长陈铭枢、团长蔡廷锴是同事，又与一些第四军中的共产党员、现红军的高级将领曾是共产党内同志。蔡廷锴以他为代表，就是认为他有几重身份，在第十九路军和红军两边之间好传话。

9月中旬，陈公培从福州出发，前往中央苏区。行前，在第十九路军没有职务的陈公培对蒋光鼐和蔡廷锴说：我本人完全不了解第十九路军的情况，并且基本不能代表第十九路军，最好有第十九路军的代表同去。蔡廷锴说：这次去只是初步联系，所以只由你个人先去。

蒋光鼐在一块绸子上给陈公培写了一个证明书，并让人买了一套农民的旧衣服，将上衣领字上开了一个小口，将绸子塞进去缝上。由于陈公培一身农民打扮，为了使他能够顺利通过第十九路军的防区，蔡廷锴还给他手书一张路条。

有蔡廷锴给的"护身符"，陈公培顺利通过第十九路军的防区，进入离南平六七十里的第十九路军与红军东方军交界的区域。陈公培一行四人在一个叫苏村的地方找了一家小客栈住了一个晚上，第二天一早渡过闽江，翻越一座大山，到一个小村庄吃了早饭。再朝前走了约十里路，进入到红军活动的区域，就听到前面树林里红军便衣哨兵喊：什么人？陈公培停了下来，让随行的人前去说明，他们一行是去苏区和红军和谈的。不一会儿，红军的便衣哨兵让他们过去。便衣哨兵将陈公培等人护送到一河边小村子，红军一个师部驻这里。陈公培一行在红军师部吃了中午饭，然后又出发，于当晚到了红军东方军司令部所在地延平王台。到后，陈公培取出蒋光鼐给他写的联系信件，让红军工作人员转交高级指挥人员。

东方军司令员彭德怀在同陈公培谈判前请示了周恩来。据陈公培回忆："大概等了一两天，彭德怀同志即和我会见，说曾将我的到来电问后方负责同志，周恩来回电说，有其人，所以和我面谈。"①关于谈判的情况，彭德怀在回忆中这样说："八月②，红军进到离闽侯不到二百里处，蒋光鼐和蔡廷锴派代表陈××（名字记不起了）前来试探。我们在闽西行动时，对他们是有争取也有批评。说他们抗日是对的；来闽'剿共'是错误的，也是蒋介石的阴谋——即'剿共'和消灭蒋光鼐、蔡廷锴，对蒋介石都有利。把这些意思和'八一宣言'中的三条③向陈谈了。陈说：他们要反蒋抗日，不反蒋就不能抗日。我说，对！抗日必须反蒋，因为蒋执行的是'攘外必先安内'的卖国政策。只有抗日才能停止内战。"④

9月23日，彭德怀、滕代远、袁国平致电项英、朱德、周恩来，报告了谈判的情况，认为第十九路军"与红军进行妥协，此完全是因处境困难，陈铭枢所主持、蒋蔡同意，并召集高级军官师旅长，因畏红军之英勇，都同意。""蒋蔡对陈公培的谈话，是停止进攻苏区，释放共产党，取消经济封锁，红军退出洋口，以泰宁、将乐、建宁、清流、连城为国口，保守条约内容的秘密。""我们提出的意见，是照中央局来电，陈公培无意见"⑤。据彭德怀回忆："中央当即回电，说我们对此事还不够重视，招待也不周。"⑥9月25日，中共苏区中央局电告朱德、周恩来、彭德怀、滕代远《关于对谈判之指示》："应将谈判看成重要之政治举动，而非简单之玩把戏"；"在反日反蒋方面，我们不仅应说，不妨碍并予便利，应声明在[蒋介石军队]进扰福建区域时，红军准备实力援助十九路军之作战，……作军事之合作。"同时告诫东方军领导人"特别注意，勿因谈判而妨碍我们积极行动"，"在言谈及条件之中勿泄露我军任何军事机

---

① 陈公培：《我在闽变中所作的主要工作——两到苏区》，中共三明市委党史研究室、中共泰宁县委党史研究室：《东方军研究》第301页。

② 彭德怀这里应该说的是农历。

③ 应指1933年1月17日发表的《中华苏维埃临时中央政府、工农红军革命军事委员会宣言——为反对日本帝国主义侵入华北愿在三条件下与全国各军队共同抗日》。

④ 《彭德怀自传》，第189页。

⑤ 《蒋蔡与公略谈话之概略报告》（1933年9月23日），中共三明市委党史研究室、中共泰宁县委党史研究室：《东方军研究》，第157页。

⑥ 《彭德怀自传》，第189页。

密"。①

陈公培到中央苏区来只是传话,一些具体的问题,他是无法表态和做主的。因此他希望红军和第十九路军双方电台建立联系,一些话可以直接讲。不料,电台呼号总是叫不通。不久红军总部有一封给蔡廷锴的回信,陈公培用从福州带去的密电码译发,还是叫不通呼号。没有办法,陈公培只好派随行来的一个第十九路军士兵先走,带着这封信送给这时在尤溪口的蔡廷锴。

陈公培在王台又停了一两天,由于福州电台的呼号仍叫不通,红军和第十九路军的电台联系还是没有建立起来。彭德怀告诉陈公培,自己要到后方去与负责同志见面,让陈公培先回福州复命。

陈公培在返回福州的路上遇到了一次危险。事情是这样的:

陈公培由红军派人护送了一段路,在离不远的前面就是第十九路军控制区域时,红军护送人员就回去了。陈公培和随行的一个人继续前行,在来时吃过早饭的那个小村庄,被红枪会人员给捉住绑了起来,说带他们去见首领。当晚,他们被关在一座庙里,没见什么红枪会首领,而是一个第十九路军的下级军官。陈公培问他是哪个部队的,那人回答吞吞吐吐。陈公培又告诉他,自己是奉蔡廷锴的命令到前线查看,可以去见你们的上级,并把蔡廷锴写的路条给他看。那个军官看了看路条,没有说什么。

第二天一早,红枪会的人将陈公培二人身上的带的钱、表全部搜光,仍然把他们捆上,送到河滩。与他一起的那个人认为是要在河滩上处决他们,吓得面如土色。陈公培告诉他,不要怕,这是要将他们送到延平城。尽管安慰同行的人,陈公培自己的心也提到嗓子眼。

红枪会的人将陈公培二人送上福州开往延平的江轮,递解到延平县政府,仍未给他们松绑。过了两个多小时,他们被送到第五十六师师长刘和鼎的副官长那里。副官长说他看了那张路条,的确是蔡总指挥的亲笔,马上要将他们送到蔡总指挥那里去。听了这话,陈公培的心才总算

---

① 中共三明市委党史研究室、中共泰宁县委党史研究室:《东方军研究》,第 53 页。

是放在肚子里了。当天，陈公培二人被船送到尤溪口蔡廷锴处。之后，他们又随蔡廷锴由陆路返回延平县城。这天恰是中秋节，陈公培在延平留住一夜，次日返回福州。

到福州后，陈公培责问第十九路军电台负责人许锡清，为什么电台总是叫不通？许锡清说，没有想到这么快就能与红军接上头，未通知电台注意接收约定呼号，因而导致失误。这样的回答，真是让陈公培哭笑不得。

陈公培回到福州后约一个星期，便又一次应蒋光鼐、蔡廷锴和陈铭枢的要求再次前往中央苏区。陈铭枢约他先同去龙岩。由于这时陈公培患了恶性疟疾，为方便起见，两人分别乘飞机。他们先由福州飞到漳州。由于陈公培的疟疾又发作起来，第二天仍不见好，陈铭枢只好先飞龙岩。陈公培疟疾好些后，乘汽车前往龙岩，到龙岩时，正赶上陈铭枢上飞机场，准备经厦门回香港。于是，他由徐名鸿接待在龙岩休息。

陈公培这次是陪徐名鸿前去中央苏区。徐名鸿大革命时期曾参加中国共产党，任过陈铭枢第十一军的政治部主任。第十九路军被蒋介石调到福建"剿共"后，他是主张与红军联系、进行抗日反蒋的人之一，时任第十九路军秘书长。蒋光鼐、蔡廷锴和陈铭枢派他作为全权代表，同红军进行谈判。

由于陈公培的疟疾还没有好，而徐名鸿也有些事情需要料理，他们在龙岩又停留了一两天。出发当日，他们先到傅柏翠那里，让傅柏翠给他们找一个熟悉从龙岩到瑞金道路的向导。他们在傅柏翠那里并没有停留多长时间，就出发了。

一路上，给陈公培、徐名鸿带路的农民向导，替他俩挑着简单的行李。这位向导参加过闽西暴动，曾见过毛泽东，了解红军和苏维埃工作人员，听说到苏区去，非常高兴。

三人于下午四五点钟到达新泉，这里已是苏区。来到一个村口，陈公培见到一个持枪的青年，便招手请他过来。那青年提着枪过来，问他们是不是到苏区开会的。陈公培也不便作更多的解释，顺着说是去苏区开会的，请那个青年把他们三人带到乡苏维埃去。那个青年照办了。

到了乡苏维埃，陈公培等简单说明了来意，并且问是否可以先向瑞金去信。乡苏维埃的人告诉他们，这里就有红色邮局，可以写信。于是，陈公培写了一封给红军负责人的信，寄往瑞金。

陈公培等三人在乡苏维埃住了一晚。第二天，乡苏维埃招待他们吃了早饭之后，派了两个青年武装人员一同去瑞金。其中就有他们昨天在村口遇见的那个。

走了两日，一行五人到达长汀。在瑞金的中共和红军领导人已经接到陈公培的信，指示福建苏维埃政府好好接待他们。到长汀的第二天早上，张鼎丞亲自请他们吃了一顿丰盛的早餐。谈话中，陈公培得知张鼎丞也患有恶性疟疾，就把自己没用完的治疟疾的药全都给了张鼎丞。出乎意料的是，陈公培见到了老熟人阮啸仙。两人自广州暴动之前见过面，已经是六年未见过了，自然免不了一番叙旧。

从长汀到瑞金已经不远，福建苏维埃政府为他们准备了马匹，一路走得就比较快，也不累了。从早晨八九点钟启程，当日傍晚时分，他们一行到了瑞金。

在瑞金，潘健行（潘汉年）以中华苏维埃共和国临时中央政府及工农红军代表身份同徐名鸿谈判。经过谈判，10月26日，双方签订了《反日反蒋的初步协定》。协定内容主要有：双方立即停止军事行动，划定临时军事疆界线，恢复商品贸易，解除对苏区的经济封锁，释放在福州关押的政治犯等。

由于双方签的是初步协定，下一步的谈判还要进行，潘汉年作为苏维埃中央政府和红军代表随徐名鸿到福州与第十九路军负责人面谈。陈公培、徐名鸿等离开这天早晨，毛泽东、张闻天、林伯渠、邓发等前去送行。后来，第十九路军派尹时中为代表驻瑞金，红军这边也加派张云逸为驻第十九路军军事代表。

第十九路军揭起反蒋抗日旗帜

第十九路军的反蒋酝酿于一二八淞沪抗战之后，但遇到最大的问题是到福建后同红军处于交战的状态。同红军签订《反日反蒋的初步协定》，第十九路军便加快了公开揭起抗日反蒋旗帜的步伐。

蒋介石对第十九路军的动向是密切关注的，他在第十九路军里埋了一颗"钉子"，这颗"钉子"便是范汉杰。

范汉杰是广东大埔人。早年入广州理工学堂、广东测绘学校学习，毕业后在粤军第一军邓仲元部任参谋和连、营、团长等职。1924年4月考入黄埔军校第一期。毕业后担任过国民革命军第一师营长、团长等职。1926年参加北伐，担任国民革命军第四军第十师第二十九团团长、第十师师长。后任浙江警备师师长、第十九路军参谋长处长。

从范汉杰的履历看，他也算是粤军、第十九路军的老人了。但他暗地里投靠蒋介石，不断把第十九路的情况向蒋报告。1933年11月初，蒋介石以商议军事名义派飞机要接蔡廷锴到南昌去。蔡廷锴意识到这是蒋介石的诡计，有去无回，于是就给在香港的李济深、陈铭枢、蒋光鼐等人打电报，要求速到福州，商议反蒋之事。

李济深、陈铭枢、蒋光鼐等人接电后，迅速赶到福州。接着，一些与第十九路军关系密切的反蒋人士也陆续来到福州。

第十九路军这次反蒋行动联合了中国国民党临时行动委员会（即第三党）。11月上旬，第三党的负责人黄琪翔偕同章伯钧、郭冠杰、麦朝枢、彭泽民、丘哲等来到福州。分散在全国其他地方的第三党成员也陆续到达福州。

在磋商举行公开反蒋行动时，也有人表示现在发动会失败。陈铭枢表示：就是失败也得干。

经过仓促的筹备，11月20日上午9时，第十九路军在福州南校场召开"中国人民临时代表大会"。到会的有来自全国各省市及海外华侨的代表百余人和第十九路军驻福州官兵，以及福州市机关、学生、市民3万余人。大会推选17人为主席团，黄琪翔为主席团主席。

黄琪翔代表主席团宣布召开大会的理由和使命。会上通过了《中国人民临时代表大会人民权利宣言》。宣言历数蒋介石南京政府媚外残民的罪状，宣布中国为"中华全国生产之民主共和国"，中国最高权力属于生产的农工及共同支持社会结构的商学兵代表大会。号召全国反帝反独裁的势力，组织人民革命政府，于最短时间内召开第一次全国人民代表大会，制定宪法，解决国事。大会通过了《人民权利宣言》及《组织人民政府案》《制定新国旗案》等。

蒋光鼐在大会上讲话，愤怒抨击蒋介石倒行逆施和压制第十九路军的罪行。冯玉祥的代表余心清也在会上讲了话，历述冯玉祥抗日救国的主张，赞成全国各界人民临时代表大会的召开，主张建立人民革命政府，以挽救国家民族的危亡。在大会上发言的还有工人、农民、商人、妇女和学生代表。

大会公开宣布反蒋抗日，并把第十九路军扩充为五个军，做好反击蒋介石军队的准备。大会推选出李济深、陈铭枢、黄琪翔、陈友仁、冯玉祥（余心清代）、蒋光鼐、蔡廷锴、徐谦、何公敢、李章达、戴戟等 11 人为人民政府委员，推举李济深为主席。定国名为"中华共和国"；废除南京政府年号，定 1933 年为"中华共和国"元年；国旗改用上红下蓝中嵌黄星旗；首都设在福州。

11 月 22 日，福建人民革命政府成立和政府委员就职典礼在福建省政府礼堂举行。大会主席团代表梅龚彬向李济深授政府主席印。授印毕，全体政府委员宣誓就职。

福建人民革命政府一成立，立即发布了《中华共和国人民革命政府组织大纲》。根据大纲，福建人民革命政府下设军事、经济、文化三个委员会和外交、财政两个部，以及最高法院和国家保卫局。军事委员会负责掌管陆海空及人民武装一切事宜，由李济深、陈铭枢、蒋光鼐、蔡廷锴、黄琪翔等人组成，李济深兼任军事委员会主席；黄琪翔任参谋团主任，陈铭枢任政治部主任，蔡廷锴任人民革命军第一方面军总司令兼第十九路军总指挥。

11 月 27 日，福建人民革命政府闽西善后处代表陈小航在长汀与中华苏维埃共和国临时中央政府代表张云逸签订《闽西边界及交通条约》。第十九路军是国民党军中响应中华苏维埃共和国临时中央政府 1933 年 1 月 17 日宣言，接受三个条件，同红军实行停战抗日的第一支部队。

第十九路军公开揭起反蒋抗日旗帜，时称"闽变"，史称福建事变。

担任扼守闽西和闽西北地区，阻止红军向东发展任务的第十九路军揭起了抗日反蒋旗帜，打乱了蒋介石对中央苏区第五次"围剿"的计划，中央苏区迎来反"围剿"的空前良机。

博古决策失误，坐失良机

蒋介石在11月15日得到第十九路军即将举行公开反对他的情报后，忧心忡忡，当晚整夜睡不好觉，在日记中写道："剿匪未成，闽又紧急，关系党国前途，不堪设想。"19日，得知第十九路军已加强福建各要塞防守，接收中央银行在福建的机构，他咬牙切齿地说："我虽不顾一切，誓必讨平闽逆，然剿匪已受影响！"

11月20日这天，是第十九路军召开"中国人民临时代表大会"的日子，蒋介石静等传来福建方面发表的通电，然而，却没有消息。就在这天，蒋介石认定："闽逆为共匪，即作共匪办，不必另有动作。"这表明了他对蔡廷锴等人的态度，已不是对待国民党内派系纷争的方式，而是要像对待共产党、红军那样，采取"剿灭"的方式。

为了镇压第十九路军，21日，蒋介石即召集高级将领开会，规定抽调军队战斗序列。经过商讨，决定从"围剿"中央苏区的北路军中抽调11个师（包括在江浙一带的第八十七、第八十八师）编成"入闽军"，由北路军前敌总指挥兼第二路军总指挥蒋鼎文率领，分别由江西、浙江进入福建，"讨伐"第十九路军。为此，蒋介石亲自坐镇闽北建瓯指挥。这时，蒋介石把集中点放在"剿平"第十九路军上，而对中央苏区则暂时采取守势。

这时，蒋介石为了防止其他地方实力派也加入反蒋行列，急忙派人到山东、山西、广西与韩复榘、阎锡山、李宗仁等联络，并命杨虎城防范孙殿英。但让他最忧虑的是红军和福建人民政府的联合问题。11月29日，蒋介石专门研究了这个问题，结论是："闽逆欲与赤匪联合，以制中央，然赤匪未必急助闽逆也；赤匪知粤军不敢外出，故亦必不南移防粤，其将在闽北赣东间，以阻我对闽行动，而以消极助闽逆乎？故我军主力，当在光泽、邵武、资溪间也。"显而易见，蒋介石从博古等过去对中间派别的方针判断出了中共对福建事变的基本态度。

然而，蒋介石还是不放心，于12月7日到抚州，发出"匪部向北迫进，其欲我军东移，或敢来攻乎"疑问。看来，蒋介石还是怕兵力派出镇压福建人民政府后，红军乘虚从其他地方发起进攻，支援第十九路军。

的确，自第五次"围剿"开始以来，蒋介石几乎把他的全部兵力都投入到中央苏区，后方十分空虚，连南京一带这样重要城市的防务，只是一些宪兵、警察和地方团队来维持。福建事变发生，蒋介石调11个师入闽，最怕红军乘虚从中央苏区东北部打出去，依托闽浙赣苏区，深入到浙江、安徽、江苏一带，痛击他的软肋。

可见，蒋介石这时最怕红军与第十九路军联手，置他于首尾不能兼顾的两线作战的境地。

这时，中央苏区和红军领导人的态度又是怎么样呢？

福建事变发生后，周恩来于11月24日致电博古、项英、李德，指出蒋介石目前正推延进攻中央苏区，抽调兵力入闽，镇压福建人民政府，红三、红五军团应侧击蒋介石入闽部队。同一天，周恩来和朱德还给刘畴西、曾洪易、寻淮洲等发出指示，要求赣东北红军乘福建事变发生、蒋介石已抽兵向赣浙闽边集中的机会展开游击战争，截击敌人的联络运输，扰乱其后方；红七军团主力应截击敌人行动部队；闽北游击队也相应采取行动。

张闻天认为，应在军事上积极与第十九路军采取配合行动。

毛泽东向中共中央局建议：以红军主力突破敌人之围攻线，突进到以浙江为中心的苏浙皖赣地区去，纵横驰骋于杭州、苏州、南京、芜湖、南昌、福州之间，将战略防御转变为战略进攻，威胁敌之根本重地，向广大无堡垒地带寻求作战。用这种方法，就能迫使进攻江西南部福建西部地区之敌回援其根本重地，粉碎其向江西根据地的进攻，并援助福建人民政府。毛泽东这一建议，正中蒋介石的软肋。毛泽东后来曾说，当时他这个建议就是和国民党军"换防"，国民党军要到中央苏区来，红军就让给他，红军到江浙一带打游击去，重新开辟革命根据地。当然，国民党军是不会同意的，必定回防其根本重地，红军就由战略防御变成战略进攻，国民党军则变为战略防御了，不但国民党军的碉堡主义将失去作用，而且红军还可以发挥特长，在运动中大量歼灭国民党军的有生力量，打破国民党军的第五次"围剿"，中央革命根据地必定能够恢复。

连后来国民党修的史书也承认毛泽东这个主张棋高一着，说这个主张"是在闽变发生之时，全般情势已有重大变化，为了利用此种情势，改变原来的作战方针，由战略守势，改为战略进攻，其进攻目标，指向国军必救之地。如匪果真照此行动，诱使国军调离江西的可能性，不能说全无"。并认为红军如果与第十九路军合作，"战力至少可以增加一倍，在无碉堡地区采取运动战，作战线指向苏、浙要地，可能吸引国军调离江西，而减轻对赣南围剿的压力。"①

彭德怀也通过周恩来向博古建议："留五军团保卫中央苏区；集中一、三军团和七、九两个军团，向闽浙赣边区进军，依方志敏、邵式平根据地威胁南京、上海、杭州，支援十九路军的福建事变，推动抗日运动，破坏蒋介石的第五次'围剿'计划。"②

当时的机会确实很好，聂荣臻在回忆中说："当蒋介石抽调北线'围剿'的部队去镇压福建人民政府时，它的第三、第九两个师由蒋鼎文率领从南丰以南向闽西开进，而我们一军团当时刚打完大雄关战斗，就在附近休整。我们正处在敌人的侧面。敌人移动时，我们看很得清楚，一路一路地移，正好打。大家都说，这个时候不打什么时候打，再不打机会就没有了。可是上面就是不叫打，说打是等于帮助了小军阀。他们硬是把敌人放过去了。"③

博古为首的中共临时中央是在上海处境危险、无法存身的情况下迁到中央苏区的。他们到了中央苏区后，呆在瑞金，周围有数万红军保卫，认为这下可把自己锁在了"保险箱"里了，害怕红军向敌人后方出击会丢失苏区，自己又不安全了，因而没有采纳周恩来、张闻天、毛泽东、彭

---

① 王多年主编：《反共戡乱》（上篇）第4卷，黎明文化出版公司1982年版，第142页。

② 《彭德怀自述》，第189页。

③ 《聂荣臻回忆录》，第152页。

德怀等人的正确意见，要红军继续在苏区内部作战。就在周恩来11月24日建议侧击蒋介石入闽部队的第二天，中革军委给红一方面军发出一个训令，说我们不应该付出巨大的损失同这路敌人作战，还是让第十九路军替我们去打该敌。

博古等人为什么不给第十九路军真正的支援呢？究其原因，是忽视日本帝国主义的侵略已经引起中国各阶级政治态度的变化和国民党营垒的分裂，仍然坚持错误的军事战略和中间派别是中国革命最危险的信条，继续采取一切斗争、否认联合的"左"倾政策，不愿与第十九路军建立真正的联合。他们同意与第十九路军签订《反日反蒋的初步协定》，只是作为暂时休战，以便集中兵力对付蒋介石军队在北线的进攻，并没有打算进一步同第十九路军联合，建立反蒋抗日的军事同盟。福建事变后，李德对博古说：蔡廷锴的福建人民政府是最危险的敌人，比蒋介石还危险，有更大的欺骗性。蔡廷锴反对蒋介石是小军阀反对大军阀，红军决不能支援蔡廷锴[1]。博古当然听李德的，11月27日，《斗争》第18期发表《福建事变与我们的任务》社论，称：福建政府的成立，是反动统治的一种新的欺骗，我们必须用最大的力量来揭破他们的阴谋，把我们党的立场在群众中清楚地与福建政府对立起来。

福建事变后，共产国际方面的主张如何？对博古、李德将产生什么影响呢？

11月24日，埃韦特致电皮亚特尼茨基，询问："如果福建采取反南京步骤，您是什么意见？您是否同意苏维埃建议蔡廷锴靠自己的力量组织不叫红军而叫人民革命军的工农武装？"并说："我们有人，但没有武器，这些力量应该同红军和福建军队实行合作来对付南京的进攻。江西的形势在复杂化并要求有反对现在没有进攻我们的力量的行动自由。"同时告知："在福建，工作得到了加强。"[2]电文表明，埃韦特主张红军同

---

① 伍修权：《我的历程》（1908—1949），第73页。

② 《埃韦特给皮亚特尼茨基的电报》（1933年11月24日于上海），中共中央党史研究室第一研究部译：《共产国际、联共（布）与中国革命档案资料丛书·联共（布）、共产国际与中国苏维埃运动》（1931—1937）第13卷，第628页。

蔡廷锴合作并与第十九路军共同反蒋。但究竟采取如何方针，还得共产国际来定夺。

然而，曼弗雷德·施特恩在对待福建事变采取的方针问题上与埃韦特有分歧。12月16日，他给皮亚特尼茨基写信告状，说他与埃韦特"在对福建事变所采取的实际措施问题上，我们无论如何不能达成一致意见"。他主张："党对福建事变作出的评价，应本着这样的精神：这次事变是由国民党的腐败造成的，福建首领是国民党的残余，民众不能认真地对待他们的'左'的辞藻，等等。福建的党组织应该得到在新形势下如何行动的具体指示，这就是：争取释放犯人，把力量放到农村去，就地通过革命的途径实现我们的纲领，并在土地和生产工具问题上从下面采取主动。要把游击运动同土地分配问题联系起来，成立农民委员会和农民赤卫队等等。"并说："至于苏维埃政府和红军的政策，我认为，需要继续实行合作政策，促使19路军同蒋介石作斗争，同时要继续实行联欢政策，以便有保证来对付首领和将领们的两面派手腕。"①

从弗雷德·施特恩的信中不难看出这三点：1. 认为第十九路军领导人是"国民党的残余"，对他们不信任；2. 利用福建事变，在第十九路军控制的区域采取同苏区一样的政策；3. 同第十九路军合作，要兵不要官。很明显，他与博古等人对第十九路军采取的策略是完全一致的。

真是急病遇到慢医生，过了快一个月，共产国际执行委员会政治书记处政治委员会才于12月23日答复埃韦特11月24日的请示。电报只有寥寥数语，说："人民革命军可以建立，如果在这个军队里，自下而上的领导权将掌握在红军司令部手里，并且19路军司令部给它提供武器的话。"②这个电报对于埃韦特请示的福建事变后中共和红军如何与第十九路军联合对付蒋介石军队进攻问题没有明确答复，所答复的一条也

① 《施特恩给皮亚特尼茨基的信》（1933年12月16日、25日于上海），中共中央党史研究室第一研究部译：《共产国际、联共（布）与中国革命档案资料丛书·联共（布）、共产国际与中国苏维埃运动》（1931—1937）第13卷，第648页。

② 《共产国际执行委员会政治书记处政治委员会给埃韦特的电报》（1933年12月23日），中共中央党史研究室第一研究部译：《共产国际、联共（布）与中国革命档案资料丛书·联共（布）、共产国际与中国苏维埃运动》（1931—1937）第13卷，第632—633页。

非埃韦特请示问题原意，且也是不可能的事。因而，这个电报对于中共和红军如何联合第十九路军对付蒋介石的进攻、粉碎第五次"围剿"没有产生任何积极意义。

同一天，李德致电共产国际远东局，告知中革军委讨论远东局建议的中央苏区作战计划结果。李德在电报中说：远东局的"计划被否定了"，中共中央和中革军委不同意远东局对敌军的估计，认为我们将来的策略"应该是把西面作为进攻方向"①。

这个电报表明，福建事变后，博古、李德在作战方向上，与远东局有很大分歧。他们考虑的问题出发点是，如何利用蒋介石调主力入闽，在北线暂停进攻之机，保住苏区，并恢复被国民党军占领的苏区。因而，他们作出了将把中央苏区西方作为进攻方向，调中央红军中战斗力最强的红一、红三军团到永丰地区作战的决定。他们没有考虑，这时中央苏区、红军和第十九路军相互依存的关系。红军进攻蒋介石军队后方，支援第十九路军，迫使蒋介石军队的主力从福建回援，才能避免被其各个击破。反之，蒋介石击败了第十九路军，必然回过头来集中全力对付红军。

蒋介石派军入闽时，为保障侧翼安全，于11月24日决定以北路军第三路军主力向黎川地区集结，尔后向德胜关、泰宁方向推进，阻止红军东进。11月30日，敌第三路军主力开始向指定地域集结。至12月10日，敌第三路军第八纵队周浑元部三个师集中黎川地区，次日向团村、东山、德胜关推进；第五纵队罗卓英部四个师集中在三都、横店和黎川附近地区，策应第八纵队的行动。

红一方面军总部为截击敌第八纵队，阻止其向南推进，决定以红三军团突击该敌，迅速打破和消灭敌人一部；以红五军团第十三师主力，通过切断交通、扰乱堡垒等配合红三军团行动；红五军团第十五师主力和红九军团第三师一个团，钳制和消灭黎川以南钟贤之国民党军，并诱

---

① 《布劳恩给共产国际执行委员会远东局的电报》（1933年12月23日于中央苏区），中共中央党史研究室第一研究部译：《共产国际、联共（布）与中国革命档案资料丛书·联共（布）、共产国际与中国苏维埃运动》（1931—1937）第13卷，第649页。

其向龙安镇方向前进，以使红三军团转移侧击敌人。

彭德怀、滕代远按照朱德、周恩来命令，以红五军团主力坚守团村等阵地；红九军团一个团向黎川西南端及石峰山以南佯攻，迷惑敌人，主力集结于高溪、李家、绕家以西山地隐蔽，准备同红三军团夹击进占东山、团村之敌；红三军团全部集中在团村以东长丰源、大原地区，准备由东向西侧击进占东山、团村之敌；红五军团第三十四师一部占领高家洲东侧高地，准备侧击向东山前进之敌的后尾，配合红三军团作战。

12 月 12 日，敌第八纵队开始向红军团村阵地攻击前进。当敌第九十六师等部进到团村地区时，红军各部向敌发起攻击。彭德怀在回忆中说：

> 信号一发，我们正面之师积极佯攻，埋伏之主力（我三个师）同时猛烈突入敌之第二梯队，手榴弹声，机、步枪声，杀声相混杂。敌第二梯队大乱，波及第一梯队两个师亦乱；我正面佯攻之师乘机出击，敌遂全军大混乱，向黎川城乌龟壳内逃窜。敌三个师十五个团共约四万余人，我四个师共约一万余人相混杂。当时尘土漫天，只见敌军狼奔豕突，不见我军混杂其间，虽是猛虎突入群羊，可是羊多亦难捉住。我以一万二千人，击溃三万余敌，仗虽打胜，俘虏不及千人，算是打了一个击溃仗，这也算是胜仗吧！但无后方补充的我军，这种击溃仗，实际意义不大，对敌打击意义也不大——"伤其十指，不如断其一指"。如果当时我一军团在，一、三军团靠拢作战，敌三个师十五个团当能全部歼灭；加上洵口歼灭之三个团，就是十八个团；再寻机歼敌二十个团左右，敌第五次"围剿"就可能被粉碎，历史上也就没有二万五千里长征了。[①]

彭德怀的回忆说明，团村之战仅打成一个击溃战，兵力不集中，特别是红一军团未能与红三军团一起作战，是主要原因。也说明，这时战机是存在的，红军集中兵力，直接与第十九路军相互配合作战，使国民

---

① 《彭德怀自传》，第 193—194 页。

党军首尾不能相顾,在运动中歼灭敌人有生力量,能够打破其第五次"围剿"。

团村战斗后,周恩来、朱德根据敌情,于 12 月 13 日致电项英,提议:"立刻调一军团及十四师(留守备部队)至康都西城桥准备会同三、五、九军团主力,甚至七军团主力一部,于东山、德胜关间与陈敌主力决战";并指出:如不这样集中优势兵力而分兵作战,实行干部战士都不了解、不熟悉的所谓"新战术",不仅不能赢得大的胜利,"且常付出过大代价,此点在目前特别重要"。周恩来在电文后特别说明:"昨日团村战斗,如一、三军团会合作战,战果必然不至如此。"①

这个建议吸取了团村战斗的经验教训,要求运用过去的经验,集中兵力寻机作战,是非常正确的,却遭到了博古、李德、项英的拒绝。13日、14 日,中革军委连电周恩来、朱德,坚持把中央苏区西方作为进攻方向的方针,决定把红军主力西调攻打永丰一带的堡垒线,并在 24 个小时内四次变更作战命令。这种主观、武断、轻率、不尊重红军前方最高指挥员的做法,使周恩来、朱德非常气愤,周恩来于 16 日致电博古、项英,指出:"连日电令屡更,迟在深夜始到","使部队运转增加很大困难"。提出"请在相当范围内给我们部署命令全权,免致误事失机"。并强调:"事关战局责任,使我不能不重申前请。"②

周恩来的建议触怒了李德。李德便以统一前后方的指挥为由,建议并经中共中央局决定,取消中国工农红军总司令部和红一方面军司令部的名义和组织,将"前方总部"撤回瑞金,由中革军委直接指挥中央苏区红军的各军团和其他独立师、团。虽然朱德在名义上仍担任中革军委主席,周恩来、王稼祥为副主席,但他们的实际指挥权已被剥夺,部队由博古、李德直接指挥。

12 月 20 日,中革军委下达《关于转移突击方向和组织三个军及各军动作的指示》,指出:目前,敌以第八纵队三个师在德胜关附近暂时

---

① 转引自中共中央文献研究室编:《朱德传》,第 377 页。

② 《请在相当范围内给予部署命令之全权》(1933 年 12 月 16 日),中共中央文献研究室、中国人民解放军军事科学院编:《周恩来军事文选》第一卷,第 311、312 页。

箝制红军，处于守势；第五纵队四个师向东进攻，企图与其邵武地域之部队取得联络。东北方已被敌切断，西方的永丰、古县是敌"最弱的地位"。因此，红军应该转移突击方向，"消灭乌江以南及以北的敌人部队和恢复我们的苏区"，迫使敌人改变部署，转变战局。并决定：以红五、红七军团及独立第六十一团和东北各地方部队编为东方军，留在建宁、泰宁、黎川、光泽、金溪一线，开展游击战争，箝制和消耗东线之敌；红九军团及独立第一、第四团编为中央军，在红五军团左侧前牵制和消耗敌人；红一、红三军团及独立第二、第三、第十一、第十三团编为西方军，转移到永丰地区消灭敌税警总团，并相机消灭敌第九十三、第二十七、第十三师等部队。警卫师仍在永丰地区活动，"并以自己的动作"掩护西方军。[①]

12月22日，红一军团开始西移，至24日到达水东、鸡田、坑口、遇元、七都地区；25日，红三军团亦开始西移，25日到达广昌以南头陂地区集结，准备继续西进。在两个军团尚未会合的情况下，中革军委便命令林彪、聂荣臻指挥西方军进行丁毛山战斗。战斗从25日开始，进行到1934年1月4日，敌人死守在堡垒内，红军缺乏重武器，付出较大伤亡，却无法取得战果。红军西方军撤出战斗后，又在大旅与敌对峙三日，寻战无果，于1月8日进至大湖坪地区。至此，博古、李德西进永丰地区反攻计划破产。

红三军团西移后，国民党军第三路军主力趁机先后占领了团村、东山、德胜关、黄土关等要点。尔后，敌以一部兵力构筑黎川至光泽、邵武，乃至德胜关之间的封锁线，一部兵力推进至泰宁以东之金坑地区。这样，敌人就限制了红军东方军的活动，并使红五军团第三十四师的左侧安全受到严重威胁。与此同时，蒋介石"讨伐"第十九路军的部队也占领了邵武、顺昌等地，逼近南平、水口、古田，直接威胁到福州。第十九路军为了保卫福州，收缩兵力，坚守防御。而随着第十九路军兵力的收缩，中央苏区的侧翼直接暴露在国民党军面前，受到威胁。

---

① 中国工农红军第一方面军史编审委员会：《中国工农红军第一方面军史》，第428页。

中共中央局为保卫中央苏区侧翼地区不失，争取第十九路军的左翼部队转到红军方面来，于1934年1月2日命令红三军团向沙县地域移动，占领沙县。1月3日，彭德怀命令红三军团向沙县前进，红三军团于当日由广昌头陂地区出发，向沙县前进。1月10日到达沙县城西北的富口、夏茂地区。

沙县是闽中重镇，位于沙溪左岸。该城由卢兴邦部和地主武装共约两个团防守。卢兴邦原是福建地方武装，归第十九路军指挥。当蒋介石"讨伐"军逼近南平时，卢兴邦倒戈投靠蒋介石，所部改编为新编第五十二师。1月11日，红三军团包围沙县城。12日，红三军团开始攻城。由于敌人依托高大城墙和火力压制，红三军团攻城受挫，遂停止强攻，改取挖坑道爆破。15日，敌第四师从南平出发，驰援沙县。红四师将敌阻于青州地区，毙伤其200余人。敌人退守青州，红四师乘胜夺取尤溪卢兴邦的兵工厂，缴获全部弹药和器械。16日，彭德怀与新任红三军团政治委员杨尚昆决定，以红四师扼制敌第四师，集中主力先攻取沙县城，尔后准备不失时机侧击援敌。25日，红三军团引爆坑道炸药，将沙县城墙炸开20多米缺口，从缺口中冲进城内，与敌展开巷战。经过三个小时激战，歼灭城内敌人，胜利占领沙县城。

沙县战斗，红三军团共毙伤国民党军700余人，俘虏1300余人；缴获各种枪约1500余支，子弹近11万发；炮8门，炮弹2万余发；无线电一部及大量食盐、粮食、布匹等苏区紧缺物资。红三军团还利用缴获的无线电台和密码，以卢兴邦的名义要求蒋介石火速援助。蒋介石为了让卢兴邦给他卖死命，不惜血本，于26日至27日派飞机连续在沙县城上空投下了大量弹药、布匹、钞票，均被红军笑纳。这批钱财、物资，对于缓解中央苏区的物资困难起了重要作用。

沙县战斗虽然取得胜利，并缴获了大量中央苏区紧缺的物资，但在博古、李德推行的总的错误方针之下，此战未能给第十九路军直接援助，且局部的战斗胜利，并不能扭转第五次反"围剿"全局上的被动局面。

第十九路军举起反蒋抗日旗帜后，要求中共派军事代表去福州。中共中央局考虑到张云逸是广东人，大革命时期和第十九路军的一些人有过交集，决定他去福州担任军事代表。张云逸去福州前，博古把他叫去，告诉他去的目的是设法争取点队伍过来。至于如何利用这个有利时机，配合第十九路军作战，支持其反蒋抗日，克服其软弱动摇等问题，博古只字未提。张云逸对中央局采取的方针有不同意见，觉得自己前去福州也难有所作为，便向博古建议，他去不叫军事代表，只以军事联络员名义工作，有什么问题，请示中央，这样可以取得一个转圜的余地。博古同意了他的建议。

由于福建人民革命政府催得很急，张云逸接受任务后，带了一个机要员和密码本，很快就出发了。张云逸回忆中叙述了他所见证的第十九路军失败前的最后几天：

辗转来到福州，福建政府主席李济深立即接见了我，寒暄一番以后，他劈口就问我，"你们部队究竟什么时候出动？"

我早就估计到他们会提出这个问题，便答复道："三军团已经出动了，现在到了哪里，还不知道，我可以打电报去问。但是，还是希望你们能把前方的情况随时通知我。"

李济深的脸色阴暗下来，好半天，才低声说："司徒飞旅被消灭了，廷锴不久就要从前方回来了。"

听了他的话，我着急。看来：十九路军难于抗拒蒋介石大军的压逼，福建政府的上层人物已经开始动摇。如果在这千钧一发的时候，我军毅然出兵猛击蒋军侧背，这股反蒋势力，或许不致这样迅速地被扼杀。可是，党中央会不会改变既定的方针呢？

后来我才知道，这时，十九路军果然已经决定放弃福州，陈铭枢、蒋光鼐已经悄然去港，李济深的行期也只在一两日了。

这些天，蒋介石的飞机来福州轰炸扫射，街上人心惶惶。码头上更是混乱不堪，达官贵人，豪绅政客，纷纷登轮逃命，到处是一片败亡的景象。

第三天晚上，蔡廷锴从前方回来了。由于战争失利，他已经完全丧失了锐气，成天忙于部署撤退。

我见他这样悲观，便鼓励他说："红军即使不能赶到，只要保持住有生力量，事情还可以大有可为。第一步，可以退泉州，第二步，可以退漳州。最后，我们背后还有那么大的根据地，不管他有多大兵力，也奈何我们不得！"

可是，这时他意气已尽，无心再图进取，回来后第三天，便率司令部渡过乌龙江，撤退到莆田。接着又继续南撤，形势急转直下，十九路军的部队跑的跑，降的降，诞生不足两个月的福建政府就这样迅速地被国民党反动派摧毁了。[①]

第十九路军当时有 33 个团，共 7 万人。另外，还有 4 万多人的地方武装，也归第十九路军指挥。这样算起来，第十九路军就有 11 万多人，是一支不可忽视的力量。中央苏区也有主力红军和地方红军 10 万多人。两者加起来，就有 20 多万人军事实力，如果联起手来，不但可以消灭国民党军一部有生力量，迫使其停止"围剿"中央苏区的行动，而且可以推动全国抗日救亡运动的发展。非常痛心的是，由于共产国际反应迟钝，没有快速、明确的指示，远东局内部意见也不一致，博古、李德决策失误，致使第十九路军单打独斗，在蒋介石军事"讨伐"和政治分化之下，再加上领导者本身失误等原因，很快于 1934 年 1 月下旬失败。中央苏区和红军错失了借助这次事变粉碎第五次"围剿"的良机。

良机已失，中央苏区第五次反"围剿"将面临着更加严重困难的局面。

---

① 张云逸：《一次重大的失策》，中共三明市委党史研究室、中共泰宁县委党史研究室：《东方军研究》，第 284—285 页。

五、打破敌人"围剿"无望，红军主力被迫战略转移

广昌保卫战失利

1934 年 1 月中旬，在博古主持下，中共六届五中全会在瑞金召开。博古在会上作了《目前的形势与党的任务》的报告，把"左"倾教条主义错误发展到了顶点。全会改选了中央政治局，选举产生了书记处，博古仍为中央总负责人。

1 月下旬至 2 月上旬，第二次全国苏维埃代表大会在瑞金召开。毛泽东继续当选为中央执行委员会主席，但他的人民委员会主席则由张闻天接任。因中央政府和各部的实权都在人民委员会主席手里，毛泽东在中央政府中被架空了。朱德仍任中革军委主席，但军事指挥权实际掌握在博古、李德手中。

"左"倾错误的进一步发展，使得红军在反"围剿"中只能继续执行前一段的错误战略战术，从而在蒋介石重新发动的进攻面前遭到更为严重的损失。

蒋介石在镇压了第十九路军后，以入闽"讨伐"第十九路军的主力为基础，编为东路军，委任蒋鼎文为总司令，卫立煌为前线总指挥，下辖第二、第五路军和总预备队，共 16 个师另一个旅、两个团。顾祝同仍任北路军总司令，陈诚为前线总指挥兼第三路军总指挥，下辖第一、第三、第六、第二十、第二十六路军和总预备队，共 25 个师另两个旅、一个支队和三个团。1 月 25 日，陈诚根据蒋介石的命令，率领北路军第三路军主力，向建宁方向发动进攻。在飞机和大炮的掩护下，首先向黎川以南的樟村、横村红军阵地发起猛烈攻击。

在气势汹汹的国民党军新的进攻面前，博古、李德采取以堡垒对堡垒的被动防御方针，要求红军在重要城镇、大居民点、交通要道、隘口

等地构筑堡垒，处处设防，把"短促突击"作为法宝，同国民党军进行阵地战，拼消耗。红军以简陋碉堡和落后的武器装备抗击现代化装备的敌人的凶猛进攻，不断遭到严重损失。从 1 月下旬至 3 月底，中央红军先后进行了樟村与横村、坪寮、鸡公山、三甲嶂、凤翔峰、三溪圩与三坑、新桥与太阳嶂等战斗。中央红军这些战斗不仅没有打破或迟滞敌人的进攻，反而使自己付出很大代价，被迫撤退至建宁以北地区，隐蔽待机。至此，从泰宁至德胜关一线阵地全部被敌人占领，中央红军在东线也陷入被动。

1934 年 3 月下旬，蒋介石开始谋划向广昌发动进攻。26 日，蒋介石在日记中写道："匪谋于下月初，仍回伏广昌附近乎？"次日，蒋介石决定："赣西剿匪部队，应重新部署。"30 日，蒋介石表示："本月份剿匪，只达到泰宁、白舍、善和与龙岩之大池，而未能如预计，占领广昌、建宁、兴国、汀州，下月应继续努力，预于五月中旬，能完成此预定工作。"

4 月初，蒋介石命令北路军、东路军协力进攻广昌、建宁；南路军攻取筠门岭，向会昌推进。北路军总司令顾祝同按照蒋介石的命令，集中 11 师的兵力，由陈诚统一指挥，首先向广昌发起进攻。

广昌位于盱江西岸，是中央苏区的北部门户，是博古、李德在第五次反"围剿"开始就决定坚守死保的地方。为守住广昌不能丢，博古、李德真是绞尽脑汁，谋划已久，早在 1933 年 10 月即命令红九军团第三师第七团在该地区构筑防御工事；11 月 23 日，又命令红九军团第十四师移至白舍圩地区，完成广昌工事第三阶段的任务，并令江西独立营移至广昌，构筑第四阶段的工事。12 月 13 日，中革军委再次要求加强广昌地区的防御工事，准备在该地区同敌人进行"决战"。1934 年 4 月上旬，中革军委命令红一、红三军团和红五军团第十三师，从福建建宁地区迅速回师江西，会同新从龙冈地区调来的红二十三师、原在广昌地区的红九军团，达到了九个师的兵力，进行广昌保卫战。同时，为了加强指挥，成立了临时司令部，朱德兼任司令员，博古亲自兼任政治委员。

广昌保卫战，是集中体现李德作战理念的一战，采取集中对集中、堡垒对堡垒、阵地对阵地和"短促突击"的所谓"正规战争"，期望此战能够取得决定性胜利。据李德回忆："军事委员会的一个领导小组出发到广昌，小组成员有朱德、博古、政治部的副主任和我。我们此行的目的，是使我军在战役的最后阶段能够更好地协同作战。"[①] 这说明，李德是这场战役的指挥者。

毫无疑问，李德亲自上阵，表明对广昌保卫战寄托了很大希望，想以此表示自己的军事指挥能力要比中国红军领导人毛泽东、周恩来、朱德等高明。然而，无情的事实打了李德的脸。

陈诚按照蒋介石、顾祝同的命令，决定分三期向广昌筑垒前进。第一期占领甘竹市附近地区，第二期占领长生桥、饶家堡、高洲墩一带，第三期攻占广昌及其附近地区。其部署是：以第五纵队五个师为河西纵队，担任主攻，由罗卓英指挥；第三、第八纵队和第九十七师共五个师为河东纵队，担任助攻，由周浑元指挥。两个纵队进攻正面约五公里，采取梯次配置，夹盱江交替筑垒推进。第四十三师为预备队，随河西纵队跟进。第七十九、第九十八师工兵营随河东纵队跟进，准备随时在盱江架桥。陈诚率领特务团、迫击炮营、山炮营、别动队等随后跟进。

准备就绪之后，国民党军队于 4 月 10 日开始向广昌发动进攻。陈诚在自己的回忆录中写道：

4 月 10 日本路军以第五、第三、第八各纵队沿盱河两岸，向甘竹、广昌推进，沿途共军，均被击退。于 11 日将甘竹市占领。于是各部队就地筑碉，构成纵深至封锁线。不数日，亦告完成。乃再步步向广昌进击，自 19 日连克要隘多处，至 26 日我已兵临广昌城下。

自 22 日以后，伪一、三、五、九军团，均麇集于广昌城以北一带地区，扬言将死守广昌。……是时共军接受苏俄之指导，亦实行堡垒政策，所谓以堡垒对堡垒，可见其垂死挣扎情形之一斑。无如我军士气甚盛，所向无前。经过数日激战，共军大败。伪一军团中下级干部，死亡大半，

可谓创钜痛深。28 日我军遂将广昌城完全占领。[①]

这位在第四次"围剿"中的败军之将，对攻占广昌的回忆，字里行间，透出一种得意洋洋之感。但也可以从另一个侧面看出李德以堡垒对堡垒战法的失败。

红一军团在广昌保卫战中损失惨重，主要是被动死守，等着挨打。聂荣臻在回忆录中曾非常愤怒地说：

> 一军团在保卫广昌时打的一些战斗，如甘竹战斗等，伤亡消耗都比较大。从甘竹到广昌，不过二十多里，敌人越接近根据地腹地，越是更加谨慎小心，每天只前进半里到一里，每进一步，边修公路边筑碉堡。我们在"死守广昌"、"寸土必争"的错误口号下，打了十八天所谓"守备战"。就是说，我们在敌人飞机大炮轮番轰炸下，仍死守阵地。[②]

红三军团在广昌保卫战中损失也很严重，彭德怀回忆说：

> 进攻广昌之敌七个师[③]，一个炮兵旅轰击，每天约三四十架次飞机配合，拖着乌龟壳（堡垒）步步为营前进。前进一次只一千至二千米；在其火力完全控制之下，站稳了脚跟，先做好了野战工事，配备好火力，再进第二步；每次六七架飞机轮番轰炸。从上午八九点时开始至下午四时，所谓永久工事被轰平了。激战一天，我军突击几次均未成功，伤亡近千人。在李德所谓永久工事里担任守备的营，全部壮烈牺牲，一个也未出来。[④]

自 4 月 10 日至 23 日，国民党军先后完成了第一、第二期进攻计划。26 日，敌人兵临广昌城下，准备进行第三期进攻计划。

---

① 《陈诚先生回忆录：国共战争》，第 51 页。

② 《聂荣臻回忆录》，第 156—157 页。

③ 应为 11 个师。

④ 《彭德怀自传》，第 197 页。

4月27日，国民党军队集中10个师的兵力，在飞机、大炮的支援下会攻广昌。红军各部队依托简陋的工事和落后装备，英勇作战，打退敌军多次进攻。时为敌第十四师特务营营长方耀在回忆中叙述了他们进攻红军阵地的情况："广昌以北是一片丘陵地带，以大道为中心，向西离中心四五里的山就比较高、较大。向东离中心三里多的山较小。红军在广昌以北丘陵地带构筑了阵地工事，而且比较坚固，这说明红军准备在城北与反动军队拼一下的。当时，陈诚的基本部队八个师与其他嫡系部队，武器是最新的，每营的重机枪有四至六挺，每连轻机枪有六挺。总部直属的有普福斯山炮团、法制的迫击炮几个营，因此火力是最强的。而红军的部队武器较差，特别是弹药不足。陈诚千方百计要诱使红军主力来决战，红军集中主力摆好阵地应战，胜败是可以预料的。……炮兵部队对红军的阵地工事集中火力轰击，红军的阵地工事一个一个被摧毁，步兵部队就不顾一切的猛攻。红军十分英勇地坚守阵地，阵地被国民党军队占领了，红军就立即进行反攻，就是这样互相争夺阵地。由于陈诚的部队火力强，红军的伤亡就大。第十八军的牺牲也很大，特别是第十四师牺牲不少，第七十九团少校营长石朝盈就在下午的战斗中牺牲了，伤亡的连排长相当多，士兵不用说了。因此，攻占广昌所付出的代价是大的。"[①]

这个回忆比较真实地反映了广昌战役中双方厮杀的震撼场面。

红军广大指战员虽然英勇抵抗，但还是抵挡不住敌人的优势炮火、优势兵力的凶猛进攻，敌河东纵队突破了红军的防线，从东、北、西三面包围了广昌。博古、李德被迫放弃坚守广昌的计划，命令红军撤离广昌。4月28日，红军退出广昌。

广昌保卫战是红军历史上最典型的阵地战、消耗战，使红军遭受重大伤亡。在历时18天的战斗中，红军毙伤俘敌2600余人，而自身伤亡高达5000余人，约占参战人数的五分之一。其中，红三军团伤亡2700余人，约占全军团总人数的四分之一。这对以后红军的作战，造成了极

---

① 方耀：《记广昌战役中的第十四师》，文闻编：《"围剿"中央苏区作战秘档》，第199页。

为不利的影响。

广昌保卫战的失败，是李德作战理念的彻底破产。那么李德是怎么"甩锅"的呢？他的理由有二：一是参加作战的红军各军团不协同，总是让红三军团单独作战；二是没有按照他过去下的指示去做，红军构筑的防御工事太马虎，"既不能抵御飞机轰炸，也不能抵御大炮射击"。①

李德的辩解是苍白无力的，广昌保卫战，是在一个不利于坚守的地方采取了错误的坚守策略和错误的阵地防御战，打的一场错误的战役。他把中央红军差不多的家底都集中到广昌，送到敌人的优势炮火下等着挨打，能不失败吗？陈诚曾乐不颠颠地说："集中伪一、三、五、九四个军团，全力与我军进行博战。""我军求敌决斗，方不可得，见其来攻，可谓正中所怀。"② 广昌保卫战，是李德亲自指挥，打的一场愚蠢到极点的战役。无怪战后彭德怀见到他痛骂："崽卖爷田心不痛！"③

国民党军占领广昌后，又于 5 月中旬占领建宁。与此同时，敌第六路军为策应第三路军行动，先后占领沙溪、藤田和龙冈。南路军一部占领筠门岭等地。至此，中央苏区西起龙冈，中经广昌，东迄建宁、泰宁、归化、永安、连城，南至筠门岭，均被敌人占领，形势日趋恶化。

共产国际来了新指示

广昌保卫战失败，表明李德推行的"新战法"彻底破产，面对国民党军新的进攻该怎么办？中共中央和中革军委于 5 月开会，就广昌战役对第五次反"围剿"中的战略战术重新作了审视。

毛泽东参加了这次会议，尖锐地批评了博古、李德，称广昌战役是个"灾难"，毫无战绩，指出他们的军事指挥错误在于消极防御、分散兵力、采取堡垒主义的战术、没有胜利把握就轻率作出作战决定。就连支持过"左"倾错误主张的张闻天，也对博古、李德的指挥产生了怀疑。张

---

① ［德］奥托·布劳恩：《中国纪事》，第 85 页。

② 《陈诚先生回忆录：国共战争》，第 49 页。

③ 《彭德怀自传》，第 198 页。

闻天批评"广昌战斗同敌人死拼，遭受不应有的损失，是不对的"。博古反唇相讥，说张闻天是"普列汉诺夫反对一九〇五年俄国工人武装暴动的机会主义思想"。① 这是张闻天同博古发生的第一次公开的激烈的冲突。从这时起，张闻天同博古的矛盾加深了。

张闻天在这次会上还批评博古过于重用李德，指出我们中国的事情，不能完全依靠李德，我们自己要有点主意。会议休息期间，张闻天又对伍修权说，李德的打法不可能取得胜利。会后，李德还曾通过博古给张闻天带话，说你们都是从莫斯科回来的，中国的事情还是由莫斯科回来的同志办，你们之间应该消除前嫌，很好地合作②。

李德在回忆中说，他在会上表示："在敌人坚持堡垒战的条件下，要在苏区内取得决定性胜利是没有希望的；因此，我们必须采取以主力部队突围的方针，以便重新获得广阔的作战区域并为此作好一切必要的准备。同时我们应该在中央苏区以外，例如由第六军团在湖南、由第七军团在福建开辟新的战线，在敌人后方通过威胁敌人与后方的联络来牵制和引开敌人。最后我建议，我们甚至可以丢掉一部分土地，让向前推进的敌人有'更大的空隙'，使我军能较为灵活地给敌人以突然打击。独立部队和地方部队根据主力撤离的程度，必须在敌人主要战线上牵制和骚扰敌人，也可以采取这个方针。"③

李德这段回忆应基本上是真实的。伍修权曾在回忆中说："一九三四年春，李德就曾同博古说，要准备作一次战略大转移。"④ 可以说，李德是自第一次反"围剿"以来，第三次提出要红军撤出中央苏区，进行战略转移的始作俑者。

中共中央将会议讨论的结果报告给共产国际远东局。1934年6月2日，埃韦特将有关情况向皮亚特尼茨基作了报告：

---

① 吴德坤主编：《遵义会议资料汇编》，第87页。

② 张培森主编：《张闻天年谱》上卷（1900—1941），第160页。

③ ［德］奥托·布劳恩：《中国纪事》，第86页。

④ 伍修权：《我的历程》（1908—1949），第75页。

中央苏区的危险形势。军事形势和与此相联系的所有其他问题,在最近几个月大大尖锐化了,没有希望在最近争取到有利于我们的根本改变。此外,还存在这样的危险:秋天敌人会全力从四面猛攻我们已经大大缩小了的中央苏区,放弃以前的缓慢推进、挖通道和修碉堡的战术。换句话说,将开始进行集中而迅速的打击。

关于事态发展,您已经收到大量关于军事问题的电报,其中最重要和最近的电报,我再次附上。我也附上[中共]中央的防御计划,这个计划已通过另外一个渠道电告了您。[中共]中央最近的电报将在 6 月初寄给您,在这份电报的结尾,他们征询您的建议和决定。我不想在这里重复,而只对中央提出的两种可能性作一些评论。

1. 从起草[中共]中央报告时起,形势又发生了对我们更加不利的变化,特别是由于广昌和建宁的失陷以及敌主要兵团的进一步推进。此外,由于不间断的战斗和不充足的战利品,我们的弹药储备大大减少了。我们的损失巨大。开小差现象在增加。

2. 敌军的大量集中和不断挖通道和防御工事(如果敌人在同我们的斗争中将继续取得成绩的话),使中央一号建议难以实施。中央一号建议是:"留在中央苏区,转入游击战,将其作为我们斗争的最重要方法"。当然,把我们的基本力量分成小的游击小组,可以在许多据点、许多地方长时间给敌人制造麻烦,但仅仅这样做决不能有效地保卫中央苏区。

3. [中共]中央说:"否则我们只有保卫中央苏区到最后,同时准备将我们的主力撤到另一个战场……"

4. 我个人认为,不应把[中共]中央指出的两种可能性截然对立起来。4 军团(应为红四方面军——引者)1932 年在预先未作计划的情况下向四川采取的远征行动表明,除了游击兵团,我们主力的一部分,应该留在老的地区,以防止敌人在我方没有任何抵抗的情况下全面而神速地占领这些地区。这一部分军队不应人数很多,否则我们没有足够的力量在[中共]中央电报中规定的方向顺利进行突破。在这个方向上,我们的基本力量,只有在实行保卫的各种可能性都用尽之后并且在保存着我们大部分有生力量的情况下才应使用。

虽然敌人从 4 军团 1932 年的远征时期学会了许多东西，虽然他们有比 1932 年更加强大的、我们必须克服的防线（赣江、湘赣边界和湖南湘江一线），虽然敌人在采取行动之初会拥有比 1932 年多得多的军队来组织追击，但对于我们的进一步推进来说反正都一样，恐怕我们也没有别的选择。如果我们成功地进行了突破，那长江还会长时间成为我们同 4 军团建立有效联系的很大障碍，而同正在转移的贺龙 2 军团取得联系，进而建立新的苏区，将是完全能够实现的。[①]

这个报告说明，中共中央当时向共产国际提供两个方案：一是红军留在中央苏区，坚持打游击；二是将红军主力撤离中央苏区，进行战略转移。埃韦特倾向于第二个方案，并认为转移到湘西北同红二军团取得联系，建立新苏区，是比较可行的。

在远东局内部，对于中央红军主力是否需要转移问题意见是不一致的。远东局委员赖安虽然也认为："中央红军蒙受的一系列惨重的军事挫折和损失，以及因此中央苏区根据地的缩小，可以推测，如果中国其他地区的军政形势以及国际因素不会导致发生'出人预料的'重大冲突，以后几个月在阶级力量对比和政治重新组合方面也不会导致发生重要变化的话，那么在最近的将来，可能是秋天，中央苏区红军的主要力量将不得不放弃江西、寻找出路和在湘川方向寻找发展苏维埃运动的新的地区。"但他把中央苏区军事上出现一系列挫折的情况归结于埃韦特等人"从去年 12 月起，一方面阐发了关于本阶段在中央苏区不可避免地要决战的失败主义'理论'，而另一方面与此相联系，仍在考虑红军能否'坚持'到春季或夏季，而现在是到秋季的问题。"认为这种观点是"失败主义和投降主义"，导致了"国统区在开展保卫和积极支援红军和中央苏区及争取苏维埃革命在一省或几省取得发展和胜利的群众性革命运动"的

---

① 《埃韦特给皮亚特尼茨基的报告》（1934 年 6 月 2 日于上海），中共中央党史研究室第一研究部译：《共产国际、联共（布）与中国革命档案资料丛书・联共（布）、共产国际与中国苏维埃运动》（1931—1937）第 14 卷，中共党史出版社 2007 年版，第 127—129 页。

"组织和领导工作的削弱"。^① 因此，赖安的主导思想不是中央红军主力作战略转移准备问题，而是中共应该竭尽全力做好国民党统治区的群众支援红军的工作，力求使政治形势发生变化，为中央红军反"围剿"斗争提供有利的外部条件。

赖安的意见没有把博古、李德的军事指挥错误作为造成中央苏区反"围剿"斗争困境的主要原因，反而过分强调了白区人民群众的斗争对中央苏区反"围剿"的支援作用，是不可取的。

6月16日，共产国际执行委员会政治书记处政治委员会给埃韦特和中共中央回电：

1. 我们完全赞成你们目前根据对形势的正确评价而实行的计划。争取中央苏区的前途，是与外部地区、在交通线上和在靠近敌人设防地区的后方广泛开展游击战密切联系在一起的。不这样大规模地开展游击运动，在苏区内，机动能力非常有限的军队的处境，到今年秋季敌人发动新的攻势，作出最后努力来突破苏区的防线时，就会发生危机。但是在夏季，红军若竭尽全力，是能够采取主动把业已形成的不利形势改变为有利的。为此，必须完成两项任务：（1）为防备部队不得不离开，要规定加强在赣江西岸的基地，同这些地区建立固定的作战联系，成立运粮队和为红军建立粮食储备等；（2）现在就用自己的一部分部队经福建向东北方向发起战役，以期最后这些部队成为将来闽浙皖赣边区苏区的骨干力量。现在四省边境地区就有可观的游击行动和第 10 军的核心力量。这次战役，威胁蒋介石的主要基地和交通线，对保存中央苏区和便于其余部队向湖南方向撤离（如果我们不得不这样做的话），都具有很大的意义。因此，扩大从福鼎到鄱阳湖的游击区，是在中央苏区军队面前可能出现的任何选择中的最重要任务。

2. ［即使］考虑到目前的战线防御有暂时被削弱的风险，我们还是建

---

① 《赖安给哈迪的信》（1934 年 6 月 4 日于上海），中共中央党史研究室第一研究部译：《共产国际、联共（布）与中国革命档案资料丛书·联共（布）、共产国际与中国苏维埃运动》（1931—1937）第 14 卷，第 132、134、135 页。

议随第 7 军之后再投入三个师，它们绕开敌人战线行进，如沿着经过尤溪的中心线前进，然后向北，以便深入敌后以果断的行动切断现在从沙县、建宁扇形地区进攻中央苏区的敌集团军的交通线。在 7、8 月间，这个军团独立作战时，不要去占领敌人的堡垒，可以同第 10 军和北面的游击队一起给敌人的整个战线造成这样的威胁，使敌人不先尝试消除这个新的威胁，就不能不下决心投放力量进攻中央苏区。

　　3. 归根到底，即使秋季战斗结局不利，我们在中国东南部还有三个主力作战集团：（1）由 7、3、10 军团组成的、在目前的中央地区东北活动的集团军；（2）留在中央苏区进行游击战的集团军；（3）在湘赣边境上的西部集团军，这个集团军将包括撤到那里的中央苏区部队，还有 6 军团等。

　　4. 动员新的补充人员的过程证明，中央苏区的资源还没有枯竭。红军作战部队的抵抗能力、后方的情绪等，还没有引起人们的担心。如果说主力部队可能需要暂时撤离中央苏区，为其作准备是适宜的，那么这样做也只是为了撤出有生力量，使之免受打击。①

　　共产国际的新指示，虽然同意中共中央、远东局关于国民党军队秋季会对中央苏区发动总攻击的判断，但主要精神是认为中央苏区还存在打破国民党军"围剿"的希望，即红军在夏季采取新的举措，放手一搏，还是能够扭转不利局势的。这个新举措就是不仅派红七军团由福建北上，而且还要派红三军团北上，与闽浙赣的红十军一起，在毗邻中央苏区东北部的地区开辟作战区域，迫使国民党军调集部队首先对付他们，从而减轻中央苏区的军事压力。在采取新举措时，从最坏的结果打算，可以做一些战略转移的准备，如储备粮食等。不过，共产国际这个指示中，中央红军战略转移的目的地应该是湘赣苏区，而不是埃韦特提出的到湘西北区。共产国际设想的是，这样做，中央苏区第五次反"围剿"失利了，中央红军主力转移到湘赣苏区后，中国的东南部还存在东、中、西

----

① 《共产国际执行委员会政治书记处政治委员会给埃韦特和中共中央的电报》（1934 年 6 月 16日），中共中央党史研究室第一研究部译：《共产国际、联共（布）与中国革命资料丛书·联共（布）、共产国际与中国苏维埃运动》（1931—1937）第 14 卷，第 143—144 页。

三大主力作战集团，前景仍然看好。

应该说，共产国际的新指示在大思路上还是有些可取之处的。然而，博古、李德有自己的想法，没有完全去照共产国际这个指示去做，中央苏区第五次反"围剿"的态势也没有出现共产国际设想的结果。

红七军团北上，红六军团西征

收到共产国际新的指示电后，中共中央政治局于1934年6月下旬在瑞金召开扩大会议，讨论中央红军的作战新方针问题。

毛泽东是中央政治局委员，博古自然无法不让他参加会议。他在会上提出，在内线作战陷于不利的状况下，中央红军应该转移到外线作战。关于向外线转移的方向，毛泽东提出中央红军已不宜向东，可以往西。[①]毛泽东这个主张没有被会议接受。会议决定派红七军团以抗日先遣队北上，派红六军团撤离湘赣根据地到湖南中部。这显然是接受了李德的主张。博古还是听李德的。

为贯彻中央政治局扩大会议精神，中共中央、中华苏维埃共和国中央政府、中革军委于1934年7月初发布《关于派红七军团以抗日先遣队名义向闽浙挺进的作战训令》。《训令》指出："中央及中革军委决定派七军团长期的到福建、浙江去行动"。任务是："甲、最高度的在福建、浙江发展游击战争，创造游击区域，一直到在福建、浙江、江西、安徽诸地界建立新的苏维埃的根据地。乙、最高度的开展福建、浙江的反日运动。丙、消灭敌人后方的单个部队，特别是在福建及浙赣边境上的单个部队。丁、深入到敌人远后方去，经过闽江流域，一直到杭江铁路及安徽的南部，以吸引蒋敌将其兵力从中央苏区调回一部到其后方去。"[②]

7月5日，中共中央又发布了《关于开辟浙皖闽赣边新苏区给红七

---

①　中共中央文献研究室编：《毛泽东传（1893—1949）》上，第327页。

②　《中共中央、中央政府、中革军委关于派红七军团以抗日先遣队名义向闽浙挺进的作战训令》（1934年7月），中国人民解放军历史资料丛书编审委员会：《红军长征·文献》，解放军出版社1995年版，第4页。

军团的政治训令》，明确指出："党中央与军委决定派遣七军团到敌人的深远后方，进行广大的游击活动，与在敌人最受威胁的地区，建立新的苏维埃根据地。七军团应在中国工农红军抗日先遣队的旗帜之下，经过福建而到浙皖赣边行动"。认为"蒋介石在福建腹地的兵力是极端的薄弱，并且在这里曾经有过几次小的士兵的背叛与骚动，浙江及浙皖赣边是敌人兵力分布的薄弱部并且是他在战略上最受威胁的部分之一。红军主力部队之一部在福建与浙江的长期的行动，将推动这些区域中的民族革命斗争及土地革命更趋尖锐与更迅速更广大的发展，而在浙皖赣闽边创立大块的巩固的苏区，则对于中国苏维埃运动今后的发展有着极重大的战略上的意义。"《政治训令》表示："派遣七军团长期的到福建、浙江去的行动，无疑的，暂时的会减弱我们直接捍卫苏区的力量，但是七军团在那里的积极行动，闽浙的反日民族解放运动及土地革命的发展，敌人在该地区单个部队之消灭，以及浙皖闽赣边新苏区之建立，将给敌人的后方以最大的威胁，不能不促[使]敌人进行战略与作战上部署的变更，这种变更将有利于我们捍卫中央苏区的斗争，并给整个苏维埃运动将来的发展定下良好的基础。"①

从两个训令给红七军团所要达到的目标和任务看，是与 6 月 16 日共产国际的指示相符合的。但是，中共中央、中革军委在派出主力部队问题上打了折扣，即没有派出战斗力最强的红三军团从福建北上。

红七军团出征时，只辖第十九师、第二十师，原兵力仅 4000 余人，突击补充 2000 名新战士，兵力才达 6000 余人，主要是原闽浙赣苏区红十一军和闽北独立师、邵光独立团等地方武装编成。全军团仅有长短枪 1200 余支，一部分轻重机枪和 6 门迫击炮，许多战士仍然背着大刀，扛着梭镖。领导成员为：中共中央代表曾洪易，军团长寻淮洲，政治委员乐少华，参谋长粟裕，政治部主任刘英。随红七军团行动的中央代表曾洪易，负有"领导党的工作、反日运动和游击战争"②的责任。此人在

---

① 《中共中央关于开辟浙皖闽赣边新苏区给红七军团的政治训令》（1934 年 7 月 5 日），中国人民解放军历史资料丛书编审委员会：《红军长征·文献》，第 6、7 页。

② 《中共中央、中央政府、中革军委关于派红七军团以抗日先遣队名义向闽浙挺进的作战训令》（1934 年 7 月），中国人民解放军历史资料丛书编审委员会：《红军长征·文献》，第 5 页。

1931 年 7 月被六届四中全会后的中央派到闽浙赣苏区任中央代表，忠实执行"左"倾教条主义方针，排斥方志敏等的正确领导，致使红十军未能打破国民党军队的"围剿"，苏区大部分被敌人占领。他还搞"肃反"扩大化，杀害苏区一大批党政军骨干，造成了严重的危害。1932 年 12 月兼任闽浙赣省军区政治委员，1933 年春任中共闽浙赣省委书记。1934年调任中共福建省委书记。在红七军团北上途中，曾洪易听不进不同意见，又无作战决心，对部队采取不负责任的态度，甚至到处宣布悲观失望论调，致使红七军团在北上行动中损失严重。

红三军团在 1933 年 5 月，也就是第四反"围剿"胜利后不久，下辖第四、第五、第六师，兵力达 23896 人。此后虽连续苦战，兵员大减，这时尚有 1.5 万人左右。领导成员为：总指挥彭德怀，政治委员杨尚昆，参谋长邓萍，政治部主任袁国平。比较起来，无论是领导班子、师团级干部还是兵力，红三军团都胜过红七军团甚远。

由于博古、李德在执行共产国际新指示时打了很大折扣，共产国际设计的红七、红三军团和红十军形成中央苏区东北部作战集团的计划就落了空，因而也就无法牵制更多敌人，达到减轻中央苏区的军事压力的战略目的。

红七军团派出不久，7 月 23 日，中共中央、中革军委又发出《关于红六军团向湖南中部转移给红六军团及湘赣军区的训令》，指令："六军团离开现在的湘赣苏区转移到湖南中部区发展广大游击战争，及创立新的苏区"。[①]

中共中央、中革军委认为，湖南是中央苏区和川陕苏区将来发展的联系的枢纽，虽有发展的良好条件，但是红军的力量薄弱，游击战争没有广泛地开展起来，需要加强力量；同时，作为中央苏区反"围剿"辅助方向的湘赣苏区，虽然在牵制和吸引敌人方面起了一定作用，但本身也很困难，红六军团继续留在这里，将有被敌人层层封锁和紧缩包围的危

---

① 《中共中、中革军委关于红六军团向湖南中部转移给红六军团及湘赣军区的训令》（1934 年 7 月 23 日），中国人民解放军历史资料丛书编审委员会：《红军长征·文献》，第 13 页。

险。基于这样的考虑，中共中央、中革军委派红六军团到湖南中部去。

中共中央、中革军委派红六军团到湖南中部去的战略设想有三层：其一是通过积极的行动，消灭敌人单个的部队，广泛开展游击战争与土地革命，直至创立新苏区，给湖南国民党军以致命的威胁，迫使其不得不在战略上及作战上调整部署，从而起到打破湘敌紧缩湘赣苏区的计划和辅助中央苏区反"围剿"斗争的作用；其二是在上述斗争中迅速扩大红六军团的有生力量；其三是进一步组织和发展湖南群众革命斗争，建立新的大片苏区，确立与红二军团的可靠联系，为将来中央苏区和川陕苏区的联结创造条件。[①]

共产国际是希望中央红军主力在反"围剿"失利的情况下，转移到湘赣苏区与红六军团一起，形成一个西部作战集团。中共中央、中革军委把红六军团派到湘中的举措，使共产国际新指示的又一重要设想落空。

鉴于中共中央派红七军团北上和红六军团西征，出发点都是了创造新的苏区，调动"围剿"中央苏区的国民党军队，迫使其重新部署，减轻中央苏区反"围剿"的军事压力，共产国际没有表示不同意见。

共产国际不仅对中央苏区采取新的反"围剿"方针抱有很大希望，而且还试图通过一些途径向中央苏区提供弹药和药品，以提高红军的战斗力。继 1934 年 6 月 16 日共产国际发出指示电后，又于第二天电告中共中央，表示："在最近的电报中，我们建议发动福建战役，将其作为预防和吸引开敌人，进而便于保存苏区或从那里撤离（如果不可避免这样做的话）的措施。随着部分部队返回东部，我们也考虑通过中国东南部和通过长江同红军保持联系的问题。一方面可以通过福鼎，也可以通过湖口、彭泽（鄱阳湖北面的港口）以隐蔽的方式从外面提供弹药和药品。"要求"从苏区和从上海经意大利公司和其他外国公司或者军阀代表处寻找联络途径，以便通过最经济和最可靠的途径购买和提供弹药。"询问"你们能否为此建立自己的隐蔽的中介公司？请尝试通过这些公司出

---

① 《中共中央、中革军委关于红六军团向湖南中部转移给红六军团及湘赣军区的训令》（1934 年 7 月 23 日），中国人民解放军历史资料丛书编审委员会：《红军长征·文献》，第 13 页。

售四川红军有的商品，为中央苏区换取武器。"[1] 在共产国际看来，一部分红军主力派到福建之后，突破了国民党军的封锁，通过某些港口向红军提供弹药和药品变成为可能。这种想法是很好的，但能否成为现实，还要符合实际。

此后，共产国际还建议中共中央在华南的一个港口建立一个采购武器弹药的机构。中共中央拟把这个机构建在香港或澳门。由于中央苏区反"围剿"局势急剧恶化，中共中央开始紧锣密鼓地准备战略转移，在香港或澳门建立采购和向中央苏区运送武器弹药的机构也就那么一说，没有下文了。

国民党军进攻苏区腹地，红军分兵六路抵抗

国民党军先后占领广昌、建宁后，蒋介石于1934年6月决定对中央苏区中心地区发动全面"围剿"，一面命令各部队加紧筑垒、修路，一面重新调整部署：以北路军第八纵队六个师由泰和向兴国方向推进；第六路军第七纵队四个师由龙冈向古龙冈方向推进；第三路军第五纵队四个师首先进占头陂等地，尔后集中第三、第五纵队和东路军第十纵队共九个师，向宁都、白水镇、驿前、小松市、石城方向推进；东路军第二路军六个师向朋口、连城向长汀方向推进；南路军三个师由筠门岭向会昌、于都方向推进；另以三个师集结于南丰、广昌地区为总预备队。7月上旬，敌各路军完成筑垒、修路任务后，即向中央苏区中心区实施全面进攻。

这时，接到共产国际指示的博古、李德，虽然已在考虑派红七军团北上及红六军团西征，以牵制敌人兵力，打乱敌人的进攻部署，但在中央苏区仍采取被动挨打的单纯防御战略，同敌人拼消耗，命令中央红军主力及一切地方部队，实行"六路分兵""全线抵御"。具体部署是：

---

[1] 《共产国际执行委员会政治书记处政治委员会给中共中央的电报》（1934年6月17日于莫斯科），中共中央党史研究室第一研究部译：《共产国际、联共（布）与中国革命档案资料丛书·联共（布）、共产国际与中国苏维埃运动》（1931—1937）第14卷，第146页。

1. 以红三军团第六师和第六十一、第六十二团、赣江独立团,抗击向兴国推进之敌;2. 以红二十三师及江西地方武装抗击向古龙冈推进之敌;3. 以红五军团第十三师抗击由头陂向宁都推进之敌;4. 以红三军团(欠第六师)、红五军团(欠第十三师)抗击向石城推进之敌;5. 以红一、红九军团和红二十四师抗击向长汀推进之敌;6. 以红二十二师抗击向会昌、于都推进之敌。

7月3日,国民党军北路军第三路军开始向宁都方向推进,第十四、第九十四师占领了五岭山、头陂。抗击敌人的红五军团第十三师和第三十四师一〇一团撤至五龙山和大寨脑地区,继续抗击敌人。9日,敌第五纵队三个师与第十纵队三个师会攻白水镇,接连突破红五军团第三十四师和红一军团第十五师防御,占领新安镇、白水镇,红军退守中司一带。

7月14日,国民党军第十纵队向大寨脑推进,20日进至岗岭、天子峰一带。22日拂晓,敌人在大炮和飞机的掩护下,向大寨脑阵地进攻。红军在大寨脑主峰防守的是少共国际师,都是年龄在十几岁的"娃娃兵"。

说起少共国际师,还得从中央苏区第四次反"围剿"最紧张的时候说起。1933年2月8日,中共苏区中央局作出《关于在粉碎敌人四次"围剿"的决战前面党的紧急任务的决议》,要求最大限度的扩大与巩固主力红军,在全中国各苏区创造一百万铁的红军。5月中旬,红军总政治部提出建立少共国际师的建议。同月17日,时任少先队中央总队部总队长的王盛荣向少先队发出迅速完成组建少共国际师的号召。20日,少共苏区中央局作出建立少共国际师的决定,从江西征调4000、福建征调2000、闽赣征调2000少共和少先队员,到8月1日止,完成组建少共国际师任务。1933年8月5日,少共国际师正式成立,师长彭绍辉,政治委员萧华,政治部主任冯文彬。这年,萧华才18岁。少共国际师成立时编入红五军团,番号是第十五师。1934年5月15日,改隶红一军团领导。在防守大寨脑时,少共国际师归红三军团指挥。别看少共国际师都是些"娃娃兵",打起仗来却是丝毫不输其他主力红军部队。萧华回忆大寨脑战斗时说:

敌人向我们发起了进攻：敌二十四师、二十七师、四十九师、八十八师、八十九师从杨坊港来进犯我大寨脑，……这一仗打得相当艰苦。他们以优势的炮火作掩护，用一个师的兵力向我主峰发动进攻。我军沉着应战。我和彭绍辉同志在第一线指挥战斗。敌人的飞机、大炮不停地轰炸，子弹在我们头上脚下飞过。我们毫不在乎。等敌人冲到我们射程之内，陷入我前沿"地黄蜂"（即竹钉）阵地时，我们右面的两个营立即来个反击，把敌人打了下去。这样，我们连续打败了敌人六、七次冲锋。敌人遭到空前的惨败，死伤三千余人，敌师长一人被我击毙。但是我们伤亡也很大，四十四团二营营长就在这次战斗中光荣牺牲了。

敌人遭到惨败后，恼羞成怒，发动了更大规模的进攻。敌"精锐"部队八十八、八十九两个主力师主攻我大寨脑阵地。这次他们改变策略，没有从正面冲锋，而利用当地的土豪劣绅带路，从偏僻小路偷越季峰寨，进到我大寨脑山后，企图两面夹攻，消灭我军。我们识破了敌人的阴谋，在敌主力未到之前就安全转移，由良田向河背方向撤退，使敌人扑了一个空。①

从大寨脑撤退后，少共国际师奉命东进，于8月7日到达福建连城东北的洪田地区，归还红一军团建制。

占领大寨脑之后，敌人就地转入构筑堡垒，巩固占领区，暂时停止向前推进。

8月初，敌第三、第五、第十纵队开始向石城发动进攻，计划第一期攻占驿前，第二期攻占小松市，第三期攻占石城。

为保卫石城，红三军团主力和红五军团第三十四师奉命在高虎脑、半桥、万年亭到驿前约30里的纵深内，构筑了五道以支撑点为骨干的防御阵地进行固守。兵力部署是：以红三军团第五师坚守高虎脑及半桥北端阵地，阻止敌人前进；第四师位于第五师右翼，配置在老寨、宝峰山、

---

① 萧华：《第五次反"围剿"中的大寨脑、驿前战斗》，陈毅、萧华等著：《回忆中央苏区》，第473—474页。

蜡烛形一带，突击进攻高虎脑之地；红五军团第三十四师驻守画眉寨、良田以北高地、高脚岭、赖禾岭等警戒阵地，节节抗击敌人的进攻，并吸引敌人向红三军团主力突击地域高虎脑、半桥北端阵地前进。

为了坚守高虎脑、半桥北端一带的主阵地，广大指战员昼夜修筑工事。彭德怀亲自到各部队，检查修筑防御工事的情况。时任红三军团第五师第十三团政治委员的苏振华回忆说：

一天，彭德怀军团长亲自来到我们团部。他把我和团长王镇同志喊去，一同看阵地。高虎垴和王土寨是并列在半桥镇东的两座山头。从这儿向南，都是大山。这两座山峰，紧扼着敌人南进的孔道。站在高虎垴山顶上，可以清楚地看到迤北低矮的山头波浪。广（昌）石（城）公路，象白色的丝带，顺着一条小河蜿蜒伸展。这一带都是黄土山，山上山下，还有一簇簇苍郁的松林。军团长说：高虎垴地势险要，是构成整个防御地带的一个重要组成部分，敌人一定会死力争夺。我们要利用这有利地形，居高临下，打他个下马威。接着，他又详细地指出：阵地应该如何配置，兵力应该如何使用，工事应该如何构筑……。上级首长这样布置，我们都觉得太对了，一句意见也提不出来。军团长立刻警告我们说："这样不行，你们应该自己考虑更好的作战方案，仗是要你们来打的。"

接着，开始了紧张的准备工作。那时候，彭军团长隔不了一两天来前沿一趟，检查每一个工事，每一个射击孔。工事在他严格的要求下，不断地修正着、加固着。部队日夜在讨论，演习，演习，讨论。[①]

8月5日拂晓，敌左纵队第四师向红军警戒阵地发起攻击。红三十四师且战且退，吸引敌人追击前进。敌人占领画眉寨、中沙排之后，停止前进，开始筑垒，并掩护其右纵队第六十七师向高脚岭等阵地发起攻击。红三十四师第一〇一团与敌激战三个小时后，退到来往亭阵地。不久，敌人又占领了来往亭。这样，高虎脑、半桥北端高地等主阵地受

---

① 苏振华：《高虎垴战斗》，《星火燎原》（选编之二），第224—225页。

到敌人的直接威胁。红三军团主力按原定部署迅速进入高虎脑、半桥北端阵地，准备抗击敌人进攻。第五次反"围剿"以来最恶的一仗即将打响！

坚守在高虎脑阵地的是红五师第十三团和第十四团。说起第十三团，不仅是红五师的而且也是红三军团的一个主力团。该团原是广西百色起义的红七军进入到中央苏区的一部分，曾经转战桂、粤、赣、闽各省，参加过中央苏区第四次反"围剿"的各次战斗。部队中党员多，老战士多，战斗力很强，曾经在福建以一个小时的战斗，全歼敌军的一个主力团，用它的全部捷克式武器，改善了自己的装备。正因为红十三团是一块"精钢"，才被军团、师领导放在高虎脑主阵地上，担当大任！

再说敌人占领来往亭后，天色已晚，不敢贸然进攻，对着红军阵地进行试炮。听到炮声，苏振华与团长王镇跑出团指挥所察看。"难道敌人今晚就开始进攻了吗？"他们互相看了一眼。经过分析，得出的结论是：敌人不敢夜战，这是试炮，真正的进攻应是在明天。于是，王镇立刻叫来通信员，通知各营，后半夜四点钟进入阵地。

8月6日拂晓，敌左纵队第四、第八十九师开始向红军高虎脑阵地发动攻击。十多架敌机带着滚雷似的轰鸣声轮番轰炸，伴随着震耳欲聋的爆炸声，在红军阵地升起冲天的烟尘。飞机轰炸之后，敌人又用数十门大炮，向红军高虎脑阵地和其他阵地轰击。暴雨似的炮弹，几乎把山头都要抬起来，整个大地都在抖动。这是红十三团从没有经过的敌人猛烈飞机、大炮密集的轰炸、炮击。这么被动地挨打，使王镇团长在工事中气得走来走去的，把拳头捏得格格响，嘴里不时地嘟哝着："摆在这里挨打，真气人！"

经过两个多小时的飞机轰炸、炮击后，敌人开始向红军阵地发起冲锋了。苏振华回忆道：

从观察所可以清楚地看到敌人的进攻，高虎垴阵地前面，敌人非常密集，可能有两个师的兵力，显然，敌人是想夺取这个制高点。王土寨前面约有一个师的兵力。而从东面，从西面，都传来敌人冲锋时的嚎叫声。我又仔细地观察敌人的队形：冲在最前面的是法西斯蓝衣社分子，一个个歪戴草帽，腰束皮带，手提"二十响"，象阔少爷那样，摇摇摆摆地向上爬；后面就是如潮水一样涌来的步兵。这一线一二十里的山坡，变得黑糊糊一片，象蚂蚁一样几乎全被他们盖满了。而我们的阵地，却还是一座沉静的大山。那时候，我们的弹药非常缺乏，缴获来的尖头子弹，全部集中给机枪使用，步枪则多半用自己造的子弹。为了节省弹药，战前规定了各种枪的射击距离。现在，不管敌人怎样叫嚷，我们还是沉着地等待着。沉默，在敌人看来，也许以为是刚才两个小时炮击的结果，于是愈加疯狂起来，嚎叫着，争先往山上蠕动，只见烟尘滚动，刀光闪闪。他们哪里知道，我们每一个沉默的枪膛里，都有一颗颗等待击发的子弹！

……

敌人很快就进入了我们的射击距离以内，于是，重机枪粗狂的音调突然呼啸起来；不久，许多轻机枪，迫击炮也响了。枪炮声激动、振奋着战士们的心。战士们都在专心一意地射击着，和刚才挨炮弹时的情景大不相同了。

我们的短兵火力虽然猛烈，可是还不能完全制服敌人。尽管不少敌人倒下了，但活着的还是一股劲朝上涌，很快就到达了我们鹿砦的跟前。这时候，冲在最前面的蓝衣社队员，突然出现了这样的情况：一个个踮着脚蹦跳起来，一边尖声惨叫，好象站在一块烧红的铁板上。敌人后面的大部队，大概因为眼看快冲到了我们的阵地，劲头来了，只顾朝前拥，从倒下的人们身上踩了过去，于是一批紧接着一批滚跌下来，嚣张的冲杀声立刻变成了凄厉的号叫。虽然来势凶猛，却终于扑倒在岩石砂砾之中。[1]

苏振华的回忆，叙述了敌人的冲锋如何凶猛，缺乏子弹的红军如何沉着应战，活生生再现了高虎脑战斗中我生死相搏的壮烈场面。

在红十四团的协同下，红十三团打退敌人一次又一次冲锋，将高虎脑阵地牢牢控制在手中。

---

[1] 苏振华：《高虎垴战斗》，《星火燎原》（选编之二），第227—228页。

敌第八十九师在进攻高虎脑中伤亡惨重，后在敌第八十八师的掩护下，撤出战斗。与此同时，敌第七十九师沿着赖禾岭向红军鹅形阵地乌龟似地缓慢推进。当敌第八十九师攻击失利后，敌第七十九师即停止前进。

8月7日8时，敌右纵队以一部兵力由赖禾岭、高脚岭地区向红军半桥西端运动，以钳制红军，掩护其主力向红军鹅形阵地猛攻。红军依托阵地，进行反击。战至13时，红军子弹用尽，被迫撤出战斗，鹅形阵地被敌人占领。与此同时，敌第八十八师攻占了高虎脑东南的红军中沙阵地。失去鹅形、中沙阵地，红军高虎脑、半桥北端阵地陷于孤立。鉴于这种危险情况，彭德怀命令红三军团撤出阵地，退守万年亭。

高虎脑战斗，红军抗击了敌人六个师兵力的进攻，并给敌第八十九师以重创，使其丧失战斗力。由于采取消极的阵地防御战术，红军也伤亡1600余人，其中团以下干部达342人。但是，红军在战斗中表现出的英勇顽强、不怕牺牲的革命精神，是可歌可泣的。战后，红三军团宣传部部长刘志坚创作了《高虎脑战斗》，歌颂这种革命精神。

万年亭在高虎脑以南，相距约七八里路，离蜡烛形二里来地，四面都是高山，草木丛生，中间一条路直接通驿前、石城。路边有一个亭子，取名万年亭。红三军团退守万年亭后，又赶紧在这里修筑防御工事，迎接即将来临的又一场恶战。红军的防御工事全用泥、石、木构砌而成：以较大的松木做工事屋顶，上面盖石头，石头上再盖上一层厚厚的泥土，然后再砌一层石头盖一层泥，足足有八九层厚。表面上再弄些柴草，伪装得使敌人不容易发现。各阵地之间又挖交通壕，深度都有一米多，与各堡垒之间相通。前沿阵地埋设地雷，堆满鹿砦，插上竹钉。

8月14日拂晓，国民党军又向红军万年亭阵地发起进攻。敌人这次进攻同高虎脑如出一辙，先是出动飞机轮番狂轰滥炸，接着是猛烈的炮击，然后再出动步兵冲锋。敌人在高虎脑曾吃过红军阵地鹿砦的亏，这次进攻首先破坏红军的鹿砦。时任红十五团参谋的熊奎回忆："这次敌人吸收了高虎脑战斗的教训，一来就破坏鹿砦。但他们万万没有想到我们已在鹿砦周围埋下了地雷。当他们停留在鹿砦边上的时候，五连战士拉开了雷线，'请'他们上了西天。接着，三营的战士们跳出战壕向敌人发起反击，歼灭敌人一千多人。"[1]

再次吃亏的敌人恼羞成怒，用汽车拖来重迫击炮向红军阵地猛轰。接着，以两个团的兵力向红军主峰阵地冲锋。红十五团第三营依托战壕，集中火力，反击敌人。敌人进攻红军主峰阵地受挫后，改变打法，暂时放弃正面争夺，以六倍兵力向红十五团第二营阵地攻击。第二营营长杨禄华沉着应战，指挥全营战士英勇还击，一次又一次打退敌人的进攻。敌人一看红军第二营阵地未攻下，一面以炮火轰击红军第二营的阵地，一面向第三营所在的主峰方向的左侧大量增加兵力，发起猛烈进攻。红军第三营的阵地被敌突破，边打边退，退到第二营的阵地上。红五师师长李天佑见情况危急，立即命令第二梯队两个团各以一部兵力由万年亭阵地西北向敌侧后进行反击，再次打退敌进攻，稳住阵地。16时，敌人停止进攻，在半桥地带据守。至此，万年亭战斗结束。

万年亭战斗，红军再次重创敌军。但与敌硬碰硬作战，部队又遭受很大伤亡，红五师政治委员陈阿金、红三军团卫生部部长何复生牺牲。

万年亭战斗后，红三军团按照中革军委命令，在驿前至万年亭一线构筑三道防御地带，继续采取节节防御的阵地战，抗击敌人新的进攻。为加强驿前以北地区的防御力量，红五军团第十三师奉命接替第三十四师防务，归红三军团首长彭德怀、杨尚昆指挥。

陈诚对攻打驿前非常重视，曾在回忆录中说：

共军在驿前所构筑之防御工事，较在贯桥[2]，尤为强固。其碉堡结构散在山顶四周，以掘扩散兵壕连缀而成。上盖树干五层，覆厚土一公尺五，外设鹿砦三道。主堡左右，又有多数隐蔽之小堡，构成交叉之火网，攻其主堡，各小堡均可向我侧背射击，故极难得手。

根据攻取贯桥之经验，仍须加强陆空合作，而尤须有优越之炮兵火

---

① 熊奎：《第五次反"围剿"中的万年亭战斗》，陈毅、萧华等著：《回忆中央苏区》，第471页。

② 即半桥。

力，始克有成。①

可见，陈诚对付红军的"法宝"就是飞机、大炮，尤其是大炮的强大火力。这可以折射出博古、李德打阵地战，进行消极防御是多么愚蠢！连敌人都看得出，红军的短板在哪里，他们却看不出，一条道走到黑！

8月28日拂晓，陈诚指挥的第三路军以七个师的兵力，20多架飞机和近100门火炮，向红军驿前阵地发起全线攻击。敌人的炮火空前的猛烈，红军广大指战员抱定"为保卫苏维埃流尽最后一滴血"的坚强决心，同敌展开激战，特别是蜡烛形、保护山战斗，尤为激烈。红四师第十团第三营，在营长张震指挥下，英勇抗击敌人。张震的指挥所被敌人炮弹炸塌了，只好搬到交通壕里。对于这场激烈的战斗，张震在多年后仍然记忆犹新，他在回忆录中说：

八连的战士们英勇地抗击着敌人。他们从倒塌的支撑点里钻出来，依托着交通壕，用手榴弹，用刺刀杀退了敌人一次次的冲锋。

战斗一直持续到中午，我们的弹药已经消耗得差不多了，好子弹都打完了，自己翻造的子弹根本不能装进机关枪里打，火力显著的减弱了。敌人却以两个团的兵力，漫山遍野地连续蜂拥而来。敌人的炮火打得更凶了。一看这形势，我们立即决定调七连上来……

七连连长带队跑上来。他正在接受任务，忽然负重伤倒下了。这时敌人已经冲上了八连的阵地，通我们的交通壕也被切断了，几个"法西斯"②正站在八连的支撑点的顶盖上，用驳壳枪朝里边扫射。七连立即跳出交通壕向敌人突击，但因遭到敌人侧射，刚把敌人赶出交通壕，就已经伤亡过半了。在这万分紧急的时刻，八连战士们没有辜负他们模范连的荣誉，奋勇地从工事里冲出来，把爬上阵地的"法西斯"消灭了。……

肉搏战一直打到下午，工事完全被打垮了，我们只能凭借着交通壕

---

① 《陈诚先生回忆录：国共战争》，第51页。

② 指国民党蓝衣社人员。

用手榴弹和刺刀迎击敌人。这时，我们营指挥阵地已成为第一线了，营部的通信班也投入战斗。……

　　这样杀过来，杀过去，反复冲杀了几次，漫山遍野都躺满了敌军的尸体和伤兵。我们也付出了很大的代价。最后，八连连长带着仅剩下的二十几个战士从敌人包围中突围回来。我们全营就守在一条交通壕里，准备用刺刀和敌人作最后的一拼。①

　　张震的回忆说明一个问题，打阵地战，弹药消耗很大，需要有充足的弹药。而弹药，恰恰是红军的短板。红军没有弹药，只有靠刺刀，和敌人勇敢地肉搏。

　　率少共国际师参加驿前战斗的萧华也在回忆中也说："困难越来越大，最大的就是子弹消耗多，补充少，每人原有的十发子弹早已打光。这时，谁要是有两颗手榴弹，大家都看得像宝贝一样。为了弥补弹药不足，战士们想了许多办法，例如在阵地前沿布设锋利的竹钉，筑起一道道鹿砦，阵地上堆着大量的石头和一截一截的大圆木。当敌人向我轰炸时，我们都隐蔽在工事里不还击；当他们进入我们设有竹钉的地带时，就来个杀声四起，把圆木、巨石纷纷滚下去。然后趁着敌人一片混乱的时候，端起刺刀冲杀下去，把敌人打退，并从敌人尸体上搜集子弹补充自己。"②

　　红军广大指战员靠智慧、靠勇敢、靠鲜血，在弹药极度缺乏的情况下，用近乎于原始的办法，打退敌人一次次进攻，但最终还是不能抵挡住拥有先进武器装备的国民党军的进攻，蜡烛形、保护山、万年亭阵地先后丢失，退入到第二防御地带。不久，第二道防御地带也被敌人占领，红三军团被迫退守第三防御地带。与此同时，红十三师防守的阵地，也先后丢失。根据中革军委的命令，红十三师西进高兴圩地区，阻止敌第八纵队推进，保卫兴国。

---

① 张震：《蜡烛形高地上的防御战》，《星火燎原》（选编之二），第 242—243 页。

② 萧华：《第五次反"围剿"中的大寨脑、驿前战斗》，《回忆中央苏区》，第 475 页。

8 月 30 日，敌第五纵队并指挥第六师第十八旅，乘夜色将部队预先运送到红军阵地前沿 300 至 400 米处隐蔽集结，于次日拂晓突然发起攻击，首先攻占红三军团第四、第五师防守的宝峰山阵地。接着，敌以一部兵力和火力钳制和压制红军两翼部队，主力沿广昌至驿前大道直进，至中午，占领驿前街。红三军团和少共国际师退守驿前以南的桐江、小松市一带。至此，驿前战斗结束。

驿前战斗，红军苦战四日，又一次遭受很大伤亡，其中红三军团和少共国际师伤亡干部 452 人，战士 1900 余人。

在国民党第三路军主力向驿前进攻的同时，东路军李延年第四纵队由连城出发，向长汀推进，企图先占领长汀，尔后会同北路军、南路军总攻瑞金。李延年纵队装备精良，是蒋介石的嫡系，在对第十九路军获胜后十分骄狂，轻视红军，不满足于步步为营式的堡垒式推进，有时一次就急进几十里。

朱德早在 8 月初就密切注视敌李延年纵队的行动，了解到其骄横轻敌的特点，决定在运动中给以打击。8 月 3 日、5 日、8 日、11 日和 16 日，朱德多次命令红一、红九军团向敌李延年纵队推进的方向运动集中，伺机给予打击。李延年发现红军主力动向后，又采取堡垒推进战术，使红军一时难以捕捉战机。为了制造战机，朱德在 8 月 23 日命令红一军团向西移到长汀以北的曹坊、罗溪待命。李延年果然上当，放胆以四个师向连城、朋口一线大踏步推进。朱德瞅准这个机会，于 8 月 26 日命令红一军团秘密迅速东返，会合红九军团和独立第二十四师，在朋口西侧的童坊及河田地区隐蔽集结；同时指示红一军团以一部伪装成整个军团从宁化西撤，以迷惑对方；又指示红九军团及独立第二十四师伪装成地方部队"休息整理"或"修补工事"，诱使敌李延年纵队大胆地向长汀跃进。李延年果然产生错觉，以为红军主力已经远离闽西地区西去，立即向长汀急进。

8 月 30 日，敌李延年纵队四个师集结于朋口、莒溪、璧州、洋坊尾一带，准备向长汀筑垒前进。其部署是：以第三十六师守备连城、朋口封锁线，集中第三、第九、第八十三师，经温坊、河田，攻占长汀。朱德断定敌李延年纵队从朋口向长汀急进途中必将经过温坊，而朋口至温坊沿途20里路系谷地，两侧高山连绵，温坊村附近比较平坦，但南北均系山地，可以隐蔽较大部队。8月31日，林彪、聂荣臻为诱歼敌人，命令独立第二十四师以一部兵力继续构筑工事，诱敌深入，主力会同红一军团第二师为突击队，分别隐蔽集结于八前亭、上莒溪之间和桥下、中屋村地区；红一军团第一师为右翼截击队，隐蔽集结于上莒溪附近；红九军团为左翼截击队，隐蔽集结于连屋冈、邓坊、肖坊之线；红一军团指挥部设于温坊以西之松毛岭。31日前，各部队秘密进至指定位置集结，占据有利地形，待机歼敌。31日晚24时，朱德向林彪、聂荣臻发出急电，指示："敌李纵队于明一号起向温坊中屋村筑碉前进"，"一、九军团及二十四师主力应以温坊中屋村间实行突击李纵队的任务"①。电报还指示了需要注意的各种战术问题。

温坊战斗进行得很顺利，很痛快！聂荣臻回忆说：

第二天一时许，敌人李玉堂第三师第八旅两个团已由其构筑的封锁线出动，至正午时分，就进抵十多里以外的温坊。他们一面构筑工事，一面向我二师占领之制高点松毛岭阵地派出侦察警戒。其实我军团指挥位置也设在松毛岭上，敌人并未发觉。这时，我们已命令二十四师派出两个营先隐蔽迂回到洋坊尾、马古头之间截断敌人后路去了。因为我们看到这确是消灭敌人的极好机会。我们早就认为，敌人的进攻，并非在所有的地方每次只前进二三里，而是看情况而定的。我主力迫近他们跟前，他们的确是每次只前进二三里，构筑碉堡。但当敌人发现我主力远离时，他们也是跃进或急进较远的，我们并非完全没有打运动战的机会。所以这次我们急令二十四师师长周建屏率领该师主力负责攻击温坊东北敌人的右侧翼，我们率一军团由西向东突击敌人。我们把九军团放在曹坊，钳制在那一带活动的团匪，防止敌人增援。这次战斗是夜间战斗，部队动作静肃、秘密、沉着。从一日下午九时战至二日拂晓以前，敌人

----

① 转引自中共中央文献研究室编：《朱德传》（修订本），第384页。

大部分已被消灭，只有少数残敌尚固守杨背附近堡垒和温坊南面的八角楼。于是我五团、六团配合独立二十四师消灭固守杨背的敌人，四团负责消灭温坊村内的敌人。因为是夜战又是近战，我消耗伤亡都不大。如四团消灭温坊村内两营敌人的战斗，由于敌人架设的电话线事先都被我侦察员剪断，更增加了我们将敌人各个击破的有利条件。一营是攻击温坊的主力营。他们在整个战斗过程中，只消耗子弹四百发，轻重机枪完全未用，主要靠刺刀手榴弹解决战斗，自己只负伤三人。战斗结束，仅一军团即俘敌一千六百多人。敌第八旅两个团被消灭了。

三日早晨，敌第三师和第九师由朋口集结三个团又向我进犯，其先头部队为第九师一个团，八时许由洋坊尾向温坊前进。我们决心消灭这个先头团，命令一师负责截断其先头团的归路，由二师从八前亭、二十四师从马古头两个方向向敌突击。二师四团一营连续冲锋六次，占领八个山头和三座半截子碉堡，三营连续冲锋占领敌人六个阵地，成为坚决英勇的连续冲锋模范。其他部队也都很英勇。二团团长李苗保头一天因堵截敌人退路不力被撤职，第二天追击敌人时，奋勇当先，英勇牺牲了。

整个温坊战斗，共歼敌四千多人。打死打伤两千多人，俘虏两千四百多人。

这次战斗结束之后，敌人第八旅旅长许永相只身逃回，被蒋介石枪毙。第三师师长李玉堂由中将降为上校。[1]

温坊战斗的胜利是中央苏区红军在第五次反"围剿"中唯一一次的以"诱敌深入"战法取得的。由于博古、李德将红一、红三军团分开作战，温坊战斗未能发展成更大的胜利，因而也改变不了整个中央苏区反"围剿"越来越严重的困境。

这时，红军在兴国方面的防御战打得也很艰苦。红三军团第六师和独立第六十一、第六十二团等部，在陈毅、袁国平等的指挥下，抗击国民

---

① 《聂荣臻回忆录》，第157—160页。

党军第八纵队六个师的进攻。红军在沙村以北地区连续进行了十多次反击战斗，部队伤亡达2000余人，未能阻止敌人的推进，被迫退守万安、老营盘一线，沙村等阵地均被敌人占领。8月28日，敌第八纵队又向老营盘进攻，红军又受到一些损失，陈毅负伤。不久，老营盘被敌人占领。此后，敌第八纵队加速向兴国方向推进。

铁的事实证明，博古、李德实行"六路分兵"、"全线抵御"，是中央苏区第五次反"围剿"最后的败招！

中央红军主力踏上战略转移征程

博古、李德自广昌保卫战失利后，就已经对在中央苏区粉碎敌人"围剿"失去了信心。对于共产国际6月16日的指示，他们也是抱着试试看的态度执行的，相继派出红七军团北上和红六军团西征。然而，两支红军部队出征后虽然打了一些胜仗，但吸引敌人兵力有限，并未达到调动敌人、打乱敌人"围剿"中央苏区军事部署的战略目的。敌人仍然按照原定计划一步一步加紧向中央苏区中心区发动进攻。9月上旬，苏区面积进一步缩小，苏区内人力、物力资源已经很匮乏，中央红军已无通过最后一搏扭转战局的可能。在这种情况下，博古、李德加紧了中央红军战略转移的准备工作。为了领导战略转移的准备工作，成立了最高"三人团"，成员是博古、李德、周恩来，分工是：博古政治上作主，李德军事上做主，周恩来负责督促军事准备计划。中央红军主力战略转移之前，"三人团"只开过两次会议，一次是在李德的"独立房子"，一次是在中央局。实际上，战略转移的大权掌握博古、李德手中。

最先准备的是筹集粮食。共产国际6月16日指示中，同意中央苏区先做一些粮食储备，供一旦进行战略转移时用。1934年6月27日，中共中央组织局、人民委员会发出紧急指示，要求"无论如何要在7月15日以前完成24万担谷子的计划"[1]。7月22日，中共中央和苏维埃中

---

[1] 《中央组织局、人民委员会关于粮食动员的紧急指示——无论如何要在7月15日前完成24万担谷的计划》（1934年6月27日），中共江西省委党史研究室等编：《中央革命根据地历史资料文库·政权系统》（8），中央文献出版社2013年版，第1679页。

央政府又决定举行秋收借谷 60 万担运动。这两次筹粮在苏区人民群众的大力支持下，都顺利完成，保证了红军战略转移开始之用。

红军主力转移是前所未有的长途行军，筹集军需物资和军费十分必要。中央苏区党政机关发动群众，征集被毯 20680 床，棉花 8.6 万余斤，草鞋 20 万双，米袋 10 万条。根据中革军委总卫生部的要求，中央外贸总局要求各外贸分局在两个月内突击采购 10 万元中西药品。其中分配给江口外贸分局的任务就达 6 万元。江口外贸分局通过赣州商人和广大地下党员的努力，顺利完成任务，采购回 8 万余元的中西药品，保证了红军转移的药品需要。在军费方面，苏维埃中央财政部突击筹款 150 余万元。苏维埃国家银行在石城烂泥坑建立了一个秘密金库，保存一批在战争中缴获和打土豪筹集的金银等贵重物品。在主力红军转移前夕，这些筹备金全部取出，供部队转移用。

红军各部队在战斗中消耗很大，在转移之前，为这些部队补充兵员是当务之急。9 月 1 日，中共中央组织局、总动员武装部等五个单位联合发出通知，要求各地"在 9 月之间动员 3 万新战士上前线"。"各县应争取全部在 9 月 27 日以前完成"，并"必须每三日将动员情况报告省与中央"。[①] 由于这时中央苏区已经剩下很小区域，到 9 月 27 日，实际完成 18204 人。这些新兵经过短期军事训练补充到各个军团中去。为了突围需要，中革军委在 9 月 21 日发出命令，以红二十一师和红二十三师为基干队，新编组红八军团，由周昆担任军团长，黄苏任政治委员，罗荣桓任政治部主任。与此同时，中革军委还在瑞金九堡新建了中央教导师，张经武任师长，何长工任政治委员。教导师的任务是担负转移期间中央机关的保卫和重要物资的运输任务。此外，中革军委于 9 月 10 日发布《关于军团后方勤务组织的命令》，征调 5000 名挑夫组成运输队，准备随军行动。

实行战略转移，确定谁走谁留也是必要的准备。党的高级干部谁走

---

① 《关于 9 月间动员 3 万新战士上前线的通知》（1934 年 9 月 1 日），《中央革命根据地历史资料文库·党的系统》（5），第 3451、3452 页。

谁留问题，决定权掌握的博古手里。时任中央组织局主任的李维汉回忆说：

> 一九三四年七、八月间，博古把我找去，指着地图说：现在中央红军要转移了，到湘西洪江建立新的根据地。你到江西省委、粤赣省委去传达这个精神，让省委作好转移的准备，提出带走和留下的干部名单，报中央组织局。……
>
> 长征前，干部的去留问题，不是由组织局决定的属于省委管的干部，由省委决定报中央；党中央机关、政府、部队、共青团、总工会等，由各单位的党团负责人和行政领导决定报中央。决定走的人再由组织局编队。中央政府党团书记是洛甫，总工会委员长是刘少奇、党团书记是陈云，这些单位的留人名单，是分别由他们决定的。部队留人由总政治部决定，如邓小平随军长征就是总政治部决定的。我负责管的是苏区中央局的人。中央局有组织局、秘书处、宣传部。组织局还管妇女工作。中央局的秘书长是王首道，当时机要工作是邓颖超管的，李坚真也搞机要工作，他们三人都是随军长征的。[①]

关于中华苏维埃共和国中央政府人员的去留问题，张闻天是这样说的："他们（指'三人团'——引者）规定了中央政府可以携带的中级干部数目字，我就提出了名单交他们批准。至于高级干部，则一律由最高'三人团'决定。瞿秋白同志向我要求同走，我表示同情，曾向博古提出，博古反对。"[②]博古在六届三中全会后与王明积极反对"调和主义"，矛头是指向瞿秋白的，当然不喜欢他，不会带他一起走的。博古不仅不带瞿秋白走，最初也不想带毛泽东走。据伍修权回忆："最初他们还打算连毛泽东同志也不带走，当时已将他排斥出中央领导核心，被弄到雩都去搞调查研究。后来，因为他是中华苏维埃执行委员会主席，在军队中

---

① 李维汉：《回忆与思考》（上），第343、345—346页。

② 吴德坤：《遵义会议资料汇编》，第88页。

享有很高威望，才被允许一起长征。"①

中共中央决定留下来的党政军领导干部成立中共苏区中央分局，统一领导留下的红二十四师及地方武装1.6万余人坚持斗争，成员有项英、瞿秋白、陈毅、陈潭秋、贺昌等，项英任书记。同时成立中央军区和中华苏维埃共和国中央政府办事处，项英为中央军区司令员兼政治委员，陈毅为办事处主任，梁柏台为副主任。

在初步进行了一些人力物力准备之后，博古于1934年9月17日致电共产国际执行委员会，报告："[中共]中央和革命军事委员会根据我们的总计划决定从10月初集中力量在江西的西南部对广东的力量实施进攻战役。最终目的是向湖南南部和湘桂两省的边境地区撤退。全部准备将于10月1日前完成，我们的力量将在这之前转移并部署在计划实施战役的地方。我们期待……这里不晚于9月底作出最后决定。"②

共产国际执行委员会明白了中共中央是要进行战略转移，于9月30日致电中共中央，表示："考虑到这样一个情况，即今后只在江西进行防御战是不可能取得对南京军队的决定性胜利的，我们同意你们将主力调往湖南的计划。"由于共产国际认为中央红军是把湖南作为战略转移的目的地，因而指示：

对南京的决定性行动只能在前面的湖南机动作战结束后采取，这意味着，首先歼灭何键的军队，这样我们的力量才能进一步壮大和巩固。但是在湖南作战的时候，应该同时完成其他一些任务：第一，为了在尽可能长的时间内对驻扎在那里的南京军队实施强有力的骚扰性打击，留在江西的部队要开展持久的[军事]行动，目的是干扰他们在湖南的行动；第二，组建独立的东方军，由第7、第10军团和来自中央苏区的另一个军团组成，目的是在东部四省交界处建立和发展一个强大的根据

---

① 伍修权：《我的历程》（1908—1949），第77页。

② 《秦邦宪给共产国际执行委员会的电报》，（1934年9月17日于瑞金），中共中央党史研究室第一研究部译：《共产国际、联共（布）与中国革命档案资料丛书·联共（布）、共产国际与中国苏维埃运动》（1931—1937）第14卷，第251页。

地，给蒋介石的军队在湖南方向上的集中造成困难，还可以掩蔽我们在湖南的主要计划；第三，我们认为把目前在汀州——连城地区活动的部队留在福建而不调往湖南是比较适宜的。这个军团应该组成独立的南方军，其任务是在厦门方向或者在东北方向进行机动作战，也是为了在闽赣边界地区建立自己的根据地。①

共产国际这个指示，与 6 月 16 日电报指示意思基本一致，稍微变化是原计划的东、中、西三个作战集团变成了东、南、中、西四个作战集团。各作战集团也作了微调，即原计划在闽浙皖赣边界活动的三个军团，变成红七军团、红十军和另外一个军团，不再有红三军团；活动在福建汀州地区的红九军团变成了南方军，不在战略转移之列。当时，中央苏区共有五个军团，即红一、三、五、八、九军团，按照这个指示，战略转移到湖南的主力红军只能有三个军团。然而，中共中央是将中央红军的五个军团全部进行战略转移。尽管共产国际的指示和中央红军主力战略转移的实施是不一致的，但这是明确同意中央红军主力可以进行战略转移的指示，中共中央可以名正言顺地拉开战略转移的帷幕。

博古、李德战略转移预设的目的地是湘西北，与红二、红六军团会师，②从何处突围呢？向东与预设的转移目的地是南辕北辙，当然不可能。向北，是国民党军重兵设堡地区，从这里突围无疑是自投罗网。向西从湘赣方向行不行呢？这里是何键的地盘，湘军很强悍，并筑有坚固的堡垒封锁线。中央红军若从这个方向突围的话，就不会让红六军团从湘赣根据地西征了。看来，可选择的方向只剩下南部了。那么，从南部突围行不行呢？关键看陈济棠粤军是否为蒋介石卖命。

---

① 《共产国际执行委员会政治书记处政治委员会给中共中央的电报》（1934 年 9 月 30 日于莫斯科），中共中央党史研究室第一研究部译：《共产国际、联共（布）与中国革命档案资料丛书·联共（布）、共产国际与中国苏维埃运动》（1931—1937）第 14 卷，第 256—257 页。

② 这时，红二军团称红三军，创建了黔东根据地。中革军委为了让红六军团配合即将突围战略转移的中央红军主力的行动，给红六军团发出补充命令，要求先到城步、遂宁、武冈山地，发展苏维埃和游击战争。在实现上述目标后，便转移到湘西北区，与活跃在川、黔、湘边界地区的红三军取得联系，共同发展湘西及湘西北苏区。

　　陈济棠是国民党阵营中反蒋派重要成员,为了保住自己的广东地盘,不愿意同红军厮杀而使蒋介石渔翁得利。对中央苏区的第五次"围剿"开始后,蒋介石当时的如意算盘是这样打的:他的嫡系部队从北面和东面向西南推进,将中央红军赶入广东境内。如果陈济棠不想让红军进入广东境内,就要拼命抵抗,造成红军和粤军两败俱伤。如果陈济棠抵挡不住红军的进攻,那么蒋介石的部队可以乘机进入广东境内,把势力深入广东。陈济棠当然能够看破蒋介石的意图,因而对进攻赣南红军处于消极状态。蔡廷锴的第十九路军宣布反蒋抗日、发动福建事变时,陈济棠也曾派代表同中央苏区谈判。消息传到共产国际后,共产国际指示要对陈济棠保持戒心,在同其谈判中提出粤军撤出赣南和设立中立区等条件。这些条件是陈济棠所不能接受的,因而谈判没有实际举行下去。

　　9月中旬,陈济棠派了一个密使到瑞金,携带着他给朱德、周恩来的亲笔信,要求与中央红军进行停战谈判。朱德、周恩来很快接见了这个密使。通过和密使交谈及阅读密信,朱德、周恩来判断陈济棠要求谈判是有诚意的。中央红军战略转移要经过粤军的防区,陈济棠派人来和谈,正是一个好机会,决定立即派人同陈济棠的代表谈判,力争达成停战协议,为红军主力战略转移顺利通过粤军防区创造有利条件。朱德给陈济棠写了一封信,让密使带给陈济棠。朱德在信中以1933年1月中华苏维埃共和国临时中央政府提出的三项条件为基础,说明双方合作反蒋抗日的必要性,不再提粤军撤出赣南问题,而是提出划清双方的分界线,这是陈济棠易于接受的谈判方案。9月14日,博古将陈济棠派代表到中央苏区要求停战谈判及朱德给陈济棠写信的事告诉共产国际。9月23日,共产国际给中共中央回电,指示同陈济棠谈判,主要是强调获取武器装备和取消经济封锁、开展贸易,同时尽量使粤军撤出赣南。共产国际这个指示是过去指示的延续,以此同陈济棠谈判,是无法达成协议的。

　　10月初,周恩来在瑞金召见了何长工,向他交待了与时任中共中央宣传部副部长的潘汉年一起去寻乌同陈济棠代表谈判的任务。10月5

日，潘汉年和何长工带着由朱德署名的介绍信到达寻乌罗塘镇。次日，潘汉年、何长工与陈济棠的代表经过谈判，顺利达成了就地停战、互通情报、解除封锁、相互通商和必要时相互借道的五项协议。这五项协议显然不是按照共产国际指示精神达成的，体现了周恩来、朱德灵活、务实的方针。五项协议为此后中央红军主力顺利通过粤军防守或参与防守的三道封锁线创造了有利条件。

从9月初到10月初，中央红军在兴国、石城方向进行了突围前夕的艰苦阻击战。敌人在兴国方向推进到高兴圩一线，在石城方向占领了石城县城。至10月7日，中央苏区仅剩瑞金、兴国、于都、宁都、长汀、会昌六座县城。其中兴国、长汀两县城已处于敌人的炮火威胁之下。博古、李德慌神了，原定突围日期为10月底11月初，决定提前到10月中旬。10月7日，中共中央和中革军委命令红二十四师和地方武装接替中央红军主力的防御，主力集中瑞金、于都地区。8日，中共中央给中央分局发出训令，指出："现在敌人占领了石城，东西两路的敌人正向着汀洲〔州〕、兴国前进。"在这一形势下，"正确的反对敌人的战斗与澈底粉碎敌人五次'围剿'，必须使红军主力突破敌人的封锁，深入到敌人的后面去进攻敌人。""中央苏区的一切组织……基本任务是发展广泛的游击战争，来反对敌人与保卫苏区"。[①]9日，红军总政治部发布《关于准备长途行军与战斗的政治指令》，要求红军"加强部队的政治军事训练，发扬部队的攻击精神，准备突破敌人的封锁线，进行长途行军与战斗。"[②]同日，中革军委下发了《野战军10月10日至20日行动日程表》，具体规定了军委纵队、中央纵队及红一、三、五、八、九军团每日任务及行军路线、地域。当日晚17时，中共中央、中革军委率领第一、第二野战纵队，分别由瑞金田心圩、梅坑地区出发，向集结地域开进，开始实施战略转移。

---

① 《中国共产党中央委员会给中央分局的训令——红军主力突围转移，中央苏区广泛发展游击战争》（1934年10月8日），中国人民解放军历史资料丛书编审委员会：《红军长征·文献》，第53、54页。

② 《总政治部关于准备长途行军与战斗的政治指令》（1934年10月9日），中国人民解放军历史资料丛书编审委员会：《红军长征·文献》，第59页。

第一野战纵队代号为"红星"，叶剑英任司令员兼政治委员，钟剑伟任参谋长，王首道任政治部主任。博古、李德、周恩来、朱德等随该纵队行动。第二野战纵队代号为"红章"，李维汉任司令员兼政治委员，邓发任副司令员兼副政治委员，张宗逊任参谋长。毛泽东、张闻天、王稼祥等随该纵队行动。参加转移的中央红军第一、第三、第五、第八、第九军团也分别向中革军委规定地域集结。所有参加战略转移的人员共约 8.6 万余人。就这样，在没有进行政治动员，广大红军干部、战士不知道转移到哪里去，缺乏思想上心理上准备；久战之后也没有得到休息整理，身上充满烟尘、十分疲惫的中央红军主力，仓促踏上战略转移征程。

中国最大的革命根据地，曾经生机勃勃、连续打破国民党军一次比一次规模大的四次军事"围剿"、代表着中国革命希望的中央苏区，由于"左"倾教条主义者的错误军事指挥，第五次反"围剿"失败了！中国革命又一次开始跌入低谷！中国革命能否复兴和发展，中国共产党和红军将面临着空前严峻的考验！

结束语：历史留给我们的启示

中央苏区反"围剿"斗争的硝烟散去已经 80 多年了，这段英勇与悲壮、兴奋激动与烦忧愤懑、胜利与失败交织的历史，给我们留下了深深的思考。那么，我们从中能够得到什么样的历史启示呢？

第一，人民群众的全力支持是红军粉碎国民党军"围剿"主要的、也是最基本的条件。

国民党以蒋介石为代表的统治集团掌握着全国政权，在财力上一方面靠着出卖中国民族利益得到帝国主义国家的支持，一方面依靠大地主和大资产阶级的财力支持，同时依靠掠夺的手段，在自己所控制的地区搜刮人民群众的血汗，来积聚发动"围剿"的战费；国民党军在数量上占据着绝对的优势，其"围剿"红军的兵力，往往都在数倍乃至 10 倍以上。在兵源上，他们可以通过地方保甲组织，以"抓壮丁"等方式强迫贫苦农民当兵，补充部队的兵员；国民党军在武器装备远比红军精良，帝国主义国家为其提供先进的武器装备，尤其是美国为其提供了军用飞机，使其可以在中央苏区上空肆无忌惮地轰炸、扫射和侦察；国民党军在粮食、药品、衣物等后勤补给上十分充足，不存在匮乏问题。反观中央苏区，只是中国共产党局部执政地区，在周围都是白色政权的包围之中实际控制只有数十个县的范围①，人口只有数百万；财力和人力资源匮乏。红军

---

① 中央苏区区域有一个发展变动的过程，最初时有 20 余县，鼎盛时期达到 60 余县，中央红军活动波及和影响的达 100 余县。

的经费一方面是来自打土豪筹的款，另一方面是根据地人民群众买公债等方式对红军的支援，再就是根据地党政机关工作人员的节约。苏联、共产国际虽然对中央苏区有一些财力支援①，但非常有限；红军的兵员补充，一方面是靠在根据地内"扩红"，另一方面是将俘虏的国民党军队士兵经过教育，补入到红军队伍。因此，红军人员在数量上同前来"围剿"的国民党军相比，是处于极大的劣势；在武器装备上，红军主要是靠战场缴获，自己只能修理枪械，生产很少一部分弹药，很难满足战场需要；同时红军的粮食、药品、食盐、衣物等军需物资也很缺乏。

从以上财力、物力、人力和军事实力的对比看，国民党军队都比中央苏区红军要强大得多，然而，在对中央苏区的五次军事"围剿"中，国民党军队为什么就失败了四次呢？归根结底在于得不到人民群众的支持。

国民党军是大地主、大资产阶级豢养的工具，是同人民群众根本对立的。红一方面军（中央红军）是共产党领导的为中国工农劳苦大众翻身解放而奋斗的队伍，因而得到苏区人民群众的拥护和支持。同国民党军相比，红一方面军最大优势就是拥有广大的人民群众的支持。人民群众的全力支持，是红一方面军粉碎国民党军"围剿"主要的、也是最基本的条件。

毛泽东曾有一段经典性的名言："真正的铜墙铁壁是什么？是群众，是千百万真心实意地拥护革命的群众。这是真正的铜墙铁壁，什么力量也打不破，完全打不破的。反革命打不破我们，我们却要打破反革命。

---

① 共产国际国际联络部通过驻上海工作站转交给中国共产党和苏区一些经费。如 1933 年 10 月 30 日，共产国际国际联络驻上海工作站负责人格伯特在致共产国际执行委员会主席团委员皮亚特尼茨基的电报中说："请紧急寄 5 万元。有购买弹药的可能性。中央苏区开始生产最简单的防毒面具。必须利用当地的材料。"见中共中央党史研究室第一研究部译：《联共（布）、共产国际与中国苏维埃运动》（1931—1937）第 13 卷，中共党史出版社 2007 年版，第 581 页。又如 1934 年中共上海中央局、盛忠亮、格伯特致皮亚特尼茨基的电报中说："我们又给苏区寄去 5 万墨西哥元。到 9 月中旬还需要寄 40 万墨西哥元。""我们还可以每两周寄去 9 万墨西哥元。……请把钱寄来。"见中共中央党史研究室第一研究部译：《联共（布）、共产国际与中国苏维埃运动》（1931—1937）第 14 卷，第 171 页。

在革命政府的周围团结起千百万群众来，发展我们的革命战争，我们就能消灭一切反革命，我们就能夺取全中国。"[1]

中国共产党自 1921 年 7 月诞生之日起，就宣布："革命军队必须与无产阶级一起推翻资本家阶级政权"，"承认无产阶级专政"；"承认苏维埃管理制度"，"党的根本政治目的是实行社会革命"[2]。从而制定了为了劳动人民翻身解放、建立理想社会的远大的目标。次年 7 月召开的中共二大，在通过的宣言中提出了"消除内乱，打倒军阀，建设国内和平"；"推翻国际帝国主义的压迫，达到中华民族的完全独立"；"建设真正民主主义国家"[3]的民主革命纲领，即党的最低纲领。宣言又指出：中国共产党的"目的是要组织无产阶级，用阶级斗争的手段，建立劳农专政的政治，铲除私有财产制度，渐次达到一个共产主义的社会"。[4] 即党的最高纲领。这样，就把马克思列宁主义同中国实际相结合，将党的远大理想同现阶段的任务结合起来，制定了过去任何阶级都没有提出的彻底的民主革命纲领，明确向中国人民宣示了为人民谋幸福、为中华民族谋复兴的初心和使命。

为了首先实现党的民主革命纲领，1924 年 1 月中国共产党与国民党实现第一次合作。国共合作推动了大革命运动轰轰烈烈的开展，经过北伐战争，革命发展到长江流域，沉重打击了帝国主义在华势力，基本上推翻了北洋军阀的反动统治，使民主革命思想在国内得到空前传播。由于陈独秀右倾机会主义，放弃革命领导权，尤其是放弃武装力量的领导权，致使大革命遭到失败。面对蒋介石、汪精卫等国民党反动派的残酷屠杀政策，中国共产党坚守初心，牢记使命，带领中国人民继续革命。

---

[1] 毛泽东：《关心群众生活，注意工作方法》（1934 年 1 月 27 日），《毛泽东选集》第一卷，第 139 页。

[2] 《中国共产党第一个纲领》（1921 年 7 月），中央档案馆编：《中共中央文件选集》（1921—1925）第 1 册，中共中央党校出版社 1989 年版，第 3 页。

[3] 《关于"国际帝国主义与中国和中国共产党"的议决案》（1922 年 7 月），中央档案馆编：《中共中央文件选集》（1921—1925）第 1 册，第 62 页。

[4] 《中国共产党第二次全国大会宣言》（1922 年 7 月），中央档案馆编：《中共中央文件选集》（1921—1925）第 1 册，第 115 页。

党召开了八七会议，确定了实行土地革命和武装起义的方针，先后领导了一系列武装起义。党领导的红色武装深入农村，建立工农兵苏维埃政权，开展土地革命。土地革命的深入开展，打倒了地主阶级，无地少地的农民分得了土地，无论是在政治上还是经济上，都得到了翻身，农村社会面貌发生了根本性变化。

土地问题是中国新民主主义革命的基本内容之一。中国社会各阶级及其政治代表对土地问题的态度和解决方法是不同的。民族资产阶级、小资产阶级政党的土地纲领是不坚决、不彻底的。代表大地主、大资产阶级利益的国民党极力维护封建土地所有制，极力掩盖中国存在的土地问题的实质。只有中国共产党坚决地制定和执行土地革命纲领，真正解决农民的土地问题。这个事实使农民迅速分清共产党和国民党及其两种政权的优劣，极大地调动他们支援革命战争、保卫和建设苏区的积极性。如江西兴国县，23 岁至 50 岁的翻身农民基本上都参加了赤卫队。各乡都有一个赤卫大队，主要任务是放哨，有时也配合红军作战。16 岁至 23 岁的参加少年先锋队，任务和赤卫队大体相同。8 岁至 15 岁的少年儿童参加劳动童子团，任务是放哨，检查烟赌，破除迷信等。每个乡还组成一个连的工人纠察队，并从赤卫队、少先队中挑选精壮勇敢分子组成红军预备队，随时准备编入红军。除此之外，翻身农民还组成担架队、运输队，直接参加反“围剿”作战。他们在战场上抬送伤员，运输弹药、食物、开水；战斗胜利后帮助红军打扫战场，运送战利品，等等。他们节衣缩食，贡献自己的粮食，作红军的军粮之用；贡献纺织的布匹，供红军做军服；踊跃购买公债，作为红军的军费。不仅如此，他们还为红军送情报、带路；还实行坚壁清野，使敌人进入苏区找不到东西吃，找不到水喝，等等，使敌人进攻红军陷入困境之中。这样，红军就从人民群众那里得到了源源不断的兵员、人力、物力、财力的支援。

中央苏区的人民群众为反“围剿”斗争作出了无私奉献和付出了巨大的牺牲。如当时瑞金县 24 万人，就有 4.9 万人参加革命；兴国县 23 万人口中，参加红军的有 8.5 万人；寻乌县只有 8 万人，有 2.5 万人参加红军，留下有名有姓的烈士达 7700 余人。人民群众以鲜血和生命支持红军捍卫中央苏区这片红色的土地。

事实证明，人民群众的全力支持是中国共产党及其领导的红军的力量源泉。中央苏区反"围剿"斗争，红军虽然在数量上、武器装备上是绝对劣势，但他们不是孤军奋战，在他们背后站着苏区几百万人民群众。人民群众是他们坚强的后盾。人民群众的全力支持是他们粉碎国民党军"围剿"的最大优势。

第二，诱敌深入，在运动中歼灭敌人的有生力量，是红军粉碎国民党军"围剿"主要的战略战术。

战争是交战双方各种条件对比之间的角逐。毛泽东曾指出："战争的胜负，主要地决定于作战双方的军事、政治、经济、自然诸条件，这是没有问题的。"但又不是双方各种条件之间简单对比的角逐。因此，毛泽东又说："然而不仅仅如此，还决定于作战双方主观指导的能力。军事家不能超过物质条件许可的范围外企图战争的胜利，然而军事家可以而且必须在物质条件许可的范围内争取战争的胜利。军事家活动的舞台建筑在客观物质条件的上面，然而军事家凭着这个舞台，却可以导演出许多有声有色威武雄壮的活剧来。因此，我们红军的指导者，在既定的客观物质基础即军事、政治、经济、自然诸条件之上，就必须发挥我们的威力，提挈全军，去打倒那些民族的和阶级的敌人，改变这个不好的世界。"[1] 这就是说，战争的胜负，还取决于双方指挥者如何去运用各种条件，扬长避短，以我之长，克敌之短。中国历史屡屡出现以少胜多，以弱胜强的战例，就是指挥者善于实现各种条件转化的结果。

国共两党军队，由于分属于反动统治阶级和人民两个不同的阵营，因而互为优劣。国民党军的优势条件，对于红军来说，就是劣势条件。而红军的优势条件，就是国民党军的劣势条件。国民党掌握着全国政权，能够调动全国资源用于"围剿"，在于军队数量、武器装备、人力、物力、财力等条件上处于绝对优势，红军在这些条件上则处于劣势。红军

---

[1] 毛泽东：《中国革命战争的战略问题》，《毛泽东选集》第一卷，第 182 页。

是人民军队，知道为谁打仗，作战勇敢，政治素质高；得到人民群众的全力拥护，这两个条件是优势。反之，国民党军是为反动统治阶级服务的，但部队当官的只知道升官发财，克扣军饷，欺压士兵；士兵要么是被抓进来的，要么是活不下去，当兵是为了吃粮，不知道为谁打仗；并且军纪败坏，到处抢劫老百姓的东西，祸害人民群众，人们十分痛恨他们，当然不会得到人民群众的支持。因此，中央苏区的反"围剿"斗争，就是要把红军的这两个优势条件最大化地发挥出来，而让国民党军队的优势条件发挥不出来，消于无形。

诱敌深入，在运动中消灭敌人的有生力量，作为中央苏区红军在反"围剿"中采取的战略战术，就是实现敌我优劣条件的转化，即充分发挥自己的优势条件，并将自己在全局上的劣势条件转化为局部的优势条件，从而全歼敌人一部分有生力量，以打乱敌人"围剿"计划，并最终粉碎敌人的"围剿"。

中央苏区处于赣闽粤三省交界地区，是远离国民党统治中心和交通要道的偏僻地区。这里多山区，山高林密，交通不便，人民群众深受反动统治阶级的压迫剥削，对国民党及其军队非常痛恨。红军将国民党军诱入中央苏区内部，自己的优势能够得到最大化地发挥，而使国民党军的劣势更劣，优势无法发挥，甚至在某些方面变劣。表现在：

其一，红军中央苏区内部能够得到人民群众全方位的支持，使反"围剿"成为人民战争，其中最主要的是能够直接参战，将人民群众的作用发挥到极致。国民党军得不到人民群众支持，其劣势就会更加凸显。特别是他们深入到苏区内部后，遇到人民群众坚壁清野，想喝一口水都不容易。他们问路，群众不告诉；逼迫群众给其带路，群众尽领着走弯路；问红军的情况，都说不知道，没见过。因此敌人进入苏区后，就成了聋子、瞎子，像头蛮牛一样到处乱撞，累个贼死，也找不到红军主力在哪里。而实际上，红军就在离国民党军数里远的地方。曾山曾在回忆中说："敌人一进苏区就变得寸步难行，一下子都动不得，对我们的情况一点不了解，而我们对敌人的情况都非常清楚。在东固附近，敌人离我们只有 5 里路，但他们一点也不知道我们的消息，简直成了瞎子，就是我们依靠人民群众。"①

其二，红军的政治素质、内部团结等优势发挥得淋漓尽致。红军打运动战，为了寻机歼灭敌人有生力量，经常走林中小路、狭窄的山路，甚至一些人迹罕至的路。为了不被敌人发现，多是夜间行军，经常露营，非常艰苦。但红军广大指战员为了粉碎敌人"围剿"，以革命英雄主义精神，克服了种种困难。在红军内部，由于革命目标一致，因此非常团结，顾全大局。为了调动敌人，红军有时会以少部兵力伪装主力，吸引敌人主力向相反方向运动，而红军主力则向另外一个方向挺进。负责吸引敌人的这部分红军，其处境是十分危险的，但他们勇敢地拖着敌人在深山、密林转圈子，为主力红军歼敌创造战机。红军政治素质优势发挥得更优时，也就是国民党军政治素质差的劣势发展到更劣之时。国民党军内部不统一，有嫡系，有杂牌军。杂牌军之间也有不同派系，矛盾重重。因此，他们中间，有积极"围剿"红军的，有的则是消极的。有战斗力强的，有战斗力弱的。有骄横狂妄的，有谨慎保守的。有想立功的，有想自保实力的。国民党军广大士兵是被他们的长官驱赶来与红军打仗的，知道把红军消灭了长官们可以升更大官、发更大的财，而对他们本人来讲面却临着轻则负伤、重则危及生命，其家人也得不到任何好处。因此，在苏区追赶红军主力处处扑空后，国民党军疲惫、困乏，士气低落，怨声载道，战斗力急剧减弱，未战就已走向败势。

其三，抑制国民党军优势的发挥。在兵力方面，国民党军是优势。红军采取运动战方法，利用自己对苏区内的地理条件、地形熟悉，不断同敌人兜圈子，拖着敌人走。敌人为了追赶红军，但对苏区的地理环境不熟，行军就会经常走弯路，各部之间配合出现问题，因而兵力就会逐渐分散，个别部队突前、孤立，局部的兵力同红军主力集中起来的兵力相比就有可能处于劣势；在武器装备和后勤补给方面，国民党军同红军相比，优势很大。苏区山区道路狭窄，若阴雨天气，泥泞湿滑，车马难行，红军往往在这些地方运动，使敌人所带的笨重火炮等重装备、弹药

---

① 《曾山回忆罗坊会议和第一次反"围剿"》，赵泉均等编著：《罗坊会议》，第372页。

和粮食等后勤物资难以运输或者运输缓慢，无法发挥其优势作用。特别是粮食等后勤补给物资，由于运输困难，在国民党军个别部队中会出现劣于红军的情况，其士兵因吃不上饭而怨声载道。

通过诱敌深入，实现了上述条件的转换，红军本身的优势条件更优，虽全局处于劣势的条件而在局部变为优势条件；敌人虽在全局处于优势的条件而在局部变为劣势条件，而其本身的劣势条件则变得更处劣势。而这时，红军集中兵力歼灭孤军深入且在数量上处于劣势的敌人的时机就已经成熟。

第三，必须调查研究，了解中国社会情况和苏区的具体情况，走中国特色的革命道路。

毛泽东在率领红四军创建赣南、闽西苏区时，就十分注意进行社会调查。1930年5月，红四军攻占寻乌后，在这里停留一个月，毛泽东利用停留时间较长的机会，在寻乌县委书记古柏的协助下，接连开了十多天座谈会，进行社会调查。他把这次调查结果，整理成《寻乌调查》，共8万多字，对寻乌县的地理环境、交通、经济、政治、各阶级的历史和现状等，进行了全面详细的考察分析。在寻乌调查同一个月，毛泽东还写出了《反对本本主义》的文章（原题为《调查工作》）。他在开篇就提出"没有调查，没有发言权"的命题，认为"调查就是解决问题"，"离开实际调查就要产生唯心的阶级估量和唯心的工作指导"，"它的结果，不是机会主义，便是盲动主义"。他指出："共产党的正确而不动摇的斗争策略，决不是少数人坐在房子里能够产生的，它是要在群众的斗争过程中才能产生的，这就是说要在实际经验中才能产生。因此，我们需要时时了解社会情况，时时进行实际调查。"号召大家："到斗争中去！到群众中作实际调查去！"针对当时党内存在的把马克思主义教条化、把苏联经验和共产国际决议神圣化倾向，毛泽东指出："马克思主义的'本本'是要学习的，但是必须同我国的实际情况相结合。"提出："中国革命斗争的胜利要靠中国同志了解中国情况。"①

---

① 毛泽东：《反对本本主义》（1930年5月），《毛泽东农村调查文集》，人民出版社1982年版，第1、2、4、7、8、9页。

  在中央苏区第一次反"围剿"即将开始时，毛泽东召集八个兴国县农民座谈，写了《兴国调查》，弄清了农民的态度，对于制定反"围剿"方针，布置反"围剿"战场，起了非常重要的作用。1933 年 11 月，毛泽东又进行了江西兴国县长冈乡调查和福建上杭县才溪乡调查，写了《长冈乡调查》和《才溪乡调查》。这两篇调查文章，对于动员苏区人民群众参军、参战，全力支援反"围剿"斗争起了重要作用。毛泽东为什么能够率领红四军创建赣南、闽西苏区，领导苏区军民连续取得三次反"围剿"斗争的胜利，主要就是能够不唯"本本"，重视社会调查，把马列主义同中国实际情况相结合，走中国自己的路。

  博古等"左"倾教条主义者则不然。他们一切唯"本本"出发，完全机械地照搬共产国际的指示，而不管实际情况如何。共产国际要求中国共产党采取"进攻路线"，他们便要求各苏区执行"进攻路线"。中央苏区第三次反"围剿"后，米夫要求中国共产党进攻中心城市，他们便立刻要求中央苏区红军进攻赣州，然后向北发展，进攻吉安或抚州，进而占领南昌，取得革命在江西一省的首先胜利。尽管向北发展困难重重，他们不顾实际，严厉督促红军前方领导人指挥部队向北进攻，甚至撤掉了毛泽东红一方面军总政治委员的职务，使他从此离开红军领导岗位。博古等人在上海待不下去后，一进入中央苏区，不进行调查研究，就指手画脚，批评这个不执行"进攻路线"，那个是"右倾机会主义"，打击、排挤执行毛泽东正确路线的同志。在第四次反"围剿"胜利后，他们按照共产国际军事总顾问弗雷德·施特恩的意见，不听周恩来、朱德等人的正确建议，推行"两个拳头打人"方针，白白浪费了扩大苏区、准备反对第五次"围剿"的时间。反对第五次"围剿"开始后，博古等高喊"御敌于国门之外"，把军事最高指挥权交给共产国际军事顾问李德，抛弃过去反"围剿"斗争行之有效的诱敌深入、在运动中消灭敌人有生力量的积极防御方针，完全照搬苏联内战时期打阵地战那一套，以自己的劣势条件去对抗敌人的优势条件，最终导致了第五次反"围剿"斗争失败，丢失了中央苏区。事实证明，不作调查研究，脱离实际，机械照搬"本本"，迷信别国经验，只能使党和人民的事业遭受严重损失。只有把马列主义和中国实际情况相结合，走自己的路，党和人民事业才能顺利发展，取得胜利。

习近平同志指出："历史是最好的教科书"。"学习党史、国史，是坚持和发展中国特色社会主义、把党和国家各项事业继续推向前进的必修课。"[1] 还指出："对我们共产党人来说，中国革命历史是最好的营养剂。"[2]中央苏区的反"围剿"斗争是中共党史的重要组成部分，了解这段历史，认识这段历史，总结其历史经验与教训，从中吸取营养，增添力量，对于我们不忘初心，牢记使命，坚定"四个自信"，在以习近平同志为核心的党中央领导下，实现中华民族伟大复兴这个宏伟目标的斗争中有着非常重要的作用。

---

[1] 习近平：《在对历史的深入思考中更好走向未来 交出发展中国特色社会主义合格答卷》，《人民日报》2013年6月27日。

[2] 《习近平在河北调研指导党的群众路线实践活动》，《人民日报》2013年7月13日。

后 记

　　2001 年 11 月初，我因参加"中华苏维埃共和国临时中央政府成立 70 周年学术研讨会"第一次来到江西瑞金。上小学时，语文课本上就有《红井》一课，讲的是毛泽东发现沙洲坝村群众吃水困难，亲自带领临时中央政府机关工作人员挖了一口井，让当地群众吃上清澈卫生的井水的故事。"吃水不忘挖井人，时刻想念毛主席"这一句，便深深地记在我的脑海之中。当我踏上这片红色热土之后，立刻感受到了当年苏区人民对共产党和红军的深厚感情。11 月 7 日这天，江西省委、省政府在叶坪召开纪念中华苏维埃共和国临时中央政府成立 70 周年大会，我们参加学术研讨会的代表由瑞金宾馆乘大轿车前往叶坪。车一出宾馆大门，立刻见到道路两旁站满了来自四里八乡的欢迎群众。他们载歌载舞，锣鼓喧天，彩旗飞扬，表演着各种民间娱乐节目。听说，他们天不亮就来了，欢迎远道而来的客人们。车经过瑞金县城时，除了街道两旁黑压压的欢迎人群，住在楼上的居民们也有的站在一层层楼的阳台上、有的从窗户里探出了脑袋，高呼欢迎口号。我们下车准备进入会场时，路边的群众挎着篮子，从中拿出鸡蛋、绣有字的鞋垫往我们手里塞。我手里被塞了一双绣有"红军"字样的鞋垫，舍不得用，至今仍珍藏在箱底。群众真把我们当成"红军"了！从这一天瑞金人民的纪念活动场面，可以想象到当年中华苏维埃第一次工农兵苏维埃代表大会和临时中央政府成立时的盛况。这一天使我终生难忘。

由于工作关系，近20年来，我到过江西、福建、广东原中央苏区范围的数十个县，目睹了当年毛泽东、朱德率领红军转战的足迹，听到了许许多多可歌可泣的红军和人民群众的故事，苏区人民群众为支援反"围剿"斗争付出的牺牲令我非常震撼。实地考察，使我对中央苏区有了更深层的认识，为研究中央苏区打下比较坚实的基础。从2001年开始涉足对中央苏区的研究，我至今在《中共党史研究》《中国浦东干部学院学报》《中国延安干部学院学报》《中国井冈山干部学院学报》《苏区研究》《福建党史》等刊物上发表有20余篇论文，其中《试论中央革命根据地发展的历史经验与教训》入选中央组织部、中央宣传部、中央文献研究室、中央党史研究室等八部委联合举办的"纪念中国共产党成立90周年理论研讨会"。这是全国最高规格的理论与学术研讨会。正是有了这样的积淀，我于2017年底写完了《铁的红军是怎样炼成的》之后，酝酿写一本较为细致地反映中央苏区五次反"围剿"斗争的书。经过两年时间，这本书终于写出来了，凝结着我对中央苏区研究20年的心血，希望能够得到广大读者的厚爱。

这本书能够写出来，首先要感谢中共党史出版社原社长汪晓军先生。由于种种原因，这本书我一度有些动摇甚至要放弃不写了。然在去年春天，汪晓军先生鼓励我继续写。于是，我重新鼓起勇气动手写。由于身体健康状况已不如前，写得断断续续，进度很缓慢。但是，我逼着自己，一步一步朝前走，现在总算杀青了。

还应该感谢的是清华长庚医院心脏内科的大夫们。2019年2月23日早晨，我突然胸部疼痛难忍，大汗淋漓，救护车把我送到清华长庚医院。经急诊科诊断，我患的是急性心肌梗死。医院当即开通绿色通道，为我心脏动脉植入了支架，脱离了死神的魔爪。2020年1月7日，我在清华长庚医院第二次进行了心脏动脉植入支架手术。经过两次手术，身体逐渐好起来，才使我有机会完成本书的写作。因此，感谢长庚医院心脏内科的白衣天使们，由于他们的妙手回春，使我获得能够为中共党史继续贡献自己微薄力量的机会。

江西赣州市委党史研究室、广东梅州市委党史研究室、福建龙岩市委党史研究室的领导和同志们及其下各县党史研究室的领导和同志们，为我考察中央苏区提供了很大便利，提供了许多资料，在此表示深深的谢意。

特别感谢我的爱人关红，自从我的身体出现状况后，为了使我安心养病，她几乎承担了家里的一切杂活、重活。正是有了她的默默奉献，我才有时间、精力去写这本书。因而，本书含有她的重要贡献。

本书在写到最后两章时，国家遇到了突如其来的一场新冠肺炎疫情。为了抗击疫情，党和国家从各省调集了4.2万医护人员到湖北武汉等地去。这些医护人员逆行而上，是新时代"最可爱的人"。非常时期，自己不能像医护人员那样直接参加抗疫斗争，唯一能够做的是按照组织要求待在家中隔离，因而能够专心致志地撰写本书的最后两章。从1月20日（农历腊月二十七日）起至今，其间除在2月14日去清华长庚医院复查一次外，其他日子均待在家中写作。疫情来时正值大寒时节，天寒地冻，过去少雪的北京，今年已下了好几次雪，寒流也频频来袭。时光过得飞快，两个多月过去了，现在已是十里春风，莺啼燕喃，树绿花红的时节了。疫情已经得到基本控制，在湖北武汉等地战"疫"的英雄们正在陆续凯旋。本书在这特殊时期完成，留下了人生一段特别值得的记忆。

本书写作，参考了学术界已有的成果，在此表示衷心感谢！

本书肯定存在这样那样的不足之处，敬请广大读者批评指正。

王　新　生

2020年4月10日于北京育新花园